Buchführung 1
DATEV-Kontenrahmen 2026

EBOOK INSIDE

Die Zugangsinformationen zum eBook inside finden Sie am Ende des Buchs.

Manfred Bornhofen · Martin C. Bornhofen

Buchführung 1 DATEV-Kontenrahmen 2026

Grundlagen der Buchführung für Industrie- und Handelsbetriebe

38., überarbeitete und aktualisierte Auflage

Springer Gabler

Studiendirektor, Dipl.-Hdl.
Manfred Bornhofen
Koblenz, Deutschland

WP, StB, CPA, Dipl.-Kfm.
Martin C. Bornhofen
Düsseldorf, Deutschland

ISBN 978-3-658-51985-8 ISBN 978-3-658-51986-5 (eBook)
DOI 10.1007/978-3-658-51986-5

Die Deutsche Nationalbibliothek verzeichnet diese Publikation in der Deutschen Nationalbibliografie; detaillierte bibliografische Daten sind im Internet über http://dnb.d-nb.de abrufbar.

Springer Gabler

Lektorat: Catarina Gomes de Almeida
Korrektorat: Inge Kachel-Moosdorf
Layout und Satz: workformedia | Frankfurt am Main

Springer Gabler ist ein Imprint der eingetragenen Gesellschaft Springer Fachmedien Wiesbaden GmbH und ist Teil von Springer Nature
Die Anschrift der Gesellschaft ist: Abraham-Lincoln-Strasse 46, 65189 Wiesbaden, Germany

SN Flashcards – Ihr Bonus als App und online

Als Käufer dieses Buches können Sie kostenlos unsere Lern-App SN Flashcards (erhältlich im App Store und bei Google Play) mit Fragen zur Wissensüberprüfung und zum Erlernen von Buchinhalten nutzen.
Dafür beachten Sie bitte die folgenden Anweisungen:

1. Gehen Sie auf **https://flashcards.springernature.com/login**
2. Erstellen Sie ein Benutzerkonto, indem Sie Ihre Mailadresse angeben und ein Passwort vergeben.
3. Verwenden Sie den folgenden Link, um Zugang zu Ihrem SN-Flashcards-Set zu erhalten: **https://sn.pub/im32sw**

Sollte der Link fehlen oder nicht funktionieren, senden Sie uns bitte eine E-Mail mit dem Betreff „**SN Flashcards**" und dem Buchtitel an **customerservice@springernature.com**.

Vorwort zur 38. Auflage

Die **Buchführung 1** erscheint im **Juni** eines jeden Kalenderjahres mit dem aktuellen Rechtsstand des **laufenden** Jahres. Zusammen mit der **Buchführung 2** deckt das Werk die grundlegenden Inhalte der Buchführung und des Jahresabschlusses ab.

Während die **Buchführung 2** die Abschlüsse nach Handels- und Steuerrecht (inklusive eines Vergleichs zu Abschlüssen nach IFRS) sowie deren betriebswirtschaftliche Auswertung behandelt, erläutert und erklärt die **Buchführung 1**

die Grundlagen der Buchführung für Industrie- und Handelsbetriebe.

NEU mit der aktuellen 38. Auflage der Buchführung 1 stellen wir transparent die **Verknüpfung der Inhalte** unserer Werke mit dem **geänderten Rahmenlehrplan für Steuerfachangestellte** dar. Neben einer **Übersicht zu Beginn** sind **auch die jeweiligen Kapitel mit einem entsprechenden Hinweis auf die korrespondierenden Lernfelder des Rahmenlehrplans gekennzeichnet.** Mit dem ganzheitlichen Ansatz unserer Bornhofen Edition bieten wir Auszubildenden und Lernenden die einzigartige Möglichkeit, sich die relevanten Lernfelder aus einer bewährten Hand umfassend und verständlich zu erschließen.

Im Sinne eines zeitgemäßen Lernerlebnisses gewähren wir Ihnen außerdem **kostenlosen Zugang** zu der **Lern-App Springer Nature Flashcards.** Diese App ermöglicht **interaktives Lernen** und unterstützt Sie **mit zusätzlichen Fragen** beim Erfassen und Wiederholen der Lerninhalte. Zudem erscheint die gesamte Bornhofen Edition mit **eBook inside**, um Ihnen das digitale Arbeiten (z.B. durch Verlinkung zu weiterführenden Materialien) zu erleichtern.

Die 38. Auflage der Buchführung 1 berücksichtigt den **aktuellen Rechtsstand** des Jahres **2026**. Rechtsänderungen gegenüber dem Vorjahr bzw. Änderungen, die sich erstmals ab 2026 ergeben, sind durch senkrechte Randlinien gekennzeichnet. Darüberhinaus sind sämtliche in dieser Auflage berücksichtigten Rechtsänderungen (z.B. das Gesetz für ein steuerliches Investitionssofortprogramm zur Stärkung des Wirtschaftsstandorts Deutschland, das Gesetz zur Anpassung des Sechsten Buches Sozialgesetzbuch und anderer Gesetze sowie aktuelle BMF-Schreiben und sonstige Änderungen) in Anhang 1 tabellarisch mit ihren Fundstellen aufgeführt.

Zahlreiche erläuternde **Schaubilder**, **Beispiele**, **Wiederholungsfragen** und zu lösende **Übungsaufgaben** - basierend auf dem aktuellen Rechtsstand - unterstützen den Lernerfolg. Unter sn.pub/lecturer-material erhalten **registrierte Dozenten** bei Angabe der ISBN eine eMail mit dem Downloadlink für ein Gratis-PDF mit ausgewählten Schaubildern.

Zur Erleichterung der Erfolgskontrolle wird in umfangreichen Kapiteln bereits nach einzelnen Abschnitten unter dem Stichwort „**Übung**" auf die entsprechenden Wiederholungsfragen und Übungsaufgaben hingewiesen. Die „**Zusammenfassenden Erfolgskontrollen**" bieten die Möglichkeit, auch Inhalte vorhergehender Kapitel in die laufende Erfolgskontrolle einzubeziehen.

Aufgrund der vielen **Vernetzungen**, die sich zwischen dem **Steuerrecht und** dem **Rechnungswesen** ergeben, wird mit einem **besonderen Symbol** (siehe Seite VI) auf Schnittstellen mit den Werken **Steuerlehre 1** und **Steuerlehre 2** sowie zur **Buchführung 2** und innerhalb der **Buchführung 1** hingewiesen. Somit wird ein optimaler Lernerfolg im Kontext Steuerrecht und Rechnungswesen auf stets aktueller Rechtslage gewährleistet.

Der Buchführung 1 liegen die DATEV-Kontenrahmen **SKR 04** und **SKR 03**, **gültig ab 01.01.2026**, zugrunde. Diese sind die in der Praxis am häufigsten verwendeten Kontenrahmen und zu anderen Kontenrahmen (z.B. GKR und IKR) kompatibel. Beide Kontenrahmen sind mit Zustimmung der DATEV eG am Ende des Buches abgedruckt.

Für die Lösungen der Übungsaufgaben und für zusätzliche Aufgaben mit Lösungen ist ein **Lösungsbuch** erhältlich (ISBN 978-3-658-51987-2).

Manfred Bornhofen†
Martin C. Bornhofen

Hyperlinks

Die **eBook-Ausgabe** der Buchführung 1 bietet Ihnen **sorgfältig ausgewählte Verlinkungen** zu Gesetzestexten, BMF-Schreiben u.v.m. Im eBook erkennen Sie diese Links an der blauen Einfärbung des Textes.

Alle Verlinkungen wurden bei Redaktionsschluss (15. Mai 2026) sorgfältig überprüft und waren zu diesem Zeitpunkt aktuell und valide.

Für Veränderungen, die die Betreiber der angesteuerten Webseiten nach dem 15. Mai 2026 an ihren Inhalten vornehmen oder für mögliche Entfernungen solcher Inhalte übernehmen der Verlag und die Autoren keinerlei Gewähr.

Zudem haben der Verlag und die Autoren auf die Gestaltung und die Inhalte der externen gelinkten Seiten keinerlei Einfluss genommen und machen sich deren Inhalte nicht zu eigen.

Wir freuen uns über Ihre Hinweise und Anregungen an
customerservice@springernature.com.

Erläuterungen zu den in diesem Buch verwendeten Symbolen

▌	Die mit einer senkrechten Randlinie versehenen Seiten kennzeichnen die Rechtsänderungen gegenüber dem Vorjahr bzw. Änderungen, die sich ab 2026 ergeben.
LF xx	Das Symbol LF verweist auf das Lernfeld des Rahmenlehrplans für Steuerfachangestellte, dessen Inhalte in dem gekennzeichneten Kapitel behandelt werden.
B 1	Das Symbol **B 1** verweist auf die **Buchführung 1**, 38. Auflage.
B 2	Das Symbol **B 2** verweist auf die **Buchführung 2**, 37. Auflage.
S 1	Das Symbol **S 1** verweist auf die **Steuerlehre 1**, 47. Auflage.
S 2	Das Symbol **S 2** verweist auf die **Steuerlehre 2**, 46. Auflage.
A L	Das Symbol **A L** verweist auf das **Lösungsbuch** zur **Buchführung 1**, 38. Auflage, und darin enthaltene zusätzliche Aufgaben mit Lösungen.

Inhalt

Grundlagen der Buchführung für Industrie- und Handelsbetriebe

1 Einführung in das betriebliche Rechnungswesen 1
1.1 Begriff 1
1.2 Aufgaben des betrieblichen Rechnungswesens 2
1.3 Buchführung als Teilbereich des betrieblichen Rechnungswesens 3
1.3.1 Begriff 3
1.3.2 Aufgaben der Buchführung 4
1.3.2.1 Selbstinformation 4
1.3.2.2 Rechenschaftslegung 4
1.3.2.3 Besteuerungsgrundlagen 5
1.3.2.4 Gläubigerschutz 5
1.3.2.5 Beweismittel 5
1.4 Erfolgskontrolle 5

2 Buchführungs- und Aufzeichnungsvorschriften 7
2.1 Handels- und steuerrechtliche Buchführungspflicht 7
2.1.1 Handelsrechtliche Buchführungspflicht 7
2.1.2 Steuerrechtliche Buchführungspflicht 9
2.1.3 Grundsätze ordnungsmäßiger Buchführung 12
2.1.4 Verstöße gegen die Buchführungspflicht und mögliche Folgen 14
2.2 Aufzeichnungspflichten 17
2.2.1 Originäre Aufzeichnungspflichten 17
2.2.1.1 Umsatzsteuerliche Aufzeichnungen 17
2.2.1.2 Aufzeichnung des Wareneingangs 18
2.2.1.3 Aufzeichnung des Warenausgangs 18
2.2.1.4 Aufzeichnung bestimmter Betriebsausgaben 19
2.2.1.5 Aufzeichnung geringwertiger Wirtschaftsgüter des Anlagevermögens 19
2.2.2 Abgeleitete Aufzeichnungspflichten 20
2.2.3 Folgen bei Nichterfüllung der Aufzeichnungspflichten 20
2.3 Aufbewahrungspflichten der Buchführungs- und Aufzeichnungsunterlagen 21
2.4 Erfolgskontrolle 23

3 Grundlagen der Finanzbuchführung 25
3.1 Inventur und Inventar 25
3.1.1 Inventur 25
3.1.2 Inventar 27
3.1.3 Zusammenfassung und Erfolgskontrolle 30
3.1.3.1 Zusammenfassung 30
3.1.3.2 Erfolgskontrolle 30

3.2 Bilanz 33
3.2.1 Form und Inhalt der Bilanz 33
3.2.2 Gliederung der Bilanz 36
3.2.2.1 Bilanzgliederung der Kapitalgesellschaften 36
3.2.2.2 Bilanzgliederung der Nicht-Kapitalgesellschaften 36
3.2.3 Zusammenfassung und Erfolgskontrolle 40
3.2.3.1 Zusammenfassung 40
3.2.3.2 Erfolgskontrolle 40
3.3 Bestandsveränderungen 42
3.3.1 Aktiv-Tausch 43
3.3.2 Aktiv-Passiv-Mehrung 44
3.3.3 Passiv-Tausch 45
3.3.4 Aktiv-Passiv-Minderung 46
3.3.5 Zusammenfassung und Erfolgskontrolle 47
3.3.5.1 Zusammenfassung 47
3.3.5.2 Erfolgskontrolle 47
3.4 Bestandskonten 49
3.4.1 Eröffnung der Bestandskonten 49
3.4.1.1 Eröffnung der Aktivkonten 50
3.4.1.2 Eröffnung der Passivkonten 50
3.4.1.3 Eröffnung der Aktiv- und Passivkonten 51
3.4.2 Buchen auf Bestandskonten 52
3.4.2.1 Buchen auf Aktivkonten 52
3.4.2.2 Buchen auf Passivkonten 52
3.4.3 Abschluss der Bestandskonten 54
3.4.4 Buchungssatz 56
3.4.5 Erfolgskontrolle 60
3.5 Erfolgskonten 64
3.5.1 Betrieblich verursachte Eigenkapitaländerungen 64
3.5.1.1 Betrieblich verursachte Eigenkapitalminderungen 64
3.5.1.2 Betrieblich verursachte Eigenkapitalmehrungen 65
3.5.2 Buchen auf Erfolgskonten 66
3.5.3 Abschluss der Erfolgskonten 69
3.5.4 Zusammenfassung und Erfolgskontrolle 71
3.5.4.1 Zusammenfassung 71
3.5.4.2 Erfolgskontrolle 73
3.6 Kontenrahmen und Kontenplan 77
3.6.1 Zweck der Kontenrahmen 77
3.6.2 Aufbau der Kontenrahmen SKR 04 und SKR 03 77
3.6.3 Zusammenfassung und Erfolgskontrolle 82
3.6.3.1 Zusammenfassung 82
3.6.3.2 Erfolgskontrolle 82
Zusammenfassende Erfolgskontrolle 84

3.7 Abschreibung abnutzbarer Anlagegüter ... 85
3.7.1 Ursachen der Abschreibung ... 85
3.7.2 Berechnen der Abschreibung ... 86
3.7.3 Buchen der Abschreibung ... 88
3.7.4 Abschluss des Anlagekontos und des Abschreibungskontos ... 89
3.7.5 Zusammenfassung und Erfolgskontrolle ... 90
3.7.5.1 Zusammenfassung ... 90
3.7.5.2 Erfolgskontrolle ... 91
Zusammenfassende Erfolgskontrolle ... 94

3.8 Warenkonten ... 95
3.8.1 Wareneinkauf, Warenverkauf und Abschluss der Warenkonten ... 95
3.8.1.1 Wareneingang ... 95
3.8.1.2 Erlöse ... 96
3.8.1.3 Bestand Waren und Bestandsveränderungen der Waren ... 97
3.8.2 Ausweis der Warenkonten ... 105
3.8.3 Erfolgskontrolle ... 106
Zusammenfassende Erfolgskontrolle ... 109

3.9 Umsatzsteuerkonten ... 110
3.9.1 System der Umsatzsteuer ... 110
3.9.2 Buchen auf Umsatzsteuerkonten ... 112
3.9.2.1 Buchen der Vorsteuer ... 112
3.9.2.2 Buchen der Umsatzsteuer ... 121
3.9.2.3 Buchen der Umsatzsteuer-Vorauszahlungen ... 126
3.9.3 Abschluss der Umsatzsteuerkonten ... 129
3.9.4 Erfolgskontrolle ... 131
Zusammenfassende Erfolgskontrolle ... 134

3.10 Privatkonten ... 136
3.10.1 Privatentnahmen ... 136
3.10.1.1 Entnahme von Gegenständen ... 137
3.10.1.2 Private Nutzung betrieblicher Gegenstände ... 140
3.10.1.3 Andere unentgeltliche sonstige Leistungen ... 143
3.10.2 Buchen der Privatentnahmen ... 144
3.10.2.1 Buchen der Entnahme von Gegenständen ... 144
3.10.2.2 Buchen der privaten Nutzung betrieblicher Gegenstände ... 145
3.10.2.3 Buchen der anderen unentgeltlichen sonstigen Leistungen ... 151
3.10.3 Privateinlagen ... 152
3.10.4 Buchen der Privateinlagen ... 153
3.10.5 Abschluss der Privatkonten ... 154
3.10.6 Zusammenfassung und Erfolgskontrolle ... 155
3.10.6.1 Zusammenfassung ... 155
3.10.6.2 Erfolgskontrolle ... 156
Zusammenfassende Erfolgskontrolle ... 160

3.11 Hauptabschlussübersicht 162
3.11.1 Aufbau und Inhalt der Hauptabschlussübersicht 162
3.11.2 Zusammenfassung und Erfolgskontrolle 166
3.11.2.1 Zusammenfassung 166
3.11.2.2 Erfolgskontrolle 167

4 Beschaffung und Absatz 170
4.1 Warenbezugskosten 170
4.1.1 Überblick über die Bezugskosten 170
4.1.2 Bedeutung der Bezugskosten 171
4.1.3 Buchen der Bezugskosten 172
4.1.4 Abschluss der Bezugsnebenkostenkonten 176
4.1.5 Zusammenfassung und Erfolgskontrolle 176
4.1.5.1 Zusammenfassung 176
4.1.5.2 Erfolgskontrolle 177
Zusammenfassende Erfolgskontrolle 180

4.2 Warenvertriebskosten 182
4.2.1 Überblick über die Vertriebskosten 182
4.2.2 Bedeutung der Vertriebskosten 182
4.2.3 Buchen der Vertriebskosten 183
4.2.4 Abschluss der Vertriebskostenkonten 184
4.2.5 Zusammenfassung und Erfolgskontrolle 184
4.2.5.1 Zusammenfassung 184
4.2.5.2 Erfolgskontrolle 184
Zusammenfassende Erfolgskontrolle 187

4.3 Warenrücksendungen und Gutschriften 189
4.3.1 Buchen der Rücksendungen und Gutschriften auf der Einkaufsseite 189
4.3.2 Buchen der Rücksendungen und Gutschriften auf der Verkaufsseite 190
4.3.3 Zusammenfassung und Erfolgskontrolle 192
4.3.3.1 Zusammenfassung 192
4.3.3.2 Erfolgskontrolle 193
Zusammenfassende Erfolgskontrolle 194

4.4 Preisnachlässe und Preisabzüge 195
4.4.1 Begriff und steuerliche Bedeutung der Rabatte, Skonti und Boni 195
4.4.2 Buchen der Preisnachlässe und Preisabzüge auf der Einkaufsseite 196
4.4.2.1 Erhaltene Rabatte 196
4.4.2.2 Erhaltene Skonti 197
4.4.2.3 Erhaltene Boni 199
4.4.3 Buchen der Preisnachlässe und Preisabzüge auf der Verkaufsseite 200
4.4.3.1 Gewährte Rabatte 200
4.4.3.2 Gewährte Skonti 201
4.4.3.3 Gewährte Boni 202
4.4.4 Zusammenfassung und Erfolgskontrolle 204
4.4.4.1 Zusammenfassung 204
4.4.4.2 Erfolgskontrolle 205
Zusammenfassende Erfolgskontrolle 208

4.5 Handelskalkulation ... 209
4.5.1 Kalkulationsschema ... 209
4.5.2 Kalkulationszuschlag ... 210
4.5.3 Kalkulationsfaktor ... 211
4.5.4 Handelsspanne ... 212
4.5.5 Erfolgskontrolle ... 213
4.6 Besonderheiten der Industriebuchführung ... 215
4.6.1 Kauf von Roh-, Hilfs- und Betriebsstoffen ... 215
4.6.2 Bestand Stoffe und Bestandsveränderungen der Stoffe ... 218
4.6.3 Bestandsveränderungen der unfertigen und fertigen Erzeugnisse ... 219
4.6.4 Erfolgskontrolle ... 221
Zusammenfassende Erfolgskontrolle ... 224

5 Personalwirtschaft ... 226
5.1 Überblick über die Personalkosten ... 226
5.2 Buchungsmethoden für Personalkosten ... 228
5.3 Gesetzliche Unfallversicherung ... 233
5.4 Geringverdiener (Auszubildende) ... 234
5.5 Vorschüsse ... 235
5.6 Vermögenswirksame Leistungen ... 238
5.7 Geringfügige Beschäftigungen ... 242
5.7.1 Geringfügig entlohnte Beschäftigung ... 242
5.7.1.1 Geringfügig entlohnte Beschäftigung in Unternehmen ... 242
5.7.1.2 Geringfügig entlohnte Beschäftigung in Privathaushalten ... 244
5.7.1.3 Mehrere geringfügig entlohnte Beschäftigungen bei einem Arbeitgeber ... 245
5.7.1.4 Mehrere geringfügig entlohnte Beschäftigungen bei verschiedenen Arbeitgebern ... 246
5.7.1.5 Geringfügig entlohnte Beschäftigung neben einer versicherungspflichtigen Hauptbeschäftigung ... 247
5.7.2 Kurzfristige Beschäftigung ... 248
5.8 Übergangsbereich bei Arbeitsentgelten zwischen 603,01 € und 2.000 € ... 250
5.9 Sachzuwendungen an Arbeitnehmer ... 252
5.9.1 Wohnung und Unterkunft ... 252
5.9.2 Verpflegung ... 256
5.9.3 Gestellung von Kraftfahrzeugen ... 258
5.9.4 Bezug von Waren und Dienstleistungen ... 260
5.10 Zusammenfassung und Erfolgskontrolle ... 262
5.10.1 Zusammenfassung ... 262
5.10.2 Erfolgskontrolle ... 262
Zusammenfassende Erfolgskotrolle ... 272

6 Finanzwirtschaft ... 274
6.1 Kaufmännische Zinsrechnung ... 274
6.1.1 Zinsberechnung ... 274
6.1.1.1 Berechnung von Jahreszinsen ... 274
6.1.1.2 Berechnung von Tageszinsen ... 274
6.1.1.3 Berechnung der Zinstage ... 275

6.1.2 Berechnung von Kapital, Zinssatz und Zeit 276
6.1.2.1 Berechnung des Kapitals 276
6.1.2.2 Berechnung des Zinssatzes 276
6.1.2.3 Berechnung der Zeit 276
6.1.3 Summarische Zinsrechnung 277
6.1.4 Erfolgskontrolle 278
6.2 Zahlungsverkehr 281
6.2.1 Geldverrechnungskonten 281
6.2.2 Personenkonten 282
6.2.2.1 Buchen mit Debitoren 283
6.2.2.2 Buchen mit Kreditoren 285
6.2.2.3 Abschluss der Personenkonten 286
6.2.3 Erfolgskontrolle 287
6.3 Darlehen 288
6.3.1 Darlehensaufnahme 288
6.3.2 Darlehensrückzahlung 290
6.3.3 Erfolgskontrolle 292
6.4 Leasing 294
6.4.1 Begriff des Leasings 294
6.4.2 Zurechnung des Leasinggegenstandes beim Leasinggeber 294
6.4.3 Zurechnung des Leasinggegenstandes beim Leasingnehmer 296
6.4.4 Erfolgskontrolle 298
6.5 Wechselverkehr 300
6.5.1 Buchen der Besitzwechsel 300
6.5.1.1 Besitzwechseleingang 300
6.5.1.2 Besitzwechseleinzug 301
6.5.1.3 Besitzwechselweitergabe 302
6.5.1.4 Besitzwechseldiskontierung 303
6.5.2 Buchen der Schuldwechsel 305
6.5.2.1 Schuldwechselausgang 305
6.5.2.2 Schuldwechseleinlösung 306
6.5.3 Erfolgskontrolle 307
6.6 Wertpapiere 309
6.6.1 Buchmäßige Einteilung der Wertpapiere 309
6.6.1.1 Wertpapiere des Anlagevermögens 309
6.6.1.2 Wertpapiere des Umlaufvermögens 310
6.6.2 Buchen von Dividendenpapieren (Aktien) 311
6.6.2.1 Kauf von Dividendenpapieren (Aktien) 311
6.6.2.2 Dividendenerträge 312
6.6.2.3 Verkauf von Dividendenpapieren (Aktien) 315
6.6.3 Buchen von festverzinslichen Wertpapieren 318
6.6.3.1 Kauf von festverzinslichen Wertpapieren 318
6.6.3.2 Erträge aus festverzinslichen Wertpapieren 320
6.6.3.3 Verkauf von festverzinslichen Wertpapieren 323
6.6.4 Erfolgskontrolle 325
Zusammenfassende Erfolgskontrolle 329

7 Anlagenwirtschaft ... 330
7.1 Sachanlagenverkehr ... 330
7.1.1 Überblick über die Sachanlagegüter ... 330
7.1.2 Buchen der Anschaffung von Sachanlagegütern ... 330
7.1.3 Buchen der zu aktivierenden Eigenleistungen ... 334
7.1.4 Buchen der Veräußerungen von Sachanlagegütern ... 337
7.1.4.1 Bruttomethode ... 337
7.1.4.2 Inzahlungnahme von Sachanlagegütern ... 339
7.1.5 Geringwertige Wirtschaftsgüter ... 340
7.1.5.1 Steuerrechtliche Behandlung ... 340
7.1.5.2 Geringwertige Wirtschaftsgüter nach HGB ... 345
7.1.6 Anlagenspiegel ... 345
7.1.7 Geleistete Anzahlungen und Anlagen im Bau ... 347
7.2 Erfolgskontrolle ... 349
Zusammenfassende Erfolgskontrolle ... 355

8 Buchungen im Steuerbereich ... 357
8.1 Steuern und steuerliche Nebenleistungen ... 357
8.1.1 Betriebssteuern ... 357
8.1.1.1 Abzugsfähige Betriebssteuern ... 357
8.1.1.2 Nicht abzugsfähige Betriebssteuern ... 360
8.1.2 Privatsteuern ... 362
8.1.3 Steuerliche Nebenleistungen ... 363
8.2 Steuerliche Sonderfälle ... 363
8.2.1 Export - Import ... 363
8.2.1.1 Innergemeinschaftlicher Erwerb ... 363
8.2.1.2 Innergemeinschaftliche Lieferung ... 366
8.2.1.3 Ausfuhrlieferung ... 368
8.2.1.4 Leistungen im Sinne des § 13b UStG ... 369
8.2.2 Nicht abzugsfähige Betriebsausgaben ... 371
8.2.2.1 Art und Umfang der nicht abzugsfähigen Betriebsausgaben ... 371
8.2.2.2 Buchmäßige und steuerliche Behandlung von nicht abzugsfähigen Betriebsausgaben ... 372
8.2.3 Reisekosten ... 379
8.2.3.1 Buchung anhand von Einzelbelegen ... 381
8.2.3.2 Buchung nach Pauschalbeträgen ... 382
8.3 Erfolgskontrolle ... 384
Zusammenfassende Erfolgskontrolle ... 390

Anhang 1 Aktuelle Rechtsänderungen - Übersicht ... 392

Anhang 2 DATEV-Kontenrahmen-SKR 04 ... 394

Anhang 3 DATEV-Kontenrahmen-SKR 03 ... 432

Stichwortverzeichnis ... 469

Die Bornhofen-Edition ... 475

Ihr Bonus: eBook inside ... 478

Lernfeldverzeichnis

Lernfeld 1: Die eigene Rolle im Betrieb mitgestalten und am Wirtschaftsleben teilnehmen

Sachthema	S 1	S 2	B 1	B 2
Steuern	A 1.1			
Einteilung von Steuern	A 2			
Finanzgerichtsbarkeit	A 3			
Aufbau der Finanzverwaltung	A 4.2			
Steuergesetzgebung	A 3			
Hilfeleistung im Steuerrecht	A 5.1			
Hinweis auf Verschwiegenheitspflicht	A 5.2			
Fristenkontrolle	B 4			
Aufbewahrung	B 5.2		**2.3** (S. 21)	
Hinweis auf Steuerberatungsvergütungsverordnung	A 5.3			

Lernfeld 2: Buchführungsarbeiten durchführen

Sachthema	S 1	S 2	B 1	B 2
handelsrechtliche und steuerrechtliche Buchführungspflicht (+ § 241a HGB)	B 5.1, B 5.2		**2.1** (S. 7), **2.2** (S. 17)	
Kurzüberblick Kaufmannsarten			**2.1.1** (S. 7)	
Erläuterungen zu Inventur-Inventar-Bilanz sowie Gewinn- und Verlustrechnung			**3.1** (S. 25), **3.2** (S. 33)	A 2.1.2
Buchen auf aktiven und passiven Bestandskonten, Buchen auf Aufwands- und Ertragskonten, Buchen von privaten Geldentnahmen, privaten Geldeinlagen und privaten Steuern			**3.3** (S. 42), **3.4** (S. 49), **6.2.2** (S. 282), **3.5** (S. 64), **3.10** (S. 136), **8.1.2** (S. 362)	
Kontenrahmen/-plan			**3.6** (S. 77)	
Warenbuchungen mit Skonti, Boni, Rabatten, Gutschriften bei Warenrücksendungen auf Einkaufs- und Verkaufsseite			**4** (S. 170)	
betriebswirtschaftlicher Kurzbericht (Berechnung des Wareneinsatzes, Rohgewinns/Rohverlusts, Reingewinn/Reinverlust)			**3.8** (S. 95)	
Grundsätze ordnungsmäßiger Buchführung, GoBD				A 2.1.3

Lernfeld 3: Umsatzsteuerliche Sachverhalte bearbeiten				
Sachthema	S 1	S 2	B 1	B 2
Einführung in die Umsatzsteuer (System der Umsatzsteuer, Schema zur Berechnung der Umsatzsteuer)	C 1		**3.9.1** (S. 110)	
Leistungen: Lieferung § 3 (1) UStG, sonstige Leistung § 3 (9) UStG, unentgeltliche Lieferung § 3 (1b) UStG, unentgeltliche sonstige Leistung § 3 (9a) UStG, Werklieferung § 3 (4) UStG, Werkleistung, Tausch und tauschähnlicher Umsatz § 3 (12) UStG, Einheitlichkeit der Leistung	 C 2 C 2 C 3 C 3 C 2 C 2 C 2			
Steuerbarkeit: § 1 (1) Nr. 1 (Unternehmer, Rahmen des Unternehmens, Inland, Entgelt) UStG	C 2			
Ortbestimmungen § 3 (6), § 3 (7) UStG ohne Reihengeschäft, § 3a (1), (2), (3), § 3 b (1) und (3) UStG	C 6			
Steuerbefreiungen § 4 (Beschränkung auf die Nummern 8, 9a, 10, 11, 12a, 14, 28) UStG	C 7			
Option (Verzicht auf die Steuerbefreiung) § 9 UStG	C 7			
Bemessungsgrundlage § 10 (1), (2), (4), (5) UStG	C 8			
Änderung der Bemessungsgrundlage § 17 UStG	C 8			
Steuersätze § 12 und Anlage 2 (Beschränkung auf § 12 (1) und (2) Nr. 1, 2, 7a, 10, 11, 14, 15) UStG	C 9			
Steuerberechnung § 16 UStG	C 10.2			
Voranmeldung und Vorauszahlung § 18 UStG (auch §§ 46-48 UStDV)	C 10.3			
Entstehung der Steuer § 13 (§ 13 (1) Nr. 1a und b sowie Nr. 2), § 20 Nr. 1 und 3 und § 19 (3) UStG	C 11			
Steuerschuldner § 13a (§ 13a (1) Nr. 1, 4) UStG	C 11			
Rechnungen § 14, § 14c, §§ 33-35 Umsatzsteuer-durchführungsverordnung (UStDV) (Beschränkung in § 14 auf (4), 31, 32 UStDV und § 14 b (1) UStDV	C 12			
Vorsteuer § 15 (1) Nr. 1, § 15 (1a), (2), (4) UStG; § 15a UStG in Grundzügen	C 13			
weitere Buchungen (Abschluss Vorsteuer- und Umsatzsteuer-Konten)			**3.9.3** (S. 129)	

Lernfeld 4: Einkommensteuererklärungen von Beschäftigten erstellen				
Sachthema	S 1	S 2	B 1	B 2
Wesen und Bedeutung der Einkommensteuer (ESt)		A 1		
persönliche Steuerpflicht: § 1 (1), (3), (4) EStG, § 1a, jedoch ohne Vertiefung § 49 EStG, Anriss Doppelbesteuerungsproblematik, Antrags- und Pflichtveranlagung § 46 EStG		A 2		
sachliche Steuerpflicht: § 2 EStG, Schema der Ermittlung des zu versteuernden Einkommens, Begriffsbestimmungen, Überblick § 3 EStG (Beschränkung auf ehrenamtliche, sozialpolitische und steuerfreie Arbeitgeberleistungen)		A 1.5, A 3.1, A 4.2, A 11.1.2		
Einkünfte aus nichtselbstständiger Arbeit: § 19 EStG, Einnahmen § 8 EStG, Zufluss-/ Abflussprinzip § 11 EStG einschließlich § 38a (2) EStG, Abgrenzung § 12 EStG, Grundzüge zu geldwerten Vorteilen, Fahrtkostenzuschüsse nur in Grundzügen, Werbungskosten § 9 EStG, § 9a Nr. 1a EStG, doppelte Haushaltsführung optional, Versorgungsbezüge § 19 (2) EStG, § 9a Nr. 1b EStG		A 11.1, A 4.2.2		
Gesamtbetrag der Einkünfte: §§ 24a (nur Bemessungsgrundlage (BMG) 1), 24b EStG (ohne Verlustausgleich und Freibetrag für Land- und Forstwirtschaft)		A 13		
Ermittlung des zu versteuernden Einkommens: Sonderausgaben § 10 EStG (inklusive § 34g und § 10b, ohne Riester-Rente), Vorsorgeaufwendungen nur für abhängig Beschäftigte, außergewöhnliche Belastungen § 33, § 33a und § 33b EStG, Berücksichtigungsfähigkeit von Kindern § 32 EStG (auch Günstigerprüfung), kein Härteausgleich		A 14, A 15		
Ermittlung der Einkommensteuer: Veranlagungsarten § 25, § 26, § 26a und b EStG, Einkommensteuertarif § 32a EStG, einschließlich Familienleistungsausgleich, Progressionsvorbehalt § 32b EStG am Beispiel von steuerfreien Einnahmen der Arbeitnehmerin/des Arbeitnehmers, tarifliche, festzusetzende und zu zahlende ESt, Steuerermäßigungen § 34g, § 5 a EStG, anrechenbare Lohnsteuer ohne Kirchensteuer		A 5, A 16, A 18		
Modernisierung des Besteuerungsverfahrens (integrativ): vorausgefüllte Steuererklärung, E-Daten, ELStAM, Vollmachtsdatenbank, elektronische Lohnsteuerbescheinigung		A 18		

Lernfeld 5: Arbeitsentgelte berechnen und buchen

Sachthema	S 1	S 2	B 1	B 2
Bereiche der Sozialversicherung und deren Bedeutung für die Gehaltsberechnung: Arten und Träger der Sozialversicherung, Leistungen im Überblick, Versicherungspflichtgrenze, Beträge einschließlich Beitragsbemessungsgrenzen			**5.1** (S. 226)	
Berechnung und Buchung der Entgeltabrechnung: Ermittlung des Nettolohns unter Berücksichtigung der Abzüge, Arbeitgeberanteil zur Sozialversicherung, vermögenswirksame Leistungen optional, geringfügig entlohnte Beschäftigung (ohne Midijob „Gleitzone"), Sachbezüge (Pkw-Gestellung, Belegschaftsrabatte), Vorschüsse, weitere steuerfreie Arbeitgeberleistungen, Reisekosten Arbeitnehmer/-in (Abgrenzung zur Unternehmerin/zum Unternehmer), Umlagen ohne Buchungen (U 1, U 2), Insolvenzgeldumlage nur in Grundzügen			 **5.1** (S. 226), **5.2** (S. 228) **5.1** (S. 226), **5.6** (S. 238), **5.7** (S. 242), **5.9** (S. 252), **5.5** (S. 235), **5.9** (S. 252), **8.2.3** (S. 379), **5.7** (S. 242), **5.7** (S. 242)	

Lernfeld 6: Grenzüberschreitende Sachverhalte und Sonderfälle umsatzsteuerrechtlich bearbeiten und erfassen

Sachthema	S 1	S 2	B 1	B 2
Außenhandel und Sonderfälle (inklusive Buchungen)			**8.2** (S. 363)	
Ausfuhrlieferung § 4 Nr. 1a UStG und § 6 (1) Nr. 1 und 2, (2), (3a) UStG	C 7.2		**8.2** (S. 363)	
Innergemeinschaftliche Lieferung § 4 Nr. 1b und § 6a	C 7.2		**8.2** (S. 363)	
Einfuhr § 1 (1) Nr. 4 UStG, Steuerbefreiung nach § 5 (1) Nr. 7 UStG, § 11 UStG	C 4		**8.2** (S. 363)	
Innergemeinschaftlicher Erwerb § 1 (1) Nr. 5, § 1a (1), optional: (2), (3), (4); § 3d, § 4b (ohne Details), § 10 (1) UStG	C 5		**8.2** (S. 363)	
Fernverkauf nach § 3c (1) und (4) UStG	C 6.1.5			
Steuerschuldnerschaft der/des Leistenden und des Leistungsempfängers § 13b UStG (nur § 13b (1) und (2) Nr. 1, 3, 4, 7, 8)	C 11.7		**8.2** (S. 363)	
Steuerentstehung (§ 13 (1) Nr. 6 und § 13b (1) und (2) UStG)	C 11			
Steuerschuldner § 13b (5) und § 13a (1) Nr. 2 UStG)	C 11			
One-Stop-Shop-Verfahren (Überblick)	C 6.1.5			
Internetdienstleistungen in der EU ansässiger Online-Händler/-innen gem. § 3a (5), § 18j UStG	C 6.2.2.9, C 6.1.5			
Kleinunternehmer § 19 UStG	C 17			
Vorsteuerabzug nach § 15 (1) Nr. 2, 3, 4; § 15 (3) UStG	C 13			

Lernfeld 7: Beschaffung und Verkauf von Anlagevermögen erfassen

Sachthema	S 1	S 2	B 1	B 2
Finanzierungsarten			**6.3** (S. 288)	
Kreditarten (Fälligkeitsdarlehen mit Disagio/Damnum mit Buchungen), optional: Raten- und Annuitätendarlehen			**6.3** (S. 288)	
Kreditsicherungsmöglichkeiten (Personalkredite (Bürgschaft), Realkredite (Grundschuld))			**6.3** (S. 288)	
Leasing mit Bildung der Buchungssätze (nur Zuordnung zum Leasinggeber)			**6.4** (S. 294)	
Anzahlungen			**7.1.7** (S. 347)	
Berechnung und Buchung von Anschaffungs- und Herstellungskosten gem. § 255 HGB von beweglichen und unbeweglichen Sachanlagen, ohne Ermittlung der Herstellkosten von Gebäuden		A 9.2	**7.1** (S. 330)	A 6
aktivierungspflichtige Steuern		A 9.2	**7.1** (S. 330)	A 6
direkte planmäßige Abschreibungen (linear, optional: degressiv, Leistungsabschreibung)		A 9.2	**3.7** (S. 85)	A 5.2, A 6.1
Bewertungsfreiheit bei geringwertigen Wirtschaftsgütern (ohne Sammelposten nach § 6 Abs. 2a EStG)		A 9.2	**7.1** (S. 330)	
AB und Sonderabschreibungen § 7g optional		A 9.2		A 5.2, A 6
Buchung von Veräußerung einschließlich Inzahlunggabe von Sachanlagen, z. B. Pkw			**7.1** (S. 330)	
Anlagenverzeichnis			**7.1** (S. 330)	A 6.3
Betriebswirtschaftliche Auswertung (Anlagendeckung I und II, Gewinnauswirkung, Liquiditätskennziffern)				B 1, B 2

Lernfeld 8: Gewinneinkünfte und weitere Überschusseinkünfte ermitteln				
Sachthema	**S 1**	**S 2**	**B 1**	**B 2**
Einkünfte aus Land- und Forstwirtschaft: Grundzüge, § 4a EStG		A 4, A 6.1		
Einkünfte aus Gewerbebetrieb: Merkmale Gewerbe, nur laufende Gewinne, keine Veräußerungsgewinne (§§ 16, 17 EStG)		A 4, A 6.2		
Einführung der Personengesellschaften: Vertretung, Geschäftsführung, Haftung und Gewinnverteilung (GbR, OHG, KG)				A 12
Berechnung der Einkünfte (Ermittlung und Verteilung des steuerlichen Gewinns bei Personengesellschaften, Gewinnermittlungsart, Überleitungsrechnung mit nicht abzugsfähigen Betriebsausgaben (Geschenke, Bewirtung, Fahrten Wohnung-Betrieb, Reisekosten Unternehmer/-in, Gewerbesteuer, Zuwendungen an politische Parteien)		A 3, A 4		
Einkünfte aus selbstständiger Arbeit: Abgrenzung § 15, Berechnung der Einkünfte mit Einnahmenüberschussrechnung ohne § 7g EStG		A 6.3, A 10		
Einkünfte aus Kapitalvermögen: Berechnung der Einkünfte unter Berücksichtigung der Abgeltungssteuer (nur Einnahmen nach § 20 (1) Nr. 1, 4, 7 und (2) Nr. 1 EStG, Hinweis auf Veranlagungsoptionen)		A 11.2		
Einkünfte aus Vermietung und Verpachtung: Berechnung der Einkünfte		A 11.3		
Sonstige Einkünfte: nur Renten, private Veräußerungsgeschäfte, gelegentliche Vermittlungen und Ehegattenunterhalt		A 11.4		
Summe der Einkünfte: horizontaler und vertikaler Verlustausgleich		A 12		
Gesamtbetrag der Einkünfte: § 24a BMG 2, Berechnung unter Berücksichtigung des Freibetrages für Land- und Forstwirtinnen/Land- und Forstwirte		A 13		
Einkommen: Berechnung unter Berücksichtigung des Verlustabzuges und der Regelungen für Selbstständige bei der Ermittlung der Höhe der Vorsorgeaufwendungen und beim Spendenabzug		A 14		
Ermittlung des zu versteuernden Einkommens		A 15		
Einkommensteuernachzahlung/-erstattung: Berechnung unter Berücksichtigung von Einkommensteuervorauszahlungen		A 16		

Lernfeld 9: Körperschaftsteuer und Gewerbesteuer ermitteln				
Sachthema	S 1	S 2	B 1	B 2
Überblick Kapitalgesellschaften: Gründung, Haftung, Organe, Geschäftsführung, Vertretung, Gewinnverwendung für GmbH				A 12
Körperschaftsteuer (KSt): unbeschränkte und beschränkte KSt-Pflicht §§ 1 (1), 2 KStG		B 2, B 3		
Ermittlung des zu versteuernden Einkommens: Korrektur handelsrechtlichen Gewinns, Ermittlung steuerrechtlichen Gewinns (Hinweis auf unterschiedliche Ansatz- und Bewertungsvorschriften Lernfeld 10)		B 4		
Verdeckte Gewinnausschüttungen § 8 (3) KStG, nicht abziehbare Aufwendungen § 10 KStG und nicht abzugsfähige Betriebsausgaben § 4 (5), (6) und § 4 (5b) EStG, steuerfreie Einnahmen § 8b (1), (5) KStG, Zuwendungen § 9 (1) Nr. 2 KStG		B 4		
Verlustabzug, KSt-Tarif, KSt-Rückstellungen, optional: Folgen von ordentlichen und verdeckten Gewinnausschüttungen für die Einkünfte der Gesellschafter		B 4, B 5		
Gewerbesteuer (GewSt): Arten und Formen des Gewerbebetriebes, Berechnungsschema GewSt, Ausgangsgröße handelsrechtlicher Gewinn, Ermittlung steuerrechtlicher Gewinn		C 2, C 3.1		
Hinzurechnungen § 8 GewStG (Nr. 1a Entgelte für Schulden, Nr. 1c Gewinnanteile stiller Gesellschafter, Nr. 1d–e Miet- und Pachtaufwendungen, Nr. 8 Verlust aus einer Beteiligung an einer Personengesellschaft, Nr. 9 Spenden bei Kapitalgesellschaften)		C 3.2		
Kürzungen § 9 GewStG (Nr. 1 Grundbesitz, Nr. 2 Gewinnanteile Personengesellschaften, Nr. 5 Spenden)		C 3.3		
Berechnung vorläufiger Gewerbeertrag: Gewerbeverlust § 10a GewStG		C 3.4, C 3.5		
Berechnung endgültiger Gewerbeertrag: Freibetrag § 11 (1) GewStG, Steuermessbetrag und -zahl § 11 GewStG		C 3.6		
Hebesatz § 16 GewStG, GewSt-Zerlegung, GewSt-Vorauszahlung und GewSt-Rückstellungen (inkl. Buchungen), Steuerermäßigung § 35 EStG, Erhebungsverfahren in Grundzügen		C 4, C 5		

Lernfeld 10: Jahresabschlüsse erstellen und auswerten				
Sachthema	S 1	S 2	B 1	B 2
Bilanzierungspflicht			**2** (S. 7)	A 2
Ansatzvorschriften: §§ 247, 246 (1) HGB, Definition Betriebsvermögen		A 8		A 5.1
Bewertungsmaßstäbe: Anschaffungskosten, Herstellungskosten, Teilwert		A 9		A 5.2
Bewertungsvorschriften: Saldierungsverbot § 246 (2) HGB, Einzelbewertung § 252 (1) Nr. 3 HGB, Stichtagsprinzip §§ 252 (1) Nr. 3, 241 HGB, Vorsichtsprinzip § 252 (1) Nr. 4 HGB, Wertaufhellungsprinzip § 252 (1) Nr. 4 HGB, Realisationsprinzip § 252 (1) Nr. 4 HGB, Periodisierungsprinzip § 252 (1) Nr. 5 HGB, Stetigkeitsprinzip § 252 (1) Nr. 6 HGB, Anschaffungswertprinzip § 253 (1) HGB, Niederstwertprinzip § 253 (3) HGB, § 6 (1) Nr. 1, 1b, 2 EStG		A 9		A 2, A 5.2
Zeitliche Abgrenzung: aktive und passive Rechnungsabgrenzung, sonstige Forderungen und sonstige Verbindlichkeiten, Abgrenzung USt, Vorsteuer				A 4
Bewertung Anlagevermögen: nur Sachanlagen, keine immateriellen Wirtschaftsgüter				A 6
Bewertung Umlaufvermögen: Vorräte (Lifo, Fifo, Durchschnittsbewertung) § 6 (1) Nr. 2a EStG, Forderungen				A 7
Bewertung Fremdkapital: nur Bewertung Rückstellungen (keine Pensionsrückstellungen)				A 8, A 9
Abschlussbuchungen				A 3
Buchung der nicht abzugsfähigen Betriebsausgaben: Geschenke, Bewirtung, Fahrten Wohnung-Betrieb, Reisekosten Unternehmer/-in, Gewerbesteuer			**8.2.2** (S. 371)	
Bilanzkennzahlen: nur Eigenkapital- und Umsatzrentabilität, Working Capital (andere Kennzahlen in Lernfeld 7), Umsatzsteuerverprobung				B 2, B 3

Lernfeld 11: Verwaltungsakte prüfen, Rechtsbehelfe und Anträge vorbereiten

Sachthema	S 1	S 2	B 1	B 2
Phasen des Besteuerungsverfahrens: Ermittlungs-, Festsetzungs-, Einspruchs- und Erhebungsverfahren	B 5, B 10.4			
Örtliche Zuständigkeit der Finanzämter nach Steuerart und gesonderten Feststellungen	B 2.2			
Erklärungsfristen für natürliche Personen mit und ohne Berater/-in	B 5.1			
Verwaltungsakte: Begriff und Arten, insbesondere Steuerbescheide (Inhalt und Arten, Vorbehalts- und Vorläufigkeitsfestsetzungen, Grundlagenbescheide), Festsetzungsverjährung	B 3, B 6			
Einspruchsverfahren: Einspruchsfrist, Wiedereinsetzung in den vorigen Stand, Einspruch, Aussetzung der Vollziehung	B 4.3, B 4.4, B 9.1			
Berichtigungsvorschriften: schlichte Änderung gemäß § 172 AO, neue Tatsachen und Beweismittel (nur Grundfälle) § 173 AO, Grundlagenbescheide § 175 AO, offenbare Unrichtigkeiten § 129, § 173a AO)	B 7			
Erhebungsverfahren: Wirksamkeit der Zahlung § 224 AO ohne Scheck, Reihenfolge der Tilgung, Aufrechnung; Stundung, Erlass, Zahlungsverjährung	B 8			
steuerliche Nebenleistungen: Verspätungszuschlag (nur bei Einkommensteuererklärungen, Ermessensentscheidung nach § 152 (1), automatische Festsetzung nach § 152 (2), Festsetzung in Erstattungsfällen § 152 (3) Nr. 3 AO, Säumniszuschlag § 240 AO, Zinsen §§ 233a ff AO)	B 4.5			
mögliche Gesetzesverstöße: Hinweis auf Geldwäschegesetz, Überblick über Steuerordnungswidrigkeiten und Steuerstraftaten	B 10			

Abkürzungsverzeichnis

A	=	Abschnitt
AB	=	Anfangsbestand
AfA	=	Absetzung für Abnutzung
AG	=	Aktiengesellschaft
AktG	=	Aktiengesetz
AK	=	Anschaffungskosten
aLuL	=	aus Lieferungen und Leistungen
AN	=	Arbeitnehmer
ANK	=	Anschaffungsnebenkosten
AO	=	Abgabenordnung
AR	=	Ausgangsrechnung
AV	=	Anlagevermögen/Arbeitslosenversicherung
B	=	Berichtigungsschlüssel
BA	=	Bundesanzeiger/Betriebsausgaben
BdF	=	Bundesminister der Finanzen
BFH	=	Bundesfinanzhof
BGA	=	Betriebs- und Geschäftsausstattung
BGB	=	Bürgerliches Gesetzbuch
BilMoG	=	Bilanzrechtsmodernisierungsgesetz
BMF	=	Bundesministerium der Finanzen
BpO	=	Betriebsprüfungsordnung
BStBl	=	Bundessteuerblatt
BuG	=	Betriebs- und Geschäftsausstattung
BV	=	Betriebsvermögen
BWA	=	Betriebswirtschaftliche Auswertung
DATEV	=	Datenverarbeitungsorganisation des steuerberatenden Berufes in der Bundesrepublik Deutschland eG
DB	=	Der Betrieb
Eh.	=	Einzelhandel
e.K.	=	eingetragener Kaufmann
EK	=	Eigenkapital
ER	=	Eingangsrechnung
ESt	=	Einkommensteuer
EStDV	=	Einkommensteuer-Durchführungsverordnung
EStH	=	Amtliches Einkommensteuer-Handbuch
EStG	=	Einkommensteuergesetz
EStR	=	Einkommensteuer-Richtlinien
EU	=	Europäische Union
EUSt	=	Einfuhrumsatzsteuer
EV	=	Eigenverbrauch
FA	=	Finanzamt
FK	=	Fremdkapital
GewSt	=	Gewerbesteuer
GKR	=	Gemeinschaftskontenrahmen der Industrie
GmbH	=	Gesellschaft mit beschränkter Haftung
GoB	=	Grundsätze ordnungsgemäßer Buchführung

GoBS	=	Grundsätze ordnungsgemäßer DV-gestützter Buchführungssysteme
GoS	=	Grundsätze ordnungsgemäßer Speicherbuchführung
GuVK	=	Gewinn- und Verlustkonto
GuVR	=	Gewinn- und Verlustrechnung
GWG	=	geringwertiges Wirtschaftsgut
H	=	Hinweise/Haben
HAÜ	=	Hauptabschlussübersicht
HB	=	Handelsbilanz
HGB	=	Handelsgesetzbuch
HK	=	Herstellungskosten
HR	=	Handelsregister
IDW	=	Hauptausschuss des Instituts für Wirtschaftsprüfer
IKR	=	Industriekontenrahmen
INSO	=	Insolvenzgeldumlage
K	=	Kontokorrent
KG	=	Kommanditgesellschaft
KiSt	=	Kirchensteuer
KSt	=	Körperschaftsteuer
KV	=	Krankenversicherung
LFZG	=	Lohnfortzahlungsgesetz
LSt	=	Lohnsteuer
LStDV	=	Lohnsteuer-Durchführungsverordnung
MwStSystR	=	Mehrwertsteuer-Systemrichtlinie
m.Z.	=	mit Zinsschein
ND	=	Nutzungsdauer
OFD	=	Oberfinanzdirektion
OHG	=	offene Handelsgesellschaft
o.Z.	=	ohne Zinsschein
PflegeVG	=	Pflegeversicherungsgesetz
PV	=	Pflegeversicherung
PublG	=	Publizitätsgesetz
R	=	Richtlinie
rkr.	=	rechtskräftig
RV	=	Rentenversicherung
Rz.	=	Randziffer/Randzahl
S	=	Soll
SachbezV	=	Sachbezugsverordnung
SB	=	Schlussbestand
SBK	=	Schlussbilanzkonto
SKR	=	Spezialkontenrahmen
sL	=	sonstige Leistung
SolZ	=	Solidaritätszuschlag
SolZG	=	Solidaritätszuschlagsgesetz
StB	=	Steuerbilanz
StBereinG	=	Steuerbereinigungsgesetz
StEntlG	=	Steuerentlastungsgesetz 1999/2000/2002
StEuglG	=	Steuer-Euroglättungsgesetz
SV	=	Saldovortrag

SvEV	=	Sozialversicherungsentgeltverordnung
Tz.	=	Textziffer/Textzahl
U 1	=	Umlage 1
U 2	=	Umlage 2
USt	=	Umsatzsteuer
UStAE	=	Umsatzsteuer-Anwendungserlass
UStDV	=	Umsatzsteuer-Durchführungsverordnung
USt-IdNr.	=	Umsatzsteuer-Identifikationsnummer
USt-IdNrn.	=	Umsatzsteuer-Identifikationsnummern
UV	=	Umlaufvermögen
vBP	=	vereidigter Buchprüfer
VermBG	=	Vermögensbildungsgesetz
VoSt	=	Vorsteuer
VSt	=	Vermögensteuer
vwL	=	vermögenswirksame Leistungen
VZ	=	Veranlagungszeitraum
WG	=	Wechselgesetz
WoBauFG	=	Wohnungsbauförderungsgesetz
WoPG	=	Wohnungsbau-Prämiengesetz
WP	=	Wirtschaftsprüfer
WStG	=	Wechselsteuergesetz
ZM	=	Zusammenfassende Meldung

Grundlagen der Buchführung für Industrie- und Handelsbetriebe

1 Einführung in das betriebliche Rechnungswesen

1.1 Begriff

Das **betriebliche Rechnungswesen** ist ein System zur Ermittlung, Verarbeitung, Speicherung und Abgabe von Informationen über ausgewählte wirtschaftliche und rechtliche Vorgänge eines Betriebes für Zwecke der Planung, Steuerung und Kontrolle.
Nach dem Buchführungserlass aus dem Jahre 1937 wird das betriebliche Rechnungswesen in **vier Teilbereiche** gegliedert:

1. **Buchführung** (Zeitraumrechnung),
2. **Kalkulation** (Stückrechnung),
3. **Statistik** (Vergleichsrechnung) und
4. **Planung** (Vorschaurechnung).

zu 1. Buchführung

Die **Buchführung** ist eine **Zeitraumrechnung**. Sie erfasst die Vermögens- und Kapitalbestände und deren Veränderung zum Zwecke der Ermittlung des Erfolges eines Rechnungszeitraumes (Jahr, Monat). Vermögen und Kapital werden nach Art, Menge und Wert aufgezeichnet. Der Erfolg kann Gewinn oder Verlust sein.
Die Buchführung wurde erstmals 1494 durch den Franziskanermönch **Luca Pacioli** zusammenfassend dargestellt.

zu 2. Kalkulation

Die **Kalkulation** wird in der modernen Literatur als Kosten- und Leistungsrechnung bezeichnet. Die Kosten- und Leistungsrechnung ist eine **Stück- bzw. Leistungseinheitsrechnung**.
Die **Kostenrechnung** erfasst den in Geld bewerteten Gütereinsatz zur Herstellung von Erzeugnissen, zur Bereitstellung von Waren oder Dienstleistungen. Ihr Zweck ist die Ermittlung der Selbstkosten des hergestellten Produktes bzw. der Leistungseinheit.
Die **Leistungsrechnung** hat die Aufgabe, die betrieblichen Leistungen, gemessen an den Umsatzerlösen, Bestandsveränderungen und innerbetrieblichen Eigenleistungen, zu erfassen und sie den Kosten gegenüberzustellen.

zu 3. Statistik

Die **Statistik** ist eine Vergleichsrechnung. Sie besteht in der zahlenmäßigen Erfassung von immer wiederkehrenden Vorgängen (Umsätze, Auftragseingänge, Zahlungsströme, Laufstunden von Maschinen). Als Quelle der Statistik dient die Buchführung mit ihren Belegen und Erhebungen durch unmittelbare Mengenfeststellung mittels Zählung.

zu 4. Planung

Unter **Planung** ist eine Vorschaurechnung zu verstehen. Sie ist eine auf die Zukunft gerichtete Rechnung und besteht in der Aufstellung und Vorgabe von Sollzahlen für begrenzte Zeiträume oder Projekte.

1.2 Aufgaben des betrieblichen Rechnungswesens

Aufgaben des betrieblichen Rechnungswesens sind

1. die Ermittlung von Prognoseinformationen zur Unterstützung der betrieblichen Planung (**Entscheidungsvorbereitung**),
2. die Ermittlung von Vergangenheitsinformationen für Zwecke der Rechenschaftslegung (**Dokumentation**),
3. die Ermittlung von Informationen über Soll-Ist-Abweichungen (**Überwachung**, **Kontrolle**) und
4. die Steuerung fremden Verhaltens in Richtung auf betriebszielerfüllende Handlungsweisen (**Steuerung**, **Lenkung**).

Das betriebliche Rechnungswesen dient mit seiner **Informationsfunktion** vor allem der **Unternehmensführung** als Entscheidungsgrundlage und Frühwarnsystem. Die im betrieblichen Rechnungswesen vorhandenen Informationen stellen eine fundierte Basis für betriebswirtschaftliche Entscheidungen (z. B. Investitionen) dar und zeigen beim Abweichen von vorgegebenen Werten der Unternehmensführung frühzeitig Handlungsbedarf an.

Das betriebliche Rechnungswesen hat aber auch die Aufgabe die **Außenwelt zu informieren**. So sind z. B. große Kapitalgesellschaften (z. B. Aktiengesellschaften) verpflichtet, ihre **Bilanz**, **Gewinn- und Verlustrechnung**, ihren **Anhang** und **Lagebericht** im elektronischen Unternehmensregister bekannt machen zu lassen (§ 325 Abs. 1 Satz 2 HGB).

Ebenfalls informiert das betriebliche Rechnungswesen über wesentliche **Besteuerungsgrundlagen** (z. B. **Umsatz**, **Gewinn**). Die Finanzverwaltung (**Finanzamt**) hat das **Recht nachzuprüfen**, **ob** die in den Steuererklärungen angegebenen **Besteuerungsgrundlagen stimmen**. Bei einer Prüfung wird mithilfe des betrieblichen Rechnungswesens festgestellt, ob die Steuern in der gesetzlich geschuldeten Höhe entrichtet worden sind.

Bei der Erfüllung der Aufgaben ist das betriebliche Rechnungswesen als **dynamisches System** anzusehen. Die relevanten Informationen werden zunächst **erhoben** (z. B. Belege), **gespeichert** (z. B. kontiert), **verarbeitet** (z. B. gebucht) und **erneut gespeichert** (z. B. Bilanz), bevor sie an interne (z. B. Unternehmensführung) oder externe Adressaten (z. B. Aktionäre) **abgegeben** werden.

1.3 Buchführung als Teilbereich des betrieblichen Rechnungswesens

1.3.1 Begriff

Die wirtschaftlichen und rechtlichen Vorgänge, die das betriebliche Rechnungswesen umfasst, verändern ständig **Vermögen und Schulden** eines Unternehmens, und zwar durch

- Einkäufe,
- Lagerungen,
- Nutzung und Verbrauch von Gebäuden, Maschinen, Werkzeugen, Werkstoffen,
- Inanspruchnahme von Dienstleistungen und
- Verkäufe.

Diese Vorgänge bezeichnet man als **Geschäftsvorfälle**. Die planmäßige, lückenlose und ordnungsmäßige **Erfassung der Geschäftsvorfälle** eines Unternehmens mit ihrem wesentlichen Inhalt und ihrem Geldwert mithilfe von Belegen bezeichnet man als **Buchführung**.

Die **Art der Geschäftsvorfälle** ist davon abhängig, welchem **Wirtschaftszweig** (**Industrie oder Handel**) ein Unternehmen angehört.
Damit **alle Arten der Geschäftsvorfälle** dargestellt werden können, wird im Folgenden von einem **kombinierten Industrie- und Handelsbetrieb**, der J & L Möbelfabrik GmbH, ausgegangen, der neben **industriellen Erzeugnissen** (Tische), die **selbst hergestellt** werden, noch **Handelswaren** (Stühle) führt, die ohne Be- oder Verarbeitung weiterverkauft werden:

J & L Möbelfabrik GmbH

	Einkauf		Produktion				Verkauf
Industrie	**Betriebsmittel** z.B. Gebäude Maschinen Werkzeuge **Werkstoffe** **Rohstoffe** (z.B. Holz) **Hilfsstoffe** (z.B. Leim) **Betriebsstoffe** (z.B. Treibstoffe für Maschinen)	→	Zuschneiderei	Hobelei	Montage	→	Fertigerzeugnisse **(Tische)**
Handel	**Waren** (Stühle)	→				→	Waren (**Stühle**)

Buchungsrelevante Vorgänge (**Geschäftsvorfälle**) der **J & L Möbelfabrik GmbH**		
	Beispiele	
Industrie	Kauf einer Kreissäge auf Ziel (auf Kredit)	3.000 €
	Kauf einer Fräsmaschine durch Banküberweisung	5.000 €
	Barkauf von Holz für Tische	500 €
	Zielkauf von Schrauben für Tische	50 €
	Zielkauf von Farben für Tische	250 €
	Barkauf von Schmieröl für die Fräsmaschine	110 €
	Verkauf von Fertigerzeugnissen (Tischen) auf Ziel	2.500 €
Handel	Kauf von Stühlen durch Banküberweisung	650 €
	Zielverkauf von Stühlen	1.200 €

1.3.2 Aufgaben der Buchführung

Die **Buchführung** bildet mit ihrem Zahlenmaterial heute eine **wichtige Grundlage** für das **gesamte betriebliche Rechnungswesen**. Die **Buchführung dient** vor allem:

1. der **Selbstinformation** des Unternehmers,
2. der **Rechenschaftslegung** gegenüber den Gesellschaftern,
3. dem Nachweis der **Besteuerungsgrundlagen**,
4. dem **Gläubigerschutz** und
5. als **Beweismittel**.

1.3.2.1 Selbstinformation

Anhand der **Buchführung** kann sich der Unternehmer darüber **informieren**:

- wie sich sein Vermögen und seine Schulden zusammensetzen und verändern,
- welchen Gewinn oder Verlust er innerhalb eines Zeitraums erwirtschaftet hat,
- welche Aufwendungen und Erträge seinen Erfolg im Einzelnen nach Art und Höhe beeinflusst haben,
- wie hoch seine Privatentnahmen sind.

1.3.2.2 Rechenschaftslegung

Oft ist ein **Einzelunternehmer nicht** in der Lage, das erforderliche **Eigenkapital allein aufzubringen**. Andere beteiligen sich am Unternehmen, das dann in der Form einer **Gesellschaft** betrieben wird.

Die kapitalmäßige Beteiligung ist nicht immer mit einer Beteiligung an der Geschäftsführung verbunden, sodass Kapital**geber** und Kapital**verwalter verschiedene Personen** sind. Dies gilt z.B. für die stille Gesellschaft, die Kommanditgesellschaft (KG), die GmbH und die AG.

Wer fremdes Kapital verwaltet, schuldet dem Kapital**geber** **Rechenschaft** über seine **Verwaltung**. Dieser allgemeine Grundsatz gilt auch im Gesellschaftsrecht.
Grundlage der **Rechenschaftslegung** ist die **Buchführung**.

1.3.2.3 Besteuerungsgrundlagen

Wesentliche **Besteuerungsgrundlagen** ergeben sich aus der **Buchführung** (z.B. **Umsatz**, **Gewinn**).

Das **Finanzamt** hat das **Recht**, die **Besteuerungsgrundlagen** zu **überprüfen**.

Bei einer Prüfung dient die **Buchführung** als Kontrollmittel. Mit ihrer Hilfe kann festgestellt werden, ob die Steuern in der gesetzlich geschuldeten Höhe entrichtet worden sind.

1.3.2.4 Gläubigerschutz

Die **Buchführung** dient **direkt** und **indirekt** auch dem **Gläubigerschutz**.

Der **direkte** Gläubigerschutz besteht z.B. darin, dass sich eine Bank anhand geprüfter Buchführungszahlen vor der Gewährung eines Kredits ein Urteil über die Kreditwürdigkeit des Kreditnehmers bildet und sich während der Laufzeit des Kredits Kenntnisse über dessen wirtschaftliche Lage verschafft.

Indirekt dient die Buchführung dem Gläubigerschutz, wenn sie den Unternehmer davor bewahrt, die eigene wirtschaftliche Lage falsch zu beurteilen, falsche unternehmerische Entscheidungen zu treffen und durch zu hohe Privatentnahmen die Haftungsmasse (= das Vermögen) zum Nachteil der Gläubiger zu verringern.

1.3.2.5 Beweismittel

Schließlich können Handelsbücher in einem Prozess als **Beweismittel** dienen. Das **Gericht** kann die Vorlegung der Handelsbücher anordnen (§ 258 Abs. 1 HGB).

Welche Beweiskraft den vorgelegten Büchern beizulegen ist, entscheidet der Richter nach dem prozessualen Grundsatz freier Beweiswürdigung; ggf. zieht er einen vereidigten Buchprüfer bzw. Wirtschaftsprüfer als Sachverständigen hinzu.

1.4 Erfolgskontrolle

Wiederholungsfragen

1. Was versteht man unter dem betrieblichen Rechnungswesen?
2. Was bezeichnet man als Buchführung?
3. In welche Teilbereiche kann das Rechnungswesen gegliedert werden?
4. Welche Aufgaben hat das betriebliche Rechnungswesen zu erfüllen?
5. Welches Interesse hat das Finanzamt an der Buchführung?

Aufgaben

AUFGABE 1

Welcher der nachstehenden Arbeitsbereiche gehört nicht zu den Teilbereichen des betrieblichen Rechnungswesens? Kreuzen Sie die richtige Lösung an.

(a) Kalkulation
(b) Statistik
(c) Werbung
(d) Buchführung

AUFGABE 2

Setzen Sie die gesuchten Aufgaben der Buchführung in die richtigen Zeilen ein.
Die Buchstaben in den unterlegten Feldern ergeben das Lösungswort.

1.															9						
2.	1							6						4							
3.		2			5						8										
4.																	3				
5.												7		10							

Wenn die Buchführung die ihr gestellten Aufgaben erfüllt, dann kann

1. sich der Unternehmer selbst einen Überblick über die Zusammensetzung seines Vermögens und seiner Schulden verschaffen,
2. ein Gesellschafter des Unternehmens die Geschäftsführung kontrollieren,
3. sie auch vor Gericht verwertet werden,
4. das Finanzamt prüfen, ob der in der Steuererklärung ausgewiesene Gewinn stimmt,
5. die Hausbank die Kreditwürdigkeit prüfen.

Lösungswort:

1	2	3	4	5	6	7		8	9	10
							K			

AUFGABE 3

Welche der nachstehenden Aktionen führt in der Buchführung des Unternehmers Paretzki, Mannheim, zu einem Geschäftsvorfall? Kreuzen Sie die richtige Lösung an.

(a) Paretzki erhält von dem Hersteller Weber, Stuttgart, ein Angebot.
(b) Paretzki schließt mit Weber einen Kaufvertrag ab.
(c) Paretzki erhält die erste Warenlieferung.
(d) Paretzki erhält die Eingangsrechnung über die Warenlieferung.

10 LF

2 Buchführungs- und Aufzeichnungsvorschriften

2 LF

2.1 Handels- und steuerrechtliche Buchführungspflicht

Ob Bücher zu führen sind, ist **nicht** in das Ermessen des Unternehmers gestellt. Der Unternehmer ist vielmehr **gesetzlich verpflichtet**, Bücher zu führen, wenn bestimmte Voraussetzungen erfüllt sind. Buchführungsvorschriften sind sowohl im **Handelsrecht** als auch im **Steuerrecht** enthalten.

2 LF

2.1.1 Handelsrechtliche Buchführungspflicht

Die **handelsrechtliche** Buchführungspflicht knüpft an die **Kaufmannseigenschaft** an. Nach § 238 Abs. 1 Satz 1 HGB ist jeder **Kaufmann** verpflichtet, Bücher zu führen.
Kaufmann ist, wer ein **Handelsgewerbe** betreibt (§ 1 Abs. 1 HGB).

Handelsgewerbe ist jeder **Gewerbebetrieb**, es sei denn, dass das Unternehmen nach Art oder Umfang einen in kaufmännischer Weise eingerichteten Geschäftsbetrieb (kaufmännische Organisation) **nicht** erfordert (§ 1 Abs. 2 HGB). Ob ein **Gewerbebetrieb** vorliegt, richtet sich nach den Merkmalen des § 15 Abs. 2 EStG.

Ein **Gewerbebetrieb** liegt nach § 15 Abs. 2 EStG vor, wenn folgende Merkmale erfüllt sind:

- Selbständigkeit,
- Nachhaltigkeit,
- Gewinnerzielungsabsicht,
- Beteiligung am allgemeinen wirtschaftlichen Verkehr und
- keine Land- und Forstwirtschaft, keine freie Berufstätigkeit und keine andere selbständige Arbeit.

Unternehmer, die einen **Gewerbebetrieb** im Sinne des § 15 Abs. 2 EStG führen, bezeichnet man als **gewerbliche Unternehmer**.

BEISPIEL

Der ehemalige Kellner Hans Müller pachtet eine Gastwirtschaft, die er auf eigene Rechnung bewirtschaftet. Er beschäftigt keine Angestellten. Die Wareneinkäufe erfolgen durch Barzahlungen.

Hans Müller ist **gewerblicher Unternehmer**, weil er einen Gewerbebetrieb führt, bei dem alle Merkmale des § 15 Abs. 2 EStG erfüllt sind.

Gewerbliche Unternehmer, deren Unternehmen nach Art oder Umfang einen in kaufmännischer Weise eingerichteten Geschäftsbetrieb **nicht** erfordern (**Kleingewerbetreibende**), sind **keine Kaufleute**.

Anhaltspunkte für einen in kaufmännischer Weise eingerichteten Geschäftsbetrieb (**kaufmännische Organisation**) sind z. B.:

- ein hoher Umsatz,
- eine hohe Mitarbeiterzahl,
- ein umfangreiches Warenangebot,
- vielfältige Geschäftskontakte sowie
- ein hoher Bestand an Forderungen aLuL oder Verbindlichkeiten aLuL.

BEISPIEL

Bei dem gewerblichen Unternehmer Hans Müller (Beispiel zuvor) liegen keine Anhaltspunkte für eine kaufmännische Organisation vor.

Hans Müller ist als Kleingewerbetreibender **kein Kaufmann** und damit nach § 238 HGB **nicht buchführungspflichtig**.

Gewerbliche Unternehmer, deren Unternehmen nach Art oder Umfang einen in kaufmännischer Weise eingerichteten Geschäftsbetrieb (**kaufmännische Organisation**) **erfordern**, sind **Kaufleute** und damit **verpflichtet**, **Bücher zu führen** (§ 238 Abs. 1 Satz 1 HGB).

BEISPIEL

Franz Wichtig hat in diesem Jahr einen Supermarkt in Bonn eröffnet. Er beschäftigt 15 Arbeitskräfte. Wichtig rechnet in diesem Jahr mit einem Umsatz von 900.000 € und einem Gewinn von 90.000 €. Die Wareneinkäufe erfolgen regelmäßig „auf Ziel".

Franz Wichtig ist **Kaufmann** und damit **buchführungspflichtig**, weil sein Gewerbebetrieb eine kaufmännische Organisation erfordert (hoher Umsatz, hohe Mitarbeiterzahl, umfangreiches Warenangebot, vielfältige Geschäftskontakte).

Handelsrechtlich buchführungspflichtig ist **jeder gewerbliche Unternehmer**, dessen Unternehmen nach Art oder Umfang einen in kaufmännischer Weise eingerichteten Geschäftsbetrieb erfordert, **unabhängig** von der **Eintragung** in das Handelsregister (HR); die Eintragung hat insoweit nur deklaratorische (rechtsbezeugende) Wirkung. Das Handelsregister wird **elektronisch** geführt (§ 8 Abs. 1 HGB).

Für **Kleingewerbetreibende** besteht die Möglichkeit, die **Kaufmannseigenschaft** freiwillig durch **Eintragung** in das Handelsregister zu erlangen.

Ein gewerbliches Unternehmen, dessen Gewerbebetrieb nicht schon nach § 1 Abs. 2 HGB Handelsgewerbe ist, **gilt** als **Handelsgewerbe** i.S.d. HGB, **wenn** die Firma des Unternehmens in das Handelsregister **eingetragen** ist (§ 2 HGB). In diesem Fall kommt der Eintragung in das Handelsregister eine konstitutive (rechtsbegründende) Wirkung zu.

Mit der Erlangung der **Kaufmannseigenschaft** durch die freiwillige Eintragung ins Handelsregister wird der **Kleingewerbetreibende** handelsrechtlich **buchführungspflichtig**.

BEISPIEL

Der gewerbliche Unternehmer Hans Müller, dessen Unternehmen **keine** kaufmännische Organisation erfordert, lässt sich **freiwillig** in das Handelsregister eintragen und firmiert in Zukunft als „Hans Müller e.K.".

Hans Müller ist durch Eintragung **Kaufmann** und damit **buchführungspflichtig**.

Land- und Forstwirte und Handelsgesellschaften (z.B. AG, GmbH, KG, OHG), die keine gewerblichen Unternehmen sind, werden ebenfalls **durch Eintragung** in das Handelsregister zum **Kaufmann** und damit **buchführungspflichtig** (§§ 3 und 6 HGB).

Eine Ausnahme von der handelsrechtlichen Buchführungspflicht besteht für Einzelkaufleute, die an **zwei aufeinander folgenden Abschlussstichtagen** die **beiden** folgenden Schwellenwerte **nicht überschreiten** (§ 241a HGB):

- **Umsatz** **800.000 Euro und**
- **Jahresüberschuss** **80.000 Euro.**

Bei **Neugründung** kann bereits auf eine Buchführung verzichtet werden, wenn die Schwellenwerte am **ersten** Abschlussstichtag nach der Neugründung nicht überschritten werden. Mit dieser Befreiungsregelung soll es Einzelkaufleuten, die unter die Schwellenwerte fallen, ermöglicht werden, ihren Gewinn durch eine **Einnahmen-Überschuss-Rechnung** i.S.d. § 4 Abs. 3 EStG zu ermitteln.

Zusammenfassung zu Abschnitt 2.1.1:

2.1.2 Steuerrechtliche Buchführungspflicht

Die **steuerrechtliche** Buchführungspflicht ist in den §§ 140 AO und 141 AO geregelt. Dabei wird zwischen der derivativen und der originären Buchführungspflicht unterschieden.

Die **derivative (abgeleitete)** Buchführungspflicht ist in **§ 140 AO** geregelt und lautet:

> „Wer nach anderen Gesetzen als den Steuergesetzen Bücher ... zu führen hat, die für die Besteuerung von Bedeutung sind, hat die Verpflichtungen, die ihm nach den anderen Gesetzen obliegen, auch für die Besteuerung zu erfüllen."

Unter **§140 AO** fallen alle nach HGB **buchführungspflichtigen Kaufleute**, denn sie sind nach „**Nichtsteuergesetzen**“ (z.B. nach dem **HGB**) verpflichtet, Bücher zu führen.

Darüber hinaus werden **Gewerbetreibende sowie Land- und Forstwirte**, soweit sie nicht buchführungspflichtige Kaufleute sind und damit bereits durch § 140 AO erfasst werden, nach **§ 141 AO** buchführungspflichtig, wenn sie bestimmte Grenzen überschreiten (= **originäre** Buchführungspflicht).

Gewerbetreibende sowie **Land- und Forstwirte**, die nach den Feststellungen der Finanzbehörde für den einzelnen Betrieb die folgenden Grenzen überschreiten, sind nach **§141 AO** buchführungspflichtig:

- **Umsätze** von mehr als **800.000 Euro** im **Kalenderjahr** oder
- **Gewinn aus Gewerbebetrieb** von mehr als **80.000 Euro** im Wirtschaftsjahr oder
- **Gewinn aus Land- und Forstwirtschaft** von mehr als **80.000 Euro** im Kalenderjahr.

Selbständig Tätige mit Einkünften im Sinne des § 18 EStG (z.B. Ärzte, Rechtsanwälte, Wirtschaftsprüfer, Steuerberater) **fallen nicht unter §141 AO**.

Während die **handelsrechtliche** – und damit auch die **abgeleitete steuerliche** – Buchführungspflicht **grds. ab Erfüllung der Kaufmannseigenschaft** besteht, hat bei der **originären** steuerlichen Buchführungspflicht die **Finanzbehörde** den Steuerpflichtigen auf den **Beginn** der steuerlichen Buchführungspflicht **hinzuweisen**. Die steuerliche Buchführungspflicht besteht **erstmals** für das Wirtschaftsjahr, **das auf die Bekanntgabe** der Mitteilung durch das Finanzamt **folgt** (§ 142 Abs. 2 Satz 1 AO).

Diese Mitteilung soll dem Steuerpflichtigen **mindestens einen Monat** vor Beginn des Wirtschaftsjahres bekannt gegeben werden, von dessen Beginn ab die Buchführungspflicht zu erfüllen ist (AEAO zu §141, Nr. 4 Sätze 1 und 2).

BEISPIEL

Der Kioskbesitzer Albrecht, Koblenz, der Einkünfte aus Gewerbebetrieb erzielt, ist gemäß §1 Abs. 2 HGB **kein Kaufmann**. Anhand seiner Einkommensteuer- und Umsatzsteuererklärung für das Wirtschaftsjahr 2025 stellt die Finanzbehörde in 2026 folgende Beträge fest:

Umsatz	**150.000 €**,
Gewinn aus Gewerbebetrieb	**82.000 €**.

Nach **§140 AO** ist Albrecht **nicht buchführungspflichtig**, weil er als Nichtkaufmann keine Bücher führen muss. Nach **§141 AO** ist Albrecht jedoch **buchführungspflichtig**, weil er die Betragsgrenze des §141 Abs. 1 Nr. 4 AO (Gewinn aus Gewerbebetrieb) überschreitet.

Sofern die Finanzbehörde Albrecht bis November 2026 über die steuerliche Buchführungspflicht informiert, hat Albrecht **ab dem Wirtschaftsjahr 2027** nach § 141 AO Bücher zu führen.

Die steuerliche Buchführungspflicht **endet** mit dem **Ablauf des Wirtschaftsjahres**, das auf das Wirtschaftsjahr folgt, in dem die Finanzbehörde das Unterschreiten der Grenzen des §141 AO feststellt (§141 Abs. 2 Satz 2 AO). Im **Gegensatz** zur Befreiung von der **handelsrechtlichen** Buchführungspflicht müssen die Grenzen des §141 AO nicht an zwei aufeinander folgenden, sondern nur am Ende eines Wirtschaftsjahres unterschritten werden.

BEISPIEL

Der gewerbliche Unternehmer Erhard Rieß, Leipzig, dessen Unternehmen eine kaufmännische Organisation erfordert, hat in den Wirtschaftsjahren 2023 bis 2025 folgende Werte erzielt:

Wirtschaftsjahre	Umsatzerlöse €	Jahresüberschuss (= Gewinn) €
2023	820.000	70.000
2024	750.000	60.000
2025	770.000	65.000

Rieß war in 2023 **handelsrechtlich buchführungspflichtig**, da er wegen der erforderlichen kaufmännischen Organisation ein **Kaufmann** im Sinne des HGB war.

Steuerlich war er in 2023 aufgrund der **abgeleiteten** Buchführungspflicht des § 140 AO **ebenfalls buchführungspflichtig**. Das Gleiche gilt für die Wirtschafts- bzw. Geschäftsjahre 2024 und 2025.

Handelsrechtlich ist Rieß **ab 2026** von der Buchführungspflicht **befreit**, weil er als **Einzelkaufmann** an den beiden aufeinander folgenden Geschäftsjahren **2024 und 2025** die **Schwellenwerte** des § 241a HGB **unterschritten** hat.

Mit dem Ende der handelsrechtlichen Buchführungspflicht ist Rieß auch auf Basis der **abgeleiteten** steuerlichen Buchführungspflicht des § 140 AO ab 2026 **nicht mehr steuerlich buchführungspflichtig**.
Die **originäre** steuerrechtliche Buchführungspflicht des § 141 AO besteht aber **frühestens nicht mehr für das Wirtschaftsjahr 2027**, weil das Finanzamt frühestens für 2024 die **Unterschreitung der Grenzen des § 141 AO** feststellen und Rieß in 2025 mitteilen kann. Entsprechend endet die originäre steuerliche Buchführungspflicht erst **mit Ablauf des Wirtschaftsjahres 2026** (das Wirtschaftsjahr, das dem Jahr der Feststellung der entfallenen steuerlichen Buchführungspflicht folgt).

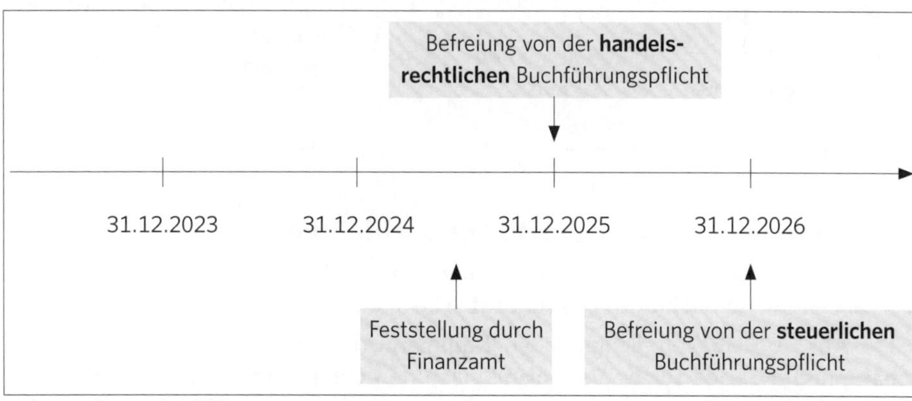

ÜBUNG →
1. Wiederholungsfragen 1 bis 5 (Seite 23),
2. Aufgaben 1 bis 3 (Seiten 23 f.)

Zusammenfassung zu Abschnitt 2.1.1 und 2.1.2:

Buchführungspflicht

nach Handelsrecht

§ 238 HGB

Nach dem Handelsrecht ist jeder **Kaufmann** verpflichtet, Bücher zu führen.

nach Steuerrecht

§ 140 AO

Wer nach **anderen Gesetzen als den Steuergesetzen** (z. B. HGB) Bücher zu führen hat, hat die Verpflichtung auch für die Besteuerung zu erfüllen.

§ 141 AO

Kaufleute

Ausnahme (§ 241a HBG):

Einzelkaufleute, die an **zwei** aufeinander folgenden Abschlussstichtagen die **beiden** folgenden Schwellenwerte **nicht** überschreiten, sind von der Buchführungspflicht **nach HGB befreit**:

1. Umsatz: 800.000 Euro **und**
2. Jahresüberschuss: 80.000 Euro.

Gewerbetreibende sowie **Land- und Forstwirte** sind auch dann buchführungspflichtig, wenn **eine** der folgenden Grenzen überschritten ist:

1. Umsätze > **800.000 Euro,**
2. Gewinn aus Gewerbebetrieb > **80.000 Euro,**
3. Gewinn aus Land- und Forstwirtschaft > **80.000 Euro.**

2.1.3 Grundsätze ordnungsmäßiger Buchführung

Sowohl das **Handelsrecht** als auch das **Steuerrecht** verlangen vom Buchführungspflichtigen, dass er bestimmte **Buchführungsgrundsätze** beachtet.

§ 238 Abs. 1 HGB verpflichtet jeden **Kaufmann**, in seinen Büchern seine Handelsgeschäfte und die Lage seines Vermögens nach den **Grundsätzen ordnungsmäßiger Buchführung** (**GoB**) ersichtlich zu machen. Nach den Vorschriften der **§§ 140 und 141 AO** gelten die Grundsätze ordnungsmäßiger Buchführung (**GoB**) auch für den **steuerrechtlich** zur Buchführung Verpflichteten.

In den **Ordnungsvorschriften** der §§ 238, 239 und 257 HGB sowie in § 146 AO ist bestimmt, wie eine ordnungsmäßige Buchhaltung beschaffen sein muss. Eine Buchführung ist **ordnungsgemäß**, wenn

- die für die kaufmännische Buchführung **erforderlichen Bücher** geführt werden,
- die **Bücher förmlich in Ordnung** sind und
- der **Inhalt sachlich richtig** ist [H 5.2 (GoB) EStH].

Das Bundesfinanzministerium hat darüber hinaus mit den Grundsätzen zur ordnungsmäßigen Führung und Aufbewahrung von Büchern, Aufzeichnungen und Unterlagen in **elektronischer** Form sowie zum Datenzugriff (**GoBD**) **ergänzende Regelungen** getroffen. Das BMF ist dabei auch auf die Nutzbarkeit der **modernen Speichermedien** ausführlich eingegangen und regelt den **elektronischen Datenzugriff der Finanzverwaltung** im Rahmen von Außenprüfungen (BMF-Schreiben vom 28.11.2019; IV A 4 - S 0316/19/10003 :001). Die GoBD umfassen beispielsweise folgende Anforderungen:

- Die buchungsmäßigen Geschäftsvorfälle müssen richtig, vollständig und zeitgerecht erfasst sein sowie sich in ihrer Entstehung und Abwicklung verfolgen lassen (**Beleg- und Journalfunktion**).
- Die Geschäftsvorfälle sind so zu verarbeiten, dass sie geordnet darstellbar sind und ein Überblick über die Vermögens- und Ertragslage gewährleistet ist (**Kontenfunktion**).
- Die **Buchungen** müssen einzeln und geordnet nach Konten und diese fortgeschrieben nach Kontensummen oder Salden sowie nach Abschlussposten dargestellt und jederzeit lesbar gemacht werden können.
- Ein **sachverständiger Dritter** muss sich in dem jeweiligen Verfahren der Buchführung in angemessener Zeit zurechtfinden und sich einen Überblick über die Geschäftsvorfälle und die Lage des Unternehmens verschaffen können.
- Das Verfahren der DV-Buchführung muss durch eine **Verfahrensdokumentation**, die sowohl die aktuellen als auch die historischen Verfahrensinhalte nachweist, verständlich und nachvollziehbar gemacht werden.
- Das in der Dokumentation beschriebene Verfahren muss dem in der Praxis eingesetzten Programm (Version) voll entsprechen (**Programmidentität**).

Die **Finanzverwaltung** hat im Rahmen einer **Außenprüfung** das Recht, Einsicht in gespeicherte Daten zu nehmen und das Datenverarbeitungssystem zur Prüfung dieser Unterlagen zu nutzen. Bei einem **Wechsel des Datenverarbeitungssystems** oder im Fall der **Auslagerung** von aufzeichnungs- und aufbewahrungspflichtigen Daten aus dem Produktivsystem **in ein anderes Datenverarbeitungssystem** muss das **Altsystem nicht über 10 Jahre betrieben** werden. Es ist ausreichend, wenn **nach Ablauf des fünften Kalenderjahres** nach Umstellung oder Auslagerung diese Daten ausschließlich auf einem maschinell lesbaren und maschinell auswertbaren **Datenträger** vorgehalten werden (§ 147 Abs. 6 AO).

ÜBUNG →	Wiederholungsfrage 6 (Seite 23)

2.1.4 Verstöße gegen die Buchführungspflicht und mögliche Folgen

Gegen die **Buchführungspflicht verstößt**, **wer** entweder

- **keine Bücher führt**, obwohl er dazu verpflichtet ist, oder
- seine **Bücher mangelhaft führt**.

Bei mangelhafter Führung der Bücher ist zwischen formellen und sachlichen Mängeln zu unterscheiden.

Beispiele für **formelle Mängel**:

- Abkürzungen, Ziffern, Buchstaben oder Symbole werden nicht eindeutig verwendet (z. B. Abkürzung „Ba" bedeutet einmal bar, dann Bank, dann Büroausstattung, dann Barscheck usw.);
- eine Buchung wird so verändert (z. B. durch Überschreiben oder Durchstreichen), dass ihr ursprünglicher Inhalt nicht mehr feststellbar ist;
- Buchungen werden in Bleistift vorgenommen;
- Buchungen werden mit Tintenex oder auf andere Weise (elektronisch) entfernt;
- Kasseneinnahmen und Kassenausgaben werden nicht täglich, sondern in größeren Zeitabständen festgehalten;
- Buchungen werden nicht in der Zeitfolge, sondern zeitlich ungeordnet vorgenommen;
- die Buchführung ist durch viele Stornobuchungen, Umbuchungen und Nachtragsbuchungen nicht mehr so klar und übersichtlich, dass sie einem sachverständigen Dritten innerhalb angemessener Frist einen Überblick über die Geschäftsvorfälle und die Vermögenslage ermöglicht.

Beispiele für **sachliche Mängel**:

- Ein buchungspflichtiger Geschäftsvorfall (z. B. der Barverkauf von Waren) ist nicht gebucht;
- ein fingierter (d. h. nicht existierender) Geschäftsvorfall (z. B. Privateinlage des Inhabers) wurde gebucht;
- ein Geschäftsvorfall wurde unvollständig gebucht (z. B. von einer Tageskasseneinnahme über 3.500 Euro wurden nur 3.200 Euro gebucht);
- ein Geschäftsvorfall (z. B. ein Kreditkauf von Waren) wurde im falschen Abrechnungszeitraum gebucht.

Ein **Kaufmann** kann **nicht unmittelbar** zur Erfüllung seiner **handelsrechtlichen** Buchführungs- und Bilanzierungspflicht **gezwungen werden**.

Die **Nichterfüllung** dieser Pflichten führt jedoch zur **Bestrafung**, wenn der Kaufmann seine Zahlungen eingestellt hat oder über sein Vermögen das Insolvenzverfahren eröffnet wurde (Fälle des einfachen und betrügerischen **Bankrotts**, §§ 283 und 283b Strafgesetzbuch).

Hat ein **steuerrechtlich** zur Buchführung Verpflichteter **keine Bücher geführt**, kann die Finanzbehörde die Erfüllung der Buchführungspflicht durch Auferlegung eines **Zwangsgeldes** erzwingen (§ 328 AO).

Das einzelne **Zwangsgeld** kann bis zu **25.000 Euro** betragen (§ 329 AO).

Bei fehlender Buchführung hat das Finanzamt die **Besteuerungsgrundlagen zu schätzen** (§ 162 AO).

Bei **formellen Mängeln** wird die Ordnungsmäßigkeit der Buchführung grundsätzlich **nicht** berührt, wenn die formellen Mängel so **gering** sind, dass das sachliche Ergebnis der Buchführung nicht beeinflusst wird (R 5.2 Abs. 2 EStR 2012).

Schwere und gewichtige formelle Mängel, die das Wesen der kaufmännischen Buchführung berühren, können dagegen zur **Verwerfung der Buchführung** führen.

Enthält die Buchführung **materielle Mängel**, so wird ihre Ordnungsmäßigkeit dadurch **nicht** berührt, **wenn** es sich um **unwesentliche** Mängel handelt, z.B. nur unbedeutende Vorgänge sind nicht oder falsch dargestellt. Derartige Fehler sind dann zu **berichtigen** oder das Buchführungsergebnis ist durch eine **Zuschätzung** (Ergänzungsschätzung) richtigzustellen (R 5.2 Abs. 2 EStR 2012).

Enthält die Buchführung dagegen **wesentliche**, also **schwerwiegende materielle Mängel**, so ist die Buchführung **nicht mehr ordnungsgemäß**. In diesem Fall ist eine **Vollschätzung** erforderlich (R 4.1 Abs. 2 Satz 3 EStR 2012).

Eine **Vollschätzung** nach § 162 AO ist vorzunehmen, wenn die Buchführung so schwerwiegende formelle und/oder materielle Mängel enthält, dass das ausgewiesene Buchergebnis auch durch eine Zuschätzung nicht richtiggestellt werden kann.

Die Inanspruchnahme von Steuervergünstigungen ist **nicht mehr von dem Vorliegen einer ordnungsmäßigen Buchführung abhängig**.

Werden buchungspflichtige Geschäftsvorfälle leichtfertig oder vorsätzlich nicht oder falsch gebucht und wird dadurch eine Verkürzung der Steuereinnahmen ermöglicht, liegt eine **Steuergefährdung** (= Ordnungswidrigkeit) vor, die mit einer **Geldbuße bis zu 5.000 Euro** geahndet werden kann (§ 379 AO).

Bei einer **Steuerverkürzung** im Sinne des § 378 AO kann die **Geldbuße** sogar **bis zu 50.000 Euro** betragen.

Liegt der Tatbestand der **Steuerhinterziehung** vor (§ 370 AO), können **Geldstrafen oder Freiheitsstrafen bis zu fünf Jahren**, in besonders schweren Fällen **bis zu zehn Jahren** verhängt werden.

Wer **gewerbsmäßig Einfuhr- oder Ausfuhrabgaben hinterzieht** oder gewerbsmäßig durch Zuwiderhandlungen gegen Monopolvorschriften **Bannbruch** begeht, wird mit Freiheitsstrafe von **sechs Monaten bis zu zehn Jahren** bestraft.
In **minder schweren Fällen** erfolgt eine Freiheitsstrafe **bis zu fünf Jahren** oder eine **Geldstrafe** (§ 373 Abs. 1 AO).

Das **Schaubild** auf der folgenden Seite gibt einen Überblick über die **Verstöße gegen** die steuerrechtliche **Buchführungspflicht und mögliche Folgen**.

Verstöße gegen die **Buchführungsvorschriften** und mögliche **Folgen**

Verstöße gegen steuerrechtliche Buchführungsvorschriften	mögliche **Folgen**
Verpflichteter führt **keine Bücher**	• Zwangsgeld bis **25.000 Euro** • Vollschätzung • bei Steuergefährdung Geldbuße bis **5.000 Euro** • bei Steuerverkürzung Geldbuße bis **50.000 Euro** • bei Steuerhinterziehung Geld- oder Freiheitsstrafen
Verpflichteter **führt Bücher mit** geringfügigen formellen oder unwesentlichen sachlichen Mängeln	Berichtigung durch Zuschätzung
Verpflichteter **führt Bücher mit** schweren und gewichtigen formellen oder sachlichen Mängeln	• Verwerfung der Buchführung • Vollschätzung • bei Steuergefährdung Geldbuße bis **5.000 Euro** • bei Steuerverkürzung Geldbuße bis **50.000 Euro** • bei Steuerhinterziehung Geld- oder Freiheitsstrafen

2.2 Aufzeichnungspflichten

Im **Steuerrecht** wird unterschieden zwischen **Buchführung und Aufzeichnungen**.

Die **Buchführung** erfasst **alle** Geschäftsvorfälle nach einem bestimmten **System** (z.B. doppelte Buchführung).
Aufzeichnungen erfassen **nur bestimmte steuerlich** bedeutsame Sachverhalte.

Die **Buchführung** ist also **umfassender als** die **Aufzeichnungen**.

Aufzeichnungen sind so vorzunehmen, dass der **Zweck** erreicht wird, den sie für die Besteuerung erfüllen sollen. Die **Ordnungsvorschriften** des § 146 AO gelten sowohl für die **Buchführung als auch** für die **Aufzeichnungen**.

Bei den **Aufzeichnungspflichten** sind zu unterscheiden:

1. die **originären** Aufzeichnungspflichten und
2. die **abgeleiteten** Aufzeichnungspflichten.

2.2.1 Originäre Aufzeichnungspflichten

Unter **originären** steuerrechtlichen **Aufzeichnungspflichten** sind solche zu verstehen, die sich **unmittelbar** aus Steuergesetzen ergeben.
Die wichtigsten **originären** Aufzeichnungspflichten werden im Folgenden erläutert.

2.2.1.1 Umsatzsteuerliche Aufzeichnungen

Der **Unternehmer** ist nach **§ 22 UStG** verpflichtet, zur Feststellung der Umsatzsteuer und der Grundlagen ihrer Berechnung Aufzeichnungen zu machen.

Aus den Aufzeichnungen müssen u.a. zu ersehen sein:

1. die vereinbarten bzw. vereinnahmten **Entgelte** für die vom Unternehmer **ausgeführten** Leistungen. Dabei ist ersichtlich zu machen, wie sich die Entgelte auf die steuerpflichtigen Umsätze, **getrennt nach Steuersätzen**, und auf die **steuerfreien Umsätze** verteilen;
2. die **vereinnahmten Entgelte** für **noch nicht ausgeführte** Leistungen. Dabei ist ersichtlich zu machen, wie sich die Entgelte auf die steuerpflichtigen Umsätze, **getrennt nach Steuersätzen**, und auf die **steuerfreien Umsätze** verteilen;
3. die **Bemessungsgrundlagen** für ausgeführte **unentgeltliche Leistungen**;
4. die **Entgelte** für **empfangene** Leistungen (Vorumsätze);
5. die **Bemessungsgrundlage** für die **Einfuhr** und
6. die **Bemessungsgrundlagen** für **innergemeinschaftlichen Erwerb** und die hierauf entfallenden **Steuerbeträge**.

Die Aufzeichnungen müssen so beschaffen sein, dass es einem **sachverständigen Dritten** innerhalb einer **angemessenen** Frist möglich ist, einen Überblick über die **Umsätze** des Unternehmers und die **abziehbare Vorsteuer** zu erhalten und die Grundlagen für die Steuerberechnung festzustellen (§ 63 Abs. 1 UStDV).

Buchführende Unternehmer erfüllen diese Aufzeichnungspflichten in der Regel dadurch, dass sie in ihrer Buchführung die **Konten den Anforderungen des § 22 UStG** entsprechend gliedern.

2.2.1.2 Aufzeichnung des Wareneingangs

Gewerbliche Unternehmer müssen nach **§ 143 AO** den Waren**eingang** gesondert aufzeichnen. Die Pflicht, den Wareneingang gesondert aufzuzeichnen, gilt für **alle gewerblichen** Unternehmer.
Land- und Forstwirte fallen **nicht** unter die Vorschrift des **§ 143 AO**.

Aufzuzeichnen sind alle Waren, Rohstoffe, unfertigen Erzeugnisse, Hilfsstoffe und Zutaten, die der Unternehmer im Rahmen seines Gewerbebetriebs zur Weiterveräußerung oder zum Verbrauch erwirbt (§ 143 Abs. 2 AO).

Nach **§ 143 Abs. 3 AO** müssen die Aufzeichnungen folgende **Angaben** enthalten:

1. den **Tag des Wareneingangs oder** das **Datum der Rechnung**,
2. den Namen oder die Firma und die Anschrift des **Lieferers**,
3. die handelsübliche **Bezeichnung** der Ware,
4. den **Preis** der Ware,
5. einen Hinweis auf den **Beleg**.

Eine bestimmte **Form** ist für die Aufzeichnung des Wareneingangs **nicht vorgeschrieben**.

Buchführende Gewerbetreibende erfüllen die Aufzeichnungspflicht des § 143 AO, wenn sich die geforderten Angaben aus der **Buchführung** ergeben.
Nichtbuchführende Gewerbetreibende erfüllen ihre Aufzeichnungspflichten nach § 143 AO in der Regel durch Führen eines **Wareneingangsbuchs**.

Die Aufzeichnung des Wareneingangs kann nach § 146 Abs. 5 Satz 1 AO auch in der **gesonderten Ablage von Belegen** bestehen (z.B. Offene-Posten-Buchführung) **oder** auf Datenträgern (z.B. Festplatten, CD-ROM) erfolgen.

2.2.1.3 Aufzeichnung des Warenausgangs

Gewerbliche Unternehmer, die nach Art ihres Geschäftsbetriebs Waren regelmäßig an **andere gewerbliche** Unternehmer zur Weiterveräußerung oder zum Verbrauch liefern, müssen nach § 144 AO den Waren**ausgang** gesondert aufzeichnen.
Die Pflicht, den Warenausgang gesondert aufzuzeichnen, gilt demnach **nur für bestimmte** gewerbliche Unternehmer.

Buchführungspflichtige Land- und Forstwirte, **die gewerbliche** Unternehmer (z.B. Obst- und Gemüsehändler) beliefern, müssen ebenfalls den Warenausgang gesondert aufzeichnen (§ 144 Abs. 5 AO).

Die Aufzeichnungen müssen nach § 144 Abs. 3 AO die folgenden **Angaben** enthalten:

1. den **Tag** des Warenausgangs oder das **Datum** der Rechnung,
2. den Namen oder die Firma und die Anschrift des **Abnehmers**,
3. die handelsübliche **Bezeichnung** der Ware,
4. den **Preis** der Ware,
5. einen Hinweis auf den **Beleg**.

Eine bestimmte **Form** ist für die Aufzeichnung des Warenausgangs **nicht vorgeschrieben**.

Bei **buchführenden** Unternehmern können die Aufzeichnungspflichten im Rahmen der **Buchführung** erfüllt werden.
Nichtbuchführende Steuerpflichtige erfüllen ihre Aufzeichnungspflicht in der Regel durch Führen eines **Warenausgangsbuches**.
Die Aufzeichnung des Warenausgangs kann ebenfalls durch die **geordnete Ablage der Belege** ersetzt werden **oder auf Datenträgern** erfolgen (§ 146 Abs. 5 AO).

2.2.1.4 Aufzeichnung bestimmter Betriebsausgaben

Land- und Forstwirte, **Gewerbetreibende und selbständig Tätige** sind nach § 4 Abs. 7 EStG verpflichtet, bestimmte Betriebsausgaben **einzeln und getrennt** von den anderen Betriebsausgaben aufzuzeichnen.
Zu den **aufzeichnungspflichtigen Betriebsausgaben** gehören nach **§ 4 Abs. 5 EStG** z.B. **Aufwendungen für Geschenke** an Geschäftsfreunde und **Aufwendungen für Bewirtung** von Geschäftsfreunden. Diese Aufwendungen sind z.T. bei der steuerlichen Gewinnermittlung **abzugsfähig** (z.B. Geschenke bis 50 Euro), z.T. sind sie **nicht abzugsfähig** (z.B. Geschenke über 50 Euro).
Soweit diese Betriebsausgaben nicht bereits nach den Vorschriften des EStG vom Abzug ausgeschlossen sind, dürfen sie bei der Gewinnermittlung nur berücksichtigt werden, wenn sie **besonders aufgezeichnet sind** (§ 4 Abs. 7 Satz 2 EStG).
Wie diese Aufzeichnungspflicht im Einzelnen zu erfüllen ist, ergibt sich aus den Einkommensteuer-Richtlinien (R 4.11 EStR 2012).

2.2.1.5 Aufzeichnung geringwertiger Wirtschaftsgüter des Anlagevermögens

Für geringwertige Wirtschaftsgüter (GWG) besteht eine steuerrechtliche Aufzeichnungspflicht, falls die Anschaffungs- oder Herstellungskosten (AK/HK) **netto 250 Euro übersteigen** (§ 6 Abs. 2 Sätze 4 und 5 EStG).

Geringwertige Wirtschaftsgüter i.S.d. § 6 Abs. 2 EStG müssen folgende Voraussetzungen erfüllen:

1. Die Wirtschaftsgüter müssen zum **beweglichen** abnutzbaren Anlagevermögen gehören.
2. Die Wirtschaftsgüter müssen einer **selbständigen Nutzung** fähig sein.
3. Die **AK/HK**, vermindert um einen darin enthaltenen Vorsteuerbetrag, oder der nach § 6 Abs. 1 Nr. 5 oder Nr. 6 EStG an deren Stelle tretende Wert dürfen für das einzelne Wirtschaftsgut **800 Euro** nicht übersteigen.

Die Aufzeichnungspflicht für GWG kann durch Aufzeichnung in einem gesonderten Verzeichnis oder durch Erfassung auf einem gesonderten Konto in der Buchführung erfolgen. Hierzu sehen die DATEV-Kontenrahmen spezielle Konten für die buchhalterische Erfassung vor.

Einzelheiten zur steuerlichen und handelsrechtlichen Behandlung von GWG erfolgen in der **Buchführung 2**, 37. Auflage, Seiten 100 ff. B 2

2.2.2 Abgeleitete Aufzeichnungspflichten

Aufzeichnungspflichten, die **nach anderen** als steuerrechtlichen Vorschriften bestehen, sind nach § 140 Abs. 1 AO auch für die Besteuerung zu erfüllen, wenn sie für diese von Bedeutung sind.

Von den vielen so genannten **außersteuerlichen** Aufzeichnungspflichten sind z.B. betroffen:

• Apotheker	Herstellungsbücher,
• Banken	Depotbücher,
• Bauträger und Baubetreuer	Bücher nach der Gewerbeordnung,
• Fahrschulen	Fahrschüler-Ausbildungsbücher,
• Gebrauchtwagenhändler	Gebrauchtwagenbücher,
• Handelsmakler	Tagebuch nach HGB,
• Heimarbeiter	Entgeltbücher,
• Hotel-, Gaststätten-und Pensionsgewerbe	Fremdenbücher,
• Reisebüro	Bücher nach der Gewerbeordnung,
• Winzer	Kellerbücher und Weinlagerbücher nach dem Weingesetz.

2.2.3 Folgen bei Nichterfüllung der Aufzeichnungspflichten

Die **Erfüllung** der steuerrechtlichen **Aufzeichnungspflichten** kann nach **§ 328 Abs. 1 AO erzwungen** werden.

Verstöße gegen die steuerrechtlichen **Aufzeichnungspflichten** werden wie Verstöße gegen die Buchführungspflicht behandelt.

ÜBUNG →	1. Wiederholungsfragen 7 bis 11 (Seite 23), 2. Aufgaben 4 und 5 (Seite 24)

2.3 Aufbewahrungspflichten der Buchführungs- und Aufzeichnungsunterlagen

Buchführungs- und Aufzeichnungsunterlagen müssen sowohl nach **Handelsrecht** (§ 257 HGB) als auch nach **Steuerrecht** (§ 147 AO) **aufbewahrt** werden.

Nach **Handelsrecht sind nur Kaufleute** verpflichtet, ihre Handelsbücher, Inventare, Eröffnungsbilanzen und Jahresabschlüsse (= Bilanzen und Gewinn- und Verlustrechnungen), Lageberichte sowie die zu ihrem Verständnis erforderlichen Arbeitsanweisungen und sonstigen Organisationsunterlagen, empfangene Handelsbriefe, Wiedergaben der abgesandten Handelsbriefe und Buchungsbelege geordnet aufzubewahren (§ 257 Abs. 1 HGB).

Die weitergehenden **steuerrechtlichen** Vorschriften verpflichten **alle Buchführungspflichtigen** zu den in § 257 Abs. 1 HGB aufgeführten Unterlagen noch **sonstige Unterlagen, soweit sie für die Besteuerung von Bedeutung sind** (z.B. Abschreibungsunterlagen), geordnet aufzubewahren (§ 147 Abs. 1 AO).

Nach § 257 Abs. 3 HGB und § 147 Abs. 2 AO können alle aufzubewahrenden Unterlagen, mit Ausnahme der Eröffnungsbilanzen und Jahresabschlüsse, als Wiedergabe auf einem **Bildträger** (z.B. Mikrofilm) oder auf anderen Datenträgern (z.B. Festplatten, CD-ROM) aufbewahrt werden, wenn dies den Grundsätzen ordnungsmäßiger Buchführung entspricht und sichergestellt ist, dass die Wiedergabe oder die Daten mit den aufzubewahrenden Unterlagen übereinstimmen, wenn sie lesbar gemacht werden (§ 147 Abs. 2 Nr. 1 AO).

Die **Aufbewahrungsfrist** für Bücher, **Inventare**, **Buchungsbelege** (z.B. Rechnungen), **Jahresabschlüsse** sowie die zu ihrem Verständnis erforderlichen **Arbeitsanweisungen** und sonstigen Organisationsunterlagen beträgt **zehn Jahre**. Durch das **Vierte Bürokratieentlastungsgesetz** wurde die Aufbewahrungsfrist für **Buchungsbelege** auf **acht Jahre** verkürzt. Diese Verkürzung gilt für alle Buchungsbelege, deren Aufbewahrungsfrist **am 1. Januar 2025 noch nicht abgelaufen** war.

Empfangene Handelsbriefe, **Wiedergaben** der abgesandten Handelsbriefe und die **sonstigen Unterlagen**, soweit sie für die **Besteuerung von Bedeutung** sind, müssen grundsätzlich **sechs Jahre** aufbewahrt werden (§ 257 Abs. 4 HGB und § 147 Abs. 3 AO).

Bei einem **Wechsel des Datenverarbeitungssystems** oder einer **Datenauslagerung** reicht es aus, wenn der Steuerpflichtige z.B. für Zwecke einer steuerlichen Außenprüfung nach **fünf** Jahren nicht mehr das komplette Datenverarbeitungssystem, sondern **ausschließlich einen Datenträger** mit den gespeicherten Steuerunterlagen vorhält (§ 147 Abs. 6 AO).

Die Aufbewahrungsfrist **beginnt** handels- und steuerrechtlich mit dem Schluss des Kalenderjahres, in dem die letzte Eintragung in das Buch gemacht, das Inventar aufgestellt, der Jahresabschluss festgestellt, der Handelsbrief empfangen oder abgesandt, der Buchungsbeleg entstanden ist sowie die sonstigen Unterlagen zustande gekommen sind (§ 257 Abs. 5 HGB und § 147 Abs. 4 AO).

Handelsrechtlich endet die Aufbewahrungsfrist nach Ablauf von **zehn**, **acht oder sechs Jahren**.

BEISPIEL

Herr Münstermann ist eingetragener Kaufmann. Seinen Jahresabschluss für das Jahr **2024** hat er im **November 2025** fertiggestellt.

Die Aufbewahrungsfrist für die den Jahresabschluss 2024 betreffenden Unterlagen **beginnt** mit Ablauf des Jahres **2025**, in dem der Jahresabschluss fertigestellt wurde, und **endet** mit Ablauf von **zehn** Jahren **am 31.12.2035**. Für die **Buchungsbelege** (Rechnungen) endet sie am **31.12.2033**.

Bei abweichenden Wirtschaftsjahren beginnt die Aufbewahrungsfrist ebenfalls mit dem Ende des jeweiligen Kalenderjahres.

Steuerrechtlich ist für das **Fristende** - anders als im Handelsrecht - die **Ablaufhemmung** nach § 147 Abs. 3 Satz 5 AO zu beachten.

Nach § 147 Abs. 3 Satz 5 AO läuft die Aufbewahrungsfrist von zehn, acht oder sechs Jahren **nicht** ab, soweit und **solange** die Unterlagen **für Steuern von Bedeutung** sind, für welche die allgemeine **Festsetzungsfrist** des § 169 Abs. 2 Satz 1 AO **noch nicht abgelaufen** ist.

S 1 Einzelheiten zur Festsetzungsfrist und Ablaufhemmung werden im Abschnitt 6.3 der Steuerlehre 1, 47. Auflage 2026, Seiten 92 ff., dargestellt.

Zusammenfassung zu Abschnitt 2.3:

Aufbewahrungspflichten

nach Handelsrecht

Unterlagen nach § 257 Abs. 1 HGB	aufzubewahren nach § 257 Abs. 4 HGB
• Handelsbücher, Inventare, Bilanzen, GuV-Rechnungen, Lageberichte sowie Arbeitsanweisungen und sonstige Organisations-unterlagen	**10 Jahre**
• Buchungsbelege	**8 Jahre**
• empfangene Handels-briefe • Wiedergaben der abge-sandten Handelsbriefe	**6 Jahre**

nach Steuerrecht

Unterlagen nach § 147 Abs. 1 AO	aufzubewahren nach § 147 Abs. 3 AO
• Bücher und Aufzeich-nungen, Inventare, Bilanzen, GuV-Rech-nungen, Lageberichte sowie Arbeits-anweisungen und sonstige Organisations-unterlagen	**10 Jahre**
• Buchungsbelege	**8 Jahre**
• empfangene Handels-briefe • Wiedergaben der abge-sandten Handelsbriefe • sonstige Unterlagen, soweit sie für die Besteuerung von Bedeutung sind	**6 Jahre** **Besonderheit:** Ablaufhemmung

ÜBUNG → 1. Wiederholungsfragen 12 und 13 (Seite 23),
2. Aufgaben 6 und 7 (Seite 24)

2.4 Erfolgskontrolle

Wiederholungsfragen

1. Wer ist nach § 1 Abs. 1 HGB Kaufmann?
2. Was versteht man unter einem Handelsgewerbe?
3. Wer ist handelsrechtlich verpflichtet, Bücher zu führen?
4. Wer ist handelsrechtlich ausnahmsweise von der Buchführungspflicht befreit?
5. Wer ist steuerrechtlich zur Buchführung verpflichtet?
6. Wann ist eine Buchführung ordnungsmäßig?
7. Wer verstößt gegen die Buchführungspflichten?
8. Zwischen welchen Mängeln ist bei mangelhafter Buchführung zu unterscheiden?
9. Welche Folgen hat die Nichterfüllung der steuerrechtlichen Buchführungspflicht?
10. Welche Aufzeichnungspflichten kennen Sie?
11. Welche Folgen hat die Nichterfüllung steuerrechtlicher Aufzeichnungspflichten?
12. Welche Unterlagen müssen nach dem Steuerrecht aufbewahrt werden?
13. Wie lange müssen diese Unterlagen aufbewahrt werden?

Aufgaben

AUFGABE 1

Prüfen und begründen Sie bei den Sachverhalten 1 bis 4 die handelsrechtliche Buchführungspflicht.

1. Der Landwirt Ohlig betreibt in Maisborn (Hunsrück) einen Getreideanbaubetrieb. Er erzielt aus seinem Betrieb Einkünfte aus Land- und Forstwirtschaft nach § 13 EStG. Sein Betrieb erfordert eine kaufmännische Organisation; eine Eintragung in das Handelsregister erfolgte nicht.
2. Heinz Boden betreibt in Köln ein Tapetengeschäft und erzielt damit Einkünfte aus Gewerbebetrieb nach § 15 EStG. Sein Betrieb erfordert keinen in kaufmännischer Weise eingerichteten Geschäftsbetrieb.
3. Dr. med. Claus betreibt in Düsseldorf eine Facharztpraxis; er erzielt aus seiner Praxis Einkünfte aus selbständiger Arbeit nach § 18 EStG. Aufgrund der Betriebsgröße ist eine kaufmännische Organisation erforderlich.
4. Dieter Daumen betreibt in Bonn ein Sportartikelgeschäft. Sein Betrieb erfordert keine kaufmännische Organisation. Der Umsatz betrug im Jahr 2025 210.000 €, der Überschuss der Betriebseinnahmen über die Betriebsausgaben betrug –15.000 €. Im August 2026 wird er vom Finanzamt aufgefordert, künftig seinen Gewinn durch Betriebsvermögensvergleich zu ermitteln.

AUFGABE 2

Prüfen und begründen Sie bei den Sachverhalten 1 bis 4 die steuerrechtliche Buchführungspflicht.

1. Jessica Hahlbrock betreibt in Stuttgart eine Fachbuchhandlung; sie ist Kaufmann im Sinne des HGB.
2. Der selbständig tätige Steuerberater Raymond Bothe betreibt seine Kanzlei in Bremen. Im Jahr 2026 betragen sein Umsatz 360.000 € und sein Gewinn 150.000 €.
3. Der Textileinzelhändler Daniel Kühlenthal hat zu Beginn des vergangenen Jahres in München seinen Betrieb eröffnet; der Betrieb erfordert keine kaufmännische Organisation. Sein Umsatz betrug im vergangenen Jahr 810.000 € und sein Gewinn 28.000 €.

4. Eva Gusterer hat in diesem Jahr in Köln einen Supermarkt eröffnet; aufgrund der großen Anzahl von Lieferanten ist eine kaufmännische Organisation unbedingt notwendig. Frau Gusterer rechnet in diesem Jahr mit einem Umsatz von 300.000 € und einem Gewinn von 24.000 €. Sie verzichtet auf die Anwendung des § 241a HGB.

AUFGABE 3

Karl Listig betreibt in Mannheim einen Kiosk. Er ermittelt seinen Gewinn zulässigerweise durch die Einnahme-Überschuss-Rechnung, weil sein Geschäft keinen in kaufmännischer Weise eingerichteten Geschäftsbetrieb benötigt. Das Betriebsfinanzamt stellt im August 2026 fest, dass Listig in den Jahren 2024 und 2025 jeweils Umsätze in Höhe von 850.000 € und Gewinne von 75.000 € erzielte.

1. Nach welcher Rechtsvorschrift wird eine Buchführungspflicht begründet?
2. Ist das die originäre oder die derivative Buchführungspflicht?
3. Ab welchem Wirtschaftsjahr muss Listig die Buchführungspflicht erfüllen?

AUFGABE 4

Der buchführungspflichtige Gewerbetreibende Dieter Schwabe, Heilbronn, hat im Rahmen seiner Buchführung u.a. folgende Vorgänge erfasst:

1. Bei der Buchung der Geschäftsvorfälle verwendet Schwabe die Abkürzung „BA" einmal für „bar", dann für „Bank" und schließlich für „Büroausstattung".
2. Einige Buchungen hat Schwabe durch Überschreiben so verändert, dass ihr ursprünglicher Inhalt nicht mehr lesbar ist.
3. Eine Tageseinnahme in Höhe von 5.000 € hat Schwabe nur mit 4.500 € gebucht.
4. Die Bilanz zum 31.12.2026 erstellt Schwabe aufgrund eines unvollständigen Inventars.

Prüfen Sie, ob bei den angeführten Vorgängen Verstöße gegen die Buchführungsvorschriften in Form von formellen oder sachlichen Mängeln vorliegen.

AUFGABE 5

Der Gewerbetreibende Kliensmann, München, ist nicht Kaufmann i.S.d. HGB; Umsatz, Betriebsvermögen und Gewinn überschreiten nicht die Grenzen des § 141 AO.
Kliensmann will von Ihnen wissen, welche Bücher und Aufzeichnungen er führen muss.

Welche Auskunft geben Sie ihm?

AUFGABE 6

Wie lange hat der buchführungspflichtige Gewerbetreibende Werner Neuhofer, Dresden, folgende Unterlagen aufzubewahren?

1. Buchungsbelege (z.B. Rechnungen, Lieferscheine, Bankauszüge usw.)
2. Angebote an Kunden
3. Bilanzen
4. Datenträger mit gespeicherten Steuerunterlagen im Anschluss an einen Wechsel des Datenverarbeitungssystems vor 5 Jahren

AUFGABE 7

Dieter Schwabe (aus Aufgabe 4) hat die Buchführungsvorschriften sehr nachlässig erfüllt, sodass in seiner Buchführung viele schwere und gewichtige formelle und materielle Mängel vorhanden sind.

Wie wird die Finanzverwaltung reagieren?

3 Grundlagen der Finanzbuchführung

3.1 Inventur und Inventar

Jeder **Kaufmann** ist nach Handelsrecht und nach Steuerrecht **verpflichtet**,

1. zu **Beginn** eines Handelsgewerbes (§ 240 **Abs. 1** HGB) **und**
2. für den **Schluss** eines **jeden** Geschäftsjahres (§ 240 **Abs. 2** HGB)

eine Bestandsaufnahme (= **Inventur**) durchzuführen (§ 240 HGB und § 141 AO).

Eine **Ausnahme** von der Pflicht zur Aufstellung eines Inventars besteht - wie auch bei der Buchführungspflicht - für **Einzelkaufleute**, die an **zwei aufeinander folgenden Abschlussstichtagen** die **beiden** folgenden Schwellenwerte **nicht überschreiten** (§ 241a HGB):

- **Umsatz 800.000 Euro und**
- **Jahresüberschuss 80.000.**

Bei **Neugründung** kann bereits auf ein Inventar verzichtet werden, wenn die Schwellenwerte am **ersten** Abschlussstichtag nach der Neugründung nicht überschritten werden.

Steuerlich haben **Gewerbetreibende** und **Land- und Forstwirte**, die nur nach **Steuerrecht** buchführungspflichtig sind, ebenfalls **Bestandsaufnahmen** zu machen. Für sie gelten die **handelsrechtlichen** Inventurvorschriften entsprechend (§ 141 AO).

MERKE → **Buchführungspflichtige** sind auch **inventurpflichtig**.

3.1.1 Inventur

Durch die **Inventur** sollen alle **Vermögensgegenstände** (z. B. Grundstücke, Waren, Forderungen aus Lieferungen und Leistungen) und alle **Schulden** (z. B. Schulden aus Lieferungen und Leistungen, Schulden gegenüber Banken) **mengenmäßig und wertmäßig** erfasst werden.

MERKE → Die **Inventur** ist eine mengen- und wertmäßige **Bestandsaufnahme** aller Vermögensgegenstände und Schulden.

Die **handelsrechtlichen** Begriffe „**Vermögensgegenstände**" und „**Schulden**" entsprechen dem **steuerrechtlichen** Begriff „**Wirtschaftsgut**":

Steuerrecht	Handelsrecht
Positive und negative Wirtschaftsgüter	**Vermögensgegenstände**
	Schulden

Wird eine vorgeschriebene **Inventur nicht durchgeführt**, ist die **Buchführung** als **nicht ordnungsgemäß** anzusehen (R 5.3 Abs. 4 EStR 2012).

Nach der **Art der Durchführung** unterscheidet man

1. die **körperliche Inventur und**
2. die **Buchinventur**.

zu 1. körperliche Inventur

Das HGB enthält keine ausdrückliche Vorschrift, dass die Inventur zum Bilanzstichtag **körperlich** durchzuführen ist. Es kann jedoch davon ausgegangen werden, dass der Gesetzgeber die **körperliche** Aufnahme aller Vermögensgegenstände als eine **Voraussetzung** angesehen hat.

Bei der **körperlichen Inventur** werden die körperlichen Gegenstände (wie z.B. Rohstoffe und Waren) durch **Zählen**, **Messen**, **Wiegen** und **Bewerten** aufgenommen.

Auf eine jährliche **körperliche** Bestandsaufnahme der beweglichen Gegenstände des **Anlagevermögens** (z.B. Maschinen, Kraftfahrzeuge) **kann verzichtet werden**, **wenn** jeder Zugang und jeder Abgang dieser Gegenstände laufend in ein **Bestandsverzeichnis** (**Anlagenverzeichnis**) eingetragen wird und aufgrund dieses Verzeichnisses die am Bilanzstichtag vorhandenen Gegenstände ohne Weiteres ermittelt werden können (§ 241 Abs. 2 HGB; R 5.4 Abs. 4 EStR 2012).

Dieses Verzeichnis kann auch in Form einer **Anlagenkartei** geführt werden.

zu 2. Buchinventur

Nicht alle Vermögensgegenstände lassen sich durch eine **körperliche** Inventur erfassen. Der Wert der körperlich **nicht** erfassbaren Wirtschaftsgüter wird durch eine **Buchinventur** ermittelt.

Bei der **Buchinventur** werden die Vermögensgegenstände und Schulden (= **Wirtschaftsgüter**), wie z.B. Forderungen und Verbindlichkeiten, mithilfe von Belegen und buchhalterischen Aufzeichnungen aufgenommen.

Ein **weiteres Kriterium** zur Unterteilung der Inventurverfahren ist der **Zeitpunkt** der körperlichen Bestandsaufnahme. Danach unterscheidet man folgende **Inventurverfahren**:

Inventurverfahren

- **Stichtags-** inventur § 240 **Abs. 1**, **2** HGB
- **zeitverschobene** Inventur § 241 **Abs. 3** HGB
- **permanente** Inventur § 241 **Abs. 2** HGB
- **Stichproben-** inventur § 241 **Abs. 1** HGB

Die als **Stichtagsinventur** bezeichnete körperliche Bestandsaufnahme **für** den Bilanzstichtag (z.B. 31.12.) ist das herkömmliche Inventurverfahren. Es ist das **sicherste Verfahren** und überall dort anzuwenden, wo es wirtschaftlich geboten und wegen Fehlens geeigneter buchmäßiger Unterlagen notwendig ist.

Die Inventur **für** den Bilanzstichtag (z.B. 31.12.) braucht nicht **am** Bilanzstichtag vorgenommen zu werden. Die Inventur muss aber **zeitnah** sein, d.h. in der Regel innerhalb einer Frist von **zehn Tagen** vor oder nach dem Bilanzstichtag durchgeführt werden. Dabei muss sichergestellt sein, dass die **Bestandsveränderungen** zwischen dem Bilanzstichtag und dem Tag der Bestandsaufnahme anhand von Belegen oder Aufzeichnungen **ordnungsgemäß berücksichtigt werden** (R 5.3 Abs. 1 EStR 2012).

3.1.2 Inventar

Vermögensgegenstände und Schulden, die durch **Inventur** (Bestandsaufnahme) festgestellt worden sind, werden nach Art, Menge und unter Angabe ihres Wertes in einem **Verzeichnis**, dem **Inventar**, aufgeführt.

MERKE →	Das **Inventar** ist ein **Verzeichnis**, das alle Vermögensgegenstände und Schulden nach Art, Menge und Wert ausweist.

In das **Inventar** sind grundsätzlich **alle Vermögensgegenstände und Schulden** aufzunehmen.

Die **Werte** aller Vermögensgegenstände und Schulden sind zu **addieren**. Der **Unterschiedsbetrag** zwischen der Summe des Vermögens und der Summe der Schulden ist das **Reinvermögen** (= **Eigenkapital**).

	I.	**Vermögen**
-	**II.**	**Schulden**
=	**III.**	**Reinvermögen**

Für das Inventar gibt es keine Gliederungsvorschriften. Gliederungsgrundsätze und Gliederungsvorschriften gibt es jedoch für die Bilanz.

Im Hinblick darauf, dass das **inventarisierte Vermögen** und die **inventarisierten Schulden** in die **Bilanz** übernommen werden, haben sich in der Praxis für die **Gliederung des Inventars** bestimmte **Regeln** gebildet.

Das **Vermögen** wird nach seiner „**Flüssigkeit**" (**Liquidität**) geordnet, d.h. nach dem Grad, wie es in Geld umgesetzt werden kann. Die **weniger flüssigen** Vermögensgegenstände (z.B. Grundstücke) werden im Inventar **zuerst** und die **flüssigsten** Vermögensgegenstände (z.B. Kassenbestand) **zuletzt** aufgeführt.

Das **Vermögen** wird nach der **Flüssigkeit** unterteilt in

1. **Anlagevermögen** und
2. **Umlaufvermögen**.

Zum **Anlagevermögen** gehören alle Gegenstände, die am Bilanzstichtag dazu bestimmt sind, dem Geschäftsbetrieb dauernd (regelmäßig länger als ein Jahr) zu **dienen**, z.B. Grundstücke, Bauten, Maschinen, Betriebs- und Geschäftsausstattung (§ 247 Abs. 2 HGB).

Bebaute Grundstücke (Grund und Boden **und** Gebäude) stellen nach dem **BGB eine Einheit** dar.

Nach Handels- und Steuerrecht liegen **zwei Gegenstände** vor, und zwar der **nicht abnutzbare Grund und Boden** (auch **Grundstücke** genannt) **und** das **abnutzbare Gebäude** (auch **Bauten** genannt).

<table>
<tr><th>BGB</th><th>HGB</th></tr>
<tr><td rowspan="2">Grundstücke</td><td>Grundstücke
(Grund und Boden)</td></tr>
<tr><td>Bauten
(Gebäude)</td></tr>
</table>

Zum **Umlaufvermögen** gehören alle Gegenstände, die am Bilanzstichtag dazu bestimmt sind, dem Geschäftsbetrieb **nur vorübergehend** zu dienen, z.B. Waren, Roh-, Hilfs- und Betriebsstoffe, Forderungen aus Lieferungen und Leistungen, Kassenbestand.

Die **Schulden** werden nach ihrer **Fälligkeit** unterteilt in

1. **langfristige Schulden** und
2. **kurzfristige Schulden**.

Zu den **langfristigen Schulden** gehören z.B. Schulden gegenüber Banken und Sparkassen (= Kreditinstituten) mit einer Restlaufzeit von mehr als einem Jahr.

Zu den **kurzfristigen Schulden** (in der Regel solche, die innerhalb von 90 Tagen fällig werden) gehören z.B. Schulden aus Lieferungen und Leistungen.

Die **langfristigen** Schulden werden im Inventar **zuerst** und die **kurzfristigen** Schulden **zuletzt** aufgeführt.

Folgende **Gleichungen** lassen sich aus dem **Inventar** ableiten:

Reinvermögen = Vermögen - Schulden

Vermögen = Reinvermögen + Schulden

Enthält das **Inventar** in formeller oder materieller Hinsicht nicht nur unwesentliche **Mängel** (z.B. ein erheblicher Teil des Warenbestandes ist im Inventar nicht ausgewiesen), so ist die **Buchführung nicht** als **ordnungsmäßig** anzusehen (R 5.3 Abs. 4 EStR 2012).

Das **Inventar** ist vom Kaufmann **nicht zu unterzeichnen**.

Das **Inventar** muss jedoch nach wie vor **zehn Jahre** lang **aufbewahrt** werden (§ 257 **Abs. 1** in Verbindung mit § 257 **Abs. 4** HGB).

Auf der nächsten Seite (Seite 29) folgt ein **Beispiel** für ein **Inventar**.

Inventar
der Getränkehandlung Karl Müller, Koblenz, zum 31.12.2025

	€	€
I. Vermögen		
1. Anlagevermögen		
1.1 Grundstücke und Bauten		
Grundstücke: Koblenz, Löhrstr. 1-3	50.000	
Geschäftsbauten: Koblenz, Löhrstr. 1-3	300.000	350.000
1.2 Betriebs- und Geschäftsausstattung		
1 Lkw	12.000	
1 Pkw	4.000	
Sonstige Betriebs- und Geschäftsausstattung		
lt. besonderem Verzeichnis	3.500	19.500
2. Umlaufvermögen		
2.1 Vorräte		
Waren		
200 Kästen Pils zu je 7,50 €	1.500	
100 Kästen Export zu je 5 €	500	
40 Kästen Limo zu je 5 €	200	2.200
2.2 Forderungen		
Forderungen aus Lieferungen und Leistungen		
lt. besonderem Verzeichnis		3.200
2.3 Kassenbestand, Guthaben bei Kreditinstituten		
Kassenbestand	500	
Deutsche Bank Koblenz	8.000	8.500
Summe des Vermögens		**383.400**
II. Schulden		
1. Langfristige Schulden		
1.1 Schulden gegenüber Kreditinstituten		
Darlehen Sparkasse Koblenz		140.000
2. Kurzfristige Schulden		
2.1 Schulden aus Lieferungen und Leistungen		
Königsbacher Brauerei, Koblenz	3.000	
Rhenser Brunnen, Rhens	2.000	5.000
Summe der Schulden		**145.000**
III. Ermittlung des Reinvermögens		
Summe des Vermögens		383.400
- Summe der Schulden		-145.000
= **Reinvermögen (Eigenkapital)**		**238.400**

Koblenz, 08.01.2026

3.1.3 Zusammenfassung und Erfolgskontrolle

3.1.3.1 Zusammenfassung

Inventurpflicht

nach Handelsrecht

§ 240 HGB

Nach dem Handelsrecht ist jeder **Kaufmann** verpflichtet, Inventuren durchzuführen.

nach Steuerrecht

§ 140 AO

Wer nach **anderen Gesetzen als den Steuergesetzen** (z.B. HGB) Inventuren durchzuführen hat, hat die Verpflichtung auch für die Besteuerung zu erfüllen.

Kaufleute

<u>**Ausnahme** (§ 241a HBG):</u>

Einzelkaufleute, die an **zwei** aufeinander folgenden Abschlussstichtagen die **beiden** folgenden Schwellenwerte **nicht** überschreiten, sind von der Inventurpflicht **nach HGB befreit**:

1. Umsatz: 800.000 Euro **und**
2. Jahresüberschuss: 80.000 Euro.

§ 141 AO

Gewerbetreibende sowie **Land- und Forstwirte** sind auch dann inventurpflichtig, wenn **eine** der folgenden Grenzen überschritten ist:

1. Umsätze > **800.000 Euro**
2. Gewinn aus Gewerbebetrieb > **80.000 Euro**
3. Gewinn aus Land- und Forstwirtschaft > **80.000 Euro**

3.1.3.2 Erfolgskontrolle

Wiederholungsfragen

1. Was versteht man unter einer Inventur?
2. Wer ist verpflichtet, Inventuren durchzuführen?
3. Für wen greift die Befreiung von der Inventurpflicht nach § 241a HGB?
4. Wann sind Inventuren nach § 240 Abs. 1 und Abs. 2 HGB durchzuführen?
5. Was soll durch die Inventur erfasst werden?
6. Unter welchen Voraussetzungen kann auf eine jährliche körperliche Bestandsaufnahme der beweglichen Anlagegüter verzichtet werden?
7. Was versteht man unter einem Inventar?
8. Wie wird das Reinvermögen rechnerisch ermittelt?
9. Welche Vermögensgegenstände werden dem Anlagevermögen zugeordnet?
10. Welche Vermögensgegenstände werden dem Umlaufvermögen zugeordnet?

Aufgaben

AUFGABE 1

Welche Aussage ist richtig? Kreuzen Sie die richtige Lösung an.
Die Stichtagsinventur

(a) muss innerhalb eines Monats vor oder nach dem Bilanzstichtag durchgeführt werden.
(b) ist jeweils genau am Bilanzstichtag durchzuführen.
(c) kann irgendwann im Geschäftsjahr erfolgen; die Bestände müssen dann fortgeschrieben werden.
(d) muss innerhalb von 10 Tagen vor oder nach dem Bilanzstichtag erfolgen.

AUFGABE 2

Der Gewerbetreibende Lutz Listig war bisher nicht buchführungspflichtig und ermittelte zulässigerweise seinen Gewinn durch Einnahme-Überschuss-Rechnung (EÜR). Im August 2026 fordert ihn das Finanzamt auf, gemäß § 141 AO den Gewinn durch Betriebsvermögensvergleich zu ermitteln, weil er die Grenzwerte des § 141 AO überschritten hat.

Stellen Sie fest, zu welchem Stichtag Lutz Listig seine erste Inventur durchführen muss.

AUFGABE 3

Der Gewerbetreibende Müller (Spielzeugfabrik) hat die nachstehenden Vermögensgegenstände und Schulden durch Inventur erfasst. Ordnen Sie zu:

Vermögensgegenstände/Schulden	Anlagevermögen	Umlaufvermögen	Schulden
1. Unbebautes Grundstück			
2. Bankdarlehen			
3. Lkw			
4. Produktionsmaschine			
5. Bankguthaben			
6. Kassenbestand			
7. Schreibtisch für das Büro			
8. Warenbestand			

AUFGABE 4

Der Autohändler Meier, Heilbronn, erwirbt im Oktober 2026 einen Pkw vom Hersteller Mercedes-Benz, Stuttgart. Der Pkw wird als Vorführwagen genutzt und steht potenziellen Käufern für Probefahrten zur Verfügung. Üblicherweise veräußert Meier solche Pkws innerhalb von 6 bis 9 Monaten nach dem Kauf mit einem deutlich niedrigeren Preis als dem Listenpreis.

Gehört der Pkw, der im Oktober 2026 angeschafft wird, am 31.12.2026 (Bilanzstichtag) zum Anlage- oder Umlaufvermögen?

AUFGABE 5

Ein Inventar ist ordnungsgemäß erstellt. Welche Gleichungen sind richtig?

1. Anlagevermögen + Umlaufvermögen + Schulden = Reinvermögen
2. Vermögen - Schulden = Reinvermögen
3. Reinvermögen - Schulden = Vermögen
4. Reinvermögen + Schulden = Anlagevermögen + Umlaufvermögen

AUFGABE 6

Die inventurpflichtige Unternehmerin Inge Neis, Münster, ermittelt durch Inventur zum 31.12.2026 folgende Bestände:

Guthaben bei der Sparkasse Münster	23.900 €
Schulden aus Warenlieferungen lt. besonderem Verzeichnis	18.500 €
Grundstück Münster, Hauptstraße 5	10.000 €
Geschäftsbauten Münster, Hauptstraße 5	52.200 €
Darlehensschuld bei der Commerzbank, Münster	35.000 €
Kassenbestand	7.600 €
Lkw Mercedes	16.400 €
Pkw Audi	16.400 €
sonstige Betriebs- und Geschäftsausstattung lt. besonderem Verzeichnis	10.800 €
Forderungen aus Lieferungen lt. besonderem Verzeichnis	21.100 €
Warenbestand lt. besonderer Liste	35.700 €

Erstellen Sie das Inventar zum 31.12.2026.

AUFGABE 7

Wie lange muss das Inventar aufbewahrt werden? Kreuzen Sie die richtige Lösung an.

(a) 6 Jahre
(b) 2 Jahre
(c) 10 Jahre
(d) 30 Jahre

AUFGABE 8

Die Textilgroßhändlerin Sabine Arenz, Bielefeld, hat folgende (verkürzte) Inventare erstellt:

	31.12.2025	31.12.2026
Vermögen	200.000 €	210.000 €
- Schulden	- 40.000 €	- 20.000 €
= Reinvermögen	160.000 €	190.000 €

Interpretieren Sie die Veränderung des Reinvermögens unter der Voraussetzung, dass Frau Arenz weder Privatentnahmen noch Privateinlagen getätigt hat.

AUFGABE 9

Welche Antwort ist richtig? Die Inventur ist

(a) eine mengenmäßige Bestandsaufnahme aller Vermögensgegenstände und Schulden.
(b) eine wertmäßige Bestandsaufnahme aller Vermögensgegenstände und Schulden.
(c) eine mengen- und wertmäßige Bestandsaufnahme aller Vermögensgegenstände und Schulden.
(d) für steuerrechtliche Zwecke durch einen Kaufmann freiwillig durchzuführen.

AUFGABE 10

Nach welchem Kriterium wird das Vermögen im Inventar geordnet?

(a) nach der abnehmenden Liquidität
(b) nach dem Wert der Vermögensgegenstände
(c) nach der zunehmenden Liquidität
(d) nach der Fälligkeit

3.2 Bilanz

Jeder **Kaufmann** ist **verpflichtet**,

1. zu **Beginn** seines Handelsgewerbes eine **Eröffnungsbilanz** und
2. für den **Schluss** eines **jeden** Geschäftsjahres eine **Schlussbilanz**

aufzustellen (**§ 242 Abs. 1 HGB**).

Eine **Ausnahme** von der handelsrechtlichen Pflicht zur Aufstellung einer Bilanz besteht für **Einzelkaufleute**, die an **zwei aufeinander folgenden Abschlussstichtagen** die **beiden** folgenden Schwellenwerte **nicht überschreiten** (§ 242 Abs. 4 i. V. m. § 241a HGB):

- **Umsatz 800.000 Euro und**
- **Jahresüberschuss 80.000 Euro.**

Bei **Neugründung** kann bereits auf eine Bilanz verzichtet werden, wenn die Schwellenwerte am **ersten** Abschlussstichtag nach der Neugründung nicht überschritten werden.

Für **Gewerbetreibende** sowie **Land- und Forstwirte,** die steuerlich nach **§ 141 AO buchführungspflichtig** sind, gilt **§ 242 Abs. 1 HGB sinngemäß**, d. h., auch diese Steuerpflichtigen haben eine **Eröffnungsbilanz** und **Schlussbilanzen** aufzustellen.

Das **Inventar** ist **Grundlage** für die Aufstellung der **Bilanz**.

3.2.1 Form und Inhalt der Bilanz

Im **Inventar** werden alle Vermögensgegenstände und Schulden einzeln **untereinander** in Listenform aufgeführt. Am Schluss des Inventars wird das Reinvermögen (Eigenkapital) ermittelt.
Die **Bilanz** ist eine kurz gefasste Gegenüberstellung von Vermögen und Kapital; in ihr werden das **Vermögen** auf der **linken Seite** und das **Eigenkapital sowie** die **Schulden** auf der **rechten** Seite erfasst. Das Eigenkapital steht vor den Schulden.

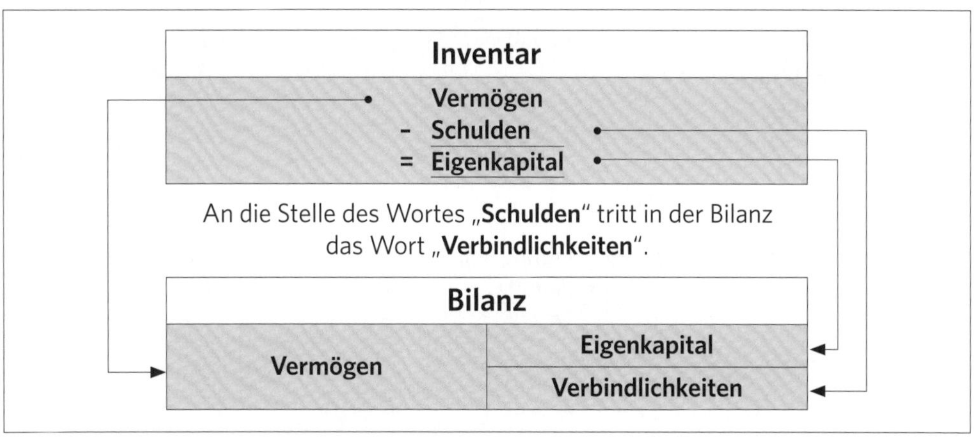

Aus der Bilanz lässt sich auch die **Gleichung** ableiten:

Vermögen = Eigenkapital + Verbindlichkeiten.

Die **linke Seite** der Bilanz heißt **Aktiva**. Auf der **Aktivseite** wird das **Vermögen** in seinen **unterschiedlichen Formen** ausgewiesen. Die **Aktivseite** der Bilanz gibt Auskunft darüber, welche **Vermögensformen** in einem Unternehmen stecken.

Aktiva	=	**Vermögensseite**

Die **rechte Seite** der Bilanz heißt **Passiva**. Auf der **Passivseite** stehen das **Eigenkapital und** die **Verbindlichkeiten**. Die **Passivseite** gibt Auskunft darüber, **wer** das **Kapital** (= die Mittel zur Finanzierung des Vermögens) **aufgebracht hat**.

Passiva	=	**Kapitalseite**

Das **Kapital**, das der Unternehmer aus **eigenen Mitteln** zur Finanzierung des Vermögens aufgebracht hat, wird als **Eigenkapital** bezeichnet.

BEISPIEL

Die Gesellschafter J & L gründen Anfang 2026 eine Möbelfabrik in Koblenz in der Rechtsform einer GmbH. J & L leisten aus **eigenen Mitteln** folgende Gründungseinlagen:

ein **Grundstück** im Wert von	**10.000€**,
ein **Fabrikgebäude** im Wert von	**100.000€** und
Bargeld in Höhe von	**20.000€**.

Die **130.000€** stellen **Eigenkapital** dar, weil die Gesellschafter die Wirtschaftsgüter aus eigenen Mitteln aufbringen.
Die GmbH ist verpflichtet, zu **Beginn** ihres Handelsgewerbes eine **Eröffnungsbilanz** aufzustellen (§ 242 Abs. 1 HGB).

Die **Eröffnungsbilanz** der J & L Möbelfabrik GmbH sieht wie folgt aus:

Aktiva	Bilanz der J & L Möbelfabrik GmbH zum 31.01.2026		**Passiva**
A. Anlagevermögen:		**A. Eigenkapital:**	
I. Sachanlagen:		I. Gezeichnetes Kapital	130.000,00
1. Grundstücke und Bauten	110.000,00		
B. Umlaufvermögen:			
I. Kassenbestand	20.000,00		
	130.000,00		130.000,00
17.02.2026 J & L			

Haben **Fremde** die Mittel zur Anschaffung von Vermögensgegenständen zur Verfügung gestellt, werden diese Mittel als **Fremdkapital** bezeichnet.

Allgemein gilt für alle **Bilanzen**, dass das **Vermögen** gleich dem **Kapital** sein muss:

Aktiva	**Bilanz** Passiva
Vermögen	**Kapital** (Eigenkapital und Fremdkapital)
↑	↑
Vermögens**formen** **(Mittelverwendung/Investition)**	Kapital**quellen** **(Mittelherkunft/Finanzierung)**

Die Summe aller Aktivposten sowie die Summe aller Passivposten (hier: 130.000,00 €) nennt man **Bilanzsumme**; sie stellt eine wichtige bilanzielle Kennzahl dar. Die Bilanzsumme kann Aufschluss über die **Größe des Unternehmens** geben.

Bilanz und **Inventar unterscheiden sich** nicht nur in ihrer **Form**, sondern auch in ihrem **Umfang**.

Im **Inventar** werden alle Vermögensgegenstände und Schulden mit ihrer Bezeichnung und ihrem Wert **einzeln** ausgewiesen.

In der **Bilanz** werden gleichartige Vermögensgegenstände und Verbindlichkeiten **gebündelt** und ihre Werte **postenweise** zusammengefasst. Durch diese Zusammenfassung ist die **Bilanz übersichtlicher** als das Inventar, das meistens viele Seiten umfasst. Die **Bilanz** zeigt das **Vermögen**, das **Eigenkapital** und das **Fremdkapital „auf einen Blick"**.

Das **HGB** enthält zur **Form** und zum **Inhalt** der **Bilanz** eine Reihe von Vorschriften, die sinngemäß auch für die nach § 141 AO Bilanzierungspflichtigen gelten (§ 141 Abs. 1 Satz 2 AO):

Die Bilanz ist nach den **G**rundsätzen **o**rdnungsmäßiger **B**uchführung (**GoB**) aufzustellen.	§ 243 Abs. 1 HGB
Die Bilanz ist innerhalb einer **angemessenen Frist** nach dem Stichtag aufzustellen.	§ 243 Abs. 3 HGB
Die Bilanz ist in **deutscher Sprache** und in **Euro** aufzustellen.	§ 244 HGB
Die Bilanz muss **klar** und **übersichtlich** sein.	§ 243 Abs. 2 HGB
In der Bilanz sind das Vermögen, das Eigenkapital und die Schulden sowie die Rechnungsabgrenzungsposten gesondert auszuweisen und **hinreichend aufzugliedern**.	§ 247 Abs. 1 HGB
Die Bilanz ist vom Kaufmann unter Angabe des **Datums** zu **unterzeichnen**.	§ 245 HGB

Einzelheiten zu den Grundsätzen ordnungsmäßiger Buchführung (GoB) erfolgen im Abschnitt 2.1.3 der **Buchführung 2**, 37. Auflage, Seiten 24 ff. B 2

3.2.2 Gliederung der Bilanz

Die **Gliederung der Bilanz** ist **abhängig** von der **Rechtsform** einer Unternehmung.
Für die **Bilanzgliederung** ist deshalb zwischen **zwei Gruppen** von Bilanzierenden zu unterscheiden:

1. **Kapitalgesellschaften** (z.B. AG, GmbH) und Personenhandelsgesellschaften, die **wie Kapitalgesellschaften** behandelt werden (z.B. GmbH & Co. KG),
2. **Nicht-Kapitalgesellschaften**
   2.1 Einzelkaufleute,
   2.2 Personenhandelsgesellschaften **mit** einer natürlichen Person als Vollhafter (z.B. OHG, KG),
   2.3 Personen, die ausschließlich nach § 141 AO buchführungspflichtig sind.

3.2.2.1 Bilanzgliederung der Kapitalgesellschaften

Kapitalgesellschaften sind verpflichtet, die Bilanz aufzustellen, die der **Gliederung** des **§ 266 HGB** entspricht.
Personenhandelsgesellschaften **ohne** eine natürliche Person als Vollhafter (z.B. **GmbH & Co. KG**) haben nach § 264a HGB **wie Kapitalgesellschaften** Rechnung zu legen.

Große und mittelgroße Kapitalgesellschaften und diesen gleichgestellte Gesellschaften haben die im Gliederungsschema des § 266 Abs. 2 und 3 HGB genannten **Posten** der Aktivseite und der Passivseite **gesondert und in der vorgeschriebenen Reihenfolge** auszuweisen (§ 266 Abs. 1 **Satz 2** HGB).

B 1 Die **Bilanzgliederung** für **große** und **mittelgroße Kapitalgesellschaften** und diesen gleichgestellte Gesellschaften wird auf der Seite 37 dargestellt.

Kleine Kapitalgesellschaften können die Bilanz in **verkürzter Form** aufstellen, in die **nur** die mit **Buchstaben und römischen Zahlen** bezeichneten **Posten** des Gliederungsschemas (von Seite 37) gesondert und in der vorgeschriebenen Reihenfolge aufgenommen werden (§ 266 Abs. 1 **Satz 3** HGB). **Kleinstkapitalgesellschaften** können nach § 266 Abs. 1 **Satz 4** HGB eine **verkürzte Bilanz** aufstellen, die **nur** die mit **Buchstaben** bezeichneten Posten umfasst (Wahlrecht).

3.2.2.2 Bilanzgliederung der Nicht-Kapitalgesellschaften

Für **Nicht-Kapitalgesellschaften** schreiben das HGB und die AO **keine bestimmte Bilanzgliederung** vor.

Nicht-Kapitalgesellschaften haben die **Bilanz** nach den **Grundsätzen ordnungsmäßiger Buchführung** (**GoB**) aufzustellen (§ 243 Abs. 1 HGB).

In der Bilanz sind das **Anlage- und Umlaufvermögen**, das **Eigenkapital** und die **Schulden** sowie **Rechnungsabgrenzungsposten gesondert auszuweisen und hinreichend zu gliedern** (§ 247 Abs. 1 HGB).

Beim gesonderten Ausweis und der Gliederung ist der **Grundsatz der Klarheit und Übersichtlichkeit** zu beachten (§ 243 Abs. 2 HGB).
Nicht-Kapitalgesellschaften erfüllen diese Voraussetzungen, wenn sie die Gliederung ihrer Bilanz dem Gliederungsschema der **Kapitalgesellschaften** anpassen.

B 1 Seite 38 zeigt die **Bilanz** einer **Nicht-Kapitalgesellschaft**, die diesen Anforderungen entspricht.

A **Bilanzgliederung** für große und mittelgroße **Kapitalgesellschaften** P

A. Anlagevermögen:

I. Immaterielle Vermögensgegenstände:

1. Selbst geschaffene gewerbl. Schutzrechte u. ähnliche Rechte u. Werte;
2. Entgeltlich erworbene Konzessionen, gewerbl. Schutzrechte u. ähnliche Rechte u. Werte sowie Lizenzen an solchen Rechten und Werten;
3. Geschäfts- oder Firmenwert;
4. geleistete Anzahlungen;

II. Sachanlagen:

1. Grundstücke, grundstücksgleiche Rechte u. Bauten einschl. der Bauten auf fremden Grundstücken;
2. technische Anlagen und Maschinen;
3. andere Anlagen, Betriebs- und Geschäftsausstattung;
4. geleistete Anzahlungen und Anlagen im Bau;

III. Finanzanlagen:

1. Anteile an verbundenen Unternehmen;
2. Ausleihungen an verb. Unternehmen;
3. Beteiligungen;
4. Ausleihungen an Unternehmen, mit denen ein Beteiligungsverh. besteht;
5. Wertpapiere des Anlagevermögens;
6. sonstige Ausleihungen.

B. Umlaufvermögen

I. Vorräte:

1. Roh-, Hilfs- und Betriebsstoffe;
2. unfertige Erzeugnisse, unfertige Leistungen;
3. fertige Erzeugnisse und Waren;
4. geleistete Anzahlungen;

II. Forderungen u. sonst. Vermögensg.:

1. Ford. aus Lieferungen und Leistungen;
2. Ford. gegen verb. Unternehmen;
3. Forderungen gegen Unternehmen, mit denen ein Beteiligungsverhältnis besteht;
4. sonstige Vermögensgegenstände;

III. Wertpapiere:

1. Anteile an verb. Unternehmen;
2. sonstige Wertpapiere;

IV. Kassenbestand, Bundesbankguthaben, Guthaben bei Kreditinstituten und Schecks.

C. Rechnungsabgrenzungsposten.

D. Aktive latente Steuern.

E. Aktiver Unterschiedsbetrag aus der Vermögensrechnung.

A. Eigenkapital:

I. Gezeichnetes Kapital;

II. Kapitalrücklage;

III. Gewinnrücklagen:

1. gesetzliche Rücklage;
2. Rücklage für Anteile an einem herrschenden oder mehrheitlich beteiligten Unternehmen;
3. satzungsmäßige Rücklagen;
4. andere Gewinnrücklagen;

IV. Gewinnvortrag/Verlustvortrag;

V. Jahresüberschuss/Jahresfehlbetrag.

B. Rückstellungen:

1. Rückstellungen für Pensionen und ähnliche Verpflichtungen;
2. Steuerrückstellungen;
3. sonstige Rückstellungen.

C. Verbindlichkeiten:

1. Anleihen, davon konvertibel;
2. Verbindlichkeiten gegenüber Kreditinstituten;
3. erhaltene Anzahlungen auf Bestellungen;
4. Verbindlichkeiten aus Lieferungen und Leistungen;
5. Verbindlichkeiten aus der Annahme gezogener Wechsel und der Ausstellung eigener Wechsel;
6. Verbindlichkeiten gegenüber verbundenen Unternehmen;
7. Verbindlichkeiten gegenüber Unternehmen, mit denen ein Beteiligungsverhältnis besteht;
8. sonstige Verbindlichkeiten, davon aus Steuern, davon im Rahmen der sozialen Sicherheit.

D. Rechnungsabgrenzungsposten.

E. Passive latente Steuern.

Aktiva	**Bilanzgliederung** einer **Nicht-Kapitalgesellschaft** Passiva
A. Anlagevermögen: I. Immaterielle Vermögensgegenstände: 1. entgeltlich erworbene Software; 2. Geschäfts- und Firmenwert; II. Sachanlagen: 1. Grundstücke und Bauten; 2. technische Anlagen und Maschinen; 3. Betriebs- und Geschäftsausstattung; III. Finanzanlagen: 1. Beteiligungen; 2. Wertpapiere des Anlagevermögens. **B. Umlaufvermögen:** I. Vorräte: 1. Roh-, Hilfs- und Betriebsstoffe; 2. fertige Erzeugnisse und Waren; II. Forderungen u. sonst. Vermögensgegenst.: 1. Forderungen aus Lieferungen und Leistungen; 2. sonstige Vermögensgegenstände; III. Wertpapiere: 1. sonstige Wertpapiere; IV. Kassenbestand, Bundesbankguthaben, Guthaben bei Kreditinstituten und Schecks. **C. Rechnungsabgrenzungsposten.**	**A. Eigenkapital:** (bei Personengesellschaften mit einer natürlichen Person als Vollhafter gegliedert nach Vollhaftern und Teilhaftern) **B. Rückstellungen:** 1. Rückstellungen für Pensionen; 2. Steuerrückstellungen; 3. sonstige Rückstellungen. **C. Verbindlichkeiten:** 1. Verbindlichkeiten gegenüber Kreditinstituten; 2. Verbindlichkeiten aus Lieferungen und Leistungen; 3. Verbindlichkeiten aus der Annahme gezogener Wechsel und der Ausstellung eigener Wechsel; 4. sonstige Verbindlichkeiten. **D. Rechnungsabgrenzungsposten.**

Auf der folgenden Seite 39 befindet sich eine **Bilanz**, die auf der Grundlage des **Inventars** von Seite 29 dieses Buches erstellt wurde.

Inventar
der Getränkehandlung Karl Müller, Koblenz, zum 31.12.2025

	€	€
I. Vermögen		
1. Anlagevermögen		
1.1 Grundstücke und Bauten		
Grundstücke: Koblenz, Löhrstr. 1-3	50.000	
Geschäftsbauten: Koblenz, Löhrstr. 1-3	300.000	350.000
1.2 Betriebs- und Geschäftsausstattung		
1 Lkw	12.000	
1 Pkw	4.000	
Sonstige Betriebs- und Geschäftsausstattung lt. besonderem Verzeichnis	3.500	19.500
2. Umlaufvermögen		
2.1 Vorräte		
Waren		
200 Kästen Pils zu je 7,50 €	1.500	
100 Kästen Export zu je 5 €	500	
40 Kästen Limo zu je 5 €	200	2.200
2.2 Forderungen		
Forderungen aus Lieferungen und Leistungen lt. besonderem Verzeichnis		3.200
2.3 Kassenbestand, Guthaben bei Kreditinstituten		
Kassenbestand	500	
Deutsche Bank Koblenz	8.000	8.500
Summe des Vermögens		**383.400**
II. Schulden		
1. Langfristige Schulden		
1.1 Schulden gegenüber Kreditinstituten		
Darlehen Sparkasse Koblenz		140.000
2. Kurzfristige Schulden		
2.1 Schulden aus Lieferungen und Leistungen		
Königsbacher Brauerei, Koblenz	3.000	
Rhenser Brunnen, Rhens	2.000	5.000
Summe der Schulden		**145.000**
III. Ermittlung des Reinvermögens		
Summe des Vermögens		383.400
- Summe der Schulden		-145.000
= Reinvermögen (Eigenkapital)		**238.400**

Koblenz, 08.01.2026

Bilanz zum 31.12.2025

Aktiva	€	Passiva	€
A. Anlagevermögen		**A. Eigenkapital**	238.400
I. Sachanlagen			
1. Grundstücke und Bauten	350.000		
2. Betriebs- und Geschäftsausstattung	19.500		
B. Umlaufvermögen		**B. Verbindlichkeiten**	
I. Vorräte		I. Verbindlichkeiten gegenüber Kreditinstituten	140.000
1. Waren	2.200		
II. Forderungen		II. Verbindlichkeiten aLuL	5.000
1. Forderungen aLuL	3.200		
III. Kassenbestand und Guthaben bei Kreditinstituten	8.500		
	383.400		**383.400**

08.04.2026 *Karl Müller*

3.2.3 Zusammenfassung und Erfolgskontrolle

3.2.3.1 Zusammenfassung

- Die **Bilanz** wird auf der **Grundlage des Inventars** erstellt.
- Die **Bilanz** ist eine kurz gefasste Gegenüberstellung des Vermögens und des Kapitals eines Unternehmens.
- Auf der **linken Seite** der Bilanz (**Aktiva**) werden die **Vermögensgegenstände**, unterteilt in Anlage- und Umlaufvermögen, auf der **rechten Seite** der Bilanz (**Passiva**) das **Kapital**, unterteilt in Eigenkapital und Verbindlichkeiten, dargestellt.
- Für **Kapitalgesellschaften** und diesen gleichgestellte Gesellschaften ist die Bilanzgliederung **gesetzlich vorgeschrieben**.
- **Nicht-Kapitalgesellschaften** orientieren sich an der Bilanzgliederung der Kapitalgesellschaften.

3.2.3.2 Erfolgskontrolle

Wiederholungsfragen

1. Wer ist verpflichtet, Bilanzen zu erstellen?
2. Für wen gelten die Befreiungsvorschriften des § 242 Abs. 4 HGB?
3. Was versteht man unter einer Bilanz?
4. Was wird auf der Aktivseite der Bilanz ausgewiesen?
5. Was wird auf der Passivseite der Bilanz ausgewiesen?
6. Wodurch unterscheiden sich Inventar und Bilanz voneinander?
7. Welche zwei Gruppen von Bilanzierenden sind hinsichtlich der Gliederung der Bilanz zu unterscheiden?

Aufgaben

AUFGABE 1

Welche Aussagen sind richtig?

1. Die Bilanz ist eine Stichtagsbetrachtung.
2. Die Bilanz ist eine Zeitraumbetrachtung.
3. Die Bilanz ist ein Teil des handelsrechtlichen Jahresabschlusses.
4. Die linke Seite der Bilanz heißt Passiva.
5. Die linke Seite der Bilanz ist die Investitionsseite.

AUFGABE 2

Welche Aussage ist richtig?

Aktiva abzüglich Passiva sind

1. immer negativ.
2. das Anlagevermögen.
3. das Reinvermögen.
4. immer null.
5. das Umlaufvermögen.

AUFGABE 3

Ergänzen Sie die nachstehende (vereinfachte) Bilanz:

A	Bilanz zum 31.12.2026		P
Anlagevermögen	600.000,00	Eigenkapital	?
Umlaufvermögen	500.000,00	Verbindlichkeiten	800.000,00
	?		1.100.000,00

AUFGABE 4

Erstellen Sie aus der Lösung der Aufgabe 6 (Abschnitt 3.1.3.2, Seite 32) die entsprechende Bilanz.

AUFGABE 5

Stellen Sie fest, welche der nachstehenden Kaufleute im Sinne des HGB die Bilanzgliederung des § 266 HGB beachten müssen. Gehen Sie davon aus, dass alle buchführungspflichtig sind. Kreuzen Sie die richtige Lösung an.

(a) Eduard Müller e. K.
(b) Eduard Müller KG
(c) Eduard Müller OHG
(d) Eduard Müller GmbH

AUFGABE 6

Der buchführungspflichtige Eduard Müller e. K., Heilbronn, erstellt im Juni 2026 seine Bilanz zum 31.12.2024.

Beurteilen Sie diesen Sachverhalt im Hinblick auf die Bilanzvorschriften des HGB.

AUFGABE 7

Sachverhalt wie in Aufgabe 6 mit dem Unterschied, dass es sich um die „mittelgroße“ Eduard Müller GmbH handelt.

Beurteilen Sie diesen Sachverhalt im Hinblick auf die Bilanzvorschriften des HGB.

AUFGABE 8

Der Einzelunternehmer Willi Flott e. K., Frankfurt, erstellt rechtzeitig die Schlussbilanz seines Betriebes für das Wirtschaftsjahr 2026. Die Verbindlichkeiten betragen 500.000 € und das Eigenkapital 300.000 €. Das Anlagevermögen wurde mit einem Wert von 600.000 € korrekt ermittelt.

Mit welchem Wert wurde das Umlaufvermögen angesetzt?

AUFGABE 9

Der bilanzierende Einzelunternehmer Rudi Merisch, Karlsruhe, hat aufgrund einer Warenlieferung vom 11.12.2026 an den US-amerikanischen Kunden Jack Daniels eine Forderung in Höhe von 400.000 US-$. Die Forderung wird mit diesem Wert in der Bilanz zum 31.12.2026 gesondert im Umlaufvermögen ausgewiesen.

Prüfen Sie, ob diese Vorgehensweise zulässig ist.

LF 2

3.3 Bestandsveränderungen

Die **Bilanz** wird für einen bestimmten **Zeitpunkt** aufgestellt. Unmittelbar **nach** diesem **Zeitpunkt ändern sich** die **Bestände** des Vermögens und/oder des Kapitals durch **Geschäftsvorfälle**.

Das **Bilanzgleichgewicht**, d.h. die summenmäßige Übereinstimmung von Aktiva und Passiva, **bleibt auch nach den Änderungen erhalten**, da jede Änderung eines Bestandes durch eine entsprechende Änderung eines anderen Bestandes ausgeglichen wird.

Es gibt **Bestandsveränderungen**, die das **Eigenkapital berühren** und solche, die das **Eigenkapital nicht berühren**.

In diesem Kapitel werden nur **Bestandsveränderungen** dargestellt und erläutert, die das **Eigenkapital nicht berühren**.

Folgende **vier Arten** der **Bestandsveränderungen** sind zu unterscheiden:

1. **Aktiv-Tausch,**
2. **Aktiv-Passiv-Mehrung,**
3. **Passiv-Tausch,**
4. **Aktiv-Passiv-Minderung.**

Diese **vier Arten** der **Bestandsveränderungen** werden anhand der **Eröffnungsbilanz** der J & L Möbelfabrik GmbH, Koblenz, erläutert.

Die **Eröffnungsbilanz** (Gründungsbilanz) der J & L Möbelfabrik GmbH, Koblenz, sieht wie folgt aus (siehe Seite 34):

Aktiva	Bilanz der J & L Möbelfabrik GmbH zum 31.01.2026		**Passiva**
A. Anlagevermögen:		**A. Eigenkapital:**	
I. Sachanlagen:		I. Gezeichnetes Kapital	130.000,00
1. Grundstücke und Bauten	110.000,00		
B. Umlaufvermögen:			
I. Kassenbestand	20.000,00		
	130.000,00		130.000,00
17.02.2026 J & L			

3.3.1 Aktiv-Tausch

Beim **Aktiv-Tausch** ändern sich **zwei Aktivposten** der **Bilanz**. Ein Aktivposten wird **vermehrt**, ein anderer Aktivposten um den gleichen Betrag **vermindert**. Die **Bilanzsumme** ändert sich **nicht**.

BEISPIEL

1. Geschäftsvorfall:

Die J & L Möbelfabrik GmbH **kauft** am 18.02.2026 eine **Fertigungsmaschine** für **10.000 €**, die sie **bar bezahlt**.

Aktiva	Bilanz **vor** dem **1. Geschäftsvorfall**		Passiva
A. Anlagevermögen:		**A. Eigenkapital:**	
I. Sachanlagen:		I. Gezeichnetes Kapital	130.000,00
1. Grundstücke und Bauten	110.000,00		
B. Umlaufvermögen:			
I. Kassenbestand	20.000,00		
	130.000,00		130.000,00
17.02.2026 J & L			

Aktiva	Bilanz **nach** dem **1. Geschäftsvorfall**		Passiva
A. Anlagevermögen:		**Eigenkapital:**	
I. Sachanlagen:		I. Gezeichnetes Kapital	130.000,00
1. Grundstücke und Bauten	110.000,00		
2. Maschinen	**10.000,00**		
B. Umlaufvermögen:			
I. Kassenbestand	**10.000,00**		
	130.000,00		130.000,00
18.02.2026 J & L			

Es hat ein **Tausch zwischen zwei Aktivposten** stattgefunden. Durch den Geschäftsvorfall **vermehrt** sich der Bilanzposten **Maschinen** um 10.000 € und der **Kassenbestand vermindert** sich um 10.000 €.

3.3.2 Aktiv-Passiv-Mehrung

Bei der **Aktiv-Passiv-Mehrung** ändern sich **ein Aktivposten** und **ein Passivposten**. Sowohl ein Aktivposten als auch ein Passivposten der Bilanz werden **vermehrt**. Die Bilanzsumme nimmt um den gleichen Betrag zu („**Bilanzverlängerung**").

BEISPIEL

2. Geschäftsvorfall:

Die J & L Möbelfabrik GmbH kauft am 19.02.2026 **Holz** für **5.000€ auf Ziel** (= Kredit).

Aktiva	Bilanz **vor** dem **2. Geschäftsvorfall**		**Passiva**
A. Anlagevermögen:		**A. Eigenkapital:**	
I. Sachanlagen:		I. Gezeichnetes Kapital	130.000,00
1. Grundstücke und Bauten	110.000,00		
2. Maschinen	10.000,00		
B. Umlaufvermögen:			
I. Kassenbestand	10.000,00		
	130.000,00		130.000,00
18.02.2026 J & L			

Aktiva	Bilanz **nach** dem **2. Geschäftsvorfall**		**Passiva**
A. Anlagevermögen:		**A. Eigenkapital:**	
I. Sachanlagen:		I. Gezeichnetes Kapital	130.000,00
1. Grundstücke und Bauten	110.000,00		
2. Maschinen	10.000,00		
B. Umlaufvermögen:		**B. Verbindlichkeiten:**	
I. Vorräte		**1. Verbindlichkeiten aus Lieferungen und Leistungen**	**5.000,00**
1. Rohstoffe	**5.000,00**		
II. Kassenbestand	10.000,00		
	135.000,00		**135.000,00**
19.02.2026 J & L			

Durch diesen Geschäftsvorfall **vermehren** sich die **Rohstoffe und** die **Verbindlichkeiten aus Lieferungen und Leistungen um 5.000€**.

Verbindlichkeiten aLuL sind Verpflichtungen bzw. Schulden aus Kaufverträgen, Werkverträgen, Dienstleistungsverträgen, Miet- und Pachtverträgen, bei denen die **Zahlung** vom Bilanzierenden **noch zu erbringen** ist.

3.3.3 Passiv-Tausch

Beim **Passiv-Tausch** ändern sich **zwei Passivposten** der **Bilanz**. Ein Passivposten wird **vermehrt**, ein anderer Passivposten wird **vermindert**. Die **Bilanzsumme** ändert sich **nicht**.

BEISPIEL

3. Geschäftsvorfall:

Die **Verbindlichkeit aLuL** in Höhe von **5.000€** wird am 20.02.2026 mit einem aufgenommenen **Bankkredit** bezahlt.

Aktiva	Bilanz **vor** dem **3. Geschäftsvorfall**		**Passiva**
A. Anlagevermögen:		**A. Eigenkapital:**	
I. Sachanlagen:		I. Gezeichnetes Kapital	130.000,00
1. Grundstücke und Bauten	110.000,00		
2. Maschinen	10.000,00		
B. Umlaufvermögen:		**B. Verbindlichkeiten:**	
I. Vorräte		1. Verbindlichkeiten aus Lieferungen und Leistungen	5.000,00
1. Rohstoffe	5.000,00		
II. Kassenbestand	10.000,00		
	135.000,00		135.000,00
19.02.2026 J & L			

Aktiva	Bilanz **nach** dem **3. Geschäftsvorfall**		**Passiva**
A. Anlagevermögen:		**A. Eigenkapital:**	
I. Sachanlagen:		I. Gezeichnetes Kapital	130.000,00
1. Grundstücke und Bauten	110.000,00		
2. Maschinen	10.000,00		
B. Umlaufvermögen:		**B. Verbindlichkeiten:**	
I. Vorräte		**1. Verbindlichkeiten gegenüber Kreditinstituten**	**5.000,00**
1. Rohstoffe	5.000,00	**2. Verbindlichkeiten aus Lieferungen und Leistungen**	**0,00**
II. Kassenbestand	10.000,00		
	135.000,00		135.000,00
20.02.2026 J & L			

Es hat ein **Tausch** zwischen **zwei Passivposten** stattgefunden. Durch den Geschäftsvorfall **vermehrt** sich der Bilanzposten **Verbindlichkeiten gegenüber Kreditinstituten** um 5.000 €, während sich die **Verbindlichkeiten aLuL** um 5.000 € **vermindern**.

3.3.4 Aktiv-Passiv-Minderung

Bei der **Aktiv-Passiv-Minderung** ändern sich **ein Aktivposten** und **ein Passivposten**. Sowohl ein Aktivposten als auch ein Passivposten der Bilanz werden **vermindert**. Die **Bilanzsumme** nimmt um den gleichen Betrag ab („**Bilanzverkürzung**").

BEISPIEL

4. Geschäftsvorfall:

Das **Bankdarlehen** in Höhe von **5.000€** wird am 24.02.2026 durch **Barzahlung** getilgt.

Aktiva	Bilanz **vor** dem **4. Geschäftsvorfall**		**Passiva**
A. Anlagevermögen:		**A. Eigenkapital:**	
I. Sachanlagen:		I. Gezeichnetes Kapital	130.000,00
1. Grundstücke und Bauten	110.000,00		
2. Maschinen	10.000,00		
B. Umlaufvermögen:		**B. Verbindlichkeiten:**	
I. Vorräte		1. Verbindlichkeiten gegenüber Kreditinstituten	5.000,00
1. Rohstoffe	5.000,00	2. Verbindlichkeiten aus Lieferungen und Leistungen	0,00
II. **Kassenbestand**	10.000,00		
	135.000,00		135.000,00
20.02.2026 J & L			

Aktiva	Bilanz **nach** dem **4. Geschäftsvorfall**		**Passiva**
A. Anlagevermögen:		**A. Eigenkapital:**	
I. Sachanlagen:		I. Gezeichnetes Kapital	130.000,00
1. Grundstücke und Bauten	110.000,00		
2. Maschinen	10.000,00		
B. Umlaufvermögen:		**B. Verbindlichkeiten:**	
I. Vorräte		**1. Verbindlichkeiten gegenüber Kreditinstituten**	**0,00**
1. Rohstoffe	5.000,00	2. Verbindlichkeiten aus Lieferungen und Leistungen	0,00
II. Kassenbestand	**5.000,00**		
	130.000,00		**130.000,00**
24.02.2026 J & L			

Durch diesen Geschäftsvorfall **vermindern** sich der **Kassenbestand und** die **Verbindlichkeiten gegenüber Kreditinstituten** um 5.000 €.

3.3.5 Zusammenfassung und Erfolgskontrolle

3.3.5.1 Zusammenfassung

- **Geschäftsvorfälle ändern** die **Werte der Bilanzposten**.
- Man unterscheidet **vier Arten** dieser Änderungen:
  Aktiv-Tausch = Änderung von zwei Aktivposten,
  Passiv-Tausch = Änderung von zwei Passivposten,
  Aktiv-Passiv-Mehrung = Zunahme eines Aktiv- und eines Passivpostens,
  Aktiv-Passiv-Minderung = Abnahme eines Aktiv- und eines Passivpostens.
- Das **Bilanzgleichgewicht** bleibt nach diesen Änderungen **erhalten**.

3.3.5.2 Erfolgskontrolle

WIEDERHOLUNGSFRAGEN

1. Wann liegt ein Aktiv-Tausch vor?
2. Wann liegt ein Passiv-Tausch vor?
3. Wann liegt eine Aktiv-Passiv-Mehrung („Bilanzverlängerung") vor?
4. Wann liegt eine Aktiv-Passiv-Minderung („Bilanzverkürzung") vor?

AUFGABEN

AUFGABE 1

Der Unternehmer Fritz Arnoldi, Hannover, erstellt zum 31.12.2026 folgende vereinfachte und vorläufige Bilanz (ohne Posten-Überschriften):

Aktiva	(vereinfachte) Bilanz zum 31.12.2026		Passiva
Waren	50.000,00	Eigenkapital	60.000,00
Forderungen aLuL	5.000,00	Verbindlichkeiten aLuL	10.000,00
Kassenbestand und Guthaben bei Kreditinstituten	15.000,00		
	70.000,00		70.000,00

Geschäftsvorfälle:

1. Arnoldi kauft eine gebrauchte Fertigungsmaschine für 5.000 €, die er bar bezahlt.
2. Arnoldi begleicht eine Verbindlichkeit aLuL von 1.000 € durch eine Darlehensaufnahme bei einer Bank.
3. Arnoldi kauft einen Lkw für 15.000 € auf Liefererkredit.
4. Arnoldi bezahlt eine Verbindlichkeit aLuL in Höhe von 5.000 € durch Banküberweisung aus einem Bankguthaben.

Stellen Sie nach jedem Geschäftsvorfall eine neue (vereinfachte) Bilanz auf.

AUFGABE 2

Berechnen Sie aufgrund der nachstehenden Daten die Höhe des Anlagevermögens und die Bilanzsumme des Unternehmens:

(a) Verbindlichkeiten: 300.000,00 €,
(b) Eigenkapital: 200.000,00 €,
(c) Umlaufvermögen: 150.000,00 €.

AUFGABE 3

Um welche Art Bestandsveränderung handelt es sich in folgenden Fällen:

Nr.	Geschäftsvorfall	Aktiv-Tausch	Passiv-Tausch	Aktiv-Passiv-Mehrung	Aktiv-Passiv-Minderung
1.	Unser Kunde begleicht eine Forderung aLuL bar.				
2.	Pkw-Kauf auf Ziel				
3.	Begleichung einer Verbindlichkeit aLuL durch Banküberweisung Das Bankkonto weist ein Guthaben aus.				
4.	Kauf von Grund und Boden durch Barzahlung				
5.	Postbanküberweisung zur Begleichung einer Verbindlichk. aLuL. Das Postbankkonto weist ein Guthaben aus.				
6.	Eine Verb. aLuL wird durch Banküberweisung beglichen. Das Bankkonto weist eine Verbindlichkeit aus.				
7.	Rückzahlung einer Darlehensverbindlichkeit durch Banküberweisung. Das Bankkonto weist ein Guthaben aus.				

AUFGABE 4

Welche Arten der Bestandsveränderungen verändern die Bilanzsumme?

AUFGABE 5

Der Unternehmer Bernd Bieger, Stuttgart, erstellt zum 31.12.2026 folgende vereinfachte und vorläufige Bilanz (ohne Posten-Überschriften):

Aktiva	(vereinfachte) Bilanz zum 31.12.2026		Passiva
Waren	30.000,00	Eigenkapital	40.000,00
Forderungen aLuL	10.000,00	Verbindlichkeiten aLuL	10.000,00
Kassenbestand	5.000,00		
Guthaben bei Kreditinstituten	5.000,00		
	50.000,00		50.000,00

Geschäftsvorfälle

1. Ein Kunde überweist zur Begleichung einer Forderung aLuL auf das Bankkonto von Bieger 8.000 €.
2. Bieger begleicht eine Verbindlichkeit aLuL in Höhe von 5.000 € durch Banküberweisung.
3. Bieger hebt 1.000 € vom Bankkonto ab und legt das Geld in die Geschäftskasse.
4. Bieger begleicht eine Verbindlichkeit aLuL von 500 € bar.

Erstellen Sie nach diesen vier Geschäftsvorfällen eine neue (vereinfachte) Bilanz.

3.4 Bestandskonten

Um nicht **nach** jedem Geschäftvorfall eine **neue Bilanz** erstellen zu müssen, werden in der Praxis die **Bestandsveränderungen** auf **Konten** erfasst.

Die **Konten** sind Einzelabrechnungen der verschiedenen Bilanzposten.

Aus methodischen Gründen werden im Folgenden **Konten** geführt, die die Form eines **großen T**s haben; sie werden deshalb **T-Konten** genannt.

Wie die Bilanz hat auch das **Konto zwei Seiten**. Die **linke Seite** des Kontos heißt **Soll (S)** und die **rechte** Seite des Kontos heißt **Haben (H)**:

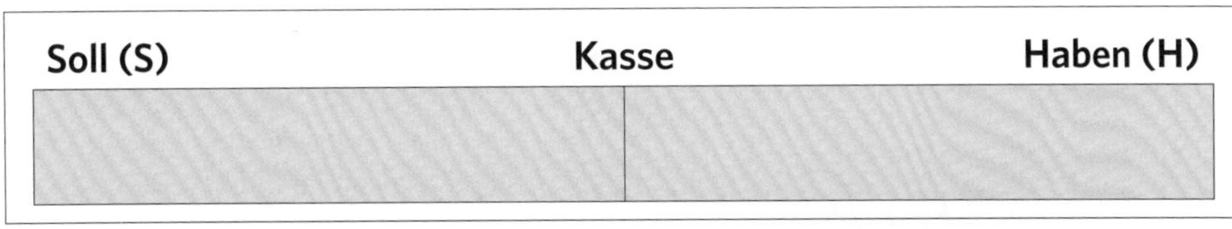

Konten, die die Bestände der **Bilanz** aufnehmen, heißen **Bestandskonten**.
Konten, die die Bestände der **Aktivseite** der Bilanz aufnehmen, heißen **Aktivkonten**.
Konten, die die Bestände der **Passivseite** der Bilanz aufnehmen, heißen **Passivkonten**.

Für jeden **Posten der Bilanz** wird **mindestens ein Konto** geführt.

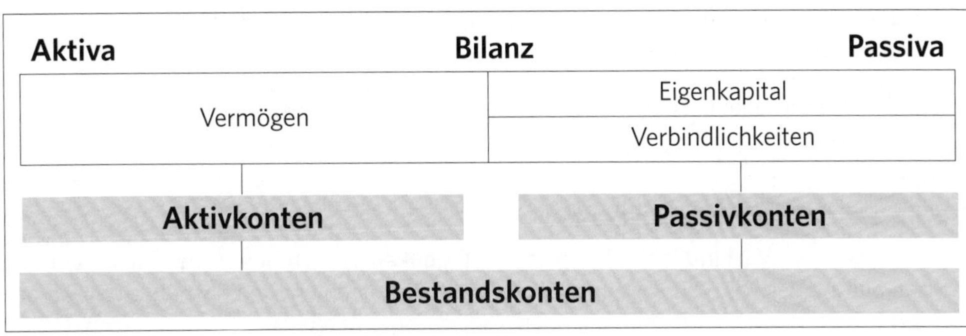

ÜBUNG → Aufgabe 1 (Seite 60)

3.4.1 Eröffnung der Bestandskonten

Zu Beginn des Geschäftsjahres werden die **Bestände der Bilanz** auf einzelne **Konten** übertragen (= **Eröffnung der Konten**).

Bei der **Eröffnung der Bestandskonten** bleibt das **Bilanzgleichgewicht** (Aktiva = Passiva) **erhalten**. Das bedeutet, dass jeder Geschäftsvorfall mindestens doppelt (zweimal) gebucht werden muss. Dabei ist der Betrag auf der **Sollseite gleich** dem Betrag auf der **Habenseite**.

3.4.1.1 Eröffnung der Aktivkonten

Die Bestände des Vermögens stehen in der **Bilanz** auf der **linken Seite** (Aktiva).

Die **Anfangsbestände des Vermögens** werden deshalb auf den entsprechenden **Konten** auch auf der **linken Seite** (Soll) vorgetragen („eröffnet").

Die **Gegenbuchung** erfolgt auf der **rechten Seite** (Haben) des Kontos

9000 (9000) **Saldenvorträge (SV).**

BEISPIEL

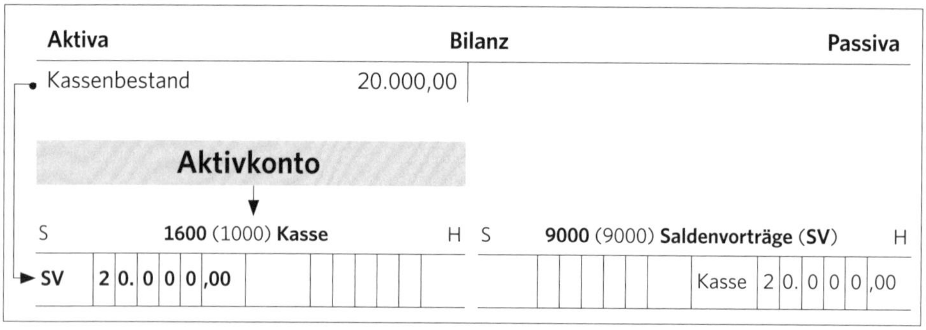

Bei jeder Eintragung auf einem **Konto** ist das **Gegenkonto** anzugeben, damit die Buchung später besser nachvollzogen werden kann.

B 1 Einzelheiten über die **Kontennummern** erfolgen im Abschnitt 3.6 „Kontenrahmen und Kontenplan", Seiten 77 ff.

3.4.1.2 Eröffnung der Passivkonten

Die **Bestände** der **Verbindlichkeiten** und des **Eigenkapitals** stehen in der Bilanz auf der **rechten Seite** (Passiva). Die **Anfangsbestände** dieser Posten werden deshalb auch auf der **rechten Seite** (Haben) der entsprechenden Konten vorgetragen.

Die **Gegenbuchung** erfolgt auf dem Konto **Saldenvorträge (SV)** im **Soll**.

BEISPIEL

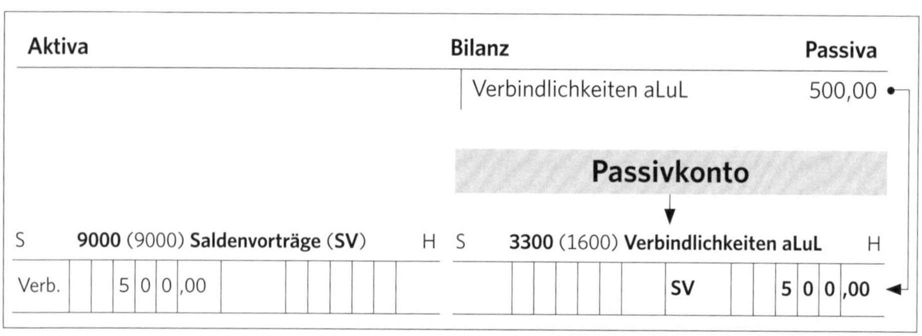

3.4.1.3 Eröffnung der Aktiv- und Passivkonten

Zu Beginn des Geschäftsjahres sind **alle Bestände der Bilanz** auf die **Aktiv-und Passivkonten** zu buchen.

Alle **Gegenbuchungen** erfolgen auf dem Konto „**Saldenvorträge**" (**SV**).

BEISPIEL

Die **Bestände** der J & L Möbelfabrik GmbH, Koblenz, (Eröffnungsbilanz von Seite 34) werden auf den **Konten** wie folgt eröffnet.

Der Bilanzposten „**Grundstücke und Bauten**" mit **110.000€** wird auf die Konten „**Bebaute Grundstücke**" mit **10.000€** und „**Geschäftsbauten**" mit **100.000€** aufgelöst.

Aktiva — Bilanz der J & L Möbelfabrik GmbH vom 31.01.2026 — Passiva

Aktiva		Passiva	
A. Anlagevermögen:		**A. Eigenkapital:**	
I. Sachanlagen:		I. Gezeichnetes Kapital	130.000,00
1. Grundstücke und Bauten	110.000,00		
B. Umlaufvermögen:			
I. Kassenbestand	20.000,00		
	130.000,00		130.000,00

17.02.2026 J & L

Aktivkonto

S	**0235** (0085) **Bebaute Grundstücke**	H
SV	10.000,00	

S	**0240** (0090) **Geschäftsbauten**	H
SV	100.000,00	

S	**1600** (1000) **Kasse**	H
SV	20.000,00	

Passivkonto

S	**2000** (0800) **Eigenkapital**		H
		SV	130.000,00

S — 9000 (9000) Saldenvorträge (SV) — H

S		H	
Eigenkapital	130.000,00	Bebaute Grundstücke	10.000,00
		Geschäftsbauten	100.000,00
		Kasse	20.000,00
	130.000,00		130.000,00

3.4.2 Buchen auf Bestandskonten

Sind die **Konten eröffnet**, können die **laufenden Geschäftsvorfälle** gebucht werden.

Auch bei der **Buchung** der **laufenden Geschäftsvorfälle** bleibt das **Bilanzgleichgewicht** (Aktiva = Passiva) **erhalten**, sodass der **Betrag** auf der **Sollseite gleich dem Betrag** auf der **Habenseite** ist.

Die **Sollbuchung** wird auch als Lastschrift und die **Habenbuchung** als Gutschrift bezeichnet.

3.4.2.1 Buchen auf Aktivkonten

Alle **Erhöhungen** des Bestandes eines **Aktivkontos** werden auf der **Sollseite** gebucht, weil durch sie das **Vermögen** vergrößert wird.

Alle **Minderungen** des Bestandes eines **Aktivkontos** werden auf der **Habenseite** gebucht, weil durch sie das **Vermögen verringert** wird.

S **Aktivkonten**	H
SV (Anfangsbestand)	
+ **Erhöhungen**	- **Minderungen**

BEISPIEL 1

Die J & L Möbelfabrik GmbH **kauft** einen gebrauchten **Pkw** für 10.000 €, den sie **bar bezahlt**.

Durch den Kauf des Pkws **erhöht** sich das **Aktivkonto „Pkw"** um 10.000 €, und das **Aktivkonto „Kasse" vermindert** sich um 10.000 € (**Aktiv-Tausch**).

Buchung:

S	**0520** (0320) **Pkw**		H
1)	**10.000,00**		

S	**1600** (1000) **Kasse**		H
SV	20.000,00	**1)**	**10.000,00**

Erhöhungen werden auf der **Sollseite** eines **Aktivkontos** gebucht.

Minderungen werden auf der **Habenseite** eines **Aktivkontos** gebucht.

3.4.2.2 Buchen auf Passivkonten

Alle **Erhöhungen** des Bestandes eines **Passivkontos** werden auf der **Habenseite** gebucht, weil durch sie das **Kapital vergrößert** wird.

Alle **Minderungen** des Bestandes eines **Passivkontos** werden auf der **Sollseite** gebucht, weil durch sie das **Kapital verringert** wird.

Für **Passivkonten** gelten damit genau die **entgegengesetzten Grundsätze wie für Aktivkonten**.

S	Passivkonten	H
		SV (Anfangsbestand)
	- **Minderungen**	+ **Erhöhungen**

BEISPIEL 2

Die J & L Möbelfabrik GmbH **kauft** einen **Pkw** für 15.000 € **auf Ziel**.

Durch den Kauf des Pkws **erhöhen** sich das **Aktivkonto „Pkw"** und das **Passivkonto „Verbindlichkeiten aLuL"** um 15.000 € (**Aktiv-Passiv-Mehrung**).

Buchung:

S	**0520** (0320) **Pkw**		H
2)	**15.000,00**		

S	**3300** (1600) **Verbindlichkeiten aLuL**		H
		2)	**15.000,00**

Erhöhungen werden auf der **Habenseite** eines **Passivkontos** gebucht.

BEISPIEL 3

Die J & L Möbelfabrik GmbH **tilgt** das **Bankdarlehen** in Höhe von 5.000 € durch **Barzahlung**.

Durch die Barzahlung **vermindern** sich das **Passivkonto „Verbindlichkeiten gegenüber Kreditinstituten"** und das **Aktivkonto „Kasse"** um 5.000 € (**Aktiv-Passiv-Minderung**).

Buchung:

S	**3160** (0640) **Verbindlichkeiten gegenüber Kreditinstituten**		H
3)	**5.000,00**	SV	5.000,00

S	**1600** (1000) **Kasse**		H
SV	20.000,00	1)	10.000,00
		3)	**5.000,00**

Minderungen werden auf der **Sollseite** eines **Passivkontos** gebucht.

ÜBUNG →
1. Wiederholungsfragen 1 bis 4 (Seite 60),
2. Aufgaben 2 und 3 (Seiten 60 f.)

3.4.3 Abschluss der Bestandskonten

Zum Schluss des Geschäftsjahres werden die **Bestandskonten** abgeschlossen.

Der **Abschluss** vollzieht sich in **drei Schritten**:

① die **wertmäßig größere** Konto**seite** wird **addiert**,

② die **Summe** dieser Seite wird auf die **andere** Seite **übertragen**,

③ die **Differenz** auf der wertmäßig kleineren Seite wird errechnet.
Diese Differenz nennt man **Saldo**. Der Saldo stellt den Bestand des Abschlussstichtages (**Schlussbestand**) dar.
Alle Schlussbestände werden auf dem Schlussbilanzkonto (**SBK**) **gegengebucht**.

BEISPIEL

Soll	**1600** (1000) **Kasse**		Haben
SV (Anfangsbestand)	20.000,00	Ausgabe	7.000,00
Einnahme	1.000,00	Ausgabe	6.000,00
Einnahme	5.000,00	Ausgabe	42.000,00
Einnahme	8.000,00	**SBK**	③ **2.000,00**
Einnahme	23.000,00		
①	**57.000,00**	②	**57.000,00**

Soll	**9998** (9998) **Schlussbilanzkonto (SKB)**		Haben
Kasse	**2.000,00**		

Das Schlussbilanz**konto** ist ein **Abschlusskonto**. Dieses Konto ist Bestandteil der Buchführung und fasst alle Schlussbestände zusammen.

Anhand des **Abschlusskontos** wird die **Bilanz** entwickelt, die nach einem bestimmten Schema gegliedert ist. Dabei werden in der Regel **mehrere Schlussbestände** des Schlussbilanzkontos (z. B. Lkw, Pkw) zu **einem Bilanzposten** (z. B. Betriebs- und Geschäftsausstattung) zusammengefasst.

Da die Summe der Schlussbestände aller Aktivkonten genau so groß ist wie die Summe der Schlussbestände aller Passivkonten, ist das Schlussbilanzkonto **ausgeglichen**.

ÜBUNG →
1. Wiederholungsfrage 5 (Seite 60),
2. Aufgaben 4 und 5 (Seite 61)

Zusammenfassendes Beispiel:

A. Eröffnungsbuchungen

B. Laufende Buchungen:

1. Wir begleichen eine Lieferrechnung über 500 € durch Banküberweisung.
2. Ein Kunde begleicht eine Rechnung über 1.000 € durch Banküberweisung.
3. Eine Verbindlichkeit aLuL über 4.000 € wird in ein Bankdarlehen mit einer Laufzeit von fünf Jahren umgewandelt.

C. Abschluss der Konten

(vereinfachte) Bilanz

Aktiva		Passiva	
Waren	19.000,00	Eigenkapital	19.500,00
Forderungen aLuL	5.000,00	Verbindlichkeiten aLuL	10.500,00
Kassenbestand und Guthaben bei Kreditinstituten	6.000,00		
	30.000,00		30.000,00

9000 (9000) **Saldenvorträge (SV)**

Soll		Haben	
Eigenkapital	19.500,00	Waren	19.000,00
Verbindlichkeiten aLuL	10.500,00	Forderungen aLuL	5.000,00
		Kasse	1.000,00
		Bank	5.000,00
	30.000,00		30.000,00

1140 (3980) **Bestand Waren**

S		H	
SV	19.000,00	SBK	19.000,00

2000 (0800) **Eigenkapital**

S		H	
SBK	19.500,00	SV	19.500,00

1200 (1400) **Forderungen aLuL**

S		H	
SV	5.000,00	2)	1.000,00
		SBK	4.000,00
	5.000,00		5.000,00

3300 (1600) **Verbindlichkeiten aLuL**

S		H	
1)	500,00	SV	10.500,00
3)	4.000,00		
SBK	6.000,00		
	10.500,00		10.500,00

1600 (1000) **Kasse**

S		H	
SV	1.000,00	SBK	1.000,00

3160 (0640) **Verb. g. Kreditinstituten**

S		H	
SBK	4.000,00	3)	4.000,00

1800 (1200) **Bank**

S		H	
SV	5.000,00	1)	500,00
2)	1.000,00	SBK	5.500,00
	6.000,00		6.000,00

9998 (9998) **Schlussbilanzkonto (SBK)**

Soll		Haben	
Waren	19.000,00	Eigenkapital	19.500,00
Forderungen aLuL	4.000,00	Verbindlichkeiten aLuL	6.000,00
Kasse	1.000,00	Verbindlichkeiten gegenüber Kreditinstituten	4.000,00
Bank	5.500,00		
	29.500,00		29.500,00

Zusammenfassung zu Abschnitt 3.4.1 bis 3.4.3:

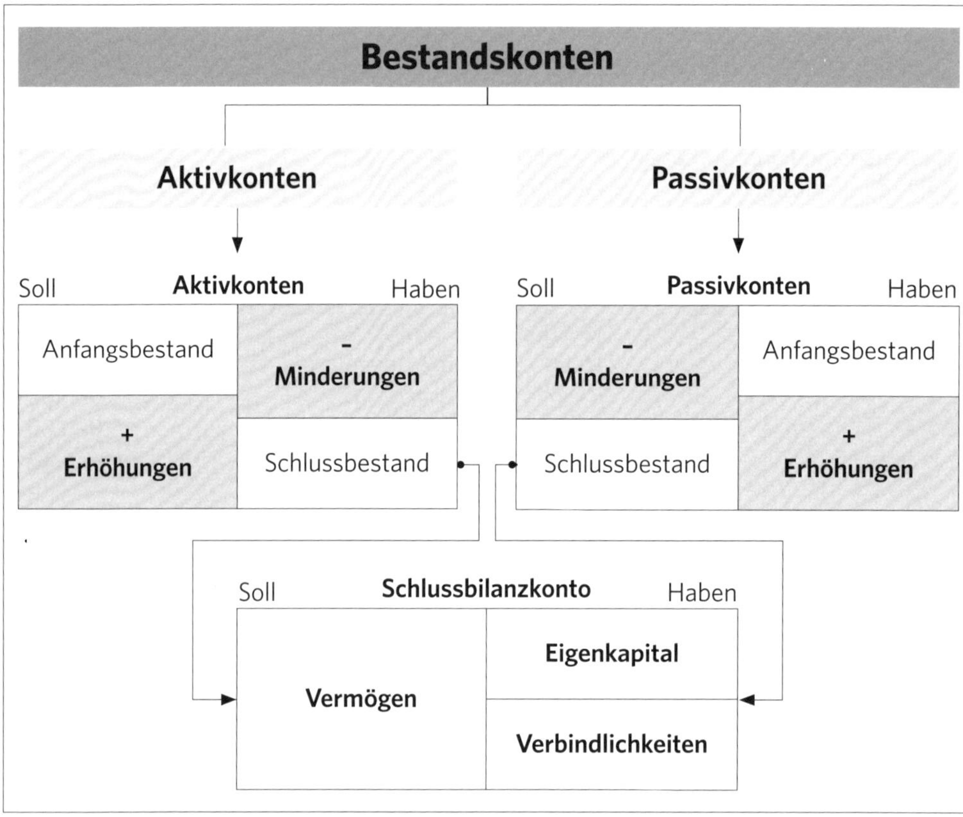

3.4.4 Buchungssatz

Im Rahmen der **doppelten Buchführung** wird jeder Geschäftsvorfall **zweimal** (doppelt) gebucht, nämlich einmal auf der **Sollseite und** einmal auf der **Habenseite** eines Kontos.
Der **Buchungssatz** gibt kurz und eindeutig an, auf welchen Konten ein Geschäftsvorfall im Soll und im Haben zu buchen ist. Im Buchungssatz wird **zuerst** das Konto genannt, auf dem im **Soll** zu buchen ist und **dann** das Konto, auf dem im **Haben** zu buchen ist.

Soll- und Habenbuchung werden durch das Wort „**an**" verbunden.

BEISPIEL

Ein Kunde begleicht unsere Forderungen aLuL über 500 € durch Banküberweisung.

Buchungssatz:

Soll		Haben	Betrag
Bank	**an**	Forderungen aLuL	500,00€

Buchung:

S	**1800** (1200) **Bank**	H
500,00		

S	**1200** (1400) **Forderungen aLuL**	H
		500,00

Die **Buchungssätze** sind im sog. **Grundbuch** (auch **Journal** bzw. Tagebuch genannt) in **zeitlicher** Reihenfolge (**chronologisch**) anhand von Belegen zu erfassen [§ 239 Abs. 2 HGB und H 5.2 (Zeitgerechte Erfassung) EStH].

Bei der **EDV-Buchführung** wird das **EDV-Journal** (mit Fehlerprotokoll) automatisch erstellt. Außerdem wird bei der Erfassung der Geschäftsvorfälle für den Nachweis der Buchungen eine **Primanota** (ein Erfassungsprotokoll) angefertigt.

Aus methodischen Gründen wird die **grundbuchmäßige Erfassung** der Buchungssätze im Folgenden in einer **Buchungsliste** dargestellt.

Als **Grundbuch** wird eine **Buchungsliste** eingesetzt, die vier Spalten hat, nämlich **Tz.** (= Textziffer/Textzahl), **Sollkonto**, **Betrag** und **Habenkonto**.

BEISPIEL

Sachverhalt wie oben

Buchungssatz:

Tz.	Sollkonto	Betrag (€)	Habenkonto
1.	**1800** (1200) **Bank**	500,00	**1200** (1400) **Forderungen aLuL**

Ein Buchungssatz, bei dem nur **ein** Sollkonto und **ein** Habenkonto angesprochen werden, wird als **einfacher Buchungssatz** bezeichnet.

Ein **zusammengesetzter Buchungssatz** liegt vor, wenn bei einem Buchungssatz **mehrere** Soll- bzw. Habenkonten angesprochen werden.

BEISPIEL

Ein Kunde begleicht unsere Forderungen aLuL in Höhe von **1.000 €** durch
Banküberweisung **700 €**
und **Postbanküberweisung** **300 €**

Buchungssatz:

Tz.	Sollkonto	Betrag (€)	Habenkonto
1.	**1800** (1200) **Bank**	700,00	
	1700 (1100) **Postbank**	300,00	
		1.000,00	**1200** (1400) **Forderungen aLuL**

Buchung:

S	**1800** (1200) **Bank**		H
1)	**700,00**		

S	**1200** (1400) **Forderungen aLuL**		H
SV	1.000,00	1)	**1.000,00**

S	**1700** (1100) **Postbank**		H
1)	**300,00**		

Im Rahmen der **EDV-Buchführung** muss **direkt kontiert** werden: **Zusammengesetzte Buchungssätze** werden **in mehrere** EDV-gerechte **einfache Buchungssätze aufgelöst**.

BEISPIEL

Sachverhalt wie oben

Buchungssatz:

Tz.	Sollkonto	Betrag (€)	Habenkonto
1 a	**1800** (1200) **Bank**	700,00	**1200** (1400) **Forderungen aLuL**
1 b	**1700** (1100) **Postbank**	300,00	**1200** (1400) **Forderungen aLuL**

Buchung:

S	**1800** (1200) **Bank**		H
1 a)	**700,00**		

S	**1200** (1400) **Forderungen aLuL**		H
SV	1.000,00	1 a)	**700,00**
		1 b)	**300,00**
	1.000,00		1.000,00

S	**1700** (1100) **Postbank**		H
1 b)	**300,00**		

ÜBUNG → Aufgaben 6 bis 9 (Seiten 61 ff.)

Bei EDV-Buchungen im **DATEV-System** (und dazu kompatiblen Systemen) werden in einer Kontierungszeile **zwei Kontennummern** angegeben. Eine Kontonummer in der Spalte „**Konto**" und die andere Kontonummer in der Spalte „**Gegenkonto**".

Die Eintragungen in der Soll- oder Habenspalte (**Betragsspalte**) beziehen sich stets auf die Spalte „**Konto**" (**nicht** auf die Spalte „**Gegenkonto**").

BEISPIEL

Barkauf eines Pkws für 10.000 € von einem deutschen Privatmann

Soll	Haben	B	USt	K	Gegenkonto Nr.	Beleg Nr.	Beleg Datum	Konto Nr.
10.000,00					**1600** (1000)			**0520** (0320)

Da der **Betrag** in der **Soll-Spalte** angegeben ist, wird er im Soll des **Kontos** (Pkw) gebucht. Da jeder Betrag doppelt zu buchen ist, wird er automatisch auf dem **Gegenkonto** (Kasse) im **Haben** gebucht.

Buchung:

S	**0520** (0320) **Pkw**	H
	10.000,00	

S	**1600** (1000) **Kasse**	H
		10.000,00

Das **gleiche Ergebnis** wird erreicht, wenn **Konto und Gegenkonto** bei der Dateneingabe **vertauscht** werden **und** der **Betrag** in der **Haben-Spalte** angegeben wird.

BEISPIEL

Sachverhalt wie oben

Soll	Haben	B	USt	K	Gegenkonto Nr.	Beleg Nr.	Beleg Datum		Konto Nr.
	10.000,00				**0520** (0320)				**1600** (1000)

Da der Betrag in der **Haben-Spalte** angegeben ist, wird er im **Haben** des **Kontos** (Kasse) und automatisch auf dem **Gegenkonto** (Pkw) im **Soll** gebucht.

Buchung:

S	**0520** (0320) **Pkw**	H
10.000,00		

S	**1600** (1000) **Kasse**	H
		10.000,00

Bei der **Bildung der Buchungssätze** ist streng darauf zu achten, ob **manuell** oder **EDV-gemäß** kontiert werden soll.

BEISPIEL FÜR MANUELLE KONTIERUNG

Kauf eines Pkws von einer Privatperson auf Ziel für 10.000 €

Buchungssatz:

Sollkonto	Betrag (€)	Habenkonto
0520 (0320) Pkw	10.000,00	**3300** (1600) Verbindlichk. aLuL

Buchung:

S	**0520** (0320) Pkw	H
10.000,00		

S	**3300** (1600) Verbindlichk. aLuL	H
		10.000,00

BEISPIEL FÜR EDV-GEMÄSSE KONTIERUNG

Kauf eines Pkws von einer Privatperson auf Ziel für 10.000 €

Zusätzliche Daten:

Kreditoren-Nr. 71601
Rechnungs-Nr. 506
Rechnungs-Datum 20.10.

Buchungssatz:

Soll	Haben	B	USt	K	Gegenkonto Nr.	Beleg Nr.	Beleg Datum		Konto Nr.
10.000,00				**7**	**71601**	506	20	10	**0520** (0320)

Buchung:

S	**0520** (0320) Pkw	H
10.000,00		

S	**71601** Kreditor (Lieferer)	H
		10.000,00

ÜBUNG → Aufgabe 10 (Seite 63)

3.4.5 Erfolgskontrolle

Wiederholungsfragen

1. Welche Arten von Bestandskonten sind zu unterscheiden?
2. Auf welcher Seite steht der Anfangsbestand bei den Passivkonten?
3. Auf welcher Seite wird eine Minderung des Anfangsbestands bei Aktivkonten gebucht?
4. Auf welcher Seite wird eine Erhöhung des Anfangsbestands bei Passivkonten gebucht?
5. Über welches Konto werden die Bestandskonten abgeschlossen?

Aufgaben

AUFGABE 1

Ordnen Sie die nachstehenden Konten zu. Kreuzen Sie die richtigen Lösungen in den letzten beiden Spalten an.

Konto	Aktivkonto	Passivkonto
Kasse		
Verbindlichkeiten aLuL		
Verbindlichkeiten gegenüber Kreditinstituten		
Lkw		
Warenvorräte		
Eigenkapital		
Geschäftsbauten		
Bankguthaben		
Forderungen aLuL		

AUFGABE 2

Führen Sie ein Kassenkonto. Tragen Sie den Anfangsbestand auf dem Kassenkonto vor und buchen Sie – ohne Gegenbuchung – die folgenden Geschäftsvorfälle:

1.	Saldovortrag (Anfangsbestand)	1.800 €
2.	Barzahlung eines Kunden	200 €
3.	Barzahlung an einen Lieferer	400 €
4.	Barzahlung für Porto	50 €
5.	Barzahlung für Telefongebühren	600 €
6.	Lohnzahlung an Arbeiter bar	500 €
7.	Barabhebung von der Bank	1.000 €
8.	Gehaltszahlung an Angestellte bar	800 €
9.	Mieteinnahme für die Überlassung einer Werkswohnung	300 €

AUFGABE 3

Führen Sie das Konto „Verbindlichkeiten aLuL". Tragen Sie den Anfangsbestand auf diesem Konto vor und buchen Sie - ohne Gegenbuchung - die folgenden Geschäftsvorfälle:

1.	Saldovortrag (Anfangsbestand)	15.000 €
2.	Kauf einer Maschine auf Ziel	10.000 €
3.	Postbanküberweisung an Lieferer	4.000 €
4.	Kauf eines Pkws auf Ziel	35.000 €
5.	Banküberweisung an Lieferer	6.000 €

AUFGABE 4

Welche Aussagen über Bestandskonten sind richtig?

1. Der Anfangsbestand der Bestandskonten steht immer im Haben.
2. Der Endbestand der Passivkonten steht in der Regel im Soll.
3. Der Endbestand der Aktivkonten steht in der Regel im Soll.
4. Die Endbestände der Bestandskonten werden in das Schlussbilanzkonto übertragen.
5. Bei Aktivkonten werden die Zugänge im Haben, bei Passivkonten im Soll gebucht.

AUFGABE 5

Die Schlussbilanz eines Einzelhändlers weist folgende Bestände aus

Warenbestand	20.000 €
Kassenbestand	30.000 €
Forderungen aLuL	40.000 €
Verbindlichkeiten aLuL	40.000 €
Eigenkapital	?

Geschäftsvorfälle des neuen Geschäftsjahres

1.	Kauf von Waren auf Ziel (Eingangsrechnung 001)	10.000 €
2.	Ein Kunde zahlt seine Rechnung (Ausgangsrechnung 001) bar	5.000 €

Aufgaben

1. Bilden Sie die Buchungssätze für die Geschäftsvorfälle.
2. Eröffnen Sie die Konten (T-Konten) im neuen Geschäftsjahr durch Buchen der Saldenvorträge.
3. Buchen Sie die Geschäftsvorfälle auf den T-Konten.
4. Schließen Sie die Bestandskonten über das Schlussbilanzkonto ab.

AUFGABE 6

Der Einzelunternehmer Kurt Stein, Wiesbaden, hat durch Inventur folgende Anfangsbestände ermittelt:

0690 (0490) Sonstige Betriebs- und Geschäftsausstattung	110.000 €
1140 (3980) Bestand Waren	75.000 €
1800 (1200) Bankguthaben	30.000 €
1600 (1000) Kasse	5.000 €
2000 (0800) Eigenkapital	?
3160 (0640) Verbindlichkeiten gegenüber Kreditinstituten	110.000 €
3300 (1600) Verbindlichkeiten aLuL	60.000 €

Geschäftsvorfälle

1.	Barabhebung vom Bankkonto	8.000 €
2.	Begleichung einer Verbindlichkeit aLuL durch Banküberweisung	6.000 €
3.	Kauf einer Schreibmaschine auf Ziel	1.000 €
4.	Tilgung eines Bankdarlehens durch Banküberweisung	5.000 €
5.	Umwandlung einer Verbindlichkeit aLuL in ein Bankdarlehen Das Darlehen hat eine Laufzeit von drei Jahren.	20.000 €

Aufgaben

1. Richten Sie die entsprechenden Konten ein und nehmen Sie die entsprechenden Eröffnungsbuchungen vor. Die Bestandskonten ergeben sich aus den obigen Beständen.
2. Bilden Sie die Buchungssätze für die Geschäftsvorfälle.
3. Buchen Sie die Geschäftsvorfälle auf den T-Konten.
4. Schließen Sie die Konten über das Schlussbilanzkonto ab.

AUFGABE 7

Der Einzelunternehmer Peter Jung, Stuttgart, hat durch Inventur folgende Anfangsbestände ermittelt:

0520 (0320) Pkw	150.000 €
0690 (0490) Sonstige Betriebs- und Geschäftsausstattung	125.000 €
1140 (3980) Bestand Waren	175.000 €
1200 (1400) Forderungen aLuL	34.000 €
1600 (1000) Kasse	15.000 €
1800 (1200) Bankguthaben	37.000 €
2000 (0800) Eigenkapital	?
3160 (0640) Verbindlichkeiten gegenüber Kreditinstituten	100.000 €
3300 (1600) Verbindlichkeiten aLuL	160.000 €

Geschäftsvorfälle

1.	Bareinzahlung auf Bankkonto	10.000 €
2.	Ein Kunde begleicht eine Forderung aLuL durch Banküberweisung	14.000 €
3.	Kauf eines Pkws auf Ziel	20.000 €
4.	Aufnahme eines Bankdarlehens mit einer Laufzeit von fünf Jahren (Der Betrag wird dem Bankkonto gutgeschrieben.)	35.000 €
5.	Begleichung einer Verbindlichkeit aLuL durch Banküberweisung	10.000 €

Aufgaben

1. Richten Sie die entsprechenden Konten ein und nehmen Sie die entsprechenden Eröffnungsbuchungen vor.
2. Bilden Sie die Buchungssätze für die Geschäftsvorfälle.
3. Buchen Sie die Geschäftsvorfälle auf den T-Konten.
4. Schließen Sie die Konten über das Schlussbilanzkonto ab.

AUFGABE 8

Welche Geschäftsvorfälle liegen den folgenden Buchungssätzen zugrunde?

Tz.	Buchungssätze	Geschäftsvorfälle
1.	Betriebsausstattung an Bank 8.000 €	
2.	Verbindlichkeiten aLuL an Forderungen aLuL 7.000 €	
3.	Grund und Boden unbebaut an Bank 50.000 €	
4.	Bank an Postbank 10.000 €	
5.	Postbank an Kasse 5.000 €	
6.	Verbindlichkeiten aLuL an Verb. gegenüber Kreditinstituten 10.000 €	
7.	Verbindlichkeiten aLuL an Bank 8.000 €	

AUFGABE 9

a) Welche Geschäftsvorfälle liegen den folgenden Buchungssätzen zugrunde?
b) Um welche Art von Bestandsveränderung handelt es sich jeweils (Aktiv-Tausch; Passiv-Tausch; Aktiv-Passiv-Mehrung; Aktiv-Passiv-Minderung)?

1.	Pkw an Kasse	10.000 €
2.	Geschäftsausstattung an Bank	5.000 €
3.	Pkw an Verbindlichkeiten aLuL	20.000 €
4.	Kasse an Bank	10.000 €
5.	Lkw an Postbank	30.000 €
6.	Verbindlichkeiten aLuL an Verbindlichkeiten gegenüber Kreditinstituten	40.000 €
7.	Bank an Verbindlichkeiten gegenüber Kreditinstituten	80.000 €

AUFGABE 10

Kontieren Sie folgende Geschäftsvorfälle nach zwei Möglichkeiten (EDV-Kontierung).

1.	Kauf eines unbebauten Grundstücks durch Banküberweisung	50.000 €
2.	Kauf einer Rechenmaschine von einem Privatmann durch Banküberweisung	2.000 €
3.	Kauf eines Pkws von einem Privatmann durch Postbanküberweisung	11.000 €

Weitere Aufgaben mit Lösungen finden Sie im **Lösungsbuch** der Buchführung 1. A L

LF 2

3.5 Erfolgskonten

Die **bisher** gebuchten Geschäftsvorfälle haben **nur** das **Vermögen** und/oder die **Verbindlichkeiten** verändert, **nicht** jedoch das **Eigenkapital**.

In **diesem Kapitel** werden die **betrieblich** verursachten **Eigenkapitaländerungen** dargestellt und erläutert.

3.5.1 Betrieblich verursachte Eigenkapitaländerungen

Rechnerisch ist das **Eigenkapital** der **Unterschiedsbetrag** zwischen der Summe des **Vermögens** und der Summe der **Verbindlichkeiten**:

	Summe des Vermögens
-	Summe der Verbindlichkeiten
=	**Eigenkapital**

Bei den **betrieblich** verursachten **Eigenkapitaländerungen** wird unterschieden zwischen Eigenkapital**minderungen** und Eigenkapital**mehrungen**.

3.5.1.1 Betrieblich verursachte Eigenkapitalminderungen

Es gibt **betrieblich** verursachte **Ausgaben**, die **weder** zu einem **Aktiv-Tausch noch** zu einer **Verminderung der Verbindlichkeiten** führen.

BEISPIEL

Die J & L Möbelfabrik GmbH hat einen Lagerplatz gemietet, für den sie monatlich **500 € Miete** durch **Banküberweisung** zahlt.

Durch die Banküberweisung der Miete vermindert sich das Bankguthaben um 500 €. Da der Verminderung des Bankguthabens weder eine Vermehrung eines anderen Vermögenswertes noch eine Verminderung von Verbindlichkeiten gegenübersteht, **vermindert** sich das **Eigenkapital** - wie die folgende Rechnung zeigt - um **500 €**.

		vor der Mietausgabe	**nach** der Mietausgabe
	Summe des Vermögens	100.000 €	**99.500 €**
-	Summe der Verbindlichkeiten	- 30.000 €	- 30.000 €
=	**Eigenkapital**	70.000 €	**69.500 €**

a) Kontostände **vor** der Mietausgabe

S	**Bank**		H
SV	100.000,00		

S	**Eigenkapital**		H
		SV	70.000,00

S	**Verbindlichkeiten**		H
		SV	30.000,00

b) Kontostände **nach** der Mietausgabe

S	Bank		H	S	Eigenkapital		H
SV	100.000,00	**1)**	**500,00**	**1) Minderungen**	**500,00**	SV	70.000,00

S	Verbindlichkeiten		H
		SV	30.000,00

Eine **betrieblich** verursachte **Minderung** des **Eigenkapitals** bezeichnet man als **Aufwand**.

MERKE → **Aufwendungen mindern** das **Eigenkapital** (der Unternehmer wird ärmer).

3.5.1.2 Betrieblich verursachte Eigenkapitalmehrungen

Es gibt **betrieblich** verursachte **Einnahmen**, die **weder** zu einem **Aktiv-Tausch noch** zu einer **Vermehrung der Verbindlichkeiten** führen.

BEISPIEL

Die J & L Möbelfabrik GmbH erhält von ihrer Bank eine **Zinsgutschrift** von **200€**.

Durch diese Zinseinnahme erhöht sich das Bankguthaben um 200 €. Da der Vermehrung des Bankguthabens weder eine Verminderung eines anderen Vermögenswertes noch eine Vermehrung von Verbindlichkeiten gegenübersteht, **vermehrt** sich das **Eigenkapital** - wie die folgende Rechnung zeigt - um **200€**.

	vor der Zinseinnahme	**nach** der Zinseinnahme
Summe des Vermögens	99.500 €	**99.700€**
- Summe der Verbindlichkeiten	- 30.000 €	- 30.000 €
= **Eigenkapital**	69.500 €	**69.700€**

a) Kontostände **vor** der Zinseinnahme

S	Bank		H	S	Eigenkapital		H
SV	99.500,00					SV	69.500,00

S	Verbindlichkeiten		H
		SV	30.000,00

b) Kontostände **nach** der Zinseinnahme

S	Bank		H	S	Eigenkapital		H
SV	99.500,00					SV	69.500,00
1)	**200,00**					**1) Mehrung**	**200,00**

S	Verbindlichkeiten		H
		SV	30.000,00

Eine **betrieblich** verursachte **Mehrung** des **Eigenkapitals** bezeichnet man als **Ertrag**.

MERKE →	**Erträge mehren** das **Eigenkapital** (der Unternehmer wird reicher).

In der **Änderung des Eigenkapitals** spiegelt sich der **Erfolg** des Unternehmens wider. Der **Erfolg** kann dabei **positiv** (**Gewinn**) oder **negativ** (**Verlust**) sein.
Geschäftsvorfälle, die zu einer **betrieblich** verursachten Eigenkapital**mehrung** oder Eigenkapital**minderung** führen, werden als **Erfolgsvorgänge** bezeichnet.
Die **Konten** auf denen Erfolgsvorgänge erfasst werden, bezeichnet man als **Erfolgskonten**. Sie sind **Unterkonten** des **Eigenkapitalkontos**.

3.5.2 Buchen auf Erfolgskonten

Innerhalb der Erfolgskonten unterscheidet man zwischen **Aufwandskonten**, auf denen betrieblich verursachte Eigenkapital**minderungen** erfasst werden, und **Ertragskonten**, auf denen betrieblich verursachte Eigenkapital**mehrungen** gebucht werden.

Erfolgskonten (Beispiele)	
Aufwandskonten (Eigenkapital**minderungen**)	**Ertragskonten** (Eigenkapital**mehrungen**)
Löhne Gehälter Miete Fahrzeugkosten Porto Telefon(kosten) Bürobedarf Zinsaufwendungen	Erlöse Provisionsumsätze Zinserträge

Für **Buchungen auf den Erfolgskonten** gelten die **gleichen Buchungsregeln wie** für die entsprechenden Buchungen auf dem **Eigenkapitalkonto** (= passives Bestandskonto)

- **Aufwendungen** stehen auf den **Aufwandskonten im Soll**, da sie das Eigenkapital **verkleinern** (Eigenkapital**minderungen**) und
- **Erträge** stehen auf den **Ertragskonten im Haben**, da sie das Eigenkapital **vergrößern** (Eigenkapital**mehrungen**).

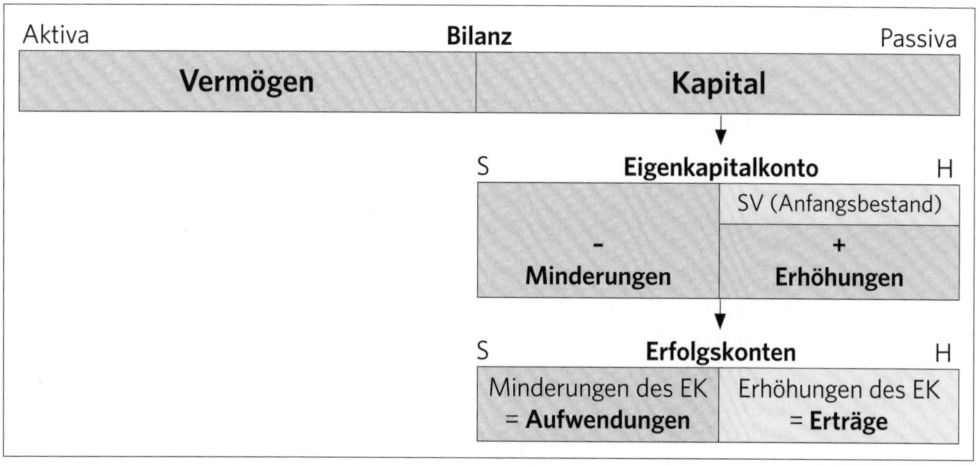

BEISPIEL

Karl Meyer, Köln, hat folgende (vereinfachte) **Eröffnungsbilanz** aufgestellt:

Aktiva	(vereinfachte) **Eröffnungsbilanz**		Passiva
Waren	50.000,00	Eigenkapital	60.000,00
Forderungen aLuL	40.000,00	Verbindlichkeiten aLuL	40.000,00
Kassenbestand und Guthaben bei Kreditinstituten	10.000,00		
	100.000,00		100.000,00

Geschäftsvorfälle:

1. Meyer erhält eine Provision durch Banküberweisung	2.000 €
2. Meyer erhält eine Zinsgutschrift der Bank	50 €
3. Meyer zahlt Löhne bar	1.000 €
4. Meyer zahlt Miete für seine Geschäftsräume bar	600 €

Buchungssätze:

Tz.	Sollkonto	Betrag (€)	Habenkonto
1.	Bank	2.000,00	Provisionsumsätze
2.	Bank	50,00	Zinserträge
3.	Löhne	1.000,00	Kasse
4.	Miete	600,00	Kasse

Buchung:

Soll	**Saldenvorträge (SV)**		Haben
Eigenkapital	60.000,00	Bestand Waren	50.000,00
Verbindlichkeiten aLuL	40.000,00	Forderungen aLuL	40.000,00
		Kasse	5.000,00
		Bank	5.000,00
	100.000,00		100.000,00

Bestandskonten:

S	Bestand Waren		H
SV	50.000,00		

S	Eigenkapital		H
		SV	60.000,00

S	Forderungen aLuL		H
SV	40.000,00		

S	Verbindlichkeiten aLuL		H
		SV	40.000,00

S	Bank		H
SV	5.000,00		
1)	**2.000,00**		
2)	**50,00**		

S	Kasse		H
SV	5.000,00	**3)**	**1.000,00**
		4)	**600,00**

Erfolgskonten:

S	Löhne		H
3)	**1.000,00**		

S	Provisionsumsätze		H
		1)	**2.000,00**

S	Miete		H
4)	**600,00**		

S	Zinserträge		H
		2)	**50,00**

ÜBUNG →

1. Wiederholungsfragen 1 bis 7 (Seite 73),
2. Aufgabe 1 (Seite 74)

3.5.3 Abschluss der Erfolgskonten

Die **Erfolgskonten** sind als **Unterkonten des Eigenkapitalkontos** über das **Eigenkapitalkonto** abzuschließen.
Der **Abschluss** der **Erfolgskonten** erfolgt allerdings **nicht direkt**, sondern **indirekt**.
Zunächst werden alle Erfolgskonten über ein eigens dafür eingerichtetes **Sammelkonto**, das Gewinn- und Verlustkonto (GuVK), abgeschlossen.
Die **Buchungssätze** für den Abschluss der **Aufwandskonten** lauten:

GuVK an Aufwandskonten

und für den Abschluss der **Ertragskonten**:

Ertragskonten an GuVK.

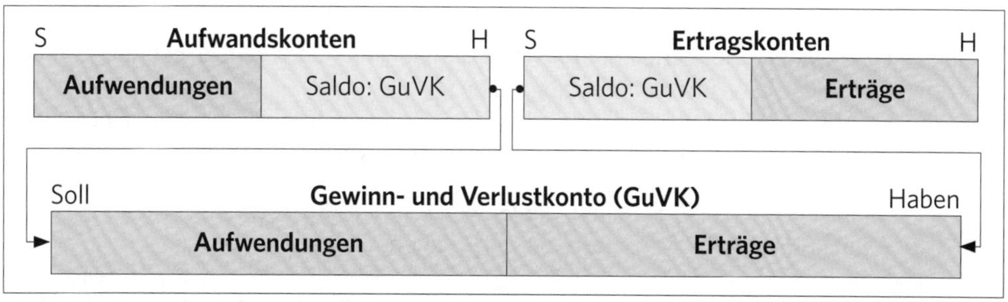

Der **Unterschiedsbetrag** zwischen der Summe der **Erträge** und der Summe der **Aufwendungen** ist der **Gewinn** oder der **Verlust**.

	Summe der **Erträge**
-	Summe der **Aufwendungen**
=	**Gewinn** oder **Verlust**

Der **Saldo** des **Gewinn- und Verlustkontos** weist den **Gewinn oder Verlust** eines Unternehmens aus.
Das **Gewinn- und Verlustkonto** wird über das **Eigenkapitalkonto** abgeschlossen. Dabei wird durch den **Gewinn** das **Eigenkapital vermehrt** und durch den **Verlust** das **Eigenkapital vermindert**.
Ein **Saldo** im **Soll** des **GuVK** stellt einen **Gewinn** (Erträge sind größer als Aufwendungen) dar:

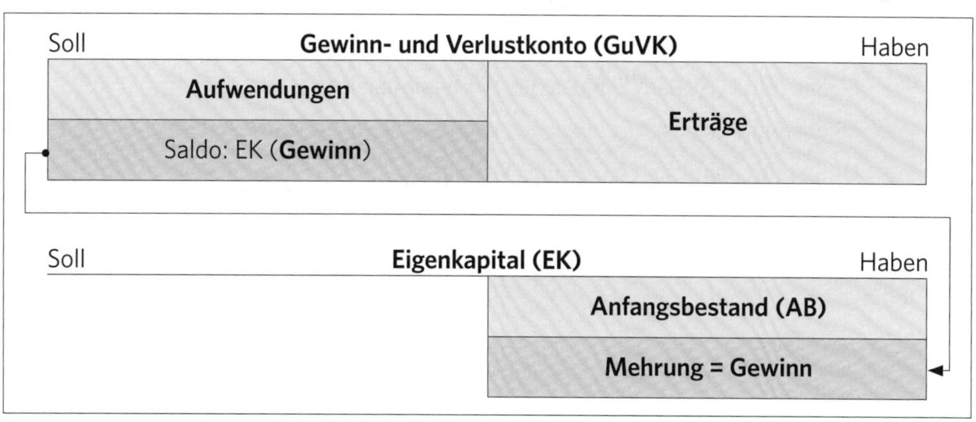

Ein **Saldo** im **Haben** des **GuVK** stellt einen **Verlust** (Aufwendungen sind größer als Erträge) dar:

Soll	Gewinn- und Verlustkonto (GuVK) Haben
Aufwendungen	**Erträge**
	Saldo: EK (**Verlust**)

Soll	Eigenkapital (EK) Haben
Minderung = Verlust	**Anfangsbestand (AB)**

Anhand des Gewinn- und Verlust**kontos** wird die Gewinn- und Verlust**rechnung** erstellt bzw. im Rahmen der EDV-Buchführung abgerufen.
Nach § 242 Abs. 2 HGB hat grundsätzlich jeder Kaufmann für den Schluss eines jeden Geschäftsjahres eine Gewinn- und Verlust**rechnung** aufzustellen.

B 2 Einzelheiten zur Aufstellung der Gewinn- und Verlustrechnung erfolgen in der **Buchführung 2**, 37. Auflage, Seiten 9, 16 und 272 ff.

Für die Aufstellung der Gewinn- und Verlustrechnung gelten **dieselben Befreiungsvorschriften wie für die Bilanz** (vgl. § 242 Abs. 4 HGB i. V. m. § 241a HGB).

B 1 Einzelheiten zu den Befreiungsvorschriften erfolgten bereits im Abschnitt 3.2, Seite 33.

Sind die Erfolgskonten abgeschlossen, kann der **Erfolg** auch durch **Eigenkapitalvergleich** (Betriebsvermögensvergleich) ermittelt werden.

Gewinn ist – sieht man von den Privatentnahmen und Privateinlagen ab – der **Unterschiedsbetrag** zwischen dem Eigenkapital (Betriebsvermögen) am Schluss des Wirtschaftsjahrs und dem Eigenkapital (Betriebsvermögen) am Schluss des vorangegangenen Wirtschaftsjahrs (§ 4 Abs. 1 Satz 1 EStG).

Für die **Erfolgsermittlung** gilt somit folgendes (vorläufiges) **Schema**, das später noch um die Privatentnahmen und Privateinlagen sowie die für steuerliche Zwecke nicht abzugsfähigen Betriebsausgaben erweitert wird:

	Eigenkapital (BV) am Schluss des Wirtschaftsjahrs
-	Eigenkapital (BV) am Schluss des vorangegangenen Wirtschaftsjahrs
=	**Unterschiedsbetrag (= Gewinn/Verlust)**

Überträgt man das **Schema der Erfolgsermittlung** auf das vorangegangene Beispiel (siehe Seiten 67 f.), bedeutet das:

	Eigenkapital (BV) am Schluss des Wirtschaftsjahrs	60.450 €
	Eigenkapital (BV) am Schluss des vorangegangenen Wirtschaftsjahrs	60.000 €
=	**Unterschiedsbetrag**	**450 €**

Die Erfolgsauswirkung lässt sich auch aus dem **Eigenkapitalkonto** erkennen (siehe unten):

S		**Eigenkapital**	H
		Anfangsbestand	60.000,00
		Mehrung = **Gewinn**	**450,00**

ÜBUNG →	1. Wiederholungsfragen 8 und 9 (Seite 73), 2. Aufgaben 2 bis 6 (Seiten 74 ff.)

3.5.4 Zusammenfassung und Erfolgskontrolle

3.5.4.1 Zusammenfassung

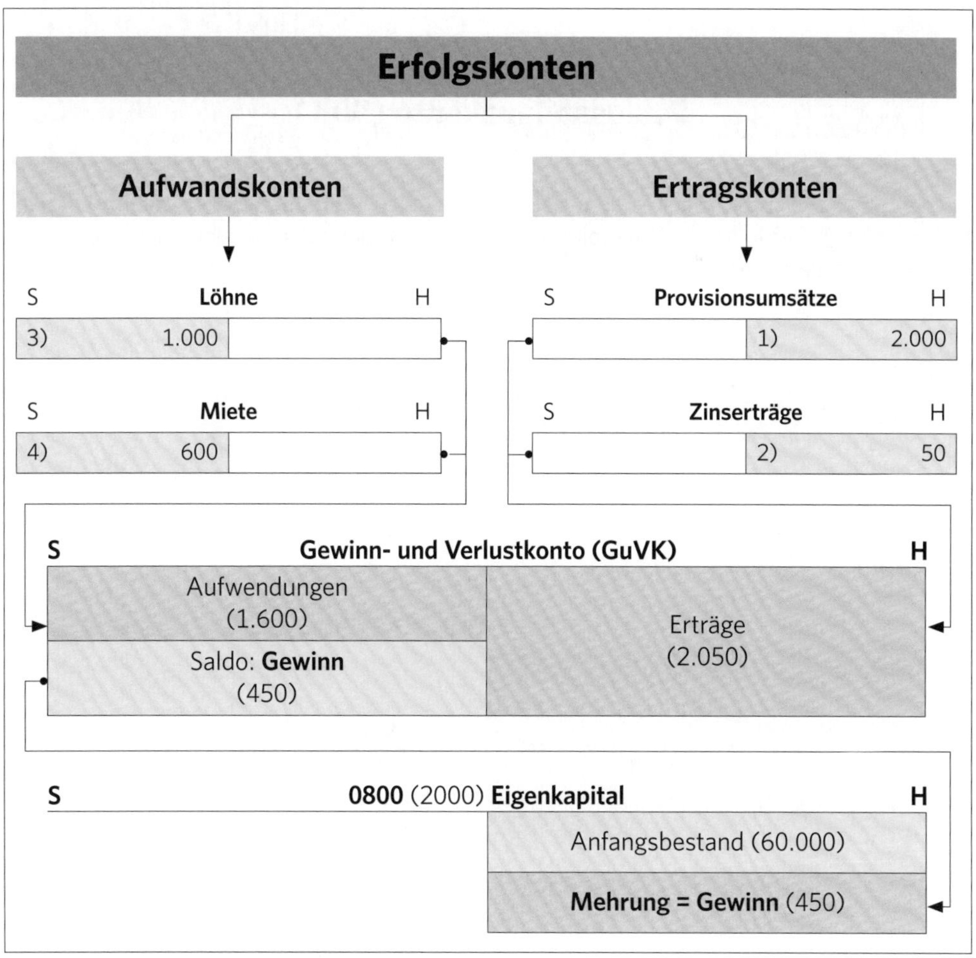

In der Praxis werden neben den Sachkonten noch **Personenkonten** geführt (siehe Seiten 282 ff.). Das folgende Schaubild zeigt den Zusammenhang zwischen den Sachkonten und den Personenkonten.

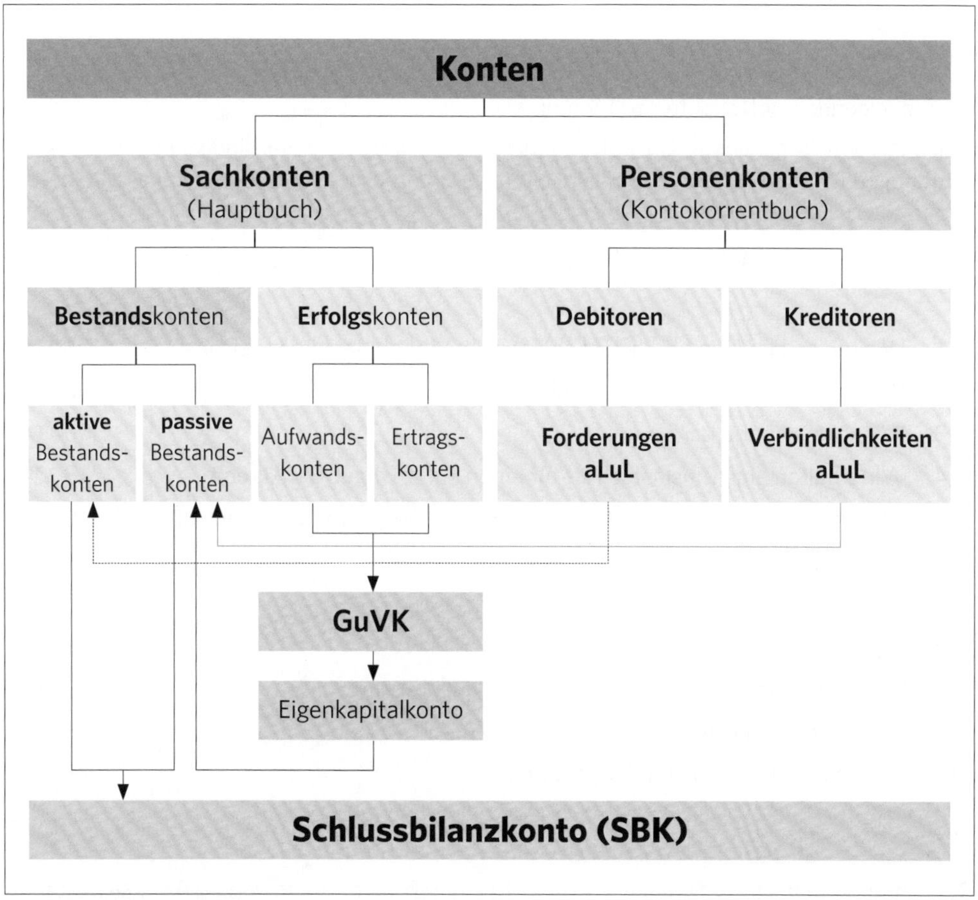

3.5.4.2 Erfolgskontrolle

Wiederholungsfragen

1. Wie wird das Eigenkapital rechnerisch ermittelt?
2. Wie wird eine betrieblich verursachte Eigenkapitalminderung bezeichnet?
3. Wie wird eine betrieblich verursachte Eigenkapitalmehrung bezeichnet?
4. Welche Aufwandskonten kennen Sie?
5. Welche Ertragskonten kennen Sie?
6. Auf welcher Kontoseite werden Aufwendungen gebucht?
7. Auf welcher Kontoseite werden Erträge gebucht?
8. Über welches Konto werden die Erfolgskonten abgeschlossen?
9. Über welches Konto wird das Gewinn- und Verlustkonto abgeschlossen?

Aufgaben

AUFGABE 1

Es sind folgende Erfolgskonten zu führen:

Heizung, Gehälter, Löhne, Zinsaufwendungen für kurzfristige Verbindlichkeiten, Zinsaufwendungen für langfristige Verbindlichkeiten, Grundstückserträge, Zinserträge, Miete, Kfz-Reparaturen, Porto, Telefon.

Bilden Sie die Buchungssätze für folgende Geschäftsvorfälle:

		€
1.	Wir zahlen Heizung für die Geschäftsräume durch Banküberweisung	200,00
2.	Wir zahlen Gehälter durch Banküberweisung	500,00
3.	Wir zahlen Löhne bar	1.000,00
4.	Wir erhalten eine Zinslastschrift für einen kurzfristigen Bankkredit	130,00
5.	Wir erhalten Miete für die Überlassung einer Werkswohnung bar	200,00
6.	Wir erhalten eine Zinsgutschrift der Bank	70,00
7.	Wir zahlen Miete für Geschäftsräume bar	600,00
8.	Barzahlung für Reparatur des betrieblichen Pkw	200,00
9.	Wir zahlen Darlehenszinsen durch Banküberweisung	120,00
10.	Wir zahlen für Porto bar	400,00
11.	Banküberweisung für Telefongebühren	250,00

AUFGABE 2

Der Unternehmer Hans Schäfer, Aachen, hat durch Inventur folgende Anfangsbestände ermittelt:

	€
Geschäftsausstattung	20.000,00
Bestand Waren	40.000,00
Forderungen aLuL	30.000,00
Bankguthaben	20.000,00
Kasse	10.000,00
Eigenkapital	100.000,00
Verbindlichkeiten aLuL	20.000,00

Außer den Bestandskonten, die sich aus den obigen Beständen ergeben, sind folgende Erfolgskonten zu führen:

Zinserträge, Miete, Gehälter, Porto, Telefon, Löhne, Reinigung, Reparaturen und Instandhaltung von Betriebs- und Geschäftsausstattung.

Geschäftsvorfälle

		€
1.	Zinsgutschrift der Bank	100,00
2.	Barzahlung Miete für Lagerplatz	500,00
3.	Gehaltszahlung bar	800,00
4.	Banküberweisung der Miete für Geschäftsräume	3.500,00
5.	Barzahlung für Porto	50,00
6.	Banküberweisung für Telefongebühren	120,00
7.	Barzahlung für Löhne	1.020,00
8.	Barzahlung für Büroreinigung	160,00
9.	Banküberweisung für Reparatur der Geschäftsausstattung	320,00

Aufgaben

1. Tragen Sie die Anfangsbestände auf den T-Konten vor.
2. Bilden Sie die Buchungssätze für die Geschäftsvorfälle.
3. Buchen Sie die Geschäftsvorfälle auf den T-Konten.
4. Schließen Sie die Konten über das Schlussbilanzkonto ab.
5. Ermitteln Sie den Erfolg auch durch Eigenkapitalvergleich.

AUFGABE 3

Das Konto Zinserträge zeigt folgendes Bild:

S	Zinserträge		H
		Bank	800,00
		Forderungen aLuL	300,00
		Postbank	500,00

Mit welcher der folgenden Kontierungen wird das Konto abgeschlossen? Kreuzen Sie die richtige Lösung an.

Tz.	Sollkonto	Betrag (€)	Habenkonto
1.	SBK	1.600,00	Zinserträge
2.	GuVK	1.600,00	Zinserträge
3.	Zinserträge	1.600,00	GuVK
4.	Zinserträge	1.600,00	SBK
5.	EK	1.600,00	Zinserträge
6.	Zinserträge	1.600,00	Bank

AUFGABE 4

Stellen Sie fest, ob die nachstehenden Geschäftsvorfälle den Gewinn erhöhen (+) oder mindern (-).

Tz.	Sollkonto	Betrag (€)	Habenkonto	(+)	(-)
1.	Löhne	3.000,00	Bank		
2.	Sonstige BuG	5.000,00	Verbindlichkeiten aLuL		
3.	Bank	4.000,00	Zinserträge		
4.	Miete	2.000,00	Kasse		
5.	Bank	3.500,00	Kasse		
6.	Forderungen aLuL	9.000,00	Grundstückserträge		

AUFGABE 5

Das GuV-Konto zeigt folgendes Bild:

S	GuV-Konto		H
Gehälter	1.000,00	Provisionsumsätze	20.000,00
Reparaturen BuG	3.000,00	Grundstückserträge	400,00
Kfz-Reparaturen	500,00	Zinserträge	500,00
Zinsaufwendungen	4.000,00		

Mit welcher der folgenden Kontierungen wird das Konto abgeschlossen? Kreuzen Sie die richtige Lösung an.

Tz.	Sollkonto	Betrag (€)	Habenkonto
1.	SBK	12.400,00	GuVK
2.	Bank	12.400,00	GuVK
3.	EK	12.400,00	GuVK
4.	GuVK	12.400,00	EK
5.	EK	20.900,00	GuVK
6.	Zinserträge	20.900,00	GuVK

AUFGABE 6

Der buchführende Einzelunternehmer Sigmund Müller e.K., Halle/Saale, hat eine Forderung aLuL gegenüber seinem Kunden Müsig, München, in Höhe von 100.000 €. Müsig wird insolvent und die Forderung wird uneinbringlich. Der Forderungsausfall ist in der Finanzbuchhaltung

1. ein erfolgsneutraler Passivtausch.
2. ein Ertrag in Höhe von 100.000 €.
3. ein Aufwand in Höhe von 100.000 €.
4. ein erfolgsneutraler Aktivtausch.

AUFGABE 7

Das Gewinn- und Verlustkonto weist im Hauptbuchabschluss einen Saldo im Haben aus. Wie verändert die entsprechende Abschlussbuchung den Bestand des Eigenkapitalkontos?

3.6 Kontenrahmen und Kontenplan

In den Unternehmen werden zur Bewältigung des Buchungsstoffes in der Regel **zahlreiche Konten** geführt.

Konten**rahmen** und Konten**plan** dienen dazu, die **Konten systematisch zu ordnen**.

Der **Kontenrahmen** ist ein Ordnungsinstrument für Konten der Buchhaltung. Er ist branchenspezifisch und beinhaltet die Obermenge aller für die einzelnen Branchen möglichen Konten.

Der **Kontenplan** ist ein Ordnungsinstrument der Buchhaltung **eines bestimmten Unternehmens**. Im Kontenplan sind die individuell für das Unternehmen relevanten Konten zusammengefasst.

3.6.1 Zweck der Kontenrahmen

Die **systematische Ordnung** der Konten wird durch ihre **einheitliche Gliederung und Bezeichnung** erreicht.

Die **systematische Ordnung ermöglicht** z. B.

- einen **genauen Überblick über** die in einem Unternehmen geführten **Konten**,
- einen **Vergleich** der einzelnen Aufwendungen und Erträge **desselben** Unternehmens in verschiedenen Zeiträumen (**innerer Betriebsvergleich**),
- einen **Vergleich** der einzelnen Aufwendungen und Erträge eines Unternehmens mit denen **anderer** Unternehmen desselben Wirtschaftszweiges (**äußerer Betriebsvergleich**),
- die **Vereinheitlichung und Vereinfachung des Buchungstextes** durch die Verwendung von Kontennummern.

Datenverarbeitungsorganisationen (z. B. die **DATEV** eG) haben so genannte **Spezialkontenrahmen** (**SKR**) entwickelt, die so aufgebaut sind, dass sie den unterschiedlichen Anforderungen der von der Organisation betreuten Unternehmen gerecht werden.

Im Folgenden werden die **DATEV-Kontenrahmen SKR 04 und SKR 03** (gültig ab **2026**) zugrunde gelegt, die im **Anhang** abgedruckt sind.

3.6.2 Aufbau der Kontenrahmen SKR 04 und SKR 03

Die DATEV-Kontenrahmen **SKR 04** und **SKR 03** sind - wie alle übrigen Kontenrahmen - nach dem **Zehnersystem** (dekadischen System) aufgebaut.

Sie sind in Konten**klassen**, Konten**gruppen** und **Einzelkonten** gegliedert.

Die **Kontenrahmen** enthalten **zehn** Konten**klassen**, die mit den **Ziffern 0 bis 9** nummeriert sind.

Der Aufbau der **Spezialkontenrahmen SKR 04** und **SKR 03** sieht folgende Reihenfolge der **Kontenklassen** vor:

	SKR 04	SKR 03
Kontenklasse 0	Anlagevermögen	Anlagevermögen, Eigenkapital, langfristige Verbindlichkeiten, Rechnungsabgrenzungsposten
Kontenklasse 1	Umlaufvermögen	Umlaufvermögen, Verbindlichkeiten aus Lieferungen und Leistungen, sonstige Verbindlichkeiten
Kontenklasse 2	Eigenkapital	Finanzergebnis, a.o. Ergebnis, sonstige betriebliche Aufwendungen, sonstige betriebliche Erträge
Kontenklasse 3	Rückstellungen, Verbindlichkeiten	Wareneingang und Warenbestand
Kontenklasse 4	Umsatzerlöse, Bestandsveränderungen, sonstige betriebliche Erträge	betriebliche Aufwendungen
Kontenklasse 5	Materialaufwand	frei
Kontenklasse 6	Personalaufwand, sonstige betriebliche Aufwendungen	frei
Kontenklasse 7	Finanzergebnis, a.o. Ergebnis, Steuern, Gewinnverwendung	Bestand an Fertigerzeugnissen, Bestand an halb fertigen Erzeugnissen
Kontenklasse 8	frei	Umsatzerlöse, Bestandsveränderungen
Kontenklasse 9	Vortragskonten, statistische Konten	Vortragskonten, statistische Konten
Konten 10000-69999	Debitoren	Debitoren
Konten 70000-99999	Kreditoren	Kreditoren

Die **Reihenfolge der Kontenklassen** des **SKR 04** richtet sich nach den handelsrechtlichen Gliederungsvorschriften für den **Jahresabschluss** (Bilanz und Gewinn- und Verlustrechnung) einer großen Kapitalgesellschaft. Das erleichtert die Abschlussarbeiten und die Aufstellung des Jahresabschlusses.

Da sich die Reihenfolge der **Kontenklassen des SKR 04** an der gesetzlich vorgeschriebenen Gliederung der Bilanz (§ 266 HGB) und der Gewinn- und Verlustrechnung (§ 275 HGB) orientiert, spricht man vom **Abschlussgliederungsprinzip**.

Im Folgenden wird der **Bilanzabschluss** einer **kleinen Kapitalgesellschaft** nach dem **Abschlussgliederungsprinzip des SKR 04** schematisch dargestellt.

Kontenklasse			
0 Anlagevermögen	1 Umlaufvermögen	2 Passiva	3 Passiva

A. Anlagevermögen I. Immaterielle Vermögensgegenstände II. Sachanlagen III. Finanzanlagen	**A. Eigenkapital** I. Gezeichnetes Kapital II. Kapitalrücklagen III. Gewinnrücklagen IV. Gewinnvortrag/Verlustvortrag V. Jahresüberschuss/Jahresfehlbetrag **B. Rückstellungen**
B. Umlaufvermögen I. Vorräte II. Forderungen und sonstige Vermögensgegenstände III. Wertpapiere IV. Kassenbestand, Bundesbankguthaben, Guthaben bei Kreditinstituten und Schecks **C. Rechnungsabgrenzungsposten** **D. Aktive latente Steuern** **E. Aktiver Unterschiedsbetrag aus der Vermögensrechnung**	**C. Verbindlichkeiten** **D. Rechnungsabgrenzungsposten** **E. Passive latente Steuern**

Beim **Prozessgliederungsprinzip des SKR 03** wird die **Reihenfolge der Kontenklassen** (0 bis 9) nach den **Betriebsabläufen** bestimmt.

Die **Kontenklassen** des **SKR 03** spiegeln den **Prozess** von der betrieblichen Leistungs**erstellung** (0 bis 4) bis zur Leistungs**verwertung** (7 und 8) wider.

Der **SKR 04** und der **SKR 03** haben gemeinsam, dass sie zu gleichen **Jahresabschlussgliederungen** führen.

Jede Konten**klasse** kann in zehn Konten**gruppen** und jede Konten**gruppe** in zehn – bei Bedarf auch mehr – Konten **untergliedert** werden.

Jedes Konto des **SKR 04 bzw. SKR 03** hat – aus Gründen der EDV-Kontierung – eine **vierstellige Kontonummer**.

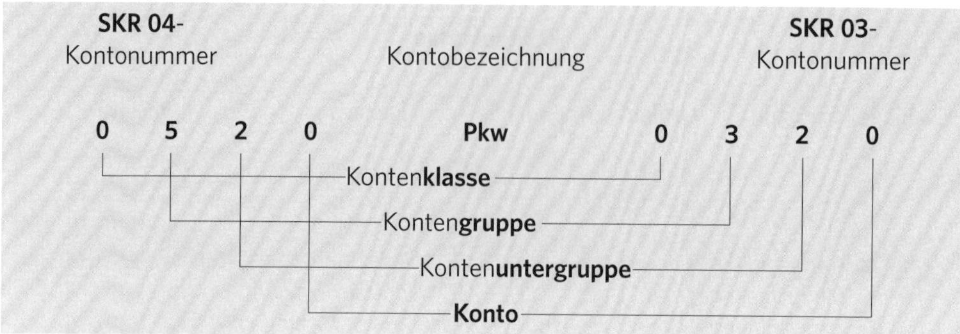

Beim **Buchungssatz genügt** es, dass an Stelle der Konten**bezeichnung** nur die Konto**nummer** angegeben wird.

Im Folgenden werden die Konten**nummern** des **SKR 04 fettgedruckt** und die Kontennummern des **SKR 03 in Klammern** genannt.

BEISPIEL

Ein Unternehmer kauft einen gebrauchten Pkw von einem Privatmann für 10.000 € auf Ziel.

Buchungssatz:

Sollkonto	Betrag (€)	Habenkonto
0520 (0320) Pkw	10.000,00	**3300** (1600) Verbindlichk. aLuL

Buchung:

S	**0520** (0320) Pkw	H
10.000,00		

S	**3300** (1600) Verbindlichk. aLuL	H
		10.000,00

Die **vierstelligen Kontennummern dienen** nicht nur der systematischen Ordnung der Konten, sondern im Rahmen der EDV-Buchführung **auch der Steuerung des Buchungsvorgangs**. Zu diesem Zweck werden den vierstelligen Kontennummern weitere Ziffern hinzugefügt.

Die **zusätzlichen Ziffern** haben bestimmte **Funktionen** innerhalb der Datenverarbeitung. Die Symbole der **Zusatzfunktionen** (**V**, **M** und **KU**) sind in den **DATEV**-Kontenrahmen **am Anfang** der Konten**klassen** angegeben (siehe **Anhang**). Da sie bereits **im Programm berücksichtigt** sind, werden sie bei der **Kontierung nicht** mit angegeben.
Vor den einzelnen Konten**nummern** stehen vielfach **Buchstaben** (z. B. **AV**, **AM**), deren **Funktion** am Ende der **Kontenrahmen** erläutert wird (siehe **Anhang**).

Neben den Konten und ihren Funktionen werden im **SKR 04** und **SKR 03** noch die entsprechenden **Bilanz-Posten** (§ 266 HGB) angegeben, denen die Konten zugeordnet werden.

BEISPIEL

Die folgenden Konten werden im **SKR 04** bzw. **SKR 03** dem Bilanz-Posten „Betriebs- und Geschäftsausstattung" zugeordnet:

Kontenklasse 0			Bilanzposten
SKR 04	**SKR 03**	**Konten-Bezeichnung**	
0520	0320	Pkw	**Betriebs- und Geschäftsausstattung**
0540	0350	Lkw	
0620	0440	Werkzeuge	
0640	0430	Ladeneinrichtung	
0650	0420	Büroeinrichtung	
0670	0480	GWG	
0675	0485	Wirtschaftsgüter größer 150 bis 1.000 Euro (Sammelposten)	
0690	0490	Sonstige Betriebs- und Geschäftsausstattung	

Im **SKR 04** und **SKR 03** werden nicht nur die Bilanz-Posten, sondern auch die **Posten der Gewinn- und Verlustrechnung**, kurz: **GuV** (§ 275 HGB) angegeben.

BEISPIEL

Die folgenden Konten werden im **SKR 04** bzw. **SKR 03** dem **GuV-Posten „Löhne und Gehälter"** zugeordnet:

Kontenklasse 6 und 4			GuV-Posten
SKR 04	**SKR 03**	**Konten-Bezeichnung**	
6010	4110	Löhne	**Löhne und Gehälter**
6020	4120	Gehälter	
6030	4190	Aushilfslöhne	
6035	4195	Löhne für Minijobs	
6036	4194	Pauschale Steuern und Abgaben an Minijobber	
6050	4125	Ehegattengehalt	
6080	4170	Vermögenswirksame Leistungen	

3.6.3 Zusammenfassung und Erfolgskontrolle

3.6.3.1 Zusammenfassung

- Der **Kontenrahmen** ist ein System zur einheitlichen Bezeichnung und Gliederung von Konten **einer Gruppe von Unternehmen**.
- Der **Kontenrahmen** ist in Konten**klassen**, Konten**gruppen** und **Konten** nach dem Zehnersystem (dekadischen System) gegliedert.
- Die **einheitliche** Konten**bezeichnung** und Konten**gliederung** ermöglicht den **inneren und äußeren Betriebsvergleich**.
- Die **Kontennummern** der **EDV-Kontenrahmen SKR 04** und **SKR 03** dienen neben der systematischen Einordnung auch der Steuerung von Rechenvorgängen und Buchungsvorgängen.
- Der **Kontenplan** ist eine systematische Übersicht über die **in einem bestimmten Unternehmen** geführten Konten.

3.6.3.2 Erfolgskontrolle

Wiederholungsfragen

1. Was versteht man unter einem Kontenrahmen?
2. Was ist ein Kontenplan?
3. Wodurch unterscheiden sich Kontenrahmen und Kontenplan?
4. Was ermöglicht der Kontenrahmen?
5. Nach welchem Prinzip ist der DATEV-Kontenrahmen SKR 04 aufgebaut?
6. Nach welchem Prinzip ist der DATEV-Kontenrahmen SKR 03 aufgebaut?

Aufgaben

AUFGABE 1

Ordnen Sie die Kontennummern des **SKR 04** (SKR 03) den folgenden Kontenbezeichungen zu.

Kontennummern	Kontenbezeichnung
	Unbebaute Grundstücke
	Forderungen aLuL
	Bank
	Kasse
	Verbindlichkeiten aLuL

AUFGABE 2

Kontieren Sie manuell die belegmäßig nachgewiesenen Geschäftsvorfälle nach dem **SKR 04** (SKR 03) anhand der folgenden Buchungsliste:

Tz.	Sollkonto	Betrag (€)	Habenkonto
1.			
2.			
usw.			

		€
1.	Kauf eines Fabrikgebäudes zum Kaufpreis von Von dem Kaufpreis entfallen auf Grund und Boden Der Kaufpreis wird durch Banküberweisung beglichen.	600.000,00 100.000,00
2.	Kauf eines unbebauten Grundstücks auf Ziel	150.000,00
3.	Wir begleichen eine Verbindlichkeit aLuL in Höhe von durch Banküberweisung.	150.000,00
4.	Ein Kunde überweist auf unser Bankkonto zum Ausgleich einer Forderung aLuL.	13.560,00
5.	Ein Kunde begleicht unsere Forderung aLuL in Höhe von durch Banküberweisung und durch Postbanküberweisung	1.500,00 1.000,00 500,00
6.	Barabhebung vom Bankkonto	7.000,00
7.	Aufnahme eines Bankdarlehens in Höhe von mit einer Laufzeit von fünf Jahren Der Betrag wird einem Bankkonto gutgeschrieben.	50.000,00
8.	Tilgung des Bankdarlehens (von Tz. 7.) durch Banküberweisung	2.000,00
9.	Barzahlung eines Kunden zum Ausgleich unserer Forderung aLuL	10.000,00
10.	Zahlung der Miete für Geschäftsräume durch Banküberweisung	1.000,00
11.	Zinsgutschrift der Bank	600,00
12.	Lohnzahlung bar	1.200,00
13.	Barzahlung für Porto	500,00
14.	Banküberweisung für Telefongebühren	400,00
15.	Provisionsumsätze für die Vermittlung von Aufträgen durch Banküberweisung	5.000,00
16.	Banküberweisung für Büroreinigung	300,00
17.	Gehaltszahlung bar	2.300,00
18.	Barzahlung für Wartung der Registrierkasse	100,00
19.	Zinslastschrift für kurzfristigen Bankkredit	180,00
20.	Barkauf einer Ladentheke	2.800,00
21.	Kauf einer Registrierkasse, Zahlung mit der betrieblichen EC-Karte	8.000,00

Zusammenfassende Erfolgskontrolle

Die Unternehmerin Georgis Bantes, Bonn, hat durch Inventur am 01.01.2026 folgende Anfangsbestände ermittelt:

Anfangsbestände	€
0235 (0085) Bebaute Grundstücke	110.000,00
0240 (0090) Geschäftsbauten	260.000,00
0640 (0430) Ladeneinrichtung	10.000,00
0650 (0420) Büroeinrichtung	20.000,00
1140 (3980) Bestand Waren	65.000,00
1200 (1400) Forderungen aLuL	80.000,00
1800 (1200) Bankguthaben	15.000,00
1700 (1100) Postbankguthaben	2.000,00
1600 (1000) Kasse	3.000,00
2000 (0800) Eigenkapital	?
3160 (0640) Verbindlichkeiten gegenüber Kreditinstituten	180.000,00
3300 (1600) Verbindlichkeiten aLuL	35.000,00

Außer den Bestandskonten, die sich aus den obigen Beständen ergeben, sind folgende Erfolgskonten zu führen:

6310 (4210) Miete, **6010** (4110) Löhne, **7320** (2120) Zinsaufwendungen, **6805** (4920) Telefon, **6800** (4910) Porto, **7100** (2650) Zinserträge.

Geschäftsvorfälle des Jahres 2026	€
1. Kauf eines Fotokopiergerätes auf Ziel	5.000,00
2. Mietzahlung durch Banküberweisung	500,00
3. Darlehenstilgung durch Banküberweisung	6.000,00
4. Lohnzahlung bar	1.100,00
5. Postbanküberweisung an Lieferer wegen Verbindlichkeit aLuL	1.000,00
6. Banklastschrift für Darlehenszinsen	250,00
7. Banküberweisung für Telefongebühren	600,00
8. Barzahlung für Briefmarken	100,00
9. Banküberweisung eines Kunden zum Ausgleich unserer Forderung aLuL	4.000,00
10. Zinsgutschrift der Bank	300,00

Aufgaben

1. Bilden Sie die Buchungssätze der Geschäftsvorfälle des Jahres 2026.
2. Tragen Sie die Anfangsbestände auf den Konten vor.
3. Buchen Sie die Geschäftsvorfälle.
4. Schließen Sie die Konten ab.
5. Ermitteln Sie den Erfolg auch durch Eigenkapitalvergleich.
6. Stellen Sie die Bilanz zum 31.12.2026 auf.
   Beachten Sie dabei das handelsrechtliche Gliederungsschema.

3.7 Abschreibung abnutzbarer Anlagegüter

3.7.1 Ursachen der Abschreibung

Bei **abnutzbaren Anlagegütern**, deren **Verwendung oder Nutzung** sich erfahrungsgemäß auf einen Zeitraum von **mehr als einem Jahr** erstreckt, sind die **Anschaffungskosten (AK)** oder die **Herstellungskosten (HK)** auf die **betriebsgewöhnliche Nutzungsdauer (ND) zu verteilen** (§ 253 Abs. 3 HGB, § 7 Abs. 1 EStG).

Zu den **Vermögensgegenständen des abnutzbaren Anlagevermögens** gehören z. B.:

- **entgeltlich** erworbener **Geschäfts- oder Firmenwert**,
- **Gebäude**,
- **maschinelle Anlagen**,
- **Betriebsausstattung** (z. B. Pkw, Lkw, Werkzeuge, Gabelstapler),
- **Geschäftsausstattung** (z. B. Büromöbel, Büromaschinen).

Anschaffungskosten sind Aufwendungen, die geleistet werden, um einen Vermögensgegenstand zu erwerben und ihn in einen betriebsbereiten Zustand zu versetzen, soweit die Aufwendungen dem Vermögensgegenstand einzeln zugeordnet werden können (§ 255 Abs. 1 Satz 1 HGB).

Herstellungskosten sind Aufwendungen, die durch den Verbrauch von (Sach-) Gütern und die Inanspruchnahme von Diensten für die Herstellung eines Vermögensgegenstandes, seine Erweiterung oder über seinen ursprünglichen Zustand hinausgehende wesentliche Verbesserung entstehen (§ 255 Abs. 2 Satz 1 HGB).

Die nach § 15 UStG **abziehbare Vorsteuer** gehört **weder** zu den **Anschaffungskosten noch** zu den **Herstellungskosten** eines Vermögensgegenstandes (§ 9b Abs. 1 EStG).

Einzelheiten zu den **Anschaffungs- und Herstellungskosten** erfolgen im Kapitel 7 „**Anlagenwirtschaft**“, Seiten 330 ff. B 1

Der **Teil** der **Anschaffungs- oder Herstellungskosten,** der auf ein Wirtschaftsjahr entfällt, wird **handelsrechtlich** als planmäßige **Abschreibung** und **steuerrechtlich** als **A**bsetzung **f**ür **A**bnutzung (**AfA**) bezeichnet.

Abschreibungsursachen können sein:

1. **technische Ursachen**
   - Gebrauchsverschleiß,
   - Ruheverschleiß (z. B. Verrosten),
   - Katastrophenverschleiß (z. B. Feuer, Unfall, Explosion);
2. **wirtschaftliche Ursachen**
   - Entwertung durch technischen Fortschritt,
   - Entwertung durch Bedarfsverschiebung,
   - Entwertung durch Preisverfall.

3.7.2 Berechnen der Abschreibung

Die **Abschreibung** kann nach **mehreren Methoden** berechnet werden. Im Rahmen der **Buchführung 1** wird **ausschließlich** die **lineare** Abschreibung auf bewegliche Anlagegüter **erläutert**. Praktische Relevanz hat darüber hinaus vor allem die **degressive** Abschreibung, welche als steuerlicher Investitionsanreiz für **nach dem 01.07.2025 und vor dem 31.12.2027** erworbene bzw. hergestellte **bewegliche Wirtschaftsgüter** des Anlagevermögens wieder eingeführt wurde.

B 2 Die **anderen Methoden** der Abschreibung werden im Kapitel 6, Seiten 91 ff., der **Buchführung 2**, 37. Auflage, dargestellt und erläutert.

Bei der **linearen** Abschreibung auf **bewegliche** Anlagegüter werden die **AK/HK gleichmäßig** auf die Zeit der betriebsgewöhnlichen Nutzungsdauer **verteilt**.

Der jährliche Abschreibungs**betrag** ergibt sich, indem man die **AK/HK** durch die Anzahl der **Jahre** der betriebsgewöhnlichen **Nutzungsdauer dividiert**:

$$\textbf{linearer Abschreibungsbetrag} = \frac{\textbf{AK/HK}}{\textbf{Nutzungsdauer}}$$

BEISPIEL

Die **Anschaffungskosten** einer Maschine betragen **50.000 €**. Die betriebsgewöhnliche **Nutzungsdauer** beträgt **10 Jahre**:

$$\text{jährlicher Abschreibungs}\textbf{betrag} = \frac{50.000\,€}{10} = \textbf{5.000 €}$$

Der Abschreibungs**satz** ergibt sich, indem man **100** durch die Anzahl der **Jahre** der betriebsgewöhnlichen **Nutzungsdauer dividiert**:

$$\textbf{linearer Abschreibungssatz} = \frac{\textbf{100}}{\textbf{Nutzungsdauer}}$$

BEISPIEL

Sachverhalt wie zuvor

$$\text{Abschreibungs}\textbf{satz} = \frac{100}{10} = \textbf{10 \%}$$

Die **Abschreibung** ist somit von den **AK/HK und** der betriebsgewöhnlichen **Nutzungsdauer** des Anlageguts **abhängig**.

Werden Anlagegüter **im Laufe** eines Wirtschaftsjahres (z. B. 01.07.) angeschafft oder hergestellt, ist die lineare AfA in diesem Wirtschaftsjahr **zwingend monatsgenau (pro-rata-temporis)** zu berechnen (z. B. $\frac{6}{12}$) (§ 253 Abs. 3 HGB, § 7 Abs. 1 Satz 4 EStG).

Die zeitanteilige AfA wird entsprechend beim **Ausscheiden** eines Anlageguts im Laufe eines Wirtschaftsjahres berechnet (§ 253 Abs. 3 HGB, R 7.4 Abs. 8 EStR 2012).

Wird ein Anlagegut **im Laufe** eines **Monats** (z. B. 15.02.) angeschafft oder hergestellt, so wird im Allgemeinen eine **Aufrundung auf volle Monate** (z. B. $\frac{11}{12}$) nicht zu beanstanden sein. Beim **Ausscheiden** (z. B. 15.02.) eines Anlageguts erfolgt dann logischerweise im Allgemeinen eine **Abrundung auf volle Monate** (z. B. $\frac{1}{12}$).

Die **betriebsgewöhnliche Nutzungsdauer** ist zu Beginn der Nutzung vorsichtig **zu schätzen**. **Anhaltspunkte** für die Schätzung können die **betriebseigenen Erfahrungen** und die vom Bundesminister der Finanzen (BdF) im Einvernehmen mit den obersten Finanzbehörden der Länder aufgrund von **Erfahrungen der steuerlichen Außenprüfung** herausgegebenen AfA-Tabellen sein.

Auszug aus der AfA-Tabelle für die allgemein verwendbaren Anlagegüter (BMF-Schreiben vom 15.12.2000, BStBl 2000 I, S. 1532 ff.):

Lfd. Nr.	Anlagegüter	Nutzungsdauer
6	**Betriebs- und Geschäftsausstattung**	
6.1	Wirtschaftsgüter der Werkstätten-, Labor- und Lagereinrichtungen	14
6.2	Wirtschaftsgüter der Ladeneinrichtungen	8
6.3	Messestände	6
6.4	Kühleinrichtungen	8
6.5	Klimageräte (mobil)	11
6.6	Be- und Entlüftungsgeräte (mobil)	10
6.7	Fettabschneider	5
6.8	Magnetabschneider	6
6.9	Nassabschneider	5
6.10	Heiß-/Kaltluftgebläse (mobil)	11
6.11	Raumheizgeräte (mobil)	9
6.12	Arbeitszelte	6
6.13	Telekommunikationsanlagen	
6.13.1	Fernsprechnebenstellenanlagen	10
6.13.2	Kommunikationsendgeräte	
6.13.2.1	Allgemein	8
6.13.2.2	Mobilfunkendgeräte	5
6.13.3	Textendeinrichtungen (Faxgeräte u. Ä.)	6
6.13.4	Betriebsfunkanlagen	11
6.13.5	Antennenmasten	10
6.14	Büromaschinen und Organisationsmittel	
6.14.1	Adressier-, Kuvertier- und Frankiermaschinen	8
6.14.2	Paginiermaschinen	8
6.14.3	Datenverarbeitungsanlagen	
6.14.3.1	Großrechner	7
6.14.3.2	Workstations, Personalcomputer, Notebooks und deren Peripheriegeräte (Drucker, Scanner, Bildschirme u. Ä.)	3

Die aktuelle AfA-Tabelle beruht auf Erfahrungen der steuerlichen Betriebsprüfung. Die in der AfA-Tabelle angegebene **Nutzungsdauer** dient als **Anhaltspunkt für** die Beurteilung der **Angemessenheit der steuerlichen AfA**. Sie **berücksichtigt** die **technische Abnutzung** eines unter **üblichen** Bedingungen arbeitenden Betriebs.

Mit BMF-Schreiben vom 26.02.2021, ersetzt durch das **BMF-Schreiben vom 22.02.2022** hat die **Finanzverwaltung** mit Verweis auf den beschleunigten technischen Wandel im Rahmen der Digitalisierung die **Verkürzung der Nutzungsdauern von Computern und Software von drei Jahren auf ein Jahr ermöglicht**. Vonseiten der Finanzverwaltung wird **nicht** beanstandet, wenn die betroffenen Wirtschaftsgüter vollständig im Jahr der Anschaffung abgeschrieben werden (**Sofortabschreibung**).

Gleichzeitig **kann** die Abschreibung auch über eine längere Nutzungsdauer unter Anwendung des § 7 Abs. 1 Satz 4 EStG erfolgen (BMF-Antwortschreiben vom 26.04.2022). Dieses **steuerliche Wahlrecht** umfasst **sämtliche** unter **6.14.3.2** in der oben ausschnittsweise gezeigten AfA-Tabelle genannten Anlagegüter.
Handelsrechtlich sind die steuerrechtlichen AfA-Tabellen **nicht zwingend** anzuwenden. Die steuerrechtlichen AfA-Tabellen stellen allerdings einen Anhaltspunkt für die Schätzung der betriebsgewöhnlichen Nutzungsdauer dar. Sofern die Nutzungsdauern der steuerrechtlichen AfA-Tabellen in einer **vertretbaren Bandbreite** zu den voraussichtlichen **betriebsindividuellen** Nutzungsdauern liegen, können auch die Werte der steuerrechtlichen AfA-Tabellen für handelsrechtliche Zwecke übernommen werden.
Eine Nutzungsdauer von nur einem Jahr für die steuerlich begünstigten digitalen Investitionen ist für **handelsbilanzielle** Zwecke **regelmäßig nicht zulässig** (IDW-Stellungnahme vom 06.04.2021) und führt bei Inanspruchnahme der steuerlichen Vergünstigung zu **Bewertungsunterschieden in der Handels- und Steuerbilanz**.

ÜBUNG →
1. Wiederholungsfragen 1 bis 8 (Seite 91),
2. Aufgaben 1 bis 6 (Seiten 91 f.)

3.7.3 Buchen der Abschreibung

Die Vermögensgegenstände des **abnutzbaren** Anlagevermögens verlieren durch ihre Nutzung ständig an Wert.

Diese **Wertminderung** des Vermögens ist betrieblicher **Aufwand**, der auf den **Aufwandskonten**

6220 (4830) **Abschreibungen auf Sachanlagen (ohne AfA auf Kfz und Gebäude),**
6221 (4831) **Abschreibungen auf Gebäude,**
6222 (4832) **Abschreibungen auf Kfz**

im **Soll** und auf einem **Bestandskonto** (z. B. Maschinen) im **Haben** erfasst wird.

BEISPIEL

Der vorsteuerabzugsberechtigte Unternehmer U kauft am 26.10.2026 eine Maschine für **20.000 €** + 3.800 € USt = 23.800 € und begleicht den Betrag sofort durch Banküberweisung. Die betriebsgewöhnliche **Nutzungsdauer** der Maschine beträgt **10 Jahre**.

1) Buchungssatz bei der Anschaffung zum 26.10.2026

Tz.	Sollkonto	Betrag (€)	Habenkonto
1.	**0440** (0210) Maschinen	20.000,00	
	1406 (1576) Vorsteuer 19 %*	3.800,00	
		23.800,00	**1800** (1200) Bank

* Einzelheiten zum Buchen der Vorsteuer erfolgen im Abschnitt 3.9.2.1, Seiten 112 ff.

Buchung bei der Anschaffung zum 26.10.2026:

S	**0440** (0210) **Maschinen**		H
1)	20.000,00		

S	**1800** (1200) **Bank**		H
		1)	23.800,00

S	**1406** (1576) **Vorsteuer 19 %**		H
1)	3.800,00		

2) Buchungssatz der Abschreibung zum 31.12.2026:

Tz.	Sollkonto	Betrag (€)	Habenkonto
2.	**6220** (4830) Abschreibungen	500,00 *	**0440** (0210) Maschinen

* 20.000 € : 10 = 2.000 € x 3⁄12 = 500 € oder 20.000 € x 10 % = 2.000 € x 3⁄12 = 500 €

Buchung zum 31.12.2026:

S	**6220** (4830) **Abschreibungen**		H
2)	**500,00**		

S	**0440** (0210) **Maschinen**		H
1)	20.000,00	**2)**	**500,00**

3.7.4 Abschluss des Anlagekontos und des Abschreibungskontos

Die Buchung der **Abschreibung** hat **Auswirkungen auf** das buchmäßige **Vermögen** des Unternehmers.

Nach Buchung der Abschreibung weist das **Anlagekonto** den um die Abschreibung verminderten **Buchwert** (**Restbuchwert**) aus.

Da das **Anlagekonto** ein **Aktivkonto** ist, wird der **Restbuchwert** zum Schluss des Wirtschaftsjahres in das **Schlussbilanzkonto** übernommen.

BEISPIEL

Sachverhalt wie zuvor

Buchungssatz:

Sollkonto	Betrag (€)	Habenkonto
9998 (9998) SBK	19.500,00	**0440** (0210) Maschinen

Buchung:

S	**0440** (0210) **Maschinen**		H
1)	20.000,00	2)	500,00
		SBK	**19.500,00**
	20.000,00		20.000,00

S	**9998** (9998) **Schlussbilanzkonto**		H
Maschinen	**19.500,00**		

Die **Buchung der Abschreibung** hat **nicht nur Auswirkungen auf** das buchmäßige **Vermögen** des Unternehmers, **sondern auch** auf den **Erfolg**.

Da das **Abschreibungskonto** ein **Aufwandskonto** ist, wird es zum Schluss des Wirtschaftsjahres über das **Gewinn- und Verlustkonto** abgeschlossen.

BEISPIEL

Sachverhalt wie zuvor

Buchungssatz:

Sollkonto	Betrag (€)	Habenkonto
9999 (9999) GuVK	500,00	**6220** (4830) Abschreibungen

Buchung:

S	**6220** (4830) **Abschr. auf Sachanlagen (ohne AfA auf Kfz und Geb.)**		H
2)	500,00	**GuVK**	500,00

S	**9999** (9999) **Gewinn- und Verlustkonto**		H
Abschreibungen	**500,00**		

Die Abschreibung **mindert** auf der **Aktivseite** der Bilanz das **Sachanlagevermögen** und **in gleicher Höhe** auf der **Passivseite** das **Eigenkapital**. Dadurch führt die Abschreibung im Ergebnis zu einer **Bilanzverkürzung**.

ÜBUNG →
1. Wiederholungsfragen 9 bis 12 (Seite 91),
2. Aufgabe 7 bis 10 (Seiten 92 f.)

3.7.5 Zusammenfassung und Erfolgskontrolle

3.7.5.1 Zusammenfassung

3.7.5.2 Erfolgskontrolle

Wiederholungsfragen

1. Welche Vermögensgegenstände gehören im Einzelnen zu den abnutzbaren Anlagegütern?
2. Welche Abschreibungsursachen gibt es?
3. Wie nennt man die Abschreibung, bei der jährlich ein gleich hoher Betrag abgeschrieben wird?
4. Wie wird der jährliche Abschreibungsbetrag bei dieser Abschreibung auf bewegliche Anlagegüter berechnet?
5. Wie berechnet man den Abschreibungssatz bei dieser Abschreibung?
6. Wie wird die betriebsgewöhnliche Nutzungsdauer zu Beginn der Nutzung ermittelt?
7. Wie muss ein Vermögensgegenstand des abnutzbaren Anlagevermögens abgeschrieben werden, wenn er im Laufe des Jahres angeschafft wird?
8. Welche Bedeutung haben die amtlichen AfA-Tabellen für die Handels- und Steuerbilanz?
9. Wie wird die Wertminderung des betrieblichen Vermögens buchmäßig erfasst?
10. Wie wirkt sich die Abschreibung auf das betriebliche Vermögen aus?
11. Wie wirkt sich die Abschreibung auf den Erfolg und damit auf das Eigenkapital des Unternehmers aus?
12. Über welches Konto wird das Abschreibungskonto abgeschlossen?

Aufgaben

AUFGABE 1

Berechnen Sie den jährlichen Abschreibungsbetrag bei der linearen Abschreibung für folgende Anlagegüter:

Anlagegut	AK	Nutzungsdauer	Abschreibungsbetrag
1	20.000 €	5 Jahre	
2	10.000 €	4 Jahre	
3	25.000 €	5 Jahre	
4	8.000 €	8 Jahre	

AUFGABE 2

Berechnen Sie den Abschreibungssatz bei der linearen Abschreibung für folgende Anlagegüter:

Anlagegut	Nutzungsdauer	Abschreibungssatz
1	3 Jahre	
2	4 Jahre	
3	5 Jahre	
4	6 Jahre	

AUFGABE 3

Der Unternehmer U, Düsseldorf, der zum Vorsteuerabzug berechtigt ist, kauft am 12.01.2026 einen Pkw, der nur betrieblich genutzt wird, für 30.000 € + 19 % USt auf Ziel.

Die betriebsgewöhnliche Nutzungsdauer des Pkws beträgt 6 Jahre.

1. Wie hoch ist der Abschreibungsbetrag bei linearer Abschreibung für das Anschaffungsjahr?
2. Wie hoch ist der Abschreibungsbetrag für das Geschäftsjahr 2026, wenn der Pkw erst am 18.08.2026 angeschafft wird?

AUFGABE 4

Der Unternehmer Weingart, Heidelberg, der zum Vorsteuerabzug berechtigt ist, weist in seiner Bilanz zum 31.12.2026 eine Maschine mit einem Buchwert von 98.000 € aus. Die Maschine wurde bisher bei einer Nutzungsdauer von 10 Jahren mit einem Betrag von 14.000 € jährlich planmäßig linear abgeschrieben.

1. Ermitteln Sie die historischen (ursprünglichen) Anschaffungskosten der Maschine.
2. In welchem Jahr wurde die Maschine angeschafft?

AUFGABE 5

Der selbständige Facharzt Rüdiger Winter erwirbt am 09.03.2026 einen neuen Pkw für 40.000 € + 19 % USt. Der Pkw gehört zu seinem Betriebsvermögen und wird in vollem Umfang betrieblich genutzt. Die betriebsgewöhnliche Nutzungsdauer des Pkws beträgt 6 Jahre.

Berechnen Sie die lineare Abschreibung des Pkws für 2026, 2027 und 2032 (Hinweis: § 9b EStG).

AUFGABE 6

Welche der nachstehenden Vermögensgegenstände können nicht planmäßig abgeschrieben werden? Begründen Sie Ihre Antwort.

1. Produktionsmaschine
2. Gebäude
3. Warenvorräte
4. Büroausstattung
5. Grund und Boden

AUFGABE 7

Der bilanzierende Gewerbetreibende Lustig, Düsseldorf, hat für das Geschäftsjahr 2026 keine Abschreibungen auf seine Anlagegüter vorgenommen, weil er in seiner Schlussbilanz ein möglichst großes Vermögen ausweisen will.

Beurteilen Sie diese Vorgehensweise.

AUFGABE 8

Der bilanzierende Gewerbetreibende Müsig, Mannheim, verkauft am 20.04.2026 (Tag der Lieferung) eine Maschine, die er bisher linear mit einem Jahresbetrag von 12.000 € abgeschrieben hat, an den bilanzierenden Gewerbetreibenden Handlang, Heilbronn, für 27.000 €. Handlang schätzt die Restnutzungsdauer der Maschine auf 3 Jahre und ordnet sie seinem Anlagevermögen zu.

Berechnen Sie die Abschreibungsbeträge, die die beiden Gewerbetreibenden im Geschäftsjahr 2026 buchen können.

AUFGABE 9

Folgende Situation ist gegeben:

S	**0650** (0420) Büroeinrichtung		H
SV	48.000,00		

S	**2000** (0800) Eigenkapital		H
		SV	32.000,00

S	**0520** (0320) Pkw		H
SV	30.000,00		

S	**0940** (0550) Darlehen		H
		SV	36.000,00

S	**6220** (4830) Abschreibungen		H

S	**1800** (1200) Bank		H
SV	40.000,00		

S	**6222** (4832) Abschreibungen Kfz		H

S	**4830** (2700) Sonstige Erträge		H
			250.000,00

S	**6300** (2300) Sonstige Aufwendungen		H
	200.000,00		

S	**9999** (9999) GuVK		H

S	**9998** (9998) SBK		H

Abschlussangaben

1.	Abschreibung auf Büroeinrichtung	12.000 €
2.	Abschreibung auf Pkw	10.000 €

Aufgaben

1. Buchen Sie die Abschreibungsbeträge.
2. Schließen Sie die Konten ab.

AUFGABE 10

Der bilanzierende Gewerbetreibende Willig, Stuttgart, erwirbt am 07.04.2026 eine Maschine (betriebsgewöhnliche Nutzungsdauer 8 Jahre, Anschaffungskosten 96.000 €) für seinen Betrieb.

Welche der nachstehenden Aussagen ist falsch?

1. Die Abschreibung für das Geschäftsjahr 2026 beträgt 9.000 €.
2. Die Abschreibung zählt zu den Aufwendungen in der Gewinn- und Verlustrechnung.
3. Die Abschreibung für das Geschäftsjahr 2026 beträgt 4.000 €.
4. Die Abschreibung für das Geschäftsjahr 2034 beträgt 3.000 €.

Zusammenfassende Erfolgskontrolle

Der Unternehmer Karl Heinz Protz, Köln, hat durch Inventur am 01.01.2026 folgende Anfangsbestände ermittelt:

Anfangsbestände	€
0520 (0320) Pkw	72.000,00
0640 (0430) Ladeneinrichtung	15.000,00
1700 (1100) Postbank	20.000,00
1600 (1000) Kasse	1.500,00
1800 (1200) Bank	25.000,00
2000 (0800) Eigenkapital	87.000,00
3300 (1600) Verbindlichkeiten aLuL	46.500,00

Außer den Bestandskonten, die sich aus den obigen Beständen ergeben, sind folgende Erfolgskonten zu führen:

4560 (8510) Provisionsumsätze, **6020** (4120) Gehälter, **6220** (4830) Abschreibungen auf Sachanlagen, **6222** (4832) Abschreibungen auf Kfz, **7100** (2650) Zinserträge, **7310** (2110) Zinsaufwendungen.

Geschäftsvorfälle des Jahres 2026	€
1. Kauf einer Registrierkasse durch Banküberweisung	8.000,00
2. Provisionsgutschrift auf unser Postbankkonto	10.500,00
3. Zinslastschrift durch die Bank	280,00
4. Gehaltszahlung durch Postbankkonto	2.000,00
5. Ein Kunde überweist Verzugszinsen auf unser Postbankkonto	110,00
6. Kauf eines Pkws durch Postbanküberweisung	14.000,00
Abschlussangaben	**€**
7. Abschreibung auf Pkw	5.000,00
8. Abschreibung auf Ladeneinrichtung	2.000,00

Aufgaben

1. Bilden Sie die Buchungssätze der Geschäftsvorfälle des Jahres 2026.
2. Tragen Sie die Anfangsbestände auf den Konten vor.
3. Buchen Sie die Geschäftsvorfälle auf den T-Konten.
4. Schließen Sie die Konten ab.
5. Ermitteln Sie den Erfolg auch durch Eigenkapitalvergleich.
6. Stellen Sie die Bilanz zum 31.12.2026 auf. Beachten Sie dabei das handelsrechtliche Gliederungsschema.

3.8 Warenkonten

Die **Warenkonten** sind bedeutende Konten der **Groß- und Einzelhandelsbetriebe**, weil die meisten Geschäftsvorfälle dieser Betriebe den Waren**eingang** und den Waren**ausgang** betreffen.

Auch **Industriebetriebe** verkaufen vielfach Fertigprodukte von anderen Unternehmen, sodass sie ebenfalls ein Warenkonto (**Handelswaren**) führen können.

3.8.1 Wareneinkauf, Warenverkauf und Abschluss der Warenkonten

In der **Praxis** ist es üblich, den Warenverkehr auf **getrennten Warenkonten** zu buchen.

Dabei werden mindestens **drei Warenkonten** geführt:

1. das Aufwandskonto „**Wareneingang**",
2. das Ertragskonto „**Erlöse**" und
3. das Bestandskonto „**Bestand Waren**".

3.8.1.1 Wareneingang

Die **Wareneinkäufe** werden auf dem **Aufwandskonto**

5200 (3200) **Wareneingang**

im **Soll** zu **Einkaufspreisen** gebucht.

Der **Wareneingang** wird **nicht** auf ein Bestandskonto gebucht, sondern auf einem **Aufwandskonto** erfasst, weil **unterstellt** wird, dass die **eingekaufte** Ware **sofort verkauft** wird (**Just-in-time-Verfahren**).

BEISPIEL 1

Getränkehändler Karl Müller, Koblenz, kaufte im Laufe des Geschäftsjahres **10.000** Kästen Pils zum **Einkaufspreis** von je **7,50 €** = **75.000 €** auf Ziel.

Buchungssatz:

Tz.	Sollkonto	Betrag (€)	Habenkonto
1.	**5200** (3200) Wareneingang	75.000,00	**3300** (1600) Verbindlichkeiten aLuL

Buchung:

S	**5200** (3200) **Wareneingang**	H
1) 75.000,00		

S	**3300** (1600) **Verbindlichkeiten aLuL**	H
		1) 75.000,00

Das Konto **Wareneingang** wird als **Aufwandskonto** am Ende des Geschäftsjahres über das **Gewinn- und Verlustkonto** (**GuVK**) abgeschlossen. Der Saldo des Wareneingangskontos wird als **Wareneinsatz** bezeichnet.

3.8.1.2 Erlöse

Die **Warenverkäufe** werden auf dem **Ertragskonto**

4200 (8200) **Erlöse**

im **Haben** zu **Verkaufspreisen** gebucht.

BEISPIEL 2

Getränkehändler Karl Müller, Koblenz, **verkauft** im Laufe des Geschäftsjahres bar **9.800** Kästen Pils zum **Verkauf**spreis von je **10 €** = 98.000 €.

Buchungssatz:

Tz.	Sollkonto	Betrag (€)	Habenkonto
2.	**1600** (1000) Kasse	98.000,00	**4200** (8200) Erlöse

Buchung:

S	**1600** (1000) **Kasse**		H
2)	98.000,00		

S	**4200** (8200) **Erlöse**		H
		2)	98.000,00

Das Konto **Erlöse** ist ein **Ertragskonto**, das am Ende des Geschäftsjahres über das Gewinn- und Verlustkonto (**GuVK**) abgeschlossen wird. Der Saldo des Erlöskontos wird als **Warenumsatz** bezeichnet.

Die **Differenz** aller **Wareneinkäufe und Warenverkäufe** einer Rechnungsperiode bezeichnet man als **Rohgewinn** bzw. **Rohverlust**.

Zusammenfassung zu Abschnitt 3.8.1.1 und 3.8.1.2:

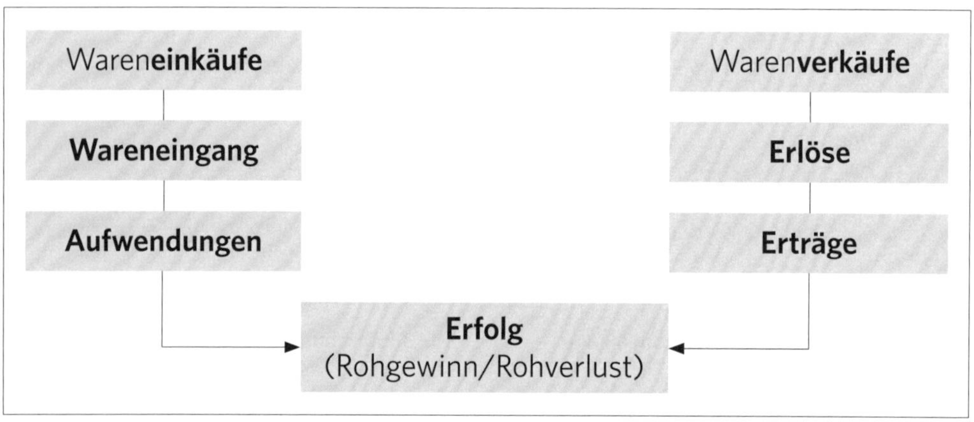

Abschluss der Warenkonten ohne Bestandsveränderung

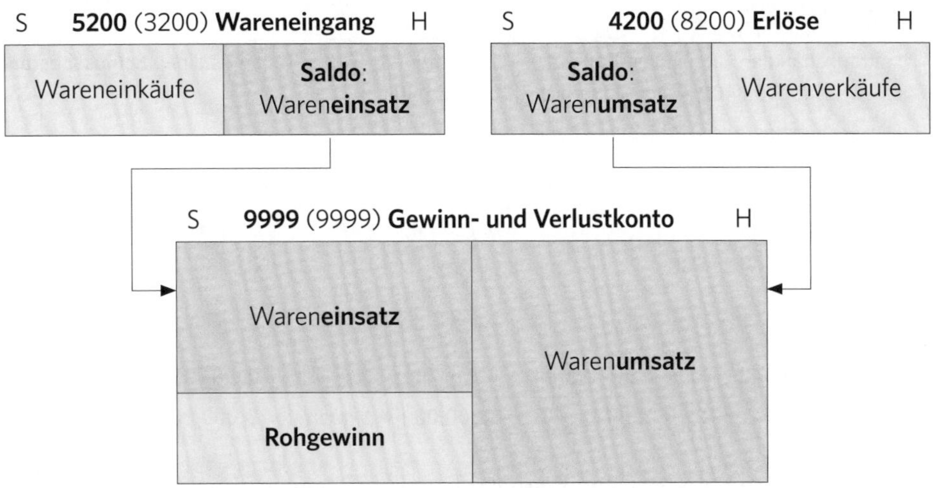

ÜBUNG →
1. Wiederholungsfragen 1 bis 3 (Seite 106),
2. Aufgabe 1 (Seite 106)

3.8.1.3 Bestand Waren und Bestandsveränderungen der Waren

In den meisten Betrieben wird die **eingekaufte** Warenmenge **nicht** mit der **verkauften** Warenmenge **übereinstimmen**.

Diese Bestandsveränderungen müssen am **Ende** des Geschäftsjahres noch berücksichtigt werden.

Zu **Beginn** des Geschäftsjahres wird der **Anfangsbestand der Waren** auf dem Aktivkonto „**Bestand Waren**" im Soll vorgetragen.

BEISPIEL

Getränkehändler Karl Müller, Koblenz, hatte zu **Beginn** seines Geschäftsjahres u.a. **200** Kästen Pils zu je **7,50 €** = **1.500 €**.

Der **Anfangsbestand** wird wie folgt vorgetragen:

Buchungssatz:

Sollkonto	Betrag (€)	Habenkonto
1140 (3980) **Bestand Waren**	1.500,00	**9000** (9000) **Saldenvorträge**

Buchung:

S	**1140** (3980) **Bestand Waren**	H
SV	**1.500,00**	

S	**9000** (9000) **Saldenvorträge**	H
	Waren	1.500,00

Zum **Ende** des Geschäftsjahres wird im **Haben** des Kontos **Bestand Waren** der durch Inventur ermittelte **Schlussbestand der Waren** gebucht.

Die **Gegenbuchung** erfolgt auf dem **Schlussbilanzkonto**.

BEISPIEL

Getränkehändler Karl Müller, Koblenz, hat am **Ende** des Geschäftsjahres einen **Schlussbestand** laut Inventur von **400** Kästen Pils zu je **7,50 €** = **3.000 €**.

Der **Schlussbestand** wird wie folgt gebucht:

Buchungssatz:

Sollkonto	Betrag (€)	Habenkonto
9998 (9998) **SBK**	3.000,00	**1140** (3980) **Bestand Waren**

Buchung:

S	**1140** (3980) **Bestand Waren**		H
SV (200)	1.500,00	**SBK** (400)	**3.000,00**

S	**9998** (9998) **SBK**		H
Waren	**3.000,00**		

MERKE → Das Konto **„Bestand Waren"** wird **nur** zu **Beginn** und zum **Ende** des Geschäftsjahres angesprochen (**nicht** im Laufe des Geschäftsjahres).

Der **Saldo** des Kontos **„Bestand Waren"** ergibt die **Bestandsveränderung** (Bestands**mehrung** oder Bestands**minderung**).

Bestandsmehrung

Eine Bestands**mehrung** liegt vor, wenn der **Schlussbestand größer** ist als der **Anfangsbestand**:

S **1140** (3980) **Bestand Waren** H

S	H
Anfangsbestand	Schlussbestand
Bestands**mehrung**	

Die Bestands**mehrung** wird rechnerisch wie folgt ermittelt (siehe Beispiel unten):

	Warenschlussbestand	3.000 €
-	Warenanfangsbestand	- 1.500 €
=	Bestands**mehrung**	**1.500 €**

Eine Bestands**mehrung** bedeutet, dass in einer Rechnungsperiode (einem Geschäftsjahr) **mehr Waren eingekauft als verkauft** worden sind.

Der auf dem Konto **Wareneingang** gebuchte **Aufwand** ist daher **zu hoch**.

Um den **periodengerechten Aufwand** eines Geschäftsjahres zu erhalten, muss der **Aufwand** auf dem Konto **Wareneingang** um die Bestands**mehrung gemindert** werden.

Buchmäßig wird die Bestands**mehrung** im **Haben** des Kontos **Wareneingang** erfasst. Dadurch ergibt sich auf dem Konto Wareneingang als Saldo der **Wareneinsatz** (der **Einkaufswert** der **verkauften** Waren).

BEISPIEL

Getränkehändler Karl Müller, Koblenz, hat am **Ende** des Geschäftsjahres eine Bestands**mehrung** von **1.500 €** (200 Kästen Pils zu je 7,50 €).

Buchungssatz:

Sollkonto	Betrag (€)	Habenkonto
1140 (3980) **Bestand Waren**	1.500,00	**5200** (3200) **Wareneingang**

Buchung:

S **1140** (3980) **Bestand Waren** H

S		H	
SV (200 Kästen)	1.500,00	SBK (400 Kästen)	3.000,00
WE (200 Kästen)	**1.500,00**		
	3.000,00		3.000,00

S **5200** (3200) **Wareneingang** H

S		H	
1) (10.000 Kästen)	75.000,00	**Mehrung** (200 Kästen)	**1.500,00**

	Wareneingang	(10.000 Kästen)	75.000 €
-	Bestands**mehrung**	(200 Kästen)	- 1.500 €
=	**Wareneinsatz**	(9.800 Kästen)	**73.500 €**

Der **Wareneinsatz** ist der **Einkaufs**wert der **verkauften** Waren (von 9.800 Kästen Pils), der eingesetzt worden ist, um den **Erlös** (von 9.800 Kästen Pils) zu erzielen (siehe Beispiele 1 und 2, Seiten 95 f.).

Schematische Übersicht über die **Reihenfolge** des Abschlusses der Konten „**Bestand Waren**" und „**Wareneingang**" bei Bestands**mehrung**:

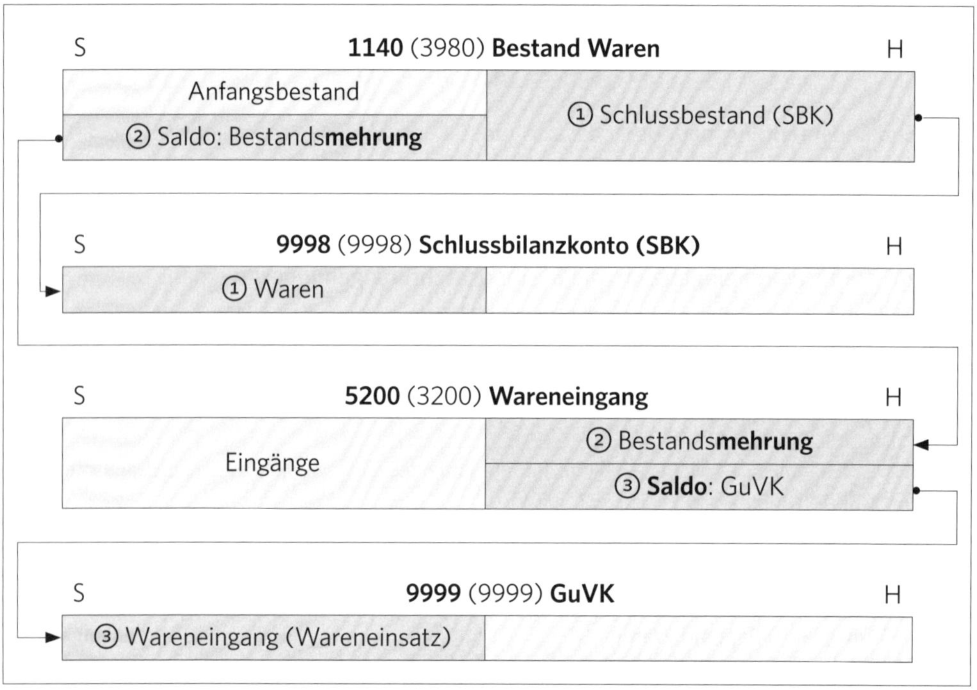

Die **Bestandsveränderung der Waren** kann auch auf dem **Erfolgskonto**

5880 (3960) **Bestandsveränderungen Waren**

erfasst werden.

Bei DATEV wird das Konto „**Bestandsveränderungen Waren**" mit dem Konto „**Wareneingang**" durch das Programm **saldiert**. Der **Saldo** wird als GuV-Posten „**Aufwendungen für Waren**" in der Gewinn- und Verlustrechnung nach § 275 HGB ausgewiesen (siehe Spalte GuV-Posten der Kontenrahmen SKR 04 und SKR 03).

Im Folgenden werden die **Bestandsveränderungen** auf das Konto „**Wareneingang**" gebucht, d.h. **nicht** auf das Konto „Bestandsveränderungen Waren".

Zusammenfassung zu Abschnitt 3.8.1.3:

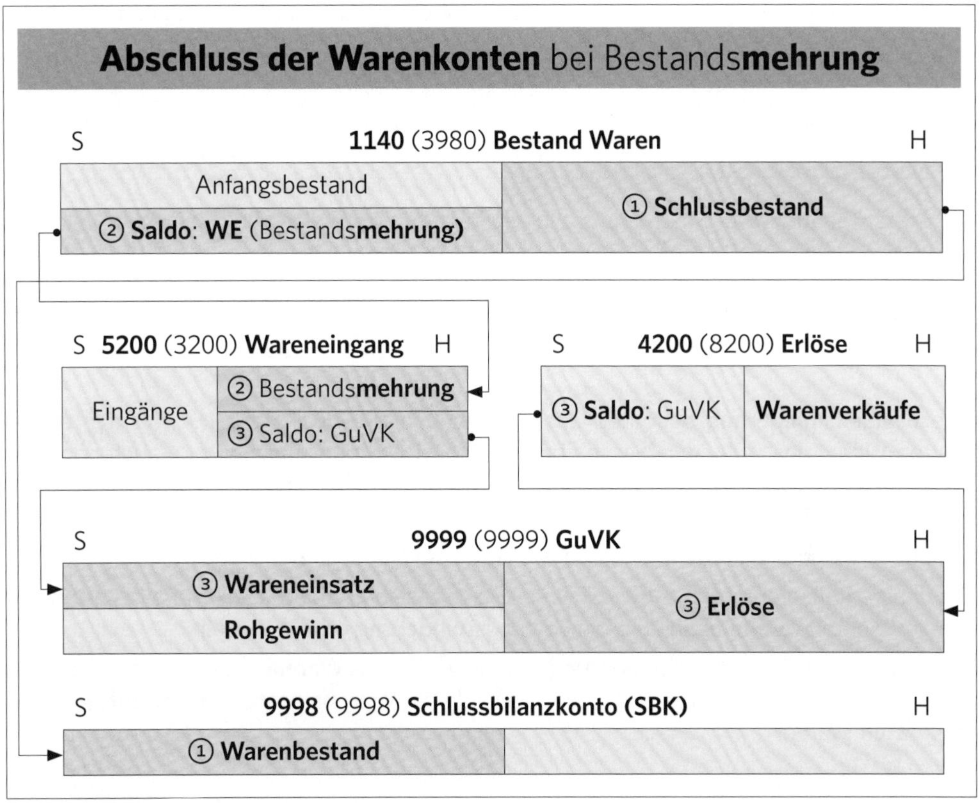

ÜBUNG →
1. Wiederholungsfragen 4 bis 6 (Seite 106),
2. Aufgabe 2 (Seite 107)

Bestandsminderung

Eine Bestands**minderung** liegt vor, wenn der **Schlussbestand kleiner** ist als der **Anfangsbestand**:

S	**1140** (3980) **Bestand Waren** H
Anfangsbestand	Schlussbestand
	Bestands**minderung**

Die Bestands**minderung** wird rechnerisch wie folgt ermittelt (siehe Beispiel unten):

	Warenschlussbestand	750 €
-	Warenanfangsbestand	- 1.500 €
=	Bestands**minderung**	**750 €**

Eine Bestands**minderung** bedeutet, dass die gebuchten Erlöse nicht nur mit den eingekauften Waren des laufenden Geschäftsjahres erzielt worden sind, sondern auch noch mit Waren aus dem Vorjahr (= Anfangsbestand). In diesem Fall sind in einem Geschäftsjahr **mehr Waren verkauft als eingekauft** worden.

Der auf dem Konto **Wareneingang** erfasste **Aufwand** ist daher **zu niedrig**.

Um den **periodengerechten Aufwand** eines Geschäftsjahres zu erhalten, muss der **Aufwand** auf dem Konto **Wareneingang** um die Bestands**minderung erhöht** werden.

Buchmäßig wird die Bestands**minderung** im **Soll** des Kontos **Wareneingang** erfasst. Dadurch ergibt sich auf dem Konto Wareneingang als Saldo der **Wareneinsatz** (der **Einkaufswert** der **verkauften** Waren).

BEISPIEL

Sachverhalt wie zuvor mit dem Unterschied, dass der Getränkehändler Karl Müller, Koblenz, am **Ende** des Geschäftsjahres eine Bestands**minderung** von **750 €** (100 Kästen Pils zu je 7,50 €) hat.

Buchungssatz:

Sollkonto	Betrag (€)	Habenkonto
5200 (3200) **Wareneingang**	750,00	**1140** (3980) **Bestand Waren**

Buchung:

S **1140** (3980) **Bestand Waren** H

AB (200 Kästen)	1.500,00	SBK (100 Kästen)	750,00
		WE (100 Kästen)	**750,00**
	1.500,00		1.500,00

S **5200** (3200) **Wareneingang** H

1) (10.000 Kästen)	75.000,00		
► **Minderung** (100 Kästen)	**750,00**		

	Wareneingang	(10.000 Kästen)	75.000 €
+	Bestands**minderung**	(100 Kästen)	750 €
=	**Wareneinsatz**	(10.100 Kästen)	**75.750 €**

Der **Wareneinsatz** ist der **Einkaufswert** der **verkauften** Waren (von 10.100 Kästen Pils), der eingesetzt worden ist, um den **Erlös** (von 10.100 Kästen Pils) zu erzielen.

Schematische Übersicht über die **Reihenfolge** des Abschlusses der Konten „**Bestand Waren**" und „**Wareneingang**" bei Bestands**minderung**:

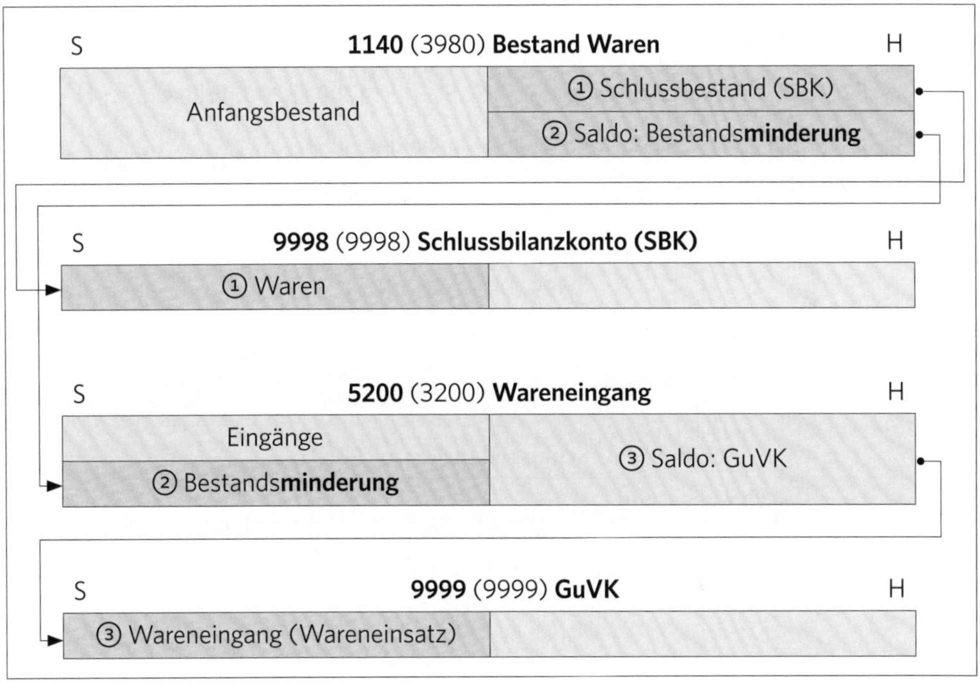

Zusammenfassung zu Abschnitt 3.8.1.3:

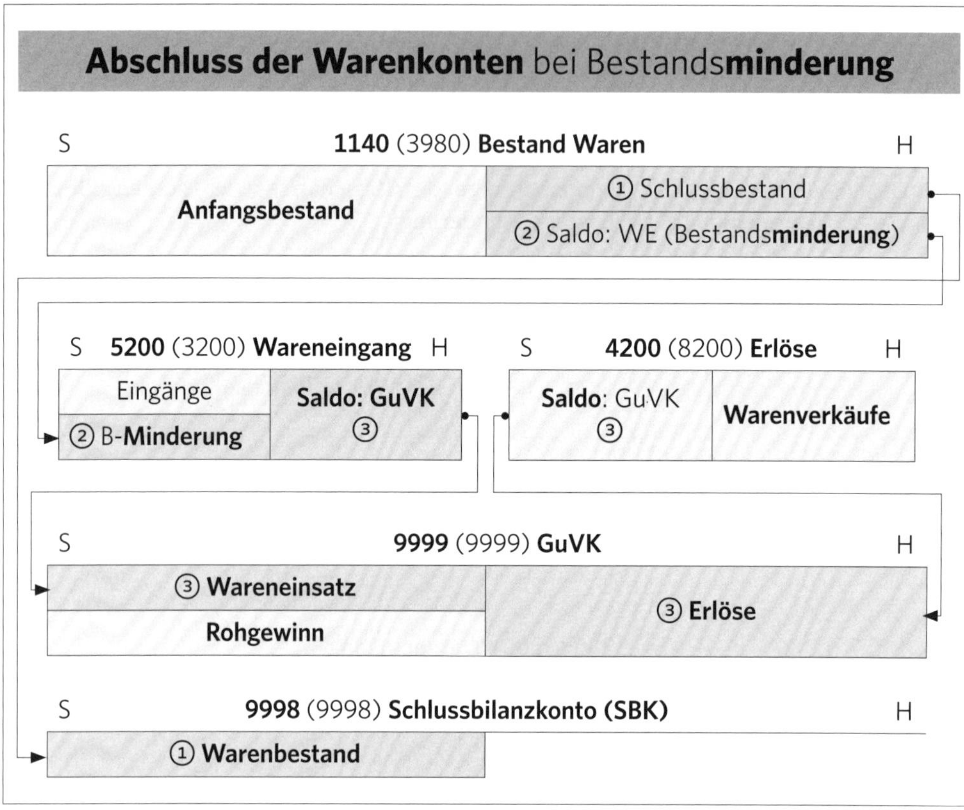

3.8.2 Ausweis der Warenkonten

Die Warenkonten sind nach dem **Bruttoverfahren** abzuschließen (§ 246 Abs. 2 HGB).
Das **Bruttoverfahren** wird so genannt, weil auf dem **Gewinn- und Verlustkonto** die **Aufwendungen** (der Wareneinsatz) und die **Erträge** (die Umsatzerlöse) **unsaldiert** (**brutto**) ausgewiesen werden.
Nach § 275 Abs. 2 HGB sind die **Umsatzerlöse** (Posten Nr. 1) und die **Aufwendungen für bezogene Waren** (Posten **Nr. 5a**) gesondert auszuweisen.
Nach dem Beispiel von Seite 99 ergibt sich für den Getränkehändler Müller folgender **Wareneinsatz** (Aufwendungen für Waren):

	Wareneingang		75.000 €
-	Bestandsmehrung	-	1.500 €
=	**Wareneinsatz**		**73.500 €**

Nach dem Beispiel von Seite 96 und dem obigen Ergebnis ergibt sich für den Getränkehändler Müller folgender **Rohgewinn**:

	Erlöse		98.000 €
-	Wareneinsatz	-	73.500 €
=	**Rohgewinn**		**24.500 €**

Der **Rohgewinn** zeigt, welchen **Erfolg** (Rohgewinn/Rohverlust) das Unternehmen durch den **Ein- und Verkauf von Waren** erzielt hat.
Der **Rohgewinn** ist ein **Zwischen-Saldo** des Gewinn- und Verlust**kontos**, der in der Gewinn- und Verlust**rechnung** nach § 275 Abs. 2 HGB **nicht ausgewiesen** wird.
Mithilfe des Rohgewinns und des Wareneinsatzes kann der **Rohgewinnaufschlagsatz** (Kalkulationszuschlag) berechnet werden.
Der **Rohgewinnaufschlagsatz** für den Getränkehändler Müller beträgt:

$$\text{Rohgewinnaufschlagsatz} = \frac{24.500\,€ \times 100}{73.500\,€} = \mathbf{33\,⅓\,\%}$$

Mithilfe des Rohgewinnaufschlagsatzes kann der **Erlös** bestimmt werden.
Der **Erlös** des Getränkehändlers Müller beträgt:

Wareneinsatz (73.500 €) + 33 ⅓ % Rohgewinnaufschlagsatz = **98.000 € Erlös.**

Der **endgültige Saldo** des Gewinn- und Verlust**kontos** ist der **Reingewinn** (bzw. der **Reinverlust**).
Der Getränkehändler Müller hat noch sonstige Aufwendungen in Höhe von 15.000 € und sonstige Erträge in Höhe von 18.000 €, sodass er folgenden **Reingewinn** erzielt:

	Rohgewinn		24.500 €
-	sonstige Aufwendungen	-	15.000 €
+	sonstige Erträge	+	18.000 €
=	**Reingewinn**		**27.500 €**

ÜBUNG →
1. Wiederholungsfragen 7 bis 13 (Seite 106),
2. Aufgaben 3 bis 7 (Seiten 107 f.)

3.8.3 Erfolgskontrolle

Wiederholungsfragen

1. Welche Warenkonten werden in der Praxis üblicherweise geführt?
2. Was wird auf dem Konto Wareneingang gebucht?
3. Was wird auf dem Konto Erlöse gebucht?
4. Was wird auf dem Konto Bestand Waren gebucht?
5. Wann liegt eine Bestandsmehrung vor?
6. Wie wird die Bestandsmehrung buchmäßig erfasst?
7. In welchem Fall liegt eine Bestandsminderung vor?
8. Wie wird die Bestandsminderung buchmäßig erfasst?
9. Wie werden die Warenkonten abgeschlossen?
10. Was versteht man unter dem Wareneinsatz?
11. Wie wird der Rohgewinn rechnerisch ermittelt?
12. Was versteht man unter dem Rohgewinnaufschlagsatz?
13. Wie wird der Reingewinn rechnerisch ermittelt?

Aufgaben

AUFGABE 1

Der Unternehmer A, Essen, hat durch Inventur am 01.01.2026 folgende Anfangsbestände ermittelt:

	€
0640 (0430) Ladeneinrichtung	25.000,00
1140 (3980) Bestand Waren	80.000,00
1600 (1000) Kasse	6.000,00
1800 (1200) Bankguthaben	89.000,00
1200 (1400) Forderungen aLuL	150.000,00
3300 (1600) Verbindlichkeiten aLuL	135.000,00
2000 (0800) Eigenkapital	?

Geschäftsvorfälle des Jahres 2026	€
1. Wareneinkäufe bar	5.000,00
2. Wareneinkäufe auf Ziel	130.000,00
3. Warenverkäufe bar	8.000,00
4. Warenverkäufe auf Ziel	180.000,00
5. Banküberweisung an Lieferer	50.000,00
6. Banküberweisung von Kunden	60.000,00
Abschlussangaben	
7. Warenschlussbestand lt. Inventur	80.000,00
8. Abschreibung auf Ladeneinrichtung	5.000,00

Es sind folgende Warenkonten zu führen:
1140 (3980) Bestand Waren, **5200** (3200) Wareneingang, **4200** (8200) Erlöse.

Aufgaben

1. Bilden Sie die Buchungssätze der Geschäftsvorfälle des Jahres 2026.
2. Tragen Sie die Anfangsbestände auf den Konten vor.
3. Buchen Sie die Geschäftsvorfälle.
4. Schließen Sie die Konten ab. Es liegt keine Bestandsveränderung vor. Der Warenschlussbestand ist identisch mit dem Warenanfangsbestand.

AUFGABE 2

Der Unternehmer B, Mainz, hat durch Inventur am 01.01.2026 folgende Anfangsbestände ermittelt:

	€
0640 (0430) Ladeneinrichtung	25.000,00
1140 (3980) Bestand Waren	8.000,00
1200 (1400) Forderungen aLuL	10.000,00
1600 (1000) Kasse	15.000,00
1800 (1200) Bankguthaben	13.000,00
3300 (1600) Verbindlichkeiten aLuL	45.000,00
2000 (0800) Eigenkapital	26.000,00

Geschäftsvorfälle des Jahres 2026	€
1. Wareneinkäufe auf Ziel	80.000,00
2. Wareneinkäufe bar	10.000,00
3. Warenverkäufe auf Ziel	10.000,00
4. Warenverkäufe bar	150.000,00
5. Barzahlung an Lieferer zum Ausgleich einer Verbindlichkeit aLuL	50.000,00
6. Banküberweisung von Kunden zum Ausgleich einer Forderung aLuL	5.000,00
Abschlussangaben	
7. Warenschlussbestand lt. Inventur	10.000,00
8. Abschreibung auf Ladeneinrichtung	5.000,00

Es sind folgende Warenkonten zu führen:

1140 (3980) Bestand Waren, **5200** (3200) Wareneingang, **4200** (8200) Erlöse.

Aufgaben

1. Bilden Sie die Buchungssätze der Geschäftsvorfälle des Jahres 2026.
2. Tragen Sie die Anfangsbestände auf den Konten vor.
3. Buchen Sie die Geschäftsvorfälle.
4. Schließen Sie die Konten ab. Es liegt eine Bestandsveränderung vor.

AUFGABE 3

Beim Unternehmer C ist folgende Situation gegeben:

S	**1140** (3980) Bestand Waren		H
SV	20.000,00		

S	**5200** (3200) Wareneingang		H
	200.000,00		

S	**4200** (8200) Erlöse		H
			440.000,00

S	**9999** (9999) GuVK		H
Aufw.	150.000,00	Erträge	10.000,00

S	**9998** (9998) SBK		H

Der Warenschlussbestand beträgt lt. Inventur 25.000 €.

Aufgaben

1. Schließen Sie die Warenkonten ab.
2. Ermitteln Sie den Wareneinsatz.
3. Ermitteln Sie den Rohgewinn.
4. Ermitteln Sie den Rohgewinnaufschlagsatz.
5. Ermitteln Sie den Reingewinn.

AUFGABE 4

Beim Unternehmer D ist folgende Situation gegeben:

S	**1140** (3980) Bestand Waren		H
SV	20.000,00		

S	**5200** (3200) Wareneingang		H
	200.000,00		

S	**4200** (8200) Erlöse		H
			340.000,00

S	**9999** (9999) GuVK		H
Aufw.	180.000,00	Erträge	10.000,00

S	**9998** (9998) SBK		H

Der Warenschlussbestand beträgt lt. Inventur 10.000 €.

Aufgaben

1. Schließen Sie die Warenkonten ab.
2. Ermitteln Sie den Wareneinsatz.
3. Ermitteln Sie den Rohgewinn.
4. Ermitteln Sie den Rohgewinnaufschlagsatz.
5. Ermitteln Sie den Reingewinn.

AUFGABE 5

Der Unternehmer E, Frankfurt, weist in seiner GuV-Rechnung einen Wareneinsatz in Höhe von 300.000 € aus. Die Inventur ergibt eine Warenbestandsmehrung in Höhe von 20.000 €.

Ermitteln Sie den Wareneinkauf (Wareneingang) des Geschäftsjahres.

AUFGABE 6

Welche Aussagen sind richtig?

1. Eine Warenbestandsmehrung erhöht den Wareneinsatz.
2. Eine Warenbestandsminderung erhöht den Wareneinsatz.
3. Eine Warenbestandsmehrung mindert den Wareneinsatz.
4. Eine Warenbestandsminderung mindert den Wareneinsatz.

AUFGABE 7

Welche Aussage ist falsch?

1. Das Warenbestandskonto ist ein aktives Bestandskonto.
2. Das Konto „Wareneingang“ ist ein Ertragskonto.
3. Das Gewinn- und Verlustkonto weist den Wareneinsatz aus.

Zusammenfassende Erfolgskontrolle

Der Unternehmer Günter Seemann, Hamburg, hat durch Inventur am 01.01.2026 folgende Anfangsbestände ermittelt:

Anfangsbestände	€
0640 (0430) Ladeneinrichtung	20.000,00
1140 (3980) Bestand Waren	80.000,00
1600 (1000) Kasse	23.000,00
1800 (1200) Bankguthaben	9.000,00
1200 (1400) Forderungen aLuL	60.000,00
3300 (1600) Verbindlichkeiten aLuL	50.000,00
2000 (0800) Eigenkapital	142.000,00

Geschäftsvorfälle des Jahres 2026	€
1. Wareneinkäufe bar	2.000,00
2. Wareneinkäufe auf Ziel	120.000,00
3. Banküberweisung an Lieferer	20.000,00
4. Warenverkäufe bar	3.000,00
5. Warenverkäufe auf Ziel	160.000,00
6. Banküberweisung von Kunden	30.000,00
Abschlussangaben	**€**
7. Warenschlussbestand lt. Inventur	60.000,00
8. Abschreibung auf Ladeneinrichtung	5.000,00

Es sind folgende Warenkonten zu führen:

1140 (3980) Bestand Waren, **5200** (3200) Wareneingang, **4200** (8200) Erlöse.

Aufgaben

1. Bilden Sie die Buchungssätze der Geschäftsvorfälle des Jahres 2026.
2. Tragen Sie die Anfangsbestände auf den Konten vor.
3. Buchen Sie die Geschäftsvorfälle.
4. Schließen Sie die Konten ab.
5. Erstellen Sie anhand des SBK die Bilanz zum 31.12.2026. Beachten Sie das handelsrechtliche Gliederungsschema.

3.9 Umsatzsteuerkonten

Die **bisherigen** Geschäftsvorfälle wurden aus methodischen Gründen **ohne Umsatzsteuer** (**USt**) gebucht. Im **folgenden Kapitel** wird die buchmäßige Behandlung der **Umsatzsteuer** dargestellt und erläutert.

LF 3

3.9.1 System der Umsatzsteuer

Fast alle **Einkäufe** und **Verkäufe** eines **Unternehmens** sind mit **Umsatzsteuer** belastet.
Bis die Waren dem Endverbraucher zum Verkauf angeboten werden können, müssen die **Produkte** in der Regel **mehrere Unternehmensstufen** durchlaufen.

BEISPIEL

Der Getränkehändler Karl Müller, Koblenz, **kauft** von der Königsbacher Brauerei AG, Koblenz, 100 Kästen Pils, die Müller seinen Kunden **verkauft**.

Bis der Kunde (der Endverbraucher) das Bier kaufen kann, hat das Produkt mindestens folgende **Stufen** durchlaufen:

A. Urerzeuger (landwirtschaftlicher Betrieb),
B. Weiterverarbeiter (Königsbacher Brauerei AG),
C. Händler (Getränkehändler Karl Müller).

Die **Kosten und** der **Gewinn** (= **Mehrwert**) auf jeder Unternehmensstufe **erhöhen** den **Preis und** damit die **Umsatzsteuer** des Produktes.
Der **einzelne** Unternehmer führt jedoch nur die **Umsatzsteuer** an das Finanzamt ab, die auf den von ihm geschaffenen **Mehrwert** entfällt. Deshalb wird die **Umsatzsteuer** umgangssprachlich auch als **Mehrwertsteuer** bezeichnet.

Der Steuersatz für die Umsatzsteuer beträgt gemäß § 12 Abs. 1 UStG grundsätzlich 19 % (**Allgemeiner Steuersatz**).

Für bestimmte in § 12 **Abs. 2** UStG genannte Umsätze (z. B. Lebensmittel, Bücher) beträgt der Steuersatz **7 %** (**ermäßigter Steuersatz**).

Die **Umsatzsteuer**, die beim **Einkauf** anfällt, bezeichnet man als **Vorsteuer** (**Eingangs**umsatzsteuer). Sie stellt für den Unternehmer eine **Forderung gegenüber** dem **Finanzamt** dar.

Die **Umsatzsteuer**, die beim **Verkauf** entsteht, bezeichnet man als **Umsatzsteuer** (**Ausgangs**umsatzsteuer). Sie stellt für den Unternehmer eine **Verbindlichkeit gegenüber** dem **Finanzamt** dar.

Die **Umsatzsteuer**, die an das **Finanzamt zu zahlen** ist, bezeichnet man als **Umsatzsteuerschuld** (Zahllast).

Die Umsatzsteuerschuld ergibt sich durch **Abzug** der **Vorsteuer von** der **Umsatzsteuer**.

	Umsatzsteuer	(**Ausgangs**umsatzsteuer)
-	**Vorsteuer**	(**Eingangs**umsatzsteuer)
=	**Umsatzsteuerschuld (Zahllast)**	

Das **Umsatzsteuersystem** soll mit folgendem Beispiel noch einmal erläutert werden:

BEISPIEL

Der **Urerzeuger A** (landwirtschaftlicher Betrieb) liefert Rohstoffe an den Weiterverarbeiter B für 100 € + 19 % USt. A hat keinen Vorlieferanten und damit keine Vorsteuer.
B (Königsbacher Brauerei AG) verarbeitet die Rohstoffe und liefert das Fertigerzeugnis an den Großhändler C für 250 € + 19 % USt.
Der **Großhändler C** liefert das Produkt an den Einzelhändler D für 320 € + 19 % USt.
Der **Einzelhändler D** liefert die Ware an den Endverbraucher E für 400 € + 19 % USt.

Die **Umsatzsteuerschuld (Zahllast)** der einzelnen Stufen wird wie folgt berechnet:

Wirtschaftsstufe bzw. Phase		Rechnungsbetrag €		**USt** (Traglast) €	**Vorsteuerabzug** €	**Umsatzsteuerschuld** (Zahllast) €	**Mehrwert** = Wertschöpfung €
A Urerzeuger		Nettopreis	100,00				
	+	19 % USt	19,00	19,00	–	**19,00**	100,00
	=	Verkaufspreis	119,00				
B Weiterverarbeiter	+	Nettopreis	250,00				
		19 % USt	47,50	47,50	19,00	**28,50**	150,00
	=	Verkaufspreis	297,50				
C Großhändler		Nettopreis	320,00				
	+	19 % USt	60,80	60,80	47,50	**13,30**	70,00
	=	Verkaufspreis	380,80				
D Einzelhändler		Nettopreis	400,00				
	+	19 % USt	**76,00**	76,00	60,80	**15,20**	80,00
	=	Verkaufspreis	476,00				
		Die Summe der Umsatzsteuerschulden aller Wirtschaftsstufen beträgt				**76,00**	

Sie stimmt mit der Umsatzsteuer überein, die im Verkaufspreis der letzten Stufe enthalten ist.

Einzelheiten zum **Umsatzsteuersystem** erfolgen im Abschnitt 1.4 der **Steuerlehre 1**, 47. Auflage 2026, Seiten 131 ff. **S 1**

Im vorangegangenen Beispiel wird das Erzeugnis auf allen **vier Wirtschaftsstufen versteuert**. **Bemessungsgrundlage** der Umsatzsteuer ist auf jeder Wirtschaftsstufe der **Nettopreis**. Der **Vorsteuerabzug bewirkt** jedoch, dass auf **jeder** Stufe nur der **Netto-Umsatz** (die Wertschöpfung, der Mehrwert) **besteuert** wird.

Die **Umsatzsteuerschuld** (Zahllast), die im vorangegangenen Beispiel insgesamt 76 € beträgt, soll nach dem Willen des Gesetzgebers vom **Endverbraucher** (im Beispiel E) **getragen** werden.

ÜBUNG →
1. Wiederholungsfragen 1 und 2 (Seite 131),
2. Aufgabe 1 (Seite 131)

3.9.2 Buchen auf Umsatzsteuerkonten

Beim Unternehmer entsteht einerseits Umsatzsteuer (**Ausgangs**umsatzsteuer) für

1. die steuerpflichtigen **entgeltlichen Leistungen,** die er **ausführt**,
2. die steuerpflichtigen **unentgeltlichen Leistungen**,
3. den steuerpflichtigen **innergemeinschaftlichen Erwerb**,
4. die Leistungen, die der **Leistungsempfänger** nach **§ 13b Abs. 1 und 2 UStG** schuldet.

Andererseits fällt beim Unternehmer **Vorsteuer** (**Eingangs**umsatzsteuer) an für

1. die steuerpflichtigen **Lieferungen und sonstigen Leistungen**, die **andere** Unternehmer **an ihn ausführen**,
2. die steuerpflichtige **Einfuhr** (EUSt),
3. den steuerpflichtigen **innergemeinschaftlichen Erwerb**,
4. die **Leistungen i.S.d. § 13b Abs. 1 und 2 UStG**, die für sein Unternehmen ausgeführt worden sind.

Ist die entstandene **Umsatzsteuer größer als** die angefallene **Vorsteuer**, hat der Unternehmer den Unterschiedsbetrag, der als **Umsatzsteuerschuld** (Zahllast) bezeichnet wird, an das Finanzamt zu zahlen.

Im **umgekehrten Falle** erstattet das Finanzamt das **Vorsteuer-Guthaben**.

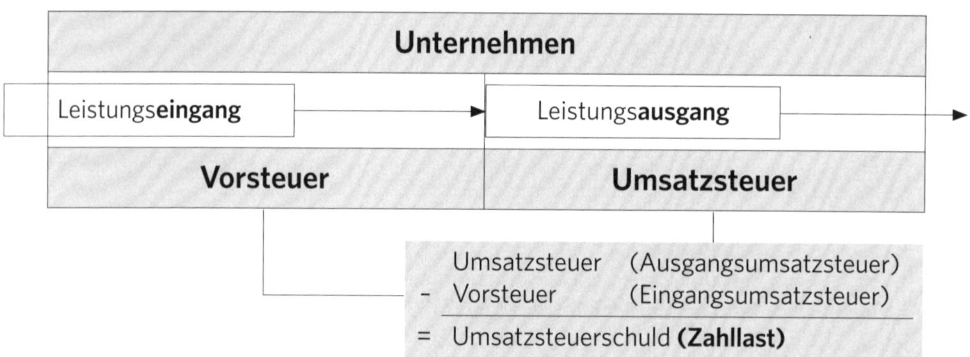

3.9.2.1 Buchen der Vorsteuer

Der Unternehmer ist verpflichtet, beim Leistungs**eingang** die **Entgelte** (Nettobeträge) für empfangene Leistungen **und** die auf diese Entgelte entfallende Steuer (**Vorsteuer**) **getrennt aufzuzeichnen** (§ 22 Abs. 2 Nr. 5 UStG).

Die **Vorsteuer** (Eingangsumsatzsteuer) wird beim **allgemeinen** Steuersatz auf das Konto

1406 (1576) **Abziehbare Vorsteuer 19 %** (kurz: **Vorsteuer 19 %**)

und beim **ermäßigten** Steuersatz auf das Konto

1401 (1571) **Abziehbare Vorsteuer 7 %** (kurz: **Vorsteuer 7 %**)

gebucht.

Die **abziehbare Vorsteuer** ist für den Unternehmer eine **Forderung gegenüber dem Finanzamt**. Deshalb ist das **Vorsteuerkonto** ein **Forderungskonto (Aktivkonto)**.
Der Unternehmer kann die **Vorsteuer** von seiner **Umsatzsteuer abziehen**, **wenn** die **Voraussetzungen** des § 15 Abs. 1 UStG **erfüllt** sind.

Einzelheiten zum Vorsteuerabzug erfolgen im Abschnitt 13.1 „Voraussetzungen für den Vorsteuerabzug" der **Steuerlehre 1,** 47. Auflage 2026, Seiten 366 ff. S 1

Die Ausübung des **Vorsteuerabzugs** setzt voraus, dass der Unternehmer eine nach den §§ 14, 14a UStG ordnungsgemäß ausgestellte **Rechnung** besitzt (§ 15 Satz 1 Nr. 1 Satz 2 UStG).

Rechnung ist jedes Dokument, mit dem über eine Lieferung oder sonstige Leistung abgerechnet wird, gleichgültig, wie dieses Dokument im Geschäftsverkehr bezeichnet wird (§ 14 Abs. 1 **Satz 1** UStG). Eine Rechnung kann als **elektronische Rechnung** (E-Rechnung oder auch eRechnung) oder als **sonstige Rechnung** übermittelt werden.

Eine **elektronische Rechnung** ist eine Rechnung, die in einem strukturierten elektronischen Format ausgestellt, übermittelt und empfangen wird und eine elektronische Verarbeitung ermöglicht (§ 14 Abs. **1 Satz 3** UStG).

Eine **sonstige Rechnung** ist eine Rechnung, die in einem anderen elektronischen Format oder auf **Papier** übermittelt wird (§ 14 Abs. **1 Satz 4** UStG).

Seit 01.01.2025 ist grds. die Übermittlung einer **E-Rechnung verpflichtend**. **Ausnahmen** bestehen z.B. für **Kleinbetragsrechungen** (Gesamtbetrag bis 250 Euro) und auch für **Fahrausweise** können beispielsweise weiterhin alle Arten von Rechnungen verwendet werden.

Nach § 14 Satz 1 Abs. 4 Nrn. 1 bis 10 UStG muss eine Rechnung folgende Angaben enthalten:

1. vollständiger Name und vollständige Anschrift des leistenden Unternehmers und des Leistungsempfängers,
2. Steuernummer oder Umsatzsteuer-Identifikationsnummer des leistenden Unternehmers,
3. Ausstellungsdatum,
4. fortlaufende Nummer (Rechnungsnummer),
5. Menge und Art (handelsübliche Bezeichnung) der gelieferten Gegenstände oder Umfang und Art der sonstigen Leistung,
6. Zeitpunkt der Leistung,
7. Entgelt und im Voraus vereinbarte Entgeltminderung,
8. Steuersatz sowie den auf das Entgelt entfallenden Steuerbetrag oder Hinweis auf eine Steuerbefreiung,
9. Hinweis auf die Aufbewahrungspflicht des Leistungsempfängers in den Fällen des § 14b Abs. 1 Satz 5 UStG,
10. Angabe „Gutschrift" (bei Ausstellung der Rechnung durch den Leistungsempfänger).

Voraussetzung für den **Vorsteuerabzug** ist, dass der Leistungsempfänger im Besitz einer nach den §§ 14 und 14a UStG ausgestellten Rechnung ist und dass die Rechnung alle in den §§ 14 und 14a UStG geforderten **Angaben** enthält, d.h. die Angaben in der Rechnung vollständig und richtig sind (Abschn. 15.11 Abs. 1 Satz 1 Nr. 1 UStAE).

BEISPIEL

Der Getränkehändler Karl Müller, Koblenz, erhält folgende **Eingangsrechnung (ER)**:

Absender

❶ Königsbacher Brauerei AG
Neustadt 5
56068 Koblenz

Ihre Bestellung
14.08.2026

Bank
Sparkasse Koblenz
BLZ 570 501 20
Kto-Nr. 101 465 051

Empfänger

❶ Getränkehandlung
Karl Müller
Blumenstraße 18
56070 Koblenz

Lieferdatum
❻ 19.08.2026

Ort / Datum
❸ Koblenz, 26.08.2026

❹ **Rechnung** Nr. 54309

			EUR	Ct
❺ 200	Kästen Pils (je 7,50 €)	❼	1.500,	00
❽	+ 19% Ust		285,	00
			1.785,	00

❷ Steuernummer: 22/220/1042/8

Die **Eingangsrechnung** (ER) erfüllt alle **acht** Voraussetzungen für eine Rechnung und die Voraussetzungen für den Vorsteuerabzug. Die Voraussetzungen neun und zehn sind **nicht** erforderlich, da weder ein Fall des § 14b Abs. 1 Satz 5 UStG noch eine Gutschrift vorliegen.

Buchungssatz:

Sollkonto	Betrag (€)	Habenkonto
5200 (3200) Wareneingang	1.500,00	
1406 (1576) Vorsteuer 19 %	285,00	
	1.785,00	**3300** (1600) Verbindlichkeiten aLuL

Buchung:

S	**5200** (3200) **Wareneingang** H
1.500,00	

S	**3300** (1600) **Verbindlichkeiten aLuL** H
	1.785,00

S	**1406** (1576) **Vorsteuer 19 %** H
285,00	

In Rechnungen, deren **Gesamtbetrag 250 Euro** (Entgelt und Umsatzsteuer) **nicht übersteigt** (**Kleinbetragsrechnungen**), brauchen – wie sonst notwendig – **Entgelt und Umsatzsteuer nicht getrennt** ausgewiesen zu werden. Es genügt, wenn zum Gesamtbetrag der **Steuersatz** angegeben wird. Der Unternehmer kann in diesem Falle die **Vorsteuer** selbst berechnen (§ 33 UStDV).

Einzelheiten zur Kleinbetragsrechnung erfolgen im Abschnitt 12.5 der **Steuerlehre 1**, 47. Auflage 2026, Seiten 359. S 1

BEISPIEL

Der Steuerberater Thorsten Reifferscheid, Koblenz, **kauft** von der Buchhandlung Reuffel, Koblenz, das Fachbuch „**Steuerlehre 1**" und erhält folgende **Kleinbetragsrechnung**:

Absender

USt-IdNr. DE 148 768 111
BUCHHANDLUNG
reuffel
INHABER EBERHARD DUCHSTEIN
LÖHRSTRAßE 92, 56068 KOBLENZ

Rechnung Datum 21.08.2026

		EUR	Ct
1	Fachbuch Bornhofen, **Steuerlehre 1,** 47. Auflage	**27,**	**99**
Rechnungs-Endbetrag enthält **7** % USt		27,	99

Gelieferte Ware bleibt bis zur vollständigen Bezahlung Eigentum des Lieferanten.

Die **Kleinbetragsrechnung** erfüllt alle Voraussetzungen für eine Rechnung und die Voraussetzungen für den Vorsteuerabzug. Das **Entgelt** beträgt **26,16 €** (27,99 € : 1,07 = 26,16 €). Die **Vorsteuer** beträgt **1,83 €** (26,16 € x 7 %).

Buchungssatz:

Sollkonto	Betrag (€)	Habenkonto
6820 (4940) Zeitschriften, Bücher	26,16	
1401 (1571) Vorsteuer 7 %	1,83	
	27,99	**3300** (1600) Verbindlichkeiten aLuL

Buchung:

S	**6820** (4940) **Zeitschriften, Bücher**	H
	26,16	

S	**3300** (1600) **Verbindlichkeiten aLuL**	H
		27,99

S	**1401** (1571) **Vorsteuer 7 %**	H
	1,83	

Vorsteuerbeträge fallen nicht nur beim **Wareneingang** und bei **Aufwendungen** (z. B. Bücher, Büromaterial, Instandhaltungen) an, sondern auch beim Kauf von **Anlagegütern** (z. B. Maschinen, Betriebs- und Geschäftsausstattung).

BEISPIEL

Der Unternehmer Florian Faßbender, Koblenz, kauft von der Firma H. Alex + Hutter, Koblenz, einen **Computer** und erhält folgende Rechnung:

H•ALEX Büroorganisation + HUTTER BÜROFACHMARKT

Friedrich-Mohr-Str. 1
56070 Koblenz-Lützel

Steuernummer: 22/220/1042/9

Herrn
Florian Faßbender
Erlenweg 7

56075 Koblenz

Rechnung Nr. 25007
28.08.2026

Sie erhielten am 26.08.2026

Menge	Artikelbezeichnung	Entgelt
1	ASI Computer P 700 PCI	1.549,00 €
	+ 19 % USt	294,31 €
		1.843,31 €

Buchungssatz:

Sollkonto	Betrag (€)	Habenkonto
0690 (0410) Geschäftsausstattung	1.549,00	
1406 (1576) Vorsteuer 19 %	294,31	
	1.843,31	**3300** (1600) Verbindlichkeiten aLuL

Buchung:

S	**0690** (0410) **Geschäftsausstattung**	H
	1.549,00	

S	**3300** (1600) **Verbindlichkeiten aLuL**	H
		1.843,31

S	**1406** (1576) **Vorsteuer 19 %**	H
	294,31	

Beim Buchen ist darauf zu achten, dass bei **Eingangsrechnungen** (ER) auf dem **Warenkonto** bzw. dem **Aufwandskonto** bzw. dem Anlagekonto grundsätzlich nur die **Nettobeträge** (Beträge **ohne** Vorsteuer) erfasst werden.

Ist die Vorsteuer **nicht abziehbar** (z.B. weil die Rechnung nicht ordnungsgemäß erstellt worden ist), sind die nicht abziehbaren Vorsteuerbeträge auf dem Konto zu erfassen, auf dem die **Nettobeträge** gebucht werden (= **Erhöhung der Anschaffungskosten**).

ÜBUNG →
1. Wiederholungsfragen 3 und 4 (Seite 131),
2. Aufgabe 2 (Seite 132)

3.9.2.1.1 Geleistete Anzahlungen

Ein Unternehmer darf Vorsteuerbeträge grundsätzlich nur für solche **Leistungen** abziehen, **die** bereits an ihn **ausgeführt** sind.
Der Grundsatz, dass die Vorsteuer erst **nach Ausführung** der Leistung abgezogen werden darf, wird durch § 15 Abs. 1 Nr. 1 Satz 3 UStG durchbrochen.
Nach § 15 Abs. 1 Nr. 1 **Satz 3** UStG ist der **Vorsteuerabzug** bereits **vor** Ausführung einer Leistung möglich, wenn

1. eine **Anzahlungsrechnung** mit **gesondertem USt-Ausweis** vorliegt **und**
2. die **Anzahlung geleistet** ist.

Wird eine **Anzahlung vor** Ausführung der Leistung erbracht, so ist diese Vorauszahlung eine **Forderung**, die auf dem Konto

„Geleistete Anzahlungen"

gebucht wird.

Für **geleistete** Anzahlungen sind auf der **Aktivseite** der Bilanz **drei Bilanzposten** vorgesehen: Geleistete Anzahlungen auf **immaterielle Vermögensgegenstände**, **Sachanlagen und Vorräte**.

Der Bilanzposten „**geleistete Anzahlungen**" wurde bereits auf Seite 37 im Abschnitt 3.2.2 „Gliederung der Bilanz" dargestellt. B 1

BEISPIEL

1. A leistet im Juli 2026 eine **Anzahlung** für die Bestellung eines größeren Warenpostens in Höhe von 23.800 € an den Lieferer U per Banküberweisung. Über diesen Betrag erhält A eine Anzahlungsrechnung mit gesondertem USt-Ausweis (20.000 € + 3.800 € USt).
2. U erbringt im September 2026 die **Leistung** und A erhält folgende **Endrechnung** (Auszug):

	gesamte Leistung			40.000 €
+	19 % USt			7.600 €
				47.600 €
-	Anzahlung vom Juli 2026	20.000 €		
	+ 19 % USt	3.800 €	-	23.800 €
	noch zu zahlen			23.800 €

3. Das Konto „Geleistete Anzahlungen" ist **aufzulösen**.
4. A überweist im September 2026 den **Restbetrag** von 23.800 € per Bank.

Buchungssätze:

Tz.	Sollkonto	Betrag (€)	Habenkonto
1.	**1186** (1518) Geleistete Anzahlungen **1406** (1576) Vorsteuer	20.000,00 3.800,00	**1800** (1200) Bank **1800** (1200) Bank
2.	**5200** (3200) Wareneingang **1406** (1576) Vorsteuer 19 %	40.000,00 7.600,00	**3300** (1600) Verbindlichk. aLuL **3300** (1600) Verbindlichk. aLuL
3.	**3300** (1600) Verbindlichk. aLuL **3300** (1600) Verbindlichk. aLuL	20.000,00 3.800,00	**1186** (1518) Geleistete Anzahlungen **1406** (1576) Vorsteuer 19 %
4.	**3300** (1600) Verbindlichk. aLuL	23.800,00	**1800** (1200) Bank

Buchungen:

S	**1186** (1518) **Geleistete Anzahlungen**		H
1)	20.000,00	3)	20.000,00

S	**1800** (1200) **Bank**		H
		1)	20.000,00
		1)	3.800,00
		4)	23.800,00

S	**1406** (1576) **Vorsteuer 19%**		H
1)	3.800,00	3)	3.800,00
2)	7.600,00		

S	**3300** (1600) **Verbindlichkeiten aLuL**		H
3)	20.000,00	2)	40.000,00
3)	3.800,00	2)	7.600,00
4)	23.800,00		
	47.600,00		47.600,00

S	**5200** (3200) **Wareneingang**		H
2)	40.000,00		

ÜBUNG →

1. Wiederholungsfragen 5 und 6 (Seite 131),
2. Aufgabe 3 (Seite 132)

3.9.2.1.2 Gemischt genutzte Fahrzeuge

Ein angeschafftes, eingeführtes oder innergemeinschaftlich erworbenes Fahrzeug, das von dem Unternehmer sowohl unternehmerisch als auch für nichtunternehmerische (private) Zwecke genutzt wird, ist ein sog. **gemischt genutztes Fahrzeug**.

Ordnet der Unternehmer das gemischt genutzte Fahrzeug **seinem Unternehmen voll zu (Zuordnungswahlrecht)**, kann er die **Vorsteuer** in voller Höhe (**zu 100 %**) abziehen.

Die nichtunternehmerische (**private**) **Nutzung** ist als unentgeltliche sonstige Leistung (**unentgeltliche Wertabgabe**) nach **§ 3 Abs. 9a Nr. 1** UStG der **Umsatzsteuer** zu unterwerfen (Abschn. 15.23 Abs. 3 Satz 3 UStAE).

Wird das Fahrzeug zu **weniger als 10 %** für das Unternehmen genutzt, kann der Unternehmer **keine Vorsteuer** abziehen (§ 15 Abs. 1 Satz 2 UStG).

Einzelheiten zur **Zuordnung von Leistungen zum Unternehmen** erfolgen in Teil C, Kapitel 3 der **Steuerlehre 1**, 47. Auflage 2026, Seiten 176 ff. S 1

Als **Bemessungsgrundlage** für die nichtunternehmerische (**private**) **Nutzung** als unentgeltliche sonstige Leistung (**unentgeltliche Wertabgabe**) sind dabei nach § 10 Abs. 4 Satz 1 Nr. 2 UStG die **Ausgaben** anzusetzen, soweit sie zum vollen oder teilweisen Vorsteuerabzug berechtigt haben.
Zur **Ermittlung der Ausgaben**, die auf die private Nutzung eines dem Unternehmen zugeordneten Fahrzeugs entfallen, hat der Unternehmer die Wahl zwischen drei Methoden: **Fahrtenbuchregelung**, **1%-Regelung** oder **Schätzung**.
Die **1%-Regelung** ist nur noch anwendbar, wenn das Kraftfahrzeug zu **mehr als 50 %** betrieblich genutzt wird (§ 6 Abs. 1 Nr. 4 Satz 2 EStG).

Anschaffungskosten

BEISPIEL

Zum Unternehmensvermögen des Unternehmers U, Hamburg, gehört ein Pkw, der auch für private Zwecke genutzt wird. Die unternehmerische Nutzung beträgt 80 %.
U hat den Pkw am **06.01.2026** für 59.500 € (50.000 € + 9.5000 € USt) gekauft und ganz seinem Unternehmen zugeordnet.

Es handelt sich um ein **gemischt genutztes Fahrzeug**. U kann den Vorsteuerabzug in voller Höhe von 9.500 € in Anspruch nehmen, da er den Pkw ganz seinem Unternehmen zugeordnet hat.
Im Gegenzug ist der private Nutzungsanteil als unentgeltliche sonstige Leistung (unentgeltliche Wertabgabe) nach § 3 Abs. 9a Nr. 1 UStG der Umsatzsteuer zu unterwerfen.

Buchungssatz:

Sollkonto	Betrag (€)	Habenkonto
0520 (0320) Pkw	50.000,00	**3300** (1600) Verbindlichkeiten aLuL
1406 (1576) Vorsteuer	9.500,00	**3300** (1600) Verbindlichkeiten aLuL

Buchung:

S	**0520** (0320) **Pkw**	H
	50.000,00	

S	**3300** (1600) **Verbindlichkeiten aLuL**	H
		50.000,00
		9.500,00

S	**1406** (1576) **Vorsteuer**	H
	9.500,00	

B 1 Einzelheiten zur **Besteuerung** der **privaten Nutzung** als unentgeltliche Wertabgabe nach § 3 Abs. 9a Nr. 1 UStG erfolgen im Abschnitt 3.10.1.2, Seiten 140 ff.

Laufende Kfz-Kosten

Bei **gemischt genutzten Fahrzeugen**, die **ganz** dem Unternehmen zugeordnet sind, ist der **Vorsteuerabzug** nicht nur aus den Anschaffungskosten, sondern auch aus den **laufenden Kosten** möglich.

BEISPIEL

Der Unternehmer U, Hamburg, (Beispiel zuvor) wendet im Monat Mai 2026 **Benzinkosten** in Höhe von **500 € + 95 € USt = 595 €** für sein **gemischt genutztes Fahrzeug** auf.

Er hat den Betrag von 595 € bar bezahlt.

U darf aus den laufenden Kosten die **Vorsteuer** in Höhe von **95 €** geltend machen.

Buchungssatz:

Sollkonto	Betrag (€)	Habenkonto
6530 (4530) Laufende Kfz-Betriebskosten	500,00	**1600** (1000) Kasse
1406 (1576) Vorsteuer	95,00	**1600** (1000) Kasse

Buchung:

S	**6530** (4530) **Laufende Kfz-Betriebsk.**	H
	500,00	

S	**1600** (1000) **Kasse**	H
		500,00
		95,00

S	**1406** (1576) **Vorsteuer**	H
	95,00	

B 1 Die umsatzsteuerliche Behandlung der **Einfuhr**, des innergemeinschaftlichen **Erwerbs** und der Leistungen i. S. d. § 13b UStG erfolgen in Abschnitt 8.2, S. 363 ff.

3.9.2.2 Buchen der Umsatzsteuer

Der **Betrag**, den der **Unternehmer** seinen Abnehmern und Auftraggebern für seine steuerpflichtigen Leistungen **berechnet**, setzt sich - umsatzsteuerlich gesehen - aus dem **Entgelt** (Nettoerlös) **und** der **Umsatzsteuer** (**Ausgangs**umsatzsteuer) zusammen:

	Entgelt	(Nettoerlös)
+	**Umsatzsteuer**	(Ausgangsumsatzsteuer)
=	**Bruttoerlös**	

Die entstandene **Umsatzsteuer** (**Ausgangs**umsatzsteuer) ist für den Unternehmer zunächst eine **Verbindlichkeit gegenüber dem Finanzamt**.
Sie wird bei **Sollbesteuerung** (= Besteuerung nach **vereinbarten** Entgelten) und beim **allgemeinen** Steuersatz auf das Konto

3806 (1776) **Umsatzsteuer 19 %**

und beim **ermäßigten** Steuersatz auf das Konto

3801 (1771) **Umsatzsteuer 7 %**

gebucht.

Das **Umsatzsteuerkonto** ist ein **Verbindlichkeitskonto** (**Passivkonto**).

BEISPIEL

Der Unternehmer U, Köln, liefert Waren für **netto** 1.000 € (= **Entgelt**) + 190 € USt = 1.190 € auf Ziel.

Buchungssatz:

Sollkonto	Betrag (€)	Habenkonto
1200 (1400) Forderungen aLuL	1.190,00	
	1.000,00	**4200** (8200) Erlöse (**Entgelt**)
	190,00	**3806** (1776) Umsatzsteuer 19 %

Buchung:

S	**1200** (1400) **Forderungen aLuL**	H
	1.190,00	

S	**4200** (8200) **Erlöse** (Entgelt)	H
		1.000,00

S	**3806** (1776) **Umsatzsteuer 19 %**	H
		190,00

Bei **Ist-Besteuerung** (= Besteuerung nach **vereinnahmten** Entgelten) erfolgt die Buchung auf dem Konto „**3816** (1766) **Umsatzsteuer nicht fällig 19 %**".

Mit dieser Form der Buchung erfüllt der Unternehmer auch die **Aufzeichnungspflichten** des Umsatzsteuergesetzes (UStG). Nach § 22 Abs. 2 UStG hat er die **Entgelte** in seiner Buchführung ersichtlich zu machen.

Das Verfahren, bei dem **direkt Entgelt und Umsatzsteuer getrennt gebucht** werden, wird als **Nettoverfahren** bezeichnet.

Aus **Vereinfachungsgründen** kann es z.B. im Einzelhandel zweckmäßig sein, **zunächst Entgelt und USt** (= Bruttoerlös) **in einer Summe** zu buchen **und** die **Trennung** in **Entgelt und USt erst am Schluss** des Voranmeldungszeitraums (Monat bzw. Vierteljahr) vorzunehmen. Die Umsatzsteuer-Durchführungsverordnung (UStDV) lässt dies zu (§ 63 Abs. 3 UStDV).

Das Verfahren, bei dem **zunächst Entgelt und USt in einer Summe** gebucht werden und die Trennung erst später vorgenommen wird, wird als **Bruttoverfahren** bezeichnet.

BEISPIEL 1

Der Einzelhändler U, Wiesbaden, der seine Umsätze mit 19 % versteuert, vereinnahmt im **August 2026** aus **Warenverkäufen brutto** insgesamt **119.000 €**. U gibt die Voranmeldungen monatlich ab.

Summe aller täglichen Buchungssätze:

Tz.	Sollkonto	Betrag (€)	Habenkonto
1.	**1600** (1000) Kasse	119.000,00	**4200** (8200) Erlöse

Summe aller täglichen Buchungen:

S	**1600** (1000) **Kasse**		H
1)	119.000,00		

S	**4200** (8200) **Erlöse**		H
		1)	119.000,00

BEISPIEL 2

Am **Schluss** des Monats **August 2026** trennt der Einzelhändler U die Bruttoerlöse in **Entgelt** und **Umsatzsteuer**.

Buchungssatz:

Tz.	Sollkonto	Betrag (€)	Habenkonto
2.	**4200** (8200) Erlöse	19.000,00	**3806** (1776) Umsatzsteuer 19 %

Buchung:

S	**1600** (1000) **Kasse**		H
1)	119.000,00		

S	**3806** (1776) **Umsatzsteuer 19 %**		H
		2)	**19.000,00**

S	**4200** (8200) **Erlöse**		H
2)	**19.000,00**	1)	119.000,00

Der **Saldo** des Erlöskontos (**100.000 €**) stellt die steuerpflichtigen **Entgelte** dar.

Der Unternehmer hat in seinen Aufzeichnungen (seiner Buchführung) ersichtlich zu machen, wie sich die **Entgelte** auf die steuerpflichtigen Umsätze, **getrennt nach Steuersätzen**, **und** auf die **steuerfreien Umsätze** verteilen (§ 22 Abs. 2 UStG).

Aus Kontrollgründen ist es **zweckmäßig**, nicht nur die Bemessungsgrundlagen, sondern **auch** die entsprechenden **Umsatzsteuerbeträge** auf **getrennten Konten** zu buchen.

BEISPIEL

Der Lebensmittelgroßhändler Maier, Hannover, liefert im August 2026

1. für **2.000 € netto** Waren, die dem Steuersatz von **19 %** unterliegen, und
2. für **6.000 €** netto Waren, die dem Steuersatz von **7 %** unterliegen,

auf Ziel.

Buchungssätze:

Tz.	Sollkonto	Betrag (€)	Habenkonto
1.	**1200** (1400) Forderungen aLuL	2.380,00	
		2.000,00	**4200** (8200) Erlöse 19 %
		380,00	**3806** (1776) USt 19 %
2.	**1200** (1400) Forderungen aLuL	6.420,00	
		6.000,00	**4300** (8300) Erlöse 7 %
		420,00	**3801** (1771) USt 7 %

Buchungen:

S	**1200** (1400) **Forderungen aLuL**		H
1)	2.380,00		
2)	6.420,00		

S	**4200** (8200) **Erlöse 19 %**		H
		1)	2.000,00

S	**3806** (1776) **Umsatzsteuer 19 %**		H
		1)	380,00

S	**4300** (8300) **Erlöse 7 %**		H
		2)	6.000,00

S	**3801** (1771) **Umsatzsteuer 7 %**		H
		2)	420,00

ÜBUNG → Wiederholungsfrage 7 (Seite 131)

3.9.2.2.1 Erhaltene Anzahlungen

Nach § 13 Abs. 1 Nr. 1a Satz 4 UStG sind **vereinnahmte** Anzahlungen bereits **vor** Ausführung der Leistung der **Umsatzsteuer** zu unterwerfen.

S 1 Einzelheiten zur umsatzsteuerlichen Behandlung von **vereinnahmten Entgelten** werden im Abschnitt 11.1.2 der **Steuerlehre 1**, Seite 340 f., dargestellt.

Die **erhaltene** Anzahlung ist noch **kein** betrieblicher **Erfolg**, weil die Leistung noch nicht erbracht worden ist.

Die **erhaltene** Anzahlung muss deshalb auf ein **passives Bestandskonto**, ein **Verbindlichkeitskonto**,

3272 (1718) **Erhaltene, versteuerte Anzahlungen 19 % USt (Verbindlichkeiten)**

gebucht werden.

Für erhaltene Anzahlungen ist auf der **Passivseite** der Bilanz unter **C. Verbindlichkeiten** ein **Bilanzposten** vorgesehen.

B 1 Der Bilanzposten „**erhaltene Anzahlungen auf Bestellungen**" wurde bereits auf Seite 37 im Abschnitt 3.2.2 „Gliederung der Bilanz" dargestellt.

BEISPIEL

1. Unternehmer U erhält von seinem Kunden A im Juli 2026 eine **Anzahlung** in Höhe von **23.800 €** auf die Bestellung eines größeren Warenpostens per Bank. Die Leistungen des U unterliegen dem allgemeinen Steuersatz.
2. U erbringt im August 2026 die **Leistung** und erteilt A folgende Endrechnung (Auszug):

	gesamte Leistung			40.000 €
+	19 % USt			7.600 €
				47.600 €
-	Anzahlung vom Juli 2026	20.000 €		
	+ 19 % USt	3.800 €	-	23.800 €
	noch zu zahlen			23.800 €

3. Das Konto „Erhaltene Anzahlungen" ist **aufzulösen**.
4. Der Kunde A überweist im August 2026 den **Restbetrag** von 23.800 € per Bank.

Buchungssätze:

Tz.	Sollkonto	Betrag (€)	Habenkonto
1.	**1800** (1200) Bank **1800** (1200) Bank	20.000,00 3.800,00	**3272** (1718) Erhaltene Anzahlgn. **3806** (1776) Umsatzsteuer 19 %
2.	**1200** (1400) Forderungen aLuL **1200** (1400) Forderungen aLuL	40.000,00 7.600,00	**4200** (8200) Erlöse **3806** (1776) Umsatzsteuer 19 %
3.	**3272** (1718) Erhaltene Anzahlgn. **3806** (1776) Umsatzsteuer 19 %	20.000,00 3.800,00	**1200** (1400) Forderungen aLuL **1200** (1400) Forderungen aLuL
4.	**1800** (1200) Bank	23.800,00	**1200** (1400) Forderungen aLuL

Buchungen:

S	**1800** (1200) **Bank**		H
1)	20.000,00		
1)	3.800,00		
4)	23.800,00		

S	**3272** (1718) **Erhaltene, versteuerte Anzahlungen 19 % USt**		H
3)	20.000,00	1)	20.000,00

S	**1200** (1400) **Forderungen aLuL**		H
2)	40.000,00	3)	20.000,00
2)	7.600,00	3)	3.800,00
		4)	23.800,00
	47.600,00		47.600,00

S	**3806** (1776) **Umsatzsteuer 19 %**		H
3)	3.800,00	1)	3.800,00
		2)	7.600,00

S	**4200** (8200) **Erlöse**		H
		2)	40.000,00

ÜBUNG → Wiederholungsfrage 8 (Seite 131)

3.9.2.3 Buchen der Umsatzsteuer-Vorauszahlungen

3.9.2.3.1 Monatliche bzw. vierteljährliche Vorauszahlungen

Der Unternehmer hat auf die **Umsatzsteuerschuld** (**Zahllast**) des Kalenderjahres **Vorauszahlungen** zu leisten (§ 18 UStG).
Er hat **bis zum 10. Tag nach Ablauf des Voranmeldungszeitraums** eine **Voranmeldung** nach amtlich vorgeschriebenem Vordruck elektronisch zu übermitteln, in der er die **Zahllast** (**Vorauszahlung**) **selbst zu berechnen** hat (§ 18 Abs. 1 Satz 1 UStG).

Die **Vorauszahlung** ist am **10. Tag** nach Ablauf des Voranmeldungszeitraums (**Kalendermonat** oder Kalender**vierteljahr**) **fällig**.
Regel-Voranmeldungszeitraum ist grundsätzlich das Kalender**vierteljahr** (§ 18 Abs. 2 Satz 1 UStG). Beträgt die **Umsatzsteuer-Schuld** für das **vorangegangene** Kalender**jahr mehr als 9.000 Euro** (**bis 31.12.2024: 7.500 Euro**), ist der Kalender**monat** Voranmeldungszeitraum (§ 18 Abs. 2 Satz 2 UStG). Die **Vorauszahlungen** sind in diesem Fall **monatlich** zu leisten.

BEISPIEL

Der Unternehmer U hat den **Voranmeldungszeitraum** in seiner Umsatzsteuer-Voranmeldung **anzukreuzen** (z. B. **Monatszahler** für den Monat August 2026):

2026

Umsatzsteuer-Voranmeldung — Eingangsstempel — 11

1	Steuernummer	Wirtschafts-Identifikationsnummer DE	30
2	An das Finanzamt		
3	Unternehmer – ggf. abweichende Firmenbezeichnung – Anschrift – Telefon – E-Mail-Adresse		

Voranmeldungszeitraum

	bei **monatlicher** Abgabe bitte hier ankreuzen			bei **vierteljährlicher** Abgabe bitte hier ankreuzen
6	Januar	Mai	September	I. Kalendervierteljahr
7	Februar	Juni	Oktober	II. Kalendervierteljahr
8	März	Juli	November	III. Kalendervierteljahr
9	April	X August	Dezember	IV. Kalendervierteljahr

Beträgt die **Umsatzsteuer-Schuld** für das **vorangegangene** Kalender**jahr nicht mehr als 2.000 Euro** (**bis 31.12.2024: 1.000 Euro**), so kann das Finanzamt den Unternehmer von der Verpflichtung zur Abgabe der Voranmeldung und Entrichtung der Vorauszahlungen **befreien** (§ 18 Abs. 2 Satz 3 UStG).
Wird die **Umsatzsteuer-Schuld nicht** bis Ablauf des **Fälligkeitstags gezahlt**, so hat der Unternehmer einen **Säumniszuschlag** zu entrichten.
Ein **Säumniszuschlag** wird jedoch bei einer Säumnis bis zu **drei Tagen** (**Zahlungs-Schonfrist**) **nicht erhoben** (§ 240 Abs. 3 **Satz 1** AO).

Die Schonfrist fällt in den Fällen weg, in denen die Steuerzahlung durch **Scheck** oder in **bar** bei der Finanzkasse erfolgt (§ 240 Abs. 3 **Satz 2** AO).
Wird die angemeldete Steuer durch Hingabe eines **Schecks** beglichen, fallen Säumniszuschläge an, wenn dieser nicht **drei Tage vor** dem Fälligkeitstag bei der Finanzkasse vorliegt (§ 240 Abs. 3 i. V. m. § 224 Abs. 2 Nr. 1 AO).
Wird die Umsatzsteuer-Schuld auf ein Konto des Finanzamtes **überwiesen**, bleibt die Schonfrist von drei Tagen erhalten.

Die Schonfrist für die Abgabe der Umsatzsteuer-Voranmeldung (**Abgabe-Schonfrist**) ist **entfallen**.

BEISPIEL

Der Unternehmer U, Kiel, **Monatszahler**, hat für den Monat **September 2026** eine **Vorauszahlung** zu leisten, die wie folgt berechnet wird:

	Umsatzsteuer		5.800 €
-	Vorsteuer	-	3.000 €
=	**Umsatzsteuerschuld (Zahllast) = Vorauszahlung**		**2.800 €**

U überweist diese **Vorauszahlung** am **7. Oktober 2026** durch die Bank.

Der Unternehmer hat **zwei Möglichkeiten**, die **Vorauszahlung zu buchen:**

1. Er bucht sie auf das **Umsatzsteuerkonto**
   oder
2. er bucht sie auf ein zusätzlich eingerichtetes **Umsatzsteuer-Vorauszahlungskonto**.

BEISPIEL

Sachverhalt wie zuvor

1. Möglichkeit

Buchungssatz:

Sollkonto	Betrag (€)	Habenkonto
3806 (1776) Umsatzsteuer 19 %	2.800,00	**1800** (1200) Bank

Buchung:

S	**3806** (1776) **Umsatzsteuer 19 %**		H
	3.000,00		5.800,00
1)	**2.800,00**		

S	**1800** (1200) **Bank**		H
		1)	**2.800,00**

2. Möglichkeit

Buchungssatz:

Sollkonto	Betrag (€)	Habenkonto
3820 (1780) USt-Vorauszahlungen	2.800,00	**1800** (1200) Bank

Buchung:

S	**1406** (1576) **Vorsteuer 19 %**		H
	3.000,00		

S	**3806** (1776) **Umsatzsteuer 19 %**		H
			5.800,00

S	**3820** (1780) **USt-Vorauszahlungen**		H
2)	**2.800,00**		

S	**1800** (1200) **Bank**		H
		2)	**2.800,00**

ÜBUNG → Wiederholungsfragen 9 und 10 (Seite 131)

3.9.2.3.2 Sondervorauszahlung

Hat der Unternehmer **Schwierigkeiten**, die **gesetzlichen Fristen** für die Übermittlung der Voranmeldungen und für die Entrichtung der Vorauszahlungen **einzuhalten**, besteht die **Möglichkeit der Fristverlängerung**.

Der Unternehmer kann beim Finanzamt einen **Antrag auf Dauerfristverlängerung** stellen, um die Fristen für die Abgabe der Voranmeldungen und für die Entrichtung der Vorauszahlungen um **einen Monat zu verlängern** (§§ 46 bis 48 UStDV).

Die **Fristverlängerung** wird bei **Monatszahlern**, **nicht** bei **Vierteljahreszahlern**, unter der **Auflage** gewährt, dass der Unternehmer **bis zum 10. Februar** (zuzüglich Schonfrist) eine **Sondervorauszahlung** anmeldet und entrichtet.

Die **Sondervorauszahlung** beträgt **ein Elftel der Summe der Vorauszahlungen** – **ohne** Berücksichtigung der Sondervorauszahlung – für das **vorangegangene** Kalenderjahr.

BEISPIEL

Der Koblenzer Unternehmer U, **Monatszahler**, beantragt erstmals für **2026** eine Dauerfristverlängerung. Die **Umsatzsteuer-Vorauszahlungen** für das Kalenderjahr **2025** haben **30.107,20 €** betragen.

U hat in den Antrag auf Dauerfristverlängerung und die Anmeldung der Sondervorauszahlung in den Zeilen 8 und 9 einzutragen:

			EUR
8	1. Summe der verbleibenden Umsatzsteuer-Vorauszahlungen **zuzüglich** der zu berücksichtigenden Sondervorauszahlung für das Kalenderjahr 2025		**30.107**
9	2. Davon 1/11 = **Sondervorauszahlung 2026**	38	**2.737**

U zahlt den Betrag von **2.737 €** am **06.02.2026** an die Finanzkasse Montabaur-Diez (zuständig für den Koblenzer Unternehmer) durch Banküberweisung.

Buchungssatz **2026:**

Sollkonto	Betrag (€)	Habenkonto
3830 (1781) USt-Vorauszahlung 1/11	2.737,00	**1800** (1200) Bank

Buchung **2026**:

S	**3830** (1781) **USt-Vorauszahlung 1/11**	H
2.737,00		

S	**1800** (1200) **Bank**	H
		2.737,00

Die **Sondervorauszahlung** ist grundsätzlich **bei der** Berechnung der Umsatzsteuer-**Vorauszahlung** für den Monat **Dezember anzurechnen** (§ 48 Abs. 4 UStDV).

BEISPIEL

Der Koblenzer Unternehmer U, **Monatszahler**, leistet im Februar 2026 die **Sondervorauszahlung** in Höhe von **2.737 €**, die er bei der Vorauszahlung für den Monat Dezember 2026 anrechnet. Die **Umsatzsteuer-Vorauszahlung** beträgt für den Monat **Dezember 2026 3.900 €**.

U hat in seiner Umsatzsteuer-Voranmeldung 2026 für den Monat Dezember 2026 in die Zeilen 48, 49 und 50 einzutragen:

	H. Vorauszahlung/Überschuss			
48	**Umsatzsteuer-Vorauszahlung/Überschuss (Summe der Zeilen 45 bis 47)**			3.900 ,00
49	**Abzug** der festgesetzten **Sondervorauszahlung** für Dauerfristverlängerung (in der Regel nur in der letzten Voranmeldung des Besteuerungszeitraums auszufüllen)		39	**2.737 ,00**
50	**Verbleibende Umsatzsteuer-Vorauszahlung** **Verbleibender Überschuss** – bitte dem Betrag ein Minus voranstellen - **(Bitte in jedem Fall ausfüllen)**		83	1.163 ,00

Unternehmer U zahlt den Betrag von **1.163 €** am **06.02.2027** an die Finanzkasse Montabaur-Diez durch Banküberweisung.
Das Konto „**3830** (1781) **Umsatzsteuer-Vorauszahlung 1/11**" wird zum **31.12.2026** mit dem Konto „**3806** (1776) **Umsatzsteuer 19 %**" **verrechnet** (saldiert).
Der **Saldo** in Höhe von **1.163 €** wird zu Beginn des Jahres **2027** auf dem Konto „**3806** (1776) **Umsatzsteuer 19 %**" **vorgetragen**. Im Rahmen der EDV-Buchführung wird dieser Betrag auch auf das Konto „**3841** (1790) **Umsatzsteuer-Vorjahre**" gebucht.

Buchungssätze **2027**:

Tz.	Sollkonto	Betrag (€)	Habenkonto
1.	**9000** (9000) Saldenvorträge	1.163,00	**3806** (1776) Umsatzsteuer 19 %
2.	**3806** (1776) Umsatzsteuer 19 %	1.163,00	**1800** (1200) Bank

Buchungen **2027**:

S **9000** (9000) **Saldenvorträge (SV)** H

S		H	
1) USt	1.163,00		

S **3806** (1776) **Umsatzsteuer 19 %** H

S		H	
2)	**1.163,00**	1) SV	1.163,00

S **1800** (1200) **Bank** H

S		H	
		2)	**1.163,00**

ÜBUNG → 1. Wiederholungsfragen 11 und 12 (Seite 131),
2. Aufgabe 4 (Seite 132)

3.9.3 Abschluss der Umsatzsteuerkonten

Das **Umsatzsteuerkonto** ist ein **passives Bestandskonto** und das **Vorsteuerkonto** ist ein **aktives Bestandskonto**.

Die **USt-Vorauszahlungskonten** sind keine Bestandskonten. Sie werden zur besseren Übersicht geführt und können als „**Übergangskonten**" bezeichnet werden.

Zum Schluss des Geschäftsjahres werden die Salden aller Umsatzsteuerkonten zusammengefasst und das Ergebnis dieser Zusammenfassung in das **Schlussbilanzkonto** übernommen.
Die **Zusammenfassung** kann auf einem **USt-Verrechnungskonto** erfolgen.

Die **Zusammenfassung** der Salden aller Umsatzsteuerkonten kann aber auch **ohne** Einschaltung eines **Verrechnungskontos** auf dem **Umsatzsteuerkonto** erfolgen oder auf dem **Vorsteuerkonto**, wenn am Schluss des Jahres ein Vorsteuerguthaben besteht.

BEISPIEL

Der Unternehmer U, Frankfurt, hat in einem Geschäftsjahr gebucht:

auf dem **Vorsteuerkonto**	30.000 €
auf dem **Umsatzsteuerkonto** im **Haben**	44.000 €
auf dem **Umsatzsteuerkonto** im **Soll** (Vorauszahlungen)	10.000 €

Er schließt die Umsatzsteuerkonten wie folgt ab:

Buchungssätze:

Tz.	Sollkonto	Betrag (€)	Habenkonto
1.	**3806** (1776) Umsatzsteuer 19 %	30.000,00	**1406** (1576) Vorsteuer 19 %
2.	**3806** (1776) Umsatzsteuer 19 %	4.000,00	**9998** (9998) Schlussbilanzkonto

Buchungen:

S **1406** (1576) **Vorsteuer 19 %** H

S		H	
	30.000,00	**1)**	**30.000,00**

S **3806** (1776) **Umsatzsteuer 19 %** H

S		H
Vorausz.	10.000,00	44.000,00
1) VoSt	**30.000,00**	
2) SBK	**4.000,00**	
	44.000,00	44.000,00

S **9998** (9998) **Schlussbilanzkonto** H

S	H	
	2) USt	**4.000,00**

Der **Abschluss** der Umsatzsteuerkonten erfolgt in der Praxis **programmgesteuert**, d.h., die Konten werden mit ihren Salden unter der Bilanzposition „Sonstige Verbindlichkeiten" (bei einer Umsatzsteuer**schuld**) oder „Sonstige Vermögensgegenstände" (bei einem Vorsteuer**guthaben**) ausgewiesen. Dadurch bleiben die Salden der einzelnen Vorgänge zur Erstellung der USt-Jahreserklärung erhalten.

Zu **Beginn** des **nächsten Geschäftsjahres** werden die **Vorjahressalden** im Rahmen der **Eröffnung der Bestandskonten** im Falle einer Umsatzsteuer**forderung** auf das Konto

1422 (1546) **Umsatzsteuerforderungen Vorjahr**

und im Falle einer Umsatzsteuer**verbindlichkeit** auf das Konto

3841 (1790) **Umsatzsteuerverbindlichkeiten Vorjahr**

gebucht.

ÜBUNG →
1. Wiederholungsfrage 13 (Seite 131),
2. Aufgaben 5 bis 8 (Seite 133)

3.9.4 Erfolgskontrolle

Wiederholungsfragen

1. Was versteht man unter dem Mehrwert?
2. Wie wird rechnerisch die Umsatzsteuerschuld (Zahllast) ermittelt?
3. Welche Umsatzsteuerkonten können geführt werden?
4. Welche Umsatzsteuer wird auf dem Vorsteuerkonto gebucht?
5. Unter welchen Voraussetzungen ist der Vorsteuerabzug bereits vor Ausführung einer Leistung möglich?
6. Wie werden die geleisteten Anzahlungen buchmäßig behandelt?
7. Welche Umsatzsteuer wird auf dem Umsatzsteuerkonto gebucht?
8. Wie werden erhaltene Anzahlungen buchmäßig behandelt?
9. In welchem Fall ist der Kalendermonat Voranmeldungszeitraum?
10. Auf welchem Konto werden die USt-Vorauszahlungen gebucht?
11. In welcher Höhe ist eine Sondervorauszahlung zu leisten, damit eine Dauerfristverlängerung gewährt wird?
12. Auf welchem Konto wird die Sondervorauszahlung gebucht?
13. Wie kann der Abschluss der Umsatzsteuerkonten erfolgen?

Aufgaben

AUFGABE 1

Urerzeuger A liefert Rohstoffe an das Industrieunternehmen B für 5.000 € + 19 % USt.
A hat keine Vorlieferanten und deshalb keine Vorsteuer.
Das Industrieunternehmen B erstellt aus den Rohstoffen Fertigerzeugnisse und liefert sie an den Großhändler C für 8.500 € + 19 % USt.
Der Großhändler C liefert die Fertigerzeugnisse an den Einzelhändler D für 10.000 € + 19 % USt.
Der Einzelhändler D liefert die Waren dem Endverbraucher E für 12.500 € + 19 % USt.

Ermitteln Sie die **Umsatzsteuer**, den **Vorsteuerabzug**, die **Umsatzsteuerschuld** (Zahllast) und den **Mehrwert** (die Wertschöpfung).

Wirtschaftsstufe bzw. Phase	Rechnungs-betrag €	**USt** (Traglast) €	**Vorsteuer-abzug** €	**Umsatz-steuerschuld** (Zahllast) €	**Mehrwert** = Wertschöpfung €
A					
B					
C					
D					

AUFGABE 2

Bilden Sie die Buchungssätze für folgende Geschäftsvorfälle:

1. Kauf von Waren auf Ziel, netto	1.000,00 €
+ USt	190,00 €
	1.190,00 €
2. Kauf eines nur betrieblich genutzten Pkws auf Ziel, netto	30.000,00 €
+ USt	5.700,00 €
	35.700,00 €
3. Kauf von Büromaterial bar, netto	400,00 €
+ USt	76,00 €
	476,00 €

AUFGABE 3

Der Unternehmer Müller, Freiburg, kauft in einem Schreibwarengeschäft in Karlsruhe Büromaterial für insgesamt 357 € für seinen Betrieb. An der Kasse erhält er einen Bon mit dem Vermerk „einschließlich 19 % USt". Müller zahlt bar.

Bilden Sie den Buchungssatz für den Geschäftsvorfall (Hinweis: §§ 14 und 15 UStG).

AUFGABE 4

Der Kölner Unternehmer U, Monatszahler, nimmt die Dauerfristverlängerung in Anspruch. Auch für 2026 möchte er die Fristverlängerung in Anspruch nehmen.
U hat die folgenden Umsatzsteuer-Vorauszahlungen für das Kalenderjahr 2025 (lt. Zeile 50 der Umsatzsteuer-Voranmeldungen) geleistet:

Januar	420 €
Februar	2.220 €
März	1.705 €
April	2.315 €
Mai	5.150 €
Juni	2.750 €
Juli	2.090 €
August	1.190 €
September	2.541 €
Oktober	2.346 €
November	3.480 €
Dezember (3.826 € - 2.710 € Sondervorauszahlung)	1.116 €

1. Berechnen Sie die Sondervorauszahlung für 2026.
2. U überweist am 06.02.2026 die Sondervorauszahlung 2026 durch die Bank. Bilden Sie den Buchungssatz für die Überweisung der Sondervorauszahlung.

AUFGABE 5

Folgende Situation ist gegeben:

S	**1406** (1576) Vorsteuer	H
	120.000,00	

S	**3806** (1776) Umsatzsteuer	H
		200.000,00

S	**9998** (9998) Schlussbilanzkonto	H

Aufgabe

Schließen Sie die Umsatzsteuerkonten ab.

AUFGABE 6

Karl Rad, Mannheim, betreibt einen Einzelhandel mit Bürogeräten (USt-Satz 19 %).

Geschäftsvorfälle des Voranmeldungszeitraums August 2026:

1. Rad verkauft einen Personalcomputer an den Lehrer Walter, Ludwigshafen, für 2.023 € (brutto). Walter zahlt bei Lieferung bar.
2. Der Hersteller Roll, Speyer, beliefert Rad mit neuer Ware. Die Eingangsrechnung lautet über 5.000 € + 19 % USt.
3. Rad verkauft 30 LCD-Monitore an das Finanzamt Mannheim-Stadt für 200 € pro Stück netto.
4. Rad verkauft an den Schüler Müller, Mannheim, ein Notebook für 800 € + 152 € USt. Der Schüler zahlt bei Lieferung bar.
5. Das Finanzamt Mannheim-Stadt überweist den Rechnungsbetrag für die LCD-Monitore auf das Bankkonto von Karl Rad.

Aufgaben

1. Bilden Sie die Buchungssätze der Geschäftsvorfälle des Monats August 2026.
2. Ermitteln Sie die Umsatzsteuerschuld (Zahllast) für den Voranmeldungszeitraum August 2026.

AUFGABE 7

Der Unternehmer Müller, Freiburg, erhält von einem Kunden im April 2026 eine Bankgutschrift über 59.500 € für eine Anzahlung auf eine Warenlieferung, die er vereinbarungsgemäß im Juli 2026 ausführen soll. Es liegt keine Anzahlungsrechnung vor.

Bilden Sie den Buchungssatz für den Geschäftsvorfall.

AUFGABE 8

Wie bucht der Kunde (Aufgabe 7)?

Bilden Sie den Buchungssatz für diesen Geschäftsvorfall.

Weitere Aufgaben mit Lösungen finden Sie im **Lösungsbuch** der Buchführung 1. A L

Zusammenfassende Erfolgskontrolle

Der Unternehmer Kurt Menning, Mainz, hat durch Inventur am 01.01.2026 folgende Anfangsbestände ermittelt:

Anfangsbestände	€
0520 (0320) Pkw	10.000,00
0640 (0430) Ladeneinrichtung	10.000,00
1140 (3980) Bestand Waren	50.000,00
1200 (1400) Forderungen aLuL	20.000,00
1406 (1576) Vorsteuer 19 %	0,00
1800 (1200) Bankguthaben	15.000,00
1600 (1000) Kasse	5.000,00
3300 (1600) Verbindlichkeiten aLuL	15.000,00
3806 (1776) Umsatzsteuer 19 %	0,00
3841 (1790) Umsatzsteuerverbindlichkeiten Vorjahr	5.000,00
2000 (0800) Eigenkapital	90.000,00

Außer den Bestandskonten, die sich aus den obigen Beständen ergeben, sind folgende Erfolgskonten zu führen:

5200 (3200) Wareneingang, **6220** (4830) Abschreibungen auf Sachanlagen, **6222** (4832) Abschreibungen auf Kfz, **6470** (4805) Reparaturen, **6815** (4930) Bürobedarf, **6500** (4500) Fahrzeugkosten, **4200** (8200) Erlöse.

Geschäftsvorfälle des Jahres 2026			€
1.	Wareneinkauf auf Ziel, netto	10.000,00 €	
	+ USt	1.900,00 €	11.900,00
2.	Banküberweisung der Umsatzsteuerschuld Vorjahr (Zahllast)		5.000,00
3.	Warenverkauf auf Ziel, netto	5.000,00 €	
	+ USt	950,00 €	5.950,00
4.	Reparaturrechnung für Schreibmaschine, brutto einschließlich 19 % USt, noch nicht bezahlt		78,54
5.	Banküberweisung vom Kunden zum Ausgleich einer Forderung aLuL		13.560,00
6.	Barkauf von Büromaterial, brutto einschließlich 19 % USt		104,72
7.	Banküberweisung an Lieferer zum Ausgleich einer Verbindlichkeit aLuL		11.500,00
8.	Kauf eines nur betrieblich genutzten Pkws auf Ziel, netto	23.000,00 €	
	+ USt	4.370,00 €	27.370,00
9.	Barkauf von Benzin für Pkw, brutto einschließlich 19 % USt		59,50
10.	Warenverkauf auf Ziel, netto	45.000,00 €	
	+ USt	8.550,00 €	53.550,00

Abschlussangaben	€
11. Warenschlussbestand laut Inventur	55.000,00
12. Abschreibung auf Pkw	5.000,00
13. Abschreibung auf Ladeneinrichtung	5.000,00

Aufgaben

1. Bilden Sie die Buchungssätze der Geschäftsvorfälle des Jahres 2026.
2. Tragen Sie die Anfangsbestände auf den Konten vor.
3. Buchen Sie die Geschäftsvorfälle.
4. Schließen Sie die Konten ab.
5. Stellen Sie die Bilanz zum 31.12.2026 nach dem handelsrechtlichen Gliederungsschema auf.

3.10 Privatkonten

Das **Eigenkapital ändert sich** nicht nur durch Aufwendungen und Erträge, sondern **auch** durch Privat**entnahmen** und Privat**einlagen**.

Handelsrechtlich bestehen keine umfangreichen Bestimmungen zur Behandlung von Entnahmen und Einlagen. Im Folgenden werden die **steuerrechtlichen** Regelungen dargestellt, die auch für handelsrechtliche Zwecke angewendet werden können.

3.10.1 Privatentnahmen

Entnimmt ein Unternehmer dem Betrieb **Wirtschaftsgüter** (Geld, Waren, Erzeugnisse, Nutzungen oder Leistungen) für **sich**, für seinen **Haushalt** oder für **andere betriebsfremde Zwecke**, so liegen **Entnahmen** (**Privatentnahmen**) vor (§ 4 Abs. 1 Satz 2 EStG).

Privatentnahmen mindern das betriebliche **Vermögen und** das **Eigenkapital**.

Da die **privat** verursachten Eigenkapital**minderungen** (Entnahmen) - im Gegensatz zu den **betrieblich** verursachten Eigenkapitalminderungen (Aufwendungen) - den **Gewinn oder Verlust** des Unternehmens **nicht** beeinflussen dürfen, ist bei der **Gewinnermittlung durch Betriebsvermögensvergleich** der **Unterschiedsbetrag** zwischen dem Eigenkapital am Schluss des Wirtschaftsjahres und dem Eigenkapital am Schluss des vorangegangenen Wirtschaftsjahres um den Wert der **Entnahmen** zu **erhöhen** (§ 4 Abs. 1 Satz 1 EStG).

	Eigenkapital am Schluss des Wirtschaftsjahres
	Eigenkapital am Schluss des vorangegangenen Wirtschaftsjahres
=	Unterschiedsbetrag
+	**Entnahmen**

Der einkommensteuerliche Entnahme-Begriff deckt sich **nicht** mit dem **umsatzsteuerlichen Begriff der unentgeltlichen Leistungen** (unentgeltlichen Wertabgabe). **Der Umsatzsteuer** unterliegen grundsätzlich nur **bestimmte Entnahmearten**.

Entnahmen (§ 4 Abs. 1 Satz 2 **EStG**)			
Geldentnahme	**Sach**entnahme (Waren/Erzeugnisse)	**Nutzungs**entnahme	**Leistungs**entnahme
	Entnahme von Gegenständen (§ 1 Abs. 1 Nr. 1 i. V. m. § 3 Abs. 1b Satz 1 Nr. 1 UStG)	**private Nutzung betrieblicher Gegenstände** (§ 1 Abs. 1 Nr. 1 i. V. m. § 3 Abs. 9a Nr. 1 UStG)	**andere unentgeltliche sonstige Leistungen** (§ 1 Abs. 1 Nr. 1 i. V. m. § 3 Abs. 9a Nr. 2 UStG)
	unentgeltliche Leistungen* (§ 3 Abs. 1b Satz 1 Nr. 1 und Abs. 9a Nr. 1 und Nr. 2 **UStG**)		

* **Keine** unentgeltlichen Leistungen liegen bei **laufenden** Telefonkosten (Grund- und Gesprächsgebühren) vor (Abschn. 3.4 Abs. 4 Satz 4 UStAE), weil der private Anteil der Eingangsrechnung nicht mit Vorsteuer entlastet wird.

BEISPIELE

1. Der Gewerbetreibende A, Bonn, entnimmt im August 2026 aus seiner Geschäftskasse 3.000 € für eine Urlaubsreise.
   Es liegt eine **Geldentnahme**, aber **keine** steuerpflichtige **unentgeltliche Leistung** vor.
2. Der Koblenzer Metzgermeister U entnimmt im August 2026 seinem Geschäft Fleisch für seinen Privathaushalt.
   Es liegt eine **Sachentnahme** vor, die gleichzeitig eine **unentgeltliche Leistung** ist.
3. Der zum Vorsteuerabzug berechtigte Unternehmer U, München, verwendet seinen betrieblichen Pkw lt. Fahrtenbuch zu 30 % für private Zwecke.
   Es liegt eine **Nutzungsentnahme** vor, die gleichzeitig eine **unentgeltliche Leistung** ist.
4. Der Steuerberater U, Mainz, lässt durch seinen Auszubildenden Mathias Meister im Mai 2026 während der Geschäftszeit seinen Jagdhund ausführen.
   Es liegt eine **Leistungsentnahme** vor, die gleichzeitig eine **unentgeltliche Leistung** ist.

ÜBUNG →
1. Wiederholungsfragen 1 bis 3 (Seite 156),
2. Aufgabe 1 (Seite 156)

3.10.1.1 Entnahme von Gegenständen

Die **Entnahme eines Gegenstandes** ist nach § 1 Abs. 1 **Nr. 1** i.V.m. § 3 **Abs. 1b** Satz 1 **Nr. 1** UStG **steuerbar**, wenn folgende **Tatbestandsmerkmale** vorliegen:

1.	**Entnahme eines Gegenstandes**,
2.	durch einen **Unternehmer**,
3.	aus seinem **Unternehmen**,
4.	im **Inland**,
5.	für **Zwecke außerhalb seines Unternehmens**,
6.	wenn der Gegenstand oder seine Bestandteile **zum** vollen oder teilweisen **Vorsteuerabzug berechtigt** haben.

Fehlt eines dieser **Tatbestandsmerkmale**, so liegt **keine** steuerbare unentgeltliche Lieferung i.S.d. § 1 Abs. 1 **Nr. 1** i.V.m. § 3 **Abs. 1b** Satz 1 **Nr. 1** UStG vor.

Die **Entnahme eines Gegenstandes** aus dem Unternehmen im Sinne des § 3 Abs. 1b Satz 1 **Nr. 1** liegt nur dann vor, wenn der Vorgang bei entsprechender Ausführung an einen Dritten als **Lieferung** - einschließlich Werk**lieferung** - anzusehen wäre (Abschn. 3.3 Abs. 5 Satz 1 UStAE).

Die **Entnahme** eines dem Unternehmen zugeordneten Gegenstands wird nach § 3 Abs. 1b Satz 1 Nr. 1 UStG nur dann einer **entgeltlichen** Lieferung **gleichgestellt**, wenn der entnommene Gegenstand oder seine Bestandteile zum vollen oder teilweisen **Vorsteuerabzug** berechtigt haben (Abschn. 3.3 Abs. 2 Satz 1 UStAE).

Die Entnahme eines Gegenstandes, bei dem **Vorsteuer abgezogen** worden ist, wird bemessen nach (§ 10 Abs. 4 **Nr. 1** UStG):

1. dem **Nettoeinkaufspreis** zuzüglich der Nebenkosten für den Gegenstand oder für einen gleichartigen Gegenstand **zum Zeitpunkt des Umsatzes**
   oder
2. nach den **Selbstkosten** des Gegenstandes **zum Zeitpunkt des Umsatzes**.

Die **Umsatzsteuer** gehört **nicht** zur **Bemessungsgrundlage** (§ 10 Abs. 4 **Satz 2** UStG).

Welcher Wert anzusetzen ist, richtet sich danach, ob der betreffende Gegenstand **angeschafft** oder **hergestellt** worden ist.

zu 1. Nettoeinkaufspreis

Der **Nettoeinkaufspreis** zuzüglich der Nebenkosten für den Gegenstand oder einen gleichartigen Gegenstand zum Zeitpunkt des Umsatzes **entspricht** regelmäßig den

Wiederbeschaffungskosten.

Wiederbeschaffungskosten sind Kosten, die für die Beschaffung des Gegenstandes zum Zeitpunkt des Umsatzes aufzuwenden wären.

BEISPIEL

Der Koblenzer Einzelhändler U entnimmt im August 2026 seinem Unternehmen eine Kühltruhe, die er **vor wenigen Tagen** für **250 €** + 47,50 € USt = 297,50 € erworben hat, für private Zwecke.

Die **Bemessungsgrundlage** für die Berechnung der USt beträgt **250 €**. In diesem Fall entsprechen die **Wiederbeschaffungskosten** den **Anschaffungskosten**, weil der Gegenstand **unmittelbar nach der Beschaffung** entnommen worden ist.

Wird der Gegenstand **nicht unmittelbar nach der Beschaffung** entnommen, sind die zwischenzeitlichen **Preisänderungen** zu berücksichtigen.

BEISPIEL

Ein Großhändler entnimmt im **Oktober 2026** Waren für **595 €** inkl. 19 % USt.
Der Großhändler hat die Waren im **Mai 2026** für 500 € + 95 € USt = 595 € gekauft. Durch zwischenzeitliche **Preisänderungen** betragen die **Wiederbeschaffungskosten** der Waren im **Oktober 2026 600 €** netto.

Die **Bemessungsgrundlage** für die Berechnung der Umsatzsteuer beträgt **600 €**.

zu 2. Selbstkosten

Kann der **Nettoeinkaufspreis nicht** ermittelt werden, so sind als Bemessungsgrundlage die **Selbstkosten** anzusetzen (§ 10 Abs. 4 Nr. 1 UStG).
Die **Selbstkosten** umfassen alle durch den betrieblichen Leistungsprozess bis zum Zeitpunkt der Entnahme oder Zuwendung entstandenen Kosten (Abschn. 10.6 Abs. 1 Satz 4 UStAE).

Aus **Vereinfachungsgründen** wird die **Bemessungsgrundlage** für die Entnahme von Gegenständen bei Unternehmen **bestimmter Gewerbezweige** anhand von amtlich festgelegten **Pauschbeträgen** ermittelt.

Diese Regelung dient der **Vereinfachung** und lässt keine Zu- und Abschläge wegen individueller persönlicher Ess- oder Trinkgewohnheiten zu. Auch Krankheit oder Urlaub rechtfertigen **keine Änderung der Pauschbeträge**.

Diese **Pauschbeträge** sind für das **Kalenderjahr 2026** für **unentgeltliche Wertabgaben (Sachentnahmen)** im **BMF-Schreiben (IV D 3 - S 1547/00006/007/021)** vom 23.12.2025 aufgeführt.

Die Pauschbeträge sind **Jahreswerte** für **eine Person**. Für Kinder bis zum vollendeten 2. Lebensjahr entfällt der Ansatz eines Pauschbetrages. Bis zum vollendeten **12. Lebensjahr** ist die **Hälfte** des jeweiligen Wertes anzusetzen. Bei **gemischten Betrieben** (Metzgerei oder Bäckerei mit Lebensmittelangebot oder Gastwirtschaft) ist nur der jeweils **höhere Pauschbetrag** der entsprechenden Gewerbeklasse anzusetzen.

	Jahreswert für eine Person ohne Umsatzsteuer in €		
Gewerbezweig	zu 7 %	zu 19 %	insgesamt
Bäckerei	1.671	214	1.885
Fleischerei/Metzgerei	1.487	567	2.054
Gaststätten aller Art			
a) mit Abgabe von kalten Speisen	1.824	629	2.453
b) mit Abgabe von kalten und warmen Speisen	3.173	828	4.001
Getränkeeinzelhandel	123	276	399
Café und Konditorei	1.610	598	2.208
Milch, Milcherzeugnisse, Fettwaren und Eier (Eh.)	721	0	721
Nahrungs- und Genussmittel (Eh.)	1.395	368	1.763
Obst, Gemüse, Südfrüchte und Kartoffeln (Eh.)	384	169	553

BEISPIEL

Die Eheleute U betreiben in **Bonn** ein **Café**. Sie haben einen **zehnjährigen Sohn**.
Die Steuerpflichtigen bewerten ihre Sachentnahmen mit den **Pauschbeträgen**.

Die **Bemessungsgrundlage** beträgt für 2026:

	steuerpflichtige Umsätze		
	zu 7 % €	zu 19 % €	insgesamt €
Ehemann	1.610,00	598,00	2.208,00
Ehefrau	1.610,00	598,00	2.208,00
Kind (50 %)	805,00	299,00	1.104,00
Bemessungsgrundlage für 2026	**4.025,00**	**1.495,00**	**5.520,00**

Will der Steuerpflichtige **niedrigere Beträge** als die Pauschbeträge geltend machen, muss er entsprechende **Nachweise** führen.

ÜBUNG →
1. Wiederholungsfragen 4 und 5 (Seite 156),
2. Aufgaben 2 und 3 (Seite 157)

3.10.1.2 Private Nutzung betrieblicher Gegenstände

Die **private Nutzung betrieblicher Gegenstände** ist nach § 1 Abs. 1 **Nr. 1** i. V. m. § 3 Abs. 9a Nr. 1 UStG **steuerbar**, wenn folgende **Tatbestandsmerkmale** vorliegen:

1. Verwendung eines **dem Unternehmen zugeordneten Gegenstandes**,
2. der zum **Vorsteuerabzug berechtigt** hat,
3. durch einen **Unternehmer oder** sein **Personal**, sofern **keine Aufmerksamkeiten** vorliegen,
4. im **Inland**,
5. für **Zwecke außerhalb des Unternehmens**.

Als **nicht dem Unternehmen zugeordnete Gegenstände** gelten solche, die im Rahmen einer Lieferung, Einfuhr oder eines innergemeinschaftlichen Erwerbs für das Unternehmen angeschafft wurden, aber zu **weniger als 10 % unternehmerisch genutzt** werden. Die Lieferung, Einfuhr oder der innergemeinschaftliche Erwerb dieser Gegenstände gilt als nicht für das Unternehmen ausgeführt (§ 15 Abs. 1 Satz 2 UStG).
Es handelt sich bei diesen Gegenständen **nicht** um **Unternehmensvermögen** mit der **Folge**, dass ein **Vorsteuerabzug** aus dem Erwerb dieser Gegenstände **nicht möglich** ist.

Die private Nutzung betrieblicher Gegenstände durch das **Personal** fällt **nicht** unter die Privatentnahmen.

Für die private Nutzung betrieblicher Gegenstände durch den **Unternehmer** sind in der Praxis vor allem die folgenden Fälle bedeutsam:

1. private Nutzung betrieblicher **Fahrzeuge** durch den **Unternehmer**,
2. private Nutzung betrieblicher **Telekommunikationsgeräte** durch den **Unternehmer**.

zu 1. Private Nutzung betrieblicher Fahrzeuge durch den Unternehmer

Der Vorsteuerabzug und die Besteuerung der Privatnutzung bei gemischt genutzten Fahrzeugen ist unter Berücksichtigung von Sonderregeln für Elektrofahrzeuge und extern aufladbare Hybridelektrofahrzeuge in Abschnitt 15.23 UStAE detailliert geregelt.

Wurde ein Fahrzeug für das Unternehmen angeschafft, hergestellt, eingeführt oder innergemeinschaftlich erworben **und** wird es vom Unternehmer **sowohl unternehmerisch (mind. 10 %) als auch für** nichtunternehmerische **(private) Zwecke genutzt,** handelt es sich um ein sogenanntes **gemischt genutztes Fahrzeug**.

Ordnet der Unternehmer das gemischt genutzte Fahrzeug als einheitlichen Gegenstand **seinem Unternehmen voll zu (Zuordnungswahlrecht)**, kann er beim Einkauf die **Vorsteuer** in voller Höhe **(zu 100 %)** abziehen.
Im Gegenzug ist die nichtunternehmerische **(private) Nutzung** als unentgeltliche sonstige Leistung **(unentgeltliche Wertabgabe)** nach **§ 3 Abs. 9a Nr. 1** UStG der **Umsatzsteuer** zu unterwerfen.

Wird das Fahrzeug zu **weniger als 10 %** für das Unternehmen genutzt, darf der Unternehmer das Fahrzeug **nicht** seinem Unternehmen zuordnen und kann daher **keine Vorsteuer** abziehen (Abschn. 15.23 Abs. 2 UStAE, **Zuordnungsverbot**).

Als **Bemessungsgrundlage** der privaten Nutzung sind nach § 10 Abs. 4 Satz 1 Nr. 2 UStG die **Ausgaben** anzusetzen, soweit sie zum vollen oder teilweisen Vorsteuerabzug berechtigt haben.

Die **Ermittlung der Ausgaben**, die auf die private Nutzung eines dem Unternehmen zugeordneten Fahrzeugs entfallen, orientiert sich grundsätzlich an der **ertragsteuerlichen Vorgehensweise**. Entsprechend hat der Unternehmer die Wahl zwischen drei Möglichkeiten:

- **Fahrtenbuchregelung,**
- **1 %-Regelung** oder
- **Schätzung**.

Die **1 %-Regelung** kann nur in Anspruch genommen werden, wenn das Fahrzeug zu **mehr als 50 %** für das Unternehmen genutzt wird (§ 6 Abs. 1 Nr. 4 Satz 2 EStG).

BEISPIEL

Zum Unternehmensvermögen des Unternehmers U, Hamburg, gehört ein Pkw, der auch für private Zwecke genutzt wird. Die unternehmerische Nutzung beträgt 70 %. U hat den Pkw am **02.01.2026** für 59.500 € (50.000 € + 9.5000 € USt) gekauft und vollständig seinem Unternehmen zugeordnet.

Es handelt sich um ein **gemischt genutztes Fahrzeug**. U kann den **Vorsteuerabzug** in voller Höhe von 9.500 € in Anspruch nehmen und aus den laufenden Kosten den vollen Vorsteuerabzug geltend machen. Im Gegenzug ist der **private Nutzungsanteil** als unentgeltliche sonstige Leistung (unentgeltliche Wertabgabe) nach § 3 Abs. 9a Nr. 1 UStG der **Umsatzsteuer** zu unterwerfen.

Fahrtenbuchregelung

Setzt der Unternehmer für **Ertragsteuerzwecke** die private Nutzung mit den auf die Privatfahrten entfallenden Aufwendungen an, indem er die für das Fahrzeug insgesamt entstehenden Aufwendungen durch Belege und das Verhältnis der privaten zu den übrigen Fahrten durch ein ordnungsgemäßes **Fahrtenbuch** nachweist (§ 6 Abs. 1 Nr. 4 Satz 3 EStG), ist von diesem Wert auch bei der Bemessungsgrundlage für die private Nutzung eines sog. gemischt genutzten Fahrzeugs auszugehen.

Sofern Anschaffungs- oder Herstellungskosten mindestens 500 € (Nettobetrag ohne Umsatzsteuer) betragen, sind sie gleichmäßig auf den für das Fahrzeug maßgeblichen Berichtigungszeitraum nach § 15a UStG (**5 Jahre**) zu verteilen. Aus den Gesamtaufwendungen sind für umsatzsteuerliche Zwecke die **nicht mit Vorsteuer belasteten Kosten** in der belegmäßig nachgewiesenen Höhe **auszuscheiden**.

BEISPIEL

Sachverhalt wie im Beispiel zuvor. U nutzt den betrieblichen Pkw lt. ordnungsgemäß geführtem Fahrtenbuch zu **30 %** für private Zwecke. Im Oktober 2026 sind folgende Kosten angefallen:

1. Kosten, die **nicht** mit Vorsteuer belastet sind		
Kfz-Versicherungen und Kfz-Steuer		**100 €**
2. Kosten, die zum **Vorsteuerabzug** berechtigt haben (netto)		
Benzin	200 €	
Reparaturen	1.467 €	
Absetzung für Abnutzung (AfA) gem. § 15a UStG (50.000 € : 5 Jahre : 12 Monate)	833 €	**2.500 €**
Kosten insgesamt		2.600 €

Die **Bemessungsgrundlage** für die steuerpflichtige **unentgeltliche sonstige Leistung** beträgt im Oktober 2026 **750 €** (30 % von **2.500 €**). Die **Entnahme der sonstigen Leistung**, die **nicht** der **Umsatzsteuer** unterliegt, beträgt im Oktober 2026 **30 €** (30 % von **100 €**).

Wird ein Pkw z.B. von einem **Nichtunternehmer** und damit **ohne Berechtigung zum Vorsteuerabzug** erworben, gehört die **anteilige AfA nicht zur Bemessungsgrundlage**.

1%-Regelung

Ermittelt der Unternehmer für **Ertragsteuerzwecke** den Wert der Nutzungsentnahme nach der sog. **1%-Regelung** des § 6 Abs. 1 Nr. 4 Satz 2 EStG, so kann er von diesem Wert aus Vereinfachungsgründen bei der Bemessungsgrundlage für die private Nutzung ausgehen, wenn das Kraftfahrzeug zu **mehr als 50%** betrieblich genutzt wird.

Für die **nicht mit Vorsteuer belasteten Kosten** kann er einen **pauschalen Abschlag von 20%** vornehmen.
Der so ermittelte Betrag ist ein sog. **Nettowert**, auf den die USt mit dem allgemeinen Steuersatz aufzuschlagen ist (Abschn. 15.23 Abs. 5 UStAE).

Der **Brutto-Listenpreis** ist auf **volle 100 Euro** abzurunden.

BEISPIEL

Der Unternehmer U, Hamburg, hat am 02.01.2026 einen gemischt genutzten Pkw für 59.500 € (brutto) gekauft (Beispiel Seite 141). Der **Brutto-Listenpreis** des Kraftfahrzeugs hat im Zeitpunkt der **Erstzulassung 63.850 €** betragen.

Die Bemessungsgrundlage für die private Nutzung des Pkws wird nach der **1%-Regelung** für den Monat Oktober 2026 wie folgt ermittelt:

	Brutto-Listenpreis des Pkws im Zeitpunkt der Erstzulassung		63.850,00 €
	abgerundet auf volle 100 €		63.800,00 €
	davon **1%** =		638,00 €
-	20% Abschlag für nicht mit Vorsteuer belastete Kosten	-	127,60 €
=	Bemessungsgrundlage für Oktober 2026		**510,40 €**

Nach dem **31.12.2018** und **vor** dem **01.01.2031** angeschaffte **Elektro- und Hybridfahrzeuge** werden unter bestimmten Voraussetzungen **einkommensteuerlich** gefördert, indem der ermittelte Vorteil der privaten Nutzung nur **zur Hälfte** bzw. nur **zu einem Viertel** zu versteuern ist. Die Voraussetzungen für die hälftige Versteuerung betreffen die **Kohlendioxidemission** sowie die **Reichweite** des Fahrzeugs unter ausschließlicher Nutzung des elektrischen Antriebs. **Nur zu einem Viertel** zu versteuern sind **reine Elektrofahrzeuge** mit einem **Bruttolistenpreis bis zu 70.000 Euro** (Anschaffung **nach dem 31.12.2023 und bis zum 30.06.2025**) bzw. **bis zu 100.000 Euro** (Anschaffung **ab dem 01.07.2025**) (§ 6 Abs. 1 Nr. 4 Satz 2 Nr. 3 EStG). Die einkommensteuerliche Belastung reduziert sich **auch bei Anwendung der Fahrtenbuchmethode**.

Ebenso gilt die steuerliche Förderung für **Elektrofahrräder (E-Bikes)**, sofern sie als **Kraftfahrzeug** zu behandeln sind (z.B. Motorunterstützung von mehr als 25 km/h). Die private Nutzung eines betrieblichen (Elektro-)Fahrrads, das **kein Kraftfahrzeug** im Sinne des Satzes 2 ist, ist **von der Einkommensteuer befreit** (§ 6 Abs. 1 Nr. 4 Satz 6 EStG).

Im **Gegensatz** zur **ertragsteuerlichen** Behandlung (§ 6 Abs. 1 Nr. 4 EStG) erfolgen für umsatzsteuerliche Zwecke weder nach der 1%-Regelung noch nach der Fahrtenbuchmethode **Kürzungen** für **Elektro- und Hybridelektrofahrzeuge** (Abschn. 15.23 Abs. 5 UStAE).

zu 2.: Private Nutzung betrieblicher Telekommunikationsgeräte durch den Unternehmer

Kauft ein Unternehmer Telekommunikationsgeräte (z.B. Telefonanlagen nebst Zubehör, Faxgeräte, Mobilfunkeinrichtungen) für sein Unternehmen, kann er die hierauf entfallende **Vorsteuer** in **voller Höhe** nach § 15 UStG **absetzen** (Abschn. 3.4 Abs. 4 Satz 1 UStAE).

Wird ein solches Gerät **für Zwecke außerhalb des Unternehmens** verwendet, liegt eine **unentgeltliche sonstige Leistung** i.S.d. §3 **Abs. 9a Nr. 1** UStG vor (Abschn. 3.4 Abs. 4 Satz 2 UStAE).

BEISPIEL

Der Kölner Unternehmer U hat im Januar 2026 für sein Unternehmen eine neue Telefonanlage für 2.000 € + 380 € USt = 2.380 € **gekauft**. Die ihm in Rechnung gestellte Umsatzsteuer von 380 € hat er als Vorsteuer abgezogen. Er nutzt das betriebliche Telefon zu 20 % für private Zwecke. Die Nutzungsdauer des Geräts beträgt laut AfA-Tabelle 5 Jahre.
Die **Bemessungsgrundlage** für die Berechnung der Umsatzsteuer beträgt für 2026 also **80 €** (2.000 € : 5 Jahre Nutzungsdauer = 400 € x 20 % = 80 €).

Keine unentgeltlichen sonstigen Leistungen liegen bei **laufenden Telefonkosten** (z.B. Miete, Grund- und Gesprächsgebühren) vor (Abschn. 3.4 Abs. 4 Satz 4 UStAE).

BEISPIEL

Der Bonner Unternehmer U nutzt sein **gemietetes** Geschäftstelefon zu **20 %** für private Zwecke. Die gesamten Telefonkosten (Miete, Grund- und Gesprächsgebühren) haben 2026 **4.500 €** betragen.

Die anteiligen **privaten Telefonkosten** von **900€** (20 % von 4.500 €) sind **keine unentgeltlichen sonstigen Leistungen**, d.h., sie stellen keinen umsatzsteuerbaren Vorgang dar.
Die auf die anteiligen **privaten Telefonkosten** entfallenden **Vorsteuerbeträge** sind **nicht abziehbar**.

ÜBUNG →	1. Wiederholungsfragen 6 und 7 (Seite 156), 2. Aufgaben 4 und 5 (Seite 157)

3.10.1.3 Andere unentgeltliche sonstige Leistungen

Die Erbringung einer **anderen unentgeltlichen sonstigen Leistung** ist nach § 1 Abs. 1 **Nr. 1** i.V.m. §3 **Abs. 9a** Nr. 2 UStG **steuerbar**, wenn folgende **Tatbestandsmerkmale** vorliegen:

1. **unentgeltliche Erbringung einer sonstigen Leistung,**
2. durch den **Unternehmer oder** sein **Personal,**
3. im **Inland,**
4. für **Zwecke außerhalb des Unternehmens.**

Fehlt eines dieser **Tatbestandsmerkmale**, so liegt **keine** steuerbare unentgeltliche sonstige Leistung i.S.d. §1 Abs. 1 **Nr. 1** i.V.m. §3 **Abs. 9a Nr. 2** UStG vor.

Zu den **unentgeltlichen sonstigen Leistungen** i.S.d. § 3 **Abs. 9a Nr. 2** UStG gehören insbesondere unentgeltliche Dienstleistungen durch den **Einsatz von Betriebspersonal** für nichtunternehmerische (private) Zwecke zulasten des Unternehmers (Abschn. 3.4 Abs. 5 UStAE).

Die **anderen sonstigen Leistungen** i.S.d. § 3 Abs. 9a **Nr. 2** UStG werden für Privatzwecke des **Unternehmers** nach den bei der Ausführung dieser Umsätze entstandenen **Ausgaben** bemessen (§ 10 Abs. 4 **Nr. 3** UStG).

Im Gegensatz zu den unentgeltlichen sonstigen Leistungen nach § 3 Abs. 9a **Nr. 1** UStG gehören bei den **anderen sonstigen Leistungen** i.S.d. § 3 Abs. 9a **Nr. 2** UStG **sämtliche Ausgaben** zur Bemessungsgrundlage, **auch** Ausgaben, für die der **Vorsteuerabzug nicht möglich war**.

BEISPIEL

Der selbständige Installateur U baut ein Eigenheim in Mainz und verwendet dabei Material von seinem Lager für netto **5.000 €**.

Auf den Einsatz seiner Gesellen an dieser Baustelle entfallen Arbeitslöhne und Lohnnebenkosten in Höhe von **7.500 €**.

Die **Bemessungsgrundlage** beträgt **12.500 €** (5.000 € + 7.500 €).

ÜBUNG →	1. Wiederholungsfragen 8 und 9 (Seite 156), 2. Aufgabe 6 (Seite 158)

3.10.2 Buchen der Privatentnahmen

Weil **Entnahmen** das Eigenkapital verändern, **könnten** sie **direkt** auf dem **Eigenkapitalkonto** gebucht werden.

Zur besseren Übersicht werden sie jedoch **nicht direkt** auf dem Eigenkapitalkonto, sondern auf **Unterkonten des Eigenkapitalkontos**, den **Privatkonten**, gebucht.

In der Praxis werden häufig **mehrere** Privatentnahme-Konten eingerichtet, um die verschiedenen Arten der Privatentnahmen, z.B. Privatsteuern, Sonderausgaben, Zuwendungen (Spenden), unentgeltliche Wertabgaben getrennt zu erfassen.

Im Folgenden wird aus Vereinfachungsgründen nur **ein** Privatentnahme-Konto für die **Sollbuchung** geführt, und zwar das Konto

2100 (1800) **Privatentnahmen.**

3.10.2.1 Buchen der Entnahme von Gegenständen

Die **Geldentnahmen** und die **Sachentnahmen** werden auf der **Sollseite** des Kontos

2100 (1800) **Privatentnahmen**

erfasst.

BEISPIEL

Der Einzelhändler U, Koblenz, **entnimmt** im August 2026 der Geschäftskasse für private Zwecke **1.000 €**.

Es liegt eine **Entnahme von Geld** vor. Die Entnahme ist jedoch **keine unentgeltliche Leistung**, die der Umsatzsteuer unterliegt.

Buchungssatz:

Sollkonto	Betrag (€)	Habenkonto
2100 (1800) Privatentnahmen	1.000,00	**1600** (1000) Kasse

Buchung:

S	**2100** (1800) **Privatentnahmen**	H
1.000,00		

S	**1600** (1000) **Kasse**	H
		1.000,00

Liegt bei einer **Entnahme** von **Gegenständen gleichzeitig** eine **steuerpflichtige unentgeltliche Leistung** vor, **erfolgt die Gegenbuchung** auf dem Ertragskonto

4620 (8910) **Entnahme durch den Unternehmer für Zwecke außerhalb des Unternehmens (Waren) 19 % USt.**

BEISPIEL

Der Einzelhändler U, Koblenz, **entnimmt** im August 2026 aus seinem Geschäft Waren für den Privathaushalt. Der **Nettoeinkaufspreis** der Waren, die dem allgemeinen Steuersatz unterliegen, beträgt im Zeitpunkt der Entnahme **500 €**.

Es liegt eine **Entnahme** vor, die **gleichzeitig** eine steuerpflichtige **unentgeltliche Leistung** (unentgeltliche Wertabgabe) ist.
Es entsteht **Umsatzsteuer** in Höhe von **95 €** (19 % von 500 €).

Buchungssatz:

Sollkonto	Betrag (€)	Habenkonto
2100 (1800) Privatentnahmen	500,00	**4620** (8910) Entnahme durch den Unternehmer
2100 (1800) Privatentnahmen	95,00	**3806** (1776) Umsatzsteuer 19 %

Buchung:

S	**2100** (1800) **Privatentnahmen**	H
500,00		
95,00		

S	**4620** (8910) **Entnahme durch den U. für Zwecke außerhalb des Unternehmens**	H
		500,00

S	**3806** (1776) **Umsatzsteuer 19 %**	H
		95,00

ÜBUNG →
1. Wiederholungsfragen 10 und 11 (Seite 156),
2. Aufgaben 7 und 8 (Seite 158)

3.10.2.2 Buchen der privaten Nutzung betrieblicher Gegenstände

Nutzungsentnahmen werden auf der **Sollseite** des Kontos

2100 (1800) **Privatentnahmen**

erfasst.

Die **Gegenbuchungen** erfolgen auf den Ertragskonten

4645 (8921) **Verwendung von Gegenständen für Zwecke außerhalb des Unternehmens 19 % USt (Kfz-Nutzung)**,

4646 (8922) **Verwendung von Gegenständen für Zwecke außerhalb des Unternehmens 19 % USt (Telefon-Nutzung)**

und/oder

4639 (8924) **Verwendung von Gegenständen für Zwecke außerhalb des Unternehmens ohne USt (Kfz-Nutzung)**.

Private Nutzung betrieblicher Fahrzeuge durch den Unternehmer

Die **Buchungen** der privaten Nutzung betrieblicher Fahrzeuge durch den Unternehmer werden entsprechend den Beispielen zur Bemessungsgrundlage (Seiten 141 f.) durchgeführt.

Fahrtenbuchregelung

BEISPIEL

Der Unternehmer U, Hamburg, nutzt seinen betrieblichen Pkw, den er in 2026 von einem **Unternehmer** und damit mit Berechtigung zum Vorsteuerabzug erworben hat, lt. ordnungsgemäß geführtem **Fahrtenbuch** zu **30 % für private Zwecke**.
Im Monat **Oktober 2026** sind für den Pkw folgende Kosten angefallen (siehe Beispiel Seite 141):

1. Kosten, die **nicht** mit Vorsteuer belastet sind		
Kfz-Versicherungen und Kfz-Steuer		**100 €**
2. Kosten, die zum **Vorsteuerabzug** berechtigt haben		
Benzin	200 €	
Reparaturen	1.467 €	
Absetzung für Abnutzung (AfA) gem. § 15a UStG	833 €	**2.500 €**
Kosten insgesamt		**2.600 €**

Die **Bemessungsgrundlage** für die steuerpflichtige **unentgeltliche sonstige Leistung** beträgt im Oktober 2026 **750 €** (30 % von 2.500 €).
Die **Umsatzsteuer** für die steuerpflichtige **unentgeltliche sonstige Leistung** beträgt im Oktober 2026 **142,50 €** (19 % von 750 €).
Die **Entnahme der sonstigen Leistung**, die **nicht** der **Umsatzsteuer** unterliegt, beträgt im Oktober 2026 **30 €** (30 % von 100 €).

Buchungssatz:

Sollkonto	Betrag (€)	Habenkonto
2100 (1800) Privatentnahmen	750,00	**4645** (8921) Verwendung von Gegenständen
2100 (1800) Privatentnahmen	142,50	**3806** (1776) Umsatzsteuer 19 %
2100 (1800) Privatentnahmen	30,00	**4639** (8924) Verw. von Gegenständen ohne USt

Buchung:

S	**2100** (1800) **Privatentnahmen**	H
750,00		
142,50		
30,00		

4645 (8921) **Verwendung von Gegenst. für Zwecke außerhalb d. Unternehmens 19 % USt (Kfz-Nutzung)**

S		H
		750,00

S	**3806** (1776) **Umsatzsteuer 19 %**	H
		142,50

4639 (8924) **Verwendung von Gegenst. für Zwecke außerhalb d. Unternehmens ohne USt (Kfz-Nutzung)**

S		H
		30,00

1%-Regelung

BEISPIEL

Der Unternehmer U, Hamburg, verwendet seinen betrieblichen Pkw, den er von einem **Unternehmer** erworben hat, auch für private Zwecke.
Der **Brutto-Listenpreis** des Kraftfahrzeugs hat im Zeitpunkt der Erstzulassung **63.850 €** betragen.

Der private Nutzungsanteil für den Monat Oktober 2026 wird nach der **1%-Regelung** wie folgt ermittelt (siehe Beispiel Seite 142):

	Brutto-Listenpreis des Pkws im Zeitpunkt der Erstzulassung		63.850,00 €
	abgerundet auf volle 100 €		63.800,00 €
	davon **1%** =		638,00 €
-	20 % Abschlag für nicht mit Vorsteuer belastete Kosten	-	127,60 €
=	Bemessungsgrundlage für Oktober 2026		510,40 €
+	19 % USt (19 % von 510,40 €)		96,98 €
=	Privatanteil brutto für Oktober 2026		**607,38 €**

Buchungssatz:

Sollkonto	Betrag (€)	Habenkonto
2100 (1800) Privatentnahmen	510,40	**4645** (8921) Verwendung von Gegenständen
2100 (1800) Privatentnahmen	96,98	**3806** (1776) Umsatzsteuer 19 %
2100 (1800) Privatentnahmen	127,60	**4639** (8924) Verw. von Gegenständen ohne USt

Buchung:

S	**2100** (1800) **Privatentnahmen**	H
510,40		
96,98		
127,60		

S	**4645** (8921) **Verwendung von Gegenst. für Zwecke außerhalb d. Unternehmens 19 % USt (Kfz-Nutzung)**	H
		510,40

S	**3806** (1776) **Umsatzsteuer 19 %**	H
		96,98

S	**4639** (8924) **Verwendung von Gegenst. für Zwecke außerhalb d. Unternehmens ohne USt (Kfz-Nutzung)**	H
		127,60

Nicht abzugsfähige Betriebsausgaben

Ermittelt der **Unternehmer** die private Nutzung nach der 1%-Regelung, sind für Zwecke der Gewinnermittlung auch die Aufwendungen für **Fahrten zwischen Wohnung und Betriebsstätte** pauschal mit monatlich **0,03% des Bruttolistenpreises** im Zeitpunkt der Erstzulassung **für jeden Entfernungskilometer** anzusetzen.
Von diesem Betrag sind die Aufwendungen, die ein Arbeitnehmer nach § 9 Abs. 2 EStG als **Entfernungspauschale** abziehen kann, **zu kürzen** (§ 4 Abs. 5 **Nr. 6** EStG).
Der übersteigende Betrag ist zwar eine Betriebsausgabe, aber nicht abziehbar, weil ein Unternehmer dann höhere Kosten zum Abzug bringen könnte als ein Arbeitnehmer.

BEISPIEL

Sachverhalt wie im Beispiel auf Seite 147. In 2026 fährt U an 220 Tagen von seiner Wohnung zur Betriebsstätte. Die einfache Entfernung für diesen Weg beträgt 25 km.

U führt kein Fahrtenbuch. Alle Kfz-Kosten sind als Betriebsausgaben gebucht worden.

Die nicht abziehbaren Betriebsausgaben werden in der Praxis im Regelfall nicht gebucht, sondern außerbilanziell dem Gewinn hinzugerechnet. Für 2026 ergeben sich für U folgende nicht abziehbaren Betriebsausgaben:

	63.800 € x 0,03 % x 25 km x 12 Monate (§ 4 Abs. 5a Satz 2 EstG)	5.742 €
-	220 Tage x 25 km x 0,38 € (§ 4 Abs. 5 **Nr. 6** EStG)	- 2.090 €
=	nicht abziehbare Betriebsausgaben	**3.652 €**

Bei einer Buchung würde der Buchungssatz lauten:

6688 (4678) Fahrten Wohnung/Betriebsstätte (abziehbar)	2.090 €	
6689 (4679) Fahrten Wohnung/Betriebsstätte (nicht abziehbar)	3.652 €	
an		
6690 (4680) Fahrten Wohnung/Betriebsstätte (Haben)		5.742 €

Für Zwecke der **Umsatzsteuer** gehören die Fahrten zwischen Wohnung und Betriebsstätte in den **unternehmerischen Bereich** und unterliegen deshalb **nicht** der Umsatzsteuer (Abschn. 15.23 Abs. 2 UStAE).

ÜBUNG →
1. Wiederholungsfragen 12 und 13 (Seite 156),
2. Aufgaben 9 und 10 (Seite 158)

Private Nutzung betrieblicher Telekommunikationsgeräte durch den Unternehmer

Bei der Buchung der privaten Nutzung betrieblicher Telekommunikationsgeräte durch den Unternehmer ist zwischen dem **Kauf** und der **Nutzung** gemischt genutzter Telekommunikationsgeräte zu unterscheiden.

Kauf gemischt genutzter Telekommunikationsgeräte

Kauft ein Unternehmer Telekommunikationsgeräte (z.B. Telefonanlagen nebst Zubehör, Faxgeräte, Mobilfunkeinrichtungen) für sein Unternehmen, die auch privat genutzt werden, kann er unter der Voraussetzung des § 15 UStG die **Vorsteuer** in **voller Höhe** absetzen (Abschn. 3.4 Abs. 4 Satz 1 UStAE).

Die **private Nutzung** dieser gekauften Geräte ist als unentgeltliche sonstige Leistung (unentgeltliche Wertabgabe) nach § 3 Abs. 9a Nr. 1 UStG der **Umsatzsteuer** zu unterwerfen (Abschn. 3.4 Abs. 4 Satz 2 UStAE).

Die **Bemessungsgrundlage** für die Umsatzsteuer sind nach § 10 Abs. 4 Nr. 2 UStG die entstandenen **Ausgaben**, die auf das Konto

4646 (8922) **Verwendung von Gegenständen für Zwecke außerhalb des Unternehmens 19 % USt (Telefon-Nutzung)**

gebucht werden.

BEISPIEL

Der zum Vorsteuerabzug berechtigte Kölner Unternehmer U hat im Januar 2026 für sein Unternehmen eine neue Telefonanlage für **4.000 € + 760 € USt = 4.760 €** auf Ziel gekauft, die auch privat genutzt wird. Der private Nutzungsanteil beträgt 20 %.
Die betriebsgewöhnliche Nutzungsdauer des Geräts beträgt lt. AfA-Tabelle 5 Jahre.

Buchungssatz des Kaufs:

Sollkonto	Betrag (€)	Habenkonto
0650 (0420) Büroeinrichtung	4.000,00	
1406 (1576) Vorsteuer 19 %	760,00	
	4.760,00	**3300** (1600) Verbindlichkeiten aLuL

Buchung des Kaufs:

S	**0650** (0420) **Büroeinrichtung**	H
4.000,00		

S	**3300** (1600) **Verbindlichkeiten aLuL**	H
		4.760,00

S	**1406** (1576) **Vorsteuer 19%**	H
760,00		

Buchungssatz der privaten Nutzung:

Sollkonto	Betrag (€)	Habenkonto
2100 (1800) Privatentnahmen	190,40	
	160,00*	**4646** (8922) Verwendung von Gegenst.
	30,40**	**3806** (1776) USt 19 %

* 4.000 € : 5 Jahre ND = 800 € x 20 % = 160,00 €

** 160 € x 19 % = 30,40 €

Buchung der privaten Nutzung:

S	**2100** (1800) **Privatentnahmen**	H
190,40		

S	**4646** (8922) **Verwendung v. G.**	H
		160,00

S	**3806** (1776) **Umsatzsteuer 19 %**	H
		30,40

Private Nutzung gemischt genutzter Telekommunikationsgeräte

Bei der privaten **Nutzung** gemischt genutzter Telekommunikationsgeräte gilt der Privatanteil der **laufenden** Telekommunikationskosten von Beginn an nicht für das Unternehmen bestimmt, sodass es sich nicht um eine unentgeltliche Wertabgabe, sondern um eine **Nutzungsentnahme** (Privatentnahme) handelt, die **nachträglich** oder **direkt** gebucht werden kann (Abschn. 3.4 Abs. 4 Sätze 4 und 5 UStAE).

Nachträgliche Buchung der Nutzungsentnahme

Ist bei der Buchung der **laufenden** Telekommunikationskosten (z.B. Miete, Leasingkosten, Grund- und Gesprächsgebühren) die Höhe des privaten Nutzungsanteils noch **nicht bekannt**, werden die Kosten und die Vorsteuer in **voller Höhe** berücksichtigt und später – wenn der private Nutzungsanteil bekannt ist – entsprechend berichtigt.

BEISPIEL 1

Der zum Vorsteuerabzug berechtigte Kölner Unternehmer U nutzt sein Geschäftstelefon auch für private Zwecke. Der private Nutzungsanteil ist bei der Buchung **noch nicht bekannt**. Die gesamten Telefonkosten (Grund- und Gesprächsgebühren) haben im August 2026 **800 € + 152 € USt = 952 €** betragen. Der Gesamtbetrag ist vom betrieblichen Bankkonto abgebucht worden.

Buchungssatz:

Tz.	Sollkonto	Betrag (€)	Habenkonto
1.	**6805** (4920) Telefon	800,00	
	1406 (1576) Vorsteuer 19 %	152,00	
		952,00	**1800** (1200) Bank

Buchung:

S	**6805** (4920) **Telefon**	H
1) 800,00		

S	**1800** (1200) **Bank**	H
		1) 952,00

S	**1406** (1576) **Vorsteuer 19 %**	H
1) 152,00		

Ist der private Nutzungsanteil **bekannt**, z.B. mithilfe des Einzelverbindungsnachweises, sind die zu hohen Telefonkosten und die zu hohe Vorsteuer zu berichtigen.

BEISPIEL 2

Der Kölner Unternehmer U hat mithilfe des Einzelverbindungsnachweises festgestellt, dass der private Nutzungsanteil im Monat August 2026 **20 %** beträgt.

Buchungssatz:

Tz.	Sollkonto	Betrag (€)	Habenkonto
2.	**2100** (1800) Privatentnahmen	190,40	
		160,00*	**6805** (4920) Telefon
		30,40**	**1406** (1576) Vorsteuer 19 %

* 20 % von 800 € = 160,00 €

** 20 % von 152 € = 30,40 €

Buchung:

S	**2100** (1800) **Privatentnahmen**	H
2) **190,40**		

S	**6805** (4920) **Telefon**	H
1) 800,00		2) **160,00**

S	**1406** (1576) **Vorsteuer 19%**	H
1) 152,00		2) **30,40**

Direkte Buchung der Nutzungsentnahme

Ist bei der Buchung der **laufenden** Telekommunikationskosten die Höhe des privaten Nutzungsanteils **bekannt**, z.B. seit der letzten Außenprüfung wird der private Nutzungsanteil mit 20 % angesetzt, kann die Berichtigung **direkt** erfolgen.

BEISPIEL

Der Kölner Unternehmer U nutzt sein Geschäftstelefon auch für private Zwecke.
Der private Nutzungsanteil beträgt seit der letzten Außenprüfung **20 %**.
Die gesamten Telefonkosten (Grund- und Gesprächsgebühren) betragen im August 2026 **800 € + 152 € USt = 952 €**. Der Gesamtbetrag ist vom betrieblichen Bankkonto abgebucht worden.

Buchungssatz:

Sollkonto	Betrag (€)	Habenkonto
6805 (4920) Telefon	640,00*	
1406 (1576) Vorsteuer 19 %	121,60**	
2100 (1800) Privatentnahmen	190,40***	
	952,00	**1800** (1200) Bank

* 800 € - 160 € (20 % von 800 €) = 640,00 €
** 152 € - 30,40 € (20 % von 152 €) = 121,60 €
*** 160 € + 30,40 € = 190,40 €

Buchung:

S	**6805** (4920) **Telefon**	H
	640,00	

S	**1800** (1200) **Bank**	H
		952,00

S	**1406** (1576) **Vorsteuer 19 %**	H
	121,60	

S	**2100** (1800) **Privatentnahmen**	H
	190,40	

Beiden Methoden (nachträgliche und direkte Buchung der Nutzungsentnahme) ist gemeinsam, dass sie zum gleichen Erfolg (Gewinn/Verlust) führen.

ÜBUNG →
1. Wiederholungsfrage 14 (Seite 156),
2. Aufgabe 11 (Seite 158)

3.10.2.3 Buchen der anderen unentgeltlichen sonstigen Leistungen

Die **Leistungsentnahmen** werden erfasst auf der **Sollseite** des Kontos

2100 (1800) **Privatentnahmen.**

Die **Gegenbuchung** erfolgt bei einem Steuersatz von 19 % auf dem Konto

4660 (8925) **Unentgeltliche Erbringung einer sonstigen Leistung 19 % USt.**

BEISPIEL

Der selbständige Installateur U baut ein Eigenheim in Mainz und verwendet dabei Material von seinem Lager für netto **5.000 €**. Auf den Einsatz seiner Gesellen an dieser Baustelle entfallen Arbeitslöhne und Lohnnebenkosten in Höhe von **7.500 €**.
Die **Bemessungsgrundlage** für die unentgeltliche sonstige Leistung (Werkleistung) beträgt **12.500 €**. Die **Umsatzsteuer** beträgt **2.375 €** (19 % von 12.500 €).

Buchungssatz:

Sollkonto	Betrag (€)	Habenkonto
2100 (1800) Privatentnahmen	12.500,00	**4660** (8925) Unentgelt. Erbringung s. L.
2100 (1800) Privatentnahmen	2.375,00	**3806** (1776) Umsatzsteuer 19 %

Buchung:

S **2100** (1800) **Privatentnahmen** H

S	H
12.500,00	
2.375,00	

S **4660** (8925) **Unentgeltliche Erbringung einer sonstigen Leistung 19 % USt** H

S	H
	12.500,00

S **3806** (1776) **Umsatzsteuer 19 %** H

S	H
	2.375,00

ÜBUNG →
1. Wiederholungsfrage 15 (Seite 156),
2. Aufgabe 12 (Seite 158)

3.10.3 Privateinlagen

Führt ein Unternehmer dem Betrieb **Wirtschaftsgüter** (Bargeld und sonstige Wirtschaftsgüter) **zu**, so liegen **Einlagen** (**Privateinlagen**) vor (§ 4 Abs. 1 Satz 8 EStG).

Privateinlagen vermehren sowohl das betriebliche **Vermögen** als auch das **Eigenkapital**.

Da die **privat** verursachten Eigenkapital**mehrungen** (Einlagen) – im Gegensatz zu den **betrieblich** verursachten Eigenkapitalmehrungen (Erträge) – den **Gewinn oder Verlust** des Unternehmens **nicht** beeinflussen dürfen, ist bei der Gewinnermittlung durch Betriebsvermögensvergleich der Unterschiedsbetrag zwischen dem Eigenkapital am Schluss des Wirtschaftsjahres und dem Eigenkapital am Schluss des vorangegangenen Wirtschaftsjahres um den Wert der **Einlagen zu kürzen**.

	Eigenkapital am Schluss des Wirtschaftsjahres
	Eigenkapital am Schluss des vorangegangenen Wirtschaftsjahres
=	Unterschiedsbetrag
+	Entnahmen
-	**Einlagen**
=	Gewinn oder Verlust

Einlagen unterliegen **nicht** der **Umsatzsteuer** (USt).

Handelsrechtlich dürfen Sacheinlagen in Form von Vermögensgegenständen **höchstens** mit dem **Zeitwert** angesetzt werden. Dieser Zeitwert entspricht regelmäßig dem steuerrechtlichen Teilwert.

Steuerrechtlich sind Einlagen grundsätzlich mit dem

Teilwert

für den Zeitpunkt der Zuführung anzusetzen (§ 6 Abs. 1 Nr. 5 EStG).

Teilwert ist der nicht mit Umsatzsteuer belastete Betrag (**Nettowert**), den ein Erwerber des ganzen Betriebs im Rahmen des Gesamtkaufpreises für das einzelne Wirtschaftsgut ansetzen würde, dabei ist davon auszugehen, dass der Erwerber den Betrieb fortführt (§ 6 Abs. 1 Nr. 1 Satz 3 EStG).

Ist das Wirtschaftsgut innerhalb der **letzten drei Jahre** vor dem Zeitpunkt der Zuführung **privat angeschafft** oder **hergestellt** worden, ist die Einlage ausnahmsweise nicht mit dem Teilwert, sondern

höchstens mit den **Anschaffungskosten oder Herstellungskosten**

zu bewerten (§ 6 Abs. 1 Nr. 5 Buchstabe a EStG).

BEISPIEL

Ein Unternehmer hat **2025** Wertpapiere mit Anschaffungskosten von **10.000 € privat** erworben. Der Unternehmer führt die Wertpapiere **2026** dem Betriebsvermögen zu. Der **Teilwert** (Kurswert) zuzüglich anteiliger Nebenkosten) beträgt im Zeitpunkt der Zuführung **15.000 €**.

Da die Wertpapiere innerhalb der **letzten drei Jahre** vor ihrer Einlage privat angeschafft worden sind, dürfen **höchstens** die **AK** von **10.000 €** angesetzt werden.

ÜBUNG → Wiederholungsfragen 16 bis 18 (Seite 156)

3.10.4 Buchen der Privateinlagen

Weil **Einlagen** das Eigenkapital verändern, **könnten** sie **direkt** auf dem **Eigenkapitalkonto** gebucht werden.

Zur besseren Übersicht werden sie jedoch **nicht direkt** auf dem Eigenkapitalkonto, sondern auf dem **Unterkonto des Eigenkapitalkontos**, dem Konto

2180 (1890) **Privateinlagen**

gebucht.

BEISPIEL

Der Einzelhändler U, Koblenz, **legt** im Kalenderjahr 2026 einen Lottogewinn in Höhe von **5.000€** in die **Geschäftskasse**.

Buchungssatz:

Sollkonto	Betrag (€)	Habenkonto
1600 (1000) Kasse	5.000,00	**2180** (1890) Privateinlagen

Buchung:

S	1600 (1000) Kasse	H
5.000,00		

S	2180 (1890) Privateinlagen	H
		5.000,00

ÜBUNG → Wiederholungsfrage 19 (Seite 156)

3.10.5 Abschluss der Privatkonten

Da die **Privatkonten Unterkonten** des **Eigenkapitalkontos** sind, werden sie zum Ende des Wirtschaftsjahres über das **Eigenkapitalkonto abgeschlossen**.

BEISPIEL

Sachverhalte wie zuvor

Buchungssatz:

Sollkonto	Betrag (€)	Habenkonto
2000 (0800) Eigenkapital	18.365,48	**2100** (1800) Privatentnahmen
2180 (1890) Privateinlagen	5.000,00	**2000** (0800) Eigenkapital

Buchung:

S	2100 (1800) Privatentnahmen		H
	1.000,00	**EK**	**18.317,88**
	500,00		
	95,00		
	750,00		
	142,50		
	30,00		
	510,40		
	96,98		
	127,60		
	190,40		
	12.500,00		
	2.375,00		
	18.317,88		18.317,88

S	2180 (1890) Privateinlagen		H
EK	**5.000,00**		5.000,00

S	2000 (0800) Eigenkapital		H
Entnahmen	**18.317,88**	AB	60.000,00
		Einlagen	**5.000,00**

Durch den **Vergleich des Eigenkapitals** am Ende des Wirtschaftsjahres mit dem Eigenkapital am Anfang des Wirtschaftsjahres ergibt sich unter Berücksichtigung der **Privatentnahmen und Privateinlagen** der **Gewinn** oder der **Verlust**.

Gewinn bzw. **Verlust** ist der Unterschiedsbetrag zwischen dem Betriebsvermögen (Eigenkapital) am Schluss des Wirtschaftsjahres und dem Betriebsvermögen (Eigenkapital) am Schluss des vorangegangenen Wirtschaftsjahres, **vermehrt** um den Wert der **Entnahmen** und **vermindert** um den Wert der **Einlagen** (§ 4 Abs. 1 Satz 1 EStG).

Für die **Erfolgsermittlung** gilt somit folgendes Schema:

	Eigenkapital am Schluss des Wirtschaftsjahres
	Eigenkapital am Schluss des vorangegangenen Wirtschaftsjahres
=	Unterschiedsbetrag
+	**Entnahmen**
-	**Einlagen**
=	**Gewinn oder Verlust**

ÜBUNG →
1. Wiederholungsfrage 20 (Seite 156),
2. Aufgaben 13 bis 15 (Seiten 158 f.)

3.10.6 Zusammenfassung und Erfolgskontrolle

3.10.6.1 Zusammenfassung

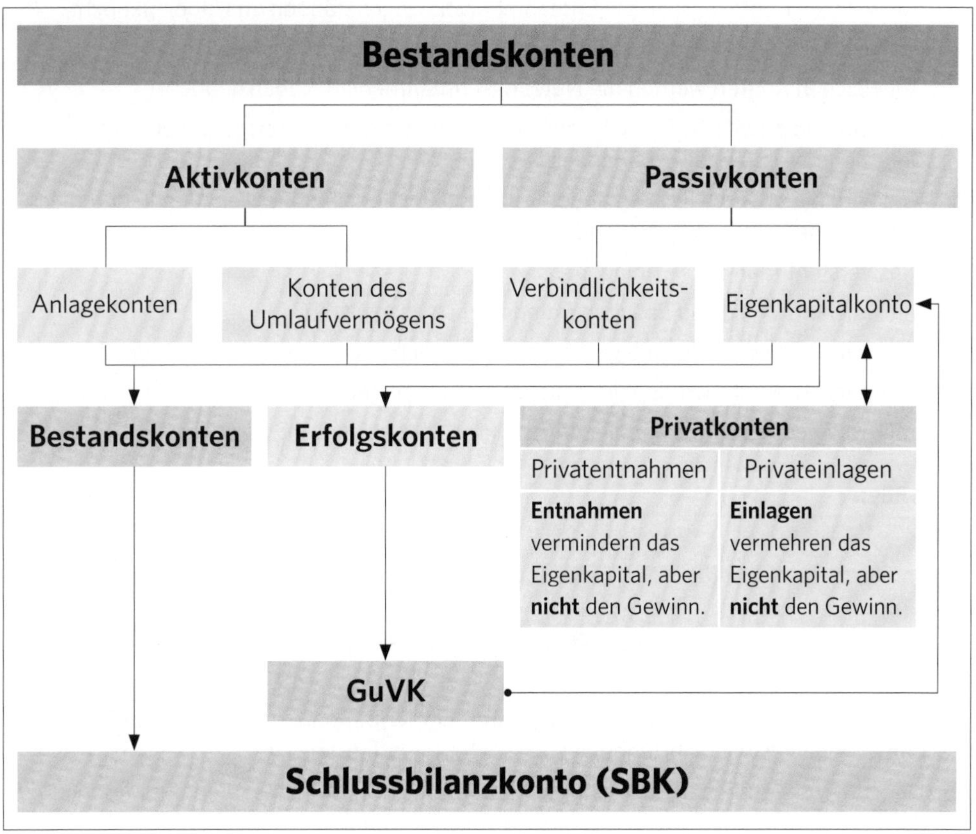

3.10.6.2 Erfolgskontrolle

Wiederholungsfragen

1. Was versteht man unter Entnahmen?
2. Welche Entnahmen sind grundsätzlich gleichzeitig unentgeltliche Leistungen?
3. Welche Entnahmen sind keine unentgeltlichen Leistungen?
4. Was ist die Bemessungsgrundlage für die Entnahme von Gegenständen?
5. Was versteht man unter den Wiederbeschaffungskosten?
6. Unter welchen Voraussetzungen ist die private Nutzung betrieblicher Gegenstände nach § 3 Abs. 9a Nr. 1 UStG eine steuerbare unentgeltliche Leistung?
7. Nach welchen Methoden kann die Bemessungsgrundlage für die private Nutzung eines betrieblichen Fahrzeugs durch den Unternehmer ermittelt werden, und was wissen Sie über diese Methoden?
8. Unter welchen Voraussetzungen sind andere unentgeltliche sonstige Leistungen nach § 3 Abs. 9a Nr. 2 UStG steuerbare unentgeltliche Leistungen?
9. Was ist die Bemessungsgrundlage für unentgeltliche sonstige Leistungen i.S.d. § 3 Abs. 9a Nr. 2 UStG?
10. Auf welches Konto werden die Entnahmen von Gegenständen im Soll gebucht?
11. Auf welches Konto werden die Entnahmen von Gegenständen im Haben gebucht?
12. Auf welches Konto werden die Nutzungsentnahmen im Soll gebucht?
13. Auf welchen Konten werden die Nutzungsentnahmen im Haben gebucht?
14. Wie wird die private Nutzung betrieblicher Telekommunikationsgeräte durch den Unternehmer buchmäßig behandelt?
15. Wie wird die private Nutzung anderer unentgeltlicher sonstiger Leistungen durch den Unternehmer buchmäßig behandelt?
16. Was versteht man unter Einlagen?
17. Mit welchem Wert sind Einlagen grundsätzlich anzusetzen?
18. In welchem Fall darf die Einlage höchstens mit den AK/HK angesetzt werden?
19. Auf welchem Konto werden die Einlagen im Haben gebucht?
20. Über welches Konto werden die Privatkonten abgeschlossen?

Aufgaben

AUFGABE 1

Prüfen Sie, ob in folgenden Fällen eine Entnahme und eine steuerpflichtige unentgeltliche Leistung vorliegen.

1. Der Unternehmer A, Koblenz, entnimmt im September 2026 seinem Unternehmen Waren für private Zwecke.
2. Der zum Vorsteuerabzug berechtigte Unternehmer B, Bonn, benutzt im Mai 2026 den betrieblichen Pkw lt. Fahrtenbuch zu 30 % für Privatfahrten.
3. Der zum Vorsteuerabzug berechtigte Steuerberater C, München, benutzt im Juni 2026 das betriebliche Telefon auch für private Telefongespräche.
4. Der zum Vorsteuerabzug berechtigte Großhändler D, Kiel, überweist im September 2026 vom betrieblichen Bankkonto seine Einkommensteuer-Vorauszahlung.

AUFGABE 2

Der Bürogeräteeinzelhändler Franz Fabel, Essen, entnimmt seinem Geschäft im August 2026 einen PC-Monitor, den er seinem Neffen zum Geburtstag schenkt. Der Nettoeinkaufspreis beträgt im April 2026 150 € und der geplante Bruttoverkaufspreis im August 2026 290 €. Im August 2026 bietet der Hersteller den PC-Monitor für 120 € (netto) an.

Wie hoch ist die Bemessungsgrundlage für die Entnahme des Gegenstandes?

AUFGABE 3

Die Eheleute Schmidt betreiben in Köln eine Gastwirtschaft, in der kalte und warme Speisen angeboten werden. Zum Haushalt der Eheleute gehören eine dreijährige Tochter und ein 15-jähriger Sohn. Die Steuerpflichtigen bewerten ihre Sachentnahmen mit den Pauschbeträgen.

Wie hoch ist die Bemessungsgrundlage für 2026?

AUFGABE 4

Malermeister Unger, Berlin, der zum Vorsteuerabzug berechtigt ist, benutzt den betrieblichen Pkw, den er im Jahre 2026 mit vollem Vorsteuerabzug erworben hat, auch für Privatfahrten. Im Jahr 2026 fallen folgende Kosten (netto) für den Pkw an:

Benzin	5.000 €
Kfz-Steuer und Kfz-Versicherung	4.000 €
Absetzung für Abnutzung (AfA) gem. § 15a UStG	7.000 €
	16.000 €

Insgesamt werden mit dem Pkw 40.000 km gefahren, davon entfallen lt. ordnungsgemäß geführtem Fahrtenbuch 4.000 km auf die Privatfahrten.

Wie hoch ist die umsatzsteuerliche Bemessungsgrundlage für die private Nutzung des Fahrzeugs?

AUFGABE 5

Der Unternehmer Kurz, Moers, der zum Vorsteuerabzug berechtigt ist, verwendet einen Pkw, den er von einem Privatmann erworben hat, lt. ordnungsgemäß geführtem Fahrtenbuch zu 30 % für private Zwecke. Im Jahre 2026 entstehen folgende Kosten für den dem Unternehmensvermögen in vollem Umfang zugeordneten Pkw:

Absetzung für Abnutzung (AfA)	5.000 €
Kfz-Versicherung (Haftpflicht)	1.000 €
Kfz-Versicherung (Vollkasko)	1.600 €
Kfz-Steuer	500 €
Benzin und Öl	3.000 €
Reparatur	1.400 €

Wie hoch ist die umsatzsteuerliche Bemessungsgrundlage für die private Nutzung des Fahrzeugs?

AUFGABE 6

Der selbständige Malermeister Hoffmann, Wiesbaden, der zum Vorsteuerabzug berechtigt ist, lässt von seinen Mitarbeitern sämtliche Malerarbeiten in seinem neuen selbstgenutzten Einfamilienhaus ausführen.
Die Personalkosten dafür betragen 5.000 € und das Material, das er seinem Lager entnommen hat, 2.000 €.

Wie hoch ist die Bemessungsgrundlage für die unentgeltliche sonstige Leistung?

AUFGABE 7

Bilden Sie aus der Aufgabe 2 von Seite 157 den entsprechenden Buchungssatz.

AUFGABE 8

Bilden Sie aus der Aufgabe 3 von Seite 157 den entsprechenden Buchungssatz.

AUFGABE 9

Bilden Sie aus der Aufgabe 4 von Seite 157 den entsprechenden Buchungssatz.

AUFGABE 10

Bilden Sie aus der Aufgabe 5 von Seite 157 den entsprechenden Buchungssatz.

AUFGABE 11

Die zum Vorsteuerabzug berechtigte Unternehmerin Maria Klein nutzt ihr Geschäftstelefon auch für private Zwecke. Der private Nutzungsanteil beträgt seit der letzten Außenprüfung 10 %. Die gesamten Telefonkosten betragen im September 2026 400 € + 76 € USt = 476 €.
Der gesamte Rechnungsbetrag wird vom betrieblichen Bankkonto abgebucht.
Bilden Sie den Buchungssatz für die Unternehmerin Maria Klein.

AUFGABE 12

Bilden Sie aus der Aufgabe 6 den entsprechenden Buchungssatz.

AUFGABE 13

S	**1800** (1200) Bank	H
78.000,00		

S	**2000** (0800) Eigenkapital	H
		50.000,00

S	Aufwendungen	H
200.000,00		

S	Erträge	H
		250.000,00

S	**1406** (1576) Vorsteuer	H
32.000,00		

S	**3806** (1776) Umsatzsteuer	H
		40.000,00

S	**2100** (1800) Privatentnahmen	H
40.000,00		

S	**2180** (1890) Privateinlagen	H
		10.000,00

S	**9999** (9999) GuVK	H

S	**9998** (9998) SBK	H

Aufgabe

Schließen Sie die Konten ab.

AUFGABE 14

Der Gewerbetreibende Rudi Sorglos, Öhringen, entnimmt am Donnerstag, 05.03.2026 2.000 € aus seiner Ladenkasse, weil er ein verlängertes Urlaubswochenende in Paris verbringen will. Im Laufe des Wochenendes gibt er 1.200 € aus und am Montag, 09.03.2026, legt er den Restbetrag wieder in die Ladenkasse zurück.

Bilden Sie die Buchungssätze für die Geschäftsvorfälle.

AUFGABE 15

Der Gewerbetreibende Rudi Sorglos, Öhringen, nutzt ein unbebautes Grundstück, das neben seinem Betriebsgelände belegen ist, seit dem 01.08.2026 als Lagerplatz für seinen Betrieb. Das Grundstück hat Sorglos im Jahre 2017 mit Anschaffungskosten in Höhe von 200.000 € erworben; er beabsichtigte darauf ein Einfamilienhaus für eigene Wohnzwecke zu errichten. Sorglos hat das Grundstück im Zeitpunkt der Anschaffung deswegen nicht aktiviert und bisher auch keine weiteren Buchungen vorgenommen. Am 01.08.2026 hat das Grundstück zweifelsfrei einen Teilwert von 380.000 €.

AUFGABE 16

Der Gewerbetreibende Rudi Sorglos hat einen Handwerksbetrieb in Öhringen. Im Jahre 2015 hat er von seinem Vater ein Geschäftshaus in Heilbronn geerbt, das in vollem Umfang an vorsteuerabzugsberechtigte Unternehmer vermietet ist. Das Grundstück ist einkommensteuerlich dem Privatvermögen zuzurechnen. Sorglos hat zur USt optiert. Am 01.04.2026 entnimmt er dem Handwerksbetrieb einen gebrauchten PC (Teilwert 200 €) und übergibt ihn seinem Hausverwalter Walter in Heilbronn, der damit die Hausverwaltung organisiert.

Beurteilen Sie den Sachverhalt und bilden Sie den eventuell notwendigen Buchungssatz.

Weitere Aufgaben mit Lösungen finden Sie im **Lösungsbuch** der Buchführung 1. A L

Zusammenfassende Erfolgskontrolle

Der Einzelhändler Kurt Stein, Bonn, hat durch Inventur am 01.01.2026 folgende Anfangsbestände ermittelt:

Anfangsbestände	€
0215 (0065) Unbebaute Grundstücke	00,00
0520 (0320) Pkw	20.000,00
0640 (0430) Ladeneinrichtung	25.000,00
1140 (3980) Bestand Waren	150.000,00
1200 (1400) Forderungen aLuL	10.000,00
1800 (1200) Bankguthaben	20.000,00
1600 (1000) Kasse	5.000,00
3300 (1600) Verbindlichkeiten aLuL	15.000,00
2000 (0800) Eigenkapital	?

Außer diesen Bestandskonten und den Konten **2100** (1800) Privatentnahmen und **2180** (1890) Privateinlagen sowie **1406** (1576) Vorsteuer 19 % und **3806** (1776) Umsatzsteuer 19 % sind folgende Erfolgskonten zu führen:

5200 (3200) Wareneingang, **6310** (4210) Miete, **6805** (4920) Telefon, **6010** (4110) Löhne, **4200** (8200) Erlöse, **7100** (2650) Zinserträge, **4620** (8910) Entnahme durch den Unternehmer für Zwecke außerhalb des Unternehmens (Waren) 19 % USt, **4639** (8924) Verwendung von Gegenständen für Zwecke außerhalb des Unternehmens ohne USt (Kfz-Nutzung), **4645** (8921) Verwendung von Gegenständen für Zwecke außerhalb des Unternehmens 19 % USt (Kfz-Nutzung), **6220** (4830) Abschreibungen auf Sachanlagen, **6222** (4832) Abschreibungen auf Kfz.

Geschäftsvorfälle des Jahres 2026			€
1.	Zahlung der Geschäftsmiete durch Banküberweisung		300,00
2.	Stein hebt von seinem privaten Bankkonto ab und bezahlt damit Lieferantenrechnungen.		5.000,00
3.	Barzahlung für Reparatur des privaten Pkws		350,00
4.	Stein zahlt den privaten Krankenversicherungsbeitrag durch Banküberweisung		1.000,00
5.	Banküberweisung für private Telefongebühren		250,00
6.	Stein legt ein unbebautes Grundstück, das er vor fünf Jahren privat angeschafft hat, in das Betriebsvermögen ein		10.000,00
7.	Banklastschrift für betriebliche Telefongebühren, netto	850,00 €	
	+ USt	161,50 €	1.011,50
8.	Zinsgutschrift der Bank		1.500,00
9.	Barzahlung Löhne		2.000,00
10.	Stein entnimmt der Geschäftskasse für eine Urlaubsreise		750,00
11.	Kauf von Waren auf Ziel, netto	320.000,00 €	
	+ USt	60.800,00 €	380.800,00
12.	Verkauf von Waren gegen bar, netto	440.000,00 €	
	+ USt	83.600,00 €	523.600,00
13.	Bareinzahlung auf Bankkonto		490.000,00
14.	Banküberweisung an Lieferer		366.800,00
15.	Warenentnahme für den Privathaushalt, netto	4.800,00 €	
	+ USt	912,00 €	5.712,00
16.	Stein benutzt den betrieblichen Pkw im Dezember 2026 lt. ordnungsgemäß geführtem Fahrtenbuch zu 30 % für Privatfahrten.		
	a) Gesamtkosten, bei denen der Vorsteuerabzug möglich war		1.333,33
	b) Gesamtkosten, bei denen der Vorsteuerabzug nicht möglich war		500,00
17.	Private Nutzung des Geschäftstelefons, anteilige (private) Ausgaben (10 % von 850 €)		85,00
Abschlussangaben			**€**
18.	Warenbestand laut Inventur		135.000,00
19.	Abschreibung auf Pkw		5.000,00
20.	Abschreibung auf Ladeneinrichtung		5.000,00

Aufgaben

1. Bilden Sie die Buchungssätze der Geschäftsvorfälle des Jahres 2026.
2. Tragen Sie die Anfangsbestände auf den Konten vor.
3. Buchen Sie die Geschäftsvorfälle.
4. Schließen Sie die Konten ab.
5. Ermitteln Sie den Erfolg auch durch Eigenkapitalvergleich.
6. Stellen Sie die Bilanz zum 31.12.2026 nach dem handelsrechtlichen Gliederungsschema auf.

3.11 Hauptabschlussübersicht

Die **Hauptabschlussübersicht** (**HAÜ**), auch **Betriebsübersicht** genannt, ist eine Tabelle, in der alle Sachkonten (Bestandskonten, Erfolgskonten, Privatkonten) mit ihrem Buchführungsergebnis zusammengestellt werden.

Mit der **Hauptabschlussübersicht** kann ein **Probeabschluss** durchgeführt werden, **ohne** gleichzeitig die **einzelnen Konten abschließen** zu müssen.

Buchungsfehler können so schon **vor** dem Abschluss der Konten **entdeckt und berichtigt** werden.

Die **Hauptabschlussübersicht** kann somit als **Kontrollinstrument und Abschlusshilfe** bezeichnet werden.

Steuerpflichtige, die ihren Gewinn durch Betriebsvermögensvergleich ermitteln (§ 4 Abs. 1 oder § 5 EStG), brauchen neben Bilanz und GuV **keine Hauptabschlussübersicht** den Steuererklärungen beizufügen (§ 60 Abs. 1 EStDV).

„Der Verpflichtung, auf Verlangen des Finanzamtes der Steuererklärung eine Hauptabschlussübersicht beizufügen, kommt **in der Praxis keine Bedeutung mehr** zu. Eine Hauptabschlussübersicht wird bei DV-gestützten Buchführungssystemen in der Regel nicht mehr erstellt; an ihre Stelle treten als Buchungsbelege die Umbuchungslisten." (Begründung zu § 60 EStDV, BT-Drucksache 13/1558, S. 168).

3.11.1 Aufbau und Inhalt der Hauptabschlussübersicht

Es gibt **verschiedene Formen** der **Hauptabschlussübersicht**. Sie **unterscheiden sich** durch die **Anzahl ihrer Spalten**.

Die **ungekürzte Hauptabschlussübersicht** setzt sich aus **zwei Vorspalten** und **acht Bilanzspalten** zusammen:

Vorspalten

1. **Kontennummer**,
2. **Kontenbezeichnung**;

Bilanzspalten

1. Eröffnungsbilanz,
2. Umsatzbilanz,
3. **Summenbilanz** (Probebilanz),
4. **Saldenbilanz I** (vorläufige Saldenbilanz),
5. **Umbuchungsbilanz** (Umbuchungen),
6. **Saldenbilanz II** (endgültige Saldenbilanz),
7. **Schlussbilanz**,
8. **Erfolgsbilanz** (GuV-Rechnung).

1. Eröffnungsbilanz

In der **Eröffnungsbilanz** werden die **Schlussbestände des Vorjahres** erfasst.

2. Umsatzbilanz

In der **Umsatzbilanz** werden alle Beträge eingetragen, die sich durch die **Buchungen der laufenden Geschäftsvorfälle** des Wirtschaftsjahres ergeben haben.

In einer **gekürzten Hauptabschlussübersicht** wird auf die **Eröffnungsbilanz und Umsatzbilanz verzichtet** und mit der **Summenbilanz** begonnen:

Nr.	Kontenbe-zeichnung	Summen-bilanz		vorläufige Salden-bilanz		Umbu-chungen		endgültige Salden-bilanz		Schluss-bilanz		GuV-Rechnung	
		S	H	S	H	S	H	S	H	A	P	A	E

3. Summenbilanz (Probebilanz)

In der **Summenbilanz** werden die **Beträge der Sollseite und die Beträge der Habenseite jedes einzelnen Kontos** eingetragen, so wie sie sich **nach** der Buchung der Anfangsbestände und der Buchung der laufenden Geschäftsvorfälle ergeben. Die **Summenbilanz** entspricht damit den Zahlen der **Eröffnungsbilanz und der Umsatzbilanz**:

	1.	Eröffnungsbilanz
+	2.	Umsatzbilanz
=	3.	**Summenbilanz**

Die Summen der **Soll- und Habenspalte** der Summenbilanz müssen **übereinstimmen**. Stimmen die Summen **nicht** überein, müssen die Fehler gesucht und berichtigt werden.

4. Saldenbilanz I (vorläufige Saldenbilanz)

Aus der Summenbilanz wird die **Saldenbilanz I** entwickelt. Da die Umbuchungen noch nicht vorgenommen sind, wird sie auch als **vorläufige Saldenbilanz** bezeichnet. Die Bezeichnung Saldenbilanz ist ungenau. Besser wäre die Bezeichnung „**Überschussbilanz**", weil der Kontenüberschuss auf der Überschuss-Seite (**größeren Seite**) eingetragen wird.

BEISPIEL

Konten-		Summenbilanz		**Saldenbilanz I**	
Nr.	bezeichnung	S	H	S	H
1600 (1000)	**Kasse**	35.000,00	30.000,00	**5.000,00**	

Die Summen der **Soll- und Habenspalte** der Saldenbilanz müssen **übereinstimmen**.

5. Umbuchungsbilanz (Umbuchungen)

In der **Umbuchungsbilanz** werden die **abschlussvorbereitenden Buchungen** erfasst. Darüber hinaus können in den Umbuchungsspalten Buchungsfehler berichtigt werden. In der **Umbuchungsbilanz** wird nach **denselben Grundsätzen gebucht wie** bei den Buchungen **auf den Konten**.

Die Addition der Sollspalte muss mit der Addition der Habenspalte **übereinstimmen**.

6. Saldenbilanz II (endgültige Saldenbilanz)

In der **Saldenbilanz II** werden die sich **nach den Umbuchungen** ergebenden **neuen Salden** eingetragen. Soweit sich **keine Umbuchungen** ergeben, werden die **unverändert gebliebenen Salden** der Saldenbilanz I in die Saldenbilanz II übertragen. Danach werden keine Änderungen mehr vorgenommen, deshalb bezeichnet man die **Saldenbilanz II** auch als **endgültige Saldenbilanz**.

7. Schlussbilanz

In der **Schlussbilanz** werden die **endgültigen Salden der Bestandskonten** erfasst. Bei der Addition von Aktiva und Passiva besteht **keine Summengleichheit**, weil das Eigenkapitalkonto noch nicht den Gewinn oder Verlust des entsprechenden Wirtschaftsjahres enthält.

8. Erfolgsbilanz (GuV-Rechnung)

In der **Erfolgsbilanz** werden die **endgültigen Salden der Erfolgskonten** erfasst. Bei der Addition der Aufwendungen und Erträge ergibt sich ebenfalls **keine Summengleichheit**. Der **Unterschiedsbetrag** zwischen den **Aufwendungen und Erträgen** der Erfolgsbilanz muss **genau so groß** sein **wie** der **Unterschiedsbetrag** zwischen den **Aktiva und Passiva** der Schlussbilanz. Der **Unterschiedsbetrag** stellt den **Gewinn oder Verlust** der Rechnungsperiode dar.

BEISPIEL

Der Einzelkaufmann Karl Lotter, Kastellaun, hat zum 31.12.2026 folgende **Summen- und Saldenbilanz** erstellt (siehe folgende Seite 165).

Abschlussangaben

Abschreibung Pkw	6.000 €
Warenbestand laut Inventur	2.900 €

abschlussvorbereitende Buchungen (Spalte „**Umbuchungen**")

1. Abschreibung **an** Pkw	6.000 €
2. Bestand Waren **an** Wareneingang (2.900 € - 1.500 €)	1.400 €
3. Eigenkapital **an** Privat	800 €
4. USt **an** Vorsteuer	6.900 €

Konten-		Summenbilanz		Saldenbilanz I		Umbuchungen		Saldenbilanz II		Schlussbilanz		**GuV-Rechnung**	
Nr.	Bezeichnung	S	H	S	H	S	H	S	H	A	P	**A**	**E**
0215	Unbebaute Grundstücke	70.000		70.000				70.000		70.000			
0520	Pkw	30.000		30.000			1) 6.000	24.000		24.000			
5200	Wareneingang	10.000	600	9.400			2) **1.400**	8.000				8.000	
1140	Bestand Waren	1.500		1.500		2) **1.400**		2.900		2.900			
1200	Forderungen	40.000	10.000	30.000				30.000		30.000			
1406	Vorsteuer	7.000	100	6.900			4) 6.900						
1800	Bank	87.700	27.200	60.500				60.500		60.500			
1600	Kasse	10.500	3.000	7.500				7.500		7.500			
2000	Eigenkapital		30.000		30.000	3) 800			29.200		29.200		
2100	Privat	800		800			3) 800						
3300	Verbindlichkeiten	300	93.300		93.000				93.000		93.000		
3806	USt	15.000	34.300		19.300	4) 6.900			12.400		12.400		
4200	Erlöse		81.500		81.500				81.500				81.500
6010	Löhne	2.000		2.000				2.000				2.000	
6020	Gehälter	1.000		1.000				1.000				1.000	
6310	Miete	200		200				200				200	
6320	Heizung	2.000		2.000				2.000				2.000	
6500	Fahrzeugkosten	2.000		2.000				2.000				2.000	
6222	Abschreibungen			0		1) 6.000		6.000				6.000	
		280.000	280.000	223.800	223.800	15.100	15.100	216.100	216.100	194.900	134.600	21.200	81.500
									Gewinn		**60.300**	60.300	
										194.900	194.900	81.500	81.500

3.11.2 Zusammenfassung und Erfolgskontrolle

3.11.2.1 Zusammenfassung

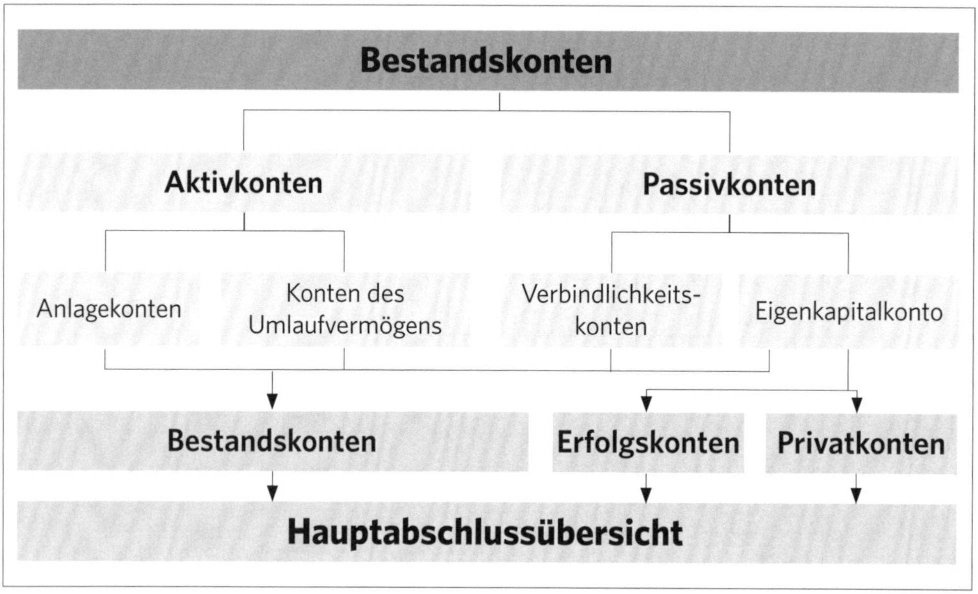

3.11.2.2 Erfolgskontrolle

Wiederholungsfragen

1. Was ist eine Hauptabschlussübersicht?
2. Welchem Zweck dient die Hauptabschlussübersicht?
3. Wie ist eine Hauptabschlussübersicht aufgebaut?
4. Welche Beträge werden in die Summenbilanz eingetragen?
5. Woher stammen die Beträge der vorläufigen Saldenbilanz?
6. Welche Buchungsvorgänge werden in der Umbuchungsspalte erfasst?
7. Wie werden die Beträge der endgültigen Saldenbilanz „weiterverarbeitet"?
8. Wie wird die Bestandsveränderung (Unterschied zwischen dem Warenanfangsbestand und dem Warenendbestand) berücksichtigt?

Aufgaben

AUFGABE 1

Der Großhändler Rolf Schneider, Berlin, hat am 01.01.2026 folgende Anfangsbestände ermittelt:

	€
0235 (0085) Bebaute Grundstücke	25.000,00
0240 (0090) Geschäftsbauten	175.000,00
0520 (0320) Pkw	50.000,00
0650 (0420) Büroeinrichtung	42.000,00
5200 (3200) Wareneingang	
1140 (3980) Bestand Waren	20.000,00
1200 (1400) Forderungen aLuL	27.400,00
1406 (1576) Vorsteuer 19 %	
1800 (1200) Bankguthaben	87.700,00
1600 (1000) Kasse	5.240,00
2000 (0800) Eigenkapital	388.900,00
2100 (1800) Privatentnahmen	
3300 (1600) Verbindlichkeiten aLuL	34.800,00
3806 (1776) Umsatzsteuer 19 %	
3841 (1790) Umsatzsteuerverbindlichkeiten Vorjahr	8.640,00
4200 (8200) Erlöse	
4620 (8910) Entnahme durch den Unternehmer	
6010 (4110) Löhne	
6310 (4210) Miete	
6500 (4500) Fahrzeugkosten	
6220 (4830) Abschr. auf Sachanl. (ohne AfA auf Kfz und Gebäude)	
6221 (4831) Abschreibungen auf Gebäude	
6222 (4832) Abschreibungen auf Kfz	

Geschäftsvorfälle des Jahres 2026		€
1. Wareneinkauf auf Ziel, netto	100.000 €	
+ USt	19.000 €	119.000,00
2. Warenverkauf auf Ziel, netto	200.000 €	
+ USt	38.000 €	238.000,00
3. Banküberweisung der Umsatzsteuerschuld Vorjahr (Zahllast)		8.640,00
4. Verkauf von Waren gegen bar, netto	30.000 €	
+ USt	5.700 €	35.700,00
5. Barzahlung Löhne		15.000,00
6. Warenentnahme für den Privathaushalt, netto	5.000 €	
+ USt	950 €	5.950,00
7. Banküberweisung an Lieferer		34.800,00
8. Barkauf von Benzin für den nur betrieblich genutzten Pkw, brutto einschließlich 19 % USt		238,00
9. Zahlung der Miete durch Banküberweisung		1.200,00
10. Schneider entnimmt der Geschäftskasse für eine Urlaubsreise		1.000,00

Abschlussangaben	€
11. Warenendbestand laut Inventur	25.000,00
12. Abschreibung auf Geschäftsbauten	15.000,00
13. Abschreibung auf Pkw	10.000,00
14. Abschreibung auf Büroeinrichtung	4.000,00

Aufgaben

1. Bilden Sie die Buchungssätze der Geschäftsvorfälle des Jahres 2026.
2. Tragen Sie die Anfangsbestände auf den Konten vor.
3. Buchen Sie die Geschäftsvorfälle (ohne Abschlussangaben).
4. Legen Sie sich eine Hauptabschlussübersicht nach dem Muster von Seite 165 an.
5. Tragen Sie die Summe der Soll- und Habenseite jedes einzelnen Kontos in die Summenbilanz ein. Addieren Sie die Soll- und Habenspalte der Summenbilanz.
6. Ermitteln Sie die Salden und tragen Sie sie in die Saldenbilanz I ein. Addieren Sie die Soll- und Habenspalte der Saldenbilanz I.
7. Nehmen Sie die abschlussvorbereitenden Buchungen in der Spalte Umbuchungen vor. Addieren Sie die Soll- und Habenspalte der Umbuchungen.
8. Ermitteln Sie die neuen Salden und tragen Sie sie in die Saldenbilanz II ein. Addieren Sie die Soll- und Habenspalte der Saldenbilanz II.
9. Tragen Sie die Salden der Bestandskonten in die Schlussbilanz und die Salden der Erfolgskonten in die Gewinn- und Verlustrechnung ein und ermitteln Sie den Erfolg.

AUFGABE 2

Der Einzelunternehmer Friedel Eckert, Bonn, hat zum 31.12.2026 folgende Summenbilanz erstellt:

	Summenbilanz S €	Summenbilanz H €
0215 (0065) Unbebaute Grundstücke	180.000,00	
0520 (0320) Pkw	30.000,00	
5200 (3200) Wareneingang	20.000,00	600,00
1140 (3980) Bestand Waren (Anfangsbestand)		
1200 (1400) Forderungen aLuL	50.000,00	20.000,00
1406 (1576) Vorsteuer 19 %	17.000,00	10.100,00
1800 (1200) Bank	87.700,00	27.200,00
1600 (1000) Kasse	10.500,00	5.000,00
2000 (0800) Eigenkapital		134.000,00
2100 (1800) Privat	800,00	
3300 (1600) Verbindlichkeiten aLuL	10.300,00	113.300,00
3806 (1776) Umsatzsteuer 19 %	19.000,00	39.300,00
4200 (8200) Erlöse		100.000,00
6010 (4110) Löhne	14.000,00	
6020 (4120) Gehälter	2.000,00	
6305 (4200) Raumkosten	1.200,00	
6500 (4500) Fahrzeugkosten	7.000,00	
6222 (4832) Abschreibungen auf Kfz		

Abschlussangaben

1. Warenendbestand lt. Inventur 10.000,00 €
2. Abschreibung auf Pkw 8.000,00 €
3. Die übrigen Bestände stimmen mit den Salden der Konten überein.

Aufgabe

Erstellen Sie die Hauptabschlussübersicht für Friedel Eckert.

4 Beschaffung und Absatz

4.1 Warenbezugskosten

Bisher wurde der **Wareneingang ohne** die anfallenden **Warenbezugskosten gebucht**.

BEISPIEL

Einzelhändler Müller bezieht im Juni 2026 Waren für 1.000 € + 190 € USt = 1.190 € auf Ziel.

Buchungssatz:

Sollkonto	Betrag (€)	Habenkonto
5200 (3200) Wareneingang	1.000,00	**3300** (1600) Verbindlichkeiten aLuL
1406 (1576) Vorsteuer 19 %	190,00	**3300** (1600) Verbindlichkeiten aLuL

Buchung:

S	**5200** (3200) **Wareneingang**	H
	1.000,00	

S	**3300** (1600) **Verbindlichkeiten aLuL**	H
		1.000,00
		190,00

S	**1406** (1576) **Vorsteuer 19 %**	H
	190,00	

In diesem Kapitel wird erläutert, wie die **Warenbezugskosten** zu buchen sind.

4.1.1 Überblick über die Bezugskosten

Beim **Warenbezug** können **neben** dem **Kaufpreis** folgende **Kosten** anfallen, die deshalb auch als Anschaffungs**nebenkosten** bezeichnet werden:

Transportkosten:
- Eingangsfrachten,
- Rollgelder (Vergütung für Rollfuhrdienst),
- Postgebühren,
- Anfuhr- und Abladekosten,
- Transportversicherungsbeiträge,
- Kosten der Transportverpackung;

Zölle;

Vermittlungsgebühren:
- Einkaufsprovisionen,
- Einkaufskommissionen.

4.1.2 Bedeutung der Bezugskosten

Handels- und einkommensteuerrechtlich gehören die Anschaffungs**nebenkosten** mit dem **Kaufpreis** einer Ware zu den **Anschaffungskosten**:

	Kaufpreis, netto
+	Anschaffungs**nebenkosten**, netto
=	**Anschaffungskosten**

Nebenkosten gehören zu den **Anschaffungskosten**, soweit sie dem Vermögensgegenstand einzeln zugeordnet werden können [§ 255 Abs. 1 HGB, H 6.2 (Nebenkosten) EStH].

BEISPIEL

Einzelhändler Müller bezieht Waren für 1.000 € + 190 € USt = 1.190 € auf Ziel. Die **Transportkosten** gehen zulasten des Käufers. Der Transportunternehmer, der die Waren zum Einzelhändler befördert, berechnet für den Transport der Waren 100 € + 19 € USt = 119 €.

Die **Anschaffungskosten** der Waren betragen

	Kaufpreis, netto	1.000 €
+	Anschaffungs**nebenkosten**, netto	**100 €**
=	**Anschaffungskosten**	**1.100 €**

Die **in Rechnung gestellte Umsatzsteuer** ist beim Leistungsempfänger **Vorsteuer**, die dieser von seiner Umsatzsteuer abziehen kann, wenn die Voraussetzungen des § 15 UStG erfüllt sind.

Die im Zusammenhang mit Bezugskosten anfallende abziehbare Vorsteuer gehört nicht zu den Anschaffungsnebenkosten und damit auch nicht zu den Anschaffungskosten der Waren (§ 9b Abs. 1 Satz 1 EStG).

BEISPIEL

Der Unternehmer A, Bonn, der **zum Vorsteuerabzug berechtigt** ist, bezieht von dem Unternehmer U Waren für 5.000 € + 950 € USt = 5.950 €. U befördert die Waren nach Bonn und berechnet dafür 200 € + 38 € USt = 238 €.

Die **Anschaffungskosten** der Waren betragen **5.200 €** (5.000 € Kaufpreis + 200 € Anschaffungsnebenkosten). Die **abziehbare Vorsteuer** in Höhe von insgesamt 988 € (950 € + 38 €) gehört **nicht** zu den **Anschaffungskosten**.

Die **nicht abziehbare Vorsteuer** gehört zu den **Anschaffungskosten**.

BEISPIEL

Sachverhalt wie zuvor mit dem Unterschied, dass A **nicht zum Vorsteuerabzug berechtigt** ist.

Die Anschaffungskosten betragen **6.188 €** (5.950 € + 238 €).

4.1.3 Buchen der Bezugskosten

Weil die **Warenbezugskosten** als Anschaffungs**nebenkosten** zu den Anschaffungskosten der bezogenen Waren gehören, **könnten** sie **direkt** auf dem **Wareneingangskonto** gebucht werden.

Die **direkte** Buchung der Warenbezugskosten auf dem Wareneingangskonto hätte den **Nachteil**, dass die **Höhe der Bezugskosten** nachträglich **nicht** mehr ohne Weiteres festgestellt werden könnte.

Benötigt der Unternehmer die **Höhe der Warenbezugskosten** (z. B. für seine **Kalkulation**), ist es zweckmäßig, sie auf ein **eigenes Konto** zu buchen, das nach den DATEV-Kontenrahmen **SKR 04** bzw. **SKR 03**

5800 (3800) **Bezugsnebenkosten**

heißt.

Das **Bezugsnebenkostenkonto** ist ein **Unterkonto des Wareneingangskontos**.

BEISPIEL

Einzelhändler Müller, Köln, bezieht Waren auf Ziel vom Großhändler Schmitz, Dortmund, und erhält folgende Rechnung (Auszug):

	Warenwert	930 €
+	**Transportkosten**	**70 €**
		1.000 €
+	19 % USt	190 €
		1.190 €

Buchungssatz:

Sollkonto	Betrag (€)	Habenkonto
5200 (3200) Wareneingang	930,00	
5800 (3800) BNK	70,00	
1406 (1576) Vorsteuer 19 %	190,00	
	1.190,00	**3300** (1600) Verbindlichkeiten aLuL

Buchung:

S	**5200** (3200) **Wareneingang**	H
	930,00	

S	**5800** (3800) **BNK**	H
	70,00	

S	**1406** (1576) **Vorsteuer 19 %**	H
	190,00	

S	**3300** (1600) **Verbindlichkeiten aLuL**	H
		1.190,00

Werden wegen der besseren Übersicht oder für Zwecke der **Kalkulation** in einem Unternehmen **mehrere Warenkonten** geführt (z. B. in einem Kaufhaus Konten für Textilwaren, Lebensmittel, Haushaltswaren), so ist es **zweckmäßig**, **auch** die **Anschaffungsnebenkosten** den einzelnen Warengruppen entsprechend auf **getrennten Konten** zu erfassen.

Eine **weitere Möglichkeit** besteht darin, die Anschaffungs**nebenkosten** nicht auf einem oder mehreren Sammelkonten zu buchen, sondern sie **artenmäßig zu trennen**, d.h. für jede Anschaffungsnebenkosten**art** (z.B. Frachten, Zölle) getrennte Anschaffungsnebenkostenkonten einzurichten. Diese **artenmäßige** Aufgliederung und Buchung der Anschaffungsnebenkosten verursacht zwar **Mehrarbeit**, kann aber im Interesse einer **genauen Kalkulation** erforderlich sein.

Oft kann der Käufer die ihm berechnete **Transportverpackung** (z.B. Kisten, Fässer, Flaschen) dem Verkäufer gegen Kostenerstattung **zurückgeben**.

Die **Gutschrift** für die **zurückgegebene** Verpackung wird dann auf dem **Bezugsnebenkostenkonto im Haben** gebucht. Es empfiehlt sich, in diesen Fällen die **berechnete und zurückgegebene Verpackung** auf einem **eigenen Bezugsnebenkostenkonto** zu buchen, das nach dem **SKR 04** bzw. SKR 03

5820 (3830) **Leergut**

heißt.

BEISPIEL 1

Einzelhändler Müller bezieht Waren auf Ziel und erhält folgende Rechnung (Auszug):

	Warenwert	800 €
+	Transportkosten	100 €
+	**Verpackungskosten (12 Fässer)**	**300 €**
		1.200 €
+	19 % USt	228 €
		1.428 €

Bei der Rücksendung werden **⅔ der Verpackungskosten** gutgeschrieben.

1) Buchungssatz beim Wareneingang:

Tz.	Sollkonto	Betrag (€)	Habenkonto
1.	**5200** (3200) Wareneingang	800,00	
	5800 (3800) BNK	100,00	
	5820 (3830) **Leergut**	**300,00**	
	1406 (1576) Vorsteuer 19 %	228,00	
		1.428,00	**3300** (1600) Verbindlichkeiten aLuL

Buchung:

S	**5200** (3200) **Wareneingang**	H
1)	800,00	

S	**5800** (3800) **BNK**	H
1)	100,00	

S	**5820** (3830) **Leergut**	H
1)	**300,00**	

S	**1406** (1576) **Vorsteuer 19 %**	H
1)	228,00	

S	**3300** (1600) **Verbindlichk. aLuL**	H
	1)	1.428,00

BEISPIEL 2

Die 12 Fässer werden an den Lieferer zurückgesandt. Müller erhält folgende Gutschrift:

	⅔ von 300 €	=	200 €
+	19 % USt	=	38 €
			238 €

2) Buchungssatz beim Eingang der Gutschrift:

Tz.	Sollkonto	Betrag (€)	Habenkonto
2.	**3300** (1600) Verbindlichkeiten aLuL	238,00	
		200,00	**5820** (3830) **Leergut**
		38,00	**1406** (1576) Vorsteuer 19 %

Buchung:

S	**3300** (1600) **Verbindlichkeiten aLuL**		H
2)	**238,00**	1)	1.428,00

S	**5820** (3830) **Leergut**		H
1)	300,00	**2)**	**200,00**

S	**1406** (1576) **Vorsteuer 19 %**		H
1)	228,00	**2)**	**38,00**

ÜBUNG →
1. Wiederholungsfragen 1 bis 4 (Seite 177),
2. Aufgaben 1 und 2 (Seiten 177 f.)

Einfuhr

Fallen beim Wareneinkauf neben dem Kaufpreis **Zölle** an, könnten sie auf dem Konto „**5800** (3800) **Bezugsnebenkosten**“ erfasst werden, weil sie als Bezugsnebenkosten mit zu den Anschaffungskosten gehören; sie erhöhen auch die Bemessungsgrundlage der Umsatzsteuer.

Zur besseren Übersicht werden sie im Folgenden auf dem speziellen Bezugsnebenkostenkonto

5840 (3850) **Zölle und Einfuhrabgaben**

gebucht.

Die bei der **Einfuhr** entrichtete **Einfuhrumsatzsteuer (EUSt)** ist für den Unternehmer **als Vorsteuer abziehbar** (§ 15 Abs. 1 Nr. 2 UStG).

Sie wird auf dem speziellen Konto

1433 (1588) **Bezahlte Einfuhrumsatzsteuer**

erfasst, weil sie in der Umsatzsteuer-Voranmeldung (2026) gesondert (Zeile 40) angegeben werden muss.

BEISPIEL

1. Unternehmer A, München, kauft im August 2026 vom Lieferer U, Bern (Schweiz), Waren für 10.000 € auf Ziel. Im Kaufvertrag vereinbaren sie die Lieferkondition „unverzollt und unversteuert“, d. h., der Leistungsempfänger (A) schuldet Zoll und Einfuhrumsatzsteuer.
2. Lieferer U zahlt für A **200€ Zoll** und **1.938€ EUSt** (19 % von 10.200 €). U übergibt vereinbarungsgemäß den quittierten Zollbescheid an A und erhält dafür einen Bankscheck in Höhe von 2.138 €.

Buchungssätze:

Tz.	Sollkonto	Betrag (€)	Habenkonto
1.	**5200** (3200) Wareneingang	10.000,00	**3300** (1600) Verbindlichkeiten aLuL
2.	**5840** (3850) **Zölle**	**200,00**	**1800** (1200) Bank
	1433 (1588) **Bezahlte EUSt**	**1.938,00**	**1800** (1200) Bank

Buchungen:

S	**5200** (3200) **Wareneingang**		H
1)	10.000,00		

S	**3300** (1600) **Verbindlichk. aLuL**		H
		1)	10.000,00

S	**5840** (3850) **Zölle u. Einfuhrabgaben**		H
2)	**200,00**		

S	**1800** (1200) **Bank**		H
		2)	200,00
		2)	1.938,00

S	**1433** (1588) **Bezahlte EUSt**		H
2)	**1.938,00**		

4.1.4 Abschluss der Bezugsnebenkostenkonten

Die **Bezugsnebenkostenkonten** sind **Unterkonten des Wareneingangskontos**. Sie werden deshalb **über** das Konto **Wareneingang abgeschlossen**.

BEISPIEL

Die **Bezugsnebenkostenkonten** des Einzelhändlers Müller (siehe Beispiele Seiten 173 ff.) werden wie folgt abgeschlossen:

S	**5800** (3800) **Bezugsnebenkosten**		H
1)	100,00	**Wareneingang**	**100,00**

S	**5820** (3830) **Leergut**		H
1)	300,00	2)	200,00
		Wareneingang	**100,00**
	300,00		300,00

S	**5840** (3850) **Zölle und Einfuhrabgaben**		H
2)	200,00	**Wareneingang**	**200,00**

S	**5200** (3200) **Wareneingang**		H
Eingänge	75.000,00		
► Bezugsnebenkosten	**100,00**		
► Leergut	**100,00**		
► Zölle	**200,00**		

ÜBUNG → 1. Wiederholungsfragen 5 und 6 (Seite 177),
2. Aufgaben 3 bis 6 (Seiten 178 f.)

4.1.5 Zusammenfassung und Erfolgskontrolle

4.1.5.1 Zusammenfassung

- **Warenbezugskosten** sind alle Kosten, die bei der Anschaffung der Waren neben dem Kaufpreis anfallen.
- **Warenbezugskosten** werden auch **Anschaffungsnebenkosten** genannt.
- Die Anschaffungs**nebenkosten** gehören mit dem **Kaufpreis** zu den **Anschaffungskosten**.
- Die **abziehbare** Vorsteuer gehört **nicht** zu den **Anschaffungskosten**.
- Die **nicht abziehbare** Vorsteuer gehört zu den **Anschaffungskosten**.
- Die Bezugs**nebenkosten** werden auf **Unterkonten** beim **SKR 04** in der **Kontenklasse 5** und beim **SKR 03** in der **Kontenklasse 3** gebucht.
- Die **Bezugsnebenkostenkonten** werden **über** das Konto **Wareneingang abgeschlossen**.

4.1.5.2 Erfolgskontrolle

Wiederholungsfragen

1. Welche Kosten können beim Warenbezug anfallen?
2. Wie werden die Bezugskosten auch noch genannt?
3. Wie sind Warenbezugskosten einkommensteuerlich zu behandeln?
4. Welche Möglichkeiten gibt es, die Anschaffungsnebenkosten zu buchen?
5. Über welches Konto ist das Bezugsnebenkostenkonto abzuschließen?
6. Über welches Konto ist das Leergutkonto abzuschließen?

Aufgaben

AUFGABE 1

Bilden Sie die Buchungssätze für die folgenden belegmäßig nachgewiesenen Geschäftsvorfälle. Alle Vorsteuerbeträge sind abziehbar. Die Warenbezugskosten sollen auf den Unterkonten Bezugsnebenkosten und Leergut gebucht werden.

			€
1.	Einzelhändler Adams erhält folgende Eingangsrechnung:		
	Warenwert	3.000 €	
	+ Transportkosten	15 €	
	+ Verpackungskosten (kein Leergut)	85 €	
		3.100 €	
	+ 19 % USt	589 €	3.689,00
2.	Großhändler Beck erhält folgende Eingangsrechnung:		
	Warenwert	2.000 €	
	+ Transportkosten	200 €	
	+ 12 Leihfässer	900 €	
		3.100 €	
	+ 19 % USt	589 €	3.689,00
	Bei der Rücksendung der Fässer werden ⅔ der Verpackungskosten gutgeschrieben.		
3.	Die 12 Leihfässer werden an den Lieferer zurückgesandt. Beck erhält folgende Gutschrift:		
	⅔ von 900 € =	600 €	
	+ 19 % USt =	114 €	714,00
4.	Wareneinkauf durch Banküberweisung, netto	1.000 €	
	+ USt	190 €	1.190,00
5.	Eingangsfracht für Wareneinkauf von Nr. 4 bar, netto	100 €	
	+ USt	19 €	119,00
6.	Bahnfracht für bezogene Waren wird einschließlich ausgewiesener USt (19 %) durch Bank überwiesen		202,30
7.	Rollgeld für bezogene Waren wird einschließlich 19 % USt bar gezahlt		47,60
8.	Prämie für Transportversicherung bezogener Waren wird durch Postbank beglichen		75,00

AUFGABE 2

Der Bürogerätehändler Franz Luftig e.K., Heilbronn, erwirbt am 04.03.2026 fünf Personalcomputer vom Hersteller Reimens, Nürnberg.
Zwei der Personalcomputer werden im Büro des Franz Luftig aufgestellt und dienen den Mitarbeitern als Arbeitsmittel, drei der Computer sind für den Weiterverkauf bestimmt. Die ordnungsgemäße Eingangsrechnung lautet (Auszug):

	5 PC XP je 1.200 €	6.000 €
+	Fracht und Versicherung	200 €
		6.200 €
+	19 % USt	1.178 €
		7.378 €

Franz Luftig bucht die Eingangsrechnung wie folgt:

Sollkonto	Betrag (€)	Habenkonto
5200 (3200) Wareneingang	6.000,00	**3300** (1600) Verbindlichkeiten aLuL
5800 (3800) BNK	200,00	**3300** (1600) Verbindlichkeiten aLuL
1406 (1576) Vorsteuer	1.178,00	**3300** (1600) Verbindlichkeiten aLuL

Überprüfen Sie die Buchung und führen Sie eine eventuelle Korrekturbuchung durch.

AUFGABE 3

Die Einzelhändlerin Frieda Kuch, Karlsruhe, hat von dem schweizerischen Unternehmer Bürli, Bern, Handelswaren bezogen; die Eingangsrechnung lautet über 30.000 €.
Die Lieferung erfolgte „unverzollt und unversteuert" und deshalb hat Frieda Kuch die Waren beim Zollamt verzollt und versteuert; sie zahlte bar 400 € Zoll und 5.776 € Einfuhrumsatzsteuer.

Frieda Kuch buchte wie folgt:

a) die Eingangsrechnung „Bürli":

Sollkonto	Betrag (€)	Habenkonto
5200 (3200) Wareneingang	30.000,00	**3300** (1600) Verbindlichkeiten aLuL

b) die Zahlung beim Zollamt:

Sollkonto	Betrag (€)	Habenkonto
7675 (4350) Verbrauchsteuer	6.176,00	**1600** (1000) Kasse

Überprüfen Sie die Buchung und führen Sie eine eventuelle Korrekturbuchung durch.

AUFGABE 4

Welche Aussage ist richtig? Kreuzen Sie die richtige Antwort an.

(a) Warenbezugsnebenkosten mindern die Anschaffungskosten der Waren.
(b) Warenbezugsnebenkosten erhöhen den Wareneinsatz.
(c) Warenbezugsnebenkosten werden erfolgsneutral gebucht.
(d) Vorsteuerbeträge, die abziehbar sind, gehören zu den Anschaffungskosten.

AUFGABE 5

Kontieren Sie EDV-gemäß folgende Geschäftsvorfälle. Verwenden Sie - soweit dies möglich ist - automatische Konten.

			€
1.	Wareneinkauf auf Ziel, Warenwert	3.000 €	
	Transportkosten	100 €	
		3.100 €	
	+ 19 % USt	589 €	3.689,00
	Lieferant: 71601		
	Rechnungs-Nr. 708		
	Rechnungsdatum 10.11.		
2.	Rollgeld für bezogene Waren wird einschließlich 19 % USt bar gezahlt		47,60
	Rechnungs-Nr. 809		
	Rechnungsdatum 10.11.		
3.	Prämie für Transportversicherung bezogener Waren wird durch Postbank bezahlt		75,00
	Rechnungs-Nr. 507		
	Rechnungsdatum 06.11.		

AUFGABE 6

Folgende Beträge sind gegeben:

S	**5200** (3200) **Wareneingang**	H
	100.000,00	

S	**4200** (8200) **Erlöse**	H
		200.000,00

S	**5800** (3300) **Bezugsnebenkosten**	H
	1.000,00	

S	**1140** (3980) **Bestand Waren**	H
SV	10.000,00	

Der Warenendbestand laut Inventur beträgt zum 31.12.2026 20.000 €.

Berechnen Sie den Wareneinsatz und ermitteln Sie den Rohgewinn.

Weitere Aufgaben mit Lösungen finden Sie im **Lösungsbuch** der Buchführung 1. A L

Zusammenfassende Erfolgskontrolle

Der Unternehmer Christian Bäumler, Bonn, der zum Vorsteuerabzug berechtigt ist, hat am 01.01.2026 durch Inventur folgende Anfangsbestände ermittelt:

Anfangsbestände	€
0640 (0430) Ladeneinrichtung	25.000,00
1140 (3980) Bestand Waren	150.000,00
1200 (1400) Forderungen aLuL	56.500,00
1406 (1576) Vorsteuer 19 %	0,00
1800 (1200) Bankguthaben	15.500,00
1600 (1000) Kasse	10.000,00
3300 (1600) Verbindlichkeiten aLuL	27.000,00
3806 (1776) Umsatzsteuer 19 %	10.000,00
2000 (0800) Eigenkapital	220.000,00

Geschäftsvorfälle des Jahres 2026			€
1.	a) Wareneinkauf auf Ziel, netto	5.500,00 €	
	+ USt	1.045,00 €	6.545,00
	b) Barzahlung für Fracht und Rollgeld, netto	80,00 €	
	+ USt	15,20 €	95,20
2.	Die USt-Zahllast in Höhe von wird an das Finanzamt durch Bank überwiesen.		10.000,00
3.	Banküberweisung von Kunden zum Ausgleich einer Forderung aLuL		16.950,00
4.	Wareneinkauf auf Ziel, Warenwert:	5.000,00 €	
	+ Fracht	200,00 €	
	+ Rollgeld	80,00 €	
	+ 15 Leihfässer	600,00 €	
		5.880,00 €	
	+ 19 % USt	1.117,20 €	6.997,20
	Bei Rücksendung der Fässer werden ⅔ der Verpackungskosten gutgeschrieben.		
5.	Die 15 Leihfässer werden an den Lieferer zurückgeschickt. Bäumler erhält eine entsprechende Gutschrift		?
6.	Banküberweisung an Lieferer zum Ausgleich einer Verbindlichkeit aLuL		7.910,00
7.	Zielverkauf von Waren, netto	50.000,00 €	
	+ USt	9.500,00 €	59.500,00

Abschlussangaben		€
8.	Abschreibung auf Ladeneinrichtung	5.000,00
9.	Warenendbestand lt. Inventur	130.000,00

Aufgaben

1. Bilden Sie die Buchungssätze der Geschäftsvorfälle des Jahres 2026. Die Warenbezugskosten sollen auf den Unterkonten Bezugsnebenkosten und Leergut gebucht werden.
2. Tragen Sie die Anfangsbestände auf den Konten vor.
3. Buchen Sie die Geschäftsvorfälle.
4. Schließen Sie die Konten ab und ermitteln Sie den Gewinn.
5. Erstellen Sie die Schlussbilanz zum 31.12.2026 nach dem handelsrechtlichen Gliederungsschema.

4.2 Warenvertriebskosten

Wie beim Waren**eingang** so fallen auch beim Waren**ausgang** (Vertrieb, Absatz) bestimmte Kosten an, die als **Warenvertriebskosten** bezeichnet werden.

4.2.1 Überblick über die Vertriebskosten

Beim **Warenvertrieb** können folgende Kosten anfallen:

Transportkosten:
- Ausgangsfrachten,
- Postgebühren,
- Abfuhrkosten,
- Transportversicherungsbeiträge,
- Kosten der Transportverpackung;

Zölle;

Vermittlungsgebühren:
- Verkaufsprovisionen,
- Verkaufskommissionen.

4.2.2 Bedeutung der Vertriebskosten

Vertriebskosten sind handelsrechtlich Aufwendungen, die einem Aktivierungsverbot unterliegen (§ 255 Abs. 2 Satz 4 HGB). Einkommensteuerrechtlich gehören die **Warenvertriebskosten** zu den **sofort abzugsfähigen Betriebsausgaben**. Somit wirken sich die Vertriebskosten handels- und steuerrechtlich in dem Jahr, in dem sie anfallen, in voller Höhe auf den Erfolg (Gewinn oder Verlust) aus.

Die dem Unternehmer zusammen mit den Vertriebskosten **berechnete Umsatzsteuer** ist für diesen **Vorsteuer**, die er von seiner Umsatzsteuer abziehen kann, wenn die Voraussetzungen des § 15 UStG erfüllt sind.

BEISPIEL

Der Unternehmer U, Köln, der zum Vorsteuerabzug berechtigt ist, liefert per Bahn Waren an den Einzelhändler A, Hannover. Nach den vertraglichen Vereinbarungen liefert U „**frei Haus**", d.h., die Bahnfracht Köln-Hannover geht zulasten des U.

Die Bahn berechnet U

	Fracht	500,00 €
+	19 % USt	95,00 €
		595,00 €

U zahlt die Bahnfracht durch Banküberweisung.

Die **Nettofracht** ist für U **sofort abzugsfähige Betriebsausgabe**; die **Umsatzsteuer** ist für U **abziehbare Vorsteuer**.

4.2.3 Buchen der Vertriebskosten

In der Praxis ist es üblich, die **Vertriebskosten artenmäßig getrennt** auf **eigenen Vertriebskostenkonten** zu buchen.

Der **SKR 04** bzw. der SKR 03 sehen für die Buchung der Vertriebskosten (Kosten der Warenabgabe) folgende **Vertriebskostenkonten** vor:

6710 (4710) **Verpackungsmaterial,**
6740 (4730) **Ausgangsfrachten,**
6760 (4750) **Transportversicherungen,**
6770 (4760) **Verkaufsprovisionen,**
6780 (4780) **Fremdarbeiten (Vertrieb).**

BEISPIEL

Sachverhalt wie im Beispiel zuvor (Seite 182)

Buchungssatz:

Sollkonto	Betrag (€)	Habenkonto
6740 (4730) Ausgangsfrachten	500,00	
1406 (1576) Vorsteuer 19 %	95,00	
	595,00	**1800** (1200) Bank

Buchung:

S	**6740** (4730) **Ausgangsfrachten**	H
500,00		

S	**1800** (1200) **Bank**	H
		595,00

S	**1406** (1576) **Vorsteuer 19 %**	H
95,00		

Werden die **Vertriebskosten** dem Kunden **weiterberechnet**, so handelt es sich um ein **zusätzliches Entgelt**, das über **Erlöse** zu buchen ist.
Die **Vertriebskostenkonten** dürfen **nicht entlastet** werden (Verrechnungsverbot; § 246 Abs. 2 HGB).

BEISPIEL

Der Unternehmer U, Koblenz, liefert per Bahn Waren an den Einzelhändler A, Bonn.
Nach den vertraglichen Vereinbarungen liefert U **„ab Lager"**, d. h., die Bahnfracht Koblenz-Bonn geht zulasten des A. U berechnet folgende Kosten, die er vorgelegt hat, dem Einzelhändler A weiter:

	Fracht	200,00 €
+	19 % USt	38,00 €
		238,00 €

Buchungssatz:

Sollkonto	Betrag (€)	Habenkonto
1200 (1400) Forderungen aLuL	238,00	
	200,00	**4200** (8200) Erlöse
	38,00	**3806** (1776) USt 19 %

Buchung:

S	**1200** (1400) **Forderungen aLuL**	H
238,00		

S	**4200** (8200) **Erlöse**	H
		200,00

S	**3806** (1776) **USt 19 %**	H
		38,00

4.2.4 Abschluss der Vertriebskostenkonten

Die **Warenvertriebskostenkonten** sind **Aufwandskonten**, die **über** das **Gewinn- und Verlustkonto** (**GuVK**) abgeschlossen werden.

4.2.5 Zusammenfassung und Erfolgskontrolle

4.2.5.1 Zusammenfassung

- **Warenvertriebskosten** sind alle Kosten, die unmittelbar im Zusammenhang mit dem Vertrieb von Waren anfallen.
- **Vertriebskosten** sind grundsätzlich **sofort abzugsfähige Betriebsausgaben**.
- **Vertriebskosten** werden beim **SKR 04** auf Konten der **Klasse 6** und beim **SKR 03** auf Konten der **Klasse 4** gebucht.
- Die Vertriebskosten**konten** werden **über** das **Gewinn- und Verlustkonto abgeschlossen**.

4.2.5.2 Erfolgskontrolle

WIEDERHOLUNGSFRAGEN

1. Welche Kosten können beim Warenvertrieb anfallen?
2. Wie sind diese Kosten einkommensteuerlich zu behandeln?
3. Wie wird die mit den Vertriebskosten berechnete Umsatzsteuer beim Unternehmer behandelt?
4. Welche Vertriebskostenkonten kennen Sie?
5. Über welches Konto werden die Vertriebskostenkonten abgeschlossen?
6. Auf welches Konto werden die weiterberechneten Vertriebskosten gebucht?

Aufgaben

AUFGABE 1

Bilden Sie die Buchungssätze für die folgenden belegmäßig nachgewiesenen Geschäftsvorfälle:

			€
1.	Kauf von 100 Versandkartons auf Ziel, netto	200 €	
	+ USt	38 €	238,00
2.	Rechnung eines Transportunternehmers für den Transport von Waren zu einem Kunden		
	Warentransport	500 €	
	+ 19 % USt	95 €	595,00
3.	Barkauf von Verpackungsmaterial für den Warenvertrieb, netto	300 €	
	+ USt	57 €	357,00
4.	Zahlung für Vertreterprovision (Verkaufsprovision) durch Banküberweisung, netto	600 €	
	+ USt	114 €	714,00
5.	Barzahlung einer Beitragsrechnung der Securitas-Versicherungs AG für die Transportversicherung einer Warensendung an einen Kunden		150,00
6.	Ausgangsrechnung an einen Kunden:		
	Warenwert	5.000 €	
	+ Versandverpackung	300 €	
	+ Fracht	200 €	
		5.500 €	
	+ USt	1.045 €	6.545,00
7.	Barzahlung der Ausgangsfracht, brutto einschließlich 19 % USt		113,05

AUFGABE 2

Der Maschinenbauer Rüdiger Wenzel e. K., Köln, liefert an die Wörns GmbH, Kiel, eine Spezialmaschine. Gemäß den Kaufvertragsvereinbarungen muss Wenzel die Kosten des Transports tragen.

Der damit beauftragte Fuhrunternehmer Fritz Eilig erteilt Wenzel folgende Rechnung (Auszug):

	Gütertransport Köln - Kiel	1.000 €
+	19 % USt	190 €
		1.190 €

Rüdiger Wenzel bucht die Eingangsrechnung wie folgt:

Sollkonto	Betrag (€)	Habenkonto
5800 (3800) Bezugsnebenkosten	1.000,00	**3300** (1600) Verbindlichkeiten aLuL
1406 (1576) Vorsteuer	190,00	**3300** (1600) Verbindlichkeiten aLuL

Überprüfen Sie die Buchung und führen Sie eine eventuelle Korrekturbuchung durch.

AUFGABE 3

Die Großhändlerin Susanne Meier, München, hat aufgrund der Vermittlung des selbständigen Handelsmaklers Willi Kurz einen neuen Kunden gewinnen können und dadurch einen Umsatz in Höhe von 200.000 € + 19 % USt erzielt.
Vereinbarungsgemäß erhält Willi Kurz von Susanne Meier eine Provision in Höhe von 1,5 % des Nettoumsatzes.

1. Erstellen Sie die Provisionsabrechnung des Willi Kurz.
2. Kontieren Sie die Ausgangsrechnung für Willi Kurz.
3. Kontieren Sie die Eingangsrechnung für Susanne Meier.

AUFGABE 4

Die Friedhelm Schulz KG, Würzburg, hat am 02.03.2026 an die Welsch AG, Freiburg, eine Spezialmaschine geliefert und dafür dem Frachtführer Fritz Mützig, Würzburg, 595 € (einschließlich USt) bezahlt; eine ordnungsgemäße Eingangsrechnung vom 04.03.2026 liegt vor. Vereinbarungsgemäß berechnet die Schulz KG die Transportkosten an die Welsch AG weiter. Die entsprechende Ausgangsrechnung wird am 05.03.2026 zugestellt.

Kontieren Sie für die Schulz KG

1. die Eingangsrechnung des Frachtführers und
2. die Ausgangsrechnung an die Welsch AG.

AUFGABE 5

Welche Aussage ist richtig? Kreuzen Sie die richtige Antwort an.

(a) Das Konto „Ausgangsfrachten" wird über das Wareneinkaufskonto abgeschlossen.
(b) Das Konto „Ausgangsfrachten" wird über das Schlussbilanzkonto abgeschlossen.
(c) Das Konto „Ausgangsfrachten" wird über das GuV-Konto abgeschlossen.
(d) Das Konto „Ausgangsfrachten" wird über das Konto Erlöse abgeschlossen.

AUFGABE 6

Kontieren Sie EDV-gemäß die folgenden belegmäßig nachgewiesenen Geschäftsvorfälle:

1.	Zahlung für Verpackungsmaterial durch Banküberweisung, netto	500,00 €	
	+ USt	95,00 €	595,00 €
2.	Barzahlung der Ausgangsfracht, brutto einschließlich 19 % USt		166,60 €

AUFGABE 7

Der Fahrradhändler Speiche, Stuttgart, hat an das Regierungspräsidium Stuttgart 25 City-Fahrräder verkauft, die zu dienstlichen Zwecken eingesetzt werden. Die Lieferung und die Fertigmontage der Fahrräder erfolgte durch den Mechaniker Schraube. Schraube ist Kleinunternehmer im Sinne des § 19 UStG. Schraube erhielt von Speiche für den Transport der Fahrräder 119 € und für die Montage der Fahrräder 357 €. Sofort nach Ausführung der Leistungen hat Speiche die Rechnungen in bar bezahlt.

Kontieren Sie die Geschäftsvorfälle für Fahrradhändler Speiche.

A L Weitere Aufgaben mit Lösungen finden Sie im **Lösungsbuch** der Buchführung 1.

Zusammenfassende Erfolgskontrolle

Der Unternehmer Bauer, Nürnberg, der zum Vorsteuerabzug berechtigt ist, hat am 01.01.2026 durch Inventur folgende Anfangsbestände ermittelt:

Anfangsbestände	€
0640 (0430) Ladeneinrichtung	26.000,00
1140 (3980) Bestand Waren	151.000,00
1200 (1400) Forderungen aLuL	57.500,00
1406 (1576) Vorsteuer 19 %	0,00
1800 (1200) Bankguthaben	16.500,00
1600 (1000) Kasse	11.000,00
3300 (1600) Verbindlichkeiten aLuL	28.000,00
3806 (1776) Umsatzsteuer 19 %	11.000,00
2000 (0800) Eigenkapital	223.000,00

Geschäftsvorfälle des Jahres 2026			€
1.	Wareneinkauf auf Ziel, netto	5.000 €	
	+ USt	950 €	5.950,00
2.	Warenverkauf auf Ziel, netto	8.000 €	
	+ USt	1.520 €	9.520,00
3.	Ausgangsfrachten hierauf bar, netto	500 €	
	+ USt	95 €	595,00
4.	Barkauf von Versandverpackung, netto	600 €	
	+ USt	114 €	714,00
5.	Banküberweisung eines Kunden		22.600,00
6.	Banküberweisung der Umsatzsteuerschuld (Zahllast)		11.000,00
7.	Barverkauf von Waren, brutto (19 % USt)		116,62
8.	Warenverkauf auf Ziel, netto	3.000 €	
	+ USt	570 €	3.570,00
9.	Ausgangsfrachten hierauf bar, netto	400 €	
	+ USt	76 €	476,00
Abschlussangaben			**€**
10.	Abschreibung auf Büroeinrichtung		2.000,00
11.	Warenendbestand laut Inventur		150.000,00

Aufgaben

1. Bilden Sie die Buchungssätze der Geschäftsvorfälle des Jahres 2026.
2. Tragen Sie die Anfangsbestände auf T-Konten vor.
3. Buchen Sie die Geschäftsvorfälle.
4. Schließen Sie die Konten ab und ermitteln Sie den Gewinn.
5. Stellen Sie die Bilanz zum 31.12.2026 nach dem handelsrechtlichen Gliederungsschema auf.

4.3 Warenrücksendungen und Gutschriften

Waren werden **zurückgesandt** oder **im Preis ermäßigt**, wenn der Verkäufer den Kaufvertrag nicht ordnungsgemäß erfüllt, wenn er z. B. **falsche oder mangelhafte Waren** liefert.

Für die Rücksendung bzw. den festgestellten Mangel der Waren erteilt der Verkäufer dem Käufer eine entsprechende **Gutschrift**.

Rücksendungen und Gutschriften ergeben sich sowohl auf der **Einkaufsseite** als auch auf der **Verkaufsseite**.

4.3.1 Buchen der Rücksendungen und Gutschriften auf der Einkaufsseite

Gutschriften auf der Einkaufsseite für Rücksendungen und Sachmängel **mindern** die Anschaffungskosten des Wareneingangs.

Sie werden deshalb auf der **Habenseite** des **Wareneingangskontos** gebucht.

Die beim Wareneingang anfallende Vorsteuer mindert sich entsprechend, weil sich auf der anderen Seite auch die Umsatzsteuer des Lieferers vermindert.

Diese **Minderung** ist **als Vorsteuerberichtigung** auf der **Habenseite des Vorsteuerkontos** zu buchen.

Der Minderung der Anschaffungskosten des Wareneingangs und der Vorsteuerberichtigung steht eine entsprechende **Reduzierung der Verbindlichkeiten** gegenüber, die auf der **Sollseite** des Kontos **Verbindlichkeiten aLuL** gebucht wird.

In der Praxis werden Anschaffungskostenminderung, Vorsteuerberichtigung und Reduzierung der Verbindlichkeit in der Regel erst beim Vorliegen der **Gutschrift** des Lieferers gebucht.

BEISPIELE

a) Wir haben von einem Lieferer Waren für 10.000 € + 1.900 € USt = 11.900 € auf Ziel gekauft. Beim Auspacken der Waren stellen wir fest, dass ein Teil stark beschädigt und für den Verkauf ungeeignet ist. Wir senden den mangelhaften Teil der Waren an den Lieferer zurück. Für die Rücksendung erhalten wir vom Lieferer eine **Gutschrift** über 1.000 € + 190 € USt = 1.190 €.

1) Buchungssatz beim **Wareneingang** (lt. Eingangsrechnung):

Tz.	Sollkonto	Betrag (€)	Habenkonto
1.	**5200** (3200) Wareneingang	10.000,00	
	1406 (1576) Vorsteuer 19 %	1.900,00	
		11.900,00	**3300** (1600) Verbindlichk. aLuL

Buchung:

S	**5200** (3200) **Wareneingang**	H
1)	10.000,00	

S	**3300** (1600) **Verbindlichkeiten aLuL**	H
	1)	11.900,00

S	**1406** (1576) **Vorsteuer 19 %**	H
1)	1.900,00	

2) Buchungssatz bei der **Rücksendung** (lt. Gutschrift):

Tz.	Sollkonto	Betrag (€)	Habenkonto
2.	**3300** (1600) Verbindlichk. aLuL	1.190,00	
		1.000,00	**5200** (3200) Wareneingang
		190,00	**1406** (1576) Vorsteuer 19 %

Buchung:

S	**3300** (1600) **Verbindlichk. aLuL**		H
2)	**1.190,00**	1)	11.900,00

S	**5200** (3200) **Wareneingang**		H
1)	10.000,00	**2)**	**1.000,00**

S	**1406** (1576) **Vorsteuer 19 %**		H
1)	1.900,00	**2)**	**190,00**

b) Aufgrund einer Mängelrüge schreibt uns der Lieferer 300 € + 57 € USt = 357 € gut. Die eingegangene **Ware** haben wir **nicht zurückgeschickt**, weil sie - unter Berücksichtigung einer Preisermäßigung - für denVerkauf noch geeignet ist.
Buchungssatz:

Sollkonto	Betrag (€)	Habenkonto
3300 (1600) Verbindlichk. aLuL	300,00	**5200** (3200) Wareneingang
3300 (1600) Verbindlichk. aLuL	57,00	**1406** (1576) Vorsteuer 19 %

Buchung:

S	**3300** (1600) **Verbindlichk. aLuL**	H
	357,00	

S	**5200** (3200) **Wareneingang**	H
		300,00

S	**1406** (1576) **Vorsteuer 19 %**	H
		57,00

Gutschriften auf der Einkaufsseite können auch auf das **Unterkonto**

5700 (3700) **Nachlässe**

gebucht werden.

Das **Unterkonto Nachlässe** wird zum Ende des Wirtschaftsjahres **über** das **Wareneingangskonto abgeschlossen**.

4.3.2 Buchen der Rücksendungen und Gutschriften auf der Verkaufsseite

Gutschriften auf der Verkaufsseite für Rücksendungen und Sachmängel **schmälern** die **Verkaufserlöse**.

Sie werden deshalb auf der **Sollseite** des **Erlöskontos** gebucht.

Umsatzsteuerlich handelt es sich bei der **Erlösschmälerung** um eine **Berichtigung des Entgelts** (§ 17 UStG), die eine **Berichtigung der Umsatzsteuer** zur Folge hat.

Die **USt-Berichtigung** wird auf der **Sollseite** des **Umsatzsteuerkontos** gebucht.

Der Erlösschmälerung und der USt-Berichtigung steht eine entsprechende **Minderung** der **Forderung** gegenüber, die auf der **Habenseite** des Kontos **Forderungen aLuL** gebucht wird.

BEISPIEL

Wir haben an einen Kunden Waren für 20.000 € + 3.800 € USt = 23.800 € auf Ziel geliefert. Von unserem Kunden nehmen wir falsch gelieferte Ware im Wert von 1.000 € + 190 € USt = 1.190 € zurück und erteilen ihm darüber eine Gutschrift.

1) Buchungssatz beim **Warenausgang** (lt. Ausgangsrechnung):

Tz.	Sollkonto	Betrag (€)	Habenkonto
1.	**1200** (1400) Forderungen aLuL	23.800,00	
		20.000,00	**4200** (8200) Erlöse
		3.800,00	**3806** (1776) USt 19 %

Buchung:

S	**1200** (1400) **Forderungen aLuL**		H
1)	23.800,00		

S	**4200** (8200) **Erlöse**		H
		1)	20.000,00

S	**3806** (1776) **USt 19 %**		H
		1)	3.800,00

2) Buchungssatz bei der **Rücksendung** (lt. Gutschrift):

Tz.	Sollkonto	Betrag (€)	Habenkonto
2.	**4200** (8200) Erlöse	1.000,00	
	3806 (1776) USt 19 %	190,00	
		1.190,00	**1200** (1400) Forderungen aLuL

Buchung:

S	**4200** (8200) **Erlöse**		H
2)	**1.000,00**	1)	20.000,00

S	**1200** (1400) **Forderungen aLuL**		H
1)	23.800,00	**2)**	**1.190,00**

S	**3806** (1776) **USt 19 %**		H
2)	**190,00**	1)	3.800,00

Gutschriften für Rücksendungen und **Sachmängel** können auch auf das **Unterkonto**

4700 (8700) **Erlösschmälerungen**

gebucht werden.

Das **Unterkonto Erlösschmälerungen** wird zum Ende des Wirtschaftsjahres **über** das **Erlöskonto abgeschlossen**.

MERKE →

Rücksendungen und Gutschriften mindern

- auf der **Einkaufsseite** den **Wareneingang**, die **Vorsteuer** und die **Verbindlichkeiten**

  und

- auf der **Verkaufsseite** die **Erlöse**, die **Umsatzsteuer** und die **Forderungen**.

4.3.3 Zusammenfassung und Erfolgskontrolle

4.3.3.1 Zusammenfassung

Rücksendungen und Gutschriften

auf der **Einkauf**sseite

S	**5200** (3200) **Wareneingang**	H
		Rücksendungen und Gutschriften

S	**1406** (1576) **Vorsteuer 19 %**	H
		Vorsteuer-Berichtigung

S	**3300** (1600) **Verbindlichkeiten**	H
Rücksendungen und Gutschriften		

auf der **Verkauf**sseite

S	**4200** (8200) **Erlöse**	H
Rücksendungen und Gutschriften		

S	**3806** (1776) **Umsatzsteuer 19 %**	H
Umsatzsteuer-Berichtigung		

S	**1200** (1400) **Forderungen**	H
		Rücksendungen und Gutschriften

4.3.3.2 Erfolgskontrolle

WIEDERHOLUNGSFRAGEN

1. In welchen Fällen werden Waren zurückgesandt?
2. In welchem Fall werden Waren im Preis ermäßigt?
3. Wie wirken sich Rücksendungen und Gutschriften auf der Einkaufsseite buchmäßig aus?
4. Wie wirken sich Rücksendungen und Gutschriften auf der Verkaufsseite buchmäßig aus?

AUFGABEN

AUFGABE 1

Bilden Sie die Buchungssätze für die folgenden belegmäßig nachgewiesenen Geschäftsvorfälle:

			€
1.	Wareneinkauf auf Ziel, netto	5.000 €	
	+ USt	950 €	5.950,00
2.	Warenverkauf auf Ziel, netto	10.000 €	
	+ USt	1.900 €	11.900,00
3.	Warenrücksendung vom Kunden, netto	400 €	
	+ USt	76 €	476,00
4.	Warenrücksendung an Lieferer, netto	500 €	
	+ USt	95 €	595,00
5.	Warenrücksendung vom Kunden, brutto einschließlich 19 % USt		59,50
6.	Warenrücksendung an Lieferer, brutto einschließlich 19 % USt		104,72
7.	Aufgrund einer Mängelrüge erhält ein Kunde eine Gutschrift, netto	300 €	
	+ USt	57 €	357,00
8.	Wir erhalten von einem Lieferer eine Gutschrift aufgrund einer Mängelrüge, brutto einschließlich 7 % USt		160,50
9.	Banküberweisung von Kunden		13.650,00
10.	Banküberweisung an Lieferer		9.040,00

AUFGABE 2

Kontieren Sie EDV-gemäß die folgenden belegmäßig nachgewiesenen Geschäftsvorfälle. Verwenden Sie automatische Konten. Unterkonten werden nicht geführt.

			€
1.	Warenrücksendung an Lieferer, netto	1.000 €	
	+ USt	190 €	1.190,00
	Lieferant: 71500		
2.	Warenrücksendung vom Kunden, netto	500 €	
	+ USt	95 €	595,00
	Kunde: 11405		

Zusammenfassende Erfolgskontrolle

Der Unternehmer Hans Thomas, Köln, hat am 01.01.2026 durch Inventur folgende Anfangsbestände ermittelt:

Anfangsbestände	€
0540 (0350) Lkw	20.000,00
0640 (0430) Ladeneinrichtung	25.000,00
1140 (3980) Bestand Waren	150.000,00
1200 (1400) Forderungen aLuL	20.000,00
1800 (1200) Bankguthaben	20.000,00
1600 (1000) Kasse	5.000,00
3300 (1600) Verbindlichkeiten aLuL	15.000,00
2000 (0800) Eigenkapital	225.000,00

Geschäftsvorfälle des Jahres 2026		€
1. Kauf von Waren auf Ziel, netto	5.000,00 €	
+ USt	950,00 €	5.950,00
2. Warenrücksendung an Lieferer, netto	1.000,00 €	
+ USt	190,00 €	1.190,00
3. Warenverkauf auf Ziel, netto	8.000,00 €	
+ USt	1.520,00 €	9.520,00
4. Ausgangsfracht hierauf bar, netto	500,00 €	
+ USt	95,00 €	595,00
5. Warenrücksendung vom Kunden, netto	700,00 €	
+ USt	133,00 €	833,00
6. Warenrücksendung an Lieferer, netto	630,00 €	
+ USt	119,70 €	749,70
7. Warenrücksendung vom Kunden, netto	410,00 €	
+ USt	77,90 €	487,90
8. Banküberweisung von Kunden		11.300,00
9. Barkauf von Verpackungsmaterial, netto	300,00 €	
+ USt	57,00 €	357,00
10. Banküberweisung an Lieferer		3.000,00
Abschlussangaben		**€**
11. Warenendbestand lt. Inventur		150.000,00
12. Abschreibung auf Lkw		3.000,00
13. Abschreibung auf Ladeneinrichtung		2.000,00

Aufgaben

1. Bilden Sie die Buchungssätze der Geschäftsvorfälle des Jahres 2026.
2. Tragen Sie die Anfangsbestände auf den Konten vor.
3. Buchen Sie die belegmäßig nachgewiesenen Geschäftsvorfälle.
4. Schließen Sie die Konten ab.

4.4 Preisnachlässe und Preisabzüge

Die **Lieferer** gewähren häufig ihren Kunden **Nachlässe** und **Abzüge** auf ihre Listenpreise.

Diese **Nachlässe** und **Abzüge** werden als **Rabatte**, **Skonti** und **Boni** bezeichnet.

4.4.1 Begriff und steuerliche Bedeutung der Rabatte, Skonti und Boni

Rabatte sind Preisnachlässe, die der Lieferer aus unterschiedlichen Gründen gewährt, z.B. als

• **Mengenrabatt**	=	bei der Abnahme größerer Mengen,
• **Treuerabatt**	=	bei länger dauernder Geschäftsbeziehung,
• **Wiederverkäuferrabatt**	=	bei Verkäufen an Händler,
• **Personalrabatt**	=	bei Verkäufen an Mitarbeiter,
• **Sonderrabatt**	=	bei Sonderverkäufen (z.B. Saisonverkäufen).

Rabatte werden in der Regel sofort beim Ausstellen der Rechnung preismindernd berücksichtigt. Sie werden deshalb auch als **Sofort-Rabatte** bezeichnet.

Bei **Sofort-Rabatten** berechnet der Lieferer die **Umsatzsteuer** schon vom **verminderten Rechnungsbetrag**, sodass die **Rabatte nicht** zu den **Anschaffungskosten** gehören **und** für die **Umsatzsteuer keine Bedeutung** haben.

Skonto ist ein **Abzug** des Kunden vom Rechnungsbetrag bei Zahlung innerhalb einer vereinbarten kurzen Frist (Preis**abzug**).

Die **Möglichkeit des Skontoabzugs** soll den **Kunden veranlassen**, den Kaufpreis **kurzfristig** nach Wareneingang **zu zahlen** und somit keinen Liefererkredit in Anspruch zu nehmen.

Umsatzsteuerlich bewirkt der **Skontoabzug beim Lieferer** eine **Entgeltminderung und** damit eine **Minderung der Umsatzsteuer**, während sich **beim Kunden** die **Vorsteuer verringert** (§ 17 UStG).

Einkommensteuerlich verringert der **Skontoabzug beim Lieferer** den **Ertrag** aus dem Warenverkauf **und beim Käufer** die **Anschaffungskosten** des Wareneingangs.

Bonus ist ein nachträglich entweder viertel-, halb- oder jährlich vom Lieferer gewährter **Nachlass**, den dieser meistens nach der Höhe des Umsatzes staffelt, den der Kunde bei ihm erreicht hat (**nachträglich gewährter Rabatt**).

Der Nachlass wird deshalb auch als **Umsatzbonus** bezeichnet.

Mit der **Bonusgewährung** will der Lieferer seine **Kunden veranlassen**, einen möglichst **hohen Anteil ihres Bedarfs** bei ihm zu **decken**.

Steuerlich werden **Boni** genauso behandelt **wie Skonti**: **Boni mindern** die Umsatzsteuer bzw. die **Vorsteuer** und **verringern** den **Ertrag** bzw. die **Anschaffungskosten**.

ÜBUNG → Wiederholungsfragen 1 bis 8 (Seite 205)

4.4.2 Buchen der Preisnachlässe und Preisabzüge auf der Einkaufsseite

Rabatte, **Skonti und Boni**, die der Buchführende von seinem Lieferer erhält, werden auch als **Liefererrabatte**, **Liefererskonti** und **Liefererboni** bezeichnet.

4.4.2.1 Erhaltene Rabatte

Erhaltene Rabatte (**Liefererrabatte**), die schon in der Rechnung des Lieferers preismindernd berücksichtigt sind (**Sofort-Rabatte**), werden in der Regel **buchmäßig nicht erfasst**.

Erhaltene Rabatte gehören **nicht** zu den **Anschaffungskosten** und haben auch **keine Bedeutung für die Vorsteuer**.

BEISPIEL

Wir erhalten für eine Warenlieferung von einem Lieferer folgende **Rechnung** (Auszug):

	Listenpreis der Ware	1.000 €
-	**10 % Rabatt**	- **100 €**
	Nettobetrag	900 €
+	19 % USt	171 €
	Bruttorechnungsbetrag	1.071 €

Buchungssatz:

Sollkonto	Betrag (€)	Habenkonto
5200 (3200) Wareneingang	900,00	
1406 (1576) Vorsteuer 19 %	171,00	
	1.071,00	**3300** (1600) Verbindlichkeiten aLuL

Buchung:

S	**5200** (3200) **Wareneingang**	H
	900,00	

S	**3300** (1600) **Verbindlichkeiten aLuL**	H
		1.071,00

S	**1406** (1576) **Vorsteuer 19 %**	H
	171,00	

Werden Rabatte ausnahmsweise nachträglich gewährt oder will man die beim Einkauf erhaltenen Sofort-Rabatte **gesondert** erfassen, können diese auf dem Konto

5790 (3790) **Erhaltene Rabatte 19 % Vorsteuer**

gebucht werden. Dieses Konto ist ein **Unterkonto des Wareneingangskontos**. Es wird deshalb zum Ende des Jahres **über** das **Wareneingangskonto abgeschlossen**.

4.4.2.2 Erhaltene Skonti

Erhaltene Skonti (**Liefererskonti**) stellen einkommensteuerlich eine nachträgliche **Minderung der Anschaffungskosten** des Wareneingangs dar. Sie **könnten** deshalb **direkt** auf der Habenseite des **Wareneingangskontos** gebucht werden.

Zur besseren Übersicht und für Zwecke der Kalkulation und Verprobung ist es jedoch üblich, sie auf einem **eigenen Konto**

5736 (3736) **Erhaltene Skonti 19 % Vorsteuer**

zu buchen.

BEISPIEL

Wir haben von einem Lieferer Waren für 10.000 € + 1.900 € USt = 11.900 € auf Ziel gekauft. Zehn Tage nach der Lieferung begleichen wir die Rechnung unter Abzug von **3% Skonto** durch Banküberweisung.

	Warenwert	10.000 €
+	19 % USt	1.900 €
	Bruttorechnungsbetrag	11.900 €
-	**3% Skonto** (3 % von 11.900 €)	**- 357 €**
	Überweisungsbetrag	11.543 €

1) Buchungssatz beim **Wareneingang**:

Tz.	Sollkonto	Betrag (€)	Habenkonto
1.	**5200** (3200) Wareneingang	10.000,00	
	1406 (1576) Vorsteuer 19 %	1.900,00	
		11.900,00	**3300** (1600) Verbindlichkeiten aLuL

Buchung:

S	**5200** (3200) **Wareneingang**		H
1)	**10.000,00**		

S	**3300** (1600) **Verbindlichkeiten aLuL**		H
		1)	**11.900,00**

S	**1406** (1576) **Vorsteuer 19 %**		H
1)	**1.900,00**		

Der bei der Zahlung abgezogene **Skontobetrag von 357 €** ist **zu zerlegen** in den Teil, der auf den **Warenwert** entfällt (357 € : 1,19 = **300 €**) und den Teil, der auf die **Umsatzsteuer** entfällt (357 € - 300 € = **57 €**). Steuerlich handelt es sich bei dem Teil, der auf den **Warenwert** entfällt, um eine Anschaffungskosten**minderung** und bei dem Teil, der auf die **Umsatzsteuer** entfällt, um eine **Minderung** der **Vorsteuer**.

2) Buchungssatz bei der **Zahlung**:

Tz.	Sollkonto	Betrag (€)	Habenkonto
2.	**3300** (1600) Verbindlichkeiten aLuL	11.900,00	
		11.543,00	**1800** (1200) Bank
		300,00	**5736** (3736) **Erhaltene Skonti**
		57,00	**1406** (1576) Vorsteuer 19 %

Buchung:

S	**3300** (1600) **Verbindlichkeiten aLuL**		H
2)	**11.900,00**	1)	11.900,00

S	**1800** (1200) **Bank**		H
		2)	**11.543,00**

S	**5736** (3736) **Erhaltene Skonti**		H
		2)	**300,00**

S	**1406** (1576) **Vorsteuer 19 %**		H
1)	1.900,00	2)	**57,00**

Das Konto „**Erhaltene Skonti**“ ist ein **Unterkonto** des Kontos „**Wareneingang**“ und wird deshalb über dieses Konto **abgeschlossen**.

BEISPIEL

Das Konto „**5736** (3736) **Erhaltene Skonti 19 % Vorsteuer**“ aus dem vorherigen Beispiel (Seite 197 f.) wird wie folgt **abgeschlossen**:

S	**5736** (3736) **Erhaltene Skonti 19 % Vorsteuer**		H
Wareneingang	**300,00**	2)	300,00

S	**5200** (3200) **Wareneingang**		H
1)	10.000,00	**Erhaltene Skonti**	**300,00**

Der **Abschluss** zeigt, dass **erhaltene Skonti** eine **Minderung der Anschaffungskosten** des Wareneingangs darstellen.

Wird die **Vorsteuer** – wie im vorangegangenen Beispiel – **sofort** bei der Buchung der Zahlung **berichtigt**, bezeichnet man das Buchungsverfahren als **Nettoverfahren**.

Werden alle Skonti **zunächst brutto** (d. h. einschließlich der Umsatzsteuer) gebucht und die Berichtigung erst später vorgenommen, bezeichnet man das Verfahren als **Bruttoverfahren**.

BEISPIEL

Sachverhalt wie im Beispiel zuvor (Seiten 197 f.)

2) Buchungssatz bei der Zahlung nach dem **Bruttoverfahren**:

Sollkonto	Betrag (€)	Habenkonto
3300 (1600) Verbindlichkeiten aLuL	11.900,00	
	11.543,00	**1800** (1200) Bank
	357,00	**5736** (3736) **Erhaltene Skonti**

Buchung:

S	3300 (1600) **Verbindlichkeiten aLuL**		H
2)	**11.900,00**	1)	11.900,00

S	**1800** (1200) **Bank**		H
		2)	**11.543,00**

S	**5736** (3736) **Erhaltene Skonti**		H
		2)	**357,00**

Die **Berichtigung der Vorsteuer** erfolgt beim **Bruttoverfahren** für alle Skontibeträge eines bestimmten Zeitraums (meistens des USt-Voranmeldungszeitraums) in einer Summe.

BEISPIEL

Sachverhalt wie im Beispiel zuvor

3) Buchung der Vorsteuerberichtigung:

S	**5736** (3736) **Erhaltene Skonti**		H
3)	**57,00**	2)	357,00

S	**1406** (1576) **Vorsteuer 19 %**		H
1)	1.900,00	**3)**	**57,00**

Der **Saldo** des Kontos „**Erhaltene Skonti**" entspricht der Anschaffungskosten**minderung** von **300 €**.

4.4.2.3 Erhaltene Boni

Erhaltene Boni (**Liefererboni**) stellen einkommensteuerlich - wie erhaltene Skonti - eine **Minderung der Anschaffungskosten** des Wareneingangs dar.

Zur besseren Übersicht und zur Abgrenzung gegenüber den Rücksendungen werden jedoch auch die Boni auf einem **eigenen Konto**

5760 (3760) **Erhaltene Boni 19 % Vorsteuer**

gebucht.

BEISPIEL

Der Lieferer aus dem Beispiel zuvor (Seiten 197 f.) gewährt uns zum Ende des Jahres einen **Bonus** von **1.000 € + 190 € USt = 1.190 €**.

Buchungssatz:

Sollkonto	Betrag (€)	Habenkonto
3300 (1600) Verbindlichkeiten aLuL	1.190,00	
	1.000,00	**5760** (3760) **Erhaltene Boni**
	190,00	**1406** (1576) Vorsteuer 19 %

Buchung:

S	**3300** (1600) **Verbindlichkeiten aLuL**	H
1.190,00		

S	**5760** (3760) **Erhaltene Boni**	H
		1.000,00

S	**1406** (1576) **Vorsteuer 19 %**	H
		190,00

Das Konto „**Erhaltene Boni**" ist ein **Unterkonto** des **Kontos „Wareneingang**" und wird deshalb über dieses Konto abgeschlossen.

BEISPIEL

Das Konto „**5760** (3760) **Erhaltene Boni 19 % Vorsteuer**" aus dem Beispiel zuvor wird wie folgt **abgeschlossen**:

S	**5760** (3760) **Erhaltene Boni 19 % Vorsteuer**		H
Wareneingang	**1.000,00**		1.000,00

S	**5200** (3200) **Wareneingang**		H
1)	10.000,00	Erhaltene Skonti	300,00
		Erhaltene Boni	**1.000,00**

Der **Abschluss zeigt**, dass **erhaltene Boni** - wie erhaltene Skonti - eine **Minderung** der **Anschaffungskosten** des Wareneingangs darstellen.

Bei der Verwendung **automatischer Konten** wird unterstellt, dass der Berichtigungsschlüssel 4 eingeben wird. Der Berichtigungsschlüssel 4 bewirkt, dass die Umsatzsteuer bei den automatischen Konten nicht errechnet und gebucht wird.

ÜBUNG →
1. Wiederholungsfragen 9 bis 14 (Seite 205),
2. Aufgaben 1 und 2 (Seiten 205 f.)

4.4.3 Buchen der Preisnachlässe und Preisabzüge auf der Verkaufsseite

Rabatte, **Skonti und Boni**, die der Buchführende seinen **Kunden gewährt**, werden auch als **Kundenrabatte**, **Kundenskonti** und **Kundenboni** bezeichnet.

4.4.3.1 Gewährte Rabatte

Gewährte Rabatte (**Kundenrabatte**), die schon in der Rechnung an den Kunden preismindernd berücksichtigt sind (Sofort-Rabatte), werden in der Regel - wie die Liefererrabatte - buchmäßig nicht erfasst.

Es wird der um die Rabatte verminderte Erlös gebucht.

BEISPIEL

Wir erteilen für eine Warenlieferung folgende Rechnung (Auszug):

	Listenpreis der Waren	10.000 €
-	**20 % Rabatt**	**- 2.000 €**
	Nettobetrag	8.000 €
+	19 % USt	1.520 €
	Bruttorechnungsbetrag	9.520 €

Buchungssatz:

Sollkonto	Betrag (€)	Habenkonto
1200 (1400) Forderungen aLuL	9.520,00	
	8.000,00	**4200** (8200) Erlöse
	1.520,00	**3806** (1776) Umsatzsteuer 19 %

Buchung:

S	**1200** (1400) **Forderungen aLuL**	H
	9.520,00	

S	**4200** (8200) **Erlöse**	H
		8.000,00

S	**3806** (1776) **Umsatzsteuer 19 %**	H
		1.520,00

Auch auf der **Verkaufsseite** können die **Rabatte** gesondert auf einem **eigenen Konto**, dem Konto „**4790** (8790) **Gewährte Rabatte 19 % USt**", erfasst werden. Das Konto „**Gewährte Rabatte**" ist ein **Unterkonto des Erlöskontos**. Es wird zum Ende des Jahres **über** das **Erlöskonto abgeschlossen**.

4.4.3.2 Gewährte Skonti

Gewährte Skonti (Kundenskonti) mindern nachträglich die **Erlöse**.

Sie werden jedoch - entsprechend der buchmäßigen Behandlung der Liefererskonti - auf einem **eigenen Konto**,

4736 (8736) **Gewährte Skonti 19 % Umsatzsteuer**

erfasst.

BEISPIEL

Wir haben Waren für 20.000 € + 3.800 € USt = 23.800 € auf Ziel verkauft.
Der Kunde zahlt vereinbarungsgemäß den Rechnungsbetrag durch Banküberweisung unter Abzug von **2 % Skonto**.

	Warenwert	20.000 €
+	19 % USt	3.800 €
	Bruttorechnungsbetrag	23.800 €
-	**2 % Skonto** (2 % von 23.800 €)	- 476 €
	Überweisungsbetrag	23.324 €

Der bei der Zahlung abgezogene **Skontobetrag (476,00 €)** ist in den **Erlösanteil (400,00 €)** und den **USt-Anteil (76,00 €)** zu zerlegen. Die USt ist zu berichtigen.

2) Buchungssatz beim Zahlungseingang:

Tz.	Sollkonto	Betrag (€)	Habenkonto
2.	**1800** (1200) Bank	23.324,00	
	4736 (8736) **Gewährte Skonti**	400,00	
	3806 (1776) Umsatzsteuer 19 %	76,00	
		23.800,00	**1200** (1400) Forderungen aLuL

Buchung:

S	**1800** (1200) **Bank**		H
2)	**23.324,00**		

S	**1200** (1400) **Forderungen aLuL**		H
1)	23.800,00	**2)**	**23.800,00**

S	**4736** (8736) **Gewährte Skonti**		H
2)	**400,00**		

S	**4200** (8200) **Erlöse**		H
		1)	20.000,00

S	**3806** (1776) **Umsatzsteuer 19 %**		H
2)	**76,00**	1)	3.800,00

Die **Kundenskonti** können - wie die Liefererskonti - nach dem **Nettoverfahren** (= sofortige USt-Berichtigung) **oder** nach dem **Bruttoverfahren** (= spätere USt-Berichtigung) gebucht werden.

Das Konto „**Gewährte Skonti**" wird über das Konto „**4200** (8200) **Erlöse**" **abgeschlossen**.

BEISPIEL

Das Konto „**4736** (8736) **Gewährte Skonti 19 % USt**" aus dem Beispiel zuvor wird wie folgt **abgeschlossen**:

S	**4736** (8736) **Gewährte Skonti 19 % Umsatzsteuer**		H
2)	400,00	**Erlöse**	**400,00**

S	**4200** (8200) **Erlöse**		H
Gewährte Skonti	**400,00**	1)	20.000,00

Der **Abschluss zeigt**, dass **gewährte Skonti** die **Erlöse mindern**.

4.4.3.3 Gewährte Boni

Gewährte Boni (**Kundenboni**) **mindern** die **Erlöse**. Sie werden buchmäßig **wie Kundenskonti** behandelt.

Die Erlösminderungen werden zur besseren Übersicht und zur Abgrenzung gegenüber den Warenrücksendungen der Kunden auf einem **Unterkonto des Erlöskontos** erfasst.

Das Unterkonto

4760 (8760) **Gewährte Boni 19 % Umsatzsteuer**

wird am Ende des Jahres über das **Erlöskonto abgeschlossen**.

Bei der Verwendung **automatischer Konten** wird unterstellt, dass der Berichtigungsschlüssel 4 eingeben wird. Der Berichtigungsschlüssel 4 bewirkt, dass die Umsatzsteuer bei den automatischen Konten nicht errechnet und gebucht wird.

BEISPIEL 1

Wir gewähren dem Kunden aus dem Beispiel zuvor (Seiten 201 f.) zum Ende des Jahres einen **Bonus** von 500 € + 95 € USt = 595 €.

Buchungssatz:

Sollkonto	Betrag (€)	Habenkonto
4760 (8760) **Gewährte Boni**	500,00	
3806 (1776) **Umsatzsteuer 19 %**	95,00	
	595,00	**1200** (1400) **Forderungen aLuL**

Buchung:

S	**4760** (8760) **Gewährte Boni**	H
	500,00	

S	**1200** (1400) **Forderungen aLuL**	H
		595,00

S	**3806** (1776) **Umsatzsteuer 19 %**	H
	95,00	

BEISPIEL 2

Das Konto „**4760** (8760) **Gewährte Boni 19 % USt**" aus dem Beispiel zuvor wird wie folgt **abgeschlossen**:

S	**4760** (8760) **Gewährte Boni 19 % Umsatzsteuer**		H
	500,00	**Erlöse**	**500,00**

S	**4200** (8200) **Erlöse**		H
Gewährte Skonti	400,00	1)	20.000,00
→ **Gewährte Boni**	**500,00**		

Der **Abschluss** zeigt, dass **gewährte Boni** - wie gewährte Skonti - die **Erlöse mindern**.

ÜBUNG →
1. Wiederholungsfragen 15 bis 19 (Seite 205),
2. Aufgaben 3 und 4 (Seiten 206 f.)

4.4.4 Zusammenfassung und Erfolgskontrolle

4.4.4.1 Zusammenfassung

4.4.4.2 Erfolgskontrolle

Wiederholungsfragen

1. Was sind Rabatte?
2. Was ist Skonto?
3. Was bezweckt der Lieferer mit der Skontogewährung?
4. Welche umsatzsteuerliche Auswirkung hat der Skontoabzug?
5. Welche einkommensteuerliche Wirkung hat der Skontoabzug?
6. Was versteht man unter einem Bonus?
7. Was bezweckt der Lieferer mit der Bonusgewährung?
8. Wie werden Boni steuerlich behandelt?
9. Wie werden Liefererrabatte buchmäßig behandelt?
10. Auf welchem Konto werden Liefererskonti gebucht?
11. Über welches Konto wird dieses Konto abgeschlossen?
12. Was versteht man bei der Skontibuchung
    a) unter Nettoverfahren und
    b) unter Bruttoverfahren?
13. Auf welchem Konto werden Liefererboni gebucht?
14. Über welches Konto wird dieses Konto abgeschlossen?
15. Wie werden Kundenrabatte buchmäßig behandelt?
16. Auf welchem Konto werden Kundenskonti gebucht?
17. Über welches Konto wird dieses Konto abgeschlossen?
18. Auf welchem Konto werden Kundenboni gebucht?
19. Über welches Konto wird dieses Konto abgeschlossen?

Aufgaben

AUFGABE 1

Bilden Sie die Buchungssätze für die folgenden belegmäßig nachgewiesenen Geschäftsvorfälle:

			€
1.	Wir erhalten für eine Warenlieferung folgende Rechnung (Auszug):		
	Listenpreis der Ware	1.200,00 €	
	- 10 % Rabatt	- 120,00 €	
		1.080,00 €	
	+ 19 % USt	205,20 €	1.285,20
2.	Wir begleichen diese Liefererrechnung über unter Abzug von 2 % Skonto durch Banküberweisung.		1.285,20
3.	Unser Lieferer sendet uns für das 1. Halbjahr eine Umsatzbonus-Gutschrift über netto	2.500,00 €	
	+ USt	475,00 €	2.975,00

AUFGABE 2

Bilden Sie die Buchungssätze für die folgenden belegmäßig nachgewiesenen Geschäftsvorfälle:

			€
1.	Wir kaufen Waren auf Ziel, netto	4.500,00 €	
	+ USt	855,00 €	5.355,00
2.	Barzahlung für Eingangsfracht hierauf, netto	100,00 €	
	+ USt	19,00 €	119,00
3.	Wir senden beschädigte Waren der obigen Sendung zurück. Der Lieferer erteilt uns eine Gutschrift über netto	500,00 €	
	+ USt	95,00 €	595,00
4.	Wir begleichen den Rest der Rechnung zur Tz. 1 unter Abzug von 2 % Skonto durch Banküberweisung		?
5.	Wir verkaufen Waren auf Ziel, netto	4.700,00 €	
	+ USt	893,00 €	5.593,00
6.	Barzahlung für Ausgangsfracht hierauf, netto	200,00 €	
	+ USt	38,00 €	238,00
7.	Wir erteilen dem Kunden (Tz. 5) eine Gutschrift für eine Mängelrüge, netto	300,00 €	
	+ USt	57,00 €	357,00

AUFGABE 3

Bilden Sie die Buchungssätze für die folgenden belegmäßig nachgewiesenen Geschäftsvorfälle:

			€
1.	Kauf von Waren auf Ziel, netto	5.000,00 €	
	+ USt	950,00 €	5.950,00
2.	Der Lieferer gewährt uns einen Bonus, netto	300,00 €	
	+ USt	57,00 €	357,00
3.	Kauf von Waren auf Ziel, netto	4.000,00 €	
	- 10 % Rabatt	- 400,00 €	
		3.600,00 €	
	+ USt	684,00 €	4.284,00
4.	Banküberweisung an Lieferer für Rechnung (Tz. 3)	4.284,00 €	
	abzüglich 3 % Skonto	- 128,52 €	4.155,48
5.	Warenverkauf auf Ziel, netto	8.000,00 €	
	+ USt	1.520,00 €	9.520,00
6.	Wir gewähren einem Kunden einen Bonus, netto	600,00 €	
	+ USt	114,00 €	714,00

			€
7.	Warenverkauf auf Ziel, netto	10.000,00 €	
	- Rabatt	- 2.000,00 €	
		8.000,00 €	
	+ USt	1.520,00 €	9.520,00
8.	Banküberweisung vom Kunden für Rechnung (Tz. 7)	9.520,00 €	
	abzüglich 2 % Skonto	- 190,40 €	9.329,60
9.	Gutschrift der Bank über für eine Ausgangsrechnung über 7.735 € (einschl. 19 % USt) abzüglich 2 % Skonto		7.580,30
10.	Lastschrift der Bank über für eine Eingangsrechnung über 8.687 € (einschl. 19 % USt) abzüglich 3 % Skonto		8.426,39

AUFGABE 4

Kontieren Sie EDV-gemäß die folgenden belegmäßig nachgewiesenen Geschäftsvorfälle. Verwenden Sie – soweit möglich – automatische Konten.

		€
1.	Der Kunde Dahlhoff (Debitoren-Nr. 10 112) zahlt vereinbarungsgemäß den Rechnungsbetrag über 10.000 € + 1.900 € USt = 11.900 € abzüglich 2 % Skonto = 238 € durch Postbanküberweisung.	11.662,00
2.	Banküberweisung an Lieferer Liesenfeld (Kreditoren-Nr. 70 017) für eine Rechnung über 3.600 € + 684 € USt = 4.284,00 € abzüglich 3 % Skonto = 128,52 €	4.155,48
3.	Der Lieferer Bach (Kreditoren-Nr. 70 103) gewährt uns in Form einer Gutschrift einen Bonus von 1.000 € + 190 € USt =	1.190,00
4.	Wir gewähren dem Kunden Caesar (Debitoren-Nr. 10 107) in Form einer Gutschrift einen Bonus von 500 € + 95 € USt =	595,00

Zusammenfassende Erfolgskontrolle

Der Unternehmer Eduard Jäger, Bonn, hat am 01.01.2026 durch Inventur folgende Anfangsbestände ermittelt:

Anfangsbestände	€
0640 (0430) Ladeneinrichtung	35.000,00
1140 (3980) Bestand Waren	130.000,00
1200 (1400) Forderungen aLuL	25.000,00
1406 (1576) Vorsteuer 19 %	0,00
1800 (1200) Bankguthaben	9.000,00
1600 (1000) Kasse	1.000,00
3300 (1600) Verbindlichkeiten aLuL	10.000,00
3806 (1776) Umsatzsteuer 19 %	10.000,00
2000 (0800) Eigenkapital	180.000,00

	Geschäftsvorfälle des Jahres 2026		€
1.	Kauf von Waren auf Ziel, netto	5.000,00 €	
	+ USt	950,00 €	5.950,00
2.	Banküberweisung an Lieferer für Rechnung (Tz. 1)	5.950,00 €	
	abzüglich 2 % Skonto	- 119,00 €	5.831,00
3.	Kauf von Waren auf Ziel, netto	2.000,00 €	
	- Rabatt	- 200,00 €	
		1.800,00 €	
	+ USt	342,00 €	2.142,00
4.	Verkauf von Waren auf Ziel, netto	20.000,00 €	
	- Rabatt	- 4.000,00 €	
		16.000,00 €	
	+ USt	3.040,00 €	19.040,00
5.	Banküberweisung vom Kunden für Rechnung über	11.900,00 €	
	abzüglich 2 % Skonto	238,00 €	11.662,00
6.	Banküberweisung der Umsatzsteuerschuld (Zahllast)		10.000,00
7.	Ein Lieferer gewährt Jäger einen Bonus, netto	500,00 €	
	+ USt	95,00 €	595,00
8.	Jäger gewährt einem Kunden einen Bonus, netto	300,00 €	
	+ USt	57,00 €	357,00
	Abschlussangaben		**€**
9.	Warenendbestand lt. Inventur		135.000,00
10.	Abschreibung auf Ladeneinrichtung		5.000,00

Aufgaben

1. Bilden Sie die Buchungssätze der Geschäftsvorfälle 2026. Konten für Rabatte werden nicht geführt.
2. Tragen Sie die Anfangsbestände auf T-Konten vor.
3. Buchen Sie die Geschäftsvorfälle.
4. Schließen Sie die Konten ab.

4.5 Handelskalkulation

Kalkulation heißt Preise berechnen. **Handelskalkulation** ist die Preisberechnung der Handelsbetriebe.

Die Unternehmensleitung der Handelsbetriebe will vor allem wissen, zu welchem **Einkaufspreis** (Bezugspreis) die Ware bezogen wird und zu welchem **Verkaufspreis** die Ware abgesetzt werden kann.

Der Betriebskreislauf eines Handelsbetriebes lässt erkennen, dass die Handelskalkulation von der **Einkaufsrechnung** ausgeht und zur **Verkaufsrechnung** führt:

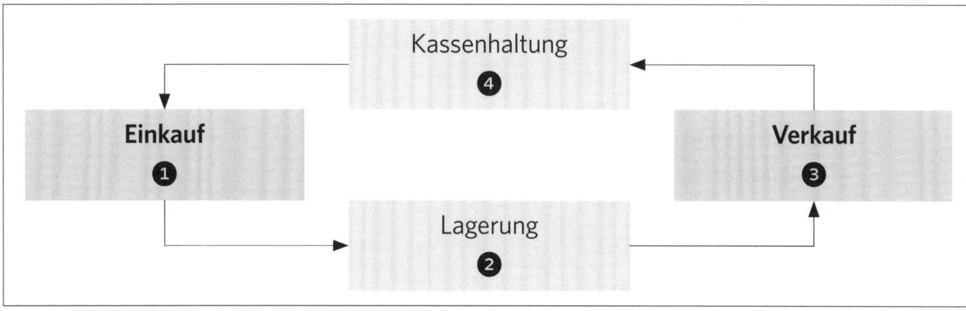

4.5.1 Kalkulationsschema

Auf der Grundlage der auf den einzelnen Stufen ermittelten **Kosten** lassen sich die **Angebotspreise** kalkulieren.

Handelswaren verursachen Kosten im **Beschaffungsbereich**, **Verwaltungsbereich und Vertriebsbereich** (**nicht** aber – wie im Industriebetrieb – auch im **Fertigungsbereich**).

Handlungskosten sind Kosten, die neben den Bezugskosten anfallen, wie z. B. Personalkosten, Miete, Abschreibungen usw.

Die **Umsatzsteuer** wird bei der Preisberechnung grundsätzlich **nicht** berücksichtigt, d. h., alle Preise sind **Nettopreise**.

	Netto-Listeneinkaufspreis	€
–	Liefererrabatt (erhaltener Rabatt)	%
=	**Netto-Zieleinkaufspreis**	
–	Liefererskonto (erhaltener Skonto)	%
=	**Netto-Bareinkaufspreis**	
+	Bezugskosten (z. B. Fracht, Rollgeld, Transportversicherung) absolut bzw.	%
=	**Netto-Einstandspreis (Bezugspreis)**	
+	Handlungskosten (Geschäftskosten)	%
=	**Selbstkosten**	
+	Gewinn	%
=	**Netto-Barverkaufspreis**	
+	Kundenskonto (gewährter Skonto)	**i. H.**
=	**Netto-Zielverkaufspreis**	
+	Kundenrabatt (gewährter Rabatt)	**i. H.**
=	**Netto-Listenverkaufspreis**	€

BEISPIEL

Die J & L GmbH kauft einen Tisch zum Netto-Listenpreis von 480 € ein.

Sie erhält vom Lieferer 25 % Rabatt und 3 % Skonto. J & L kalkulieren mit 34,80 € Bezugskosten, 16 ⅔ % Handlungskosten, 5 % Gewinn, 2 % Kundenskonto und 20 % Kundenrabatt.

Der Netto-Listen**verkaufspreis** des Tischs wird wie folgt berechnet:

	Netto-Listeneinkaufspreis	480,00 €
-	Liefererrabatt (25 % von 480 €)	120,00 €
=	**Netto-Zieleinkaufspreis**	360,00 €
-	Liefererskonto (3 % von 360 €)	10,80 €
=	**Netto-Bareinkaufspreis**	349,20 €
+	Bezugskosten	34,80 €
=	**Netto-Einstandspreis (Bezugspreis)**	384,00 €
+	Handlungskosten (16⅔ % von 384 €)	64,00 €
=	**Selbstkosten**	448,00 €
+	Gewinn (5 % von 448 €)	22,40 €
=	**Netto-Barverkaufspreis**	470,40 €
+	Kundenskonto (2 % von 480 €)	9,60 €
=	**Netto-Zielverkaufspreis**	480,00 €
+	Kundenrabatt (20 % von 600 €)	120,00 €
=	**Netto-Listenverkaufspreis**	**600,00 €**

In der Praxis der Handelsbetriebe werden häufig **vereinfachte** Kalkulationsverfahren angewandt. Diese Verfahren sind sinnvoll, wenn die Bedingungen über längere Zeit **konstant** bleiben.

4.5.2 Kalkulationszuschlag

Aus Vereinfachungsgründen werden vielfach die **einzelnen** Prozentsätze zwischen dem Netto-Einstandspreis (Bezugspreis) und dem Netto-Listenverkaufspreis zu **einem** Prozentsatz zusammengefasst.

Der Unterschied zwischen dem Verkaufspreis und dem Bezugspreis, ausgedrückt in Prozenten des **Bezugspreises**, wird als **Kalkulationszuschlag** bezeichnet:

	Netto-Einstandspreis (Bezugspreis)
+	Handlungskosten
=	**Selbstkosten**
+	Gewinn
=	**Netto-Barverkaufspreis**
+	Kundenskonto
=	**Netto-Zielverkaufspreis**
+	Kundenrabatt
=	**Netto-Listenverkaufspreis**

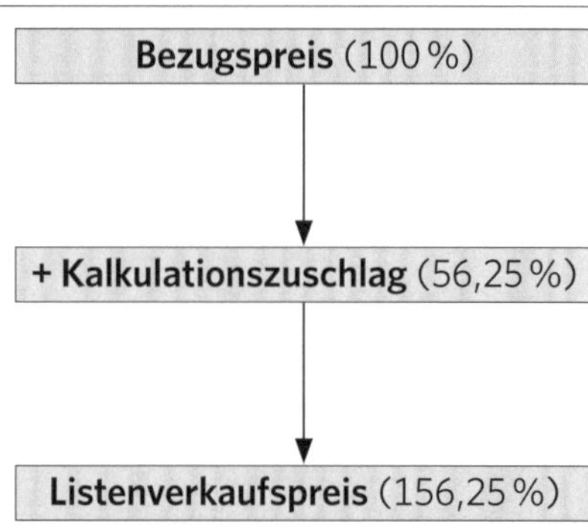

BEISPIEL

Sachverhalt wie im Beispiel zuvor (Seite 210). Der **Kalkulationszuschlag** und der Netto-Listenverkaufspreis werden wie folgt berechnet:

Bezugspreis		=	384 € (100 %)
Unterschiedsbetrag zwischen Listenverkaufspreis und Bezugspreis (600 € - 384 €)		=	216 € (x %)
Kalkulationszuschlag	x	=	$\frac{216\,€ \times 100\,\%}{384\,€}$
Kalkulationszuschlag	x	=	**56,25 %**

Kalkulationsvereinfachung:

	Bezugspreis (100 %)	384 €
+	**Kalkulationszuschlag (56,25 %** von 384 €)	216 €
=	Listenverkaufspreis (156,25 %)	**600 €**

4.5.3 Kalkulationsfaktor

An Stelle des Kalkulations**zuschlags** kann der Händler auch mit dem Kalkulations**faktor** rechnen.

Der **Kalkulationsfaktor** ist die Zahl, mit der man den Bezugspreis multiplizieren muss, um den Verkaufspreis zu erhalten.

Bezugspreis **x** Kalkulationsfaktor = Listenverkaufspreis

BEISPIEL

Sachverhalt wie im Beispiel zuvor. Der **Kalkulationsfaktor** beträgt bei einem Kalkulations**zuschlag** von **56,25 %** = **1,5625**.

Kalkulationsvereinfachung:

384 € **x** **1,5625** = **600 €**

ÜBUNG →

1. Wiederholungsfragen 1 bis 3 (Seite 213),
2. Aufgaben 1 bis 4 (Seite 213)

4.5.4 Handelsspanne

In vielen Wirtschaftsbereichen wird der **Verkaufspreis** empfohlen. In diesem Falle wird der Händler eine **Rückwärtskalkulation** (retrograde Kalkulation) durchführen, um den **Bezugspreis** zu erhalten.

Der Unterschied zwischen dem Verkaufspreis und dem Bezugspreis, ausgedrückt in Prozenten des **Verkaufspreises**, wird als **Handelsspanne** bezeichnet:

	Bezugspreis
+	Handlungskosten
=	**Selbstkosten**
+	Gewinn
=	**Barverkaufspreis**
+	Kundenskonto
=	**Zielverkaufspreis**
+	Kundenrabatt
=	**Listenverkaufspreis**

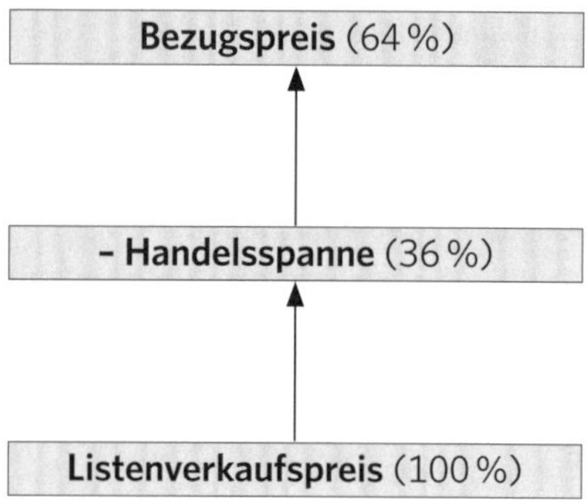

BEISPIEL

Sachverhalt wie im Beispiel zuvor (Seite 211). Die Handelsspanne und der Bezugspreis werden wie folgt berechnet:

Listenverkaufspreis		=	600 € (100 %)
Unterschiedsbetrag zwischen Listenverkaufspreis und Bezugspreis (600 € - 384 €)		=	216 € (x %)
Handelsspanne	x	=	$\frac{216\,€ \times 100\,\%}{600\,€}$
Handelsspanne	x	=	**36 %**

Kalkulationsvereinfachung:

	Listenverkaufspreis (100 %)	600 €
-	**Handelsspanne** (**36 %** von 600 €)	- 216 €
=	Bezugspreis (64 %)	**384 €**

ÜBUNG →
1. Wiederholungsfrage 4 (Seite 213),
2. Aufgabe 5 und 6 (Seiten 213 f.)

4.5.5 Erfolgskontrolle

Wiederholungsfragen

1. Wie wird der Netto-Listenverkaufspreis eines Handelsbetriebs ermittelt? (Nennen Sie das Kalkulationsschema.)
2. Wie wird der Kalkulationszuschlag ermittelt?
3. Was versteht man unter dem Kalkulationsfaktor?
4. Wie wird die Handelsspanne ermittelt?

Aufgaben

AUFGABE 1

1. Ermitteln Sie den Bezugspreis, wenn Ihnen folgende Zahlen zur Verfügung stehen: Selbstkosten 399 € und Handlungskosten 45 %.
2. Ermitteln Sie die Selbstkosten, wenn Ihnen folgende Zahlen zur Verfügung stehen: Bezugspreis 120 € und Handlungskosten 35 %.
3. Ermitteln Sie den Netto-Zielverkaufspreis, wenn der Netto-Barverkaufspreis 544 € beträgt und 2 % Kundenskonto gewährt werden.
4. Ermitteln Sie den Netto-Zieleinkaufspreis bei einem Netto-Listeneinkaufspreis von 1.120 € und einem Liefererrabatt von 5 %.
5. Ermitteln Sie die Selbstkosten bei einem Netto-Barverkaufspreis von 845 € und einem Gewinn von 18 %.

AUFGABE 2

Zu welchem Netto-Listenverkaufspreis kann ein Artikel angeboten werden, der mit 10 % Kundenrabatt, 2 % Kundenskonto und 20 % Gewinn verkauft werden soll und dessen Selbstkosten 270 € betragen?

AUFGABE 3

Für einen Warenposten stehen dem Baustoffgroßhändler Bieser folgende Zahlen zur Verfügung:

Netto-Zieleinkaufspreis	600 €
Netto-Einstandspreis (Bezugspreis)	650 €
Selbstkosten	800 €
Netto-Barverkaufspreis	1.000 €
Netto-Listenverkaufspreis	1.300 €

1. Wie hoch ist der Kalkulationszuschlag?
2. Wie hoch ist der Kalkulationsfaktor?

AUFGABE 4

Zu welchem Netto-Listenverkaufspreis kann ein Artikel angeboten werden, der mit 25 % Kundenrabatt und 2 % Kundenskonto verkauft werden soll und dessen Netto-Barverkaufspreis 447,65 € beträgt?

AUFGABE 5

Wie hoch ist die Handelsspanne der Aufgabe 3 (s. o.)?

AUFGABE 6

Die J & L Möbelfabrik GmbH, Koblenz, kauft im Rahmen ihres Handelsbetriebs Rokoko-Stühle ein, die ohne Be- und Verarbeitung weiterverkauft werden sollen. Die J & L GmbH erhält folgende Eingangsrechnung (ER):

FR. MEERBOTHE GMBH

FR. Meerbothe GmbH, Mariahilfsstraße 20, 56070 Koblenz-Lützel

J & L Möbelfabrik GmbH
Kammertsweg 64

56070 Koblenz

Bankverbindung:
Koblenzer Volksbank eG
Konto 2734566
BLZ 570 603 54
Steuernummer 22 220 1042 4
Lieferdatum 06.07.2026

Rechnung Nr. 970711 Datum 08.07.2026 W/S

Anzahl	Gegenstand	Listenpreis	Rabatt	Gesamtpreis
25	Rokoko-Stühle	875 €	10 %	19.687,50 €
	Transport-versicherung 1 %			196,88 €
	Fracht			906,13 €
				20.790,51 €
	19 % USt			3.950,20 €
	Rechnungsbetrag			**24.740,71 €**

Zahlbar innerhalb 10 Tagen abzüglich 2 % Skonto vom Warenwert oder 30 Tage netto.

Ermitteln Sie anhand der obigen Eingangsrechnung der Firma Meerbothe

1. den Zieleinkaufspreis je Stuhl,
2. den Bareinkaufspreis je Stuhl,
3. den Bezugspreis je Stuhl,
4. die Handelsspanne, wenn die J & L GmbH einen Stuhl zum Netto-Listenpreis von 1.175 € anbietet (zwei Dezimalstellen).

4.6 Besonderheiten der Industriebuchführung

Industriebetriebe stellen **Erzeugnisse** her mit dem Ziel, diese mit einem möglichst hohen Gewinn abzusetzen. Dabei entstehen auf den einzelnen Stufen des Betriebskreislaufs Kosten.

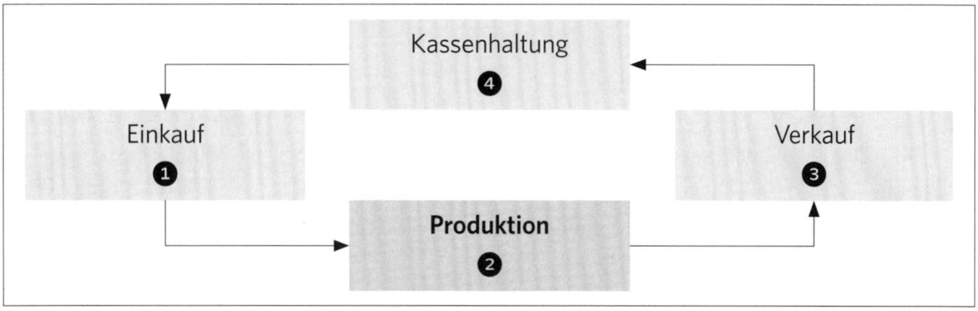

Unter **Kosten** versteht man den bewerteten Verbrauch von Wirtschaftsgütern zum Zwecke des Absatzes der betrieblichen Erzeugnisse. Neben dem Verbrauch von Wirtschaftsgütern zählen **auch Betriebssteuern** zu den Kosten.

Ein **Zweck** der Buchführung eines Industriebetriebs ist es, die **Kosten zu erfassen**. Nach ihrer Erfassung und Zurechenbarkeit **zum** einzelnen Erzeugnis unterscheidet man Einzelkosten und Gemeinkosten.

Einzelkosten sind Kosten, die jedem Erzeugnis **unmittelbar** zugerechnet werden können. Dazu gehören die Rohstoffkosten (z.B. Kosten für den Verbrauch von Holz, Stahl, Glas, Textilien).

Gemeinkosten sind Kosten, die den Erzeugnissen nur **mittelbar** mithilfe von Zuschlagsätzen zugerechnet werden können. Dazu gehören die Hilfsstoffkosten (z.B. Kosten für den Verbrauch von Nägeln, Schrauben, Farben) und die Betriebsstoffkosten (z.B. Kosten für den Verbrauch von Brennstoffen, Treibstoffen).

Bei Industriebetrieben kommt den **Herstellungskosten** besondere Bedeutung zu. Ein wesentlicher Bestandteil der Herstellungskosten sind die **Materialkosten**, die ebenfalls in Material**einzel**- und Material**gemeinkosten** unterteilt werden.

Weiterhin unterscheidet man innerhalb der Materialkosten zwischen Kosten für **Roh-**, **Hilfs-** und **Betriebsstoffe**. **Rohstoffe** sind Hauptbestandteile und **Hilfsstoffe** Nebenbestandteile, die stofflich in das Fertigerzeugnis eingehen. **Betriebsstoffe** gehen dagegen stofflich nicht in das Fertigerzeugnis ein. Sie sind jedoch zur Herstellung der Erzeugnisse erforderlich (z.B. Strom).

4.6.1 Kauf von Roh-, Hilfs- und Betriebsstoffen

Der **Kauf von Roh-, Hilfs- und Betriebsstoffen** wird – **wie der Kauf von Waren** (siehe Seiten 95 f.) – **auf Aufwandskonten erfasst**, weil unterstellt wird, dass die eingekauften Stoffe sofort bei der Produktion verbraucht werden.

Die DATEV-Kontenrahmen sehen hierfür folgende Konten vor:

5010 (3001) **Aufwendungen für Rohstoffe,**
5020 (3002) **Aufwendungen für Hilfsstoffe,**
5030 (3003) **Aufwendungen für Betriebsstoffe.**

BEISPIEL

Die J & L Möbelfabrik GmbH kauft folgende Stoffe ein:

1.	Rohstoffe auf Ziel, netto	5.100,00 €	
	+ USt	969,00 €	6.069,00 €
2.	Hilfsstoffe auf Ziel, netto	1.600,00 €	
	+ USt	304,00 €	1.904,00 €
3.	Betriebsstoffe auf Ziel, netto	1.250,00 €	
	+ USt	237,50 €	1.487,50 €
4.	Die J & L GmbH sendet beschädigte Rohstoffe zurück, netto	300,00 €	
	+ USt	57,00 €	357,00 €
5.	Für mangelhaft gelieferte Betriebsstoffe erhält die J & L GmbH eine Gutschrift, netto	150,00 €	
	+ USt	28,50 €	178,50 €

Buchungssätze:

Tz.	Sollkonto	Betrag (€)	Habenkonto
1.	**5010** (3001) Aufw. für Rohstoffe	5.100,00	
	1406 (1576) Vorsteuer 19 %	969,00	
		6.069,00	**3300** (1600) Verbindlichk. aLuL
2.	**5020** (3002) Aufw. für Hilfsstoffe	1.600,00	
	1406 (1576) Vorsteuer 19 %	304,00	
		1.904,00	**3300** (1600) Verbindlichk. aLuL
3.	**5030** (3003) Aufw. f. Betriebsstoffe	1.250,00	
	1406 (1576) Vorsteuer 19 %	237,50	
		1.487,50	**3300** (1600) Verbindlichk. aLuL
4.	**3300** (1600) Verbindlichk. aLuL	357,00	
		300,00	**5010** (3001) Aufw. für Rohstoffe
		57,00	**1406** (1576) Vorsteuer 19 %
5.	**3300** (1600) Verbindlichk. aLuL	178,50	
		150,00	**5030** (3003) Aufw. f. Betriebsstoffe
		28,50	**1406** (1576) Vorsteuer 19 %

Buchungen:

S	**5010** (3001) **Aufw. für Rohstoffe**		H
1)	5.100,00	4)	300,00

S	**1406** (1576) **Vorsteuer 19 %**		H
1)	969,00	4)	57,00
2)	304,00	5)	28,50
3)	237,50		

S	**5020** (3002) **Aufw. für Hilfsstoffe**		H
2)	1.600,00		

S	**3300** (1600) **Verbindlichkeiten aLuL**		H
4)	357,00	1)	6.069,00
5)	178,50	2)	1.904,00
		3)	1.487,50

S	**5030** (3003) **Aufw. für Betriebsstoffe**		H
3)	1.250,00	5)	150,00

Fallen beim **Eingang** von Roh-, Hilfs- und Betriebsstoffen **Anschaffungsnebenkosten (ANK)** an, so können diese zur besseren Übersicht auf entsprechende Bezugsnebenkosten-Konten gebucht werden:

5801 (3801) **Bezugsnebenkosten Rohstoffe,**
5802 (3802) **Bezugsnebenkosten Hilfsstoffe,**
5803 (3803) **Bezugsnebenkosten Betriebsstoffe.**

BEISPIEL

Beim Eingang von Roh-, Hilfs- und Betriebsstoffen sind folgende **Anschaffungsnebenkosten** angefallen:

1.	Bahnfracht für Rohstoffe, netto	100 €	
	+ USt	19 €	119 €
	Der Betrag wurde nicht sofort gezahlt.		
2.	Postgebühren für Hilfsstoffe, bar		50 €
3.	Transportkosten für Betriebsstoffe durch Banküberweisung, netto	200 €	
	+ USt	38 €	238 €

Buchungssätze:

Tz.	Sollkonto	Betrag (€)	Habenkonto
1.	**5801** (3801) BNK Rohstoffe **1406** (1576) Vorsteuer 19 %	100,00 19,00 119,00	 **3300** (1600) Verbindlichk. aLuL
2.	**5802** (3802) BNK Hilfsstoffe	50,00	**1600** (1000) Kasse
3.	**5803** (3803) BNK Betriebsstoffe **1406** (1576) Vorsteuer 19 %	200,00 38,00 238,00	 **1800** (1200) Bank

Buchungen:

S	**5801** (3801) **BNK Rohstoffe**	H
1)	100,00	

S	**5802** (3802) **BNK Hilfsstoffe**	H
2)	50,00	

S	**5803** (3803) **BNK Betriebsstoffe**	H
3)	200,00	

S	**1406** (1576) **Vorsteuer 19 %**	H
1)	19,00	
3)	38,00	

S	**1600** (1000) **Kasse**	H
	2)	50,00

S	**1800** (1200) **Bank**	H
	3)	238,00

S	**3300** (1600) **Verbindlichkeiten aLuL**	H
	1)	119,00

Die **Bezugsnebenkosten-Konten** werden **über** die entsprechenden **Aufwandskonten 5010** (3001), **5020** (3002) und **5030** (3003) abgeschlossen.

ÜBUNG →
1. Wiederholungsfragen 1 und 2 (Seite 221),
2. Aufgaben 1 und 2 (Seiten 221 f.)

4.6.2 Bestand Stoffe und Bestandsveränderungen der Stoffe

In den meisten Industriebetrieben wird die **eingekaufte** Menge an Roh-, Hilfs- und Betriebsstoffen in einem Rechnungszeitraum **nicht** mit der **verbrauchten** Stoffmenge im gleichen Zeitraum **übereinstimmen**.

Diese **Bestandsveränderungen** der Stoffe müssen am **Ende** des Geschäftsjahres berücksichtigt werden.

Zu **Beginn** des Geschäftsjahres werden **im Soll** auf den folgenden **Bestandskonten** die **Anfangsbestände vorgetragen**:

1010 (3971) **Bestand Rohstoffe,**
1020 (3972) **Bestand Hilfsstoffe,**
1030 (3973) **Bestand Betriebsstoffe.**

Zum **Ende** des Geschäftsjahres werden **im Haben** der Bestandskonten die durch Inventur ermittelten **Schlussbestände gebucht**.

Die **Gegenbuchung** erfolgt auf dem **Schlussbilanzkonto**.

Die **Bestandsveränderungen** (Bestands**mehrungen** bzw. Bestands**minderungen**) der Stoffe werden über die folgenden Konten gebucht:

5881 (3961) **Bestandsveränderungen Rohstoffe,**
5882 (3962) **Bestandsveränderungen Hilfsstoffe,**
5883 (3963) **Bestandsveränderungen Betriebsstoffe.**

BEISPIEL

Die J & L Möbelfabrik GmbH hat folgende **Stoffbestände** ermittelt:

Anfangsbestände zum 01.01.2026:

Rohstoffe	**70.180 €**
Hilfsstoffe	**22.360 €**
Betriebsstoffe	**16.150 €**

Endbestände zum 31.12.2026:

Rohstoffe	**58.610 €**
Hilfsstoffe	**32.750 €**
Betriebsstoffe	**13.910 €**

Die Buchungen zum 31.12.2026 werden wie folgt vorgenommen:

Buchungssätze der **Schlussbestände** und **Bestandsveränderungen**:

Tz.	Sollkonto	Betrag (€)	Habenkonto
	9998 (9998) SBK **9998** (9998) SBK **9998** (9998) SBK	58.610,00 32.750,00 13.910,00	**1010** (3971) Bestand Rohstoffe **1020** (3972) Bestand Hilfsstoffe **1030** (3973) Bestand Betriebsstoffe
1.	**5881** (3961) BV Rohstoffe	11.570,00	**1010** (3971) Bestand Rohstoffe
2.	**1020** (3972) Bestand Hilfsstoffe	10.390,00	**5882** (3962) BV Hilfsstoffe
3.	**5883** (3963) BV Betriebsstoffe	2.240,00	**1030** (3973) Bestand Betriebsstoffe

Buchungen:

S	**1010** (3971) **Bestand Rohstoffe**		H
AB	70.180,00	SBK	**58.610,00**
		1)	11.570,00
	70.180,00		70.180,00

S	**5881** (3961) **BV Rohstoffe**		H
1)	11.570,00		

S	**1020** (3972) **Bestand Hilfsstoffe**		H
AB	22.360,00	SBK	**32.750,00**
2)	10.390,00		
	32.750,00		32.750,00

S	**5882** (3962) **BV Hilfsstoffe**		H
		2)	10.390,00

S	**1030** (3973) **Bestand Betriebsstoffe**		H
AB	16.150,00	SBK	**13.910,00**
		3)	2.240,00
	16.150,00		16.150,00

S	**5883** (3963) **BV Betriebsstoffe**		H
3)	2.240,00		

S	**9998** (9998) **SBK**		H
Bestand Rohstoffe	**58.610,00**		
Bestand Hilfsstoffe	**32.750,00**		
Bestand Betriebsstoffe	**13.910,00**		

Die **Bestandsveränderungskonten** für **Roh-, Hilfs- und Betriebsstoffe** werden **über** die Aufwandskonten **5010** (3001) Aufwendungen für Rohstoffe, **5020** (3002) Aufwendungen für Hilfsstoffe und **5030** (3003) Aufwendungen für Betriebsstoffe **abgeschlossen**.

ÜBUNG →
1. Wiederholungsfragen 3 und 4 (Seite 221),
2. Aufgabe 3 (Seite 223)

4.6.3 Bestandsveränderungen der unfertigen und fertigen Erzeugnisse

Am Bilanzstichtag sind in der Regel nicht alle **Erzeugnisse** eines Industriebetriebes **fertiggestellt** und nicht alle fertiggestellten Erzeugnisse **abgesetzt**.

Der **Bestand** an unfertigen und fertigen Erzeugnissen wird zum Bilanzstichtag durch **Inventur** ermittelt.

Die unfertigen und fertigen **Erzeugnisse** werden mit den bis zum Bilanzstichtag angefallenen **Herstellungskosten** bewertet.

Einzelheiten zu den **Herstellungskosten** erfolgen im Abschnitt 5.2.1.1.2 der **Buchführung 2**, 37. Auflage, Seiten 76 ff. B 2

Die **Bestände** an **unfertigen und fertigen Erzeugnissen** werden auf eigens dafür eingerichteten Konten aktiviert. Die DATEV-Kontenrahmen **SKR 04** und SKR 03 sehen hierfür folgende Konten vor:

1050 (7050) **Bestand unfertige Erzeugnisse,**
1100 (7110) **Bestand fertige Erzeugnisse.**

Auf diesen Konten werden jeweils **nur** der **Anfangsbestand**, der **Schlussbestand** und die **Bestandsveränderungen** zwischen Anfangs- und Schlussbestand erfasst.

BEISPIEL

Die J & L Möbelfabrik GmbH hat durch Inventur die folgenden **Bestände** ermittelt:

	Unfertige Erzeugnisse	Fertige Erzeugnisse
01.01.2026 (Anfangsbestände)	35.670 €	80.280 €
31.12.2026 (Schlussbestände)	28.450 €	100.150 €

S	**1050** (7050) **Bestand unfertige Erzeugnisse** (2026)		H
SV	**35.670,00**	SBK	**28.450,00**
		Bestandsveränderung	7.220,00
	35.670,00		35.670,00

S	**1100** (7110) **Bestand fertige Erzeugnisse** (2026)		H
SV	**80.280,00**	SBK	**100.150,00**
Bestandsveränderung	19.870,00		
	100.150,00		100.150,00

Die **Anfangsbestände** werden auf dem Konto „**9000 Saldenvorträge**" **gegengebucht**.

Die **Gegenbuchung** der **Schlussbestände** erfolgt auf dem **SBK**.

Die **Bestandsveränderungen** werden auf den Konten

4810 (8960) **Bestandsveränderungen unfertige Erzeugnisse** bzw.
4800 (8980) **Bestandsveränderungen fertige Erzeugnisse**

gegengebucht.

BEISPIEL

Sachverhalt wie zuvor. Die Konten **4810** (8960) und **4800** (8980) zeigen nach den Buchungen der Bestandsveränderungen folgendes Bild:

S	**4810** (8960) **Bestandsveränderungen unfertige Erzeugnisse**		H
unfertige Erzeugnisse	**7.220,00**		

S	**4800** (8980) **Bestandsveränderungen fertige Erzeugnisse**		H
		fertige Erzeugnisse	**19.870,00**

Die Konten „**Bestandsveränderungen**" sind - wie sich aus den Kontonummern ergibt - **Erfolgskonten**. Sie werden über das **GuVK** abgeschlossen.

In einer nach dem **Gesamtkostenverfahren** gegliederten GuVR werden die Bestandsveränderungen unter **Posten 2** „Erhöhung oder Verminderung des Bestands an **fertigen und unfertigen Erzeugnissen**" ausgewiesen.

Bei einer **betriebswirtschaftlichen** Auswertung dieser GuVR ist hinsichtlich des Postens „Bestandsveränderungen" Folgendes zu beachten:

In der GuVR werden unter den Aufwendungen die **gesamten Kosten** der im Geschäftsjahr **hergestellten** Erzeugnisse artenmäßig ausgewiesen, gleichgültig, ob diese Erzeugnisse in diesem Geschäftsjahr auch abgesetzt wurden oder nicht.

Auf der anderen Seite werden unter den **Umsatzerlösen** die Erlöse aller Erzeugnisse ausgewiesen, die in diesem Geschäftsjahr **abgesetzt** wurden, gleichgültig, ob sie in dem betreffenden oder einem früheren Jahr hergestellt wurden.

Will man die **Gesamtaufwendungen** der im betreffenden Geschäftsjahr **umgesetzten Erzeugnisse** ermitteln, dann ist der **Posten 2** mit den **Aufwendungen zusammenzufassen**.

Will man hingegen die **Gesamtleistung** ermitteln, die den Gesamtaufwendungen der **hergestellten Erzeugnisse** entspricht, dann ist der **Posten 2** mit den **übrigen Leistungen zusammenzufassen**.

ÜBUNG →	1. Wiederholungsfragen 5 und 6 (Seite 221), 2. Aufgaben 4 bis 6 (Seite 223)

4.6.4 Erfolgskontrolle

Wiederholungsfragen

1. Wie wird der Kauf von Roh-, Hilfs- und Betriebsstoffen buchmäßig erfasst?
2. Welche Bezugsnebenkosten-Konten werden beim Eingang von Roh-, Hilfs- und Betriebsstoffen üblicherweise geführt?
3. Was wird auf den Bestandskonten Stoffe gebucht?
4. Wie werden die Bestandsveränderungen der Stoffe buchmäßig behandelt?
5. Wie werden die Bestände an fertigen und unfertigen Erzeugnissen zum Bilanzstichtag ermittelt?
6. Mit welchem Wert werden die fertigen und unfertigen Erzeugnisse bilanziert?

Aufgaben

AUFGABE 1

Bilden Sie die Buchungssätze für folgende Geschäftsvorfälle:

		€
1. Kauf von Rohstoffen auf Ziel, netto	12.000,00 €	
+ USt	2.280,00 €	14.280,00
2. Rücksendung beschädigter Rohstoffe, netto	1.000,00 €	
+ USt	190,00 €	1.190,00
3. Barzahlung von Fracht für Rohstoffe, netto	250,00 €	
+ USt	47,50 €	297,50
4. Banküberweisung für auf Ziel gekaufte Rohstoffe		
Rechnungsbetrag	13.090,00 €	
- 2 % Skonto	- 261,80 €	12.828,20
5. Kauf von Hilfsstoffen durch Banküberweisung, netto	700,00 €	
+ USt	133,00 €	833,00
6. Transportkosten für Hilfsstoffe bar, netto	60,00 €	
+ USt	11,40 €	71,40
7. Kauf von Betriebsstoffen auf Ziel, netto	5.500,00 €	
+ USt	1.045,00 €	6.545,00

			€
8.	Gutschrift für mangelhaft gelieferte Betriebsstoffe, netto + USt	150,00 € 28,50 €	178,50
9.	Postbanküberweisung für auf Ziel gekaufte Betriebsstoffe, nach Abzug von 3 % Skonto		6.233,22
10.	Transportkosten für Betriebsstoffe bar, netto + USt	120,00 € 22,80 €	142,80

AUFGABE 2

Bilden Sie die Buchungssätze für die folgenden Geschäftsvorfälle der Schulmöbelfabrik Steglich:

			€
1.	Zielkauf von Eichenholz für Tische, netto + USt	12.000,00 € 2.280,00 €	14.280,00
2.	Zielkauf von Stahlrohren für Stühle, netto + USt	2.700,00 € 513,00 €	3.213,00
3.	Zielkauf von Sperrholz für Stühle, netto + USt	3.100,00 € 589,00 €	3.689,00
4.	Zielkauf von Schrauben für Tische und Stühle, netto + USt	450,00 € 85,50 €	535,50
5.	Zielkauf von Farben für Tische und Stühle, netto + USt	750,00 € 142,50 €	892,50
6.	Zielkauf von Leim für Tische und Stühle, netto + USt	850,00 € 161,50 €	1.011,50
7.	Kauf von Schmieröl für die Fertigungsmaschinen durch Banküberweisung, netto + USt	400,00 € 76,00 €	476,00
8.	Zielkauf von Treibstoffen für die Fertigungsmaschinen, netto + USt	3.600,00 € 684,00 €	4.284,00
9.	Zielkauf von Sperrholz als Einlegebretter für Tische, netto + USt	2.800,00 € 532,00 €	3.332,00
10.	Kauf von Lacken für Tische und Stühle durch Banküberweisung, netto + USt	1.900,00 € 361,00 €	2.261,00

AUFGABE 3

Der Unternehmer Gröning hat folgende Bestände ermittelt:

	Anfangsbestände	Schlussbestände
Rohstoffe	70.280 €	65.320 €
Hilfsstoffe	50.350 €	52.190 €
Betriebsstoffe	30.480 €	27.170 €

Bilden Sie die Buchungssätze für die Schlussbestände und die Bestandsveränderungen der Stoffe.

AUFGABE 4

Ein Industriebetrieb hat durch Inventur folgende Bestände ermittelt:

	Unfertige Erzeugnisse	Fertige Erzeugnisse
01.01.2026 (Anfangsbestände)	17.860 €	85.730 €
31.12.2026 (Schlussbestände)	19.350 €	92.140 €

1. Ermitteln Sie die Bestandsveränderungen.
2. Bilden Sie die Buchungssätze für die Bestandsveränderungen.
3. Richten Sie die entsprechenden Konten ein und buchen Sie die Bestandsveränderungen auf Konten.
4. Schließen Sie alle eingerichteten Konten ab.

AUFGABE 5

Der Unternehmer Rech weist in seiner Buchhaltung zum 31.12.2026 folgende Kontenbestände auf:

5010 (3001) Aufw. für Rohstoffe	200.000 €
1010 (3971) Bestand Rohstoffe	10.000 €
5801 (3801) BNK Rohstoffe	5.000 €
Der Endbestand laut Inventur beträgt:	14.000 €

Ermitteln Sie den Rohstoffverbrauch für das Wirtschaftsjahr 2026.

AUFGABE 6

In einem Unternehmen weist das Konto Bestandsveränderungen an FE/UFE einen Saldo in Höhe von 40.000 € im Haben aus. Welche Aussagen sind richtig?

1. Der Saldo wird im GuV-Konto im Soll gegengebucht.
2. Der Saldo wird im GuV-Konto im Haben gegengebucht.
3. Die Buchung der Bestandsveränderung wirkt gewinnerhöhend.
4. Die Buchung der Bestandsveränderung wirkt gewinnmindernd.
5. Es liegt eine Bestandsminderung vor.
6. Es liegt eine Bestandsmehrung vor.

Weitere Aufgaben mit Lösungen finden Sie im **Lösungsbuch** der Buchführung 1. A L

Zusammenfassende Erfolgskontrolle

Ein Industriebetrieb hat am 01.01.2026 durch Inventur folgende Anfangsbestände ermittelt:

Anfangsbestände	€
0440 (0210) Maschinen	200.000,00
1010 (3971) Bestand Rohstoffe	100.000,00
1020 (3972) Bestand Hilfsstoffe	25.000,00
1030 (3973) Bestand Betriebsstoffe	14.300,00
1050 (7050) Bestand unfertige Erzeugnisse	101.300,00
1100 (7110) Bestand fertige Erzeugnisse	95.400,00
1200 (1400) Forderungen aLuL	115.000,00
1406 (1576) Vorsteuer 19 %	0,00
1600 (1000) Kasse	16.400,00
1800 (1200) Bankguthaben	86.400,00
2000 (0800) Eigenkapital	?
3300 (1600) Verbindlichkeiten aLuL	167.808,00
3806 (1776) Umsatzsteuer 19 %	5.670,00

Folgende Konten sind noch einzurichten:

5010 (3001) Aufwendungen für Rohstoffe, **5020** (3002) Aufwendungen für Hilfsstoffe, **5030** (3003) Aufwendungen für Betriebsstoffe, **4200** (8200) Erlöse, **5881** (3961) Bestandsveränderungen Rohstoffe, **5882** (3962) Bestandsveränderungen Hilfsstoffe, **5883** (3963) Bestandsveränderungen Betriebsstoffe, **4810** (8960) Bestandsveränderungen unfertige Erzeugnisse, **4800** (8980) Bestandsveränderungen fertige Erzeugnisse, **6000** (4100) Löhne und Gehälter, **6220** (4830) Abschreibungen auf Sachanlagen, **6310** (4210) Miete, **6460** (4800) Reparaturen von Maschinen, **9999** (9999) GuVK, **9998** (9998) SBK.

Geschäftsvorfälle des Jahres 2026		€
1. Kauf von Rohstoffen auf Ziel, netto	30.000,00 €	
+ USt	5.700,00 €	35.700,00
2. Kauf von Hilfsstoffen auf Ziel, netto	10.000,00 €	
+ USt	1.900,00 €	11.900,00
3. Kauf von Betriebsstoffen auf Ziel, netto	15.000,00 €	
+ USt	2.850,00 €	17.850,00
4. Banküberweisung von Kunden		23.000,00
5. Verkauf von Erzeugnissen auf Ziel, netto	160.000,00 €	
+ USt	30.400,00 €	190.400,00
6. Banküberweisung für Geschäftsmiete		15.000,00
7. Banküberweisung an Lieferer		34.500,00
8. Verkauf von Erzeugnissen gegen Banküberweisung, netto	110.000,00 €	
+ USt	20.900,00 €	130.900,00
9. Banküberweisung der Umsatzsteuerschuld (Zahllast)		5.670,00
10. Banküberweisung der Löhne und Gehälter		36.000,00
11. Banküberweisung für Maschinenreparatur, netto	2.000,00 €	
+ USt	380,00 €	2.380,00
Abschlussangaben		**€**
12. Abschreibung auf Maschinen		20.000,00
13. Endbestand Rohstoffe		40.000,00
14. Endbestand Hilfsstoffe		15.000,00
15. Endbestand Betriebsstoffe		11.100,00
16. Endbestand unfertige Erzeugnisse		76.000,00
17. Endbestand fertige Erzeugnisse		140.000,00

Aufgaben

1. Bilden Sie die Buchungssätze der Geschäftsvorfälle des Jahres 2026.
2. Tragen Sie die Anfangsbestände auf den Konten vor.
3. Buchen Sie die belegmäßig nachgewiesenen Geschäftsvorfälle.
4. Schließen Sie die Konten ab.

5 Personalwirtschaft

Die Inanspruchnahme des Produktionsfaktors **Arbeit** verursacht Kosten, die unter dem Begriff **Personalkosten** zusammengefasst werden.

LF 5

5.1 Überblick über die Personalkosten

Zu den **Personalkosten** gehören alle Aufwendungen, die durch die Beschäftigung von Arbeitnehmern verursacht werden.

Arbeitnehmer werden in die Gruppe der **Arbeiter** und die der **Angestellten** untergliedert. Die Abgrenzung zwischen Arbeitern und Angestellten erfolgt anhand der **Art der ausgeübten Beschäftigung** und ist im Einzelfall zu entscheiden. Kennzeichnend für die Tätigkeit als Arbeiter ist, dass vor allem die **körperliche** Arbeitskraft dem Arbeitgeber zur Verfügung gestellt wird. Die Vergütungen für Arbeiter werden als **Löhne**, die Vergütungen für Angestellte als **Gehälter** bezeichnet.

Die **Arbeitnehmer** erhalten grundsätzlich nicht das vertraglich vereinbarte Arbeitsentgelt (**Bruttolohn** bzw. **-gehalt**) ausgezahlt. In der Regel behält der Arbeitgeber bestimmte **Abzüge** ein und zahlt dem Arbeitnehmer einen Nettobetrag (**Nettolohn** bzw. **-gehalt**) aus. Diese vom Arbeitgeber einbehaltenen Abzüge umfassen **Steuern** (Lohnsteuer, Solidaritätszuschlag und ggf. Kirchensteuer) sowie die **Arbeitnehmeranteile zur Sozialversicherung**.

Für den **Arbeitgeber** stellt das vertraglich vereinbarte Arbeitsentgelt **nicht** die Personalkosten dar. Zusätzlich zum Bruttolohn bzw. -gehalt hat er den **Arbeitgeberanteil zur Sozialversicherung** sowie die gesetzlichen Beiträge zur **Unfallversicherung** (Berufsgenossenschaft) zu tragen. Daneben können **freiwillige soziale Aufwendungen** des Arbeitgebers Bestandteile der Personalkosten sein.

Die Personalkosten des **Arbeitgebers** lassen sich wie folgt einteilen:

1. Löhne und Gehälter

Dazu gehören alle **Löhne** für Arbeiter und alle **Gehälter** für Angestellte, gleich, für welche Arbeit, in welcher Form und unter welcher Bezeichnung sie gezahlt werden (z.B. auch Urlaubsgelder, Weihnachtsgelder, Überstundenvergütungen, vermögenswirksame Leistungen, Sachbezüge).

2. Gesetzliche soziale Aufwendungen

Dazu gehören die Arbeit**geber**anteile zur gesetzlichen Kranken-, Pflege-, Renten- und Arbeitslosenversicherung, die Beiträge zur gesetzlichen Unfallversicherung (Berufsgenossenschaft).

3. Freiwillige soziale Aufwendungen

Dazu gehören z.B. freiwillige Fahrtkostenzuschüsse, freiwillige Zuschüsse zu Kantinen, Erholungs- und Sportanlagen, Unterstützungen im Krankheits- und Todesfall.

Durch die **Pflege-Beitragssatz-Anpassungsverordnung 2025** ist der Beitragssatz zur **Pflegeversicherung** zum **01.01.2025** von 3,40 % auf **3,60 %** gestiegen. **Kinderlose** ab dem Alter von 23 Jahren (und die ab dem 01.01.1940 geboren) sind, zahlen weiterhin einen **Zuschlag zur Pflegeversicherung** von **0,60 %**. Dieser Zuschlag ist **nur** vom Arbeit**nehmer** zu tragen.

Eltern mit **mehr als einem Kind** werden **entlastet**, indem der Beitrag ab dem zweiten Kind **um 0,25 % pro Kind sinkt**. Dieser Abschlag wird **bis zum fünften Kind** gewährt und gilt bis zum Ablauf des Monats, in dem das jeweilige Kind das **25. Lebensjahr vollendet** hat.

Seit 2025 gibt es **erstmals** eine **einheitliche Bemessungsgrundlage** und eine **einheitliche Bezugsgröße** in den sogenannten neuen und alten Bundesländern. Für das Jahr 2026 ergibt sich folgende Verteilung der Beitragslast im Rahmen der **Sozialversicherung**:

Sozialversicherungsträger	monatliche Beitragsbemessungsgrenzen 2026	Beitragssätze 2026	Arbeitnehmeranteil	Arbeitgeberanteil
Rentenversicherung (RV)	8.450,00 €	**18,6 %**	**9,3 %**	**9,3 %**
Krankenversicherung (KV)*	5.812,50 €	14,6 %	7,3 %	7,3 %
Pflegeversicherung (PV)**	5.812,50 €			
Kinderlose		4,20 %	2,40 %	
Eltern mit 1 Kind		3,60 %	1,80 %	
Eltern mit 2 Kindern		3,35 %	1,55 %	1,80 %
Eltern mit 3 Kindern		3,10 %	1,30 %	
Eltern mit 4 Kindern		2,85 %	1,05 %	
Eltern mit 5 und mehr Kindern		2,60 %	0,80 %	
Arbeitslosenversicherung (AV)	8.450,00 €	2,6 %	1,30 %	1,30 %
insgesamt (ohne Zusatzbeitrag KV) mit einem Kind			19,70 %	19,70 %
insgesamt für Kinderlose (ohne Zusatzbeitrag KV)			20,30 %	19,70 %

* ohne kassenindividuellen Zusatzbeitrag

** **Ausnahme Sachsen**: Arbeitnehmer ab 2,30 %, kinderlose Arbeitnehmer 2,90 %, Arbeitgeber 1,30 %.

Die Krankenkassen erheben einen **kassenindividuellen Zusatzbeitrag**, der **zu gleichen Teilen** von Arbeitnehmern und Arbeitgebern bzw. von Rentnerinnen und Rentnern und der Rentenversicherung getragen wird. Der durchschnittliche Zusatzbeitrag wurde für **2026** von 2,5 **%** auf **2,9 %** erhöht (**Bundesanzeiger vom 10.11.2025**). Eine Übersicht der kassenindividuellen Zusatzbeiträge findet sich auf der Homepage der Krankenkassen Deutschland (www.krankenkassen.de).

Zum **Fälligkeitstag** der Sozialversicherungsbeiträge (Fälligkeit am drittletzten Bankarbeitstag des **laufenden** Monats) wird der **Prognosebeitrag** zur Sozialversicherung auf dem Konto

3759 (1759) **Voraussichtliche Beitragsschuld gegenüber den Sozialversicherungsträgern**

im **Soll** gebucht.

Am **Monatsende** werden der **tatsächliche** Arbeitgeberanteil und Arbeitnehmeranteil zur Sozialversicherung gemeinsam im **Haben** auf dem Konto **3759** (1759) erfasst. Der sich dabei auf dem Konto ergebende **Saldo** ist der verbleibende **Restbetrag** oder **Erstattungsanspruch** für den Folgemonat.

BEISPIEL 1

Die J & L GmbH, Koblenz, hat für den Monat Januar 2026 einen Prognosebeitrag zur Sozialversicherung von insgesamt **38.650 €** (AN-Anteil + AG-Anteil) ermittelt.

Buchungssatz zum 28.01.2026:

Tz.	Sollkonto	Betrag (€)	Habenkonto
1.	**3759** (1759) Voraussichtliche Beitragsschuld	38.650,00	**1800** (1200) Bank

BEISPIEL 2

Am **Monatsende** (31.01.2026) ergibt sich folgendes **tatsächliche** Bild:

	Bruttogehalt	100.000 €
-	LSt/KiSt/SolZ	- 15.100 €
-	Sozialversicherungsbeiträge (AN-Anteil, inkl. Zusatzbeitrag)	- 19.475 €
=	Nettogehalt	65.425 €

Der **AG-Anteil** zur Sozialversicherung beträgt **19.325 €**.

Buchungssatz zum Monatsende (31.01.2026)

Tz.	Sollkonto	Betrag (€)	Habenkonto
2.	**6020** (4120) Gehälter	100.000,00	
		15.100,00	**3730** (1741) Verb. LSt/KiSt
		19.475,00	**3759** (1759) Voraussichtl. Beitragsschuld
		65.425,00	**3720** (1740) Verb. aus Lohn/Gehalt
	6110 (4130) Ges. soz. Aufw.	19.325,00	**3759** (1759) Voraussichtl. Beitragsschuld

Buchung der Beispiele 1 und 2:

S **3759** (1759) **Voraussichtl. Beitragssch.** H

S		H	
1)	38.650,00	2)	19.475,00
		2)	19.325,00

S **1800** (1200) **Bank** H

S		H	
		1)	38.650,00

S **6020** (4120) **Gehälter** H

S		H	
2)	100.000,00		

S **3730** (1741) **Verb. LSt/KiSt** H

S		H	
		2)	15.100,00

S **6110** (4130) **Gesetzliche soziale Aufw.** H

S		H	
2)	19.325,00		

S **3720** (1740) **Verb. aus Lohn/Gehalt** H

S		H	
		2)	65.425,00

Auf dem Konto **3759** (1759) bleibt ein **Restbetrag** von **150 €** offen. Dieser Restbetrag wird am 25.02.2026 fällig und mit der Vorausleistung für den Monat Februar überwiesen. Bis zu diesem Tag müssen die Beiträge auf dem Konto der Einzugsstelle eingegangen sein.

Bei den folgenden Personalkosten wird unterstellt, dass die **Prognosebeiträge** zur Sozialversicherung **identisch** sind mit den **tatsächlichen** Gesamtsozialversicherungsbeiträgen, sodass das Konto **3759** (1759) entfällt.

LF 5

5.2 Buchungsmethoden für Personalkosten

Die Personalkosten werden nach **zwei Methoden** gebucht:

1. nach der **Bruttomethode** und
2. nach der **Nettomethode**.

zu 1. Bruttomethode

Bei der **Bruttomethode** wird der Bruttolohn bzw. das Bruttogehalt zum Zeitpunkt der wirtschaftlichen Verursachung **in einem Betrag** (brutto) gebucht.

Der **Bruttolohn** bzw. das **Bruttogehalt** stellen für das Unternehmen **Aufwand** dar, der auf die Aufwandskonten

6010 (4110) **Löhne** oder
6020 (4120) **Gehälter**

gebucht wird.

Einbehaltene, aber **noch nicht abgeführte Abzüge** stellen im Zeitpunkt der Gehalts- bzw. Lohnauszahlung **Verbindlichkeiten** dar, die auf folgenden Konten erfasst werden:

3730 (1741) **Verbindlichkeiten aus Lohn- und Kirchensteuer,**
3740 (1742) **Verbindlichkeiten im Rahmen der sozialen Sicherheit.**

Der **Nettoarbeitslohn** (Nettolohn bzw. Nettogehalt) wird in der Regel vom Arbeitgeber durch die **Bank** überwiesen. **Bis** zur Banküberweisung ist der **Nettolohn** ebenfalls eine **Verbindlichkeit**, die auf dem folgenden Konto erfasst wird:

3720 (1740) **Verbindlichkeiten aus Lohn und Gehalt.**

BEISPIEL 1

Die **Gehaltsabrechnung** der **evangelischen, ledigen**, **kinderlosen** Angestellten Andrea Dötsch, 25 Jahre alt, Koblenz, für den Monat **Juni 2026** sieht wie folgt aus (Zusatzbeitrag zur Krankenversicherung beträgt 2,9 %):

	Bruttogehalt			**3.000,00 €**
		AG-Anteil	AN-Anteil	
Steuern	- LSt	—	293,08 €	
	- SolZ	—	0,00 €	
	- KiSt	—	26,37 €	
		—	**319,45 €**	**- 319,45 €**
Beiträge	- KV (7,3 %)	219,00 €	219,00 €	
	Zusatz KV (1,45 %)	43,50 €	43,50 €	
	- PV (2,40 %)	—	72,00 €	
	- PV (1,80 %)	54,00 €	—	
	- RV (9,3 %)	279,00 €	279,00 €	
	- AV (1,30 %)	39,00 €	39,00 €	
		634,50 €	**652,50 €**	**- 652,50 €**
	= **Nettogehalt**			**2.028,05 €**

Buchungssatz:

Sollkonto	Betrag (€)	Habenkonto
6020 (4120) Gehälter	3.000,00	
	319,45	**3730** (1741) Verb. aus LSt und KiSt
	652,50	**3740** (1742) Verb. im Rahmen d. s. S.
	2.028,05	**3720** (1740) Verb. aus Lohn/Gehalt

Buchung:

S	6020 (4120) Gehälter	H
1) 3.000,00		

S	3730 (1741) Verb. aus LSt und KiSt	H
		1) 319,45

S	3740 (1742) Verb. im Rahmen d. s. S.	H
		1) 652,50

S	3720 (1740) Verb. aus Lohn/Gehalt	H
		1) 2.028,05

Zusätzlich zum Bruttoarbeitslohn stellt der Arbeit**geberanteil an den Sozialversicherungsbeiträgen** ebenfalls **Aufwand** des Unternehmens dar, der auf das Konto

6110 (4130) **Gesetzliche soziale Aufwendungen**

gebucht wird.

Der Arbeit**geberanteil** ist **Aufwand** und - solange er noch nicht abgeführt ist - eine „**Verbindlichkeit im Rahmen der sozialen Sicherheit**".

BEISPIEL 2

Sachverhalt wie im Beispiel 1. Der Arbeit**geberanteil** von **634,50 €** (21,15 % von 3.000 €; 21,15 % = 19,70 % + 1,45 % (2,9 % : 2)) ist noch nicht abgeführt.

Buchungssatz:

Sollkonto	Betrag (€)	Habenkonto
6110 (4130) Gesetzl. soz. Aufw.	634,50	**3740** (1742) Verbindl. im Rahmen d. s. S.

Buchung:

S	6110 (4130) Gesetzl. soz. Aufw.	H
2) 634,50		

S	3740 (1742) Verb. im Rahmen d. s. S.	H
		1) 652,50
		2) 634,50

Die **Verbindlichkeit** aus **Lohn und Gehalt** wird (z. B. am Monatsende) in der Regel durch **Bank** überwiesen.

BEISPIEL 3

Sachverhalt wie im Beispiel 1. Das **Nettogehalt** wird durch Bank überwiesen.

Buchungssatz:

Sollkonto	Betrag (€)	Habenkonto
3720 (1740) Verb. aus Lohn/Gehalt	2.028,05	**1800** (1200) Bank

Buchung:

S	3720 (1740) Verb. aus Lohn/Gehalt	H
3) 2.028,05		1) 2.028,05

S	1800 (1200) Bank	H
		3) 2.028,05

BEISPIEL 4

Die **Steuern und Beiträge** (aus den Beispielen 1 und 2) werden durch Bank überwiesen.

Buchungssatz:

Sollkonto	Betrag (€)	Habenkonto
3730 (1741) Verb. aus LSt/KiSt	319,45	**1800** (1200) Bank
3740 (1742) Verbindl. im Rahmen d.s.S.	1.287,00	**1800** (1200) Bank

Buchung:

S	**3730** (1741) **Verb. aus LSt/KiSt**		H
4)	**319,45**	1)	319,45

S	**1800** (1200) **Bank**		H
		4)	**319,45**
		4)	**1.287,00**

S	**3740** (1742) **Verb. im Rahmen d.s.S.**		H
4)	**1.287,00**	1)	652,50
		2)	634,50

Die sog. **Verrechnungsmethode** ist ein Sonderfall der Bruttomethode. Wie bei der Bruttomethode werden zum Zeitpunkt der wirtschaftlichen Verursachung die Personalkosten in einem Betrag (brutto) erfasst. Der Unterschied zur Bruttomethode besteht bei der sog. Verrechnungsmethode darin, dass ein **Verrechnungskonto**, das Konto „**3790** (1755) **Lohn- und Gehaltsverrechnung**", zwischengeschaltet wird.

BEISPIEL

Die Gehaltsabrechnung der evangelischen, ledigen, kinderlosen Angestellten Andrea Dötsch, 25 Jahre alt, Koblenz, für den Monat Juni 2026 sieht wie folgt aus (Beispiel 1, S. 229):

	Bruttogehalt	3.000,00 €
-	LSt/KiSt/SolZ	- 319,45 €
-	SV-Beiträge (21,75 %* von 3.000,00 €)	- 652,50 €
=	Nettogehalt	2.028,05 €

* 21,75 % = 19,70 % + 0,60 % + 1,45 % (2,9 % : 2)

Buchungssätze:

Tz.	Sollkonto	Betrag (€)	Habenkonto
1.	**6020** (4120) Gehälter	3.000,00	**3790** (1755) Lohn- und Gehaltsv.
	3790 (1755) Lohn- und Gehaltsv.	319,45	**3730** (1741) Verb. aus LSt und KiSt
	3790 (1755) Lohn- und Gehaltsv.	652,50	**3740** (1742) Verb. im Rahmen d.s.S.
	3790 (1755) Lohn- und Gehaltsv.	2.028,05	**3720** (1740) Verb. aus Lohn/Gehalt
2.	**6110** (4130) Ges. soziale Aufw.	634,50	**3740** (1742) Verb. im Rahmen d.s.S.

Buchungen:

S 6020 (4120) Gehälter H

S		H	
1)	3.000,00		

S 3790 (1755) Lohn- und Gehaltsver. H

S		H	
1)	319,45	1)	3.000,00
1)	652,50		
1)	2.028,05		
	3.000,00		3.000,00

S 6110 (4130) Gesetzl. soz. Aufw. H

S		H	
2)	634,50		

S 3730 (1741) Verb. aus LSt/KiSt H

S		H	
		1)	319,45

S 3740 (1742) Verb. im Rahmen d. s. S. H

S		H	
		1)	652,50
		2)	634,50

S 3720 (1740) Verb. aus Lohn/Gehalt H

S		H	
		1)	2.028,05

zu 2. Nettomethode

Bei der **Nettomethode** werden der **Nettoarbeitslohn**, die **Abzüge** und der **Arbeitgeberanteil** im **Zeitpunkt der Zahlung** einzeln (netto) gebucht.

BEISPIEL

Sachverhalt wie in den Beispielen 1 bis 4 (Seiten 229 ff.).

Nach der Nettomethode werden der Nettolohn bei Zahlung zum Monatsende und die Abzüge und der AG-Anteil bei Zahlung zum gesetzlich festgelegten Termin gebucht.

Buchungssätze:

Tz.	Sollkonto	Betrag (€)	Habenkonto
1.	**6020** (4120) Gehälter	2.028,05	**1800** (1200) Bank
2.	**6020** (4120) Gehälter	319,45	**1800** (1200) Bank
3.	**6020** (4120) Gehälter	652,50	**1800** (1200) Bank
4.	**6110** (4130) Gesetzliche soziale Aufw.	634,50	**1800** (1200) Bank

Buchungen:

S 6020 (4120) Gehälter H

S		H	
1)	2.028,05		
2)	319,45		
3)	652,50		

S 1800 (1200) Bank H

S		H	
		1)	2.028,05
		2)	319,45
		3)	652,50
		4)	634,50

S 6110 (4130) Gesetzl. soz. Aufw. H

S		H	
4)	634,50		

Auf dem Konto „Gehälter" werden – wie bei der Bruttomethode – im Soll 3.000,00 € (2.028,05 € + 319,45 € + 652,50 €) erfasst.

Die Sozialversicherungsbeiträge sind am **drittletzten Bankarbeitstag** des **laufenden** Monats fällig; ein verbleibender Restbetrag wird zum drittletzten Bankarbeitstag des Folgemonats fällig.

ÜBUNG →
1. Wiederholungsfragen 1 bis 6 (Seiten 262 f.),
2. Aufgaben 1 bis 7 (Seiten 264 f.)

5.3 Gesetzliche Unfallversicherung

Neben den Arbeitgeberanteilen an den Sozialversicherungsbeiträgen gehören auch die Beiträge zur gesetzlichen Unfallversicherung zu den **gesetzlichen sozialen Aufwendungen**. Die Beiträge zur gesetzlichen Unfallversicherung (Berufsgenossenschaft) stellen für den Arbeitgeber einen **Teil der Personalkosten** dar.
Im Gegensatz zu den Beiträgen zur Sozialversicherung trägt der **Arbeitgeber** die Beiträge zur gesetzlichen Unfallversicherung **allein**.

Die Beiträge werden als **Aufwand** des Unternehmens auf dem Konto

6120 (4138) **Beiträge zur Berufsgenossenschaft**

erfasst.

BEISPIEL

Unternehmer U überweist Beiträge an die Verwaltungs-Berufsgenossenschaft, Hamburg, durch Bank in Höhe von 500 €.

Buchungssatz:

Sollkonto	Betrag (€)	Habenkonto
6120 (4138) Beiträge zur Berufsgenossenschaft	500,00	**1800** (1200) Bank

Buchung:

S **6120** (4138) **Beiträge z. Berufsgenoss.**	H
500,00	

S **1800** (1200) **Bank**	H
	500,00

ÜBUNG →
1. Wiederholungsfrage 7 (Seite 263),
2. Aufgabe 8 (Seite 266)

5.4 Geringverdiener (Auszubildende)

Die **Sozialversicherungsbeiträge** sind **grundsätzlich** vom Arbeit**nehmer und** Arbeit**geber** je zur Hälfte zu tragen. Eine **Ausnahme** besteht für versicherungspflichtige **Auszubildende**, **Praktikanten** und Versicherte, die einen **Bundesfreiwilligendienst** oder ein **freiwilliges soziales/ökologisches Jahr** durchführen **und** deren monatliches Arbeitsentgelt **325 Euro** (**Geringverdienergrenze** i.S.d. Sozialversicherung) **nicht** übersteigt. Für diese versicherungspflichtigen Arbeitnehmer trägt der Arbeit**geber** den Beitrag zur Kranken-,Pflege-, Renten- und Arbeitslosenversicherung **allein** (§ 20 Abs. 3 SGB IV). Dies gilt **auch** für den **Zusatzbeitrag zur Krankenversicherung**, der bei Geringverdienern **in Höhe des durchschnittlichen Zusatzbeitrags** (2026: 2,9 %) erhoben wird (§ 242 Abs. 3 Nr. 6 SGB V).

BEISPIEL

Die Praktikantin Brigitte Krautkrämer, 19 Jahre alt, Köln, erhält im Monat **Juni 2026** eine Vergütung von **325 €**.

Ihre „Gehaltsabrechnung" sieht wie folgt aus:

	Ausbildungsvergütung	325,00 €
-	Lohnsteuer/Kirchensteuer/Solidaritätszuschlag	- 0,00 €
-	Sozialversicherungsbeiträge (AN-Anteil)	- 0,00 €
=	Auszahlungsbetrag (Banküberweisung)	**325,00 €**

Der **Arbeitgeber-Anteil** zur Sozialversicherung beträgt:

Rentenversicherung:	18,60 % von 325,00 € =	60,45 €
Krankenversicherung (KV):	14,60 % von 325,00 € =	47,45 €
Zusatzbeitrag KV:	2,90 % von 325,00 € =	9,43 €
Pflegeversicherung:	3,60 % von 325,00 € =	11,70 €
Arbeitslosenversicherung	2,60 % von 325,00 € =	8,45 €
		137,48 €

Buchungssatz (Nettomethode):

Tz.	Sollkonto	Betrag (€)	Habenkonto
1.	**6020** (4120) Gehälter	325,00	**1800** (1200) Bank
2.	**6110** (4130) Ges. soziale Aufw.	137,48	**1800** (1200) Bank

Buchung (Nettomethode):

S	**6020** (4120) **Gehälter**		H
1)	325,00		

S	**1800** (1200) **Bank**		H
		1)	325,00
		2)	137,48

S	**6110** (4130) **Ges. soz. Aufw.**		H
2)	137,48		

Übersteigt die Ausbildungsvergütung die Geringverdienergrenze, gelten die **normalen** Grundsätze der Beitragsberechnung.

Zum 1. Januar 2020 wurde eine **gesetzliche Mindestvergütung für Auszubildende** eingeführt. Für seit diesem Zeitpunkt geschlossene Berufsausbildungsverhältnisse ist die **Geringverdienergrenze nicht mehr anwendbar**, da die monatliche Mindestausbildungsvergütung bereits im ersten Jahr der Berufsausbildung 325 Euro übersteigt (2026: 724 Euro).

ÜBUNG → 1. Wiederholungsfrage 8 (Seite 263),
2. Aufgabe 9 (Seite 266)

5.5 Vorschüsse

Löhne und Gehälter sind an einem bestimmten Tag fällig. Werden dem Arbeitnehmer **vor** dem Fälligkeitstag **Vorschüsse** auf - bereits erbrachte oder noch zu erbringende - Arbeitsleistungen gezahlt, handelt es sich **nicht** um Aufwendungen, sondern um **Forderungen** des Arbeitgebers gegenüber dem Arbeitnehmer. Zu unterscheiden ist zwischen **kurz- und langfristigen Vorschüssen**.
Die **kurzfristigen Vorschüsse,** die auf den Arbeitslohn des **laufenden Jahres** gewährt werden, sind bei der Auszahlung auf das Konto

1340 (1530) **Forderungen gegen Personal**

und die **langfristigen** Vorschüsse (Restlaufzeit größer 1 Jahr) auf das Konto

1345 (1537) **Forderungen gegen Personal - Restlaufzeit größer 1 Jahr**

zu buchen.

BEISPIEL 1

Die evangelische, ledige, kinderlose Angestellte Andrea Dötsch, 25 Jahre alt, Koblenz, erhält am 7. Februar 2026 einen **kurzfristigen** Vorschuss von **500 €** bar. Diesen Vorschuss fordert der Arbeitgeber Ende Februar 2026 vereinbarungsgemäß zurück. Der Zusatzbeitrag der Krankenversicherung beträgt 2,9 %.

Buchungssatz:

Tz.	Sollkonto	Betrag (€)	Habenkonto
1.	**1340** (1530) **Forderungen gegen Personal**	500,00	**1600** (1000) Kasse

Buchung:

S	**1340** (1530) **Ford. gegen Personal**	H	S	**1600** (1000) **Kasse**	H
1)	500,00			1)	500,00

BEISPIEL 2

Die Gehaltsabrechnung der evangelischen, ledigen, kinderlosen Angestellten Andrea Dötsch sieht für den Monat Februar 2026 wie folgt aus:

	Bruttogehalt		3.000,00 €
-	Lohnsteuer/Kirchensteuer/Solidaritätszuschlag	-	319,45 €
-	Sozialversicherungsbeiträge (21,75 %* von 3.000,00 €)	-	652,50 €
	Nettogehalt		2.028,05 €
-	**Verrechnung Vorschuss**	-	**500,00 €**
=	Auszahlungsbetrag		1.528,05 €

* 21,75 % = 19,70 % + 0,60 % + 1,45 % (2,9 % : 2)

Mit der **Verrechnung des Vorschusses** ist die Forderung gegen die Angestellte Dötsch ausgeglichen.

Buchungssatz:

Tz.	Sollkonto	Betrag (€)	Habenkonto
2.	**6020** (4120) Gehälter	3.000,00	
		319,45	**3730** (1741) Verb. aus LSt und KiSt
		652,50	**3740** (1742) Verb. im Rahmen d. s. S.
		500,00	**1340** (1530) **Forderungen gegen Personal**
		1.528,05	**3720** (1740) Verb. aus Lohn/Gehalt

Buchung:

S	**6020** (4120) **Gehälter**		H
2)	3.000,00		

S	**3730** (1741) **Verb. aus LSt/KiSt**		H
		2)	319,45

S	**3740** (1742) **Verb. im Rahmen d. s. S.**		H
		2)	652,50

S	**1340** (1530) **Ford. gegen Personal**		H
1)	500,00	2)	**500,00**

S	**3720** (1740) **Verb. aus Lohn/Gehalt**		H
		2)	1.528,05

Gewährt der Arbeitgeber dem Arbeitnehmer **unverzinsliche oder zinsverbilligte Darlehen** (Arbeitgeberdarlehen), so ergibt sich die Höhe des geldwerten Vorteils für jeden Einzelfall aus der **Differenz** zwischen dem **gezahlten Zinssatz** und dem **marktüblichen Zinssatz** (veröffentlichter Effektivzinssatz der Deutschen Bundesbank). Von dem Effektivzinssatz, der im Internet veröffentlicht wird, kann ein Abschlag von **4 %** vorgenommen werden. Die monatliche Geringfügigkeitsgrenze nach § 8 Abs. 2 EStG von **50 Euro** ist zu berücksichtigen. Außerdem sind die Zinsvorteile als Sachbezüge nur zu versteuern, wenn die Summe der noch nicht getilgten Darlehen am Ende des Lohnzahlungszeitraums **2.600 Euro** übersteigt (BMF-Schreiben vom 01.10.2008, BStBl I S. 892 ff.).

BEISPIEL 1

Die ledige, kinderlose, katholische Angestellte Heike Cornely (30 Jahre alt), Köln, mit einem monatlichen Bruttogehalt von 2.300 € erhält zum 01.04.2026 ein **zinsloses Darlehen** von 20.000 € für die Dauer von vier Jahren. Den Darlehensbetrag hat der Arbeitgeber auf das Bankkonto der Angestellten überwiesen. Cornely tilgt das Darlehen jeweils zum 30.06., beginnend ab 30.06.2027. Der Zusatzbeitrag zur Krankenversicherung beträgt 2,9 %.

Buchungssatz:

Tz.	Sollkonto	Betrag (€)	Habenkonto
1.	**1345** (1537) Forderungen gegen Personal	20.000,00	**1800** (1200) Bank

Buchung:

S	**1345** (1537) **Ford. gegen Personal**		H
1)	20.000,00		

S	**1800** (1200) **Bank**		H
		1)	20.000,00

BEISPIEL 2

Der marktübliche Zinssatz beträgt im Zeitpunkt der Gewährung des Darlehens an Heike Cornely 6 %. Danach ergibt sich ein **monatlicher Zinsvorteil** von **96 €** [6 % - 0,24 % (4 % von 6 %) = 5,76 % von 20.000 € = 1.152 € : 12 Monate = 96 €]. Dieser Vorteil ist - da die 50-Euro-Freigrenze überschritten ist - **lohnsteuerpflichtig**.

Die Gehaltsabrechnung für den Monat April 2026 sieht wie folgt aus:

	Bruttogehalt		2.300,00 €
+	**Sachbezug für Zinsersparnis**		**96,00 €**
=	steuer- und sozialversicherungspflichtiges Gehalt		2.396,00 €
-	Lohnsteuer/Kirchensteuer	-	181,11 €
-	Sozialversicherungsbeiträge (21,75 %* von 2.396,00 €)	-	521,13 €
	Nettogehalt		1.693,76 €
-	**Sachbezug** (wird abgezogen, weil er nur für die Berechnung der Abzüge notwendig ist)	-	96,00 €
=	Auszahlungsbetrag		**1.597,76 €**

* 21,75 % = 19,70 % + 0,60 % + 1,45 % (2,9 % : 2)

Der Arbeitgeberanteil zur Sozialversicherung beträgt **506,75 €** (21,15 % von 2.396 €; 21,15 % = 19,70 % + 1,45 % (2,9 % : 2)).

Buchungssatz:

Tz.	Sollkonto	Betrag (€)	Habenkonto
2.	**6020** (4120) Gehälter	2.396,00	
		181,11	**3730** (1741) Verb. aus LSt/KiSt
		521,13	**3740** (1742) Verb. im Rahmen d.s.S.
		96,00	**4949** (8614) Verr. sonst. Sachb. o. USt
		1.597,76	**3720** (1740) Verb. aus Lohn/Gehalt
	6110 (4130) Ges. soz. Aufw.	506,75	**3740** (1742) Verb. im Rahmen d.s.S.

Buchung:

S	**6020** (4120) **Gehälter**	H
2) 2.396,00		

S	**3730** (1741) **Verb. aus LSt/KiSt**	H
		2) 181,11

S	**6110** (4130) **Gesetzl. soz. Aufw.**	H
2) 506,75		

S	**3740** (1742) **Verb. im Rahmen d.s.S.**	H
		2) 521,13
		2) 506,75

S	**4949** (8614) **Verrechnete sonstige Sachbezüge ohne USt**	H
		2) **96,00**

S	**3720** (1740) **Verb. aus Lohn/Gehalt**	H
		2) 1.597,76

ÜBUNG →
1. Wiederholungsfragen 9 und 10 (Seite 263),
2. Aufgaben 10 und 11 (Seiten 266 f.)

5.6 Vermögenswirksame Leistungen

Vermögenswirksame Leistungen (vwL) sind Geldleistungen, die der Arbeitgeber für den Arbeitnehmer in einer im Vermögensbildungsgesetz (VermBG) genannten Anlageform anlegt.
Der Katalog der Anlageformen ist in den letzten Jahren mehrmals erweitert worden und umfasst u. a. Anlagen in Bausparverträge und in Aktien- bzw. Investmentfonds.

Die vermögenswirksamen Leistungen können beispielsweise zum Erwerb von Bauland, eigentumsähnlichen Dauerwohnrechten, eines Wohngebäudes oder einer Eigentumswohnung sowie zum Bau oder zur Erweiterung von Wohngebäuden verwendet werden.

Werden bestimmte Einkommensgrenzen nicht überschritten, erhält der Steuerpflichtige einen staatlichen Zuschuss zur Vermögensbildung in Form der Sparzulage (**Arbeitnehmer-Sparzulage**).

Durch das **Gesetz zur Finanzierung von zukunftssichernden Investitionen (Zukunftsfinanzierungsgesetz)** wurden die für die Arbeitnehmersparzulage maßgeblichen Einkommensgrenzen zuletzt **zum 01.01.2024 auf 40.000 Euro** bzw. **bei Zusammenveranlagung** von Ehegatten nach § 26b EStG **auf 80.000 Euro angehoben**.

Diese Einkommensgrenzen erhöhen sich bei Arbeitnehmern mit Kindern um die **Kinderfreibeträge**.

Die **staatliche Förderung** der Vermögensbildung besteht in einer steuer- und sozialversicherungsfreien **Arbeitnehmer-Sparzulage**, die für bestimmte, gesetzlich abschließend geregelte Anlageformen vermögenswirksamer Leistungen vom **Finanzamt** gewährt wird.

Es werden **zwei Förderarten** angeboten, die **nebeneinander** in Anspruch genommen werden können. Dabei sind die folgenden Einschränkungen zu beachten:

- **Förderart 1** gilt für Bausparen bis **470 Euro** mit 9 % Zulage
  (Sparzulage: 9 % von 470 € = 42,30 €),
- **Förderart 2** gilt für andere begünstigte Anlageformen (z. B. Aktienfonds)
  bis **400 Euro** (Sparzulage: **20 %** von 400 € = 80 €).

Damit können bei Arbeitnehmern, die **beide** Förderarten in Anspruch nehmen, bis **870 €** (470 € + 400 €) gefördert werden.

Nutzt ein Arbeitnehmer **beide** Förderarten und unterschreitet er die Einkommensgrenzen, so erhält er als **Arbeitnehmer-Sparzulage 122,30 €** (42,30 € + 80 €).

Die vermögenswirksamen Leistungen sind **steuerpflichtige Einnahmen** im Sinne des EStG und **Entgelt** im Sinne der **Sozialversicherung**. Sie sind arbeitsrechtlich **Bestandteil des Lohns oder Gehalts** (§ 2 Abs. 6 und 7 des 5. VermBG).

Getragen werden die vermögenswirksamen Leistungen entweder vom

1. **Arbeitnehmer**,
2. **Arbeitgeber** oder
3. **Arbeitnehmer und Arbeitgeber**.

zu 1. vwL wird vom Arbeitnehmer allein getragen

Trägt der Arbeitnehmer die vwL allein, wird sie bei der Lohnabrechnung **abgezogen** und **unmittelbar** vom Arbeit**geber** an das Unternehmen bzw. Institut **überwiesen**, bei dem die vwL angelegt werden soll.

BEISPIEL

Die ledige kinderlose Angestellte Paula Lustig (28 Jahre, katholisch), Trier, hat einen Monatslohn in Höhe von 2.300 € und spart monatlich 39,17 € (470 € : 12) bei einer Bausparkasse nach dem 5. VermBG (nur Förderart 1). Der Zusatzbeitrag zur Krankenversicherung beträgt 2,9 %.

Ihre Gehaltsabrechnung sieht wie folgt aus:

	Bruttogehalt		2.300,00 €
-	Lohnsteuer/Kirchensteuer	-	160,04 €
-	Sozialversicherungsbeiträge (21,75 %* von 2.300,00 €)	-	500,25 €
	Nettogehalt		1.639,71 €
-	abzuführende **vwL**	-	**39,17 €**
=	Auszahlungsbetrag		1.600,54 €

* 21,75 % = 19,70 % + 0,60 % + 1,45 % (2,9 % : 2)

Buchungssätze:

Tz.	Sollkonto	Betrag (€)	Habenkonto
1.	**6020** (4120) Gehälter	2.300,00	
		160,04	**3730** (1741) Verb. aus LSt/KiSt
		500,25	**3740** (1742) Verb. im Rahmen d. s. S.
		39,17	**3770** (1750) Verb. aus Vermögensbild.
		1.600,54	**3720** (1740) Verb. aus Lohn/Gehalt
2.	**6110** (4130) Ges. soz. Aufw.	486,45*	**3740** (1742) Verb. im Rahmen d. s. S.

* 21,15 % von 2.300 € = 486,45 €; 21,15 % = 19,70 % + 1,45 % (2,9 % : 2)

Buchungen:

S	**6020** (4120) **Gehälter**		H
1)	2.300,00		

S	**6110** (4130) **Gesetzl. soz. Aufw.**		H
2)	486,45		

S	**3730** (1741) **Verb. aus LSt/KiSt**		H
		1)	160,04

S	**3740** (1742) **Verb. im Rahmen d. s. S.**		H
		1)	500,25
		2)	486,45

S	**3770** (1750) **Verb. aus Vermögensb.**		H
		1)	**39,17**

S	**3720** (1740) **Verb. aus Lohn/Gehalt**		H
		1)	1.600,54

ÜBUNG →
1. Wiederholungsfrage 11 (Seite 263),
2. Aufgabe 12 (Seite 267)

zu 2. vwL wird vom Arbeitgeber allein getragen

Trägt der **Arbeitgeber** die **vermögenswirksame Leistung allein**, erhöht sich der Arbeitslohn um die **vermögenswirksame Leistung**.
Die vom Arbeitgeber getragene vermögenswirksame Leistung wird auf dem Konto

6080 (4170) **Vermögenswirksame Leistungen**

erfasst.

BEISPIEL

Die ledige kinderlose Angestellte Paula Lustig (Beispiel von Seite 239) spart monatlich **39,17 €** bei einer Bausparkasse nach dem 5. VermBG, die der Arbeit**geber** zusätzlich **trägt**. Dadurch erhöht sich der steuer- und sozialversicherungspflichtige Bruttoarbeitslohn um 39,17 €.

Ihre **Gehaltsabrechnung** sieht wie folgt aus:

	Bruttogehalt		2.300,00 €
+	**vwL** (vom Arbeit**geber** getragen)		**39,17 €**
=	steuer- und sozialversicherungspflichtiges Gehalt		2.339,17 €
-	Lohnsteuer/Kirchensteuer	-	168,57 €
-	Sozialversicherungsbeiträge (21,75 %* von 2.339,17 €)	-	508,77 €
	Nettogehalt		1.661,82 €
-	abzuführende **vwL**	-	**39,17 €**
=	Auszahlungsbetrag		1.622,65 €

* 21,75 % = 19,70 % + 0,60 % + 1,45 % (2,9 % : 2)

Buchungssätze:

Tz.	Sollkonto	Betrag (€)	Habenkonto
1.	**6020** (4120) Gehälter	2.300,00	
	6080 (4170) **vwL**	**39,17**	
		168,57	**3730** (1741) Verb. aus LSt und KiSt
		508,77	**3740** (1742) Verb. im Rahmen d.s.S.
		39,17	**3770** (1750) **Verb. aus Vermögensbild.**
		1.622,65	**3720** (1740) Verb. aus Lohn/Gehalt
2.	**6110** (4130) Ges. soz. Aufw.	494,73*	**3740** (1742) Verb. im Rahmen d.s.S.

* 21,15 % von 2.339,17 € = 494,73 €; 21,15 % = 19,70 % + 1,45 % (2,9 % : 2)

Buchungen:

S	**6020** (4120) **Gehälter**		H
1)	2.300,00		

S	**3730** (1741) **Verb. aus LSt/KiSt**		H
		1)	168,57

S	**6080** (4170) **vwL**		H
1)	**39,17**		

S	**3740** (1742) **Verb. im Rahmen d. s. S.**		H
		1)	508,77
		2)	494,73

S	**6110** (4130) **Gesetzl. soz. Aufw.**		H
2)	494,73		

S	**3770** (1750) **Verb. aus Vermögensb.**		H
		1)	**39,17**

S	**3720** (1740) **Verb. aus Lohn/Gehalt**		H
		1)	1.622,65

zu 3. vwL wird vom Arbeitnehmer und Arbeitgeber getragen

Werden die **vermögenswirksamen Leistungen** vom Arbeit**nehmer** und Arbeit**geber gemeinsam** getragen, erhöht sich der Arbeitslohn lediglich um die vom Arbeit**geber** getragene **vermögenswirksame Leistung**. Die Buchung erfolgt wie zu 2.

BEISPIEL

Die ledige kinderlose Angestellte Paula Lustig (Beispiel von Seite 239) spart monatlich **39,17 €** bei einer Bausparkasse nach dem 5. VermBG. Der Arbeit**geber trägt** 50 % der vermögenswirksamen Leistung (50 % von 39,17 € = **19,59 €**). Die andere Hälfte der vwL **trägt** die **Angestellte**. Dadurch erhöht sich der steuer- und sozialversicherungspflichtige Bruttoarbeitslohn um 19,59 €. Ihre **Gehaltsabrechnung** sieht wie folgt aus:

	Bruttogehalt		2.300,00 €
+	**vwL** (vom Arbeit**geber** getragen)		**19,59 €**
=	steuer- und sozialversicherungspflichtiges Gehalt		2.319,59 €
-	Lohnsteuer/Kirchensteuer	-	164,31 €
-	Sozialversicherungsbeiträge (21,75 %* von 2.319,59 €)	-	504,51 €
	Nettogehalt		1.650,77 €
-	abzuführende **vwL**	-	**39,17 €**
=	Auszahlungsbetrag		1.611,60 €

* 21,75 % = 19,70 % + 0,60 % +1,45 % (2,9 % : 2)

Buchungssätze:

Tz.	Sollkonto	Betrag (€)	Habenkonto
1.	**6020** (4120) Gehälter	2.300,00	
	6080 (4170) **vwL**	**19,59**	
		164,31	**3730** (1741) Verb. aus LSt/KiSt
		504,51	**3740** (1742) Verb. im Rahmen d.s.S.
		39,17	**3770** (1750) **Verb. aus Vermögensbild.**
		1.611,60	**3720** (1740) Verb. aus Lohn/Gehalt
2.	**6110** (4130) Ges. soz. Aufw.	490,59*	**3740** (1742) Verb. im Rahmen d.s.S.

* 21,15 % von 2.319,59 € = 490,59 €; 21,15 % = 19,70 % + 1,45 % (2,9 % : 2)

Buchungen:

S	**6020** (4120) **Gehälter**		H
1)	2.300,00		

S	**3730** (1741) **Verb. aus LSt/KiSt**		H
		1)	164,31

S	**6080** (4170) **vwL**		H
1)	**19,59**		

S	**3740** (1742) **Verb. im Rahmen d. s. S.**		H
		1)	504,51
		2)	490,59

S	**6110** (4130) **Gesetzl. soz. Aufw.**		H
2)	490,59		

S	**3770** (1750) **Verb. aus Vermögensb.**		H
		1)	**39,17**

S	**3720** (1740) **Verb. aus Lohn/Gehalt**		H
		1)	1.611,60

ÜBUNG →
1. Wiederholungsfragen 12 und 13 (Seite 263),
2. Aufgaben 13 bis 16 (Seiten 267 f.)

LF 5

5.7 Geringfügige Beschäftigungen

Eine **geringfügige Beschäftigung** kann nach § 8 Abs. 1 SGB IV

1. eine **geringfügig entlohnte Beschäftigung** oder
2. eine **kurzfristige Beschäftigung**

sein. Nur bei den **geringfügig entlohnten Beschäftigten** (nicht bei den kurzfristig Beschäftigten) darf das Arbeitsentgelt **seit dem 01.01.2026** im Monat **603 Euro** (bis 31.12.2025: **556 Euro**) **nicht** übersteigen (sog. **Minijob**). Die Verdienstgrenze wird seit dem 01.10.2022 am Mindestlohn (seit 01.01.2026: 13,90 Euro/Stunde) ausgerichtet.

Personen in **Berufsausbildung** gelten **nicht** als geringfügig Beschäftigte.

5.7.1 Geringfügig entlohnte Beschäftigung

Bei den **geringfügig entlohnten Beschäftigten** ist zu unterscheiden, ob die Tätigkeiten in **Unternehmen** oder in **Privathaushalten** ausgeübt werden.

5.7.1.1 Geringfügig entlohnte Beschäftigung in Unternehmen

Eine geringfügig entlohnte Beschäftigung in einem **Unternehmen** liegt vor, wenn das Arbeitsentgelt aus dieser Tätigkeit regelmäßig **im Monat 603 Euro nicht** übersteigt. Die Geringfügigkeitsgrenze orientiert sich an einer Wochenarbeitszeit von **zehn Stunden** zu **Mindestlohnbedingungen** und wird **dynamisch** an die Mindestlohnentwicklung angepasst.

Der Arbeitgeber hat an die **Einzugsstelle**, die **Minijob-Zentrale, 45115 Essen**, (www.minijob-zentrale.de), für die geringfügig entlohnten Beschäftigungen in Unternehmen **Pauschalabgaben** zu entrichten. Die Pauschalabgaben betragen grundsätzlich

30 % des Arbeitsentgelts.

Davon entfallen **15 %** auf die **Rentenversicherung**, **13 %** auf die **Krankenversicherung** und **2 %** auf eine einheitliche **Pauschsteuer**. **Steuerrechtlich** sind mit der einheitlichen **Pauschsteuer** von **2 %** des Arbeitsentgelts die **Lohnsteuer**, der **Solidaritätszuschlag** und die **Kirchensteuer** abgegolten (§ 40a Abs. 2 EStG).

Wer einen Minijob aufnimmt, ist **versicherungspflichtig** in der gesetzlichen Rentenversicherung. Da der Arbeitgeber bereits 15 % Pauschalbeitrag zur Rentenversicherung zahlt, ist vom Arbeitnehmer die Differenz zum allgemeinen Beitragssatz von 18,6 % auszugleichen. Das sind **3,6 %** Beitragsanteil für den Minijobber.
Minijobber **können** sich in einer aufgenommenen Beschäftigung von der Versicherungspflicht in der Rentenversicherung **befreien lassen (Wahlrecht)**.

Neben der Pauschale von **30 %** haben Arbeitgeber **Umlagen** für Krankheit, Schwangerschaft/Mutterschaft und Insolvenz zu entrichten. Die Summe der Umlagen beträgt grds.

1,17 % des Arbeitsentgelts (bis 31.12.2025: 1,47 %).

Die **Umlage 1** (U 1) für den Ausgleich der Arbeitgeberaufwendungen bei Krankheit wurde zum 01.01.2026 von **1,10 % auf 0,80 % gesenkt**. Am Ausgleichverfahren bei Krankheit nehmen grundsätzlich alle Arbeitgeber mit **maximal 30 Beschäftigten** teil. Bei **mehr als 30** Arbeitnehmern **entfällt** die **Umlage 1**.

Die **Umlage 2** (U 2) für den Ausgleich bei Schwangerschaft und Mutterschaft beträgt seit **01.01.2025** unverändert **0,22 %** des Arbeitsentgelts. Am Ausgleichverfahren bei Schwangerschaft/Mutterschaft nehmen grundsätzlich alle Arbeitgeber – unabhängig von ihrer Betriebsgröße – teil.

Die **Insolvenzgeldumlage** beträgt seit 01.01.2025 unverändert **0,15 %**.

Der **Arbeitgeber** hat die **Pauschalbeiträge** zur Renten- und Krankenversicherung, die **Pauschsteuer** sowie die **Umlagen allein zu tragen** und bis zum **drittletzten Arbeitstag** des Monats, in dem die Beschäftigung ausgeübt wird, an die Minijob-Zentrale zu entrichten.

Daneben besteht **für den Arbeitgeber** eine **Melde- und Beitragspflicht zur gesetzlichen Unfallversicherung**. Die zuständigen Unfallversicherungsträger (Berufsgenossenschaften) sind nach Branchen und teilweise auch regional gegliedert. Eine Übersicht findet sich auf der Homepage der Deutschen Gesetzlichen Unfallversicherung (DGUV) unter www.dguv.de.

Für den **Arbeitnehmer** ist das Arbeitsentgelt aus dieser Beschäftigung **steuer- und sozialversicherungsfrei**.

BEISPIEL

Der Arbeitgeber Heinz Fischer, Koblenz, beschäftigt seit 01.01.2026 in seinem Unternehmen eine familienversicherte **Angestellte**, die Büroarbeiten erledigt, für monatlich **450 €**. Sein Betrieb hat **weniger als 30 Beschäftigte.** Die Angestellte hat sich von der Versicherungspflicht in der gesetzlichen Rentenversicherung befreien lassen. Die Lohnzahlung erfolgt bar.

Fischer hat monatlich **450 €** an die Angestellte und **140,27 €** – wie die folgende Berechnung zeigt – an die Minijob-Zentrale zu entrichten:

Beiträge zur KV:	13 % von 450 € =		58,50 €
Beiträge zur RV:	15 % von 450 € =		67,50 €
Pauschsteuer:	2 % von 450 € =		9,00 €
Pauschalbeiträge	30 % von 450 € =		135,00 €
Umlage 1 (U 1):	0,80 % von 450 €=	3,60 €	
Umlage 2 (U 2):	0,22 % von 450 €=	0,99 €	
Insolvenzgeldumlage:	0,15 % von 450 €=	0,68 €	
Umlagen	1,17 % von 450 €=		5,27 €
Pauschalbeiträge + Umlagen (31,17 % von 450 €)			**140,27 €**

Buchungssatz (monatlich):

Sollkonto	Betrag (€)	Habenkonto
6035 (4195) Löhne für Minijobs	450,00	**1600** (1000) Kasse
6035 (4195) Löhne für Minijobs*	126,00	**1800** (1200) Bank
6036 (4194) Pausch. Steuern u. Abgaben an M.**	14,27	**1800** (1200) Bank

* 58,50 € (Beiträge zur KV) + 67,50 € (Beiträge zur RV) = 126,00 = 28 % von 450 €

** 9,00 € (Pauschsteuer) + 5,27 € (Umlagen) = 14,27 € = 3,17 % von 450 €

Buchung (Nettobuchung):

S	**6035** (4195) **Löhne für Minijobs** H
450,00	
126,00	

S	**1600** (1000) **Kasse** H
	450,00

S	**6036** (4194) **Pauschale Steuern und Abgaben an Minijobber** H
14,27	

S	**1800** (1200) **Bank** H
	126,00
	14,27

Der Arbeitgeber hat die **Möglichkeit**, auf die Pauschalierung des Arbeitslohns zu verzichten und den Arbeitslohn nach den Merkmalen der ELStAM zu erheben (Wahlrecht).

Daneben hat der Arbeitgeber im Rahmen der Meldung zur Sozialversicherung auch **Steuerdaten des Arbeitnehmers** (sog. Datenbaustein Steuerdaten, DBST) an die Minijob-Zentrale zu übermitteln. Diese Steuerdaten umfassen die **Steuernummer des Arbeitgebers**, die Indentifikationsnummer (§ 139b AO) des Beschäftigten (sog. **Steuer-ID**) und die **Kennzeichnung der Art der Besteuerung** (z. B. Pauschalbesteuerung mit 2 %). Für **kurzfristige** Minijobs sind auch Angaben zum **Krankenversicherungsschutz** zu übermitteln.

ÜBUNG → 1. Wiederholungsfragen 14 bis 18 (Seite 263),
2. Aufgabe 17 (Seite 268)

5.7.1.2 Geringfügig entlohnte Beschäftigung in Privathaushalten

Eine geringfügig entlohnte Beschäftigung in einem **Privathaushalt** liegt vor, wenn sie durch einen privaten Haushalt begründet worden ist und die Tätigkeit sonst gewöhnlich durch Mitglieder des privaten Haushalts erledigt wird, z.B. Reinigung der Wohnung, Waschen, Bügeln, Zubereitung von Mahlzeiten, Gartenpflege.

Auch bei einer geringfügig entlohnten Beschäftigung in einem Privathaushalt darf das Arbeitsentgelt aus dieser Beschäftigung regelmäßig **603 Euro monatlich nicht** übersteigen.

Der Arbeitgeber hat an die **Einzugsstelle**, die **Minijob-Zentrale**, **45115 Essen**, (www.minijob-zentrale.de), für die geringfügig entlohnten Beschäftigungen in Privathaushalten **Pauschalabgaben** zu entrichten.

Die Pauschalabgaben wurden **zum 01.01.2026 geändert** und betragen seitdem insgesamt

14,62 % des Arbeitsentgelts (bis 31.12.2025: 14,92%).

Die Pauschalabgaben setzen sich wie folgt zusammen:

Pauschale	bis 31.12.2025	ab 01.01.2026
Krankenversicherungspauschale	5,00 %	5,00 %
Rentenversicherungspauschale	5,00 %	5,00 %
Pauschalsteuer	2,00 %	2,00 %
Umlage 1 (U1)	1,10 %	0,80 %
Umlage 2 (U2) und	0,22 %	0,22 %
Beiträge zur Unfallversicherung	1,60 %	1,60 %
insgesamt	**14,92%**	**14,62%**

BEISPIEL

Der Arbeitgeber U, Köln, beschäftigt seit 01.01.2026 in seinem Privathaushalt eine familienversicherte **Arbeiterin** (Putzhilfe) für 450 € monatlich. Sein Betrieb hat **weniger als 30 Beschäftigte**. Die Zahlung an die Putzhilfe erfolgt jeweils am Monatsende bar aus der Geschäftskasse und die Pauschalabgaben an die Minijob-Zentrale werden durch Überweisung vom betrieblichen Bankkonto gezahlt. Die Arbeiterin hat die Befreiung von der Rentenversicherungspflicht beantragt.
U hat monatlich **65,79 €** (14,62 % von 450 € = 65,79 €) **Pauschalabgaben** an die Minijob-Zentrale zu entrichten. Für die Arbeitnehmerin sind die 450 € steuer- und sozialversicherungsfrei.

Buchungssatz (monatlich):

Sollkonto	Betrag (€)	Habenkonto
2100 (1800) Privatentnahmen	450,00	**1600** (1000) Kasse
2100 (1800) Privatentnahmen	65,79	**1800** (1200) Bank

Buchung (monatlich):

S	**2100** (1800) **Privatentnahmen**	H
450,00		
65,79		

S	**1600** (1000) **Kasse**	H
		450,00

S	**1800** (1200) **Bank**	H
		65,79

ÜBUNG →
1. Wiederholungsfragen 18 und 19 (Seite 263),
2. Aufgabe 18 (Seite 269)

5.7.1.3 Mehrere geringfügig entlohnte Beschäftigungen bei einem Arbeitgeber

Wird eine geringfügig entlohnte Beschäftigung **sowohl** im **Unternehmen als auch** im **Privathaushalt** bei **einem** Arbeitgeber ausgeübt, sind grundsätzlich insgesamt **30 %** des Arbeitsentgelts als Pauschalabgaben zzgl. der Umlagen in Höhe von bis zu **1,17 %** des Arbeitsentgelts zu entrichten. Eine Aufteilung in den unternehmerischen und den privaten Tätigkeitsbereich ist nicht vorgesehen. Die verringerten Pauschalabgaben von **14,62 %** des Arbeitsentgelts gelten **nur**, **wenn** die geringfügig entlohnte Beschäftigung **ausschließlich** in **Privathaushalten** ausgeübt wird.

BEISPIEL

Der Arbeitgeber U, Augsburg, beschäftigt seit dem 01.01.2026 eine familienversicherte **Arbeiterin** (Raumpflegerin) für monatlich 400 €. Die Tätigkeit der Raumpflegerin bezieht sich **sowohl** auf die Reinigung der **Büroräume als auch** auf die des **Privathaushalts** des U. Die Angestellte hat sich von der Versicherungspflicht in der gesetzlichen Rentenversicherung befreien lassen. Der Betrieb des U hat weniger als 30 Beschäftigte. Die Zahlungen an die geringfügig entlohnte Beschäftigte erfolgen jeweils am Monatsende bar. Die Minijob-Zentrale wurde ermächtigt, die Pauschalabgaben zulasten des Bankkontos von U per Lastschrift einzuziehen.

U hat monatlich **124,68 €** (30 % von 400 € = 120 € + 1,17 % von 400 € = 4,68 €) Pauschalabgaben und Umlagen an die Minijob-Zentrale zu entrichten.
Die Pauschalabgabe von 14,62 % des Arbeitsentgelt ist ausgeschlossen, weil die Tätigkeit nicht ausschließlich im Privathaushalt ausgeübt wird.

Buchungssatz (monatlich):

Sollkonto	Betrag (€)	Habenkonto
6035 (4195) Löhne für Minijobs	400,00	**1600** (1000) Kasse
6035 (4195) Löhne für Minijobs	112,00*	**1800** (1200) Bank
6036 (4194) Pauschale Steuern u. Abgaben an M.	12,68*	**1800** (1200) Bank

* 28 % (13 % + 15 %) von 400 € = 112,00 €; 3,17 % (2 %+ 0,80 % + 0,22 % + 0,15 %) von 400 € = 12,68 €

Die Reinigungsarbeiten in der Privatwohnung sind je nach Umfang noch über das Privatkonto abzugrenzen.

Buchung (Nettobuchung):

S	6035 (4195) Löhne für Minijobs	H
	400,00	
	112,00	

S	1600 (1000) Kasse	H
		400,00

S	6036 (4194) Pauschale Steuern und Abgaben an Minijobber	H
	12,68	

S	1800 (1200) Bank	H
		112,00
		12,68

ÜBUNG → 1. Wiederholungsfrage 20 (Seite 263),
2. Aufgabe 19 (Seite 269)

5.7.1.4 Mehrere geringfügig entlohnte Beschäftigungen bei verschiedenen Arbeitgebern

Werden **mehrere** geringfügig entlohnte Beschäftigungen bei **verschiedenen** Arbeitgebern nebeneinander ausgeübt, sind zur Beantwortung der Frage, ob eine geringfügig entlohnte Beschäftigung vorliegt, die **einzelnen Arbeitsentgelte zusammenzurechnen**.
Dies gilt unabhängig davon, ob die Tätigkeiten in Unternehmen oder in Privathaushalten ausgeübt werden.

BEISPIEL

Der Gastwirt A beschäftigt seit 01.01.2026 in seiner Gaststätte eine familienversicherte **Arbeiterin** (Kellnerin) für monatlich **230 €**. Die Arbeitnehmerin übt neben dieser Beschäftigung noch eine weitere Tätigkeit als Kellnerin bei dem Gastwirt B für monatlich **170 €** aus. Die Arbeiterin hat sich von der Versicherungspflicht in der gesetzlichen Rentenversicherung befreien lassen. Beide Gastwirte haben weniger als 30 Beschäftigte.

Bei der Zusammenrechnung beider Beschäftigungen ist die Geringfügigkeitsgrenze von 603 € nicht überschritten. Die Arbeitgeber haben insgesamt Pauschalabgaben und Umlagen von **124,68 €** (31,17 % von 400 €) monatlich an die Minijob-Zentrale zu entrichten. Davon trägt der Arbeitgeber A **71,69 €** (31,17 % von 230 €) und der Arbeitgeber B **52,99 €** (31,17 % von 170 €). Für die Kellnerin sind beide Beschäftigungen steuer- und sozialversicherungsfrei.

Bei einem **Überschreiten** der Geringfügigkeitsgrenze von 603 Euro monatlich führt dies zur **vollen Sozialversicherungspflicht**, wobei u. U. der Übergangsbereich **(Gleitzone)** von **603,01 Euro bis 2.000 Euro** zu beachten ist. Bei einem regelmäßigen Arbeitsentgelt zwischen 603,01 Euro und 2.000 Euro spricht man von einem sogenannten **Midijob**. In diesem Übergangsbereich (Gleitzone) zahlt der **Arbeitgeber** für den Midijobber bereits **volle** Sozialversicherungsbeiträge, während der **Arbeitnehmer reduzierte** Beiträge übernimmt.

Steuerrechtlich haben die Arbeitgeber die Möglichkeit, den Arbeitslohn pauschal mit **20 %** zu versteuern, wenn das monatliche Arbeitsentgelt beim einzelnen Arbeitgeber **nicht mehr als 603 Euro** beträgt (§ 40a Abs. 2a EStG). Hinzu kommen der **Solidaritätszuschlag (5,5 %** der **Lohnsteuer**) und die **pauschale Kirchensteuer** nach dem jeweiligen Landesrecht.

Die **Ober**grenze des Übergangsbereichs wurde zum 01.01.2023 von 1.600 Euro auf 2.000 Euro erhöht. Seit 01.01.2024 wird die **Unter**grenze **jährlich an** die **Minijob-Grenze angepasst.**

5.7.1.5 Geringfügig entlohnte Beschäftigung neben einer versicherungspflichtigen Hauptbeschäftigung

Eine geringfügig entlohnte Beschäftigung kann **neben** einer versicherungspflichtigen **Hauptbeschäftigung** erfolgen.
Dabei wird das Arbeitsentgelt der geringfügig entlohnten Beschäftigung **nicht** mit dem der Hauptbeschäftigung **zusammengerechnet**.

Der **Arbeitgeber trägt** für die geringfügig entlohnte Beschäftigung die **Pauschalabgaben** und **Umlagen allein**, während für den **Arbeitnehmer** das Arbeitsentgelt aus dieser Beschäftigung **steuer- und sozialversicherungsfrei** ist.

BEISPIEL

Der Arbeitnehmer A, München, übt als kaufmännischer Angestellter eine sozialversicherungspflichtige Hauptbeschäftigung aus.
Von Mai bis September 2026 übt er zusätzlich bei dem Arbeitgeber U als **Arbeiter** (Kellner) eine Beschäftigung aus. Sein monatliches Arbeitsentgelt beträgt **400 €**. Er hat sich von der Versicherungspflicht in der gesetzlichen Rentenversicherung befreien lassen.

Außerdem erhält er regelmäßig **Trinkgeld** von **ca. 150 €** im Monat. Weiteren Beschäftigungen geht A nicht nach. Die Betriebe des U haben **mehr als 30 Beschäftigte**. Die Zahlung an den Kellner erfolgt jeweils am Monatsende bar und die Pauschalabgaben an die Minijob-Zentrale werden durch Banküberweisung gezahlt.

Die geringfügig entlohnte Beschäftigung wird **nicht** mit der Hauptbeschäftigung zusammengerechnet. U hat für die geringfügig entlohnte Beschäftigung **121,48 €** (30 % von 400 € = 120 € + 0,37 % von 400 € = 1,48 €) monatlich an die Minijob-Zentrale zu entrichten.

Die **Umlage 1 (U 1) entfällt**, weil der Betrieb des U **mehr als 30 Beschäftigte** hat.
Das **Trinkgeld** ist **steuer- und sozialversicherungsfrei** und führt nicht zu einer Überschreitung der Geringfügigkeitsgrenze von 603 € (§ 3 Nr. 51 EStG).
Die Abzüge für die Hauptbeschäftigung sind an das Finanzamt und die Krankenkasse zu zahlen.

Buchungssatz für die geringfügig entlohnte Beschäftigung (monatlich):

Sollkonto	Betrag (€)	Habenkonto
6035 (4195) Löhne für Minijobs	400,00	**1600** (1000) Kasse
6035 (4195) Löhne für Minijobs	112,00	**1800** (1200) Bank
6036 (4194) Pauschale Steuern u. Abgaben an M.	9,48	**1800** (1200) Bank

* 28 % (13 % + 15 %) von 400 € = 112,00 €; 2,37 % (2 % + 0,22 % + 0,15 %) von 400 € = 9,48 €

Buchung (Nettobuchung):

S	**6035** (4195) **Löhne für Minijobs**	H
	400,00	
	112,00	

S	**1600** (1000) **Kasse**	H
		400,00

S	**6036** (4194) **Pauschale Steuern und Abgaben an Minijobber**	H
	9,48	

S	**1800** (1200) **Bank**	H
		112,00
		9,48

ÜBUNG →
1. Wiederholungsfragen 21 und 22 (Seite 263),
2. Aufgaben 20 und 21 (Seite 269)

5.7.2 Kurzfristige Beschäftigung

Eine **kurzfristige Beschäftigung** im **lohnsteuerlichen** Sinne liegt vor, wenn

1. der Arbeitnehmer bei dem Arbeitgeber **nur gelegentlich**, nicht regelmäßig beschäftigt wird,
2. die Dauer der Beschäftigung **18 zusammenhängende Arbeitstage nicht übersteigt**,
3. der Arbeitslohn während der Beschäftigungsdauer **150 Euro** durchschnittlich **je Arbeitstag nicht übersteigt** oder
   die Beschäftigung zu einem unvorhersehbaren Zeitpunkt **sofort** erforderlich wird (§ 40a Abs. 1 EStG) und
4. der durchschnittliche **Stundenlohn** während der Beschäftigungsdauer **19 Euro nicht übersteigt** (§ 40a Abs. 4 EStG).

Werden Arbeitnehmer **kurzfristig** beschäftigt (sog. **Aushilfskräfte**), kann die Lohnsteuer mit einem **Pauschsteuersatz** von

25 % des Arbeitslohns

zuzüglich **Solidaritätszuschlag** und **Kirchensteuer** erhoben werden (§ 40a **Abs. 1** EStG). Der Solidaritätszuschlag wird in Höhe von 5,5 % auf die Pauschalsteuer erhoben.

Eine kurzfristige Beschäftigung ist **sozialversicherungsfrei**, wenn die Beschäftigung für eine Zeitdauer ausgeübt wird, die im Laufe eines **Kalenderjahres** auf **nicht mehr als drei Monate** oder insgesamt **70 Arbeitstage** nach ihrer **Eigenart** begrenzt zu sein pflegt oder im Voraus vertraglich begrenzt ist. Durch das **Gesetz zur Anpassung des Sechsten Buches Sozialgesetzbuch und anderer Gesetze** gelten für Saisonkräfte in der **Landwirtschaft** ab dem **01.01.2026 erhöhte Zeitgrenzen**. Sie können **90 Arbeitstage** oder **15 Wochen** (statt 70 Arbeitstage und drei Monate) sozialversicherungsfrei beschäftigt werden.

Eine kurzfristige Beschäftigung liegt **nicht** mehr vor, wenn die Beschäftigung **berufsmäßig** ausgeübt wird. **Berufsmäßig** wird eine Beschäftigung dann ausgeübt, wenn sie für die Person von nicht untergeordneter wirtschaftlicher Bedeutung ist (Bundessozialgericht, Urteil vom 28.10.1960, 3 RK 31/56). Berufsmäßigkeit ist z. B. grundsätzlich anzunehmen bei kurzfristigen Beschäftigungen zwischen Schulentlassung bzw. Abschluss des Studiums und Eintritt in das Berufsleben oder zulässigen Teilzeitbeschäftigungen während der Elternzeit.

Für kurzfristig beschäftigte Arbeitnehmer hat der Arbeitgeber an die **Minijob-Zentrale** die **Umlage 1** (**nur** bei einer Beschäftigungsdauer von **mehr als 4 Wochen**), die **Umlage 2** und die **Insolvenzgeldumlage** sowie die **individuellen Beiträge** an den zuständigen **Unfallversicherungsträger** abzuführen.

BEISPIEL

Der Arbeitgeber U, **Bonn**, beschäftigt wegen Krankheit eines Arbeitnehmers in 2026 für 15 Tage eine **Aushilfe**. Für jeden der 15 Arbeitstage erhält die Aushilfe 120 €. Die Zahlung in Höhe von **1.800 €** (15 x 120 €) erfolgt in bar. Die Arbeitszeit beträgt 10 Stunden am Tag.

Der Arbeitgeber kann die Lohnsteuer **pauschalieren**, weil alle Voraussetzungen für eine kurzfristige Beschäftigung erfüllt sind. Die Umlage 1 entfällt, da die Beschäftigungsdauer 4 Wochen nicht überschreitet. Sofern die Aushilfstätigkeit nicht berufsmäßig ausgeübt wird, ist sie sozialversicherungsfrei.

Die **Abrechnung** für die Aushilfe sieht für 2026 wie folgt aus (ohne Unfallversicherung):

	Lohn (15 x 120 €)		1.800,00 €
+	pauschalierte LSt (**25 %** von 1.800 €)	450,00 €	
+	Solidaritätszuschlag (5,5 % von 450,00 €)	24,75 €	
+	pauschalierte KiSt (7 % von 450,00 €)	31,50 €	
+	Insolvenzumlage (0,15 % von 1.800 €)	2,70 €	
+	Umlage 2 (0,22 % von 1.800)	3,96 €	512,91 €
=	Kosten des Arbeitgebers		2.312,91 €

Buchungssatz:

Sollkonto	Betrag (€)	Habenkonto
6030 (4190) Aushilfslöhne	1.800,00	**1600** (1000) Kasse
6040 (4199) Pauschale Steuer f. Aushilfen	512,91	**3730** (1741) Verb. aus LSt und KiSt

Buchung:

S	**6030** (4190) **Aushilfslöhne**	H
1.800,00		

S	**1600** (1000) **Kasse**	H
		1.800,00

S	**6040** (4199) **Pauschale Steuer für Aushilfen**	H
512,91		

S	**3730** (1741) **Verb. aus LSt/KiSt**	H
		512,91

Zusammenfassung zu Abschnitt 5.7:

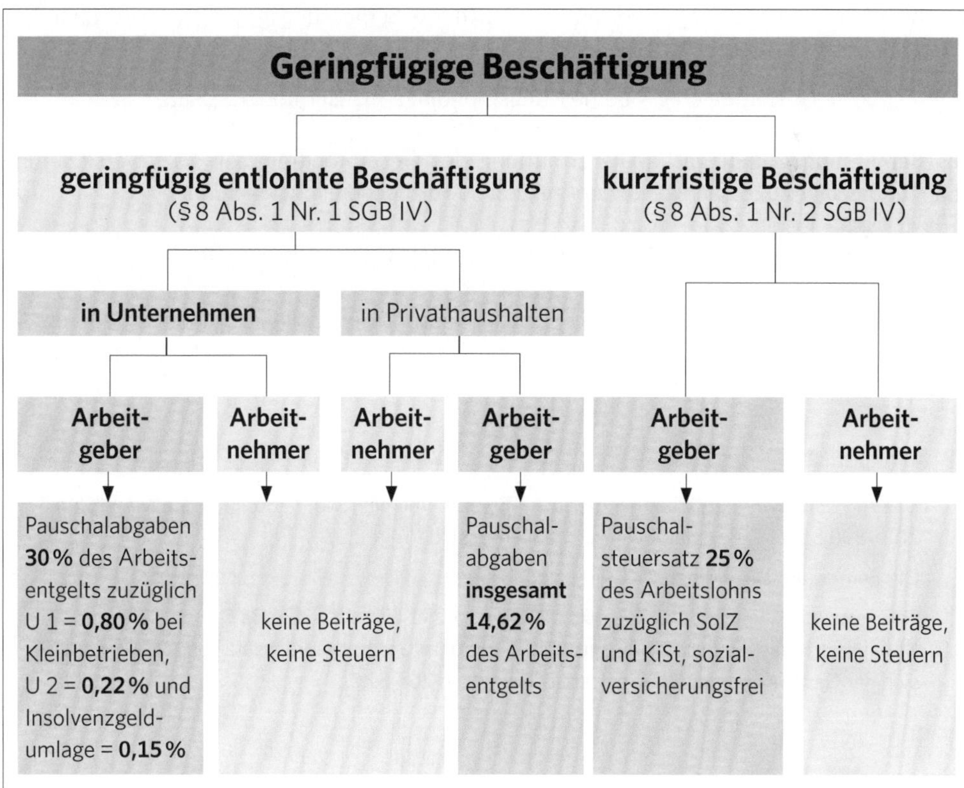

5.8 Übergangsbereich bei Arbeitsentgelten zwischen 603,01 € und 2.000 €

Für Arbeitsentgelte, die zwischen **603,01 Euro und 2.000 Euro** liegen, besteht **sozialversicherungsrechtlich** ein **Übergangsbereich** für diese sogenannten **Midijobs** (§ 20 Abs. 2 SGB IV). Die **Ober**grenze beträgt seit dem 01.01.2023 **2.000 Euro**. Die **Unter**grenze wird seit 01.01.2024 jährlich an die geänderte **Minijob-Grenze** angepasst.

Die Beiträge zur **Sozialversicherung** werden bei Arbeitsentgelten zwischen 603,01 Euro und 2.000 Euro vom Arbeitgeber und Arbeitnehmer **nicht je zur Hälfte** getragen. Der **Arbeitgeber** hat innerhalb des Übergangsbereichs den **vollen** Beitragsanteil zu tragen, während der Beitragsanteil des **Arbeitnehmers** gleitend bis zum vollen Arbeitnehmeranteil bei 2.000 Euro **ansteigt**.

Der Übergangsbereich gilt **nicht** für **Ausbildungsverhältnisse**. **Steuerrechtlich** ergeben sich im Rahmen des Übergangsbereichs **keine** Besonderheiten.
Die Berechnung der einzelnen Beitragsanteile innerhalb des Übergangsbereichs erfolgt in **drei Schritten**:

1. Berechnung des **Gesamtbeitrags** (Arbeitgeberanteil + Arbeitnehmeranteil),
2. Berechnung des **Arbeitnehmeranteils**,
3. Berechnung des **Arbeitgeberanteils**.

zu 1. Gesamtbeitrag

Um den Gesamtbeitrag zu berechnen, ist es erforderlich, zunächst die **Bemessungsgrundlage** für den Gesamtbeitrag zu ermitteln. Auf diese Bemessungsgrundlage wird dann der **Gesamtbeitragssatz** angewendet.

Gesamtbeitrag = Bemessungsgrundlage x Gesamtbeitragssatz

Die **Bemessungsgrundlage** für die Ermittlung des Gesamtbeitrags zur Sozialversicherung kann für das Jahr **2026** nach folgender (gekürzter) **Formel** berechnet werden:

Bemessungsgrundlage Gesamtbeitrag = 1,145937 x Arbeitsentgelt - 291,874

Bei der Berechnung des Gesamtbeitrags ist der kassenindividuelle Zusatzbeitrag zu berücksichtigen. Bei einem Zusatzbeitrag in Höhe von 2,9 % beträgt der durchschnittliche **Gesamtbeitragssatz** in 2026 für **nicht Kinderlose 42,30 %** (18,6 % + 14,6 % + 2,9 % + 3,60 % + 2,6 %).

BEISPIEL

Das Arbeitsentgelt der Arbeitnehmerin A, 26 Jahre und ein Kind, beträgt für den Monat Juni 2026 **800 €**. Der Zusatzbeitrag ihrer Krankenkasse beträgt 2,9 %.

Die **Bemessungsgrundlage** wird wie folgt ermittelt:

Bemessungsgrundlage = 1,145937 x 800,00 - 291,874 = **624,88 €**
Multipliziert man die Bemessungsgrundlage mit dem Gesamtbeitragssatz von 42,30 %, ergibt sich der **Gesamtbeitrag** zur Sozialversicherung von **264,32 €**.

zu 2. Arbeitnehmeranteil

Um den Arbeit**nehmer**anteil zu berechnen, ist es erforderlich, zunächst die **Bemessungsgrundlage** für den Arbeitnehmeranteil zu ermitteln. Auf diese Bemessungsgrundlage wird dann der **Beitragssatz** für den Arbeit**nehmer** angewendet.

Arbeitnehmeranteil = Bemessungsgrundlage x Arbeit**nehmer**beitragssatz

Die Bemessungsgrundlage für den Arbeit**nehmer**anteil wird seit dem 01.01.2026 mit folgender Formel berechnet:

Bemessungsgrundlage Arbeit**nehmer**anteil = 1,431639 x Arbeitsentgelt - 863,278.

Der **nicht kinderlose** Arbeitnehmer hat von dem **Gesamtbeitragssatz** von **42,30%** (inklusive durchschnittlichem Zusatzbeitrag) in **2026** einen Anteil in Höhe von **21,15 %** (9,3 % + 7,3 % + 1,45 % + 1,80 % + 1,3 %) zu tragen. Vom zweiten bis fünften Kind erfolgt ein Abschlag von 0,25 % pro Kind vom Anteil am Beitrag zur Pflegeversicherung.

BEISPIEL

Sachverhalt wie im Beispiel zuvor

Die **Bemessungsgrundlage** für den Arbeitnehmeranteil wird wie folgt ermittelt:

Bemessungsgrundlage = 1,431639 x 800,00 - 863,278 = **282,03 €**

Multipliziert man die Bemessungsgrundlage mit dem Arbeitnehmerbeitragssatz von 21,15 %, ergibt sich der **Arbeitnehmerbeitrag** zur Sozialversicherung von **59,65€**.

Die Lohnabrechnung der Arbeitnehmerin A sieht für den Monat Juni 2026 wie folgt aus:

	Lohn			800,00 €
-	Lohnsteuer (I/0)	0,00 €		
-	Solidaritätszuschlag	0,00 €		
-	Kirchensteuer	0,00 €	-	0,00 €
-	**Sozialversicherungsbeiträge (Arbeitnehmeranteil)**		-	**59,65 €**
=	Nettolohn			740,35 €

zu 3. Arbeitgeberanteil

Für die Ermittlung des Arbeit**geber**anteils an den Sozialversicherungsbeiträgen wird der Arbeit**nehmer**anteil **vom Gesamtbeitrag abgezogen**:

Gesamtbeitrag
\- Arbeitnehmeranteil
= **Arbeitgeberanteil**

BEISPIEL

Sachverhalt wie im Beispiel zuvor

Der **Arbeitgeberanteil** an den Sozialversicherungsbeiträgen beträgt **204,67 €**:

	Gesamtbeitrag		264,32 €
-	Arbeitnehmeranteil	-	59,65 €
=	**Arbeitgeberanteil**		**204,67 €**

Buchungssatz (monatlich):

Sollkonto	Betrag (€)	Habenkonto
6010 (4110) Löhne	800,00	
	59,65	**3740** (1742) Verb. im Rahmen d. s. S.
	740,35	**3720** (1740) Verb. aus Lohn/Gehalt
6110 (4130) Ges. soz. Aufw.	204,67	**3740** (1742) Verb. im Rahmen d. s. S.

Buchung (Bruttomethode):

S	**6010** (4110) **Löhne**	H
800,00		

S	**3740** (1742) **Verb. im Rahmen d. s. S.**	H
		59,65
		204,67

S	**6110** (4130) **Gesetzl. soz. Aufw.**	H
204,67		

S	**3720** (1740) **Verb. aus Lohn/Gehalt**	H
		740,35

Bei **kinderlosen** Arbeitnehmern wird das dargestellte Berechnungsschema **durchbrochen**. Der **Zuschlag zur Pflegeversicherung** in Höhe von **0,60 %** wird ausschließlich durch den Arbeit**nehmer** getragen. Er wird durch Multiplikation der Bemessungsgrundlage für den Arbeitnehmeranteil mit 0,60 % ermittelt und **zum** Arbeit**nehmer**anteil **hinzugerechnet**. Während der **Gesamtbeitrag** hierdurch **steigt**, bleibt der Arbeit**geber**anteil **unverändert**.

ÜBUNG →
1. Wiederholungsfragen 23 bis 25 (Seite 263),
2. Aufgabe 22 (Seite 270)

5.9 Sachzuwendungen an Arbeitnehmer

Fließt dem Arbeitnehmer **Arbeitslohn** in Form von **Sachbezügen** zu, so sind diese ebenso wie Barlohnzahlungen dem **laufenden Arbeitslohn** oder den **sonstigen Bezügen** zuzuordnen (R 8.1 Abs. 1 Satz 1 LStR 2015).

Sachbezüge bleiben **außer Ansatz**, wenn sie insgesamt **50 Euro** im Kalender**monat** (Freigrenze) **nicht übersteigen** (§ 8 Abs. 2 Satz 11 EStG). Eine Übertragung von nicht ausgeschöpften Beträgen in andere Kalendermonate ist **nicht** möglich.
Die Sachbezüge werden, abhängig davon, ob in ihnen Umsatzsteuer enthalten ist oder nicht, auf folgende Konten gebucht:

4947 (8611) **Verrechnete sonstige Sachbezüge 19 % USt aus Kfz-Gestellung,**
4948 (8613) **Verrechnete sonstige Sachbezüge 19 % USt** oder
4949 (8614) **Verrechnete sonstige Sachbezüge ohne Umsatzsteuer.**

Im Folgenden werden die in der Praxis **wichtigsten Sachbezüge** beispielhaft dargestellt.

5.9.1 Wohnung und Unterkunft

Wird einem Arbeitnehmer die Möglichkeit gegeben, eine Wohnung oder Unterkunft des Arbeit**gebers kostenlos oder verbilligt** zu nutzen, so handelt es sich um einen **geldwerten Vorteil**, der als **Arbeitslohn** steuerbar ist.

Für die **Höhe** des geldwerten Vorteils ist zunächst zu unterscheiden, ob es sich um eine **Wohnung** oder um eine **Unterkunft** handelt.

Eine Wohnung ist eine in sich geschlossene Einheit von Räumen, in denen ein selbständiger Haushalt geführt werden kann. Wesentlich ist, dass eine **Wasserversorgung und -entsorgung**, zumindest eine einer Küche vergleichbare **Kochgelegenheit** sowie eine **Toilette** vorhanden sind. Danach stellt z.B. ein Einzimmerappartement mit Küchenzeile und WC als Nebenraum eine Wohnung dar (R 8.1 Abs. 6 LStR 2015).

Soweit diese **Voraussetzungen nicht** vorhanden sind, handelt es sich um eine **Unterkunft**. Danach stellt z.B. ein Einzimmerappartement bei Mitbenutzung von Bad, Toilette und Küche eine Unterkunft dar (R 8.1 Abs. 6 Satz 4 LStR 2015).

Die Gewährung der kostenlosen oder verbilligten **Wohnung oder Unterkunft** ist **umsatzsteuerfrei** (§ 4 Nr. 12a UStG).

Wohnung (Werkswohnung)

Wird einem Arbeitnehmer eine **Wohnung** des Arbeitgebers **kostenlos** zur Verfügung gestellt, so ist als **geldwerter Vorteil** die **ortsübliche Miete** anzusetzen. Für Energie, Wasser und sonstige **Nebenkosten** ist der **übliche Preis am Abgabeort** anzusetzen.
Die monatliche Geringfügigkeitsgrenze von **50 Euro** nach § 8 Abs. 2 Satz 11 EStG bleibt in diesem Fall **außer Ansatz**.

BEISPIEL 1

Der ledige, katholische, kinderlose Arbeitnehmer A, Bochum, der ein Bruttogehalt von **2.500 €** bezieht, hat im Mai 2026 von seinem Arbeitgeber eine Wohnung **kostenlos** zur Verfügung gestellt bekommen. Der **ortsübliche Mietpreis** einschl. Nebenkosten beträgt monatlich **500 €**. Der Zusatzbeitrag zur Krankenversicherung beträgt 2,9 %.

Der **steuerpflichtige Arbeitslohn** des A wird für den Monat Mai 2026 wie folgt ermittelt:

	Bruttogehalt	2.500,00 €
+	**geldwerter Vorteil (ortsübliche Miete)**	**500,00 €**
=	**steuerpflichtiger Arbeitslohn**	3.000,00 €

Die **Gehaltsabrechnung** des A sieht für den Monat Mai 2026 wie folgt aus:

	Bruttogehalt	2.500,00 €
+	Sachbezug (**ortsübliche Miete**)	**500,00 €**
=	steuer- und sozialversicherungspflichtiges Gehalt	3.000,00 €
-	Lohnsteuer/Kirchensteuer	- 319,45 €
-	Sozialversicherungsbeiträge (21,75 %* von 3.000 €)	- 652,50 €
	Nettogehalt	2.028,05 €
-	Sachbezug	- **500,00 €**
=	Auszahlungsbetrag	1.528,05 €

* 21,75 % = 19,70 % + 0,60 % + 1,45 % (2,9 % : 2)

Der **Arbeitgeberanteil** zur Sozialversicherung beträgt **634,50 €** (21,15 % v. 3.000 €).

Buchungssatz (Bruttomethode):

Tz.	Sollkonto	Betrag (€)	Habenkonto
1.	**6020** (4120) Gehälter	3.000,00	
		319,45	**3730** (1741) Verb. aus LSt und KiSt
		652,50	**3740** (1742) Verb. im Rahmen d. s. S.
		500,00	**4949** (8614) **Verr. sonst. Sachb. ohne USt**
		1.528,05	**3720** (1740) Verb. aus Lohn/Gehalt
	6110 (4130) Ges. soz. Aufw.	634,50	**3740** (1742) Verb. im Rahmen d. s. S.

Buchung (Bruttomethode):

S	**6020** (4120) **Gehälter**	H
1) 3.000,00		

S	**6110** (4130) **Gesetzl. soz. Aufw.**	H
1) 634,50		

S	**3730** (1741) **Verb. aus LSt/KiSt**	H
		1) 319,45

S	**3740** (1742) **Verb. im Rahmen d. s. S.**	H
		1) 652,50
		1) 634,50

S	**4949** (8614) **Verr. sonst. Sachb. o. USt**	H
		1) **500,00**

S	**3720** (1740) **Verb. aus Lohn/Gehalt**	H
		1) 1.528,05

Bei **verbilligter** Überlassung einer **Wohnung** ist als **geldwerter Vorteil** der **Unterschiedsbetrag** zwischen dem **vereinbarten Preis** und der **ortsüblichen Miete** einschließlich Nebenkosten anzusetzen.

Bei der Ermittlung des geldwerten Vorteils der **verbilligten** Überlassung einer Mitarbeiterwohnung wurde ein **Bewertungsabschlag** eingeführt, der auch Wohnungsüberlassungen durch mit dem Arbeitgeber verbundene Unternehmen umfasst (§ 8 Abs. 2 Satz 12 EStG). Dieser beträgt **ein Drittel der ortsüblichen Miete** und hat den **Charakter** eines **Freibetrags**. Der Ansatz eines geldwerten Vorteils als Sachbezug **unterbleibt**, soweit das gezahlte Mietentgelt des Arbeitnehmers **zwei Drittel der ortsüblichen Marktmiete** entspricht **und** der ortsübliche Mietwert **nicht mehr als 25 € je qm Kaltmiete** beträgt. Wenn die Ermittlung des ortsüblichen Mietpreises große Schwierigkeiten bereitet, gelten laut § 2 SvEV feste Quadratmeterpreise (für 2026 bundeseinheitliche 5,01 € je qm im Monat).

BEISPIEL 2

Sachverhalt wie im Beispiel 1 mit dem **Unterschied**, dass A monatlich **300 €** an **Miete zahlt**, die mit seinem Gehalt verrechnet wird.

Die Gehaltsabrechnung des A sieht für den Monat Mai 2026 wie folgt aus:

	Bruttogehalt		2.500,00 €
	⅔ der ortsüblichen Miete (einschl. NK) i.H.v. 500 €	333 €	
-	von Arbeitnehmer A gezahlte Miete	300 €	
=	verbleiben	33 €	
-	50-€-Freigrenze (§ 8 Abs. 2 EStG) - nicht überschritten	-33 €	
	geldwerter Vorteil (**Sachbezug verbilligte Wohnung**)	0 €	**0,00 €**
=	steuer- und sozialversicherungspflichtiger Arbeitslohn		2.500,00 €
-	Lohnsteuer/Kirchensteuer		- 204,18 €
-	Sozialversicherungsbeiträge (21,75 %* von 2.500 €)		- 543,75 €
=	Nettogehalt		1.752,07 €
-	Miete		- 300,00 €
=	Auszahlungsbetrag		1.452,07 €

* 21,75 % = 19,70 % + 0,60 % + 1,45 % (2,9 % : 2)

Die 50-Euro-Grenze nach § 8 Abs. 2 Satz 11 EStG kann der Steuerpflichtige in diesem Fall nutzen, da die Freigrenze von 50 € **nicht** überschritten wurde. Entsprechend ändert die verbilligte Überlassung der Wohnung **nichts** am steuer- und sozialversicherungspflichtigen Arbeitslohn.

Unterkunft

Wird einem Arbeitnehmer eine **Unterkunft** des Arbeitgebers **kostenlos oder verbilligt** zur Verfügung gestellt, wird der **geldwerte Vorteil** nach **amtlichen Sachbezugswerten festgelegt**.

Für **2026** gelten nach der SvEV im gesamten Bundesgebiet folgende Sachbezugswerte:

Art des Sachbezugs	bundeseinheitlich
Unterkunft	**285 €**

Mit dem Ansatz der Sachbezugswerte für freie Unterkunft sind die Kosten für Heizung und Beleuchtung mit abgegolten.

Für **Jugendliche** unter 18 Jahren und **Auszubildende** vermindert sich der Wert um **15 %**. **Ebenso** wird für **diejenigen Beschäftigten** ein Abschlag von 15 % auf den Wert der kostenlosen Unterkunft vorgenommen, **die in den Haushalt des Arbeitgebers oder** in einer **Gemeinschaftsunterkunft aufgenommen** worden sind.

BEISPIEL 3

Die ledige, katholische Helga Fabel, ein Kind, ist Haushälterin bei Familie Schmitz in Köln. Neben ihrem monatlichen Bruttolohn von **2.000 Euro** bewohnt sie **kostenlos** ein **möbliertes Zimmer mit Heizung** (ohne Bad und WC) **im Hause** der Familie Schmitz. Der Zusatzbeitrag zur Krankenversicherung beträgt 2,9 %.

Ihre **Lohnabrechnung** sieht für den Monat Juni 2026 wie folgt aus:

	Bruttogehalt	2.000,00 €
+	Sachbezug (**Unterkunft**) [285 € - 42,75 € (15 %)]	**242,25 €**
=	steuer- und sozialversicherungspflichtiger Arbeitslohn	2.242,25 €
-	Lohnsteuer/Kirchensteuer	- 138,75 €
-	Sozialversicherungsbeiträge (21,15 % von 2.242,25 €)	- 474,23 €
	Nettogehalt	1.625,40 €
-	Sachbezug	- **242,25 €**
=	Auszahlungsbetrag	1.387,02 €

* 21,15 % = 19,70 % + 1,45 % (2,9 % : 2)

Der **Arbeitgeberanteil** zur Sozialversicherung beträgt **474,23 €** (21,15 % von 2.242,25 €).

Buchungssatz (Bruttomethode):

Tz.	Sollkonto	Betrag (€)	Habenkonto
3.	**6010** (4110) Löhne	2.242,25	
		138,75	**3730** (1741) Verb. aus LSt/KiSt
		474,23	**3740** (1742) Verb. im Rahmen d.s.S.
		242,25	**4949** (8614) Verr. sonst. Sachb. ohne USt
		1.387,02	**3720** (1740) Verb. aus Lohn/Gehalt
	6110 (4130) Ges. soz. Aufw.	474,23	**3740** (1742) Verb. im Rahmen d.s.S.

Buchung (Bruttomethode):

S	6010 (4110) Löhne	H
3) 2.242,25		

S	3730 (1741) Verb. aus LSt/KiSt	H
		3) 138,75

S	6110 (4130) Gesetzl. soz. Aufw.	H
3) 474,23		

S	3740 (1742) Verb. im Rahmen d.s.S.	H
		3) 474,23
		3) 474,23

S	4949 (8614) Verr. sonst. Sachb. o. USt	H
		3) 242,25

S	3720 (1740) Verb. aus Lohn/Gehalt	H
		3) 1.387,02

ÜBUNG →
1. Wiederholungsfragen 26 und 27 (Seite 263),
2. Aufgaben 23 und 24 (Seite 270)

5.9.2 Verpflegung

Ebenso wie für die Unterkunft wird der **geldwerte Vorteil** auch für **Verpflegung** nach **amtlichen Sachbezugswerten** festgelegt. Nach **§ 2 SvEV** beträgt der **Sachbezugswert** von unentgeltlichen oder verbilligten Mahlzeiten **für alle Länder 2026** (BMF-Schreiben vom 29.12.2025):

Art des Sachbezugs	Sachbezugswert	
	monatlich	täglich
Frühstück	**71 €**	**2,37 €**
Mittagessen	**137 €**	**4,57 €**
Abendessen	**137 €**	**4,57 €**
gesamt	**345 €**	**11,50 €**

Der **geldwerte Vorteil** ergibt sich aus dem **Unterschiedsbetrag** zwischen dem **Sachbezugswert** der Mahlzeit **und** der **Zahlung** durch den Arbeitnehmer. Entsprechend entfällt die steuerliche Erfassung der Mahlzeiten, wenn der Arbeitnehmer für jede Mahlzeit mindestens einen Preis in Höhe des amtlichen Sachbezugswerts zahlt (R 8.1 Abs. 7 LStR 2015).

BEISPIEL

Die Auszubildende A, Leipzig, isst arbeitstäglich in einer Gaststätte zu Mittag. Der Preis der Mahlzeit beträgt **3,80 €**. A zahlt für das Mittagessen nur **1,60 €**. Der Unterschiedsbetrag wird von ihrem Arbeitgeber beglichen.

Der **geldwerte Vorteil** für A wird für **einen Tag 2026** wie folgt ermittelt:

	Sachbezugswert der Mahlzeit	**3,80 €**
-	Zahlung der Arbeitnehmerin	- **1,60 €**
=	**geldwerter Vorteil**	**2,20 €**

In den amtlichen **Sachbezugswerten für Verpflegung** ist – im Gegensatz zu den Werten für die Unterkunft – die **Umsatzsteuer** mit **19 %** enthalten. Die Umsatzsteuer ist vom Arbeitgeber anzumelden und abzuführen. Entrichtet der Arbeitnehmer ein höheres Entgelt als der Sachbezugswert, so ist die Umsatzsteuer daraus zu errechnen.

BEISPIEL

Die 22-jährige Auszubildende A, Bonn, erhält im Juni 2026 neben ihrer Ausbildungsvergütung von **700 €** freie Verpflegung im Wert von insgesamt **258 €**. Da A für die Verpflegung nichts zahlt, ist der volle Wert nach der Sozialversicherungsentgeltverordnung anzusetzen. Der Zusatzbeitrag zur Krankenversicherung beträgt 2,9 %.

Die „**Gehaltsabrechnung**" der Auszubildenden A sieht im Juni 2026 wie folgt aus:

	Bruttogehalt			700,00 €
+	Sachbezug (**Verpflegung**), netto	216,81 €		
	+ 19 % USt	41,19 €		**258,00 €**
=	steuer- und sozialversicherungspflichtiges Gehalt			958,00 €
-	Lohnsteuer/Kirchensteuer/Solidaritätszuschlag		-	0,00 €
-	Sozialversicherungsbeiträge (21,15 %* von 958 €)		-	202,62 €
	Nettogehalt			755,38 €
-	Sachbezug		-	**258,00 €**
=	Auszahlungsbetrag			497,38 €

* 21,15 % = 19,70 % + 1,45 % (2,9 % : 2)

Der **Arbeitgeberanteil** zur Sozialversicherung beträgt **202,62 €** (21,15 % von 958 €).

Buchungssatz (Bruttomethode):

Sollkonto	Betrag (€)	Habenkonto
6020 (4120) Gehälter	958,00	
	202,62	**3740** (1742) Verb. im Rahmen d.s.S.
	216,81	**4948** (8613) Verr. Sachb. 19 % USt*
	41,19	**3806** (1776) Umsatzsteuer 19 %
	497,38	**3720** (1740) Verb. aus Lohn/Gehalt
6110 (4130) Ges. soz. Aufw.	202,62	**3740** (1742) Verb. im Rahmen d.s.S.

* Durch die Eingabe des Berichtigungsschlüssels 4 unterbleibt die Errechnung der USt. Die Gewährung von freier Verpflegung ist eine **sonstige Leistung** i.S.d. UStG.

Buchung (Bruttomethode):

S	**6020** (4120) **Gehälter**	H
958,00		

S	**3740** (1742) **Verb. im Rahmen d.s.S.**	H
		202,62
		202,62

S	**6110** (4130) **Gesetzl. soz. Aufw.**	H
202,62		

S	**4948** (8613) **Verrechnete sonstige Sachbezüge 19 % Umsatzsteuer**	H
		216,81

S	**3806** (1776) **Umsatzsteuer 19 %**	H
		41,19

S	**3720** (1740) **Verb. aus Lohn/Gehalt**	H
		497,38

ÜBUNG →

1. Wiederholungsfrage 28 (Seite 263),
2. Aufgabe 25 (Seite 270)

5.9.3 Gestellung von Kraftfahrzeugen

Überlässt ein Arbeitgeber seinem Arbeitnehmer ein **Kraftfahrzeug** für eine **gewisse Dauer** (mehr als fünf Tage im Monat) zur privaten Nutzung, so ist der **geldwerte Vorteil** entweder nach der **1%-Regelung**, mithilfe eines **Fahrtenbuches** oder durch **Schätzung** zu ermitteln. Dabei bleibt die monatliche Geringfügigkeitsgrenze von **50 Euro** nach § 8 Abs. 2 Satz 9 EStG **außer Betracht**.

1%-Regelung

Der Arbeitgeber hat den **privaten Nutzungsanteil** mit monatlich **1% des Bruttolistenpreises** (zuzüglich der Kosten für Sonderausstattungen, z.B. Navigationsgeräte, Diebstahlsicherungssysteme) anzusetzen, der im **Zeitpunkt der Erstzulassung** für das Kraftfahrzeug festgelegt ist. Dies gilt **auch** bei **gebraucht erworbenen** oder **geleasten** Fahrzeugen. Der **Bruttolistenpreis** ist **auf volle 100 Euro abzurunden** (R 8.1 Abs. 9 Nr. 1 Satz 6 LStR 2015).
Dieser **prozentuale Ansatz** des privaten Nutzungsanteils umfasst die eigentlichen **Privatfahrten** (Freizeitfahrten).
Kann das Kraftfahrzeug **auch** zu **Fahrten zwischen Wohnung und erster Tätigkeitsstätte** genutzt werden, **erhöht sich der Wert um jeden Kilometer der Entfernung** zwischen Wohnung und Arbeitsstätte **um 0,03% des Bruttolistenpreises** (§ 8 Abs. 2 EStG; R 8.1 Abs. 9 Nr. 1 Satz 2 LStR 2015). Unter **bestimmten Voraussetzungen** können die Fahrten zwischen Wohnung und erster Tätigkeitsstätte **auch mit 0,002%** des Bruttolistenpreises angesetzt werden (vgl. BMF-Schreiben vom 04.04.2018, Tz. 10).

BEISPIEL

Der ledige, kinderlose Angestellte A, Bonn, erhält neben seinem Bruttogehalt von **2.500 €** ab 2026 einen gebraucht angeschafften Firmenwagen auch zur Privatnutzung.
Der **Bruttolistenpreis** im Zeitpunkt der Erstzulassung hat 2025 **40.477,24 €** betragen. Die **Entfernung zwischen Wohnung und erster Tätigkeitsstätte** beträgt **30 km**.

Der **geldwerte Vorteil** für A wird für **einen Monat** wie folgt ermittelt (Zusatzbeitrag KV 2,9%):

	geldwerte Vorteile für Privatfahrten (1% von 40.400 €)	404,00 €
+	**Zuschlag Fahrten zw. Wohnung und erster Tätigkeitsstätte** (0,03% von 40.400 € x 30 km)	363,60 €
=	**geldwerter Vorteil insgesamt**	**767,60 €**

Aus dem so ermittelten Betrag ist die **Umsatzsteuer herauszurechnen**. Ein **pauschaler Abschlag von 20%** für nicht mit Vorsteuer belastete Kosten ist in diesen Fällen **unzulässig** (Abschn. 15.23 Abs. 11 Nr. 1 Satz 5 UStAE).

Die **Gehaltsabrechnung** des A sieht für den Monat **Mai 2026** wie folgt aus:

	Bruttogehalt		2.500,00 €
+	Sachbezug (**Gestellung eines Pkws**), netto	645,04 €	
	+ 19% USt	122,56 €	**767,60 €**
=	steuer- und sozialversicherungspflichtiges Gehalt		3.267,60 €
-	Lohnsteuer/Kirchensteuer		- 384,12 €
-	Sozialversicherungsbeiträge (21,75%* von 3.267,60 €)		- 710,70 €
	Nettogehalt		2.172,78 €
-	Sachbezug		- **767,60 €**
=	Auszahlungsbetrag		1.405,18 €

* 21,75% = 19,70% + 0,60% + 1,45% (2,9% : 2)

Der **Arbeitgeberanteil** zur Sozialversicherung beträgt **691,10 €** (21,15 % v. 3.267,60 €).

Buchungssatz (Bruttomethode):

Sollkonto	Betrag (€)	Habenkonto
6020 (4120) Gehälter	3.267,60	
	384,12	**3730** (1741) Verb. aus LSt/KiSt
	710,70	**3740** (1742) Verb. im Rahmen d.s.S.
	645,04	**4947** (8611) Verr. Sachb. 19 % USt*
	122,56	**3806** (1776) Umsatzsteuer 19 %
	1.405,18	**3720** (1740) Verb. aus Lohn/Gehalt
6110 (4130) Ges. soz. Aufw.	691,10	**3740** (1742) Verb. im Rahmen d.s.S.

* Durch die Eingabe des Berichtigungsschlüssels 4 unterbleibt die automatische Errechnung der Umsatzsteuer.

Buchung (Bruttomethode):

S	6020 (4120) Gehälter	H
3.267,60		

S	3730 (1741) Verb. aus LSt/KiSt	H
		384,12

S	6110 (4130) Gesetzl. soz. Aufw.	H
691,10		

S	3740 (1742) Verb. im Rahmen d. s. S.	H
		710,70
		691,10

S	4947 (8611) Verrechnete sonstige Sachbezüge 19 % USt aus Kfz-Gest.	H
		645,04

S	3806 (1776) Umsatzsteuer 19 %	H
		122,56

S	3720 (1740) Verb. aus Lohn/Gehalt	H
		1.405,18

Fahrtenbuchmethode

Der **geldwerte Vorteil** für die private Nutzung des betrieblichen Kraftfahrzeugs kann auch mit den **tatsächlichen Aufwendungen** für das Kraftfahrzeug angesetzt werden, **wenn** die für das Kraftfahrzeug insgesamt entstehenden Aufwendungen durch Belege und das Verhältnis der privaten zu den übrigen Fahrten durch ein ordnungsgemäßes **Fahrtenbuch** nachgewiesen werden (R 8.1 Abs. 9 Nr. 2 LStR 2015).

Wird bei einer **entgeltlichen** Fahrzeugüberlassung der private Nutzungswert mithilfe eines ordnungsgemäßen **Fahrtenbuchs** anhand der durch Belege nachgewiesenen Gesamtkosten ermittelt (R 8.1 Abs. 9 Nr. 2 LStR 2015), ist das aufgrund des Fahrtenbuchs ermittelte Nutzungsverhältnis **auch bei der Umsatzsteuer** zugrunde zu legen.

Die **Fahrten zwischen Wohnung und Arbeitsstätte** sowie die **Familienheimfahrten** aus Anlass einer doppelten Haushaltsführung werden **umsatzsteuerlich** den **Privatfahrten** des Arbeitnehmers **zugerechnet**.

Aus den Gesamtkosten dürfen **keine Kosten ausgeschieden** werden, bei denen ein **Vorsteuerabzug nicht möglich** ist (Abschn. 15.23 Abs. 11 Nr. 2 Satz 3 UStAE).

Die **Buchung erfolgt analog** zur **1 %-Regelung**.

Nach dem **31.12.2018** und **vor** dem **01.01.2031** angeschaffte **Elektro- und Hybridfahrzeuge** werden unter bestimmten Voraussetzungen **einkommensteuerlich** gefördert, indem der ermittelte Vorteil der privaten Nutzung nur **zur Hälfte** bzw. nur **zu einem Viertel** zu versteuern ist. Die Voraussetzungen für die hälftige Versteuerung betreffen die **Kohlendioxidemission** sowie die **Reichweite** des Fahrzeugs unter ausschließlicher Nutzung des elektrischen Antriebs. **Nur zu einem Viertel** zu versteuern sind **reine Elektrofahrzeuge** mit einem **Bruttolistenpreis bis zu 70.000 Euro** (Anschaffung **nach dem 31.12.2023 und bis zum 30.06.2025**) bzw. **bis zu 100.000 Euro** (Anschaffung **ab dem 01.07.2025**) (§ 6 Abs. 1 Nr. 4 Satz 2 Nr. 3 EStG).

Die steuerliche Belastung reduziert sich **auch bei Anwendung der Fahrtenbuchmethode**.

Ebenso gilt die steuerliche Förderung für **Elektrofahrräder (E-Bikes)**, sofern sie als **Kraftfahrzeug** zu behandeln sind (z. B. Motorunterstützung von mehr als 25 km/h).

Bei der Überlassung **nicht** als Kraftfahrzeuge zu behandelnder **E-Bikes** sowie **normaler Fahrräder** ist der geldwerte Vorteil im Zeitraum 01.01.2019 bis 31.12.2030 **in voller Höhe** von der Einkommensteuer befreit, sofern der gewährte Vorteil **zusätzlich** zum ohnehin geschuldeten Arbeitslohn gewährt wird (§ 3 Nr. 37 EStG).

Im **Gegensatz** zur **ertragsteuerlichen** Behandlung (§ 6 Abs. 1 Nr. 4 EStG) erfolgen für umsatzsteuerliche Zwecke weder nach der 1%-Regelung noch nach der Fahrtenbuchmethode **Kürzungen** für **Elektro- und Hybridelektrofahrzeuge** (Abschn. 15.23 Abs. 11 UStAE).

S 1 Die **umsatzsteuerrechtliche** Behandlung beider Methoden erfolgt im Abschnitt 8.1.4 der **Steuerlehre 1**, 47. Auflage 2026, Seiten 290 ff.

ÜBUNG →
1. Wiederholungsfrage 29 (Seite 263),
2. Aufgabe 26 (Seite 271)

5.9.4 Bezug von Waren und Dienstleistungen

Erhält ein Arbeitnehmer aufgrund seines Dienstverhältnisses **Waren oder Dienstleistungen**, die vom Arbeitgeber nicht überwiegend für den Bedarf seiner Arbeitnehmer hergestellt, vertrieben oder erbracht werden und deren Bezug nicht nach § 40 EStG pauschal versteuert wird, so gilt als geldwerter Vorteil der **Endpreis**, zu dem der Arbeitgeber oder der am Abgabeort nächstansässige Abnehmer die konkrete Ware oder Dienstleistung fremden Letztverbrauchern im allgemeinen Geschäftsverkehr am Ende von Verkaufsverhandlungen durchschnittlich anbietet. Bei der Ermittlung des Endpreises können **Rabatte** (Änderung der Rechtsprechung) abgezogen werden (BMF-Schreiben vom 16.05.2013, BStBl I S. 729, Rn. 8).

Auf diesen Endpreis (Angebotspreis) sind der gesetzliche Bewertungsabschlag von **4 %** und der gesetzliche Rabattfreibetrag von **1.080 Euro** zu berücksichtigen (§ 8 Abs. 3 Satz 2 EStG; BMF-Schreiben vom 16.05.2013, BStBl I S. 729, Rn. 7).

BEISPIEL

Ein Automobilunternehmen überlässt einem Arbeit**nehmer** ein Kraftfahrzeug zu einem Vorzugspreis von **28.000 €** brutto gegen Banküberweisung. Der Listenpreis des Kraftfahrzeugs beträgt **35.000 €**. Der Automobilhändler gewährte seinen Kunden in den letzten drei Monaten für dieses Modell durchschnittlich einen Rabatt von **10 %**.

Der Arbeit**nehmer** erhielt in diesem Jahr noch keinen Personalrabatt.

Der **geldwerte Vorteil** wird wie folgt berechnet:

	Pkw-Listenpreis		35.000 €
-	**10 % Rabatt**		
	(10 % von 35.000 €)	-	3.500 €
=	Endpreis i.S.d. § 8 Abs. 3 EStG		31.500 €
-	**4%** vom Endpreis (4 % von 31.500 €)	-	1.260 €
	geminderter Endpreis		30.240 €
-	bezahlter Preis des Arbeitnehmers	-	28.000 €
	Arbeitslohn		2.240 €
-	**Rabatt-Freibetrag** (§ 8 Abs. 3 EStG)	-	1.080 €
=	**geldwerter Vorteil**		**1.160 €**

Als **geldwerter Vorteil** ist dem Arbeitnehmer somit der Betrag von **1.160 €** anzusetzen und entsprechend zu buchen.
Daneben hat der Arbeitgeber den **Verkauf des Pkws** an seinen Arbeitnehmer zu buchen.
Dabei ist der vom Arbeitnehmer bezahlte Betrag von **28.000 €** ein **Bruttowert**, der einem **Nettobetrag** von **23.529,41 €** (28.000 € : 1,19) entspricht. Die **Umsatzsteuer** beträgt **4.470,59 €** (19 % von 23.529,41 €).

Buchungssatz:

Sollkonto	Betrag (€)	Habenkonto
1800 (1200) Bank	28.000,00	
	23.529,41	**4200** (8200) Erlöse
	4.470,59	**3806** (1776) Umsatzsteuer 19 %

Buchung:

S	**1800** (1200) **Bank**	H
28.000,00		

S	**4200** (8200) **Erlöse**	H
		23.529,41

S	**3806** (1776) **Umsatzsteuer 19 %**	H
		4.470,59

Nicht zum Arbeitslohn gehören Sachleistungen (**Aufmerksamkeiten**), die auch im gesellschaftlichen Verkehr üblicherweise ausgetauscht werden und zu keiner ins Gewicht fallenden Bereicherung des Arbeitnehmers führen. Aufmerksamkeiten sind Sachzuwendungen bis zu einem Wert von **60 Euro** (Freigrenze), z.B. Blumen, Genussmittel, ein Buch oder ein Tonträger, die dem Arbeitnehmer aus Anlass eines besonderen **persönlichen** Ereignisses (z.B. Geburtstag) zugewendet werden (R 19.6 Abs. 1 Satz 2 LStR 2015). **Geldzuwendungen** gehören **stets** zum **Arbeitslohn**, auch wenn ihr Wert gering ist (R 19.6 Abs. 1 Satz 3 LStR 2015).

Im Rahmen der **Einkommensteuerveranlagung** kann der Arbeitnehmer den Sachbezug auch wahlweise nach § 8 Abs. 2 EStG bewerten lassen.

ÜBUNG →
1. Wiederholungsfragen 30 und 31 (Seite 263),
2. Aufgabe 27 und 28 (Seite 271)

5.10 Zusammenfassung und Erfolgskontrolle

5.10.1 Zusammenfassung

- Zu den **Personalkosten** gehören alle Aufwendungen, die durch die Beschäftigung von Mitarbeitern des Unternehmens verursacht werden.
- **Bruttoarbeitslohn** (Lohn, Gehalt) ist der Betrag **vor** Abzug der Steuern und Beiträge.
- **Nettoarbeitslohn** ist der Betrag **nach** Abzug der Steuern und Beiträge.
- Unter dem **Arbeitgeberanteil** versteht man den Teil des Gesamtbeitrags zur gesetzlichen Kranken-, Pflege-, Renten- und Arbeitslosenversicherung, den der Arbeit**geber** zu tragen hat. Dieser umfasst auch die **Hälfte** des **kassenindividuellen Zusatzbeitrags** zur Krankenversicherung.
- Unter dem **Arbeitnehmeranteil** versteht man den Teil des Gesamtbeitrags zur gesetzlichen Kranken-, Pflege-, Renten- und Arbeitslosenversicherung, den der Arbeit**nehmer** zu tragen hat. Dieser umfasst auch die **Hälfte** des **kassenindividuellen Zusatzbeitrags** zur Krankenversicherung.
  Kinderlose Arbeitnehmer **zwischen 23 und 65 Jahren** haben einen **Zusatzbeitrag zur gesetzlichen Pflegeversicherung** in Höhe von **0,60 %** zu tragen. Arbeitnehmer **mit Kindern** erhalten für das **zweite bis fünfte** Kind einen Abschlag von **0,25 % pro Kind am Arbeitnehmeranteil** zur Pflegeversicherung.
- Bei **Geringverdienern** (Arbeitsentgelt nicht mehr als 325 Euro) trägt der Arbeitgeber die **Sozialversicherungsbeiträge allein**. Dies gilt **auch** für den **Zusatzbeitrag zur Krankenversicherung**, der bei Geringverdienern in Höhe des durchschnittlichen Zusatzbeitrages (2026: **2,9 %**) erhoben wird.
- **Vorschüsse** auf den später fällig werdenden Arbeitslohn stellen Forderungen dar.
- **Vermögenswirksame Leistungen (vwL)** werden vom Arbeitnehmer oder Arbeitgeber allein oder von beiden zusammen getragen. Der Teil, den der Arbeitgeber trägt, ist für ihn Aufwand.
- Für **geringfügig entlohnte Beschäftigungen** (monatliches Entgelt maximal 603 Euro) in **Unternehmen** beträgt die Pauschalabgabe **30 %** des Arbeitsentgelts. Daneben sind (teilweise in Abhängigkeit der Anzahl der Mitarbeiter) Umlagen vom Arbeitgeber zu entrichten, die **bis zu 1,17 %** des Arbeitsentgelts betragen können.
  Für geringfügig entlohnte Beschäftigungen in **Privathaushalten** betragen die Pauschalabgaben **14,62 %** des Arbeitsentgelts.
  Liegt das Arbeitsentgelt **über 603 Euro**, erfolgt die **Besteuerung** nach den **ELStAM**.
  Sozialversicherungsrechtlich besteht für Arbeitsentgelte zwischen **603,01 Euro und 2.000 Euro ein Übergangsbereich**.
- **Sachbezüge** (z. B. Wohnung, Unterkunft, Verpflegung, Gestellung von Kraftfahrzeugen, Bezug von Waren) sind ebenso wie Barlohnzahlungen dem **Arbeitslohn** zuzuordnen.

5.10.2 Erfolgskontrolle

Wiederholungsfragen

1. Auf welchen Konten wird der Bruttoarbeitslohn gebucht?
2. Auf welchen Konten werden die einbehaltenen, aber noch nicht abgeführten Steuern und Beiträge gebucht?

3. Wie hoch sind die Sozialversicherungsbeiträge für 2026?
4. Wer trägt grundsätzlich die Sozialversicherungsbeiträge?
5. Welcher Unterschied besteht bei der Lohnbuchung zwischen der Netto- und Bruttomethode?
6. Was versteht man bei der Lohnbuchung unter der sog. Verrechnungsmethode?
7. Wer trägt den kassenindividuellen Zusatzbeitrag zur Krankenversicherung?
8. In welchem Fall trägt der Arbeitgeber die Sozialversicherungsbeiträge allein?
9. Wie werden Vorschüsse buchmäßig behandelt?
10. Wie werden verrechnete Vorschüsse buchmäßig behandelt?
11. Wie wird die vwL, die der Arbeitnehmer allein trägt, buchmäßig behandelt?
12. Wie wird die vwL, die der Arbeitgeber allein trägt, buchmäßig behandelt?
13. Wie wird die vwL, die vom Arbeitgeber und Arbeitnehmer gemeinsam getragen wird, buchmäßig behandelt?
14. Was versteht man unter einer geringfügig entlohnten Beschäftigung in einem Unternehmen?
15. Wie hoch ist der Pauschalabgabensatz bei einer geringfügig entlohnten Beschäftigung in einem Unternehmen?
16. Wie setzt sich dieser Pauschalabgabensatz zusammen?
17. Wie wird eine geringfügig entlohnte Beschäftigung in Unternehmen buchmäßig behandelt?
18. Wie hoch ist der Pauschalabgabensatz bei einer geringfügig entlohnten Beschäftigung in einem Privathaushalt?
19. Wie setzt sich dieser Pauschalabgabensatz zusammen?
20. Wie wird eine geringfügig entlohnte Beschäftigung behandelt, die sowohl im Unternehmen als auch im Privathaushalt eines Arbeitgebers ausgeübt wird?
21. Werden mehrere geringfügig entlohnte Beschäftigungen bei verschiedenen Arbeitgebern zusammengerechnet?
22. Wird eine geringfügig entlohnte Beschäftigung neben einer versicherungspflichtigen Hauptbeschäftigung mit dieser zusammengerechnet?
23. In welchem Fall liegt eine kurzfristige Beschäftigung im lohnsteuerlichen Sinne vor?
24. Wie hoch ist der Pauschsteuersatz für eine kurzfristige Beschäftigung nach § 40a Abs. 1 EStG?
25. Wie werden die Sozialversicherungsbeiträge im Rahmen des Übergangsbereichs bei Arbeitsentgelten von Arbeitgeber und Arbeitnehmer getragen?
26. Wie wird der geldwerte Vorteil einer Wohnung lohnsteuerrechtlich behandelt?
27. Wie wird der geldwerte Vorteil einer Unterkunft lohnsteuerrechtlich behandelt?
28. Wie wird der geldwerte Vorteil für Verpflegung lohnsteuerrechtlich behandelt?
29. Wie wird der geldwerte Vorteil für die Gestellung von Kraftfahrzeugen lohnsteuerrechtlich behandelt?
30. Wie wird der Bezug von Waren lohnsteuerrechtlich und sozialversicherungsrechtlich behandelt?
31. Wie wird der Bezug von Waren umsatzsteuerrechtlich behandelt?

Aufgaben

AUFGABE 1

Bilden Sie die Buchungssätze für den konfessionslosen Angestellten A, Wiesbaden, nach der Bruttomethode. Der Zusatzbeitrag zur Krankenversicherung beträgt 2,9 %.

			€
1.		Bruttogehalt	3.000,00
	-	Lohnsteuer, III/1	- 38,33
	-	Solidaritätszuschlag	- 0,00
	-	Kirchensteuer	- 0,00
	-	Sozialversicherungsbeiträge (AN-Anteil)	- 634,50
	=	Nettogehalt Das Nettogehalt wird am 28. des laufenden Monats durch Bank überwiesen.	2.327,17
2.		Arbeitgeberanteil zur Sozialversicherung, noch nicht abgeführt (21,15 % von 3.000 €)	634,50
3.		Banküberweisung der Steuern zum 10. des folgenden Monats an das Finanzamt	38,33
4.		Banküberweisung der Beiträge zum gesetzlich festgelegten Termin an die Krankenkasse	1.269,00

AUFGABE 2

Bilden Sie die Buchungssätze nach der Bruttomethode.

1. Sammelbeleg über gezahlte Gehälter durch Banküberweisung:

Bruttogehalt	Abzüge		Auszahlung	AG-Anteil
	LSt/KiSt/SolZ	RV/KV/PV/AV		
€	€	€	€	€
22.000,00	2.395,00	4.361,50	15.243,50	4.361,50

2. Banküberweisung der Steuern und Beiträge

AUFGABE 3

Der ledige, kinderlose Angestellte A, Bonn, erhält für den Monat Juni 2026 ein Gehalt von 3.000 €. Die Lohnsteuer beträgt 293,08 €, der Solidaritätszuschlag 0,00 € und die Kirchensteuer 26,37 €. Der Zusatzbeitrag zur Krankenversicherung beträgt 2,9 %. Das Nettogehalt wird durch Bank überwiesen. A ist 32 Jahre alt.

1. Wie hoch sind die gesamten Beiträge zur gesetzlichen RV?
2. Wie hoch sind die gesamten Beiträge zur gesetzlichen KV?
3. Wie hoch sind die gesamten Beiträge zur gesetzlichen PV?
4. Wie hoch sind die gesamten Beiträge zur gesetzlichen AV?
5. Wie hoch ist der Arbeitnehmeranteil zur gesetzlichen Sozialversicherung?
6. Wie hoch ist der Arbeitgeberanteil zur gesetzlichen Sozialversicherung?
7. Wie hoch ist der Auszahlungsbetrag?
8. Bilden Sie die erforderlichen Buchungssätze nach der Bruttomethode einschließlich der Banküberweisung der Steuern und Beiträge.

AUFGABE 4

Der ledige, kinderlose Angestellte B, Köln, erhält für den Monat Juni 2026 ein Gehalt von 6.000 €. Der Zusatzbeitrag zur Krankenversicherung beträgt 2,9 %. Die Lohnsteuer beträgt 1.074,33 €, der Solidaritätszuschlag 0,00 € und die Kirchensteuer 96,68 €. Das Nettogehalt wird durch Bank überwiesen. B ist 42 Jahre alt.

1. Wie hoch sind die gesamten Beiträge zur gesetzlichen RV?
2. Wie hoch sind die gesamten Beiträge zur gesetzlichen KV?
3. Wie hoch sind die gesamten Beiträge zur gesetzlichen PV?
4. Wie hoch sind die gesamten Beiträge zur gesetzlichen AV?
5. Wie hoch ist der Arbeitnehmeranteil zur gesetzlichen Sozialversicherung?
6. Wie hoch ist der Arbeitgeberanteil zur gesetzlichen Sozialversicherung?
7. Wie hoch ist der Auszahlungsbetrag?
8. Bilden Sie die erforderlichen Buchungssätze nach der Bruttomethode einschließlich der Banküberweisung der Steuern und Beiträge an das Finanzamt und die Krankenkasse.

AUFGABE 5

Bilden Sie die Buchungssätze nach der Nettomethode für folgende Gehaltsliste einschließlich der Banküberweisungen für Steuern und Beiträge an das Finanzamt und die Krankenkasse. Die Nettogehälter werden ebenfalls durch Bank überwiesen.

		€
	Bruttogehälter	15.800,00
-	Lohnsteuer, Kirchensteuer, Solidaritätszuschlag	- 4.500,00
-	Sozialversicherungsbeiträge (AN-Anteil)	- 3.132,35
=	Nettogehälter	8.167,65
	Sozialversicherungsbeiträge (AG-Anteil)	3.132,35

AUFGABE 6

Sachverhalt wie in Aufgabe 5 mit dem Unterschied, dass die Buchungssätze nach der sog. Verrechnungsmethode zu bilden sind.

AUFGABE 7

Der Gewerbetreibende Horst Eiche, Frankfurt, hat den 24-jährigen Franz Glück seit dem 01.04.2026 als Sachbearbeiter angestellt; Franz ist ledig, kinderlos und evangelisch. Gemäß dem Arbeitsvertrag erhält Franz einen monatlichen Bruttolohn in Höhe von 3.000,00 €. Der Arbeitnehmeranteil zur Sozialversicherung beträgt 652,50 €, der Arbeitgeberanteil 634,50 €.

Bestimmen Sie die monatlichen Personalkosten, die sich aus diesem Sachverhalt ergeben und kreuzen Sie die richtige Lösung an:

(a) 3.652,50 €

(b) 2.368,50 €

(c) 2.386,50 €

(d) 3.634,50 €

AUFGABE 8

Bilden Sie den Buchungssatz für eine Postbanküberweisung des Beitrags zur gesetzlichen Unfallversicherung über 1.000 €.

AUFGABE 9

Der 19-jährige Praktikant C, Mainz, erhält für den Monat Juni 2026 eine Ausbildungsvergütung von 320 € durch Banküberweisung. Lohnsteuer, Solidaritätszuschlag und Kirchensteuer fallen nicht an.

1. Wie hoch sind die gesamten Beiträge zur gesetzlichen RV?
2. Wie hoch sind die gesamten Beiträge zur gesetzlichen KV?
3. Wie hoch sind die gesamten Beiträge zur gesetzlichen PV?
4. Wie hoch sind die gesamten Beiträge zur gesetzlichen AV?
5. Wie hoch ist der Arbeitnehmeranteil zur gesetzlichen Sozialversicherung?
6. Wie hoch ist der Arbeitgeberanteil zur gesetzlichen Sozialversicherung?
7. Wie hoch ist der Auszahlungsbetrag?
8. Bilden Sie die erforderlichen Buchungssätze einschließlich der Banküberweisung der Steuern und Beiträge.

AUFGABE 10

Bilden Sie die Buchungssätze nach der Bruttomethode. Die Nettogehälter werden durch Bank überwiesen.

			€
1.		Gehaltsvorschüsse bar	6.000
2.		Bruttogehälter	20.000
	-	Lohnsteuer/Kirchensteuer/Solidaritätszuschlag	- 3.270
	-	Sozialversicherungsbeiträge (AN-Anteil)	- 4.000
		Nettogehälter	12.730
	-	Verrechnung Vorschüsse	- 6.000
	=	Auszahlung	6.730
3.		Arbeitgeberanteil zur Sozialversicherung, noch nicht abgeführt	3.965
4.		Banküberweisung der Steuern und Beiträge	11.235

AUFGABE 11

Bilden Sie die Buchungssätze nach der Bruttomethode. Die Nettogehälter werden durch Bank überwiesen.

				€
1.		Gehaltsvorschüsse bar		4.000,00
2.		Bruttogehälter		22.000,00
	-	Lohnsteuer/Kirchensteuer/Solidaritätszuschlag	-	3.270,00
	-	Sozialversicherungsbeitrag (AN-Anteil)	-	4.361,50
		Nettogehälter		14.368,50
	-	Verrechnung Vorschüsse	-	4.000
	=	Auszahlung		?
3.		Arbeitgeberanteil zur Sozialversicherung, noch nicht abgeführt		4.361,50
4.		Banküberweisung der Steuern und Beiträge		?

AUFGABE 12

Bilden Sie die Buchungssätze nach der Bruttomethode. Alle Zahlungen erfolgen durch Banküberweisung.

				€
1.		Bruttogehalt		1.700,00
	-	Lohnsteuer/Kirchensteuer/Solidaritätszuschlag	-	104,18
	-	Sozialversicherungsbeiträge (AN-Anteil)	-	339,58
		Nettogehälter		1.256,24
	-	abzuführende vwL	-	39,17
	=	Auszahlungsbetrag		1.217,07
2.		Arbeitgeberanteil zur Sozialversicherung, noch nicht abgeführt		339,58
3.		Banküberweisung der Steuern, Beiträge und vwL		?

AUFGABE 13

Bilden Sie die Buchungssätze nach der Bruttomethode. Alle Zahlungen erfolgen durch Banküberweisung.

				€
1.		Bruttogehalt		1.660,83
	+	vwL (vom Arbeitgeber getragen)		39,17
			-	1.700,00
	-	Lohnsteuer/Kirchensteuer/Solidaritätszuschlag	-	104,18
	-	Sozialversicherungsbeiträge (AN-Anteil)		339,58
		Nettogehalt		1.256,24
	-	abzuführende vwL	-	39,17
	=	Auszahlungsbetrag		1.217,07
2.		Arbeitgeberanteil zur Sozialversicherung, noch nicht abgeführt		339,58
3.		Banküberweisung der Steuern, Beiträge und vwL		?

AUFGABE 14

Bilden Sie die Buchungssätze nach der Bruttomethode. Alle Zahlungen erfolgen durch Banküberweisung.

			€
1.		Bruttogehälter	18.000,00
	+	vwL (50 % von 546 € = 273 € vom AG getragen)	273,00
			18.273,00
	-	Lohnsteuer/Kirchensteuer/Solidaritätszuschlag	- 2.220,00
	-	Sozialversicherungsbeiträge (AN-Anteil)	- 3.850,00
		Nettogehälter	12.203,00
	-	abzuführende vwL	- 546,00
	=	Auszahlungsbetrag	11.657,00
2.		Arbeitgeberanteil zur Sozialversicherung, noch nicht abgeführt	3.531,26
3.		Banküberweisung der Steuern, Beiträge und vwL	?

AUFGABE 15

Sabine Roll hat eine 3-jährige Tochter Luice, die bisher von ihrer Großmutter betreut wurde. Seit dem 01.01.2026 besucht Luice den Kindergarten und der Arbeitgeber von Frau Roll zahlt den Kindergartenbeitrag in Höhe von 80 € zusätzlich zum laufenden Gehalt bar an Sabine Roll aus.

Bilden Sie den Buchungssatz für die Auszahlung des Kindergartenbeitrags.

AUFGABE 16

Der 19-jährige Praktikant Christoph Klein erhielt bis Mai 2026 eine Vergütung von 320 €. Seit Juni 2026 erhält er neben den 320 € eine vom Arbeitgeber getragene vwL in Höhe von 39,17 €, die mit 9 % gefördert wird. Der Zusatzbeitrag zur Krankenversicherung beträgt 2,9 %.
Klein hat vorher nicht vermögenswirksam gespart. Lohn- und Kirchensteuer fallen nicht an.

1. Wie hoch ist das verfügbare Einkommen vor der „Lohnerhöhung"?
2. Wie hoch ist das verfügbare Einkommen nach der „Lohnerhöhung"?

AUFGABE 17

Der Arbeitgeber U, München, beschäftigt in 2026 in seinem Unternehmen für 350 € monatlich eine geringfügig entlohnte Arbeiterin. Sein Betrieb hat weniger als 30 Beschäftigte. Die Zahlungen an die Arbeiterin erfolgen jeweils am Monatsende. Die Abgaben (die Beiträge, die Umlagen und die einheitliche Pauschsteuer nach § 40a Abs. 2 EStG) werden von U pauschal an die Minijob-Zentrale durch Bank abgeführt (keine Rentenversicherungspflicht).

1. Wie hoch ist die monatliche Pauschalabgabe, die an die Minijob-Zentrale zu entrichten ist?
2. Bilden Sie den monatlich erforderlichen Buchungssatz nach der Nettomethode.
3. Wie ist zu verfahren, wenn auf die Rentenversicherungsfreiheit nicht verzichtet wird?

AUFGABE 18

Der Arbeitgeber U, Nürnberg, beschäftigt in 2026 in seinem Privathaushalt eine Arbeiterin (Raumpflegerin) für 380 € monatlich. Sein Betrieb hat weniger als 30 Beschäftigte. Die Zahlungen an die Raumpflegerin erfolgen jeweils am Monatsende vom betrieblichen Bankkonto. Die Arbeitnehmerin hat auf die Rentenversicherungspflicht verzichtet.

Die Abgaben (die Beiträge, die Umlagen und die einheitliche Pauschsteuer nach § 40a Abs. 2 EStG) werden von U pauschal an die Minijob-Zentrale durch die (betriebliche) Bank überwiesen.

1. Wie hoch ist die monatliche Pauschalabgabe, die an die Minijob-Zentrale zu entrichten ist?
2. Bilden Sie den monatlich erforderlichen Buchungssatz nach der Nettomethode.

AUFGABE 19

Der Arbeitgeber U, Mainz, beschäftigt in 2026 eine familienversicherte Arbeiterin (Raumpflegerin) für 380 € monatlich. Die Tätigkeit der Raumpflegerin bezieht sich sowohl auf die Reinigung der Büroräume als auch auf die des Privathaushalts des U. Der Betrieb des U hat weniger als 30 Beschäftigte.

Die Zahlung an die Raumpflegerin erfolgt jeweils am Monatsende vom betrieblichen Bankkonto und die Pauschalabgaben an die Minijob-Zentrale werden ebenfalls durch Überweisung vom betrieblichen Bankkonto gezahlt.

1. Wie hoch ist die monatliche Pauschalabgabe, die an die Minijob-Zentrale zu entrichten ist?
2. Bilden Sie den monatlich erforderlichen Buchungssatz nach der Nettomethode. Die Privatentnahme ist nicht zu buchen.

AUFGABE 20

Die Arbeiterin (Raumpflegerin) A, Stuttgart, hat zwei geringfügig entlohnte Beschäftigungen bei verschiedenen gewerblichen Arbeitgebern.

Das Arbeitsentgelt beträgt beim ersten Arbeitgeber 400 € monatlich und beim zweiten Arbeitgeber 300 € monatlich.

Welche Folgen ergeben sich sozialversicherungs- und steuerrechtlich bei den Arbeitgebern?

AUFGABE 21

Die Arbeitnehmerin A, Koblenz, ist in 2026 halbtags als Steuerfachangestellte für monatlich 1.800 € beschäftigt.

Daneben erledigt sie - mit Zustimmung ihres Arbeitgebers - in 2026 Büroarbeiten bei einem Handwerksbetrieb und erhält hierfür monatlich 300 €. Der Handwerksbetrieb hat mehr als 30 Beschäftigte (keine Rentenversicherungspflicht).

Der Handwerksbetrieb zahlt A ihr Arbeitsentgelt jeweils am Monatsende per Überweisung. Die Pauschalabgaben an die Minijob-Zentrale werden durch die Bank überwiesen.

1. Wie hoch ist die monatliche Pauschalabgabe, die für die geringfügig entlohnte Beschäftigung an die Minijob-Zentrale zu entrichten ist?
2. Bilden Sie den monatlich erforderlichen Buchungssatz des Handwerksbetriebs nach der Nettomethode.

AUFGABE 22

Wie hoch sind im Mai 2026 der Arbeitgeberanteil und der Arbeitnehmeranteil zur Sozialversicherung bei einem Arbeitsentgelt von 700 €? Der Zusatzbeitrag zur Krankenkasse beträgt 2,9 %. Der Beschäftigte hat ein Kind.

AUFGABE 23

Der ledige Angestellte A, 25 Jahre alt, (Steuerklasse I; rk), Bonn, der ein Bruttogehalt von 2.200 € bezieht, hat im Juni 2026 von seinem Arbeitgeber eine Wohnung kostenlos zur Verfügung gestellt bekommen. Der ortsübliche Mietpreis einschließlich Nebenkosten beträgt monatlich 475 €. Die Abgaben an das Finanzamt betragen 252,14 €, der Arbeitnehmeranteil zur SV 576,48 € und für den Arbeitgeber 560,43 €.

1. Wie hoch ist der Auszahlungsbetrag für den Monat Juni 2026, der durch die Bank überwiesen wird?
2. Bilden Sie die erforderlichen Buchungssätze einschließlich der Banküberweisung der Steuern und Beiträge.

AUFGABE 24

Sachverhalt wie in Aufgabe 23 mit dem Unterschied, dass A monatlich 300 € an Miete zahlt, die mit seinem Gehalt verrechnet werden. Die Abgaben an das Finanzamt betragen 145,87 €, der Arbeitnehmeranteil zur SV 474,10 € und für den Arbeitgeber 460,90 €.

1. Wie hoch ist der Auszahlungsbetrag für den Monat Juni 2026, der durch die Bank überwiesen wird?
2. Bilden Sie die erforderlichen Buchungssätze einschließlich der Banküberweisung der Steuern und Beiträge.

AUFGABE 25

Peter Ohlig arbeitet als Angestellter bei der Frischmilch AG; er ist 30 Jahre alt, ledig, hat keine Kinder und ist konfessionslos. Ohlig erhält einen Bruttomonatslohn von 3.000 €. Peter Ohlig kann in der Kantine seines Arbeitgebers unentgeltlich Mahlzeiten einnehmen; im Juni 2026 hat er 20 Mittagessen zu sich genommen.

Die Lohnsteuer beträgt 321,00 €, der Solidaritätszuschlag 0,00 €, der Arbeitnehmeranteil zur Sozialversicherung beträgt 665,45 € und der Arbeitgeberanteil 646,92 €.

1. Erstellen Sie die Gehaltsabrechnung für den Monat Juni 2026.
2. Bilden Sie den Buchungssatz für die Gehaltsabrechnung.

AUFGABE 26

Der ledige Angestellte Dieter Knopp, 24 Jahre alt, (Steuerklasse I; rk; 8 %), Ulm, der ein Bruttogehalt von 2.013 € bezieht, erhält in 2026 einen Firmenwagen auch zur Privatnutzung. Der Bruttolistenpreis im Zeitpunkt der Erstzulassung des Pkws hat 30.677,51 € betragen.

Die Entfernung zwischen Wohnung und erster Tätigkeitsstätte beträgt 20 km. Dieter Knopp führt kein Fahrtenbuch. Die Lohnsteuer/SolZ/KiSt sollen 350 € betragen. Der Arbeitnehmeranteil zur SV beträgt 500 €, der Arbeitgeberanteil 490 €.

1. Wie hoch ist der geldwerte Vorteil des Steuerpflichtigen Dieter Knopp für einen Monat?
2. Wie hoch ist der Auszahlungsbetrag für den Monat Juni 2026, der durch die Bank überwiesen wird?
3. Bilden Sie die erforderlichen Buchungssätze einschließlich der Banküberweisung der Steuern und Beiträge.

AUFGABE 27

Ein Möbelunternehmen verkauft 2026 einem Arbeitnehmer einen Wohnzimmerschrank zu einem Vorzugspreis von 10.000 €. Der Endpreis dieses Schrankes beträgt für fremde Letztverbraucher 12.500 €.

Wie hoch ist der geldwerte Vorteil des Arbeitnehmers in 2026?

AUFGABE 28

Die Auszubildende Katrin Schumm, Heidelberg, erhält von ihrem Ausbilder monatlich einen Tankgutschein in Höhe von 40,00 €. Der Gutschein wurde vom Arbeitgeber an der Tankstelle erworben.

Buchen Sie den Erwerb des Tankgutscheins und die spätere Übergabe.

Weitere Aufgaben mit Lösungen finden Sie im **Lösungsbuch** der Buchführung 1. A L

Zusammenfassende Erfolgskontrolle

Der Unternehmer Siegfried Bieser, Köln, hat am 01.01.2026 durch Inventur folgende Anfangsbestände ermittelt:

Anfangsbestände	€
0235 (0085) Bebaute Grundstücke	40.000,00
0240 (0090) Geschäftsbauten	80.000,00
0520 (0320) Pkw	20.000,00
0640 (0430) Ladeneinrichtung	24.000,00
1140 (3980) Bestand Waren	65.300,00
1200 (1400) Forderungen aLuL	60.000,00
1340 (1530) Forderung gegen Personal	1.000,00
1406 (1576) Vorsteuer 19 %	0,00
1800 (1200) Bankguthaben	18.600,00
1600 (1000) Kasse	4.600,00
3300 (1600) Verbindlichkeiten aLuL	50.550,00
3720 (1740) Verbindlichkeiten aus Lohn und Gehalt	0,00
3730 (1741) Verbindlichkeiten aus LSt/KiSt	1.981,00
3740 (1742) Verbindlichkeiten im Rahmen der sozialen Sicherheit	6.369,00
3790 (1755) Lohn- und Gehaltsverrechnung	0,00
3806 (1776) Umsatzsteuer 19 %	0,00
3841 (1790) Umsatzsteuerverbindlichkeiten Vorjahr	15.000,00
2000 (0800) Eigenkapital	?

Außer den Bestandskonten und dem Konto **2100** (1800) Privatentnahmen sind folgende Erfolgskonten zu führen:

5200 (3200), **4200** (8200), **4730** (8730), **6020** (4120), **6110** (4130), **4645** (8921), 4639 (8924), **6220** (4830), **6222** (4832).

Geschäftsvorfälle des Jahres 2026		€
1. Banküberweisung der USt-Schuld Vorjahr		15.000,00
2. Wareneinkauf auf Ziel, netto + USt	100.000,00 € 19.000,00 €	119.000,00
3. Warenverkauf auf Ziel, netto + USt	200.000,00 € 38.000,00 €	238.000,00
4. Banküberweisung eines Kunden nach Abzug von 2 % Skonto		34.986,00
5. Gehaltsvorschüsse bar		4.000,00
6. Bruttogehälter - Lohnsteuer/Kirchensteuer/Solidaritätszuschlag - Sozialversicherungsbeiträge (AN-Anteil) Nettogehälter - Verrechnung Vorschüsse = Auszahlung Die Nettogehälter werden durch Bank überwiesen.		22.000,00 - 3.270,00 - 4.675,00 14.055,00 - 4.000,00 ?
7. Arbeitgeberanteil zur Sozialversicherung, noch nicht abgeführt		4.251,50
8. Warenrücksendung an Lieferer, netto + USt	540,00 € 102,60 €	642,60
9. Banküberweisung der Lohn- und Kirchensteuer (nicht Tz. 6)		1.981,00
10. Banküberweisung der Sozialversicherungsbeiträge (nicht Tz. 6)		6.369,00
11. Bieser benutzt ein gemischt genutztes Fahrzeug lt. Fahrtenbuch zu 30 % für Privatfahrten. Die gesamten Kfz-Kosten einschließlich der AfA betrugen davon Kfz-Steuer davon Kfz-Versicherung		2.500,00 232,00 268,00
Abschlussangaben		**€**
12. Warenbestand laut Inventur		60.000,00
13. Abschreibung auf Geschäftsbauten		4.000,00
14. Abschreibung auf Pkw		5.000,00
15. Abschreibung auf Ladeneinrichtung		3.500,00

Aufgaben

1. Bilden Sie die Buchungssätze der Geschäftsvorfälle des Jahres 2026. Tz. 6 ist nach der sog. Verrechnungsmethode zu kontieren.
2. Tragen Sie die Anfangsbestände auf den Konten vor.
3. Buchen Sie die Geschäftsvorfälle.
4. Schließen Sie die Konten ab.
5. Ermitteln Sie den Erfolg.

6 Finanzwirtschaft

6.1 Kaufmännische Zinsrechnung

6.1.1 Zinsberechnung

Zinsen sind der Preis für die Überlassung von Kapital für eine bestimmte Zeit.

Zinsen werden mithilfe der **Zinsrechnung**, die eine **angewandte Form der Prozentrechnung** ist, berechnet.

Die Zinsrechnung **unterscheidet** sich von der Prozentrechnung dadurch, dass eine weitere Größe, die **Zeit**, in die Berechnung einbezogen wird.

Der Prozentsatz, bezogen auf eine bestimmte Zeit, heißt **Zinssatz bzw. Zinsfuß**.

Wird der Zinssatz **ohne Zeitangabe** angegeben, bezieht er sich immer auf **ein Jahr**.

6.1.1.1 Berechnung von Jahreszinsen

Die Formel für die Berechnung der Zinsen für **ein Jahr** ist identisch mit der Formel für die Errechnung des **Prozentwertes** bei der Prozentrechnung.

Sollen **Zinsen** (**Z**) berechnet werden, müssen das **Kapital** (**K**), der **Zinssatz** (**p**) und die **Zeit** (**t**) gegeben sein.

Bei der Berechnung der **Jahreszinsen** wendet man üblicherweise folgende Formel an:

$$Z = \frac{K \times p \times t^*}{100}$$

* t = Jahre

BEISPIEL

Ein Sparer besitzt am **01.01.2026** ein Sparguthaben von **5.000 €**, das von der Sparkasse mit **4 %** verzinst wird.

Die **Zinsen**, die zum Ende des Jahres (**31.12.2026**) gutgeschrieben werden, sind nach der obigen Formel wie folgt zu berechnen:

$$\textbf{Zinsen} = \frac{5.000\,€ \times 4 \times \mathbf{1}}{100} = \underline{\mathbf{200\,€}}$$

ÜBUNG →
1. Wiederholungsfragen 1 bis 3 (Seite 278),
2. Aufgaben 1 bis 3 (Seite 278)

6.1.1.2 Berechnung von Tageszinsen

Da bei der Berechnung der Tageszinsen die Zeit (t) in Tagen ausgedrückt werden soll, muss der **Jahreszins** durch den **Divisor 360** auf einen **Tageszins** zurückgeführt werden.

Die **Formel** für die Berechnung der **Tageszinsen** lautet demnach:

$$Z = \frac{K \times p \times t^*}{100 \times 360}$$

* t = Tage

BEISPIEL

Der Kunde Säumig überzieht für **10 Tage** sein Bankkonto um **10.000 €**.
Die Bank berechnet ihm **12 %** Sollzinsen (Überziehungszinsen).

Die **Tageszinsen** werden nach obiger Formel wie folgt berechnet:

$$\textbf{Zinsen} = \frac{10.000\,€ \times 12 \times 10}{100 \times \mathbf{360}} = \underline{\mathbf{33{,}33\,€}}$$

Die **kaufmännische** Formel für die Berechnung der **Tageszinsen** lautet:

$$\mathbf{Z} = \frac{\textbf{Zinszahl (\#)}}{\textbf{Zinsteiler}} = \frac{1\,\%\text{ des Kapitals} \times \text{Tage}}{\dfrac{360}{\text{Zinssatz}}}$$

BEISPIEL

Sachverhalt wie zuvor

Die **Tageszinsen** werden nach der **kaufmännischen** Formel wie folgt berechnet:

$$\textbf{Zinsen} = \frac{100\,€ \times 10}{\dfrac{360}{12}} = \frac{\mathbf{1.000\,€}}{\mathbf{30}} = \underline{\mathbf{33{,}33\,€}}$$

ÜBUNG →
1. Wiederholungsfragen 4 und 5 (Seite 278),
2. Aufgabe 4 (Seite 279)

6.1.1.3 Berechnung der Zinstage

In der **bürgerlichen** Zinsrechnung zählt man in Deutschland das **Jahr** mit **365** (366) **Tagen** und jeden **Monat genau**.

In der **kaufmännischen** Zinsrechnung rechnet man in Deutschland das **Jahr** mit **360 Tagen** und jeden **Monat** mit **30 Tagen**. **Ausnahme**: Läuft der Zinszeitraum „**Ende Februar**“ ab, so wird dieser Monat **taggenau** berechnet, also mit 28 oder 29 Tagen.

Ist der Monat Februar **in** einem Zinsberechnungszeitraum enthalten (z. B. 01.01. bis 31.03.), wird der Februar mit **30 Tagen** gerechnet.

Zu beachten ist, dass bei der Berechnung der Zinstage der **erste Tag nicht mitgerechnet** wird.

BEISPIEL

Ein Kapital von 5.000 € ist für den Zeitraum vom **01.06.2026 bis 24.07.2026** ausgeliehen.

Die **Tage** betragen:

	24.	07.	2026
-	01.	06.	2026
	23 Tage +	1 Monat (= 30 Tage)	
=	**53 Tage**		

ÜBUNG →
1. Wiederholungsfragen 6 bis 8 (Seite 278),
2. Aufgabe 5 (Seite 279)

6.1.2 Berechnung von Kapital, Zinssatz und Zeit

6.1.2.1 Berechnung des Kapitals

Die Formel zur Berechnung des Kapitals wird aus der Tageszinsformel abgeleitet und lautet:

$$\textbf{Kapital} = \frac{\textbf{Zinsen} \times \textbf{100} \times \textbf{360}}{\textbf{Zinssatz x Tage}}$$

BEISPIEL

Welches Kapital bringt vom 09.01. bis 17.04.2026 bei 3 % 24,50 € Zinsen?

Lösung:

$$\textbf{Kapital} = \frac{24{,}50\,€ \times 100 \times 360}{3 \times 98} = \underline{\textbf{3.000 €}}$$

6.1.2.2 Berechnung des Zinssatzes

Die Formel zur Ermittlung des Zinssatzes wird aus der Tageszinsformel abgeleitet und lautet:

$$\textbf{Zinssatz} = \frac{\textbf{Zinsen} \times \textbf{100} \times \textbf{360}}{\textbf{Kapital x Tage}}$$

BEISPIEL

Zu welchem **Zinssatz** wurden **3.000€** am **09.01.2026** ausgeliehen, wenn am **17.04.2026** **3.024,50€** zurückgezahlt worden sind?

Lösung:

$$\textbf{Zinssatz} = \frac{24{,}50\,€ \times 100 \times 360}{3.000\,€ \times 98} = \underline{\textbf{3 \%}}$$

6.1.2.3 Berechnung der Zeit

Die Formel zur Ermittlung der Zeit wird aus der Tageszinsformel abgeleitet und lautet:

$$\textbf{Zeit (Tage)} = \frac{\textbf{Zinsen} \times \textbf{100} \times \textbf{360}}{\textbf{Kapital x Zinssatz}}$$

BEISPIEL

In wie vielen **Tagen** bringen **3.000 €** zu **3 % 24,50 €** Zinsen?

Lösung:

$$\textbf{Tage} = \frac{24{,}50\,€ \times 100 \times 360}{3.000\,€ \times 3} = \underline{\textbf{98 Tage}}$$

ÜBUNG →
1. Wiederholungsfragen 9 bis 11 (Seite 278),
2. Aufgaben 6 bis 8 (Seite 279)

6.1.3 Summarische Zinsrechnung

Werden **mehrere Kapitalien** mit verschiedenen Laufzeiten und gleichem Zinssatz verzinst, können die Zinsen in einer Rechnung (summarisch) ermittelt werden.

Bei der **summarischen Zinsrechnung** gilt die Formel:

$$\textbf{Zinsen} = \frac{\textbf{Summe der Zinszahlen}}{\textbf{Zinsteiler}}$$

BEISPIEL

Ein Schuldner will zum **30.06.2026** vier Rechnungen einschließlich **6 %** Verzugszinsen überweisen:

1. Rechnung über 3.100,00 €, fällig am 29.12.2025;
2. Rechnung über 550,00 €, fällig am 03.02.2026;
3. Rechnung über 2.155,50 €, fällig am 18.03.2026;
4. Rechnung über 1.570,00 €, fällig am 03.06.2026.

Auf welchen Betrag muss seine Überweisung ausgestellt sein?

Lösung:

	Rechnung €	fällig am	Tage (bis 30.06.)	Zinszahl (#)
	3.100,00	29.12.	185	5.735,00
	550,00	03.02.	147	808,50
	2.155,50	18.03.	102	2.199,00
	1.570,00	03.06.	27	424,00
	7.375,50			9.166,50 : 60 (Zinsteiler) = **152,78 €**
+	**152,78**	Verzugszinsen		
	7.528,28	Überweisungsbetrag		

ÜBUNG →
1. Wiederholungsfrage 12 (Seite 278),
2. Aufgaben 9 bis 11 (Seite 280)

6.1.4 Erfolgskontrolle

Wiederholungsfragen

1. Was versteht man unter Zinsen?
2. Wodurch unterscheidet sich die Zinsrechnung von der Prozentrechnung?
3. Wie lautet die Formel für die Berechnung der Jahreszinsen?
4. Wie lautet die Formel für die Berechnung der Tageszinsen?
5. Wie lautet die kaufmännische Formel für die Berechnung der Tageszinsen?
6. Mit wie vielen Tagen im Jahr rechnet man im Rahmen der kaufmännischen Zinsrechnung?
7. Mit wie vielen Tagen im Monat rechnet man im Rahmen der kaufmännischen Zinsrechnung?
8. Wie wird der Monat Februar bei der Berechnung der Zinstage berücksichtigt?
9. Wie lautet die Formel für die Berechnung des Kapitals?
10. Wie lautet die Formel für die Berechnung des Zinssatzes?
11. Wie lautet die Formel für die Berechnung der Zeit?
12. Was wissen Sie über die summarische Zinsrechnung?

Aufgaben

AUFGABE 1

Die Angestellte Tina Brinkmann legt ihr erstes Gehalt in Höhe von 950 € für ein Jahr bei einer Bank an.

Wie viele Euro erhält sie nach dieser Zeit zurück, wenn ein Zinssatz von 4 % vereinbart wurde?

AUFGABE 2

Berechnen Sie die Jahreszinsen für

Tz.	Kapital	Zinssatz
1.	4.350 €	4,0 %
2.	4.300 €	4,5 %
3.	5.600 €	3,0 %
4.	7.500 €	3,5 %

AUFGABE 3

Berechnen Sie die Zinsen für

Tz.	Kapital	Zinssatz	Zeit
1.	2.500 €	4,0 %	3 Jahre
2.	3.000 €	3,5 %	2 Jahre
3.	4.300 €	3,0 %	3 Jahre
4.	7.500 €	4,5 %	4 Jahre

AUFGABE 4

Berechnen Sie die Zinsen für folgende Kapitalien

Tz.	Kapital	Zinssatz	Zeit
1.	2.500 €	3,0 %	14.04. bis 18.08.
2.	3.000 €	3,5 %	15.05. bis 21.09.
3.	4.500 €	4,0 %	02.06. bis 29.06.
4.	5.000 €	4,5 %	22.07. bis 05.10.

AUFGABE 5

Berechnen Sie die Zinstage für

Tz.	Zeit
1.	03.01. bis 16.06.
2.	09.05. bis 20.07.
3.	11.07. bis 04.11.
4.	22.11. bis 30.12.

AUFGABE 6

Berechnen Sie das Kapital für

Tz.	Zinsen	Zinssatz	Zeit
1.	659,13 €	12 %	127 Tage
2.	7.200,00 €	9 %	85 Tage
3.	228,00 €	6 %	190 Tage
4.	32,20 €	7 %	45 Tage

AUFGABE 7

Berechnen Sie den Zinssatz für

Tz.	Zinsen	Kapital	Zeit
1.	29,00 €	1.740 €	75 Tage
2.	3,47 €	650 €	48 Tage
3.	40,80 €	2.400 €	72 Tage
4.	13,89 €	800 €	100 Tage

AUFGABE 8

Berechnen Sie die Tage

Tz.	Zinsen	Kapital	Zinssatz
1.	172,92 €	6.194 €	5,0 %
2.	1,21 €	831 €	3,5 %
3.	4,95 €	108 €	6,0 %
4.	120,17 €	3.987 €	7,0 %

AUFGABE 9

Unternehmer U, Bonn, nimmt bei einer Bank 2026 einen Überbrückungskredit von **50.000 €** auf, über den er folgendermaßen verfügt:

10.000 € am 17.07.2026,
20.000 € am 16.10.2026 und
20.000 € am 09.12.2026.

Die Bank belastet ihn mit 9 % Zinsen.

Wie hoch ist die Bankschuld am 31.12.2026?

AUFGABE 10

Für einen Bankkunden sind am 31.12.2026 folgende Festgeldbeträge zu 4,5 % zu verzinsen:

Betrag	Anlagedatum
33.600 €	25.03.2026
27.100 €	12.06.2026
15.500 €	23.10.2026
64.950 €	06.11.2026

Wie hoch ist das Bankguthaben am 31.12.2026?

AUFGABE 11

Ein Sparer zahlt 2026 folgende Beträge auf sein Konto ein:

Betrag	Anlagedatum
1.560 €	10.02.2026
870 €	19.06.2026
1.840 €	09.10.2026

Wie hoch ist das Bankguthaben am 31.12.2026, wenn die Beträge mit 3 % verzinst werden?

6.2 Zahlungsverkehr

6.2.1 Geldverrechnungskonten

Im Rahmen der **EDV-Buchführung** erfolgt die Dateneingabe in der Praxis ausschließlich nach **Buchungskreisen**.

Buchungskreise stellen z.B. sämtliche **Kassenbuchungen** dar. Ein anderer Buchungskreis sind die **Bankbuchungen** für eine bestimmte Bank.
Weitere Buchungskreise sind: Postbank, Eingangsrechnungen, Ausgangsrechnungen, sonstige Belege.

BEISPIEL

Unternehmer U, Bonn, entnimmt 1.000 € aus der betrieblichen Kasse und zahlt sie auf das betriebliche Bankkonto ein.

Dieser Geschäftsvorfall berührt **zwei Buchungskreise**, die **Kasse** und die **Bank**.
Was geschieht, wenn bei Kasse und Bank wie folgt vorgegangen wird?

Buchungskreis Kasse:

Tz.	Betrag		Gegenkonto	Konto
	Soll	Haben	Nr.	Nr.
1.		1.000,00	**1800** (1200)	**1600** (1000)

Buchungskreis Bank:

Tz.	Betrag		Gegenkonto	Konto
	Soll	Haben	Nr.	Nr.
2.	1.000,00		**1600** (1000)	**1800** (1200)

Buchungen:

S	**1800** (1200) **Bank**	H
1)	1.000,00	
2)	1.000,00	

S	**1600** (1000) **Kasse**	H
	1)	1.000,00
	2)	1.000,00

Wie das Beispiel zeigt, wurde der Geschäftsvorfall **zweimal gebucht**. Um solche Buchungen zu vermeiden, wird in der Praxis ein **Zwischenkonto**, das Konto

1460 (1360) **Geldtransit**

eingeführt.

BEISPIEL

Sachverhalt wie zuvor mit dem **Unterschied**, dass das **Geldtransitkonto** angesprochen wird.

Buchungskreis Kasse:

Tz.	Betrag		Gegenkonto	Konto
	Soll	Haben	Nr.	Nr.
1.		1.000,00	**1460** (1360)	**1600** (1000)

Buchungskreis Bank:

Tz.	Betrag		Gegenkonto	Konto
	Soll	Haben	Nr.	Nr.
2.	1.000,00		**1460** (1360)	**1800** (1200)

Buchungen:

S	**1800** (1200) **Bank**		H
2)	1.000,00		

S	**1600** (1000) **Kasse**		H
		1)	1.000,00

S	**1460** (1360) **Geldtransit**		H
1)	1.000,00	2)	1.000,00

Durch das Einschalten des Zwischenkontos **Geldtransit** wird erreicht:

1. Kasse und Bank werden nur einmal angesprochen.
2. Das Geldtransitkonto gleicht sich aus.
3. Leichtere Abstimmung von Buchungen zwischen den Buchungskreisen
4. Bei der Erfassung stimmt die vom System gebildete Summe mit dem Vergleichswert (lt. Kassenbuch, Bankauszug) überein.

2

6.2.2 Personenkonten

Aus praktischen Gründen werden neben Sachkonten **Personenkonten** geführt.

Personen- oder Kontokorrentkonten sind Konten der Kunden (**Debitoren**) und Lieferanten (**Kreditoren**).

Die **Personenkonten** sind **Nebenbücher**. Sie haben die **Aufgabe**, die **Konten des Hauptbuches** (Forderungen aLuL und Verbindlichkeiten aLuL) **näher zu erläutern**.

Bei der doppelten Buchführung ist für Kreditgeschäfte in der Regel ein **Kontokorrentkonto**, unterteilt nach **Schuldnern** und **Gläubigern**, zu führen (R 5.2 Abs. 1 Satz 2 EStR 2012).

Das folgende Schaubild zeigt nochmals den Zusammenhang zwischen Haupt- und Nebenbuch.

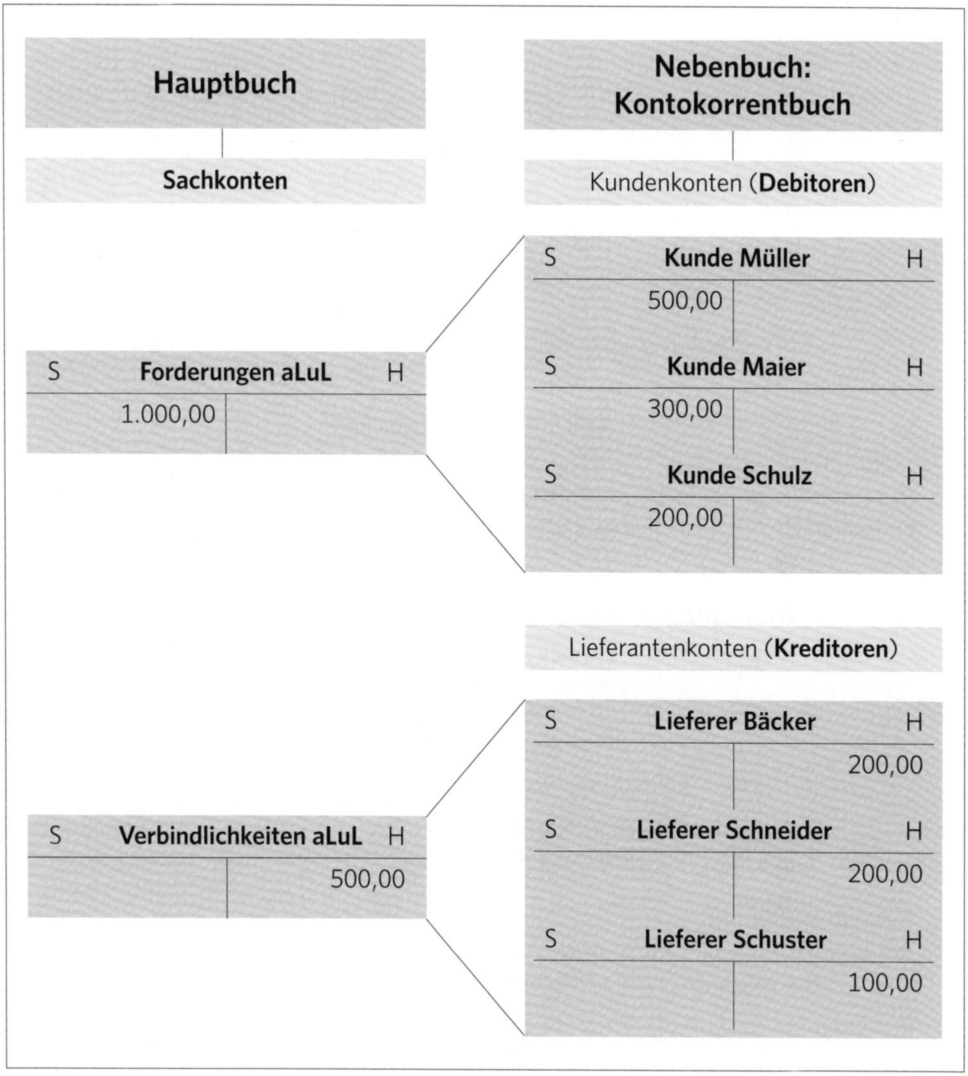

6.2.2.1 Buchen mit Debitoren

Der Unternehmer kann anhand des Sachkontos „**Forderungen aLuL**" zwar den **Gesamtbestand** seiner Forderungen feststellen, aber **nicht wer** und **wie viel** Geld der einzelne Kunde dem Unternehmer schuldet.

Dieser Nachteil lässt sich dadurch beheben, dass das Forderungskonto in **Kundenkonten** (**Debitoren**) aufgeteilt wird.

Jeder Kunde erhält ein eigenes, persönliches Konto, auf dem seine gesamten Umsätze gebucht werden (**Personenkonten**).

Bei DATEV oder bei DATEV-kompatiblen Kontenrahmen wird für die **Debitorenkonten** der **Kontonummernbereich** von **10 000 bis 69 999** reserviert.

BEISPIEL

Wir verkaufen im September 2026 Waren für 2.000 € + 380 € USt = 2.380 € auf Ziel (an den Kunden Müller, zahlbar innerhalb 30 Tagen). Der Kunde Müller hat die **Debitoren-Nr. 10116**.

Buchungssatz:

K – steht für Kontokorrent

Betrag		Gegenkonto						Konto
Soll	Haben	**K**	Nr.					Nr.
	2.380,00	**1**	0	1	1	6		**4400** (8400)

1-6 – bedeutet **Debitor**

Das **automatische Konto 4400** (8400) hat eine Programmfunktion, die bewirkt, dass aus dem **Bruttobetrag** von **2.380 €** die **Umsatzsteuer** in Höhe von **380 €** errechnet und gebucht wird.

Buchung:

S	**KU 10116 Kunde Müller**	H
2.380,00		

S	**AM 4400** (8400) **Erlöse 19%**	H
		2.000,00

S	**KU 3806** (1776) **USt 19%**	H
		380,00

Erfolgt die Zahlung durch **Scheck**, ist es üblich, den Scheck bei der Bank einzureichen und aufgrund des Bankbelegs (Bankauszugs) zu buchen.

BEISPIEL

Der Kunde Müller zahlt nach 30 Tagen seine Rechnung in Höhe von 2.380 € mit einem Bankscheck. Der Kunde Müller hat die **Debitoren-Nr. 10116**. Siehe Beispiel zuvor.

Buchungssatz:

Betrag		Gegenkonto						Konto
Soll	Haben	**K**	Nr.					Nr.
2.380,00		**1**	0	1	1	6		**1800** (1200)

Buchung:

S	**1800** (1200) **Bank**	H
2.380,00		

S	**10116 Kunde Müller**	H
2.380,00		2.380,00

Kundenschecks, die der Bank nicht sofort zum Einzug eingereicht werden, können auf dem Konto

1550 (1330) **Schecks**

gebucht werden.

Wird ein Scheck zum Ausgleich einer Verbindlichkeit aLuL an einen Lieferer weitergegeben, so vermindert sich der Bestand auf dem Scheckkonto.

Am Bilanzstichtag **vorhandene** Kundenschecks sind als **Aktivposten** in der Bilanz auszuweisen.

Der Bilanzposten „**Schecks**“ wurde bereits im Abschnitt 3.2.2 „Gliederung der Bilanz“, Seite 37, dargestellt. B 1

ÜBUNG →
1. Wiederholungsfragen 1 bis 6 (Seite 287),
2. Aufgaben 1 und 2 (Seite 287)

6.2.2.2 Buchen mit Kreditoren

Wie jeder Kunde, so erhält auch jeder **Lieferer** in der Praxis ein eigenes, persönliches Konto, auf dem seine gesamten Umsätze gebucht werden (**Personenkonten**).

Bei DATEV oder DATEV-kompatiblen Kontenrahmen wird für die **Kreditorenkonten** der **Kontonummernbereich** von **70 000 bis 99 999** reserviert.

BEISPIEL

Wir kaufen im August 2026 Waren für 1.000 € + 190 € USt = 1.190 € auf Ziel (vom Lieferer Bäcker, zahlbar innerhalb 30 Tagen). Der Lieferer Bäcker hat die **Kreditoren-Nr. 70 001**.

Buchungssatz:

Betrag		Gegenkonto					Konto
Soll	Haben	K	Nr.				Nr.
1.190,00		7	0	0	0	1	**5400** (3400)

7-9 bedeutet **Kreditor**

Das **automatische Konto 5400** (3400) hat eine Programmfunktion, die bewirkt, dass aus dem **Bruttobetrag** von **1.190 €** die **Vorsteuer** in Höhe von **190 €** errechnet und auf das Konto „KU **1406** (1576) **Vorsteuer 19%**“ gebucht wird.

Buchung:

S	**AV 5400** (3400) **Wareneingang 19 % Vorsteuer**	H
1.000,00		

S	**KU 70 001 Lieferer Bäcker**	H
		1.190,00

S	**KU 1406 (1576) Vorsteuer 19 %**	H
190,00		

Nachdem wir das Zahlungsziel voll ausgeschöpft haben, begleichen wir die Rechnung des Lieferanten.

BEISPIEL

Wir zahlen nach 30 Tagen die Rechnung in Höhe von 1.190 € durch Bankscheck. Der Lieferer Bäcker hat die **Kreditoren-Nr. 70 001**. Siehe Beispiel zuvor.

Buchungssatz:

Betrag		Gegenkonto						Konto
Soll	Haben	**K**	Nr.					Nr.
	1.190,00	**7**	0	0	0	1		**1800** (1200)

Buchung:

S	**KU 70 001 Lieferer Bäcker**	H
1.190,00		1.190,00

S	**1800** (1200) **Bank**	H
		1.190,00

6.2.2.3 Abschluss der Personenkonten

Im Rahmen der **EDV-Buchführung** erfolgen die laufenden Buchungen während des Jahres **zunächst** auf **Personenkonten** (Debitoren und Kreditoren).

Beim **Abschluss** der Personenkonten werden die **Summen** der Debitoren und Kreditoren durch das Programm **automatisch**, und zwar aufgrund der **Kontokorrentziffern** (1 bis 6 für Debitoren und 7 bis 9 für Kreditoren), auf die Sachkonten **Forderungen aus Lieferungen und Leistungen** und **Verbindlichkeiten aus Lieferungen und Leistungen** übertragen.

B 1 Der Zusammenhang zwischen den Personenkonten und Sachkonten wurde bereits auf Seite 73 dargestellt.

ÜBUNG →
1. Wiederholungsfrage 7 (Seite 287),
2. Aufgabe 3 (Seite 287)

6.2.3 Erfolgskontrolle

Wiederholungsfragen

1. Was versteht man im Rahmen der EDV-Buchführung unter „Buchungskreisen"?
2. Welchen Zweck erfüllt das Geldtransitkonto?
3. Was sind Personen- oder Kontokorrentkonten?
4. Was versteht man unter Debitoren?
5. Was versteht man unter Kreditoren?
6. Welcher Kontonummernbereich ist für die Debitorenkonten reserviert?
7. Welcher Kontonummernbereich ist für die Kreditorenkonten reserviert?

Aufgaben

AUFGABE 1

Bilden Sie die Buchungssätze für die folgenden Geschäftsvorfälle. Kontieren Sie EDV-gemäß.

		€
1.	Wir heben vom betrieblichen Bankkonto ab und legen den Betrag in die betriebliche Kasse.	1.000
2.	Wir entnehmen der betrieblichen Kasse und zahlen den Betrag auf das betriebliche Bankkonto ein.	500

AUFGABE 2

Bilden Sie die Buchungssätze für die folgenden Geschäftsvorfälle. Kontieren Sie EDV-gemäß. Das Personenkonto soll das Gegenkonto sein.

		€
1.	Banküberweisung des Kunden Schulz Der Kunde Schulz hat die Debitoren-Nr. 10 150.	1.190
2.	Postbanküberweisung des Kunden Müller Der Kunde Müller hat die Debitoren-Nr. 10 116.	2.380

AUFGABE 3

Bilden Sie die Buchungssätze für die folgenden Geschäftsvorfälle. Kontieren Sie EDV-gemäß.

		€
1.	Banküberweisung an den Lieferer Schuster Der Lieferer Schuster hat die Kreditoren-Nr. 70 115.	4.640
2.	Postbanküberweisung an den Lieferer Bäcker Der Lieferer Bäcker hat die Kreditoren-Nr. 70 001.	714

LF 7

6.3 Darlehen

Darlehen bzw. Kredite werden von **Lieferern**, **Banken** und **Privatpersonen** mit unterschiedlicher Laufzeit gewährt.

Im Folgenden wird die **Aufnahme und Rückzahlung von Bankdarlehen** erläutert.

B 2 Die **Bewertung** der Bankdarlehen erfolgt im Kapitel 8 „Bilanzierung der Verbindlichkeiten" der **Buchführung 2**, 37. Auflage, Seiten 188 ff.

Der **Bankkredit** ist im Unterschied zum Lieferantenkredit grundsätzlich ein **Geldkredit**. Der Kreditbetrag wird dem Kreditnehmer lt. Kreditvertrag auf dem Girokonto bereitgestellt, sodass bei der Aufnahme und Rückzahlung eines Bankdarlehens immer zwei Bankkonten beteiligt sind:

1. das **Kreditkonto** für die Gewährung eines Bankkredits „**3150** (0630) **Verbindlichkeiten gegenüber Kreditinstituten**" und
2. das **Girokonto** „**1800** (1200) **Bank**" zur Abwicklung der damit verbundenen Zahlungen.

6.3.1 Darlehensaufnahme

Bei der Aufnahme eines Darlehens ist zu unterscheiden, ob es sich um einen

- **kurzfristigen** Kredit **bis 1 Jahr**,
- **mittelfristigen** Kredit **1 bis 5 Jahre** oder
- **langfristigen** Kredit **über 5 Jahre**

handelt.

Entsprechend sind folgende **Verbindlichkeitskonten** zu verwenden:

3151 (0631) **Verbindlichkeiten gegenüber Kreditinstituten** - Restlaufzeit **bis 1 Jahr**,
3160 (0640) **Verbindlichkeiten gegenüber Kreditinstituten** - Restlaufzeit **1 bis 5 Jahre**,
3170 (0650) **Verbindlichkeiten gegenüber Kreditinstituten** - Restlaufzeit **größer 5 Jahre**.

In der Praxis kommt es häufig vor, dass der **Ausgabebetrag** eines Darlehens **nicht** übereinstimmt mit dem **Rückzahlungsbetrag**.

Ist der **Ausgabebetrag niedriger** als der **Rückzahlungsbetrag**, bezeichnet man den **Unterschiedsbetrag** als Darlehens**abgeld** (auch als Disagio, Damnum, Abschluss-, Verwaltungs- und Buchungsgebühren).

BEISPIEL

Unternehmer U nimmt zum **01.07.2026** bei seiner Bank ein Darlehen über **100.000 €** auf, das eine **Laufzeit** von **10 Jahren** hat. Der Zinssatz beträgt 5 %.

Die Bank behält bei der Auszahlung ein **Damnum** von **2 %** ein und schreibt U **98.000 €** auf dessen Girokonto gut.

Buchungssatz bei der Darlehensaufnahme zum 01.07.2026:

Sollkonto	Betrag (€)	Habenkonto
1800 (1200) Bank	98.000,00	
1940 (0986) Damnum	2.000,00	
	100.000,00	**3170** (0650) Verbindlichk. geg. Kreditinstituten

Buchung bei der Darlehensaufnahme zum 01.07.2026:

S	**1800** (1200) **Bank**	H
	98.000,00	

S	**1940** (0986) **Damnum/Disagio**	H
	2.000,00	

S	**3170** (0650) **Verbindlichkeiten g. Kreditinstituten - Restlaufz. gr. 5 Jahre**	H
		100.000,00

Der **Unterschiedsbetrag** zwischen **Rückzahlungsbetrag** und **Auszahlungsbetrag**, der auf dem Konto „**1940** (0986) **Damnum/Disagio**" erfasst wird, kann als **Rechnungsabgrenzungsposten** (siehe **erste** Spalte des DATEV-Kontenrahmens neben dem Konto Damnum/ Disagio) aktiviert werden. Er ist dann durch planmäßige Abschreibung über die Laufzeit des Darlehens zu tilgen [§ 250 Abs. 3 HGB; H 6.10 (Damnum) EStH]. Die Verteilung des Damnums erfolgt im Jahr der Darlehensaufnahme zeitanteilig (taggenau). Handelsrechtlich kann das Damnum auch sofort in voller Höhe als Aufwand gebucht werden, steuerrechtlich ist dies nicht zulässig.

BEISPIEL

Sachverhalt wie zuvor.

Der **jährliche** Aufwandsbetrag beträgt **200 €** (2.000 € : 10).
Für 2026 beträgt der Aufwand für ein **halbes Jahr 100 €** (200 € : 2).

Buchungssatz zum 31.12.2026:

Sollkonto	Betrag (€)	Habenkonto
7320 (2120) Zinsaufwendungen	100,00	**1940** (0986) Damnum/Disagio

Buchung zum 31.12.2026:

S	**7320** (2120) **Zinsaufwendungen**	H
	100,00	

S	**1940** (0986) **Damnum/Disagio**	H
	2.000,00	**100,00**

Einzelheiten zur Berechnung des Zinsaufwands erfolgen im Abschnitt 8.1.2.2 der **Buchführung 2**, 37. Auflage, Seiten 190 ff. **B 2**

6.3.2 Darlehensrückzahlung

Nach der **Tilgung** eines Darlehens werden folgende **Darlehensarten** unterschieden:

1. **Fälligkeitsdarlehen**,
2. **Ratendarlehen** und
3. **Annuitätendarlehen**.

Bei den verschiedenen Darlehensarten fallen unterschiedliche Belastungen an.

Zinsen und andere **Darlehenskosten** sind **nicht** auf die **Verbindlichkeitskonten** zu buchen, sondern sind gesondert auf den dafür vorgesehenen Konten (z. B. Zinsaufwendungen, Damnum/Disagio) zu erfassen.

zu 1. Fälligkeitsdarlehen

Unter einem **Fälligkeitsdarlehen** versteht man ein Darlehen, das nach Ablauf der vereinbarten Laufzeit **in einer Summe** zurückzuzahlen ist.

BEISPIEL

Das zum 01.07.2026 aufgenommene Bankdarlehen in Höhe von 100.000 € wird nach 10 Jahren am **30.06.2036** in einer Summe per Bank zurückgezahlt.

Buchungssatz zum 30.06.2036:

Sollkonto	Betrag (€)	Habenkonto
3170 (0650) Verbindlichk. geg. Kreditinstituten	100.000,00	**1800** (1200) Bank

Buchung zum 30.06.2036:

S	**3170** (0650) **Verbindlichkeiten g. Kreditinstituten - Restlaufz. gr. 5 Jahre**	H
100.000,00	SV (AB)	100.000,00

S	**1800** (1200) **Bank**	H
		100.000,00

Die **Rückzahlung** des Darlehens ist **umgekehrt** zu buchen wie die **Aufnahme** des Darlehens.

zu 2. Ratendarlehen

Unter einem **Ratendarlehen** versteht man ein Darlehen, das in **jährlich gleichbleibenden Raten** getilgt wird.

BEISPIEL

Das zum 01.07.2026 aufgenommene Bankdarlehen in Höhe von 100.000 € wird in **jährlich gleichbleibenden Raten** von **10.000 €**, beginnend am **01.07.2027 getilgt**. **Der Zinssatz beträgt 5 %**.

Buchungssatz im Jahre 2027 (nur Tilgung):

Sollkonto	Betrag (€)	Habenkonto
3170 (0650) Verbindlichk. geg. Kreditinstituten	10.000,00	**1800** (1200) Bank

Buchung im Jahre 2027 (nur Tilgung):

S **3170** (0650) **Verbindlichkeiten g. Kreditinstituten - Restlaufz. gr. 5 Jahre** H		S **1800** (1200) **Bank** H	
10.000,00	SV (AB) 100.000,00		**10.000,00**

Der Zinsaufwand ist auf das Konto „**7320** (2120) **Zinsaufwendungen**" zu buchen.

zu 3. Annuitätendarlehen

Unter einem **Annuitätendarlehen** versteht man ein Darlehen, bei dem die jährliche Summe aus **Tilgung und Zinsen** (= **Annuität**) **gleich groß** ist.

Da sich die Schuldsumme durch die Tilgung ständig verringert, werden die jährlichen Zinsbeträge immer kleiner und die Tilgungsbeträge entsprechend größer.

BEISPIEL

Das zum **01.01.2026** aufgenommene Bankdarlehen in Höhe von 100.000 € ist mit 5 % zu verzinsen und in 10 Jahren in jährlichen Raten, beginnend am 01.01.2027, zu tilgen.
Die **jährliche Annuität** beträgt **13.000 €** (100.000 € x 0,130). Der Faktor 0,130 ist einer sog. **Annuitätentabelle** entnommen. Hat man den Betrag der **Annuität**, lassen sich **Tilgung** und **Zinsen** leicht bestimmen. Die **Zinsen** betragen für ein Jahr **5.000 €**, folglich beträgt die Tilgung **8.000 €** (13.000 € - 5.000 €).

Buchungssatz zum 01.01.2027 (nur Tilgung):

Sollkonto	Betrag (€)	Habenkonto
3170 (0650) Verbindlichk. geg. Kreditinstituten	8.000,00	**1800** (1200) Bank

Buchung zum 01.01.2027 (nur Tilgung):

S **3170** (0650) **Verbindlichkeiten g. Kreditinstituten - Restlaufz. gr. 5 Jahre** H		S **1800** (1200) **Bank** H	
8.000,00	SV (AB) 100.000,00		**8.000,00**

Der **Zinsaufwand** ist durch die unterschiedliche Tilgungshöhe **jedes Jahr neu zu berechnen** und auf das Konto „**7320** (2120) **Zinsaufwendungen**" zu buchen.

Einzelheiten zur Berechnung des Zinsaufwands erfolgen im Abschnitt 8.1.2.2 der **Buchführung 2**, 37. Auflage, Seiten 190 ff. B 2

6.3.3 Erfolgskontrolle

Wiederholungsfragen

1. Welche zwei Bankkonten sind bei der Aufnahme und Rückzahlung eines Bankdarlehens immer beteiligt?
2. Was versteht man unter einem kurzfristigen Kredit?
3. Was versteht man unter einem mittelfristigen Kredit?
4. Was versteht man unter einem langfristigen Kredit?
5. Was versteht man unter dem Darlehensabgeld?
6. Wie wird die Aufnahme eines Bankdarlehens buchmäßig behandelt?
7. Wie wird das Damnum/Disagio buchmäßig behandelt?
8. Was versteht man unter einem Fälligkeitsdarlehen?
9. Was versteht man unter einem Ratendarlehen?
10. Was versteht man unter einem Annuitätendarlehen?

Aufgaben

AUFGABE 1

Der buchführende Gewerbetreibende A nimmt zum 01.10.2026 ein Bankdarlehen über 50.000 € auf (Fälligkeitsdarlehen).
Das Darlehen, das mit 7 % zu verzinsen ist, hat eine Laufzeit von acht Jahren und ist am 30.09.2034 in einer Summe zurückzuzahlen. Die Bank hat unter Einbehaltung eines Damnums von 3 % den entsprechenden Betrag dem laufenden Bankkonto des A gutgeschrieben. Das Damnum soll aktiviert werden.

1. Bilden Sie den Buchungssatz für die Darlehensaufnahme zum 01.10.2026.
2. Bilden Sie den Buchungssatz für die Zinsaufwendungen zum 31.12.2026.
3. Bilden Sie den Buchungssatz für die Verteilung des Damnums zum 31.12.2026.

AUFGABE 2

Der buchführende Gewerbetreibende B nimmt zum 01.01.2026 ein Darlehen mit einem Rückzahlungsbetrag von 150.000 € bei seiner Bank auf.
Die Tilgung erfolgt in zehn gleichen Raten, zahlbar jeweils am 01.01.
98 % des Rückzahlungsbetrags werden B auf seinem Bankkonto gutgeschrieben, 2 % als Damnum einbehalten. Die Zinszahlung (Zinssatz 6 %) erfolgt jährlich nachträglich.

1. Bilden Sie den Buchungssatz für die Darlehensaufnahme zum 01.01.2026.
2. Bilden Sie den Buchungssatz für die Zinsaufwendungen zum 31.12.2026.
3. Bilden Sie den Buchungssatz für die Verteilung des Damnums zum 31.12.2026.
4. Bilden Sie den Buchungssatz für die Tilgung zum 01.01.2027.

AUFGABE 3

Der buchführende Gewerbetreibende C nimmt zum 01.01.2026 bei seiner Bank ein Ratendarlehen auf. Nennbetrag des Darlehens 100.000 €, Laufzeit: 01.01.2026 bis 31.12.2031, Auszahlung 95 %. Die Zinszahlung (Zinssatz 6 %) erfolgt jährlich nachträglich. Die Tilgung erfolgt jährlich, beginnend am 01.01.2027.

1. Bilden Sie den Buchungssatz für die Darlehensaufnahme zum 01.01.2026.
2. Bilden Sie den Buchungssatz für die Zinsaufwendungen zum 31.12.2026.
3. Bilden Sie den Buchungssatz für die Verteilung des Damnums zum 31.12.2026.
4. Bilden Sie den Buchungssatz für die Tilgung zum 01.01.2027.

AUFGABE 4

Der buchführende Gewerbetreibende D hat zum 01.01.2026 ein Annuitätendarlehen über 150.000 € bei seiner Bank aufgenommen. Es ist mit 6 % zu verzinsen und in 15 Jahren, beginnend ab 01.01.2027, in jährlichen Raten zu tilgen.
Der Annuitätenfaktor beträgt 0,103. Die Bank hat ein Damnum, das aktiviert werden soll, von 4.500 € einbehalten und 145.500 € dem laufenden Konto des D gutgeschrieben.

1. Bilden Sie den Buchungssatz für die Darlehensaufnahme zum 01.01.2026.
2. Bilden Sie den Buchungssatz für die Zinsaufwendungen zum 31.12.2026.
3. Bilden Sie den Buchungssatz für die Verteilung des Damnums zum 31.12.2026.
4. Bilden Sie den Buchungssatz für die Tilgung zum 01.01.2027.

AUFGABE 5

Der buchführende Gewerbetreibende E nimmt zum 31.03.2026 ein Fälligkeitsdarlehen (Laufzeit 12 Jahre) bei seiner Bank auf. Vertragsgemäß behält die Bank bei der Auszahlung ein Damnum in Höhe von 6.000 € ein. Zulässigerweise bucht E die Einbehaltung als Zinsaufwand.

Führen Sie die Gewinnkorrektur nach § 60 Abs. 2 EStDV durch.

6.4 Leasing

6.4.1 Begriff des Leasings

Unter **Leasing** versteht man eine mietähnliche, vertraglich besonders ausgestaltete Gebrauchsüberlassung von Wirtschaftsgütern gegen Entgelt.

Man unterscheidet in der Regel folgende **Arten des Leasings**:

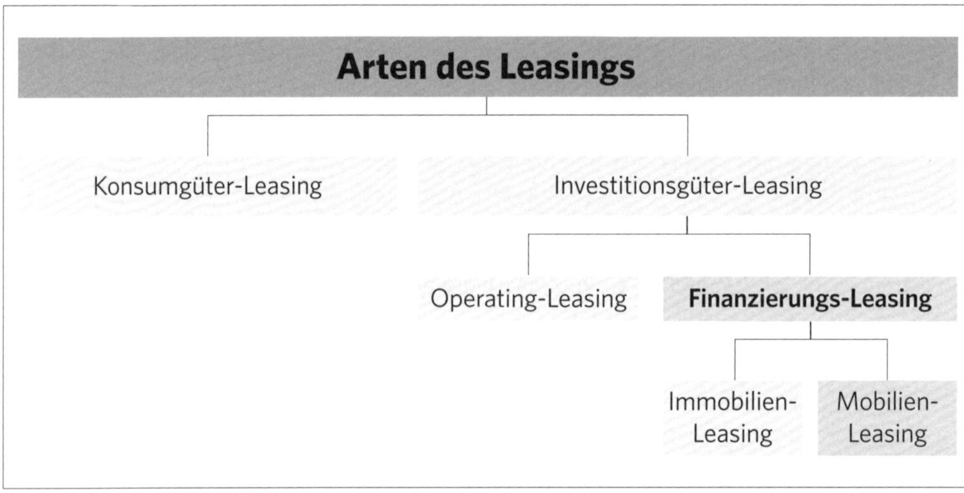

Konsumgüter-Leasing ist die Vermietung von Konsumgütern (z. B. Fernsehgeräte, Videorekorder) an Endverbraucher.

Investitionsgüter-Leasing ist die Vermietung von Investionsgütern (z. B. Industrieanlagen, Ausrüstungen) an Betriebe.

Operating-Leasing ist ein **kurzfristiges** in der Regel jederzeit kündbares Leasingverhältnis, bei dem der Leasinggeber die Risiken des Leasing-Gegenstandes trägt.

Finanzierungs-Leasing ist ein **langfristiger** Leasingvertrag über unbewegliche Gegenstände (**Immobilien-Leasing**) oder bewegliche Gegenstände (**Mobilien-Leasing**) mit unkündbarer Grundmietzeit. Während der Grundmietzeit werden über die Leasingraten die Anschaffungs- oder Herstellungskosten, die Verzinsung und Gewinnanteile des Leasinggebers voll abgedeckt (Vollamortisationsvertrag).
Der Leasingnehmer trägt hierbei die Risiken der technischen und wirtschaftlichen Entwertung des Leasing-Gegenstandes.

Im Rahmen der Buchführung ist die **Frage** zu beantworten, **wem** die Leasing-Gegenstände **zuzurechnen** sind, d. h., **wer** die Leasing-Objekte aktivieren und abschreiben darf.

Einzelheiten zur ertragsteuerlichen Behandlung von Leasingverträgen enthalten die verschiedenen BMF-Schreiben, die im **Anhang 21** des ESt-Handbuchs (**EStH**) **abgedruckt sind**.

6.4.2 Zurechnung des Leasinggegenstandes beim Leasinggeber

Die **Zurechnung** des Leasinggegenstandes ist von der von den Parteien gewählten **Vertragsgestaltung** und deren **tatsächlicher Durchführung** abhängig.

Im Folgenden wird nur der Leasingvertrag **ohne** Kauf- oder Verlängerungsoption erläutert. Die anderen Vertragsformen sind im BMF-Schreiben vom 19.04.1971 (vgl. **Anhang 21** EStH) dargestellt.

Bei **Leasingverträgen ohne Kauf- oder Verlängerungsoption** ist der Leasing-Gegenstand regelmäßig dem Leasing**geber zuzurechnen**, **wenn** die **Grundmietzeit** (Zeit, in der der Leasingvertrag nicht gekündigt werden kann)

mindestens 40 % und höchstens 90 %

der **betriebsgewöhnlichen Nutzungsdauer** des Leasinggegenstandes beträgt.

Wird das Leasingobjekt dem Leasinggeber zugerechnet, ist beim Leasing**geber**

1. der **Leasinggegenstand** mit seinen AK/HK zu **aktivieren**,
2. die **AfA** nach der betriebsgewöhnlichen Nutzungsdauer **vorzunehmen** und
3. die **Leasingrate** als **Betriebseinnahme** zu behandeln.

Wird das Leasingobjekt dem Leasing**geber** zugerechnet, ist beim Leasing**nehmer**

die **Leasingrate** als **Betriebsausgabe** zu behandeln.

BEISPIEL

Der **Unternehmer A**, Duisburg, **least** eine **Maschine** zum 01.01.2026.
Die **Grundmietzeit** beträgt **3 Jahre**. Eine **Kündigung** ist während der Grundmietzeit **nicht** möglich.
Nach Ablauf der Grundmietzeit steht A **weder** eine **Kauf- noch eine Verlängerungsoption** zu.
Die Anschaffungskosten (**AK**) der Maschine haben **250.000 €** betragen.
Die betriebsgewöhnliche Nutzungsdauer (**ND**) der Maschine beträgt **4 Jahre**.
Der Leasinggeber übernimmt alle Kosten für Kundendienst und Verschleiß von Ersatzteilen.
Der Leasing**nehmer** hat 2026 eine Leasingrate von **jährlich 60.000 € + 11.400 € USt = 71.400 €** zu zahlen.
Der Betrag wird auf das Bankkonto des Leasinggebers überwiesen.
Es liegt ein **Finanzierungs-Leasing** in Form eines **Mobilien-Leasings** vor.
Die **Grundmietzeit** beträgt **3 Jahre**, d. h. ¾ = **75 %** der betriebsgewöhnlichen Nutzungsdauer der Maschine (4 Jahre).
Die Maschine ist folglich dem **Leasinggeber zuzurechnen**.

Buchungssatz der Leasingrate beim Leasing**geber**:

Sollkonto	Betrag (€)	Habenkonto
1800 (1200) Bank	71.400,00	
	60.000,00	**4000** (8000) Erlöse aus Leasinggeschäften
	11.400,00	**3806** (1776) Umsatzsteuer 19 %

Buchung der Leasingrate beim Leasing**geber**:

S	**1800** (1200) **Bank**	H
	71.400,00	

S	**4000** (8000) **Erlöse aus Leasinggeschäften**	H
		60.000,00

S	**3806** (1776) **Umsatzsteuer 19 %**	H
		11.400,00

Buchungssatz der Leasingrate beim Leasing**nehmer**:

Sollkonto	Betrag (€)	Habenkonto
6840 (4810) Mietleasing	60.000,00	
1406 (1576) Vorsteuer 19 %	11.400,00	
	71.400,00	**1800** (1200) Bank

Buchung der Leasingrate beim Leasing**nehmer**:

S	**6840** (4810) **Mietleasing** (bewegliche Wirtschaftsgüter)	H
60.000,00		

S	**1800** (1200) **Bank**	H
		71.400,00

S	**1406** (1576) **Vorsteuer 19 %**	H
11.400,00		

6.4.3 Zurechnung des Leasinggegenstandes beim Leasingnehmer

Bei **Leasingverträgen ohne Kauf- oder Verlängerungsoption** ist der Leasing-Gegenstand regelmäßig dem Leasing**nehmer zuzurechnen**, **wenn** die **Grundmietzeit** (Zeit, in der der Leasingvertrag nicht gekündigt werden kann)

weniger als 40 % oder mehr als 90 %

der **betriebsgewöhnlichen Nutzungsdauer** des Leasinggegenstandes beträgt.

Der Leasing**nehmer** hat

1. den **Leasinggegenstand** mit den AK/HK zu **aktivieren**,
2. die **AfA** nach der betriebsgewöhnlichen Nutzungsdauer **vorzunehmen**,
3. eine **Verbindlichkeit** gegenüber dem Leasinggeber in Höhe der aktivierten AK/HK zu **passivieren**,
4. die **Leasingraten** in einen **Zins- und Kostenanteil** sowie einen **Tilgungsanteil aufzuteilen**.
   Der **Zins- und Kostenanteil** stellt eine sofort abzugsfähige **Betriebsausgabe** dar, während der **andere Teil** der Leasingrate als Tilgung der Kaufpreisschuld **erfolgsneutral** zu behandeln ist.

Der Leasing**geber** hat

1. eine **Forderung** an den Leasingnehmer in Höhe der aktivierten AK/HK zu **aktivieren**. Dieser Betrag ist grundsätzlich mit der vom Leasingnehmer ausgewiesenen Verbindlichkeit identisch.
2. die **Leasingraten** in einen **Zins- und Kostenanteil** sowie in einen **Anteil Tilgung** der Kaufpreisforderung **aufzuteilen**.

Der **Zins- und Kostenanteil** kann nach der **Barwertvergleichsmethode** oder nach der **Zinsstaffelmethode** ermittelt werden.

Nach der **Zinsstaffelmethode** wird der **Zins- und Kostenanteil** wie folgt ermittelt:

$$\frac{\text{Summe der Zins- und Kostenanteile aller Leasingraten}}{\text{Summe der Zahlenreihe aller Raten}} \times \text{Anzahl der restlichen Raten} + 1$$

BEISPIEL

Der Fuhrunternehmer Karl Walter, Mannheim, least von der Leasing GmbH, Frankfurt, ab 01.01.2026 einen Lkw. Die beidseitig unkündbare Grundmietzeit beträgt 5 Jahre. Die Leasing GmbH hat den Lkw für 240.000 € angeschafft und die jährliche Leasingrate für Karl Walter beträgt 71.400 €, jeweils fällig am 31.12. Die gesamte Umsatzsteuer in Höhe von 57.000 € ist nur im Leasingvertrag ausgewiesen. Der Lkw hat eine betriebsgewöhnliche Nutzungsdauer von 5 Jahren.
Der Lkw ist dem Leasingnehmer zuzurechnen, weil er wirtschaftlicher Eigentümer ist.

Die Buchungssätze für die Übergabe des Lkws, die Überweisung der ersten Leasingrate am 31.12.2026 und die Jahresabschlussarbeiten zum 31.12.2026 lauten:

Tz.	Sollkonto	Betrag (€)	Habenkonto
1.	**0540** (0350) Lkw	240.000,00	
	1900 (0980) Aktive RAP	60.000,00	
	1406 (1576) Vorsteuer	57.000,00	
		357.000,00	**3337** (1626) Verb. 1 bis 5 Jahre
2.	**3337** (1626) Verb. 1 bis 5 Jahre	71.400,00	**1800** (1200) Bank
3.	**6222** (4832) Abschr. Kfz	48.000,00	**0540** (0350) Lkw
	6250 (4815) Kaufleasing	20.000,00	**1900** (0980) Aktive RAP

Erläuterungen:

zu 1.

Zur Vorsteuer siehe Abschn. 3.5 Abs. 5 Satz 1 UStAE.

	Summe der Leasingraten: 5 x 60.000 €	300.000 €
-	AK des Lkws	- 240.000 €
=	Zins- und Kostenanteil für 5 Jahre	60.000 €
	Verbindlichkeiten: 5 x 71.400 € (60.000 € + 11.400 € USt)	357.000 €

zu 2.

357.000 € : 5 — 71.400 €

zu 3.

Abschreibung des Lkws: 240.000 € : 5 — 48.000 €

Auflösung der aktiven RAP nach der Zinsstaffelmethode im 1. Jahr:

$$\frac{60.000\,€}{15^{*}} = 4.000\,€ \times (4 + 1) \qquad 20.000\,€$$

* 1 + 2 + 3 + 4 + 5 = 15

6.4.4 Erfolgskontrolle

Wiederholungsfragen

1. Was versteht man unter Leasing?
2. Unter welcher Voraussetzung wird der Leasinggegenstand dem Leasinggeber bei Leasingverträgen ohne Kauf- oder Verlängerungsoption zugerechnet?
3. Wie wird der Leasinggegenstand buchmäßig beim Leasinggeber behandelt, wenn ihm der Leasinggegenstand zugerechnet wird?
4. Wie wird der Leasinggegenstand buchmäßig beim Leasingnehmer behandelt, wenn der Leasinggegenstand dem Leasinggeber zugerechnet wird?
5. Wie wird der Leasinggegenstand buchmäßig beim Leasingnehmer behandelt, wenn ihm der Leasinggegenstand zugerechnet wird?
6. Wie wird der Leasinggegenstand buchmäßig beim Leasinggeber behandelt, wenn der Leasinggegenstand dem Leasingnehmer zugerechnet wird?

Aufgaben

AUFGABE 1

Der Unternehmer Horst Schulz, Köln, least eine Maschine zum 01.01.2026. Die Grundmietzeit beträgt 48 Monate. Eine Kündigung ist während der Grundmietzeit nicht möglich. Nach Ablauf der Grundmietzeit steht Schulz weder eine Kauf- noch eine Verlängerungsoption zu.

Die Anschaffungskosten der Maschine haben 160.000 € betragen. Die betriebsgewöhnliche Nutzungsdauer der Maschine beträgt 5 Jahre. Der Leasinggeber trägt das Investitionsrisiko. Der Leasingnehmer hat eine Leasingrate von monatlich 4.250 € + USt zu zahlen. Der Betrag wird jeweils auf das Bankkonto des Leasinggebers überwiesen.

1. Welche Art des Leasings liegt vor?
2. Wem ist der Leasinggegenstand zuzurechnen? Begründen Sie Ihre Antwort.
3. Bilden Sie den Buchungssatz für die Überweisung der ersten Leasingrate beim Leasinggeber.
4. Bilden Sie den Buchungssatz für die Überweisung der ersten Leasingrate beim Leasingnehmer.

AUFGABE 2

Der Gewerbetreibende Walter Schneider, Mannheim, least am 01.07.2026 eine Maschine für eine Grundmiete von 4 Jahren (Finanzierungs-Leasing); die Maschine ist ihm zuzurechnen. Den Zins- und Kostenanteil in Höhe von 120.000 € weist er in den Rechnungsabgrenzungsposten aus.

Am 31.12.2026 bucht Walter Schneider wie folgt:

Sollkonto	Betrag (€)	Habenkonto
7300 (2100) Zinsaufwendungen	30.000,00	**1900** (0980) Aktive RAP

Überprüfen Sie, ob die Buchung richtig ist und bilden Sie ggf. die Korrekturbuchung.

AUFGABE 3

Der Fuhrunternehmer Paul Intern, Koblenz, mietet ab dem 01.01.2026 einen Lkw von der Daimler AG, Stuttgart, mit einer für beide unkündbaren Grundmietzeit von 3 Jahren. Der Lkw hat eine betriebsgewöhnliche Nutzungsdauer von 4 Jahren. Nach dem Ablauf der Grundmietzeit ist eine Kaufoption vereinbart; der Kaufpreis soll dann 60.000 € zzgl. USt betragen. Die Jahresmiete ist mit 144.000 € zzgl. USt festgelegt; die Umsatzsteuer in Höhe von 93.480 € ist im Vertrag festgelegt und bei Übergabe des Lkws fällig. Die Anschaffungskosten, die der Kalkulation des Leasingvertrags zugrunde gelegt werden, betragen netto 300.000 €. Der Restbuchwert und der gemeine Wert nach Ablauf der Grundmietzeit sind identisch.

1. Wer ist wirtschaftlicher Eigentümer des Lkws?
2. Wie ist der Zugang des Lkws bilanzmäßig darzustellen?
3. Buchen Sie die Zahlungen des Leasingnehmers in den Jahren 2026 und 2027 und die Buchungen im Jahresabschluss.
4. Paul Intern erwirbt den Lkw am Ende der Grundmietzeit zum vereinbarten Kaufpreis. Buchen Sie den Erwerb.

AUFGABE 4

Der bilanzierende Gewerbetreibende Paul Fuchs schließt am 01.12.2026 einen (Miet-) Leasingvertrag über ein Kassensystem mit einer Laufzeit von vier Jahren ab. Gemäß dem Vertrag werden jährliche Leasingraten in Höhe von 480 € (netto) im Voraus jeweils am 01.12. überwiesen. Die einmalige Leasingsonderzahlung in Höhe von 960 € zzgl. 19 % USt wurde am 01.12.2026 überwiesen.

Buchen Sie alle Vorgänge, die sich aus dem Sachverhalt für das Wirtschaftsjahr 2026 ergeben.

Weitere Aufgaben mit Lösungen zum Thema Leasing finden Sie im **Lösungsbuch** der Buchführung 1.	A L

6.5 Wechselverkehr

Der **Wechsel** ist eine Urkunde, in der der Gläubiger (Aussteller) den Schuldner (Bezogenen) auffordert, eine bestimmte Geldsumme an eine bestimmte Person (Wechselnehmer) oder deren Order zu bezahlen.

Beim Wechselverkehr ist zwischen **Besitzwechseln** und **Schuldwechseln** zu unterscheiden.

Besitzwechsel sind Wechsel, die der Verkäufer zum Ausgleich einer Forderung vom Käufer erhält.

Schuldwechsel sind Wechsel, die der Käufer als Bezogener zum Ausgleich einer Verbindlichkeit dem Verkäufer aushändigt.

6.5.1 Buchen der Besitzwechsel

Der Inhaber eines **Besitzwechsels** kann diesen wie folgt **verwenden**:

1. bis zur Fälligkeit **aufbewahren** und dann dem Bezogenen zur Einlösung vorlegen oder
2. vor Fälligkeit als Zahlungsmittel an einen Gläubiger **weitergeben** oder
3. vor Fälligkeit bei einer Bank **diskontieren** lassen.

Im Folgenden wird dargestellt, wie die einzelnen **Verwendungsmöglichkeiten** des Besitzwechsels gebucht werden.

Vor diesen Buchungen ist noch der Besitzwechsel**eingang** buchmäßig zu erfassen.

6.5.1.1 Besitzwechseleingang

Der Verkäufer hat aufgrund seiner Warenlieferung an den Käufer zunächst eine **Warenforderung**, die auf dem Konto „**1200** (1400) Forderungen aus Lieferungen und Leistungen“ gebucht wird.

Erhält der Verkäufer zum Ausgleich dieser Forderung einen **Besitzwechsel**, so tritt an die Stelle der Warenforderung eine **Wechselforderung**. Die Wechselforderung ist in der Buchführung **gesondert** von der Warenforderung **zu erfassen**.

Besitzwechsel werden auf dem Konto

1230 (1300) **Wechsel aus Lieferungen und Leistungen**

gebucht.

BEISPIEL

1. Wir liefern an B Waren für 5.000 € + 950 € USt = 5.950 € auf Ziel.
2. B sendet uns vereinbarungsgemäß zum Ausgleich unserer Forderung aLuL einen **Wechsel** über 5.950 €.

Buchungssätze:

Tz.	Sollkonto	Betrag (€)	Habenkonto
1.	**1200** (1400) Forderungen aLuL	5.950,00	
		5.000,00	**4200** (8200) Erlöse
		950,00	**3806** (1776) USt 19 %
2.	**1230** (1300) Wechsel aLuL	5.950,00	**1200** (1400) Forderungen aLuL

Buchungen:

S	1200 (1400) **Forderungen aLuL**		H
1)	5.950,00	**2)**	**5.950,00**

S	4200 (8200) **Erlöse**		H
		1)	5.000,00

S	1230 (1300) **Wechsel aLuL**		H
2)	**5.950,00**		

S	3806 (1776) **USt 19 %**		H
		1)	950,00

6.5.1.2 Besitzwechseleinzug

Der Wechselinhaber legt den Wechsel in der Regel dem Schuldner **nicht selbst** vor, sondern beauftragt seine **Bank** mit dem **Einzug (Inkasso)**.Die Bank berechnet für den Einzug eine **Inkassoprovision**.

Die Bank schreibt dem Wechseleinreicher den Wechselbetrag **abzüglich** der **Inkassoprovision** gut.

BEISPIEL

Wir lassen den Besitzwechsel über 5.950 € durch unsere Bank **einziehen**. Die Bank erteilt uns folgende Abrechnung:

	Wechselbetrag		5.950 €
-	**Inkassoprovision**	-	**12 €**
=	Gutschrift		5.938 €

Buchungssatz:

Sollkonto	Betrag (€)	Habenkonto
1800 (1200) Bank	5.938,00	
6855 (4970) Nebenkosten d. Geldverkehrs	12,00	
	5.950,00	**1230** (1300) Wechsel aLuL

Buchung:

S	**1800** (1200) **Bank**	H
	5.938,00	

S	**1230** (1300) **Wechsel aLuL**	H
	5.950,00	5.950,00

S	**6855** (4970) **Nebenkosten des Geldverkehrs**	H
	12,00	

Dadurch, dass der Käufer mit einem Wechsel zahlt, entsteht dem Verkäufer in der Regel ein **Zinsverlust**, weil die **Fälligkeit der Warenforderung** grundsätzlich **nicht** mit der **Fälligkeit der Wechselforderung** übereinstimmt.

In diesen Fällen wird der Verkäufer dem Käufer wegen verspäteter Zahlung **Verzugszinsen** berechnen. Die berechneten **Zinsen unterliegen nicht der Umsatzsteuer** (Abschn. 1.3 Abs. 6 Satz 3 UStAE).

BEISPIEL

Wir senden unserem Kunden folgende Rechnung (Auszug):

8 % Zinsen auf 5.950 € für 45 Tage = **59,50 €**

Buchungssatz:

Sollkonto	Betrag (€)	Habenkonto
1200 (1400) Forderungen aLuL	59,50	**7100** (2650) Zinserträge

Buchung:

S	**1200** (1400) **Forderungen aLuL**	H
59,50		

S	**7100** (2650) **Zinserträge**	H
		59,50

ÜBUNG →
1. Wiederholungsfragen 1 bis 3 (Seite 307),
2. Aufgabe 1 und 2 (Seite 307)

6.5.1.3 Besitzwechselweitergabe

Der Inhaber eines Besitzwechsels kann den Wechsel **vor** Fälligkeit als **Zahlungsmittel** an einen Gläubiger **weitergeben**. Er begleicht damit seine Verbindlichkeit.

BEISPIEL

Wir geben den Besitzwechsel über 5.950 € weiter an unseren Lieferer zum Ausgleich einer Verbindlichkeit.

Buchungssatz:

Sollkonto	Betrag (€)	Habenkonto
3300 (1600) Verbindlichkeiten aLuL	5.950,00	**1230** (1300) Wechsel aLuL

Buchung:

S	**3300** (1600) **Verbindlichkeiten aLuL**	H
5.950,00		

S	**1230** (1300) **Wechsel aLuL**	H
5.950,00		5.950,00

Wenn die **Fälligkeit der Verbindlichkeit** und die **Fälligkeit des Wechsels** nicht übereinstimmen, kann der Lieferer wegen verspäteter Zahlung **Zinsen** berechnen.

BEISPIEL

Wir erhalten von unserem Lieferer folgende Rechnung (Auszug):

8% Zinsen auf 5.950 € für 45 Tage = **59,50 €**

Buchungssatz:

Sollkonto	Betrag (€)	Habenkonto
7310 (2110) Zinsaufwendungen für kurzfristige Verbindlichkeiten	59,50	**3300** (1600) Verbindl. aLuL

Buchung:

S **7310** (2110) **Zinsaufwendungen für kurzfristige Verbindlichkeiten** H	
59,50	

S **3300** (1600) **Verbindlichkeiten aLuL** H	
	59,50

ÜBUNG → Aufgabe 3 (Seite 307)

6.5.1.4 Besitzwechseldiskontierung

Der Inhaber eines Besitzwechsels kann den Wechsel **vor** Fälligkeit an eine Bank **verkaufen**, d.h., er kann ihn bei seiner Bank **diskontieren** lassen.

Die Bank gewährt dann vom Tag der Diskontierung bis zur Fälligkeit des Wechsels dem Einreicher einen **Diskontkredit**.

Die für diesen Kredit zu zahlenden **Wechselvorzinsen** (Wechsel**diskont**) werden von der Bank im Voraus belastet und mit der Gutschrift für den Wechselbetrag verrechnet.

Die Banken berechnen neben dem **Diskont** oft noch **Spesen**.

BEISPIEL

Wir senden den Besitzwechsel über 5.950 € unserer Bank zum **Diskont**. Die Bank erteilt uns folgende Rechnung:

	Wechselbetrag		5.950 €
-	**8 % Diskont für 90 Tage**	-	**119 €***
-	**Spesen**	-	**10 €**
=	Gutschrift		5.821 €

* **Berechnung des Diskonts** nach der **Tageszinsformel** (siehe Seite 275):

$$\text{Zinsen (Diskont)} = \frac{K \times p \times t}{100 \times 360} = \frac{5.950\,€ \times 8 \times 90}{100 \times 360} = \underline{119\,€}$$

Buchungssatz:

Sollkonto	Betrag (€)	Habenkonto
1800 (1200) Bank	5.821,00	
7340 (2130) Diskontaufwendungen	119,00	
6855 (4970) Nebenkosten des Geldverkehrs	10,00	
	5.950,00	**1230** (1300) Wechsel aLuL

Buchung:

S	**1800** (1200) **Bank**	H
	5.821,00	

S	**1230** (1300) **Wechsel aLuL**	H
	5.950,00	5.950,00

S	**7340** (2130) **Diskontaufwendungen**	H
	119,00	

S	**6855** (4970) **Nebenkosten des Geldverkehrs**	H
	10,00	

Gewährt der Unternehmer im Zusammenhang mit einer Lieferung einen **Diskontkredit**, der als **gesonderte Leistung** anzusehen ist, so **mindern** die berechneten **Wechselvorzinsen** (Wechsel**diskont**) **nicht** das **Entgelt** für die Lieferung (Abschn. 10.3 Abs. 6 Satz 5 UStAE).

Dies hat zur **Folge**, dass die **Diskontbeträge nicht der USt** unterliegen, weil sie als gesonderte Leistung nach § 4 Nr. 8a UStG **steuerfrei** sind.

Für eine **gesonderte Leistung** ist erforderlich (Abschn. 3.11 Abs. 1 UStAE):

1. Die Lieferung oder sonstige Leistung **und** die Kreditgewährung (Diskontkredit) müssen **gesondert vereinbart** worden sein.
2. In der Vereinbarung über die Kreditgewährung muss auch der **Jahreszins** angegeben werden.
3. Die Entgelte für die beiden Leistungen müssen **getrennt abgerechnet** werden.

Berechnet der Unternehmer den ihm von der Bank berechneten **Diskont** und die **Spesen** dem Kunden **weiter** (**Regelfall**), so unterliegen **nur die Spesen der USt**, wenn - was in der Praxis heute üblich ist - beim **Diskontkredit** die Voraussetzungen einer **gesonderten Leistung** erfüllt sind.

Die in Rechnung gestellten Spesen werden aus **umsatzsteuerlichen** Gründen auf dem **besonderen** Konto

7110 (8650) **Erlöse aus Diskontspesen**

erfasst.

BEISPIEL

Diskont und Spesen werden von uns dem Kunden als gesonderte Leistung wie folgt in Rechnung (Auszug) gestellt:

	Diskont (8 % auf 5.950 € für 90 Tage)		**119,00 €**
	Spesen	10,00 €	
+	19 % USt	1,90 €	11,90 €
			130,90 €

Buchungssatz:

Sollkonto	Betrag (€)	Habenkonto
1200 (1400) Forderungen aLuL	130,90	
	119,00	**7130** (2670) Diskonterträge
	10,00	**7110** (8650) **Erlöse aus Diskontspesen**
	1,90	**3806** (1776) USt 19 %

Buchung:

S	**1200** (1400) **Forderungen aLuL**	H
130,90		

S	**7130** (2670) **Diskonterträge**	H
		119,00

S	**7110** (8650) Erlöse a. Diskont**spesen**	H
		10,00

S	**3806** (1776) **Umsatzsteuer 19%**	H
		1,90

ÜBUNG →
1. Wiederholungsfragen 4 bis 6 (Seite 307),
2. Aufgabe 4 (Seite 307)

6.5.2 Buchen der Schuldwechsel

Beim Buchen der **Schuldwechsel** ist zwischen Schuldwechsel**ausgang** und Schuldwechsel**einlösung** zu unterscheiden.

6.5.2.1 Schuldwechselausgang

Der Käufer hat aufgrund der von ihm bezogenen Waren eine **Warenverbindlichkeit**, die auf dem Konto „**3300** (1600) Verbindlichkeiten aus Lieferungen und Leistungen" gebucht wird.

Zieht der Verkäufer über diese Verbindlichkeit einen Wechsel auf den Käufer und gibt der Käufer diesen Wechsel akzeptiert an den Lieferer zurück, so tritt an die Stelle einer **Warenverbindlichkeit** eine **Wechselverbindlichkeit** (= **Schuldwechsel**).

Die **Wechselverbindlichkeit** ist in der Buchführung **gesondert** von der Warenverbindlichkeit zu erfassen.

Wechselverbindlichkeiten werden auf das Konto

3350 (1660) **Schuldwechsel**

gebucht.

BEISPIEL

1. Wir haben Waren für 10.000 € + 1.900 € USt = 11.900 € bezogen.
2. Wir geben dem Lieferer vereinbarungsgemäß einen akzeptierten **Schuldwechsel** über 11.900 €.

Buchungssätze:

Tz.	Sollkonto	Betrag (€)	Habenkonto
1.	**5200** (3200) Wareneingang **1406** (1576) Vorsteuer 19 %	10.000,00 1.900,00 11.900,00	 **3300** (1600) Verbindl. aLuL
2.	**3300** (1600) Verbindl. aLuL	11.900,00	**3350** (1660) **Schuldwechsel**

Buchungen:

S	**5200** (3200) **Wareneingang**		H
1)	10.000,00		

S	**3300** (1600) **Verbindlichkeiten aLuL**		H
2)	**11.900,00**	1)	11.900,00

S	**1406** (1576) **Vorsteuer 19%**		H
1)	1.900,00		

S	**3350** (1660) **Schuldwechsel**		H
		2)	**11.900,00**

6.5.2.2 Schuldwechseleinlösung

Bei Fälligkeit legt der **letzte Wechselinhaber** den Wechsel dem **Bezogenen** zur Einlösung vor.

Erfüllungsort für die Wechseleinlösung sind die **Geschäftsräume des Bezogenen** („**Wechselschulden sind Holschulden**").

Zur Vereinfachung des Einzugsverfahrens gibt der Bezogene in der Regel bereits auf dem Wechsel seine **Bank als Zahlstelle** an.

Die Bank löst dann den Wechsel zulasten des Kontos des Bezogenen ein und berechnet dafür eine **Domizilprovision**.

BEISPIEL

Unser Schuldwechsel über 11.900 € wird am Fälligkeitstag bei unserer Bank vorgelegt und eingelöst. Die Bank berechnet 10 € **Domizilprovision**.

Buchungssatz:

Sollkonto	Betrag (€)	Habenkonto
3350 (1660) Schuldwechsel **6855** (4970) Nebenkosten des Geldverkehrs	11.900,00 10,00 11.910,00	 **1800** (1200) Bank

Buchung:

S	**3350** (1660) **Schuldwechsel**	H
	11.900,00	11.900,00

S	**1800** (1200) **Bank**	H
		11.910,00

S	**6855** (4970) **Nebenkosten des Geldverkehrs**	H
	10,00	

ÜBUNG →
1. Wiederholungsfrage 7 (Seite 307),
2. Aufgabe 5 (Seite 308)

6.5.3 Erfolgskontrolle

Wiederholungsfragen

1. Welche Verwendungsmöglichkeiten gibt es für einen Besitzwechsel?
2. Auf welchem Konto wird der eingehende Besitzwechsel gebucht?
3. In welchem Fall berechnen die Banken Inkassoprovision?
4. Was versteht man unter Wechseldiskontierung?
5. Was versteht man unter Diskont?
6. Wie wird die Weiterbelastung des von der Bank berechneten Diskonts und der Spesen an den Kunden umsatzsteuerlich behandelt?
7. Was heißt: „Wechselschulden sind Holschulden"?

Aufgaben

AUFGABE 1

Bilden Sie die Buchungssätze für folgende Vorgänge:

1. Wir verkaufen am 01.07.2026 Waren auf Ziel für netto 4.000 € + 760 € USt = 4.760 €.
2. Der Käufer sendet uns am 08.07.2026 einen akzeptierten Wechsel über den Rechnungsbetrag.
3. Wir stellen dem Käufer am 09.07.2026 200 € Zinsen in Rechnung.
4. Der Käufer überweist diesen Betrag am 16.07.2026 auf unser Bankkonto.
5. Den Besitzwechsel lassen wir durch unsere Bank einziehen. Die Bank berechnet uns 10 € Inkassoprovision.

AUFGABE 2

Bilden Sie die Buchungssätze für folgende Vorgänge:

1. Wir haben eine Warenforderung an einen Kunden in Höhe von 11.000 €. Der Kunde überweist die Hälfte unserer Forderung durch die Bank. Für die andere Hälfte sendet er uns einen akzeptierten Wechsel.
2. Diesen Wechsel legen wir ihm bei Fälligkeit über unsere Bank zur Einlösung vor. Unsere Bank berechnet 2 Promille Inkassoprovision.

AUFGABE 3

Bilden Sie die Buchungssätze für folgende Vorgänge:

1. Ein Kunde sendet uns zum Ausgleich unserer Forderung aLuL einen Wechsel über 8.000 €.
2. Wir geben diesen Wechsel an einen Lieferer als Zahlungsmittel weiter.
3. Der Lieferer berechnet uns 100 € Zinsen.

AUFGABE 4

1. Wir geben unserer Bank am 16.07.2026 einen Besitzwechsel über 20.000 € zum Diskont. Die Bank berechnet uns 8 % Diskont für 90 Tage und 30 € Spesen.
2. Die Kosten der Diskontierung, die uns die Bank berechnet hat, berechnen wir unserem Kunden vereinbarungsgemäß als gesonderte Leistung weiter.

a) Erstellen Sie die Diskontabrechnung der Bank und die Rechnung für unseren Kunden.
b) Bilden Sie die Buchungssätze.

AUFGABE 5

Bilden Sie die Buchungssätze für folgende Vorgänge:

1. Wir beziehen Waren auf Ziel für netto 12.000 € + 2.280 € USt = 14.280 €.
2. Über den Rechnungsbetrag akzeptieren wir einen Wechsel.
3. Der Wechsel wird bei Fälligkeit über unsere Bank eingelöst. Die Bank berechnet 20 € Domizilprovision.

6.6 Wertpapiere

Wertpapiere im weitesten Sinne sind Urkunden, in denen ein Vermögensrecht brieflich zugesichert wird.

Man unterscheidet folgende Wertpapier**arten**:

1. **Waren**wertpapiere (z.B. Lagerschein im Sinne des HGB),
2. **Kapital**wertpapiere (z.B. Aktie, Anleihe),
3. **Geld**wertpapiere (z.B. Scheck, Wechsel).

Gegenstand dieses Kapitels ist das Buchen von **Dividendenpapieren** (z.B. Aktien) **und festverzinslichen Wertpapieren** (z.B. Anleihen, Pfandbriefen und Obligationen), die den **Kapital**wertpapieren zugeordnet werden.

In diesem Kapitel wird erläutert, wie Wertpapier**käufe**, Wertpapier**erträge** und Wertpapier**verkäufe** zu buchen sind.

Die **Bilanzierung** der Wertpapiere des Umlaufvermögens wird im Abschnitt 7.4 der **Buchführung 2**, 37. Auflage, Seiten 182 f. dargestellt. B 2

Steuerlich werden Erträge aus Wertpapieren (**Kapitalerträge**) des Privatvermögens, die zu den **Einkünften aus Kapitalvermögen** gehören, mit einem einheitlichen Steuersatz von **25 %** (zuzüglich Solidaritätszuschlag und ggf. Kirchensteuer) besteuert (**Abgeltungsteuer**; § 32d Abs. 1 EStG). Die **Abgeltungsteuer** ist keine gesonderte Steuerart, sondern der Begriff für die einheitliche **Kapitalertragsteuer von 25 %** auf **private** Kapitalerträge und Veräußerungsgewinne. Die Kapitalertragsteuer hat grundsätzlich **abgeltende Wirkung**, d.h., die Kapitalerträge sind grundsätzlich **abschließend** (abgeltend) **besteuert**.
Kapitalerträge, die einer **anderen Einkunftsart** zuzurechnen sind (z.B. betriebliche Kapitalerträge, Zinsen bei Vermietung und Verpachtung) unterliegen **nicht** der **Abgeltungsteuer** (§ 20 Abs. 8 EStG).

Betriebliche Kapitalerträge sind den **Gewinneinkunftsarten** zuzurechnen. Die **betrieblichen** Kapitalerträge unterliegen auch der **Kapitalertragsteuer von 25 %**; der Steuerabzug hat jedoch **keine** abgeltende Wirkung.

6.6.1 Buchmäßige Einteilung der Wertpapiere

Buch- und bilanzmäßig werden die Wertpapiere des Betriebsvermögens eingeteilt in

1. Wertpapiere des **Anlagevermögens und**
2. Wertpapiere des **Umlaufvermögens**.

6.6.1.1 Wertpapiere des Anlagevermögens

Wertpapiere des Anlagevermögens sind Wertpapiere, die am Bilanzstichtag dazu bestimmt sind, dem Betrieb dauernd zu dienen.

Die Wertpapiere des Anlagevermögens erscheinen in der **Bilanz** unter den **Finanzanlagen** und sind insbesondere von den **Beteiligungen** abzugrenzen (§ 266 Abs. 2 HGB).

Beteiligungen sind Anteile an anderen Unternehmen, die bestimmt sind, dem eigenen Geschäftsbetrieb durch Herstellung einer **dauernden Verbindung** zu jenen Unternehmen zu dienen (§ 271 Abs. 1 HGB).

Eine **Beteiligungsabsicht** liegt immer dann vor, wenn der Inhaber der Wertpapiere bestrebt und in der Lage ist, mithilfe der ihm zustehenden Anteilsrechte **aktiv** einen **Einfluss** auf das Beteiligungsunternehmen auszuüben, in den Wertpapieren also **nicht nur** eine **Kapitalanlage gegen angemessene Verzinsung** sieht.

Auf die Höhe der Beteiligung kommt es nicht unbedingt an, doch gilt im Zweifel ein Anteilsbesitz von **20 % und mehr** als **Beteiligung** (§ 271 Abs. 1 Satz 3 HGB).

BEISPIEL

Der buchführungspflichtige Einzelkaufmann Huber hat in seinem Betriebsvermögen **1.000 Aktien** der Deutschen Bank AG. Die Aktien dienen **nicht kurzfristigen Spekulationszwecken**, sondern sollen langfristig dem Betrieb dienen.

Die Aktien der Deutschen Bank AG stellen **Wertpapiere des Anlagevermögens** dar. Sie stellen **keine Beteiligung** dar, da Huber mit der geringen Anteilshöhe keine aktive Einflussnahme auf die Deutsche Bank AG ausüben kann.

Für **Beteiligungen** und **Wertpapiere des Anlagevermögens** sehen die DATEV- Kontenrahmen u.a. folgende Konten vor:

0820 (0510) **Beteiligungen,**
0910 (0530) **Wertpapiere mit Gewinnbeteiligungsansprüchen, die dem Teileinkünfteverfahren unterliegen,**
0920 (0535) **Festverzinsliche Wertpapiere**.

6.6.1.2 Wertpapiere des Umlaufvermögens

Wertpapiere des Umlaufvermögens sind alle Wertpapiere, die **nicht** zum Anlagevermögen gehören. Im Allgemeinen wird erwartet, dass Wertpapiere des Umlaufvermögens jederzeit veräußerbar sind.

BEISPIEL

Der buchführungspflichtige Einzelkaufmann Pritzer hat in seinem Betriebsvermögen **1.000 Aktien** der Allianz SE. Die Aktien dienen **der kurzfristigen Liquiditätsanlage**.

Die Aktien der Allianz SE stellen **Wertpapiere des Umlaufvermögens** dar. Sie sind nicht dazu bestimmt, dem Betrieb **dauernd** zu dienen.

Die **Wertpapiere des Umlaufvermögens**, die im Folgenden besprochen werden, sind auf das Konto

1510 (1348) **Sonstige Wertpapiere**

zu buchen.

ÜBUNG → Wiederholungsfragen 1 bis 4 (Seite 325)

6.6.2 Buchen von Dividendenpapieren (Aktien)

Mit dem Erwerb von Aktien beteiligt sich der Käufer am Grundkapital einer Aktiengesellschaft. Während der Haltezeit der Aktien erhält der Aktionär Gewinnausschüttungen (Dividenden) und hofft auf eine positive Kursentwicklung, um bei einer Veräußerung der Aktien einen Veräußerungsgewinn zu erzielen.

Bei den Wertpapierbuchungen von Aktien sind folgende Vorgänge zu unterscheiden:

1. **Kauf** der Dividendenpapiere (Aktien),
2. Erfassen der laufenden **Dividendenerträge** und
3. **Verkauf** der Dividendenpapiere (Aktien).

6.6.2.1 Kauf von Dividendenpapieren (Aktien)

Beim **Kauf von Dividendenpapieren** (**Aktien**) sind die **Anschaffungskosten als Zugang** auf dem Aktivkonto

1510 (1348) **Sonstige Wertpapiere**

zu buchen.

Die **Anschaffungskosten** der Aktien setzen sich aus dem **Kaufpreis** (Kurswert) und den in der Regel anfallenden **Anschaffungsnebenkosten** (z. B. Bankprovision und Maklergebühr) zusammen.

BEISPIEL

Die Bretzfeld GmbH, Mannheim, kauft über ihre Hausbank 100 Aktien der Born AG, Koblenz, bei einem Kurs von 120 €. Die Aktien werden dem Umlaufvermögen zugeordnet. Die Bank erteilt der Bretzfeld GmbH folgende Abrechnung:

	100 Aktien zu je 120 € (Kurswert)		12.000,00 €
+	Bankprovision (1 % von 12.000 €)	120,00 €	
+	Maklergebühr (0,08 % von 12.000 €)	9,60 €	129,60 €
=	Lastschrift der Bank = **Anschaffungskosten**		**12.129,60 €**

Die **Anschaffungskosten** der Aktien betragen **12.129,60 €** (§ 255 Abs. 1 HGB).

Buchungssatz:

Sollkonto	Betrag (€)	Habenkonto
1510 (1348) **Sonstige Wertpapiere**	12.129,60	**1800** (1200) Bank

Buchung:

S	**1510** (1348) **Sonstige Wertpapiere**	H
12.129,60		

S	**1800** (1200) **Bank**	H
		12.129,60

ÜBUNG →
1. Wiederholungsfrage 5 (Seite 325),
2. Aufgaben 1 und 2 (Seite 325)

6.6.2.2 Dividendenerträge

Die **laufenden Erträge aus Aktien** sind die von Aktiengesellschaften ausgeschütteten Gewinne (**Dividenden**). Die ausschüttende Körperschaft ist grundsätzlich gezwungen, Kapitalertragsteuer und den Solidaritätszuschlag einzubehalten. Die einbehaltene Kapitalertragsteuer beträgt einheitlich **25 %** und der Solidaritätszuschlag **5,5 %** der Kapitalertragsteuer. In der Regel übernimmt die Bank den Einzug der Steuern und schreibt den Nettobetrag dem Dividendengläubiger gut.

Für die steuerliche Behandlung der Dividendenerträge ist es wichtig, dass die ausschüttende Stelle (in der Regel die Bank) weiß, welcher Vermögensgruppe (Privat- oder Betriebsvermögen) die Dividenden zufließen. Deshalb ist der Dividendengläubiger verpflichtet, der Bank mitzuteilen, ob es sich um **private** oder **betriebliche** Kapitalerträge handelt.

Die folgende Übersicht zeigt stichwortartig die steuerlichen Auswirkungen bei den Dividendenerträgen.

Dividendenerträge

im Privatvermögen	im Betriebsvermögen	
natürlicher Personen	Einzelunternehmer und Personengesellschaften	Kapitalgesellschaften
• Einkünfte aus **Kapitalvermögen** • **Kapitalertragsteuer** zzgl. **Solidaritätszuschlag** und ggf. **Kirchensteuer mit Abgeltungswirkung** • **Erhebung** der **Kapitalertragsteuer** grundsätzlich durch **Bank,** wenn **Sparerpauschbetrag** überschritten • **keine** Werbungskosten • **keine Erklärung** der Kapitalerträge in der **Steuererklärung (Veranlagungswahlrecht)**	• **keine** Einkünfte aus Kapitalvermögen (**Gewinneinkünfte**) • **Kapitalertragsteuer ohne Abgeltungswirkung** • **Anrechnung** der Kapitalertragsteuer **auf** persönliche **Einkommensteuer (Teileinkünfteverfahren)** • **Betriebsausgaben zu 60 % abzugsfähig**	• **keine** Einkünfte aus Kapitalvermögen (**Gewinneinkünfte**) • **Kapitalertragsteuer ohne Abgeltungswirkung** • **Anrechnung** der Kapitalertragsteuer **auf** die **Körperschaftsteuer** • **Steuerfreiheit** der **Kapitalerträge** bei Abzugsfähigkeit dazugehöriger Betriebsausgaben, wenn Beteiligung ≥ **10 %** • **nicht abzugsfähige Betriebsausgaben** in Höhe von **5 %**

Besitzt eine **Kapitalgesellschaft** nur Aktien in Form von „Streubesitz" (Beteiligung < 10 %), werden die **laufenden** Erträge (Dividenden) in vollem Umfang der Körperschaftsteuer unterworfen (§ 8b Abs. 4 KStG). **Veräußerungsgewinne** von Streubesitz-Aktien bleiben für Kapitalgesellschaften **weiterhin steuerfrei**.

Im Folgenden werden nur die Erträge aus Aktien (Dividenden) im **Betriebsvermögen** erläutert, die dem **Umlaufvermögen** zuzuordnen sind.

Für den Betrieb ist die Dividende ein Ertrag, der auf dem Konto

7103 (2655) **Erträge aus Anteilen an Kapitalgesellschaften (Umlaufvermögen) § 3 Nr. 40 EStG/§ 8b Abs. 1 und 4 KStG**

erfasst wird.

Die buchhalterische Erfassung der anfallenden **Steuerbeträge** erfolgt **in Abhängigkeit der Rechtsform** des Empfängers unterschiedlich.

Bei **Einzelunternehmern** (natürlichen Personen) und **Personengesellschaften** werden die Steuern auf dem Konto

2150 (1810) **Privatsteuern**

erfasst.

BEISPIEL

Die bilanzierende Gewerbetreibende Simone Geyer, Mannheim, besitzt 100 Aktien der Born AG, Koblenz. Die Aktien befinden sich im Betriebsvermögen (Umlaufvermögen).
Im Juni 2026 erhält Geyer eine Dividende. Die Hausbank erteilt Geyer folgende Abrechnung:

	100 Aktien x 10 € je Aktie =		1.000,00 €
-	Kapitalertragsteuer (25 % von 1.000 €)	250,00 €	
-	Solidaritätszuschlag (5,5 % von 250 €)	13,75 €	- 263,75 €
=	Bankgutschrift		736,25 €

Buchungssatz:

Sollkonto	Betrag (€)	Habenkonto
1800 (1200) Bank	736,25	
2150 (1810) Privatsteuern	263,75	
	1.000,00	**7103** (2655) Laufende Erträge

Buchung:

S	**1800** (1200) **Bank**		H
1)	736,25		

S	**7103** (2655) **Laufende Erträge**		H
		1)	1.000,00

S	**2150** (1810) **Privatsteuern**		H
1)	263,75		

Steuerlich hat die Kapitalertragsteuer bei Einzelunternehmern (natürlichen Personen) aber **keine abgeltende Wirkung**, weil die Dividende bei den **Einkünften aus Gewerbebetrieb** zu erfassen ist. Nach § 3 Nr. 40 EStG sind **40 %** der Erträge **steuerfrei** (**Teileinkünfteverfahren**) und dementsprechend sind für Zwecke der **steuerlichen Gewinnermittlung außerhalb** der Bilanz die Erträge um 400 € (40 % von 1.000 €) zu kürzen. Da im Ergebnis nur **60 %** dieser Dividende **steuerpflichtig** sind, können auch nur **60 %** der entstandenen **Betriebsausgaben** steuerlich geltend gemacht werden.

Handelt es sich bei dem Empfänger der Dividende um eine **Kapitalgesellschaft**, werden die Kapitalertragsteuer auf dem Konto

7630 (2213) **Kapitalertragsteuer 25 %**

und der Solidaritätszuschlag auf dem Konto

7608 (2208) **Solidaritätszuschlag**

erfasst.

BEISPIEL

Die Bretzfeld GmbH, Stuttgart, besitzt 100 Aktien der Born AG, Koblenz (Streubesitz). Die Aktien befinden sich im Umlaufvermögen. Im Juni 2026 erhält die Bretzfeld GmbH eine Dividende. Die Hausbank erteilt der Bretzfeld GmbH folgende Abrechnung:

	100 Aktien x 10 € je Aktie =		1.000,00 €
-	Kapitalertragsteuer (25 % von 1.000 €)	250,00 €	
-	Solidaritätszuschlag (5,5 % von 250 €)	13,75 €	- 263,75 €
=	Bankgutschrift		736,25 €

Buchungssatz:

Sollkonto	Betrag (€)	Habenkonto
1800 (1200) Bank	736,25	
7630 (2213) Kapitalertragsteuer 25 %	250,00	
7608 (2208) Solidaritätszuschlag	13,75	
	1.000,00	**7103** (2655) Laufende Erträge

Buchung:

S	**1800** (1200) **Bank**		H
1)	736,25		

S	**7103** (2655) **Laufende Erträge**		H
		1)	1.000,00

S	**7630** (2213) **Kapitalertragsteuer 25 %**		H
1)	250,00		

S	**7608** (2208) **Solidaritätszuschlag**		H
1)	13,75		

Handelt es sich bei der ausschüttenden Kapitalgesellschaft um eine Beteiligung, an der **mindestens 10 %** vom Grund- oder Stammkapital gehalten werden, sind die Erträge bei Kapitalgesellschaften zu **100 % steuerfrei** (§ 8b Abs. 1 KStG) und für Zwecke der steuerlichen Gewinnermittlung **außerbilanziell** vom handelsrechtlichen Jahresüberschuss **abzuziehen**. Dies betrifft sowohl die laufenden Erträge als auch die gebuchten Steuerbeträge (§ 10 Nr. 2 KStG). **Pauschal** sieht § 8b Abs. 5 KStG aber **nicht abziehbare Betriebsausgaben** in Höhe von **5 %** vor, sodass im Ergebnis nur **95 %** der Dividende **steuerfrei** sind.

ÜBUNG →
1. Wiederholungsfragen 6 bis 8 (Seite 325),
2. Aufgaben 3 und 4 (Seiten 325 f.)

6.6.2.3 Verkauf von Dividendenpapieren (Aktien)

Beim **Verkauf** von **Dividendenpapieren (Aktien)** werden deren **Anschaffungskosten** als **Abgang** auf dem entsprechenden Wertpapierkonto gebucht.

Der erzielte **Kurswert** der verkauften Aktien **abzüglich** der **Veräußerungskosten** (z.B. Bankprovision, Maklergebühr) ergibt den **Nettoerlös**.

Ist der Nettoerlös **größer** als die Anschaffungskosten, erzielt der Verkäufer einen **Veräußerungsgewinn** und somit einen betrieblichen Ertrag.

Ist der Nettoerlös **kleiner** als die Anschaffungskosten, erleidet der Verkäufer einen **Veräußerungsverlust** und somit einen betrieblichen Aufwand.

	Nettoerlös
-	Anschaffungskosten
=	**Veräußerungsgewinn/-verlust**

Veräußerungsgewinne aus Wertpapieren, die der Anleger **nach** dem **31.12.2008** erworben hat, werden grundsätzlich wie **Dividendenerträge** behandelt.

Ist der **Veräußerer** jedoch eine **Kapitalgesellschaft** wird von dem Veräußerungsgewinn von Aktien (nicht von festverzinslichen Wertpapieren) **keine Kapitalertragesteuer** einbehalten. Bei **Einzelunternehmern und Personengesellschaften** kann gem. § 43 Abs. 2 EStG eine **Freistellung beantragt** werden.

BEISPIEL

Die Bretzfeld GmbH, Mannheim, veräußert im Herbst 2026 die Anfang 2026 erworbenen Aktien der Born AG (siehe Beispiel Seite 311). Die Aktien haben am Veräußerungstag einen Kurswert von 150 € je Aktie. Die Bank erteilt in 2026 folgende Abrechnung:

	100 Aktien x 150 € (Kurswert)		15.000,00 €
-	Bankprovision (1 % von 15.000 €)	150 €	
-	Maklergebühr (0,08 % von 15.000 €)	12 €	- 162,00 €
=	Bankgutschrift (Nettoerlös)		**14.838,00 €**

Der **Veräußerungsgewinn** wird wie folgt ermittelt:

	Nettoerlös	14.838,00 €
-	Anschaffungskosten	- 12.129,60 €
=	**Veräußerungsgewinn**	**2.708,40 €**

Veräußerungsgewinne von **Aktien** unterliegen bei **Kapitalgesellschaften nicht** der **Kapitalertragsteuer** (§ 43 Abs. 2 Satz 3 EStG).
Diese Gewinne von Kapitalgesellschaften sind **steuerfrei** (§ 8b Abs. 2 KStG).
Gemäß § 8b Abs. 3 KStG sind jedoch **5 % des Gewinns** als **nicht abzugsfähige Betriebsausgaben** zu berücksichtigen.

Der **Veräußerungsgewinn** wird auf dem Konto

4906 (2726) **Erträge aus dem Abgang von Gegenständen des Umlaufvermögens (außer Vorräte) § 3 Nr. 40 EStG/§ 8b Abs. 2 KStG**

erfasst.

Buchungssatz:

Sollkonto	Betrag (€)	Habenkonto
1800 (1200) Bank	14.838,00	
	12.129,60	**1510** (1348) Sonstige Wertpapiere
	2.708,40	**4906** (2726) Erträge aus Abgang

Buchung:

S	**1800** (1200) **Bank**	H
	14.838,00	

S	**1510** (1348) **Sonstige Wertpapiere**	H
AK	12.129,60	**12.129,60**

S	**4906** (2726) **Erträge aus Abgang**	H
		2.708,40

Ein **Veräußerungsverlust** wird auf das Konto

6906 (2326) **Verluste aus dem Abgang von Gegenständen des Umlaufvermögens (außer Vorräte) § 3 Nr. 40 EStG/§ 8b Abs. 3 KStG**

gebucht.

BEISPIEL

Die bilanzierende Gewerbetreibende Simone Geyer, Mannheim, veräußert Ende 2026 die Anfang 2026 erworbenen Aktien der Born AG. Die Anschaffungskosten der Wertpapiere haben 12.129,60 € betragen. Die Aktien haben am Veräußerungstag einen Kurswert von 90 € je Aktie. Die Hausbank erteilt in 2026 folgende Abrechnung:

	100 Aktien x 90 € (Kurswert)			9.000,00 €
-	Bankprovision (1 % von 9.000 €)	90,00 €		
-	Maklergebühr (0,08 % von 9.000 €)	7,20 €	-	97,20 €
=	Bankgutschrift (Nettoerlös)			**8.902,80 €**

Der **Veräußerungsverlust** wird wie folgt ermittelt:

	Nettoerlös		8.902,80 €
-	Anschaffungskosten	-	12.129,60 €
=	**Veräußerungsverlust**		**3.226,80 €**

Buchungssatz:

Sollkonto	Betrag (€)	Habenkonto
1800 (1200) Bank	8.902,80	
6906 (2326) Verluste aus Abgang	3.226,80	
	12.129,60	**1510** (1348) Sonstige Wertpapiere

Buchung:

S	**1800** (1200) **Bank**	H
	8.902,80	

S	**1510** (1348) **Sonstige Wertpapiere**		H
AK	12.129,60		**12.129,60**

S	**6906** (2326) **Verluste aus Abgang**	H
	3.226,80	

Für Zwecke der **steuerlichen Gewinnermittlung** ist der Verlust aus dem Abgang der Aktien nur zu **60%** abzugsfähig (**Teileinkünfteverfahren**). Außerbilanziell sind daher 1.290,72 € (40 % von 3.226,80) hinzuzurechnen.

ÜBUNG →

1. Wiederholungsfragen 9 bis 11 (Seite 325),
2. Aufgaben 5 bis 7 (Seite 326)

6.6.3 Buchen von festverzinslichen Wertpapieren

Festverzinsliche Wertpapiere garantieren dem Inhaber eine **bestimmte Verzinsung** des **Nennwertes** der Wertpapiere. Diese Wertpapiere werden entweder **ohne** oder **mit** Zinsschein gehandelt. Der Handel **mit** Zinsschein ist der **Regelfall**.

Wird das festverzinsliche Wertpapier **vor** dem Zinszahlungszeitpunkt **mit Zinsschein** (m.Z.) verkauft, hat der Veräußerer einen Anspruch auf die bis zum Veräußerungszeitpunkt angefallenen Zinsen. Diese **zwischen** dem letzten **Zinszahlungszeitpunkt** und dem **Veräußerungszeitpunkt** entstandenen Zinsen, werden als **Stückzinsen** bezeichnet und beim Kauf oder Verkauf **vergütet**. Der Erwerber entschädigt den Veräußerer für die in diesem Zeitraum entstandenen Zinsen.

6.6.3.1 Kauf von festverzinslichen Wertpapieren

Mit dem Erwerb von festverzinslichen Wertpapieren ist üblicherweise eine **dauerhafte Halteabsicht** und keine kurzfristige Spekulationsabsicht verbunden. Der Erwerb wird daher mit den Anschaffungskosten im **Anlagevermögen** auf dem Konto

0900 (0525) **Festverzinsliche Wertpapiere**

gebucht.

Die **Anschaffungskosten** setzen sich - wie beim Kauf von Dividendenpapieren - aus dem **Kaufpreis** (Kurswert) **und** den **Anschaffungsnebenkosten** (z.B. Bankprovision und Maklergebühr) zusammen.

Werden festverzinsliche Wertpapiere **während** eines Zinszahlungszeitraums **mit** dem laufenden **Zinsschein** (**m.Z.**) erworben, so hat der Erwerber dem Veräußerer den Zinsbetrag zu vergüten, der auf die Zeit seit Beginn des laufenden Zinszahlungszeitraums bis zum Erwerb entfällt.

Gezahlte Stückzinsen im **Betriebsvermögen**, für die der **Verkäufer** Anspruch auf die Zinsen hat, stellen beim Erwerber einen durchlaufenden Posten dar und sind im Zeitpunkt des Erwerbs als **sonstiger Vermögensgegenstand** zu aktivieren. Bei **Erhalt der Bankgutschrift** wird der sonstige Vermögensgegenstand **ausgebucht**.

Werden festverzinsliche Wertpapiere im **Privatvermögen** erworben, werden die **gezahlten** Stückzinsen beim Erwerber **steuerlich als negative Kapitalerträge** behandelt, die zur Verrechnung mit positiven Kapitalerträgen zur Verfügung stehen (§ 43a Abs. 3 Satz 2 EStG).

BEISPIEL 1

Die Bretzfeld GmbH, Mannheim, kauft am 31.08.2026 festverzinsliche Wertpapiere zum Kurs von 98 % **mit Zinsschein**. Der Nennwert der Wertpapiere beträgt 10.000 €.
Die Papiere werden mit 6 % verzinst. Der Zinszahlungszeitraum läuft vom 01.01. bis 31.12.
Die Bretzfeld GmbH erhält am 31.12.2026 die **gesamten** Zinsen für das Jahr 2026 in Höhe von **600 €** (6 % von 10.000 € x 12/12 = 600 €), weil sie den Zinsschein zum 31.12.2026 vorlegen kann.
Der GmbH stehen aber **tatsächlich** nur die Zinsen für den Zeitraum vom 01.09. bis 31.12.2026 in Höhe von **200 €** (6 % von 10.000 € x 4/12 = 200 €) zu.
Deshalb muss sie beim Kauf dem Verkäufer die Zinsen für den Zeitraum vom 01.01. bis 31.08.2026 in Höhe von **400 €** (6 % von 10.000 € x 8/12 = 400 €) vergüten.
Diese Zinsen werden als **Stückzinsen** bezeichnet.

Zinsen	**2026 = 600 €**	
		Kauftag
wirtschaftliche Verursachung	Zinsanspruch des Verkäufers (**Stückzinsen**)	Zinsanspruch des Käufers
	01.01.2026 – **31.08.2026**	**31.08.2026** – **31.12.2026**
Bilanz/ GuV	**Sonst. Vermögens-gegenstand = 400 €**	**Ertrag = 200 €**

Die Hausbank erteilt der Bretzfeld GmbH folgende Abrechnung:

	Kurswert (10.000 € x 98 %)	9.800,00 €
+	Bankprovision, Maklergebühr (0,575 % von 10.000 €)	57,50 €
=	Anschaffungskosten der Wertpapiere	9.857,50 €
+	**Stückzinsen** (6 % von 10.000 € x 8/12)	**400,00 €**
=	Bankbelastung	10.257,50 €

Die Anschaffungskosten der festverzinslichen Wertpapiere betragen 9.857,50 €.
Die gezahlten Stückzinsen von **400 €** sind als sonstiger Vermögensgegenstand zu erfassen.

Buchungssatz:

Sollkonto	Betrag (€)	Habenkonto
0920 (0535) Festverzinsliche Wertpapiere	9.857,50	
1300 (1500) Sonst. Vermögensgegenstände	400,00	
	10.257,50	**1800** (1200) Bank

Buchung:

S	**0920** (0535) **Festverz. Wertpapiere**	H
1)	9.857,50	

S	**1800** (1200) **Bank**	H
	1)	10.257,50

S	**1300** (1500) **Sonst. Vermögensg.**	H
1)	400,00	

Bei Erhalt der Stückzinsen am 31.12.2026 wird der sonstige Vermögensgegenstand ausgebucht und der der Bretzfeld GmbH zustehende Ertrag nach Abzug von Steuern erfasst.

ÜBUNG →
1. Wiederholungsfragen 12 bis 14 (Seite 325),
2. Aufgabe 8 (Seite 327)

6.6.3.2 Erträge aus festverzinslichen Wertpapieren

Die laufenden Erträge (**Zinsen**) aus festverzinslichen Wertpapieren im **Betriebsvermögen** unterliegen **nicht** der **Abgeltungsteuer** (§ 32d Abs. 1 Satz 1 EStG).

Jedoch wird bei betrieblichen Kapitalerträgen (**Zinsen**) die **Kapitalertragsteuer** bei **natürlichen Personen** und **Personengesellschaften** erhoben (§ 43 Abs. 4 EStG).

Die Kapitalertragsteuer hat aber bei diesem Personenkreis **keine Abgeltungswirkung** und wird auf die zu zahlende Einkommensteuer angerechnet (§ 36 Abs. 2 Nr. 2 EStG), sodass die Zinserträge dem individuellen Einkommensteuersatz des Steuerpflichtigen unterliegen.

Die Kapitalerträge (Zinsen) von **Kapitalgesellschaften** unterliegen ebenfalls der **Kapitalertragsteuer** (§ 43 Abs. 1 Nr. 1 EStG).

Die Kapitalertragsteuer hat bei Kapitalgesellschaften ebenfalls **keine Abgeltungswirkung** und ist eine Vorauszahlung auf die Körperschaftsteuer.

Die folgende Übersicht zeigt stichwortartig die steuerlichen Auswirkungen der Zinserträge.

Zinserträge

im Privatvermögen

natürlicher Personen

- **Einkünfte aus Kapitalvermögen**
- **Kapitalertragsteuer** zuzüglich **Solidaritätszuschlag** und ggf. **Kirchensteuer**
- **Erhebung** der **Kapitalertragsteuer** grundsätzlich durch **Bank,** wenn **Sparerpauschbetrag** überschritten
- **keine Erklärung** der Kapitalerträge in der **Steuererklärung (Veranlagungswahlrecht)**

im Betriebsvermögen

Einzelunternehmer und Personengesellschaften

- **keine Einkünfte aus Kapitalvermögen**
- **Kapitalertragsteuer ohne Abgeltungswirkung**
- **Anrechnung** der Kapitalertragsteuer **auf** persönliche **Einkommensteuer**

Kapitalgesellschaften

- **keine Einkünfte aus Kapitalvermögen**
- **Kapitalertragsteuer ohne Abgeltungswirkung**
- **Anrechnung** der Kapitalertragsteuer **auf** die **Körperschaftsteuer**

BEISPIEL 1

Die Bretzfeld GmbH, Mannheim, erhält aus den festverzinslichen Wertpapieren, die sie am 31.08.2026 mit Zinsschein erworben hat (siehe Beispiel 1 Seite 318), **Zinsen** zum 31.12.2026.

Die Hausbank erteilt der Bretzfeld GmbH folgende Abrechnung:

	Zinsen (10.000 € x 6 %)		600,00 €
-	Kapitalertragsteuer (25 % von 600 €)	-	150,00 €
-	Solidaritätszuschlag (5,5 % von 150 €)	-	8,25 €
=	Bankgutschrift		441,75 €

Die Zinsen unterliegen bei Kapitalgesellschaften der **Kapitalertragsteuer** und damit auch dem **Solidaritätszuschlag**.

Im Zeitpunkt des Erwerbs wurde für die dem Verkäufer zeitanteilig zustehenden Stückzinsen ein **sonstiger Vermögensgegenstand** in Höhe von **400 €** gebildet (siehe Seiten 318 f.). Berücksichtigt man bei den Zinsen von **600 €** die dem Verkäufer zustehenden Stückzinsen (400 €), ergibt sich als **Saldo** ein Ertrag von **200 €**, der dem Zinsanspruch des Käufers entspricht.

Die **Zinsen** werden auf dem Konto

7100 (2650) **Zinserträge**

erfasst.

Buchungssatz:

Sollkonto	Betrag (€)	Habenkonto
1800 (1200) Bank	441,75	
7608 (2208) Solidaritätszuschlag	8,25	
7630 (2213) Kapitalertragsteuer	150,00	
	400,00	**1300** (1500) Sonst. Vermögensgegenst.
	200,00	**7100** (2650) Zinserträge

Buchung:

S	**1800** (1200) **Bank**		H
1)	441,75		

S	**7608** (2208) **Solidaritätszuschlag**		H
1)	8,25		

S	**7630** (2213) **Kapitalertragsteuer**		H
1)	150,00		

S	**1300** (1500) **Sonst. Vermögensg.**		H
	400,00	1)	400,00

S	**7100** (2650) **Zinserträge**		H
		1)	200,00

Bei **Einzelunternehmern** (natürlichen Personen) und **Personengesellschaften** unterliegen die Zinsen der **Kapitalertragsteuer** von 25 % (§ 43 Abs. 4 EStG).

Die Kapitalertragsteuer hat jedoch **keine Abgeltungswirkung**; sie wird auf die zu zahlende Einkommensteuer **angerechnet** (§ 43 Abs. 5 EStG).

Außerdem wird ein **Solidaritätszuschlag** von 5,5 % auf die Kapitalertragsteuer erhoben (§ 3 Abs. 1 Nr. 5 SolZG) sowie ggf. Kirchensteuer.

BEISPIEL 2

Die bilanzierende Gewerbetreibende Simone Geyer, Stuttgart, kauft am 02.01.2026 festverzinsliche Wertpapiere, die sie ihrem Betriebsvermögen zuordnet, mit Zinsschein zum Kurs von 98 %. Der Nennwert der Wertpapiere beträgt 12.000 €. Die Papiere werden mit 6 % verzinst. Der Zinszahlungszeitraum läuft vom 01.01. bis 31.12.

Die Hausbank erteilt Frau Simone Geyer zum 31.12.2026 folgende Abrechnung:

	Zinsen (12.000 € x 6 %)		720,00 €
-	Kapitalertragsteuer (25 % von 720 €)	-	180,00 €
-	Solidaritätszuschlag (5,5 % von 180 €)	-	9,90 €
=	Bankgutschrift		530,10 €

Die Bruttozinsen können nach folgender Formel ermittelt werden:

$$\text{Bruttozinsen} = \frac{\text{Nettozinsen} \times 100}{73{,}625}$$

Probe: 530,10 € x 100 = 53.010 € : 73,625 = **720 €**

Bei **Einzelunternehmern** (natürlichen Personen) und **Personengesellschaften** werden die **Kapitalertragsteuer und** der **Solidaritätszuschlag** auf das Konto

2150 (1810) **Privatsteuern**

gebucht.

Buchungssatz:

Sollkonto	Betrag (€)	Habenkonto
1800 (1200) Bank	530,10	
2150 (1810) Privatsteuern	189,90	
	720,00	**7100** (2650) Zinserträge

Buchung:

S	**1800** (1200) **Bank**		H
2)	530,10		

S	**7100** (2650) **Zinserträge**		H
		2)	720,00

S	**2150** (1810) **Privatsteuern**		H
2)	189,90		

ÜBUNG →
1. Wiederholungsfrage 15 (Seite 325),
2. Aufgaben 9 und 10 (Seite 327)

6.6.3.3 Verkauf von festverzinslichen Wertpapieren

Beim Verkauf von festverzinslichen Wertpapieren gilt für die **Anschaffungskosten** sowie den **Veräußerungsgewinn** oder den **Veräußerungsverlust** das zum Verkauf von **Dividendenpapieren** Gesagte **grundsätzlich** entsprechend.

Der erzielte **Kurswert** der verkauften Wertpapiere **abzüglich** der **Veräußerungskosten** (z.B. Bankprovision, Maklergebühr) ergibt den **Nettoerlös**.
Ist der Nettoerlös **größer** als die Anschaffungskosten, erzielt der Verkäufer einen **Veräußerungsgewinn** und somit einen betrieblichen Ertrag.
Ist der Nettoerlös **kleiner** als die Anschaffungskosten, erleidet der Verkäufer einen **Veräußerungsverlust** und somit einen betrieblichen Aufwand.

	Nettoerlös
-	Anschaffungskosten
=	**Veräußerungsgewinn/-verlust**

Der **Veräußerungsgewinn** aus **festverzinslichen** Wertpapieren, die nach dem 31.12.2008 erworben wurden (neue Papiere), unterliegt bei **Einzelunternehmern** (natürlichen Personen), **Personengesellschaften** und bei **Kapitalgesellschaften** der **Kapitalertragsteuer** von **25 %** (§ 43 Abs. 4 EStG) und damit auch dem **Solidaritätszuschlag** von **5,5 %** (§ 3 Abs. 1 Nr. 5 SolZG). Dagegen ist der Veräußerungsgewinn von **Aktien** bei **Kapitalgesellschaften steuerfrei (§ 8b Abs. 2 KStG).**

Wie beim Kauf, so fallen in der Regel auch beim Verkauf von festverzinslichen Wertpapieren **Stückzinsen** an.
Wird der laufende **Zinsschein** beim Wertpapierverkauf **mit veräußert**, so hat der Käufer dem Verkäufer den Zinsbetrag zu vergüten, der auf die Zeit seit dem Beginn des laufenden Zinszahlungszeitraums bis zur Veräußerung entfällt.

BEISPIEL 1

Die Bretzfeld GmbH, Mannheim, verkauft am 01.10.2026 festverzinsliche Wertpapiere zum Kurs von 105 % **mit** laufendem Zinsschein. Die GmbH hat die Papiere, die mit 5 % verzinst werden, in 2024 erworben. Der Nennwert der Wertpapiere beträgt 2.000 €.
Die Auszahlung der Zinsen erfolgt jährlich jeweils zum 01.01. Die Anschaffungskosten der Wertpapiere haben 1.980,45 € betragen und gehören zum Anlagevermögen.
Die Hausbank erteilt der Bretzfeld GmbH folgende Abrechnung:

	Kurswert (2.000 € x 105 %)		2.100,00 €
-	Bankprovision, Maklergebühr (0,575 % von 2.000 €)	-	11,50 €
=	Nettoerlös		2.088,50 €
+	Stückzinsen (5 % von 2.000 € x 9/12)(01.01. - 30.09.)		75,00 €
=	Gesamterlös		2.163,50 €
-	Kapitalertragsteuer (25 % auf Veräußerungsgewinn und Stückzinsen)	-	45,76 €
-	Solidaritätszuschlag (5,5 % von 45,76 €)	-	2,52 €
=	**Bankgutschrift**		**2.115,22 €**

Der **Veräußerungsgewinn** wird wie folgt ermittelt:

	Nettoerlös		2.088,50 €
-	Anschaffungskosten	-	1.980,45 €
=	**Veräußerungsgewinn**		**108,05 €**

Buchungssatz:

Sollkonto	Betrag (€)	Habenkonto
1800 (1200) Bank	2.115,22	
7630 (2213) Kapitalertragsteuer	45,76	
7608 (2208) Solidaritätszuschlag	2,52	
	1.980,45	**0900** (0525) Festverzinsl. Wertpapiere
	75,00	**7100** (2650) Zinserträge
	108,05	**4906** (2726) Erträge aus dem Abgang

Buchung:

S	**1800** (1200) **Bank**		H
1)	2.155,22		

S	**0900** (0525) **Festverz. Wertpapiere**		H
AK	1.980,45	1)	1.980,45

S	**7630** (2213) **Kapitalertragsteuer**		H
1)	45,76		

S	**7100** (2650) **Zinserträge**		H
		1)	75,00

S	**7608** (2208) **Solidaritätszuschlag**		H
1)	2,52		

S	**4906** (2726) **Erträge a. d. Abgang**		H
		1)	108,05

ÜBUNG →

1. Wiederholungsfrage 16 (Seite 325),
2. Aufgabe 11 (Seite 328)

6.6.4 Erfolgskontrolle

Wiederholungsfragen

1. Was versteht man unter Wertpapieren im weitesten Sinne?
2. Wie werden die Wertpapiere hinsichtlich ihres laufenden Ertrags unterteilt?
3. Wann gehören Wertpapiere zum Anlagevermögen?
4. Welche Wertpapiere werden dem Umlaufvermögen zugerechnet?
5. Wie setzen sich die Anschaffungskosten von Dividendenpapieren zusammen?
6. In welche Vermögensgruppe werden die Dividendenpapiere unterteilt?
7. Wie werden die Dividendenerträge in den einzelnen Vermögensgruppen steuerlich behandelt?
8. Auf welchem Konto werden die Dividendenerträge gebucht?
9. Wie wird der Veräußerungsgewinn bzw. der Veräußerungsverlust beim Verkauf von Dividendenpapieren (Aktien) ermittelt?
10. Auf welchem Konto wird der Veräußerungsgewinn gebucht?
11. Auf welchem Konto wird der Veräußerungsverlust gebucht?
12. Was versteht man beim Kauf von festverzinslichen Wertpapieren unter Stückzinsen?
13. In welchem Fall hat beim Kauf der Käufer die Stückzinsen zu zahlen?
14. In welchem Fall hat beim Kauf der Verkäufer die Stückzinsen zu zahlen?
15. Wie werden laufende Zinserträge gebucht?
16. Wie wird der Verkauf von festverzinslichen Wertpapieren gebucht?

Aufgaben

AUFGABE 1

Der bilanzierende Gewerbetreibende Schmidt, Heilbronn, erwirbt zur kurzfristigen Geldanlage über seine Hausbank Aktien der Hilbert AG, Leverkusen. Seine Hausbank belastet das betriebliche Bankkonto mit dem Kurswert von 3.500 € sowie Bankprovision und Maklergebühr von insgesamt 37,80 €. Schmidt ordnet die Wertpapiere dem Betriebsvermögen zu.

1. Ermitteln Sie die Anschaffungskosten der Wertpapiere.
2. Bilden Sie den Buchungssatz für den Erwerbsvorgang.

AUFGABE 2

Dem bilanzierenden Gewerbetreibenden Schulze, Düsseldorf, werden beim Kauf von Aktien von seiner Hausbank die üblichen Anschaffungsnebenkosten (1,08 % des Kurswertes) in Höhe von 151,20 € in Rechnung gestellt.

Berechnen Sie die Anschaffungskosten gemäß § 255 Abs. 1 HGB.

AUFGABE 3

Der bilanzierende Gewerbetreibende Franz Gans, Nürnberg, besitzt im Umlaufvermögen seit 2021 500 Aktien der Lebkuchen AG, Nürnberg. Im Mai 2026 schüttet die AG eine Dividende in Höhe von 10 €/Aktie aus. Die Abzugssteuern wurden ordnungsgemäß einbehalten. Wie hoch ist die Bankgutschrift? Welche Antwort ist richtig?

(a) 3.945,00 €
(b) 3.681,25 €
(c) 3.417,50 €

AUFGABE 4

Der bilanzierende Gewerbetreibende Frieder Frost, Böblingen, hat seit Jahren 500 Aktien der Erfolgreich AG im Umlaufvermögen. Im Mai 2026 beschließt die Hauptversammlung der AG eine Dividende in Höhe von 20 €/Aktie auszuschütten. Die Dividendengutschrift nach Abzug der KapESt und des SolZ erfolgt auf dem privaten Bankkonto des Frieder Frost.

1. Bilden Sie den erforderlichen Buchungssatz.
2. Stellen Sie fest, inwieweit sich dieser Geschäftsvorfall auf den handelsrechtlichen und den steuerrechtlichen Gewinn auswirkt.

AUFGABE 5

Bilden Sie die Buchungssätze für folgende Verkäufe von Dividendenpapieren im Geschäftsjahr 2026 über die Hausbank des Gewerbetreibenden Eifrig, Köln. Die Wertpapiere gehörten bis zum Verkauf zum Umlaufvermögen. Das Wertpapierkonto wird als reines Bestandskonto geführt. Die Aktien wurden Anfang 2026 erworben.

	Buchwert zum Zeitpunkt des Verkaufs	Kurswert zum Zeitpunkt des Verkaufs	Veräußerungskosten
a)	4.680,50 €	5.200,00 €	70,20 €
b)	5.130,00 €	5.370,00 €	72,50 €
c)	3.740,85 €	3.500,00 €	47,25 €

AUFGABE 6

Ihr Mandant, der bilanzierende Gewerbetreibende Felix Heller, veräußert am 11.12.2026 40 Aktien der GuteHoffnung AG, Stuttgart, zum Kurs von 120 €/Stück.
Die Verkaufsgebühren der Bank betragen 51,84 €. Die Bank schreibt den Verkaufserlös auf dem privaten Bankkonto gut. Felix Heller hatte im März 2026 100 Aktien der GuteHoffnung AG zum Kurs von 90 € gekauft; die Bankgebühren für diesen Kauf betrugen 97,20 €. Heller hatte damals die Aktien im Umlaufvermögen aktiviert.

1. Bilden Sie den Buchungssatz für den Verkauf.
2. Ermitteln Sie die Auswirkung auf den steuerlichen Gewinn des Einzelunternehmers Felix Heller.
3. Wie wäre der Fall zu beurteilen, wenn die Heller GmbH die Aktien verkauft hätte?

AUFGABE 7

Im Frühjahr des Jahres 2026 (Geschäftsjahr = Kalenderjahr) hat sich die Gewerbetreibende Susi Müller, Berlin, folgende Aktien der Super AG, Stuttgart, die zu ihrem Umlaufvermögen gehören, gekauft:

Kaufdatum	Stückzahl	Anschaffungskosten
06.01.2026	100	4.000,00 €
20.01.2026	200	10.000,00 €
24.02.2026	100	3.200,00 €

Am 22.12.2026 veräußert Susi Müller 200 Aktien der Super AG. Die Bankgutschrift für den Verkaufserlös beträgt 11.000 €. Weitere Veräußerungskosten sind nicht angefallen.

Bilden Sie den Buchungssatz für den Verkauf.

AUFGABE 8

Die bilanzierende Gewerbetreibende Klaus, Karlsruhe, erwirbt im Laufe des Geschäftsjahres 2026 über ihre Hausbank folgende festverzinsliche Wertpapiere:

Wertpapierart	Kurswert	Nennwert	Stückzinsen	Bankgebühren
Obligationen (m.Z.)	9.800,00 €	10.000,00 €	300,00 €	57,50 €
Anleihe (m.Z.)	5.050,00 €	5.000,00 €	200,00 €	28,75 €
Anleihe (m.Z.)	18.500,00 €	20.000,00 €	500,00 €	115,00 €

1. Erstellen Sie die jeweiligen Kaufabrechnungen der Bank.
2. Bilden Sie die Buchungssätze dazu. Die Wertpapiere gehören zum Anlagevermögen.

AUFGABE 9

Die Bank schreibt im Geschäftsjahr 2026 dem Großhändler Mayer - nach Abzug der KapESt und des SolZ - Zinsen für festverzinsliche Wertpapiere des Anlagevermögens in Höhe von 515,37 € gut. Die Papiere werden im Laufe des Geschäftsjahres 2026 gekauft. Beim Kauf werden 240 € Stückzinsen gezahlt.

1. Bilden Sie den Buchungssatz für die Zinsgutschrift.
2. Stellen Sie fest, wie sich die Geldanlage auf den steuerlichen Gewinn des Geschäftsjahres 2026 ausgewirkt hat.

AUFGABE 10

Die bilanzierende Gewerbetreibende Karin Ohlig kauft sich am 31.03.2026 eine Bundesanleihe mit Zinsschein (m.Z.). Der Nennwert der Anleihe beträgt 40.000 €; der Kurs 98 %. Die Auszahlung der Festzinsen (4 %) erfolgt jährlich am 01.01.
Die Bankgebühren betragen beim Kauf 230 €. Karin Ohlig ordnete die Wertpapiere dem Umlaufvermögen zu und bucht:

Sollkonto	Betrag (€)	Habenkonto
1510 (1348) Sonstige Wertpapiere	39.830,00	**1800** (1200) Bank

Die Zinsgutschrift zum 31.12.2026 bucht sie wie folgt:

Sollkonto	Betrag (€)	Habenkonto
1800 (1200) Bank	1.178,00	**7100** (2650) Zinserträge

1. Bilden Sie die notwendigen Korrekturbuchungssätze.
2. Ermitteln Sie die Gewinnauswirkung der Geschäftsvorfälle.

AUFGABE 11

Die X-AG, Bonn, verkauft am 02.12.2026 festverzinsliche Wertpapiere zum Kurs von 102 % mit laufendem Zinsschein. Die AG hat die Papiere, die mit 4 % verzinst werden, im Februar 2026 erworben. Der Nennwert der Papiere beträgt 10.000 €. Die Auszahlung der Zinsen erfolgt jährlich jeweils zum 01.04. Die Anschaffungskosten der Wertpapiere haben 9.442,50 € betragen und gehören zum Umlaufvermögen. Die Bankprovision und die Maklergebühren betragen insgesamt 0,575 % des Nennwerts der Papiere.

1. Wie hoch ist der Veräußerungsgewinn bzw. der Veräußerungsverlust?
2. Ermitteln Sie die Bankgutschrift der X-AG.
3. Bilden Sie den Buchungssatz der Veräußerung.

A | L Weitere Aufgaben mit Lösungen zu den Wertpapieren finden Sie im **Lösungsbuch** der Buchführung 1.

Zusammenfassende Erfolgskontrolle

Der Unternehmer Ulrich Weiß, München, hat durch Inventur am 01.01.2026 folgende Anfangsbestände ermittelt:

Anfangsbestände	€
0235 (0085) Bebaute Grundstücke	20.000,00
0240 (0090) Geschäftsbauten	80.000,00
0520 (0320) Pkw	20.000,00
0640 (0430) Ladeneinrichtung	25.000,00
1140 (3980) Bestand Waren	150.000,00
1530 (1349) Wertpapieranlagen	10.000,00
1200 (1400) Forderungen aLuL	20.000,00
1406 (1576) Vorsteuer 19 %	0,00
1800 (1200) Bankguthaben	20.000,00
1600 (1000) Kasse	5.000,00
3160 (0640) Verbindlichkeiten gegenüber Kreditinstituten	10.000,00
3300 (1600) Verbindlichkeiten aLuL	5.000,00
2000 (0800) Eigenkapital	335.000,00

Geschäftsvorfälle des Jahres 2026	€
1. Verkauf von Waren auf Ziel, netto 50.000 € + 9.500 € USt	59.500,00
2. Weiß nahm zum 01.07.2026 ein Darlehen bei seiner Bank in Höhe von auf. Bei der Auszahlung des Darlehens, das am 30.06.2031 in einer Summe zurückzuzahlen ist, wurde ein Damnum von 5 % einbehalten, sodass Weiß gutgeschrieben wurden. Der gesamte Vorgang ist noch nicht gebucht.	50.000,00 47.500,00
3. Ein Kunde sendet zum Ausgleich einer Forderung aLuL einen Wechsel über	2.800,00
4. Weiß gibt den Wechsel (Tz. 3) seiner Bank zum Diskont. Die Bank berechnet hierfür Diskont in Höhe von	35,00
5. Die Bank schreibt Weiß Zinsen für festverzinsliche Wertpapiere gut, netto Kapitalertragsteuer: 25 % Solidaritätszuschlag: 5,5 %	294,50
6. Kauf von Waren auf Ziel, netto 8.000 € + 1.520 € USt	9.520,00
Abschlussangaben	**€**
7. Warenbestand lt. Inventur	128.000,00
8. Abschreibung auf Geschäftsbauten	2.000,00
9. Abschreibung auf Pkw	5.000,00
10. Abschreibung auf Ladeneinrichtung	5.000,00

Aufgaben

1. Bilden Sie die Buchungssätze der Geschäftsvorfälle des Jahres 2026.
2. Tragen Sie die Anfangsbestände auf Konten vor.
3. Buchen Sie die Geschäftsvorfälle.
4. Schließen Sie die Konten ab und ermitteln Sie den Gewinn.

7 Anlagenwirtschaft

7.1 Sachanlagenverkehr

In diesem Kapitel wird erläutert, wie die **Anschaffung** und die **Veräußerung** von **Sachanlagegütern** buchmäßig zu behandeln sind.

B 2 Die **Bilanzierung** der Anlagegüter wird in Kapitel 6 der **Buchführung 2**, 37. Auflage, Seiten 91 ff., dargestellt und erläutert.

7.1.1 Überblick über die Sachanlagegüter

Das **Anlagevermögen** setzt sich zusammen aus:

I. Immateriellen Vermögensgegenständen,
II. **Sachanlagen** und
III. Finanzanlagen.

Sachanlagegüter sind bewegliche und unbewegliche körperliche Gegenstände, die zum Anlagevermögen gehören, wie

- **unbebaute** Grundstücke,
- Grundstückswerte eigener bebauter Grundstücke (**bebaute** Grundstücke),
- **Geschäftsbauten**,
- **Fabrikbauten**,
- **Wohnbauten**,
- **technische Anlagen und Maschinen**,
- **Betriebs- und Geschäftsausstattung**,
- **Anlagen im Bau**.

7.1.2 Buchen der Anschaffung von Sachanlagegütern

Unter **Anschaffung** versteht man den **entgeltlichen Erwerb** eines Vermögensgegenstandes von einem anderen.

Anschaffungen sind mit den **Anschaffungskosten** auf den betreffenden **Anlagekonten** zu buchen (zu aktivieren).

Anschaffungskosten sind Aufwendungen, die geleistet werden, um einen Vermögensgegenstand zu erwerben und ihn in einen betriebsbereiten Zustand zu versetzen, soweit sie dem Vermögensgegenstand einzeln zugeordnet werden können (§ 255 Abs. 1 HGB).
Zu den Anschaffungskosten gehören auch die Nebenkosten.
Anschaffungspreisminderungen sind abzusetzen.

Die **Anschaffungskosten** ergeben sich aus

	Kaufpreis (Anschaffungspreis)
+	Anschaffungs**nebenkosten**
-	Anschaffungspreis**minderungen**
=	**Anschaffungskosten (AK)**

Kaufpreis (Anschaffungs**preis**) ist alles, was der Käufer aufwendet, um den Vermögensgegenstand zu erhalten, jedoch abzüglich der anrechenbaren Vorsteuer.

Anschaffungsnebenkosten sind Kosten, die **neben** dem **Kaufpreis** anfallen, z. B.

bei Grundstücken

- Grunderwerbsteuer (3,5 % bis 6,5 % des Kaufpreises);
- Notargebühren, netto;
- Grundbuchgebühren;
- Maklerprovision, netto;
- Vermessungsgebühren, netto;

bei anderen Vermögensgegenständen

- Eingangsfrachten, netto;
- Anfuhr- und Abladekosten, netto;
- Eingangsprovisionen, netto;
- Transportversicherungen;
- Montagekosten, netto.

Anschaffungspreisminderungen sind z. B.

- Skonti, netto;
- Rabatte, netto;
- Boni, netto;
- Preisnachlässe, netto.

Nicht zu den **Anschaffungskosten** gehören die:

- **Geldbeschaffungskosten** (Zinsen, Damnum, Wechseldiskont), die für die Finanzierung einer Anschaffung aufgewendet werden,
- **anrechenbare Vorsteuer**.

MERKE →	Anschaffung und Finanzierung sind **zwei** verschiedene Vorgänge.

Die **nicht abziehbaren Vorsteuerbeträge** sind den **Anschaffungskosten** zuzurechnen (§ 9b Abs. 1 EStG).

Bei der **Anschaffung von Gebäuden** sind die **Anschaffungskosten aufzuteilen** auf den **Grund und Boden und** die **Baulichkeiten**, weil nur der Teil, der auf die Baulichkeiten entfällt, abgeschrieben werden kann.

Der Teil der **Anschaffungskosten**, der auf den **Grund und Boden** entfällt, wird auf dem Konto

0235 (0085) Grundstückswerte eigener bebauter Grundstücke **(bebaute Grundstücke)**

erfasst.

Der Teil der **Anschaffungskosten**, der auf die **Baulichkeiten** entfällt, wird auf dem entsprechenden Gebäudekonto, z.B.

0240 (0090) **Geschäftsbauten**

gebucht.

BEISPIEL

Der Unternehmer Weber, Bonn, kauft 2026 ein Geschäftsgebäude zum **Kaufpreis** von **400.000 €** durch Banküberweisung.
Von den 400.000 € entfallen **40 % von 400.000 €** = **160.000 € auf Grund und Boden** und **60 %** von 400.000 € = **240.000 €** auf das Gebäude. Außerdem werden **Anschaffungsnebenkosten** in Höhe von **40.000 €** durch Banküberweisung gezahlt, die entsprechend den Kaufpreiswerten aufzuteilen sind.

Von den Anschaffungsnebenkosten sind **16.000 €** (40% von 40.000 €) dem **Grund und Boden** und **24.000 €** (60% von 40.000 €) dem **Gebäude** zuzuordnen.

Die **Anschaffungskosten betragen**:

	Kaufpreis	**+**	**Anschaffungsnebenkosten**	**=**	**AK**
Grund und Boden	160.000 €	+	16.000 €	=	**176.000 €**
Gebäude	240.000 €	+	24.000 €	=	**264.000 €**
	400.000 €		**40.000 €**		**440.000 €**

Buchungssätze:

Tz.	Sollkonto	Betrag (€)	Habenkonto
1.	**0235** (0085) **Bebaute Grundstücke** **0240** (0090) **Geschäftsbauten**	160.000,00 240.000,00 400.000,00	 **1800** (1200) Bank
2.	**0235** (0085) **Bebaute Grundstücke** **0240** (0090) **Geschäftsbauten**	16.000,00 24.000,00 40.000,00	 **1800** (1200) Bank

Buchungen:

S **0235** (0085) **Bebaute Grundstücke** H

S		H
1) 160.000,00		
2) 16.000,00		

S **1800** (1200) **Bank** H

S	H
	1) 400.000,00
	2) 40.000,00

S **0240** (0090) **Geschäftsbauten** H

S	H
1) 240.000,00	
2) 24.000,00	

Anschaffungs**nebenkosten** (z.B. Bezugskosten) und Anschaffungs**preisminderungen** (z.B. Skonti) werden bei der Anschaffung von Gegenständen des **Anlagevermögens direkt** (**ohne** Unterkonten) auf dem entsprechenden **Anlagekonto** erfasst.

BEISPIEL

Wir kaufen eine Maschine für **20.000 €** + 3.800 € USt = 23.800 € auf Ziel.
Neben dem Kaufpreis fallen an

		€
Bahnfracht, netto	1.000 €	
+ USt	190 €	1.190
Montagekosten, netto	1.500 €	
+ USt	285 €	1.785

Die Rechnung des Lieferanten begleichen wir vereinbarungsgemäß unter Abzug von **2 % Skonto** durch Banküberweisung.
Die Anschaffungs**nebenkosten** werden **ohne** Abzug von **Skonto** ebenfalls durch Banküberweisung beglichen.

Die **Anschaffungskosten** setzen sich wie folgt zusammen:

	Kaufpreis, netto			20.000 €
+	Anschaffungs**nebenkosten**			
		Bahnfracht, netto	1.000 €	
		Montagekosten, netto	1.500 €	2.500 €
-	Anschaffungs**preisminderungen**			
	Skonto, netto (2 % von 20.000 €)			- 400 €
=	**Anschaffungskosten**			**22.100 €**

Buchungssätze:

Tz.	Sollkonto	Betrag (€)	Habenkonto
1.	**0440** (0210) Maschinen	20.000,00	
	1406 (1576) Vorsteuer 19 %	3.800,00	
		23.800,00	**3300** (1600) Verbindlichk. aLuL
2.	**0440** (0210) Maschinen	2.500,00	
	1406 (1576) Vorsteuer 19 %	475,00	
		2.975,00	**1800** (1200) Bank
3.	**3300** (1600) Verbindlichk. aLuL	23.800,00	
		23.324,00	**1800** (1200) Bank
		400,00	**0440** (0210) Maschinen
		76,00	**1406** (1576) Vorsteuer 19 %

Buchungen:

S	**0440** (0210) **Maschinen**		H
1)	20.000,00	3)	400,00
2)	2.500,00		

S	**3300** (1600) **Verbindlichk. aLuL**		H
3)	23.800,00	1)	23.800,00

S	**1406** (1576) **Vorsteuer 19%**		H
1)	3.800,00	3)	76,00
2)	475,00		

S	**1800** (1200) **Bank**		H
		2)	2.975,00
		3)	23.324,00

Das Maschinenkonto weist als Saldo die Anschaffungskosten in Höhe von **22.100 €** aus.

ÜBUNG →
1. Wiederholungsfragen 1 bis 5 (Seite 349),
2. Aufgaben 1 und 2 (Seiten 349 f.)

7.1.3 Buchen der zu aktivierenden Eigenleistungen

Baubetriebe, Industriebetriebe, Handwerksbetriebe und andere Betriebe **mit eigenen Werkstätten** stellen neben den Vermögensgegenständen, die für andere bestimmt sind, ganz oder zum Teil auch **Anlagegüter** her, die dem **eigenen Betrieb dienen** (z. B. Gebäude, maschinelle Anlagen, Büromöbel).

Diese **selbst hergestellten** Anlagegüter sind mit den **Herstellungskosten** zu aktivieren.

Herstellungskosten sind Aufwendungen, die durch den Verbrauch von Sachgütern und die Inanspruchnahme von Diensten für die Herstellung eines Vermögensgegenstandes, seine Erweiterung oder für eine über den ursprünglichen Zustand hinausgehende wesentliche Verbesserung entstehen (§ 255 Abs. 2 HGB).

Nach Handels- und Steuerrecht bestehen folgende Einbeziehungs**verbote**, **-pflichten** und **-wahlrechte**:

	Handelsrecht	Steuerrecht
Material**einzelkosten**	Pflicht	Pflicht
Fertigungs**einzelkosten**	Pflicht	Pflicht
Sonder**einzelkosten** der Fertigung	Pflicht	Pflicht
Material**gemeinkosten**	Pflicht	Pflicht
Fertigungs**gemeinkosten**	Pflicht	Pflicht
Werteverzehr des Anlagevermögens	Pflicht	Pflicht
Kosten der allgemeinen Verwaltung	Wahlrecht	Wahlrecht
Aufwendung für soziale Einrichtungen des Betriebs	Wahlrecht	Wahlrecht
Freiwillige soziale Leistungen	Wahlrecht	Wahlrecht
Betriebliche Altersversorgung	Wahlrecht	Wahlrecht
Fremdkapital**zinsen**	Wahlrecht	Wahlrecht
Vertriebskosten	Verbot	Verbot
Forschungskosten	Verbot	Verbot

Einzelkosten sind Kosten, die den hergestellten Vermögensgegenständen **direkt** zugerechnet werden können.

Die **Materialeinzelkosten** umfassen den Verbrauch an Roh-, Hilfs- und Betriebsstoffen, sofern dieser Wertverzehr den hergestellten Vermögensgegenständen direkt zurechenbar ist.

Zu den **Fertigungseinzelkosten** gehören insbesondere die Fertigungslöhne, die im Rahmen der Produktion anfallen und den einzelnen Produkten unmittelbar zurechenbar sind.

Die **Sondereinzelkosten der Fertigung** umfassen u.a. Kosten für Modelle und Spezialwerkzeuge, Lizenzgebühren sowie Kosten für Materialprüfungen.

Gemeinkosten sind Kosten, die dem hergestellten Vermögensgegenstand nur **indirekt** mithilfe von Zuschlagsätzen (ausgedrückt in Prozenten, bezogen auf die Einzelkosten) zuzurechnen sind.

Zu den **Materialgemeinkosten** und den **Fertigungsgemeinkosten** gehören u.a. die Aufwendungen für folgende Kostenstellen:

- Lagerhaltung, Transport und Prüfung des Fertigungsmaterials,
- Vorbereitung und Kontrolle der Fertigung,
- Werkzeuglager,
- Betriebsleitung, Raumkosten, Sachversicherungen,
- Unfallstationen und Unfallverhütungseinrichtungen der Fertigungsstätten,
- Lohnbüro, soweit in ihm die Löhne und Gehälter der in der Fertigung tätigen Arbeitnehmer abgerechnet werden.

Für angemessene Teile der Kosten der allgemeinen Verwaltung sowie angemessene Aufwendungen für soziale Einrichtungen des Betriebs, für freiwillige soziale Leistungen und für die betriebliche Altersversorgung i.S.d. § 255 Abs. 2 Satz 3 HGB besteht **auch steuerrechtlich** ein **Wahlrecht** zur Einbeziehung. Dieses steuerrechtliche Wahlrecht ist **übereinstimmend mit dem handelsrechtlichen Wahlrecht auszuüben**, wodurch Abweichungen zwischen Handels- und Steuerbilanz vermieden werden (§ 6 Abs. 1 Nr. 1b EStG).

Die **Untergrenze** der **handels- und steuerrechtlichen Herstellungskosten** kann demnach wie folgt ermittelt werden:

		€	€
	Material**einzelkosten**	.....	
+	Material**gemeinkosten**	.....	
=	**Materialkosten**		.....
	Fertigungs**einzelkosten**	.....	
+	Fertigungsgemeinkosten	.....	
+	fertigungsbedingter Wertverzehr des AV	.....	
=	**Fertigungskosten**		.....
+	Sonder**einzelkosten** der Fertigung		.....
=	**Untergrenze Herstellungskosten (HK)**		.....

In der Praxis aktivieren die meisten Unternehmen handelsrechtlich wie steuerrechtlich ihre Herstellungskosten in gleicher Höhe, d.h., sie setzen die **steuerrechtlich** aktivierungspflichtigen Herstellungskosten **auch handelsrechtlich** an.

BEISPIEL

Ein Bauunternehmer mit eigenem Betonwerk, der handelsrechtlich und steuerrechtlich die gleichen Herstellungskosten aktiviert, errichtet eine **Garage** für die **eigenen Kraftfahrzeuge**. Laut Materialentnahmescheinen und Lohnzettel sind angefallen:

Material**einzelkosten**	40.000 €
Fertigunglöhne (Fertigungs**einzelkosten**)	10.000 €
Die **Zuschlagsätze** betragen:	
Material**gemeinkosten**	20 %
Fertigungs**gemeinkosten**	130 %

Die **Herstellungskosten** werden wie folgt ermittelt:

	Material**einzelkosten**	**40.000 €**	
+	Material**gemeinkosten**		
	(20 % von 40.000 €)	8.000 €	
	Materialkosten		**48.000 €**
	Fertigungs**einzelkosten**	**10.000 €**	
+	Fertigungs**gemeinkosten**		
	(130 % von 10.000 €)	13.000 €	
	Fertigungskosten		**23.000 €**
=	**Herstellungskosten**		**71.000 €**

Die **Herstellungskosten** der selbst hergestellten Anlagegüter sind auf dem entsprechenden **Anlagekonto** (z.B. Geschäftsbauten, Garagen, Maschinen) zu aktivieren.

Die **Gegenbuchung** wird auf einem **eigenen Ertragskonto**, dem Konto

4820 (8990) **Andere aktivierte Eigenleistungen,**

vorgenommen und gesondert in der Gewinn- und Verlust**rechnung** ausgewiesen (siehe **Posten 3** der handelsrechtlich gegliederten Gewinn- und Verlust**rechnung**).

Die **Eigenleistungen** umfassen **eigenes Material** und **eigenen Lohnaufwand**.

Zugelieferte Materialien und **Fremdleistungen** werden in der Regel **direkt als Anlagezugänge** (und nicht zunächst als Aufwand und später als aktivierte Eigenleistungen) erfasst.

Durch das Wort „**andere**" wird darauf hingewiesen, dass auch die im **GuV-Posten 2** erfassten Bestands**erhöhungen Eigenleistungen** sind.

BEISPIEL

Sachverhalt wie im Beispiel zuvor

Buchungssatz:

Sollkonto	Betrag (€)	Habenkonto
0270 (0110) Garagen	71.000,00	**4820** (8990) **Andere aktivierte EL**

Buchung:

S	0270 (0110) Garagen	H
71.000,00		

S	4820 (8990) Andere aktivierte EL	H
		71.000,00

Das Konto „**4820** (8990) **Andere aktivierte Eigenleistungen**" wird über das **GuVK** abgeschlossen und in der **GuVR** unter dem **Posten Nr. 3** ausgewiesen.

ÜBUNG →	1. Wiederholungsfragen 6 bis 9 (Seite 349), 2. Aufgaben 3 bis 5 (Seiten 350 f.)

7.1.4 Buchen der Veräußerungen von Sachanlagegütern

Unter **Veräußerung** versteht man die entgeltliche Übertragung des wirtschaftlichen Eigentums an einem Vermögensgegenstand.

Die Veräußerung von Anlagegütern ist in der Regel **umsatzsteuerbar** und wenn kein Steuerbefreiungstatbestand vorliegt **umsatzsteuerpflichtig**.

Ist der **Nettoverkaufserlös** des Anlageguts **größer** als sein **Restbuchwert** im Zeitpunkt der Veräußerung, so entsteht ein **Buchgewinn**, ist er **kleiner**, so entsteht ein **Buchverlust**:

	Nettoverkaufserlös
-	**Restbuchwert**
=	Buchgewinn bzw. Buchverlust

Aus **umsatzsteuerlichen** Gründen und wegen der Abstimmung mit dem **Anlagenverzeichnis** werden die Veräußerungen von Sachanlagegütern nach der **Bruttomethode** gebucht.

Der **Restbuchwert** bzw. **Restwert** ist der Wert, der sich für das Wirtschaftsgut im Zeitpunkt seiner Veräußerung ergeben würde, wenn für diesen Zeitpunkt eine Bilanz aufzustellen wäre.

7.1.4.1 Bruttomethode

Bei der **Bruttomethode** werden die **Erlöse** und die **Aufwendungen** aus der Veräußerung eines Anlageguts **unsaldiert (brutto)** erfasst.

Dies geschieht in der Weise, dass die **Nettoverkaufserlöse** (die Gegenwerte aus der Veräußerung der Wirtschaftsgüter) auf den folgenden Konten gebucht werden:

6889 (8800) **Erlöse aus Verkäufen Sachanlagevermögen** (bei Buch**verlust**)

und

4849 (8829) **Erlöse aus Verkäufen Sachanlagevermögen** (bei Buch**gewinn**).

Den **Erlösen** werden die **Restbuchwerte** (**Aufwendungen**) auf den folgenden Konten gegenübergestellt:

6895 (2310) **Anlagenabgänge Sachanlagen** (Restbuchwert bei Buch**verlust**),
4855 (2315) **Anlagenabgänge Sachanlagen** (Restbuchwert bei Buch**gewinn**).

Für den **Ausweis** in der Gewinn- und Verlustrechnung werden die Aufwendungen und Erlöse saldiert. Durch die **Saldierung** der Aufwendungen und Erlöse ergeben sich die **Erträge** bzw. die **Verluste** aus der Veräußerung der Sachanlagegüter, die in der Gewinn- und Verlustrechnung grundsätzlich als **„sonstige betriebliche Erträge"** bzw. **„sonstige betriebliche Aufwendungen"** erscheinen. Sollten Sachanlagegüter **regelmäßig** im Rahmen der Geschäftstätigkeit veräußert werden (sog. duales Geschäftsmodell), erfolgt der Ausweis unter den **Umsatzerlösen** bzw. dem Materialaufwand.

Für die **Buchung** der Veräußerung von Sachanlagegütern nach der Bruttomethode empfiehlt sich folgende **Reihenfolge**:

1. Ermittlung und Buchung der **Abschreibung**,
2. Buchung des **Restbuchwerts** (des Anlagenabgangs),
3. Buchung des **Veräußerungsvorgangs**.

BEISPIEL

Wir **verkaufen** am 15.05.2026 einen **Pkw** für **4.000 €** + 760 € USt = 4.760 € durch Banküberweisung. Der Pkw wird in der Vorjahresbilanz noch mit **3.000 €** ausgewiesen. Die zeitanteilige **Abschreibung** beträgt im Veräußerungsjahr (2026) **1.000 €**.
Der Buch**gewinn** wird wie folgt ermittelt:

	Nettoverkaufserlöse		4.000 €
-	Restbuchwert (3.000 € AB - 1.000 € AfA)	-	2.000 €
=	**Buchgewinn**		**2.000 €**

Buchungssätze:

Tz.	Sollkonto	Betrag (€)	Habenkonto
1.	**6222** (4832) Abschr. auf Kfz	1.000,00	**0520** (0320) Pkw
2.	**4855** (2315) **Anlagenabgänge**	2.000,00	**0520** (0320) Pkw
3.	**1800** (1200) Bank **1800** (1200) Bank	4.000,00 760,00	**4849** (8829) **Erlöse aus Verk.** **3806** (1776) USt 19 %

Buchungen:

S **6222** (4832) **Abschreibung auf Kfz** H

S		H	
1)	1.000,00		

S **0520** (0320) **Pkw** H

S		H	
SV (AB)	3.000,00	1)	1.000,00
		2)	2.000,00
	3.000,00		3.000,00

4855 (2315) **Anlagenabgänge**
S (Restbuchwert bei Buch**gewinn**) H

S		H	
2)	**2.000,00**		

4849 (8829) **Erlöse aus Verkäufen**
S **Sachanlagevermögen** (bei Buch**gewinn**) H

S		H	
		3)	**4.000,00**

Saldo: Ertrag 2.000,00 €

S	1800 (1200) Bank	H
3)	4.760,00	

S	3806 (1776) USt 19 %	H
	3)	760,00

Der **steuerfreie** Anlagenabgang (z.B. Abgang eines Grundstücks) mit Buchgewinn oder Buchverlust wird nach dem Buchungs-ABC der DATEV auf den Konten

6895 (2310) **Anlagenabgänge Sachanlagen** (Restbuchwert bei Buch**verlust**) oder
4855 (2315) **Anlagenabgänge Sachanlagen** (Restbuchwert bei Buch**gewinn**)

im **Soll** und auf den Konten

6900 (2320) **Verluste** aus dem Abgang von Gegenständen des AV oder
4900 (2720) **Erträge** aus dem Abgang von Gegenständen des AV

im **Haben** gebucht.

Ein **Vorteil** der **Bruttomethode** besteht darin, dass das **umsatzsteuerliche Entgelt** aus dem Erlöskonto in voller Höhe ersichtlich ist.

Nach § 22 Abs. 2 UStG sind die **steuerpflichtigen Umsätze** auf einem **gesonderten Konto** zu erfassen.

ÜBUNG →
1. Wiederholungsfragen 10 und 11 (Seite 349),
2. Aufgaben 6 bis 8 (Seite 351)

7.1.4.2 Inzahlungnahme von Sachanlagegütern

Beim **Kauf eines Kraftfahrzeugs** wird oft ein **gebrauchtes Fahrzeug in Zahlung gegeben**.

Dabei wird der Bruttoverkaufspreis des gebrauchten Fahrzeugs auf den Bruttoeinkaufspreis des Neuwagens angerechnet.

Aus Gründen der Übersichtlichkeit ist es zweckmäßig, die **Verrechnung über** ein **Verbindlichkeitskonto** vorzunehmen.

BEISPIEL

Wir kaufen 2026 einen neuen Pkw, der ausschließlich betrieblich genutzt wird, und geben einen Gebrauchtwagen in Zahlung. Der Autohändler rechnet wie folgt ab:

	Pkw neu, netto		22.000 €
	+ USt		4.180 €
			26.180 €
-	**Inzahlungnahme Pkw alt**, netto	4.000 €	
	+ USt	760 €	- 4.760 €
=	Restkaufpreis, brutto		21.420 €

Wir begleichen den Restkaufpreis durch Banküberweisung. Der Gebrauchtwagen stand am 01.01.2026 mit **1.500 €** zu Buch. Die **AfA** des laufenden Jahres (2026) beträgt **500 €**.

Buchungssätze:

Tz.	Sollkonto	Betrag (€)	Habenkonto
1.	**0520** (0320) Pkw **1406** (1576) Vorsteuer 19 %	22.000,00 4.180,00 26.180,00	 **3300** (1600) Verbindl. aLuL
2.	**6222** (4832) Abschr. auf Kfz	500,00	**0520** (0320) Pkw
3.	**4855** (2315) Anlagenabgänge	1.000,00	**0520** (0320) Pkw
4.	**3300** (1600) Verbindl. aLuL	4.760,00 4.000,00 760,00	 **4849** (8829) Erlöse aus Verk. **3806** (1776) USt 19 %
5.	**3300** (1600) Verbindl. aLuL	21.420,00	**1800** (1200) Bank

Buchungen:

S	**0520** (0320) **Pkw**		H
SV	1.500,00	2)	500,00
1)	22.000,00	3)	1.000,00

S	**3300** (1600) **Verbindl. aLuL**		H
4)	4.760,00	1)	26.180,00
5)	21.420,00		
	26,180,00		26.180,00

S	**1406** (1576) **Vorsteuer 19 %**		H
1)	4.180,00		

S	**4849** (8829) **Erlöse aus Verkäufen Sachanlagevermögen** (bei Buch**gewinn**)		H
		4)	4.000,00

S	**6222** (4832) **Abschreibung auf Kfz**		H
2)	500,00		

S	**3806** (1776) **Umsatzsteuer 19 %**		H
		4)	760,00

S	**4855** (2315) **Anlagenabgänge**		H
3)	1.000,00		

S	**1800** (1200) **Bank**		H
		5)	21.420,00

ÜBUNG → Aufgabe 9 (Seite 351)

7.1.5 Geringwertige Wirtschaftsgüter

Der Begriff **geringwertige Wirtschaftsgüter** (GWG) stammt aus dem **Steuerrecht** und bezeichnet **bewegliche** Gegenstände des betrieblichen Anlagevermögens, die **selbständig nutzungsfähig** sind und deren Anschaffungs- oder Herstellungskosten bestimmte **Höchstgrenzen** nicht überschreiten.

Aufgrund des steuerrechtlichen Ursprungs wird im Folgenden zunächst die **steuerrechtliche** Behandlung erläutert, bevor anschließend auf die handelsrechtliche Behandlung eingegangen wird.

7.1.5.1 Steuerrechtliche Behandlung

Die steuerrechtliche Behandlung richtet sich zum einen nach der **Einkunftsart** und zum anderen nach bestimmten **betraglichen Höchstgrenzen**. Die nachfolgenden Aussagen beziehen sich auf Gewinneinkünfte. Die Behandlung bei Überschusseinkünften wird in einem zusammenfassenden Schaubild dargestellt.

Geringwertige Wirtschaftsgüter i.S.d. § 6 Abs. 2 EStG müssen folgende Voraussetzungen erfüllen:

1. Die Wirtschaftsgüter müssen zum **beweglichen** abnutzbaren Anlagevermögen gehören.
2. Die Wirtschaftsgüter müssen einer **selbständigen Nutzung** fähig sein.
3. Die **AK/HK**, vermindert um einen darin enthaltenen Vorsteuerbetrag, oder der nach § 6 Abs. 1 Nr. 5 oder Nr. 6 EStG an deren Stelle tretende Wert dürfen für das einzelne Wirtschaftsgut **800 Euro** nicht übersteigen.

Einzelheiten zu den einzelnen **Bestandteilen der Definition** werden in der **Buchführung 2**, 37. Auflage, Seiten 100 ff., erläutert. B 2

7.1.5.1.1 Anschaffungs- oder Herstellungskosten bis 250 Euro

Für geringwertige Wirtschaftsgüter, deren **Anschaffungs- oder Herstellungskosten netto 250 Euro nicht übersteigen**, besteht **steuerlich** ein **Wahlrecht**.
Sie können über die **betriebsgewöhnliche Nutzungsdauer abgeschrieben oder** im Jahr der Anschaffung oder Herstellung **in voller Höhe als Betriebsausgaben** angesetzt werden.
Der DATEV-Kontenrahmen sieht für den Betriebsausgabenabzug in voller Höhe das Konto

6260 (4855) **Sofortabschreibungen geringwertiger Wirtschaftsgüter**

vor.

BEISPIEL

Der bilanzierende Gewerbetreibende Fritz Müller, Stuttgart, kauft im April 2026 eine Büromaschine für seinen Betrieb. Der Rechnungsbetrag in Höhe von 240 € zzgl. 19 % USt (insgesamt 285,60 €) wird bei der Lieferung bar bezahlt. Die betriebsgewöhnliche Nutzungsdauer schätzt Müller auf acht Jahre. Müller strebt einen möglichst geringen steuerlichen Gewinn an.

Müller entscheidet sich, die Büromaschine in voller Höhe sofort als Betriebsausgabe abzusetzen.

Buchungssatz:

Sollkonto	Betrag (€)	Habenkonto
6260 (4855) Sofortabschreibungen	240,00	
1406 (1576) Vorsteuer 19 %	45,60	
	285,60	**1600** (1000) Kasse

Buchung:

S	**6260** (4855) **Sofortabschreibungen**	H
240,00		

S	**1600** (1000) **Kasse**	H
		285,60

S	**1406** (1576) **Vorsteuer 19 %**	H
45,60		

7.1.5.1.2 Anschaffungs- oder Herstellungskosten über 250 Euro bis 1.000 Euro

Für geringwertige Wirtschaftsgüter, deren Anschaffungs- oder Herstellungskosten **mehr als 250 Euro und bis 1.000 Euro** betragen, besteht steuerlich ebenfalls ein Wahlrecht.
Entweder können sie bei AK/HK **bis netto 800 Euro** in voller Höhe als Betriebsausgaben abgesetzt werden.

Alternativ können sie bei AK/HK von **mehr als 250 Euro bis 1.000 Euro** in einen **Sammelposten** (Pool) eingestellt werden (§ 6 Abs. 2a Satz 1 EStG). Dieser ist im Wirtschaftsjahr seiner Bildung und in den folgenden vier Wirtschaftsjahren **linear** mit jeweils **20 %** abzuschreiben, unabhängig von der betriebsgewöhnlichen Nutzungsdauer der einzelnen Wirtschaftsgüter (§ 6 Abs. 2a Satz 2 EStG).

Scheidet ein Wirtschaftsgut aus dem Sammelposten aus, wird der Sammelposten **nicht** vermindert (§ 6 Abs. 2a Satz 3 EStG).

Als weitere Alternative können diese Wirtschaftsgüter über ihre jeweilige **betriebsgewöhnliche Nutzungsdauer** abgeschrieben werden.

Das Wahlrecht ist **für jedes Wirtschaftsjahr einheitlich auszuüben**.

Im DATEV-Kontenrahmen ist für den Sammelposten das Konto

0675 (0485) **Wirtschaftsgüter (Sammelposten)**

vorgesehen.

Die Abschreibung erfolgt bei Bildung des Sammelpostens über das Konto

6264 (4862) **Abschreibung auf den Sammelposten Wirtschaftsgüter.**

BEISPIEL

Der bilanzierende Gewerbetreibende Holger Müller, Bonn, erwirbt im kalendergleichen Wirtschaftsjahr 2026 folgende GWG auf Ziel:

1. im April einen Schreibtischstuhl — 900 € zzgl. 19 % USt,
2. im September einen Schreibtisch — 1.000 € zzgl. 19 % USt,
3. im November eine Schreibtischlampe — 300 € zzgl. 19 % USt.

Müller entscheidet sich für die Bildung eines **Sammelpostens**. Da das Wahlrecht **einheitlich** auszuüben ist, muss er **auch** die **Schreibtischlampe**, die ansonsten in voller Höhe als Betriebsausgabe absetzbar gewesen wäre (AK unter netto 800 Euro), dem Sammelposten zuordnen und über fünf Jahre abschreiben.

Buchungssätze:

Tz.	Sollkonto	Betrag (€)	Habenkonto
1.	**0675** (0485) Sammelposten **1406** (1576) Vorsteuer 19 %	900,00 171,00 1.071,00	 **3300** (1600) Verbindl. aLuL
2.	**0675** (0485) Sammelposten **1406** (1576) Vorsteuer 19 %	1.000,00 190,00 1.190,00	 **3300** (1600) Verbindl. aLuL
3.	**0675** (0485) Sammelposten **1406** (1576) Vorsteuer 19 %	300,00 57,00 357,00	 **3300** (1600) Verbindl. aLuL

Buchungen:

S	**0675** (0485) **Sammelposten**	H
1)	900,00	
2)	1.000,00	
3)	300,00	

S	**3300** (1600) **Verbindl. aLuL**		H
		1)	1.071,00
		2)	1.190,00
		3)	357,00

S	**1406** (1576) **Vorsteuer**	H
1)	171,00	
2)	190,00	
3)	57,00	

Am Ende des Wirtschaftsjahres weist der Sammelposten einen Bestand von **2.200 €** aus, der auf fünf Jahre mit jeweils **440 €** (20 % von 2.200 €) abzuschreiben ist.

Buchungssatz:

Sollkonto	Betrag (€)	Habenkonto
6264 (4862) Abschreibung Sammelposten	440,00	**0675** (0485) Sammelposten

Buchung:

S **6264** (4862) **Abschr. Sammelposten**	H
440,00	

S	**0675** (0485) **Sammelposten**	H
1)	900,00	**440,00**
2)	1.000,00	
3)	300,00	

Abgänge einzelner Wirtschaftsgüter aus dem Sammelposten werden als solche **nicht erfasst** (§ 6 Abs. 2a Satz 3 EStG).

BEISPIEL

Holger Müller verkauft den im September 2026 gekauften Schreibtisch im März 2027 für 963,90 € (inkl. 19 % USt) bar.

Buchungssatz:

Sollkonto	Betrag (€)	Habenkonto
1600 (1000) Kasse	963,90	
	810,00	**4845** (8820) Erlöse aus Verkäufen
	153,90	**3806** (1776) Umsatzsteuer

Buchung:

S **1600** (1000) **Kasse**	H
963,90	

S **4845** (8820) **Erlöse aus Verkäufen**	H
	810,00

S **3806** (1776) **Umsatzsteuer**	H
	153,90

Das ausgeschiedene Wirtschaftsgut aus dem Sammelposten vermindert **nicht** den Sammelposten. Der Sammelposten wird nach wie vor mit 440 € abgeschrieben.

Zusammenfassung zu Abschnitt 7.1.5.1:

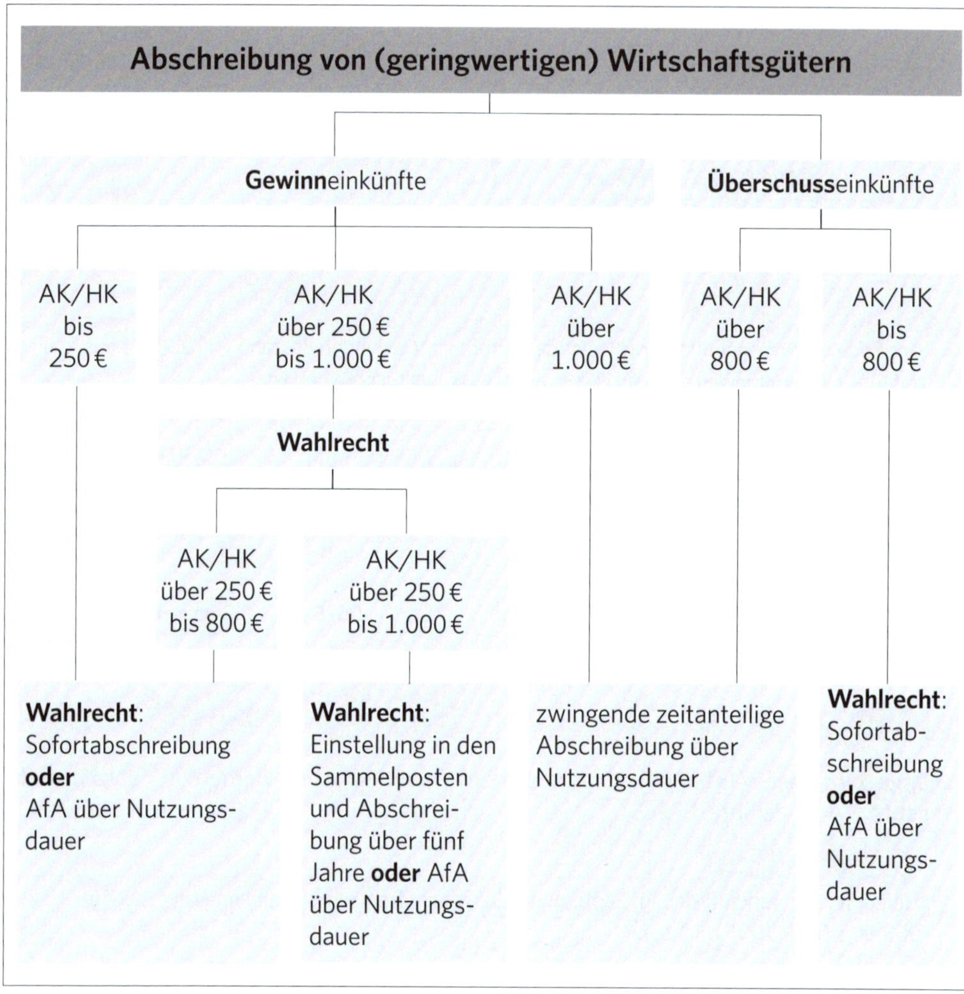

7.1.5.2 Geringwertige Wirtschaftsgüter nach HGB

Das **Handelsrecht** sieht **keine Regelung** für geringwertige Wirtschaftsgüter vor.

Eine **sofortige Abschreibung** der steuerrechtlichen GWG erscheint handelsrechtlich, häufig unter **Wesentlichkeitsaspekten,** zulässig. In diesen Fällen wird das Bild des Unternehmens, insbesondere der Vermögens- und Ertragslage, nicht wesentlich dadurch beeinflusst, ob diese Vermögensgegenstände sofort oder über ihre Nutzungsdauer abgeschrieben werden.

Die sofortige Abschreibung wird vor allem bei Vermögensgegenständen der Betriebs- und Geschäftsausstattung angewendet. Diese **Sofortabschreibung** für Vermögensgegenstände mit Anschaffungskosten bis 800 Euro netto hatte das **Institut der Wirtschaftsprüfer** (**IDW**) zuletzt in seiner Stellungnahme vom 06.04.2021 auch für die Handelsbilanz **bekräftigt**.

Der steuerliche **Sammelposten verstößt** gegen den handelsrechtlichen Grundsatz der **Einzelbewertung** (§ 252 Abs. 1 Nr. 3 HGB) und gegen das **Imparitätsprinzip** (§ 252 Abs. 1 Nr. 4 HGB).

Nach Ansicht des Hauptausschusses des Instituts der Wirtschaftsprüfer (**IDW**) kann der **Sammelposten** auch in die **Handelsbilanz** übernommen werden, wenn er von **untergeordneter Bedeutung** ist.

Dies dürfte für die Mehrzahl der Fälle zu vermuten sein. Lediglich bei besonders gelagerten **Ausnahmen**, z. B. im Hotel- und Gaststättengewerbe oder in der Getränkeindustrie, soll der Sammelposten handelsrechtlich über weniger als fünf Jahre abgeschrieben werden, um eine Überbewertung zu vermeiden.

ÜBUNG →	1. Wiederholungsfragen 12 und 13 (Seite 349), 2. Aufgaben 10 bis 13 (Seiten 352 f.)

7.1.6 Anlagenspiegel

Die **Entwicklung** der einzelnen Posten **des Anlagevermögens** ist seit Einführung des Bilanzrichtlinienumsetzungsgesetzes (BilRUG) verpflichtend im **Anhang** darzustellen (§ 284 Abs. 3 HGB).

Aufgrund der umfangreichen Informationspflichten zum Anlagevermögen hatten Kapitalgesellschaften und Personenhandelsgesellschaften i. S. d. § 264a HGB (z. B. GmbH & Co. KG) diese Angaben bereits vor Einführung des BilRUG aus Gründen der Übersichtlichkeit überwiegend in den **Anhang** als sog. **Anlagenspiegel** (**Anlagengitter**) verlagert.

Nach **§ 284 Abs. 3 HGB** sind im **Anlagenspiegel** zu den einzelnen Posten des Anlagevermögens folgende **Angaben** zu machen:

	AK/HK der am **Beginn** des Geschäftsjahres vorhandenen Anlagegüter
+	**Zugänge** des Geschäftsjahres zu AK/HK
-	**Abgänge** des Geschäftsjahres zu AK/HK
+/-	**Umbuchungen** während des Geschäftsjahres zu AK/HK
+	**Zuschreibungen** des Geschäftsjahres
-	**Abschreibungen** gesamt (**kumuliert**)

Kleine Kapitalgesellschaften brauchen **kein Anlagengitter** aufzustellen (§ 288 Abs. 1 HGB).

Die **Abschreibungen des Geschäftsjahres** sind entweder in der **Bilanz oder** im **Anlagenspiegel** anzugeben. In der folgenden Darstellung werden die Abschreibungen des Geschäftsjahres im **Anlagenspiegel** vermerkt.

BEISPIEL

Die J & L GmbH, deren Geschäftsjahr mit dem Kalenderjahr übereinstimmt, verfügte am 31.12.2025 u.a. über folgende **Anlagegegenstände**:

1. Unbebaute Grundstücke (Zugang 2023):		AK	50.000 €
2. Lkw (Zugang 2024)		AK	100.000 €
	- Abschreibung 2024	-	20.000 €
	- Abschreibung 2025	-	20.000 €
	- Abschreibung 2026	-	20.000 €
	Wert 31.12.2026		40.000 €

In 2026 ist u.a. folgender **Zugang** zu verzeichnen:

Pkw		AK	30.000 €
	- Abschreibung 2026	-	6.000 €
	Wert 31.12.2026		24.000 €

Im **Anlagenspiegel 2026** werden diese Vermögensgegenstände unter Einbeziehung der **Abschreibung 2026** und der **Bilanzwerte zum 31.12.2026** wie folgt berücksichtigt:

Anlage-vermögen	historische AK/HK €	Zugänge + €	Abgänge - €	Umbuchungen +/- €	Zuschreibungen + €	Abschreibungen **gesamt** - €	**Abschreibungen 2026** - €	**Bilanzwert 31.12. 2026** €
Grundstücke	50.000							50.000
Betriebs- und Geschäftsausstattung								
Lkw	100.000					60.000	20.000	40.000
Pkw		30.000				6.000	6.000	24.000

Ähnlich wird die Bilanzierungspraxis auch mit den zahlreichen Vermerkpflichten zu den **Forderungen und Verbindlichkeiten** verfahren und sog. **Forderungsspiegel** und **Verbindlichkeitsspiegel** erstellen.

Liegt ein **Anhang** vor, so ist eine Abschrift der **Steuererklärung** beizufügen (§ 60 Abs. 3 EStDV).

ÜBUNG →
1. Wiederholungsfrage 14 (Seite 349),
2. Aufgabe 14 (Seite 353)

7.1.7 Geleistete Anzahlungen und Anlagen im Bau

Als **Anlagen im Bau** sind zu aktivierende Aufwendungen anzusetzen, die für Investitionen bis zum Bilanzstichtag vorgenommen wurden, ohne dass die Anlagen bereits endgültig fertiggestellt sind.

Im Bau befindliche Anlagen können Geschäftsbauten, Maschinen, Transportmittel und sonstige Ausstattungen sein.

Aus Gründen der Klarheit sind diese am Bilanzstichtag noch nicht fertiggestellten Anlagen in der Bilanz **gesondert** auszuweisen.

Die mit der Herstellung der Anlagen beauftragten Unternehmen verlangen im Allgemeinen dem Baufortschritt entsprechend **Abschlagzahlungen**.

Die **Anzahlungen auf Anlagen** werden als **Anlagevermögen** in der Bilanz ausgewiesen. **Geleistete Anzahlungen sind** - betriebswirtschaftlich gesehen - flüssige Mittel, die in Gegenständen des Sachanlagevermögens festgelegt worden sind.

Deshalb werden die **Anzahlungen** auf dem Konto „**Anlagen im Bau**" bzw., wenn für jede Anlageart ein eigenes Konto geführt wird, auf dem entsprechenden Konto aktiviert, z.B.

0710 (0120) **Geschäftsbauten im Bau.**

BEISPIEL

Wir haben einen Bauunternehmer beauftragt, einen Geschäftsbau schlüsselfertig zu erstellen. Mit dem Bau wird im Oktober 2026 begonnen. Dem Baufortschritt entsprechend sind vereinbarungsgemäß folgende **Anzahlungen** durch Banküberweisung - nach Vorlage entsprechender Rechnungen - zu leisten:

am 02.12.2026 netto **50.000 €** + 9.500 € USt = 59.500 €,
am 16.12.2026 netto **40.000 €** + 7.600 € USt = 47.600 €.

Buchungssätze:

Tz.	Sollkonto	Betrag (€)	Habenkonto
1.	**0710** (0120) **Geschäftsbauten im Bau**	50.000,00	
	1406 (1576) Vorsteuer 19 %	9.500,00	
		59.500,00	**1800** (1200) Bank
2.	**0710** (0120) **Geschäftsbauten im Bau**	40.000,00	
	1406 (1576) Vorsteuer 19 %	7.600,00	
		47.600,00	**1800** (1200) Bank

Buchungen:

S **0710** (0120) **Geschäftsbauten im Bau** H

S		H	
1)	**50.000,00**		
2)	**40.000,00**		

S **1800** (1200) **Bank** H

S		H	
		1)	59.500,00
		2)	47.600,00

S **1406** (1576) **Vorsteuer 19 %** H

S		H	
1)	9.500,00		
2)	7.600,00		

Zum Bilanzstichtag (31.12.2026) wird das Konto „**0710** (0120) **Geschäftsbauten im Bau**" über das Schlussbilanzkonto abgeschlossen.

Nach endgültiger **Fertigstellung** der Anlagen werden die auf den Übergangskonten „**Anlagen im Bau**" gesammelten Beträge auf die entsprechenden **Anlagekonten umgebucht**.

BEISPIEL

Sachverhalt wie zuvor. Im **neuen Jahr** (2027) sind noch folgende **Anzahlungen** zu leisten:

am 15.01.2027 netto **60.000 €** + 11.400 € USt = 71.400 €,
am 26.03.2027 netto **70.000 €** + 13.300 € USt = 83.300 €,
am 23.04.2027 **Schlusszahlung**
netto **35.000 €** + 6.650 € USt = 41.650 €
nach Fertigstellung, Abnahme und Endabrechnung.

Buchungssätze:

Tz.	Sollkonto	Betrag (€)	Habenkonto
3.	**0710** (0120) **Geschäftsbauten i. Bau**	60.000,00	
	1406 (1576) Vorsteuer 19 %	11.400,00	
		71.400,00	**1800** (1200) Bank
4.	**0710** (0120) **Geschäftsbauten i. Bau**	70.000,00	
	1406 (1576) Vorsteuer 19 %	13.300,00	
		83.300,00	**1800** (1200) Bank
5.	**0710** (0120) **Geschäftsbauten i. Bau**	35.000,00	
	1406 (1576) Vorsteuer 19 %	6.650,00	
		41.650,00	**1800** (1200) Bank
6.	**0240** (0090) **Geschäftsbauten**	255.000,00	**0710** (0120) **Geschäftsb. i. Bau**

Buchungen:

S **0710** (0120) **Geschäftsbauten im Bau** H

S		H	
AB	90.000,00	**6)**	**255.000,00**
3)	60.000,00		
4)	70.000,00		
5)	35.000,00		
	255.000,00		255.000,00

S **1800** (1200) **Bank** H

S		H	
		3)	71.400,00
		4)	83.300,00
		5)	41.650,00

S **1406** (1576) **Vorsteuer 19 %** H

S		H	
3)	11.400,00		
4)	13.300,00		
5)	6.650,00		

S **0240** (0090) **Geschäftsbauten** H

S		H	
6)	**255.000,00**		

ÜBUNG →

1. Wiederholungsfragen 15 bis 17 (Seite 349),
2. Aufgabe 15 und 16 (Seite 354)

7.2 Erfolgskontrolle

Wiederholungsfragen

1. Welche Vermögensgegenstände gehören zu den Sachanlagegütern? Nennen Sie Beispiele.
2. Was versteht man unter Anschaffung?
3. Wie setzen sich die Anschaffungskosten zusammen?
4. Welche Aufwendungen gehören zu den Anschaffungsnebenkosten?
5. Was gehört zu den Anschaffungspreisminderungen?
6. Mit welchem Wert sind die Anlagegüter zu aktivieren, die selbst hergestellt wurden und dem eigenen Betrieb dienen?
7. Aus welchen Kosten setzt sich dieser Wert zusammen?
8. Was versteht man unter Einzelkosten?
9. Was versteht man unter Gemeinkosten?
10. Was versteht man unter Veräußerung?
11. Wie werden Buchgewinn bzw. Buchverlust aus der Veräußerung eines Anlagegutes berechnet?
12. Was versteht man unter einem geringwertigen Wirtschaftsgut?
13. Wie sind geringwertige Wirtschaftsgüter bei der Gewinnermittlung zu berücksichtigen?
14. Welche Angaben sind im Anlagenspiegel zu den einzelnen Posten des Anlagevermögens nach § 284 Abs. 3 HGB zu machen?
15. Warum werden Konten für im Bau befindliche Anlagen geführt?
16. Was wird auf diesen Konten gebucht?
17. Über welches Konto wird das Konto „Anlagen im Bau" zum Bilanzstichtag abgeschlossen?

Aufgaben

AUFGABE 1

Der bilanzierende Gewerbetreibende Peter Müller, Magdeburg, kauft im März 2026 mit notariellem Vertrag ein bebautes Grundstück, das in vollem Umfang betrieblich genutzt wird. Das Gebäude wurde im Jahre 2003 errichtet. Im Kaufpreis ist der Wert des Grund und Bodens mit 120.000 € enthalten.
Die Grunderwerbsteuer beträgt 21.000 € (Grunderwerbsteuersatz 5 %), die Kosten für den notariellen Kaufvertrag betragen 2.000 € + 19 % USt und die Eintragung in das Grundbuch, die im Juli 2026 erfolgt, 1.000 €. Der Übergang von Nutzen und Lasten ist vereinbarungsgemäß im Mai 2026.

Weil der Kaufpreis vom privaten Bankkonto gezahlt wurde, erfolgte insoweit bisher noch keine Buchung. Die anderen Zahlungen überweist Müller im Juni 2026 vom betrieblichen Bankkonto und bucht wie folgt:

Grunderwerbsteuer, Notargebühren und Grundbuchgebühren:

Sollkonto	Betrag (€)	Habenkonto
7650 (4340) Sonstige Steuern	21.000,00	**1800** (1200) Bank
6825 (4950) Rechts- und Beratungskosten	3.000,00	
1406 (1576) Vorsteuer	380,00	
	3.380,00	**1800** (1200) Bank

1. Bilden Sie alle notwendigen Buchungssätze zur Aktivierung des bebauten Grundstücks.
2. Ermitteln Sie die Gewinnauswirkungen Ihrer Buchungen.
3. Ermitteln Sie die Buchwerte für das Grundstück zum 31.12.2026.

AUFGABE 2

Der Bauunternehmer Schraube, Stuttgart, will auf seinem Betriebsgelände eine alte Fabrikhalle von dem Abbruchunternehmer Baus, Leonberg, abreißen lassen. Das Grundstück wurde Anfang April 2026 (Übergang von Nutzen und Lasten) angeschafft, das Gebäude (Anteil an den Anschaffungskosten: 240.000 €) war objektiv noch nutzbar; Schraube will jedoch auf dem Gelände eine neue Lagerhalle bauen. Mit der Errichtung der Lagerhalle soll im Januar 2027 begonnen werden. Baus soll für den Abbruch 80.000 € erhalten. Der Abbruch erfolgt Ende August 2026 und Schraube erhält die entsprechende Eingangsrechnung im September 2026.

1. Wie ist der Abbruch der Fabrikhalle (betriebliche Restnutzungsdauer ca. 40 Jahre) bilanzsteuerrechtlich zu behandeln? Hinweis: H 6.4 EStH
2. Bilden Sie den Buchungssatz für die Eingangsrechnung.

AUFGABE 3

Der Bauunternehmer U mit eigener Ziegelei erstellt 2026 mit seinen Arbeitern den Rohbau eines Geschäftsbaues für seinen Betrieb. Es betragen die Materialeinzelkosten 150.000 € und die Fertigungslöhne 60.000 €. Nach den Kalkulationsunterlagen rechnet er mit einem Materialgemeinkostenzuschlagsatz von 20 % und einem Fertigungsgemeinkostenzuschlagsatz von 80 %. Einem Dritten hätte er für den Rohbau netto 320.000 € berechnet. Auf die Aktivierung der Verwaltungsgemeinkosten wird verzichtet.

1. Mit welchem Wert wird der Rohbau aktiviert? Es werden handelsrechtlich wie steuerrechtlich die gleichen Werte angesetzt.
2. Bilden Sie den Buchungssatz für den Rohbau.

AUFGABE 4

Ein Büromaschinenhersteller entnimmt 2026 der eigenen Produktion eine Büromaschine für den eigenen betrieblichen Bedarf. Es betragen deren

Herstellungskosten	1.500 €,
Verkaufspreis, netto	2.100 €.

Bilden Sie den Buchungssatz.

AUFGABE 5

Die Schreinerei eines Kaufhauses fertigt 2026 10 neue Schränke für die Ladenräume an. Das Holz hierfür wird dem Lager entnommen. Der Nettoeinkaufspreis des Holzes hat 6.000 € betragen. Für sonstiges Fertigungsmaterial, das ebenfalls dem Lager entnommen wird, fallen 600 € an. Zugelieferte Materialien für die Schränke werden für netto 500 € + 95 € USt durch Banküberweisung gekauft.
An Fertigungslöhnen werden insgesamt 2.500 € aufgewendet. Der Fertigungsgemeinkostenzuschlagsatz beträgt 50 %.

Bilden Sie alle Buchungssätze für den Kauf des Fertigungsmaterials und die Anfertigung der Schränke.

AUFGABE 6

Wir verkaufen im Juni 2026 einen Lkw für netto 15.000 € + 2.850 € USt = 17.850 € gegen Banküberweisung.
Der Lkw stand in der Vorjahresbilanz noch mit 10.000 € zu Buche.
Die AfA vom letzten Bilanzstichtag bis zum Veräußerungszeitpunkt beträgt 3.333 €.

1. Bilden Sie den Buchungssatz für die AfA.
2. Bilden Sie die Buchungssätze für die Veräußerung des Lkws nach der Bruttomethode.

AUFGABE 7

Wir verkaufen im September 2026 ein unbebautes Grundstück für 40.000 €. Das Grundstück steht mit 30.000 € zu Buche. Der Kaufpreis wird auf das betriebliche Konto überwiesen.

Bilden Sie die erforderlichen Buchungssätze für die Veräußerung nach der Bruttomethode.

AUFGABE 8

Wir verkaufen im April 2026 eine gebrauchte Büromaschine für netto 800 € + 152 € USt = 952 € gegen Banküberweisung.
Im Zeitpunkt des Verkaufs hat die Büromaschine einen Buchwert von 1.000 €.
Die AfA für den Zeitraum vom letzten Bilanzstichtag bis zum Veräußerungszeitpunkt ist bereits gebucht.

Bilden Sie die Buchungssätze für den Verkauf der Büromaschine nach der Bruttomethode.

AUFGABE 9

Der Unternehmer Weber, der zum Vorsteuerabzug berechtigt ist, kauft im Mai 2026 einen nur betrieblich genutzten Pkw für netto 25.000 € + 4.750 € USt = 29.750 €.
Er gibt einen gebrauchten Pkw für netto 5.000 € + 950 € USt = 5.950 € in Zahlung. Dieser Pkw stand in der Vorjahresbilanz mit 3.000 € zu Buche.
Die noch zu berücksichtigende AfA im Veräußerungsjahr beträgt 2.000 €.
Den verbleibenden Kaufpreis begleicht Weber durch Banküberweisung.

Bilden Sie die erforderlichen Buchungssätze nach der Bruttomethode.

AUFGABE 10

Der Gewerbetreibende Thon schafft im Laufe des Jahres 2026 zwei Büroschränke an. Die Rechnung lautet: 2 Büroschränke zu je 422,68 € = 845,36 € + 160,62 € USt = 1.005,98 €. Thon strebt einen möglichst hohen steuerlichen Gewinn an.
Thon bucht die Rechnung wie folgt:

Sollkonto	Betrag (€)	Habenkonto
0650 (0420) Büroeinrichtung	845,36	**3300** (1600) Verbindlichkeiten aLuL
1406 (1576) Vorsteuer 19 %	160,62	**3300** (1600) Verbindlichkeiten aLuL

Zehn Tage nach der Lieferung begleicht Thon die Rechnung unter Abzug von 3 % Skonto durch Banküberweisung.
Die betriebsgewöhnliche Nutzungsdauer der Büroschränke beträgt 10 Jahre. Thon optiert im Jahre 2026 zu § 6 Abs. 2a EStG.

Bilden Sie die erforderlichen Buchungssätze

a) bei Zahlung der Rechnung,
b) zum Bilanzstichtag 31.12.2026.

Thon erwirbt im Wirtschaftsjahr 2026 keine weiteren GWG.

AUFGABE 11

Der bilanzierende Marko Soldo, Fensterbau in Heilbronn, erwirbt Anfang Juli 2026 zwei Bürostühle (Nutzungsdauer 10 Jahre) für seinen Betrieb von der Baugut GmbH, Würzburg, für je 1.100 € netto. Die Eingangsrechnung wird ordnungsgemäß gebucht. Eine unverzügliche Prüfung ergibt, dass ein Bürostuhl leicht beschädigt, aber sonst voll nutzbar ist. Soldo erhält daraufhin von der Baugut GmbH eine Gutschrift in Höhe von 200 € netto für den beschädigten Stuhl.

Den Rechnungsausgleich bucht Soldo wie folgt:

Sollkonto	Betrag (€)	Habenkonto
3300 (1600) Verbindlichkeiten aLuL	2.618,00	
	38,00	**1406** (1576) Vorsteuer
	200,00	**0650** (0420) Büroeinrichtung
	2.380,00	**1800** (1200) Bank

1. Bilden Sie den notwendigen Korrekturbuchungssatz. Soldo hat sich für die Sammelpostenmethode entschieden, strebt aber sonst einen möglichst geringen steuerlichen Gewinn an.
2. Welche Buchungssätze sind zum Bilanzstichtag notwendig?

AUFGABE 12

Der bilanzierende Gewerbetreibende Paul Allemann, Freiburg, erwirbt vom Schweizer Fabrikanten Ürli, Neuchâtel, fünf Schreibtische (ND 12 Jahre) für seine Büroräume. Ürli liefert die Schreibtische mit seinem Lkw an und stellt Allemann folgende Rechnung (Auszug):

	5 Schreibtische „Senator S" je 800 €	4.000,00 €
+	Zoll	20,00 €
+	verauslagte Einfuhrumsatzsteuer	763,80 €
+	Transportkosten	60,00 €
	Rechnungsbetrag	4.843,80 €

Weil Allemann am Tag der Lieferung sofort bar zahlt, erhält er von Ürli einen Nachlass auf den Warenwert in Höhe von 100 €. Allemann bucht wie folgt:

Sollkonto	Betrag (€)	Habenkonto
0650 (0420) Büroeinrichtung	4.743,80	**1600** (1000) Kasse

Bilden Sie die notwendigen Korrekturbuchungssätze. Allemann strebt einen möglichst geringen steuerlichen Gewinn an.

AUFGABE 13

Der bilanzierende Gewerbetreibende Heiner Boettinger, Mannheim, bildet im Wirtschaftsjahr 2026, das mit dem Kalenderjahr übereinstimmt, einen Sammelposten gemäß § 6 Abs. 2a EStG in Höhe von 12.000 €, im Wirtschaftsjahr 2027 in Höhe von 15.000 €, im Wirtschaftsjahr 2028 keinen und im Wirtschaftsjahr 2029 einen in Höhe von 8.000 €.

Ermitteln Sie für die einzelnen Sammelposten die jährliche AfA und die gesamte AfA bis zum Wirtschaftsjahr 2029.

AUFGABE 14

Die X-GmbH, Kiel, deren Geschäftsjahr mit dem Kalenderjahr übereinstimmt, verfügt am 31.12.2025 u. a. über folgende Anlagengegenstände:

1.	Unbebaute Grundstücke (Zugang 2023)	AK	80.000 €
2.	Lkw (Zugang 2025)	AK	100.000 €
	Die Abschreibung beträgt ab 2025 jährlich		20.000 €

In 2026 schafft die X-GmbH u. a. folgende Anlagegüter an:

1.	Pkw	AK	50.000 €
	Die Abschreibung beträgt 2026		10.000 €
2.	Maschine	AK	90.000 €
	Die Abschreibung beträgt 2026		9.000 €

Erstellen Sie nach dem Muster von Seite 346 einen Anlagenspiegel zum 31.12.2026.

AUFGABE 15

Wir haben einen Bauunternehmer beauftragt, ein Fabrikgebäude schlüsselfertig zu erstellen. Mit den Bauarbeiten wird im November 2026 begonnen. Dem Fortschritt der Bauarbeiten entsprechend werden folgende Abschlagzahlungen anhand von entsprechenden Rechnungen durch Banküberweisung geleistet:

im Dezember 2026	60.000 € + 11.400 € USt,
im Februar 2027	70.000 € + 13.300 € USt,
im März 2027	80.000 € + 15.200 € USt.

Der Bau wird im März 2027 fertiggestellt und abgenommen. Nach Vorlage der Endabrechnung erfolgt die Schlusszahlung durch Banküberweisung im März 2027 in Höhe von 50.000 € + 9.500 € USt.

1. Bilden Sie den Buchungssatz für die Anzahlung im Dezember 2026.
2. Bilden Sie den Buchungssatz für den Abschluss des Anlagenkontos zum 31.12.2026.
3. Bilden Sie die Buchungssätze für die Zahlungen im neuen Jahr (2027).
4. Bilden Sie den Buchungssatz nach Fertigstellung des Fabrikgebäudes (März 2027).

AUFGABE 16

Der bilanzierende Marko Soldo, Fensterbau in Heilbronn, erwarb im Jahre 2024 mehrere Personalcomputer für seinen Betrieb. Die Personalcomputer hatten Anschaffungskosten in Höhe von 600 € je Stück.
Die Eingangsrechnung wurde wie folgt gebucht:

Sollkonto	Betrag (€)	Habenkonto
0675 (0485) Sammelposten	6.000,00	
1406(1576) Vorsteuer	1.140,00	
	7.140,00	**3300** (1600) Verbindlichkeiten aLuL

Im April 2026 verkauft Marko Soldo einen Personalcomputer an den Studenten Fritz Fleißig für 300 € bar.

Bilden Sie den Buchungssatz für den Verkauf des Personalcomputers.

A | L Weitere Aufgaben mit Lösungen finden Sie im **Lösungsbuch** der Buchführung 1.

Zusammenfassende Erfolgskontrolle

Die Unternehmerin Karin Klein, Köln, erstellt zum 31.12.2026 folgende Summenbilanz:

	Summenbilanz	
	Soll €	Haben €
0235 (0085) Bebaute Grundstücke		
0240 (0090) Geschäftsbauten		
0520 (0320) Pkw	13.186,00	
0650 (0420) Büroeinrichtung		
0690 (0490) Sonstige Betriebs- und Geschäftsausstattung	34.888,00	
0675 (0485) Wirtschaftsgüter (Sammelposten)	358,64	
3160 (0640) Verbindlichkeiten gegenüber Kreditinstituten	8.707,57	89.368,97
2000 (0800) Eigenkapital		1.473,56
3070 (0970) Sonstige Rückstellungen	2.000,00	2.000,00
1900 (0980) Aktive Rechnungsabgrenzung	1.466,27	1.466,27
1600 (1000) Kasse	145.868,95	133.917,90
1800 (1200) Bank	126.835,09	135.764,90
1200 (1400) Forderungen aLuL		
1406 (1576) Vorsteuer 19 %	13.480,94	431,03
3300 (1600) Verbindlichkeiten aLuL	87.683,87	91.723,52
3500 (1700) Sonstige Verbindlichkeiten	385,80	385,80
3806 (1776) Umsatzsteuer 19 %	4.148,48	19.020,65
2100 (1800) Privatentnahmen	13.414,71	562,01
7310 (2110) Zinsaufwendungen für kurzfristige Verb.	3.451,61	
7320 (2120) Zinsaufwendungen für langfristige Verb.	4.065,37	
4855 (2315) Anlagenabgänge (Restbuchwert b. Buchgewinn)		
5200 (3200) Wareneingang	89.524,78	7.570,82
1140 (3980) Bestand Waren	45.943,83	
6305 (4200) Raumkosten	4.180,01	
6400 (4360) Versicherungen	1.775,90	
6500 (4500) Fahrzeugkosten	2.783,89	
6600 (4610) Werbekosten	980,22	
6220 (4830) Abschreibungen auf Sachanlagen		
6221 (4831) Abschreibungen auf Gebäude		
6222 (4832) Abschreibungen auf Kfz		
6264 (4862) Abschreibungen auf den Sammelposten WG		
6800 (4910) Porto	423,00	
6805 (4920) Telefon	659,50	
6815 (4930) Bürobedarf	468,89	
6827 (4957) Abschluss- und Prüfungskosten	914,26	
6300 (4900) Sonstige betriebliche Aufwendungen	3.011,57	180,09
4200 (8200) Erlöse	262,55	127.004,18
4849 (8829) Erlöse aus Anlagenverkäufen (bei Buchgewinn)		
	610.869,70	610.869,70

Geschäftsvorfälle des Jahres 2026	€
1. Klein erwirbt im November 2026 ein bebautes Grundstück (Geschäftsgrundstück), Baujahr 2011, zum Kaufpreis von	600.000,00
Vom Kaufpreis entfallen auf	
Grund und Boden	120.000,00
Gebäude	480.000,00
Außerdem fallen noch Erwerbsnebenkosten in Höhe von	35.950,00
an (Grunderwerbsteuer 30.000 € sowie Notar- und Grundbuchkosten von 5.000 € + 950 € USt = 5.950 €).	
Zahlungen sind bisher noch nicht geleistet, sodass der gesamte Vorgang noch nicht gebucht ist.	
2. Kauf eines neuen Pkws im Dezember 2026 bei Inzahlunggabe eines gebrauchten Pkws. Beide Pkw werden bzw. wurden nur betrieblich genutzt.	
neuer Pkw, netto	30.000,00
+ USt	5.700,00
alter Pkw, netto	10.000,00
+ USt	1.900,00
Die AfA für den alten Pkw beträgt im Veräußerungsjahr	3.600,00
Zahlungen sind bisher noch nicht geleistet.	
Der gesamte Vorgang ist noch nicht gebucht.	
3. Klein kauft im Dezember 2026 Büroeinrichtungsgegenstände (keine GWG) zum Preis von netto	5.000,00
+ USt	950,00
Klein zahlt durch Banküberweisung. Vom Kaufpreis zieht sie vereinbarungsgemäß 2 % Skonto ab.	
Der gesamte Vorgang ist noch nicht gebucht.	
Abschlussangaben	**€**
4. Warenbestand lt. Inventur	49.622,83
5. Abschreibung auf Geschäftsbauten	1.669,00
6. Abschreibung auf neuen Pkw	4.500,00
7. Abschreibung auf Büroeinrichtung	735,00
8. Abschreibung auf sonstige Betriebs- und Geschäftsausstattung	4.601,00
9. Abschreibung auf den Sammelposten Wirtschaftsgüter	
10. Abschluss des Privatkontos	
11. Abschluss der Umsatzsteuerkonten	

Aufgaben

1. Bilden Sie die Buchungssätze der Geschäftsvorfälle des Jahres 2026.
2. Ermitteln Sie den Erfolg über T-Konten oder mithilfe einer Hauptabschlussübersicht.

8 Buchungen im Steuerbereich

8.1 Steuern und steuerliche Nebenleistungen

Steuern sind Geldleistungen, die nicht eine Gegenleistung für eine besondere Leistung darstellen und von einem öffentlich-rechtlichen Gemeinwesen zur Erzielung von Einnahmen allen auferlegt werden, bei denen der Tatbestand zutrifft, an den das Gesetz die Leistungspflicht knüpft (§ 3 Abs. 1 AO).

Einfuhr- und Ausfuhrabgaben sind **Steuern** im Sinne der Abgabenordnung (§ 3 Abs. 3 AO).

Für Zwecke der buchmäßigen Behandlung werden die Steuern wie folgt eingeteilt:

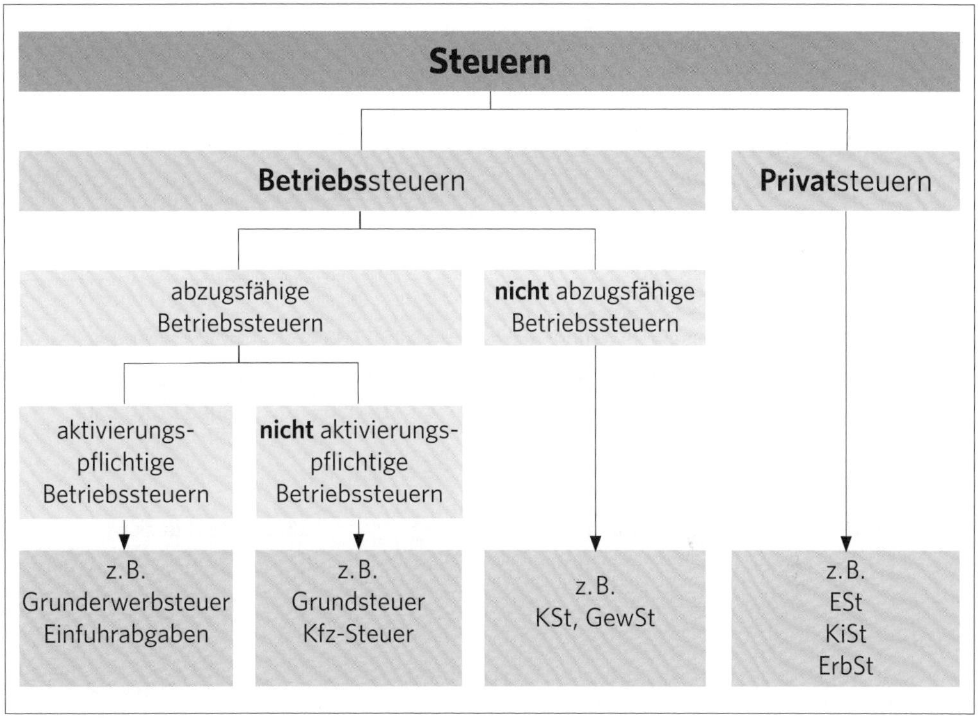

8.1.1 Betriebssteuern

Betriebssteuern sind Steuern, die unmittelbar durch den Betrieb veranlasst sind.

Betriebssteuern sind bei der Ermittlung des **steuerlichen** Gewinns entweder **abzugsfähig** oder **nicht abzugsfähig**.

8.1.1.1 Abzugsfähige Betriebssteuern

Fallen **abzugsfähige Betriebssteuern** bei der **Anschaffung** eines Wirtschaftsgutes an, so sind sie als Anschaffungs**nebenkosten** als Teil der Anschaffungskosten **aktivierungspflichtig** (z. B. Grunderwerbsteuer, nicht abziehbare Vorsteuer).

BEISPIEL

1. Der Unternehmer U, Bonn, der zum Vorsteuerabzug berechtigt ist, hat ein **unbebautes** Betriebsgrundstück in Siegburg zum Preis von **50.000 €** durch Banküberweisung gekauft.
2. Außerdem wurden durch Banküberweisung gezahlt:

Grunderwerbsteuer (6,5 % von 50.000 €)		3.250 €
Notargebühren, netto	800 €	
+ USt	152 €	952 €
Grundbuchgebühr		650 €

Die **Anschaffungskosten** des unbebauten Grundstücks betragen:

	Kaufpreis		50.000 €
+	**Anschaffungsnebenkosten**		
	Grunderwerbsteuer	3.250 €	
	Notargebühren	800 €	
	Grundbuchgebühr	650 €	4.700 €
=	**Anschaffungskosten**		**54.700 €**

Buchungssätze:

Tz.	Sollkonto	Betrag (€)	Habenkonto
1.	**0215** (0065) Unbebaute Grundstücke	50.000,00	**1800** (1200) Bank
2.	**0215** (0065) Unbebaute Grundstücke **1406** (1576) Vorsteuer 19 %	4.700,00 152,00	**1800** (1200) Bank **1800** (1200) Bank

Buchungen:

S **0215** (0065) **Unbebaute Grundstücke** H

S		H
1) 50.000,00		
2) 4.700,00		

S **1800** (1200) **Bank** H

S	H
	1) 50.000,00
	2) 4.700,00
	2) 152,00

S **1406** (1576) **Vorsteuer 19 %** H

S	H
2) 152,00	

Die als Anschaffungs**nebenkosten** behandelten **Steuern** wirken sich in der Regel bei **nicht abnutzbaren** Wirtschaftsgütern erst im Zeitpunkt der **Veräußerung** oder **Entnahme** auf den **Gewinn** aus.

ÜBUNG →
1. Wiederholungsfragen 1 bis 3 (Seite 384),
2. Aufgaben 1 und 2 (Seite 385)

Fallen **abzugsfähige Betriebssteuern** bei der **Anschaffung bebauter** Grundstücke an, so sind sie als Anschaffungs**nebenkosten aufzuteilen** in den Teil, der auf den **Grund und Boden** entfällt, und den Teil, der auf die **Baulichkeiten** entfällt.

BEISPIEL

1. Der Unternehmer Thomas Schmidt, Köln, der zum Vorsteuerabzug berechtigt ist, kauft ein **bebautes** Geschäftsgrundstück in Potsdam zum Preis von **450.000 €** durch Banküberweisung. Von diesem Kaufpreis entfallen **90.000 €** auf den Grund und Boden.
2. Außerdem werden durch Banküberweisung gezahlt:

Grunderwerbsteuer (6,5 % von 450.000 €)	29.250,00 €
Notargebühren (5.000 € + 950 € USt)	5.950,00 €
Grundbuchgebühr	4.500,00 €

Die **Anschaffungskosten** betragen:

	Kaufpreis +	Nebenkosten =	**AK**
Grund und Boden	90.000 €	7.750 €	**97.750 €**
Gebäude	360.000 €	31.000 €	**391.000 €**
	450.000 €	38.750 €	**488.750 €**

Buchungssätze:

Tz.	Sollkonto	Betrag (€)	Habenkonto
1.	**0235** (0085) Bebaute Grundstücke	90.000,00	**1800** (1200) Bank
	0240 (0090) Geschäftsbauten	360.000,00	**1800** (1200) Bank
2.	**0235** (0085) Bebaute Grundstücke	7.750,00	**1800** (1200) Bank
	0240 (0090) Geschäftsbauten	31.000,00	**1800** (1200) Bank
	1406 (1576) Vorsteuer 19 %	950,00	**1800** (1200) Bank

Buchungen:

S **0235** (0085) **Bebaute Grundstücke** H

S		H	
1)	90.000,00		
2)	7.750,00		

S **1800** (1200) **Bank** H

S		H	
		1)	90.000,00
		1)	360.000,00
		2)	7.750,00
		2)	31.000,00
		2)	950,00

S **0240** (0090) **Geschäftsbauten** H

S		H	
1)	360.000,00		
2)	31.000,00		

S **1406** (1576) **Vorsteuer 19 %** H

S		H	
2)	950,00		

Die als Anschaffungs**nebenkosten** behandelten Steuern wirken sich in der Regel bei **nicht abnutzbaren** Wirtschaftsgütern erst im Zeitpunkt der **Veräußerung** oder **Entnahme** und bei **abnutzbaren** Wirtschaftsgütern **während deren Nutzungsdauer** (in Form der Abschreibung) auf den **Gewinn aus**.

ÜBUNG → Aufgabe 3 (Seite 385)

Sind **abzugsfähige** Betriebssteuern **keine** Anschaffungs**nebenkosten**, dann sind sie **sofort abzugsfähig**, d.h., sie wirken sich im Jahr ihrer Entstehung voll auf den Gewinn aus.

Die **sofort abzugsfähigen (nicht aktivierungspflichtigen) Betriebssteuern** sind in der handelsrechtlichen Gewinn- und Verlustrechnung nach § 275 HGB grundsätzlich im Posten „**sonstige Steuern**" enthalten.

GuV-Posten nach § 275 HGB	Beispiele
sonstige Steuern	Grundsteuer Kfz-Steuer Ökosteuer

BEISPIEL

Der Unternehmer Karl Josef Stoffel überweist in 2026 durch Bank die betriebliche **Kfz-Steuer** in Höhe von **500€**.

Buchungssatz:

Sollkonto	Betrag (€)	Habenkonto
7685 (4510) Kfz-Steuer	500,00	**1800** (1200) Bank

Buchung:

S	**7685** (4510) **Kfz-Steuer**	H
500,00		

S	**1800** (1200) **Bank**	H
		500,00

8.1.1.2 Nicht abzugsfähige Betriebssteuern

Bestimmte **Steuern** sind zwar Betriebssteuern, aber nach § 12 EStG dürfen sie den **steuerlichen** Gewinn **nicht mindern**.

Diese **nicht abzugsfähigen Betriebssteuern** sind in der handelsrechtlichen Gewinn- und Verlust**rechnung** nach § 275 HGB grundsätzlich im Posten „**Steuern vom Einkommen und Ertrag**" enthalten.

GuV-Posten nach § 275 HGB	Beispiele
Steuern vom Einkommen und Ertrag	Körperschaftsteuer Solidaritätszuschlag Kapitalertragsteuer Gewerbesteuer

BEISPIEL 1

Die J & L Möbelfabrik GmbH überweist durch Bank in 2026 die **Körperschaftsteuer** für 2026 in Höhe von **527,50€** einschließlich SolZ an das Finanzamt.

Buchungssatz:

Sollkonto	Betrag (€)	Habenkonto
7600 (2200) Körperschaftsteuer	500,00	**1800** (1200) Bank
7608 (2208) Solidaritätszuschlag	27,50	**1800** (1200) Bank

Buchung:

S **7600** (2200) **Körperschaftsteuer** H	
500,00	

S **1800** (1200) **Bank** H	
	527,50

S **7608** (2208) **Solidaritätszuschlag** H	
27,50	

BEISPIEL 2

Der Unternehmer Rudi Höhn überweist in 2026 durch Bank die **Gewerbesteuer-Vorauszahlung** in Höhe von **2.500 €** für das Jahr 2026.

Buchungssatz:

Sollkonto	Betrag (€)	Habenkonto
7610 (4430) Gewerbesteuer	2.500,00	**1800** (1200) Bank

Buchung:

S **7610** (4430) **Gewerbesteuer** H	
2.500,00	

S **1800** (1200) **Bank** H	
	2.500,00

Die Konten mit den **nicht abzugsfähigen** Betriebssteuern werden über das **GuVK** abgeschlossen. Damit mindern sie zulässigerweise den Handelsbilanzgewinn.

Diese **Steuern** dürfen aber den **steuerlichen** Gewinn **nicht mindern** (§§ 4 Abs. 5b, 12 Nr. 3 EStG). Zur Ermittlung des **steuerlichen** Gewinns sind diese Steuern **außerhalb** der Buchführung dem Handelsbilanzgewinn wieder hinzuzurechnen.

LF 2

8.1.2 Privatsteuern

Privatsteuern sind Steuern, die **nicht** unmittelbar durch den Betrieb, sondern **privat** veranlasst sind. **Privatsteuern** sind z.B.

- die **Einkommensteuer**,
- die **Kirchensteuer**,
- die **Erbschaftsteuer**,
- die **private Grundsteuer**,
- die **private Kfz-Steuer**,
- die **private Kapitalertragsteuer**,
- der **private Solidaritätszuschlag**.

Privatsteuern dürfen bei der Ermittlung des steuerlichen Gewinns nicht abgezogen werden (§ 12 Nr. 3 EStG).

Die **Privatsteuern** werden auf das spezielle **Privatkonto**

2150 (1810) **Privatsteuern**

gebucht.

BEISPIEL

Der Großhändler Willi Schröder zahlt die **Einkommensteuer** einschließlich der **Kirchensteuer** und des **Solidaritätszuschlags** durch Überweisung vom betrieblichen Bankkonto in Höhe von 2.550 € an das Finanzamt.

Buchungssatz:

Sollkonto	Betrag (€)	Habenkonto
2150 (1810) **Privatsteuern**	2.550,00	**1800** (1200) Bank

Buchung:

S	**2150** (1810) **Privatsteuern**	H
2.550,00		

S	**1800** (1200) **Bank**	H
		2.550,00

8.1.3 Steuerliche Nebenleistungen

Die **steuerlichen Nebenleistungen** sind selbst **keine Steuern**, sie können aber im Zusammenhang mit der **Besteuerung** und der **Steuererhebung** auftreten.

Steuerliche Nebenleistungen sind z. B. **Verspätungszuschläge**, **Zinsen**, **Säumniszuschläge** und **Zwangsgelder** (§ 3 Abs. 4 AO).

Die **Abzugsfähigkeit** dieser Nebenleistungen bei der Gewinnermittlung richtet sich nach der **Abzugsfähigkeit** der zugrunde liegenden **Steuer** [H 12.4 (Nebenleistungen) EStH].

Ist die **Steuer abzugsfähig**, ist die **Nebenleistung** ebenfalls **abzugsfähig**.

Ist die **Steuer nicht abzugsfähig**, ist die **Nebenleistung** ebenfalls **nicht abzugsfähig**.

Die **abzugsfähigen** steuerlichen Nebenleistungen werden auf den Konten

6436 (4396) **Steuerlich abzugsfähige Verspätungszuschläge und Zwangsgelder** oder
6430 (4390) **Sonstige Abgaben**

erfasst.

Die **nicht abzugsfähigen** steuerlichen Nebenleistungen sind auf den Konten

6437 (4397) **Steuerlich nicht abzugsfähige Verspätungszuschläge und Zwangsgelder** oder
2150 (1810) **Privatsteuern**

zu buchen.

ÜBUNG →
1. Wiederholungsfragen 4 bis 9 (Seite 384),
2. Aufgabe 4 (Seite 386)

8.2 Steuerliche Sonderfälle

6 LF

8.2.1 Export - Import

In diesem Abschnitt werden der **innergemeinschaftliche Erwerb**, die **innergemeinschaftliche Lieferung**, die **Ausfuhrlieferung** in Drittlandsgebiete und die **Leistungen im Sinne des § 13b UStG** buchmäßig erläutert.

Die **Einfuhr** wurde bereits im Kapitel „Beschaffung und Absatz", Seite 175, dargestellt. B 1

8.2.1.1 Innergemeinschaftlicher Erwerb

Lieferungen zwischen vorsteuerabzugsberechtigten Unternehmern in der Europäischen Union (EU) sind als **innergemeinschaftlicher Erwerb** im **Bestimmungsland steuerpflichtig**.

Beim Import aus dem übrigen Gemeinschaftsgebiet ist **Steuerschuldner** nicht der Lieferer, sondern der **Erwerber**. Vorsteuerabzugsberechtigte Unternehmer können als Erwerber die **Erwerbsteuer** - wie die EUSt - als **Vorsteuer** abziehen (§ 15 Abs. 1 Nr. 3 UStG).

Der **innergemeinschaftliche Erwerb gegen Entgelt** ist **steuerbar**, wenn folgende **Tatbestandsmerkmale** erfüllt sind (§ 1 Abs. 1 **Nr. 5** i.V.m. § 1a **Abs. 1** UStG):

1. **Lieferung** (§ 3 Abs. 1 UStG)
2. aus dem Gebiet eines Mitgliedstaates (**übrigen Gemeinschaftsgebiet**)
3. in das Gebiet eines anderen Mitgliedstaates (**Inland**)
4. **durch** einen **Unternehmer** (keinen Kleinunternehmer), der die Lieferung gegen **Entgelt** im **Rahmen seines Unternehmens** ausführt
5. an bestimmte **Erwerber**
   - 5.1 **Unternehmer**, der den Gegenstand **für sein Unternehmen** erwirbt oder
   - 5.2 **juristische Person**, die **nicht** als **Unternehmer** tätig ist **oder** die den Gegenstand der Lieferung **nicht** für ihr **Unternehmen** erwirbt.

Beim **innergemeinschaftlichen Erwerb** ergibt sich folgender **Grundfall**:

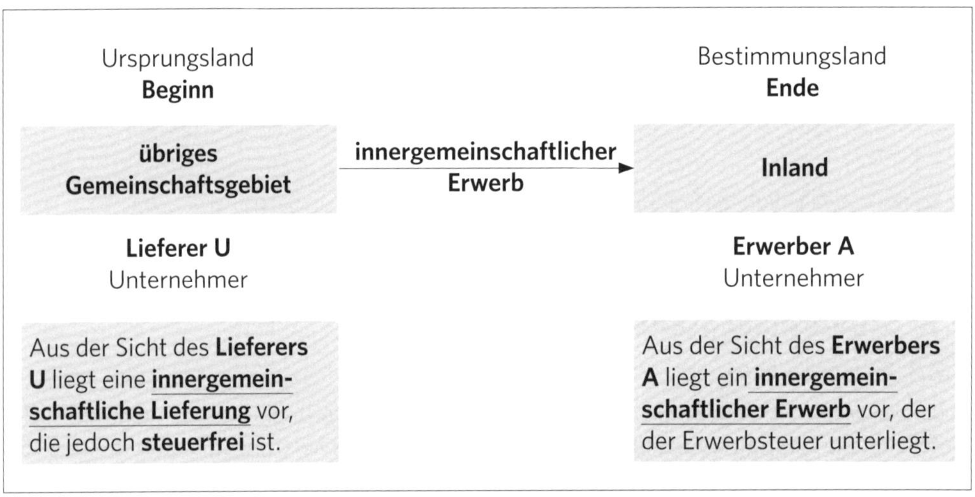

Der ausländische **Lieferer** muss **Unternehmer** im Sinne des § 2 Abs. 1 UStG sein, d.h., er darf **kein Kleinunternehmer** im Sinne des § 19 Abs. 1 UStG sein.
Der inländische Erwerber kann grundsätzlich davon ausgehen, dass ein ausländischer Lieferer **Unternehmer** ist, wenn dieser in der **Rechnung** die **USt-IdNr.** angibt, und lediglich den **Nettowert** ohne USt – unter Hinweis auf die **steuerfreie innergemeinschaftliche Lieferung** – in Rechnung stellt.

Der inländische **Erwerber** muss ebenfalls **Unternehmer** im Sinne des § 2 Abs. 1 UStG sein, der den Gegenstand **für sein Unternehmen** erwirbt.
Verwendet der inländische Erwerber beim Einkauf seine **USt-IdNr.**, so signalisiert er damit, dass er **Unternehmer** ist und den Gegenstand **für sein Unternehmen** erwerben will.

Für die **Buchung** des innergemeinschaftlichen Erwerbs sehen die DATEV-Kontenrahmen folgende Konten (allgemeiner Steuersatz) vor:

5425 (3425) **Innergemeinschaftlicher Erwerb 19 % Vorsteuer und 19 % Umsatzsteuer,**
1404 (1574) **Abziehbare Vorsteuer aus innergemeinschaftlichem Erwerb 19 % und**
3804 (1774) **Umsatzsteuer aus innergemeinschaftlichem Erwerb 19 %.**

BEISPIEL

Der **französische Lieferer** Olivier Vergniolle, Paris, liefert 50 Damenmäntel an den **deutschen Erwerber** Kühlenthal und erteilt folgende **Rechnung**. Die Rechnung enthält die USt-IdNr. des französischen Lieferers, die **USt-IdNr.** des deutschen **Erwerbers** und den **Hinweis auf** die **Steuerfreiheit** der **Lieferung**:

Olivier Vergniolle, Textiles, 6 Rue Napoléon, Paris

Numéro d'identification: FR 128335655

Herrn
Textilkaufmann E. Kühlenthal
Karthäuserhofweg 30

56075 Koblenz

USt-IdNr.: DE 149637654

14.10.2026

Rechnung

Nr. 2026/007

Sie erhielten am 06.10.2026

Menge	Artikelbezeichnung	Stückpreis	Entgelt
50 Stück	Damenmäntel	200 €	**10.000 €**

Die innergemeinschaftliche Lieferung ist steuerfrei.

Kühlenthal erfasst den **innergemeinschaftlichen Erwerb** in seiner Buchhaltung wie folgt:

Buchungssätze:

Tz.	Sollkonto	Betrag (€)	Habenkonto
1.	**5425** (3425) Innergemeinschaftl. Erwerb	10.000,00	**3300** (1600) Verb. aLuL
2.	**1404** (1574) Vorsteuer aus innerg. Erwerb	1.900,00	**3804** (1774) USt. innerg. E.

Buchungen:

S	**AV 5425** (3425) **Innerg. Erwerb**	H
1)	10.000,00	

S	**3300** (1600) **Verbindlichkeiten aLuL**	H
	1)	10.000,00

S	**1404** (1574) **Vorsteuer aus innerg. E.**	H
2)	1.900,00	

S	**3804** (1774) **USt aus innerg. Erwerb**	H
	2)	1.900,00

Buchführende Unternehmer erfüllen die Aufzeichnungspflicht dadurch, dass sie in ihrer Buchhaltung die **Konten den Anforderungen des** § 22 Abs. 2 Nr. 7 UStG entsprechend **gliedern** (siehe obiges Beispiel).

ÜBUNG →

1. Wiederholungsfrage 10 (Seite 384),
2. Aufgabe 5 (Seite 387)

8.2.1.2 Innergemeinschaftliche Lieferung

Eine **innergemeinschaftliche Lieferung** liegt vor, wenn der Gegenstand vom Inland in das übrige Gemeinschaftsgebiet gelangt.

Inland	**innergemeinschaftliche Lieferung** →	**übriges Gemeinschaftsgebiet**
Lieferer		Abnehmer

Die **innergemeinschaftliche Lieferung** ist in der Regel **steuerfrei**.

Eine **steuerfreie innergemeinschaftliche Lieferung** liegt nach § 4 Nr. 1b i.V.m. § 6a Abs. 1 UStG vor, wenn folgende **Voraussetzungen** erfüllt sind:

1. **Beförderungs- oder Versendungslieferung** (§ 3 **Abs. 6** UStG)
2. durch den liefernden **Unternehmer** oder **Abnehmer**
3. **vom Inland**
4. **in** das **übrige Gemeinschaftsgebiet**.
5. **Abnehmer**:
   5.1. ein in einem anderen Mitgliedstaat für Zwecke der Umsatzsteuer erfasster **Unternehmer**, der den Gegenstand **für sein Unternehmen** erwirbt
   oder
   5.2. eine in einem anderen Mitgliedstaat für Zwecke der Umsatzsteuer erfasste **juristische Person**, die **nicht** als **Unternehmer** tätig ist **oder** die den Gegenstand der Lieferung **nicht für** ihr **Unternehmen** erwirbt
   oder
   5.3. eine **Privatperson**, die ein **neues Fahrzeug erwirbt**.
6. Erwerb unterliegt der **Erwerbsbesteuerung**.
7. **Abnehmer** (Unternehmer oder juristische Person) verwendet **gültige USt-IdNr.**
8. **Liefernder Unternehmer** erfasst die Lieferung sachgerecht in seiner **Zusammenfassenden Meldung** (§ 18a UStG) .

Die **Voraussetzungen** für die **Steuerbefreiung** der innergemeinschaftlichen Lieferung **müssen** vom liefernden Unternehmer **nachgewiesen werden** (§ 6a Abs. 3 UStG). Dies geschieht durch **Beleg- und Buchnachweis** (§§ 17a bis 17c UStDV).

Steuerfreie innergemeinschaftliche Lieferungen werden auf dem Ertragskonto

4125 (8125) **Steuerfreie innergemeinschaftliche Lieferungen § 4 Nr. 1b UStG**

erfasst.

BEISPIEL

Der **deutsche** Unternehmer U mit deutscher USt-IdNr., Bonn, versendet im Dezember 2026 mit der Bahn eine Maschine für 10.000 € netto an den **französischen** Unternehmer A mit französischer USt-IdNr., Paris, der die Maschine in seinem Unternehmen einsetzt. U liefert auf Ziel. Entsprechende Beleg- und Buchungsnachweise liegen vor.

Für U liegt eine **steuerfreie innergemeinschaftliche Lieferung** vor, weil alle Tatbestandsmerkmale des § 4 **Nr. 1b** i. V. m. § 6a Abs. 1 UStG erfüllt sind.

Buchungssatz:

Sollkonto	Betrag (€)	Habenkonto
1200 (1400) Forderungen aLuL	10.000,00	**4125** (8125) Steuerfreie innergemein. L.

Buchung:

S	**1200** (1400) **Forderungen aLuL**	H
	10.000,00	

S	**4125** (8125) **Steuerfreie innerg. Lieferungen**	H
		10.000,00

Der **deutsche** Unternehmer **U** hat die **steuerfreie innergemeinschaftliche Lieferung** in seiner **Umsatzsteuer-Voranmeldung 2026** in die **Zeile 19** (**Kennzahl 41**) einzutragen:

			Bemessungsgrundlage ohne Umsatzsteuer	Steuer
			EUR	EUR Ct
	A. Steuerpflichtige Lieferungen, sonstige Leistungen und unentgeltliche Wertabgaben			
	B. Steuerfreie Lieferungen, sonstige Leistungen und unentgeltliche Wertabgaben			
	Steuerfreie Umsätze mit Vorsteuerabzug			
	Innergemeinschaftliche Lieferungen (§ 4 Nummer1 Buchstabe b UStG)			
19	an Abnehmer **mit** Umsatzsteuer-Identifikationsnummer	**41**	**10.000**	

Über die in **Zeile 19** der **Umsatzsteuer-Voranmeldung 2026** einzutragenden **steuerfreien** innergemeinschaftlichen Lieferungen sind **monatlich**/vierteljährlich **Zusammenfassende Meldungen - ZM** - durch Datenfernübertragung dem **Bundeszentralamt für Steuern** zu übermitteln (§ 18a UStG).

BEISPIEL

Sachverhalt wie im Beispiel zuvor. Der **deutsche** Unternehmer U trägt die **steuerfreie innergemeinschaftliche Lieferung** in die **Zusammenfassende Meldung** für den Monat Dezember 2026 oder für das **4. Quartal 2026** wie folgt ein:

	1		2		3
Zeile	Länder kennzeichen	USt-IdNr. des Erwerbers / Unternehmers in einem anderen EU-Mitgliedstaat	Summe der Bemessungsgrundlagen volle EUR	Ct	Sonstige Leistungen (falls JA, bitte 1 eintragen) ---------------- Dreiecksgeschäfte (falls JA, bitte 2 eintragen)
1	**FR**	99999999999	**10.000**	–	

ÜBUNG → 1. Wiederholungsfrage 11 (Seite 384), 2. Aufgabe 6 (Seite 387)

8.2.1.3 Ausfuhrlieferung

Eine Ausfuhrlieferung liegt vor, wenn der Gegenstand vom Inland in das Drittlandsgebiet gelangt.

Inland	**Ausfuhrlieferung** →	**Drittlandsgebiet**
Lieferer		Abnehmer

Die **Ausfuhrlieferung** in das Drittlandsgebiet ist in der Regel **steuerfrei**.

Eine **steuerfreie Ausfuhrlieferung** liegt nach § 4 **Nr. 1a** i. V. m. § 6 Abs. 1 Satz 1 Nrn. 1 und 2 UStG vor, wenn folgende **Voraussetzungen** erfüllt sind:

1. **Beförderungs- oder Versendungslieferung** (§ 3 **Abs. 6** UStG)
2. durch den liefernden **Unternehmer** oder **ausländischen Abnehmer**
3. **vom Inland**
4. **in** das **Drittlandsgebiet**.

Die **Voraussetzungen** für die **Steuerbefreiung** der Ausfuhrlieferung müssen vom liefernden Unternehmer **nachgewiesen** werden (§ 6 **Abs. 4** UStG).
Dies geschieht durch **Ausfuhrnachweis** (§§ 9 und 10 UStDV) und **Buchnachweis** (§ 13 UStDV).

Steuerfreie Ausfuhrlieferungen werden auf dem Ertragskonto

4120 (8120) **Steuerfreie Umsätze § 4 Nr. 1a UStG**

erfasst.

BEISPIEL

Der deutsche Maschinenhersteller U, Mannheim, verkauft und befördert mit eigenem Lkw eine Maschine für 15.000 € netto zum Abnehmer A nach Bern (Schweiz = Drittlandsgebiet). U liefert auf Ziel. Entsprechende Nachweise liegen vor.

Für U liegt eine **steuerfreie Ausfuhrlieferung** vor, weil alle Tatbestandsmerkmale des § 4 Nr. 1a i. V. m. § 6 Abs. 1 Satz 1 Nr. 1 UStG erfüllt sind.

Buchungssatz:

Sollkonto	Betrag (€)	Habenkonto
1200 (1400) Forderungen aLuL	15.000,00	**4120** (8120) Steuerfreie Umsätze

Buchung:

S	**1200** (1400) **Forderungen aLuL**	H
15.000,00		

S	**4120** (8120) **Steuerfreie Umsätze § 4 Nr. 1a UStG**	H
		15.000,00

U hat die **steuerfreie Ausfuhrlieferung** in seine **Umsatzsteuer-Voranmeldung 2026** in die **Zeile 22** (**Kennzahl 43**) einzutragen:

			Bemessungsgrundlage ohne Umsatzsteuer	Steuer
			EUR	EUR Ct
	B. Steuerfreie Lieferungen, sonstige Leistungen und unentgeltliche Wertabgaben			
19	an Abnehmer **mit** Umsatzsteuer-Identifikationsnummer	**41**		
20	neuer Fahrzeuge an Abnehmer **ohne** Umsatzsteuer-Identifikationsnummer	**44**		
21	neuer Fahrzeuge außerhalb eines Unternehmens (§ 2a UStG)	**49**		
	Weitere steuerfreie Umsätze mit Vorsteuerabzug			
22	z. B. **Ausfuhrlieferungen**, Umsätze nach § 4 Nummer 2 bis 7 UStG	**43**	**15.000**	

ÜBUNG →
1. Wiederholungsfrage 12 (Seite 384),
2. Aufgabe 7 (Seite 387)

8.2.1.4 Leistungen im Sinne des § 13b UStG

Für bestimmte steuerpflichtige Umsätze schuldet der **Leistungsempfänger** nach § 13b Abs. 2 UStG die Umsatzsteuer. Hierzu gehören beispielsweise folgende Umsätze:

- Werklieferungen oder sonstige Leistungen (auch Werkleistungen) eines im Ausland ansässigen Unternehmers (§ 13b Abs. 2 Nr. 1 UStG),
- Umsätze, die unter das Grunderwerbsteuergesetz fallen (§ 13b Abs. 2 Nr. 3 UStG),
- **Bauleistungen** (Werklieferungen, Werkleistungen und sonstige Leistungen) eines „Bauleisters" (Bauhandwerkers) an einen anderen „Bauleister" (Bauhandwerker), der **nachhaltig** Bauleistungen erbringt (§ 13b Abs. 2 **Nr. 4** i.V.m. Abs. 5 Satz 2),
- Lieferung von Industrieschrott, Altmetallen und sonstigen Abfallstoffen (§ 13b Abs. 2 Nr. 7 i. V. m. Anlage 3 UStG),
- Reinigungsleistungen in Bezug auf Gebäude und Gebäudeteile (§ 13b Abs. 2 Nr. 8 UStG),
- Lieferungen von Mobilfunkgeräten, Tablet-Computern und Spielekonsolen, wenn die Summe der Entgelte eines wirtschaftlichen Vorgangs mindestens 5.000 Euro beträgt (§ 13b Abs. 2 Nr. 10 UStG),
- Lieferungen der in der Anlage 4 zum UStG bezeichneten Gegenstände (Edelmetalle, unedle Metalle und Cermets), wenn die Summe der Entgelte eines wirtschaftlichen Vorgangs mindestens 5.000 Euro beträgt (§ 13b Abs. 2 Nr. 11 UStG).

Der **Leistungsempfänger** kann die von ihm nach § 13b Abs. 2 UStG geschuldete Umsatzsteuer - ähnlich wie beim innergemeinschaftlichen Erwerb - als **Vorsteuer** abziehen, wenn er die Lieferung oder sonstige Leistung **für sein Unternehmen** bezieht **und** zur Ausführung von Umsätzen verwendet, die den **Vorsteuerabzug nicht ausschließen** (Abschn. 13b.15 Abs. 1 UStAE).

Die umsatzsteuerlichen Erläuterungen der Leistungen i. S. d. § 13b UStG erfolgen in der **Steuerlehre 1**, 47. Auflage 2026, Seiten 345 f. S 1

Für die Buchung der **Leistungen im Sinne des § 13b UStG** sehen die DATEV-Kontenrahmen folgende Konten (allgemeiner Steuersatz) vor:

5925 (3125) **Leistungen eines im Ausland ansässigen Unternehmers 19 % Vorsteuer und 19 % Umsatzsteuer**,
1407 (1577) **Abziehbare Vorsteuer nach § 13b UStG 19 %**,
3837 (1787) **Umsatzsteuer nach § 13b UStG 19 %**.

BEISPIEL

Der Bauunternehmer U in Berlin lässt in 2026 von dem serbischen Subunternehmer P aus Belgrad in Potsdam einen Rohbau errichten, den P mit 100.000 € in Rechnung stellt. Das Baumaterial wird von P gestellt. Die Bemessungsgrundlage beträgt **100.000 €** (§ 10 Abs. 1 UStG).

Der im Ausland ansässige Unternehmer P erbringt im Inland eine steuerbare **Werklieferung** an den Bauunternehmer U (§ 1 Abs. 1 Nr. 1 i. V. m. § 3 Abs. 4 UStG).
Ort der Werklieferung ist **Potsdam**, weil sich dort der Rohbau im Zeitpunkt der Verschaffung der Verfügungsmacht befindet (§ 3 Abs. 7 Satz 1 UStG). Die Werklieferung ist nach § 1 Abs. 1 Nr. 1 UStG steuerbar und mangels einer Steuerbefreiung (§ 4 UStG) auch steuerpflichtig. Die Umsatzsteuer für diese Werklieferung schuldet **U als Leistungsempfänger** (§ 13b **Abs. 5** Satz 1 i.V.m. Abs. 2 Nr. 1 UStG und Abschn. 13b.1 Abs. 2 UStAE).
U kann die Umsatzsteuer als **Vorsteuer** abziehen (§ 15 Abs. 1 Satz 1 **Nr. 4** UStG; Abschn. 13b.15 Abs. 1 UStAE). Er erfasst den Vorgang in seiner Buchhaltung wie folgt:

Buchungssatz:

Sollkonto	Betrag (€)	Habenkonto
5925 (3125) Leistungen eines i.A.a.U.	100.000,00	**3300** (1600) Verbindlichk. aLuL
1407 (1577) VoSt. nach § 13b UStG	19.000,00	**3837** (1787) USt nach § 13b UStG

Buchung:

S	**5925** (3125) **Leistungen eines im Ausland ansässigen Unternehmers 19% VoSt und 19 % USt**	H
100.000,00		

S	**3300** (1600) **Verbindlichk. aLuL**	H
		100.000,00

S	**1407** (1577) **Vorsteuer n. § 13b UStG**	H
19.000,00		

S	**3837** (1787) **USt nach § 13b UStG**	H
		19.000,00

Bauunternehmer U hat die **Umsatzsteuer** in Höhe von **19.000 €** (19 % von 100.000 €) in seine **Umsatzsteuer-Voranmeldung 2026** wie folgt in **Zeile 32** einzutragen:

Zeile		Bemessungsgrundlage ohne Umsatzsteuer		Steuer	
		EUR		EUR Ct	
	D. Leistungsempfänger als Steuerschuldner (§ 13b UStG)				
32	Andere Leistungen (§ 13b Absatz 2 Nummer 1, 2, 4 bis 12 UStG)	**84**	**100.000**	**85**	**19.000 ,00**

Bauunternehmer U kann die Umsatzsteuer als **Vorsteuer** abziehen (§ 15 Abs. 1 Satz 1 Nr. 4 UStG). U hat die Vorsteuer in seiner **Umsatzsteuer-Voranmeldung 2026** wie folgt einzutragen:

41	Vorsteuerbeträge aus Leistungen im Sinne des § 13b UStG (§ 15 Absatz 1 Satz 1 Nummer 4 UStG)		**67**	**19.000 ,00**

ÜBUNG → 1. Wiederholungsfrage 13 (Seite 384), 2. Aufgabe 8 (Seite 387)

8.2.2 Nicht abzugsfähige Betriebsausgaben

Betriebsausgaben sind Aufwendungen, die durch den Betrieb veranlasst sind (§ 4 **Abs. 4** EStG).

Aber **nicht alle Betriebsausgaben sind** bei der Ermittlung des steuerlichen Gewinns **abzugsfähig**.

Durch § 4 **Abs. 5** EStG wird der **Abzug von Betriebsausgaben eingeschränkt**. Diese Vorschrift soll verhindern, dass unangemessene Repräsentationsaufwendungen die Einkommensteuerschuld des Steuerpflichtigen mindern.

8.2.2.1 Art und Umfang der nicht abzugsfähigen Betriebsausgaben

Nicht abzugsfähige Betriebsausgaben (Repräsentationsaufwendungen), die nach § 4 Abs. 5 Nrn. 1 bis 7 EStG den **Gewinn nicht mindern** dürfen, sind beispielsweise:

1.	**Aufwendungen für Geschenke** an Personen, die nicht Arbeitnehmer des Steuerpflichtigen sind, wenn die Anschaffungs- oder Herstellungskosten aller einem Empfänger in einem Wirtschaftsjahr zugewendeten betrieblichen Geschenke insgesamt **50 Euro übersteigen**;
2.	**30 % der** als **angemessen** anzusehenden **Bewirtungsaufwendungen und** die **unangemessenen Bewirtungsaufwendungen**;
3.	Aufwendungen für Gästehäuser, die sich außerhalb des Orts eines Betriebs des Steuerpflichtigen befinden;
4.	Aufwendungen für Jagd oder Fischerei, für Segeljachten oder Motorjachten sowie für ähnliche Zwecke und die hiermit zusammenhängenden Bewirtungen;
5.	Mehraufwendungen für Verpflegung, soweit bestimmte Pauschbeträge (ab 8 Std. = **14 Euro**, ab 24 Std. = **28 Euro**) überschritten werden;
6b.	Aufwendungen für ein häusliches Arbeitszimmer sowie die Kosten der Ausstattung. Dies gilt nicht, wenn das Arbeitszimmer den Mittelpunkt der gesamten betrieblichen und beruflichen Betätigung bildet;
7.	andere als die genannten Aufwendungen, die die Lebensführung des Steuerpflichtigen oder anderer Personen berühren, soweit sie nach allgemeiner Verkehrsauffassung als unangemessen anzusehen sind.

Zu den **nicht abzugsfähigen Betriebsausgaben** gehören **auch** die Geldbußen, Ordnungsgelder und Verwarnungsgelder, die von einer Behörde oder einem Gericht festgesetzt wurden, und Schmiergelder (§ 4 Abs. 5 Nrn. 8, 8a und Nr. 10 EStG). Gleiches gilt für Geldbußen, Ordnungs- und Verwarngelder, die gerichtlich in anderen Mitgliedstaaten der EU festgesetzt wurden, sowie Nachzahlungszinsen auf hinterzogene Steuern.

Die **Gewerbesteuer** und die darauf entfallenden Nebenleistungen stellen **keine Betriebsausgaben** dar (§ 4 Abs. 5b EStG).

Aufwendungen zur Finanzierung staatspolitischer Zwecke (Mitgliedsbeiträge und Spenden an politische Parteien) sind **keine Betriebsausgaben** (§ 4 Abs. 6 EStG).

8.2.2.2 Buchmäßige und steuerliche Behandlung von nicht abzugsfähigen Betriebsausgaben

Um die **Abzugsfähigkeit** bzw. **Nichtabzugsfähigkeit** besser prüfen zu können, sind die **Aufwendungen** im Sinne des § 4 Abs. 5 **Nrn. 1 bis 4**, **6b** und **7** EStG **einzeln und getrennt** von den sonstigen Betriebsausgaben **aufzuzeichnen** (§ 4 **Abs. 7** EStG).

Das **Erfordernis** der besonderen Aufzeichnung ist **erfüllt**, **wenn** für jede der in § 4 Abs. 7 EStG bezeichneten Gruppen von Aufwendungen **ein besonderes Konto** oder eine Spalte **geführt wird** (R 4.11 Abs. 1 Satz 1 EStR 2012).
Ist diese Pflicht **nicht** erfüllt, so sind die Aufwendungen als **nicht abzugsfähige Betriebsausgaben** zu behandeln.

Vorsteuerbeträge, die auf Aufwendungen entfallen, für die das Abzugsverbot des § 4 Abs. 5 **Nrn. 1 bis 4**, **7** oder des **§ 12 Nr. 1** EStG gilt, sind **nicht abziehbar** (§ 15 Abs. 1a **Satz 1** UStG). Dies gilt **nicht** für angemessene und nachgewiesene **Bewirtungsaufwendungen** im Sinne des § 4 Abs. 5 Nr. 2 EStG (§ 15 Abs. 1a **Satz 2** UStG).

Zu den **Aufwendungen**, die nach § 15 Abs. 1a **Satz 1** UStG vom **Vorsteuerabzug ausgeschlossen** sind, gehören:

Nicht abziehbare Vorsteuerbeträge
nach § 15 Abs. 1a Satz 1 UStG

nicht abzugsfähige Betriebsausgaben i.S.d. § 4 Abs. 5 EStG	**nicht abzugsfähige Ausgaben** i.S.d. § 12 EStG
• Geschenke über 35 Euro (**Nr. 1**), • **unangemessene** Bewirtungsaufwendungen (**Nr. 2**), • Aufwendungen für Gästehäuser (**Nr. 3**), • Aufwendungen für Jagd, Fischerei sowie Segel- und Motorjachten (**Nr. 4**), • unangemessene Aufwendungen für die Lebensführung (**Nr. 7**)	• Lebensführungskosten (**Nr. 1**)

Im Folgenden werden exemplarisch die in der Praxis häufig vorkommenden **Aufwendungen für Geschenke** und **Bewirtungsaufwendungen** erläutert.

8.2.2.2.1 Aufwendungen für Geschenke

Aufwendungen für betrieblich veranlasste **Geschenke** an natürliche Personen, die nicht Arbeitnehmer des Steuerpflichtigen sind, oder an juristische Personen sind als Betriebsausgaben **abziehbar**, wenn die **Anschaffungs- oder Herstellungskosten** einschließlich eines umsatzsteuerrechtlich nicht abziehbaren Vorsteuerbetrags der dem Empfänger im Wirtschaftsjahr zugewendeten Geschenke insgesamt **50 Euro** (**Freigrenze**) **nicht übersteigen** (R 9b Abs. 2 EStR 2012).

Die Bestimmung der **Anschaffungs- oder Herstellungskosten** richtet sich nach den **allgemeinen** Grundsätzen, d.h., dass Skonti, Rabatte und andere Preisnachlässe die Anschaffungskosten mindern. **Vertriebskosten** (Verpackungs- und Versandkosten) gehören **nicht** zu den Anschaffungskosten (R 4.10 Abs. 3 EStR 2012).

Bei **Geschenken unter 50 Euro netto** kann der Vorsteuerabzug auch gewährt werden, wenn der Unternehmer die Aufwendungen für Geschenke **nicht gesondert** aufzeichnet (Streichung des § 4 Abs. 7 EStG in § 15 Abs. 1a Satz 1 UStG).

BEISPIEL

Unternehmer U, Bonn, der zum Vorsteuerabzug berechtigt ist, kauft im Mai 2026 ein Werbegeschenk für **30 €** + 5,70 € USt = 35,70 € bar.

Wird dieses Geschenk einem Kunden in einem Wirtschaftsjahr zugewendet, sind die Aufwendungen **abziehbar**, weil die Anschaffungskosten (30,00 €) die Freigrenze von 50 Euro nicht übersteigen. Ebenso kann die **Vorsteuer** in Höhe von 5,70 € abgezogen werden.

Werden **mehrere** geringwertige Geschenke im Laufe eines Jahres demselben Empfänger zugewendet und wird dabei die **50-Euro-Grenze** überschritten, entfällt der **Vorsteuerabzug** nachträglich.

Übersteigen die Anschaffungskosten oder Herstellungskosten eines Geschenkes an einen Empfänger in einem Wirtschaftsjahr den Betrag von **50 Euro**, so sind die **Betriebsausgaben** in vollem Umfang **nicht abzugsfähig**.

Die für den Kauf eines **Geschenks über 50 Euro** (Nettobetrag ohne Umsatzsteuer) i.S.d. § 4 Abs. 5 Satz 1 **Nr. 1** EStG anfallende Umsatzsteuer ist vom **Vorsteuerabzug ausgeschlossen** (§ 15 Abs. 1a **Satz 1** UStG).

Die **Einschränkung** des Vorsteuerabzugs betrifft sowohl **höherwertige Geschenke** in Form von **Gegenständen** (z.B. eine Kiste Champagner) als auch in Form von **sonstigen Leistungen** (z.B. Eintrittskarten für Theater, Konzerte, Sportveranstaltungen oder Gutscheine für einen Restaurantbesuch).

BEISPIEL

Sachverhalt wie im Beispiel zuvor mit dem **Unterschied**, dass U für das Geschenk **60 €** + 11,40 € USt = 71,40 € aufwendet.

Bei den Aufwendungen handelt es sich um **nicht abzugsfähige Betriebsausgaben** im Sinne des § 4 Abs. 5 Satz 1 Nr. 1 EStG, die vom **Vorsteuerabzug ausgeschlossen** sind.

Aufwendungen für Geschenke werden auf den folgenden Konten gebucht:

6610 (4630) **Geschenke abzugsfähig,**
6620 (4635) **Geschenke nicht abzugsfähig.**

Geschenke abzugsfähig (bis 50 Euro)

BEISPIEL

Unternehmer U, Bonn, der zum Vorsteuerabzug berechtigt ist, **kauft** im Juni 2026 ein Geschenk für **25 €** + 4,75 € USt = 29,75 € bar und **schenkt** es direkt einem Kunden.

Buchungssatz:

Sollkonto	Betrag (€)	Habenkonto
6610 (4630) Geschenke abzugsfähig	25,00	
1406 (1576) Vorsteuer 19 %	4,75	
	29,75	**1600** (1000) Kasse

Buchung:

S	**6610** (4630) **Geschenke abzugsfähig**	H
	25,00	

S	**1600** (1000) **Kasse**	H
		29,75

S	**1406** (1576) **Vorsteuer 19 %**	H
	4,75	

Geschenke nicht abzugsfähig (über 50 Euro)

Werden Gegenstände **über 50 Euro** netto direkt **als Geschenke** gekauft, ist der **Vorsteuerabzug** nach § 15 Abs. 1a Satz 1 UStG **ausgeschlossen**. In diesem Fall wird der **Bruttobetrag** auf das Konto „**Geschenke nicht abzugsfähig**" gebucht.

BEISPIEL

Sachverhalt wie im Beispiel zuvor mit dem **Unterschied**, dass U für das Geschenk **60 €** + 11,40 € USt = 71,40 € aufwendet.

Buchungssatz:

Sollkonto	Betrag (€)	Habenkonto
6620 (4635) Geschenke nicht abzugsfähig	71,40	**1600** (1000) Kasse

Buchung des Kassenbelegs:

S	**6620** (4635) **Geschenke nicht abzugsfähig**	H
	71,40	

S	**1600** (1000) **Kasse**	H
		71,40

Geschenke aus dem Warensortiment

Werden Gegenstände im Wert von über 50 Euro **nicht** direkt als **Geschenke gekauft**, sondern aus dem **Warensortiment** bzw. aus dem **Produktionsprogramm entnommen**, sind die Aufwendungen im **Zeitpunkt der Hingabe** des Geschenks auf das Konto „**6620** (4635) **Geschenke nicht abzugsfähig**" **umzubuchen**.

Die bisher abgezogene **Vorsteuer** ist nach § 17 Abs. 2 Nr. 5 UStG zu **berichtigen**, weil durch die spätere Umwandlung zum Geschenk Aufwendungen getätigt werden, die unter das Abzugsverbot des § 15 Abs. 1a Satz 1 UStG fallen. Nach dieser Vorschrift ist die **Vorsteuer nicht abziehbar**, wenn die Aufwendungen auch nach einkommensteuerrechtlichen Vorschriften nicht abziehbar sind (§ 4 Abs. 5 Nr. 1 EStG).

BEISPIEL

Uhrenhändler U, Köln, hat 100 Armbanduhren zum Stückpreis von 60 € + USt (6.000 € + 1.140 € USt) auf Ziel erworben. Er hat diesen Vorgang wie folgt erfasst:

Tz.	Sollkonto	Betrag (€)	Habenkonto
1.	**5200** (3200) Wareneingang	6.000,00	**3300** (1600) Verbindlichkeiten aLuL
	1406 (1576) Vorsteuer	1.140,00	**3300** (1600) Verbindlichkeiten aLuL

Eine dieser Uhren entnimmt er seinem Warensortiment und verschenkt sie an einen Kunden. Im Zeitpunkt der Hingabe des Geschenks ist eine **Vorsteuerkorrektur** nach § 17 Abs. 2 Nr. 5 UStG vorzunehmen (Abschn. 15.6 Abs. 5 Satz 2 UStAE).

Buchungssatz:

Tz.	Sollkonto	Betrag (€)	Habenkonto
2.	**6620** (4635) Geschenke nicht abzugsf.	60,00	**5200** (3200) Wareneingang
	6620 (4635) Geschenke nicht abzugsf.	11,40	**1406** (1576) Vorsteuer

Buchung:

S	**6620** (4635) **Geschenke nicht abzugsfähig**		H
2)	**60,00**		
2)	**11,40**		

S	**5200** (3200) **Wareneingang**		H
1)	6.000,00	2)	**60,00**

S	**1406** (1576) **Vorsteuer 19 %**		H
1)	1.140,00	2)	**11,40**

Werden Gegenstände im Wert bis 50 Euro **nicht** direkt **als Geschenke gekauft**, sondern aus dem **Warensortiment** bzw. aus dem **Produktionsprogramm entnommen**, sind die Aufwendungen im Zeitpunkt der Hingabe des Geschenks auf das Konto „**6610** (4630) **Geschenke abzugsfähig**" **umzubuchen**. Die **Vorsteuer** ist **nicht** zu **korrigieren**.
Der Vorgang ist wie folgt zu buchen:

6610 (4630) **Geschenke abzugsfähig an 5200** (3200) **Wareneingang.**

8.2.2.2.2 Bewirtungsaufwendungen

Bewirtungsaufwendungen sind Aufwendungen für den Verzehr von Speisen, Getränken und sonstigen Genussmitteln (R 4.10 Abs. 5 Satz 3 EStR 2012).

Bewirtungsaufwendungen dürfen **nur** in Höhe von **70 %** der angemessenen und nachgewiesenen Aufwendungen als Betriebsausgaben abgezogen werden.
30 % der angemessenen und nachgewiesenen Bewirtungsaufwendungen dürfen **nicht** als **Betriebsausgaben** abgezogen werden.
Ebenso dürfen die **unangemessenen** bzw. **nicht nachgewiesenen Bewirtungsaufwendungen** als Betriebsausgaben den Gewinn nicht mindern.

Der **Vorsteuerabzug** für Bewirtungsaufwendungen aus geschäftlichem Anlass bleibt zulässig, soweit die Bewirtungsaufwendungen einkommensteuerrechtlich als **Betriebsausgaben** abzugsfähig sind (§ 4 Abs. 5 Satz 1 **Nr. 2** EStG).

Nach § 15 Abs. 1a Satz 2 UStG ist der Vorsteuerabzug in vollem Umfang für die dem einkommensteuerrechtlichen Abzugsverbot des § 4 Abs. 5 Satz 1 Nr. 2 EStG unterliegenden **angemessenen und nachgewiesenen** Bewirtungsaufwendungen unter den allgemeinen Voraussetzungen des § 15 UStG zu gewähren.

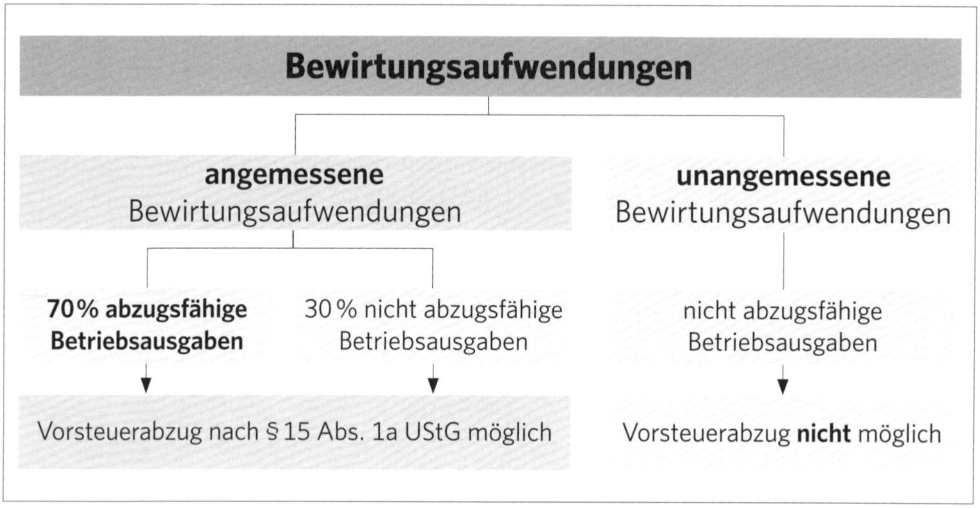

Der **Nachweis** der Höhe und der betrieblichen Veranlassung der Aufwendungen durch schriftliche Angaben zu Ort, Tag, Teilnehmer und Anlass der Bewirtung sowie Höhe der Aufwendungen ist gesetzliches Tatbestandsmerkmal für den Abzug der Bewirtungsaufwendungen als Betriebsausgaben.

Bei Bewirtung in einer **Gaststätte** genügen neben der beigefügten Rechnung Angaben zu dem Anlass und den Teilnehmern der Bewirtung. Die Rechnung muss den Anforderungen des § 14 UStG genügen und maschinell erstellt und registriert sein. Die in Anspruch genommenen Leistungen sind nach Art, Umfang, Entgelt und Tag der Bewirtung in der Rechnung gesondert zu bezeichnen, die für den Vorsteuerabzug ausreichende Angabe „Speisen und Getränke" und die Angabe der für die Bewirtung in Rechnung gestellten Gesamtsumme sind für den Betriebsausgabenabzug nicht ausreichend (R 4.10 Abs. 8 EStR 2012). Den Namen des bewirtenden Steuerpflichtigen muss die Rechnung nicht enthalten, wenn der Gesamtbetrag der Rechnung **250 Euro** nicht übersteigt (R 4.10 Abs. 8 EStR 2012).

Die **Bewirtungsaufwendungen** werden auf den folgenden Konten gebucht:

6640 (4650) **(Abzugsfähige) Bewirtungskosten** und
6644 (4654) **Nicht abzugsfähig Bewirtungskosten**.

BEISPIEL 1

Der Unternehmer U, Köln, hat im August 2026 für die **Bewirtung von Geschäftsfreunden** in einer Gaststätte **250 € + 47,50 € USt = 297,50 €** bar aufgewendet. Die Aufwendungen sind **angemessen** und werden durch einen ordnungsgemäß ausgestellten Beleg **nachgewiesen**.

175 € (70 % von 250 €) sind abzugsfähige Betriebsausgaben (§ 4 Abs. 5 Nr. 2 EStG).
75 € (30 % von 250 €) dürfen **nicht** als Betriebsausgaben abgezogen werden (§ 4 Abs. 5 Nr. 2 EStG).
47,50 € kann U nach § 15 Abs. 1a Satz 2 UStG in voller Höhe geltend machen.

Buchungssatz:

Sollkonto	Betrag (€)	Habenkonto
6640 (4650) Bewirtungskosten	175,00	**1600** (1000) Kasse
6644 (4654) Nicht abzugsfähige Bewirtungskosten	75,00	**1600** (1000) Kasse
1406 (1576) Vorsteuer 19 %	47,50	**1600** (1000) Kasse

Buchung:

S	**6640** (4650) **Bewirtungskosten**	H
1)	175,00	

S	**6644** (4654) **Nicht abzugsfähige BK**	H
1)	75,00	

S	**1406** (1576) **Vorsteuer 19 %**	H
1)	47,50	

S	**1600** (1000) **Kasse**	H
	1)	297,50

BEISPIEL 2

Sachverhalt wie im Beispiel 1 mit dem **Unterschied**, dass von den Aufwendungen **50 €** als **unangemessen** anzusehen sind.

Nach § 15 Abs. 1a Satz 2 UStG kann U den vollen **Vorsteuerabzug** auf die **angemessenen und nachgewiesenen** Bewirtungsaufwendungen in Höhe von 200 € geltend machen. U kann daher **38 €** (19 % von 200 €) als Vorsteuerabzug in Anspruch nehmen.

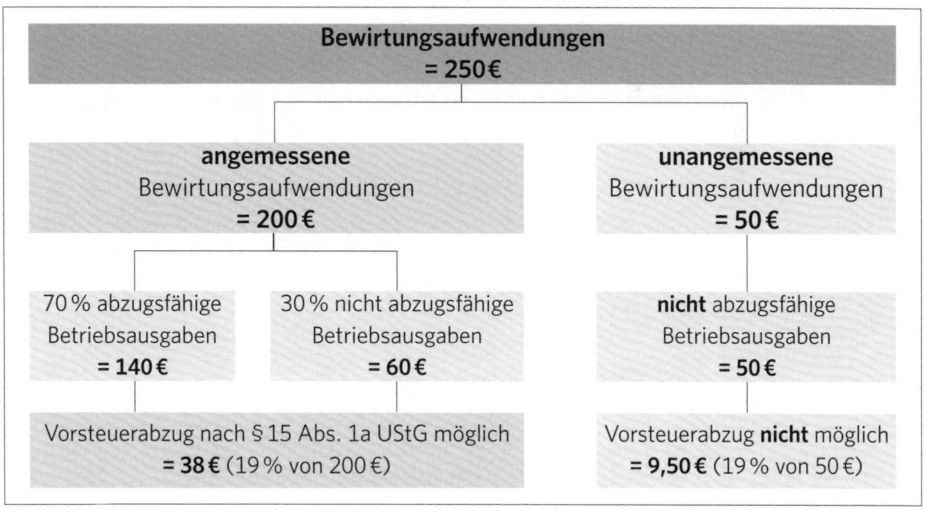

Buchungssatz:

Sollkonto	Betrag (€)	Habenkonto
6640 (4650) Bewirtungskosten	140,00	**1600** (1000) Kasse
6644 (4654) Nicht abzugsfähige Bewirtungskosten	60,00	**1600** (1000) Kasse
6644 (4654) Nicht abzugsfähige Bewirtungskosten	59,50	**1600** (1000) Kasse
1406 (1576) Vorsteuer 19 %	38,00	**1600** (1000) Kasse

Buchung:

S	6640 (4650) Bewirtungskosten	H
2)	140,00	

S	1600 (1000) Kasse	H
	2)	297,50

S	6644 (4654) Nicht abzugsfähige BK	H
2)	60,00	
2)	59,50	

S	1406 (1576) Vorsteuer 19 %	H
2)	38,00	

Die Konten mit den **nicht abzugsfähigen Betriebsausgaben** („Geschenke nicht abzugsfähig" und „Nicht abzugsfähige Bewirtungskosten") werden über das **GuVK** abgeschlossen.

Zur Ermittlung des **steuerlichen** Gewinns sind in diesem Fall diese **Aufwendungen außerhalb der Buchführung** dem in der Gewinn- und Verlustrechnung ausgewiesenen Gewinn **hinzuzurechnen**.

BEISPIEL

Der Steuerpflichtige Müller, Köln, der seinen Gewinn durch Betriebsvermögensvergleich ermittelt, weist auf seinem **GuVK** für das Wirtschaftsjahr 2026 einen **Gewinn** von **106.420 €** aus.

Seine nach § 4 Abs. 5 EStG nicht abzugsfähigen Betriebsausgaben betragen **2.300 €**. Dieser Betrag ist ordnungsgemäß auf den Konten „**Geschenke nicht abzugsfähig**" und „**Nicht abzugsfähige Bewirtungskosten**" gebucht und über das GuVK abgeschlossen worden.

Sein **steuerlicher** Gewinn wird wie folgt ermittelt:

	Gewinn lt. GuVK (Handelsbilanzgewinn)	106.420 €
+	**nicht abzugsfähige Betriebsausgaben**	**2.300 €**
=	**steuerlicher** Gewinn	108.720 €

Die **Formel für die steuerliche Erfolgsermittlung** im Rahmen des Betriebsvermögensvergleichs wird dadurch wie folgt **erweitert**:

	Betriebsvermögen am Schluss des Wirtschaftsjahres (Wj)
	Betriebsvermögen am Schluss des vorangegangenen Wirtschaftsjahres
=	Unterschiedsbetrag
+	Entnahmen
-	Einlagen
+	**nicht abzugsfähige Betriebsausgaben** (z. B. „Geschenke nicht abzugsfähig", „Nicht abzugsfähige Bewirtungskosten")
=	**steuerlicher** Gewinn/Verlust

ÜBUNG →
1. Wiederholungsfragen 14 und 15 (Seite 384),
2. Aufgaben 9 bis 14 (Seite 387 f.)

8.2.3 Reisekosten

Reisekosten sind

1. **Fahrtkosten**,
2. **Verpflegungsmehraufwendungen**,
3. **Übernachtungskosten** und
4. **Reisenebenkosten**,

wenn diese durch eine so gut wie ausschließlich **beruflich veranlasste Auswärtstätigkeit** des **Arbeitnehmers** (**Unternehmers**) entstehen (R 9.4 Abs. 1 Satz 1 LStR 2015).

Eine **beruflich veranlasste Auswärtstätigkeit** liegt vor, wenn der **Arbeitnehmer** vorübergehend außerhalb seiner Wohnung und ersten Tätigkeitsstätte tätig wird (§ 9 Abs. 4a Sätze 2 und 4 **EStG**).

Wird ein **Unternehmer** außerhalb seiner Wohnung und von seinem dauerhaft angelegten betrieblichen oder beruflichen Mittelpunkt entfernt tätig, liegt eine **Geschäftsreise** vor.

Einkommensteuerrechtlich kann der Arbeitgeber die Reisekosten seinem Arbeitnehmer **steuerfrei** ersetzen, soweit sie bestimmte Höchstbeträge nicht übersteigen (§ 3 Nr. 16 EStG).

Umsatzsteuerrechtlich ist der **Vorsteuerabzug** für Umsätze, die aus Anlass einer **Geschäftsreise oder** einer **beruflich veranlasste Auswärtstätigkeit** im **Inland** für das **Unternehmen** ausgeführt werden, unter den allgemeinen Voraussetzungen des § 15 UStG möglich.

Bei **Reisekosten** können die

1. **tatsächlichen Aufwendungen** oder
2. **Pauschbeträge**

geltend gemacht werden.

Der Unternehmer kann aber nur bei den **tatsächlichen** Aufwendungen die **Vorsteuer** geltend machen, **nicht** bei den **Pauschbeträgen**.

Reise**neben**kosten und **Übernachtungskosten** des **Unternehmers** können **nur** in **tatsächlicher Höhe** (**nicht** als **Pauschbeträge**) geltend gemacht werden.

Verpflegungsmehraufwendungen werden **nur** als **Pauschbeträge** und **nicht** in tatsächlicher Höhe als abzugsfähige Betriebsausgaben anerkannt. Bei den **anderen Reisekostenarten** hat der Steuerpflichtige ein **Wahlrecht**. Er kann die tatsächlichen Aufwendungen oder die Pauschbeträge ansetzen.

Die geltenden einkommensteuerlichen Änderungen bei der Berücksichtigung von Werbungskosten im Zusammenhang mit der **angepassten Pendlerpauschale** sowie der eingeführten **Mobilitätsprämie** haben **keine Auswirkungen** auf die Pauschbeträge bei den Reisekosten.

Die Erläuterungen der Werbungskosten erfolgen in der **Steuerlehre 2**, 46. Auflage 2026, Seiten 152 ff. S 2

Die folgende Übersicht zeigt, welche Möglichkeiten im Einzelnen bestehen.

Reisekosten

eines Arbeitnehmers	eines Unternehmers
Fahrtkosten	**Fahrtkosten**
tatsächliche Aufwendungen **oder** **pauschaler Kilometersatz**	**tatsächliche Aufwendungen** **oder** **pauschaler Kilometersatz**
1. Kraftwagen **0,30 €/km** 2. andere, motorbetriebene Fahrzeuge **0,20 €/km**	1. Kraftwagen **0,30 €/km** 2. andere, motorbetriebene Fahrzeuge **0,20 €/km**
Verpflegungsmehraufwendungen	**Verpflegungsmehraufwendungen**
eintägige Reisen ab 8 Stunden **14 €** **mehrtägige** Reisen ab 24 Stunden **28 €** bei Übernachtung für den An- und Abreisetag **14 €**	**eintägige** Reisen ab 8 Stunden **14 €** **mehrtägige** Reisen ab 24 Stunden **28 €** bei Übernachtung für den An- und Abreisetag **14 €**
Übernachtungskosten	**Übernachtungskosten**
tatsächliche Aufwendungen **oder** **Pauschbetrag** **20 €** **Kürzungsbetrag für Frühstück** **5,60 €**	**tatsächliche Aufwendungen** **kein** Pauschbetrag
Reisenebenkosten	**Reisenebenkosten**
tatsächliche Aufwendungen	**tatsächliche Aufwendungen**

Der **Vorsteuerabzug** aus **Reisekosten** ist unter den allgemeinen Voraussetzungen des § 15 UStG **möglich**.

Ein Vorsteuerabzug ist lediglich aus den **tatsächlichen** Verpflegungskosten möglich, wenn die Umsatzsteuer auf der Rechnung **gesondert** ausgewiesen ist und auf den Namen des **Unternehmers** lautet bzw. eine **Kleinbetragsrechnung** vorliegt.

Die **über** den Pauschbeträgen liegenden **Anteile** der tatsächlichen Verpflegungsaufwendungen sind **nicht abzugsfähige Betriebsausgaben**.

Der Vorsteuerabzug aus **Reisekostenpauschbeträgen**, z.B. aus der Verpflegungspauschale, ist **ausgeschlossen**.

Die Reisekosten, die als Betriebsausgaben **abziehbar** sind, werden auf den folgenden **allgemeinen** Aufwandskonten gebucht:

6650 (4660) **Reisekosten Arbeitnehmer** und
6670 (4640) **Reisekosten Unternehmer**.

Reisekosten, die **nicht** als Betriebsausgaben **abziehbar** sind, werden auf den folgenden Konten erfasst:

6652 (4662) **Reisekosten Arbeitnehmer** (nicht abziehbarer Anteil),
6672 (4672) **Reisekosten Unternehmer** (nicht abziehbarer Anteil).

Die Buchung kann anhand von **Einzelbelegen** oder nach **Pauschalbeträgen** erfolgen.

8.2.3.1 Buchung anhand von Einzelbelegen

Der Unternehmer kann nur bei **Einzelnachweis** den Vorsteuerabzug aus Reisekosten geltend machen.

BEISPIEL

Der Unternehmer U, Köln, besucht in 2026 aus betrieblichen Gründen eine Messe in Leipzig. Die Dauer der zweitägigen Geschäftsreise beträgt 35 Stunden.
Dabei sind ihm folgende Aufwendungen entstanden, die er anhand von ordnungsgemäß ausgestellten Rechnungen (**Einzelbelegen**) nachweist:

	abziehbare BA	nicht abziehbare BA	Vorsteuer
1. **Fahrtkosten** für Bahnfahrt:	200,00 €		14,00 €
2. **Reisenebenkosten** für Taxifahrten:	60,00 €		4,20 €
3. **Verpflegungskosten**:	28,00 €	122,00 €	28,50 €
4. **Übernachtungskosten***:	233,64 €		16,36 €
	521,64 €	122,00 €	63,06 €

* ohne Frühstück

U kann anhand der Rechnungen (Einzelbelege) den **Vorsteuerabzug** in Höhe von **63,06 €** vornehmen, obwohl er nur Mehraufwendungen für Verpflegung von **28 €** als Betriebsausgaben absetzen kann.
Von den 150 € Verpflegungskosten sind **122 €** (150 € - 28 €) nicht abzugsfähige Betriebsausgaben.

Buchungssatz:

Sollkonto	Betrag (€)	Habenkonto
6670 (4670) Reisekosten Unternehmer	521,64	**1600** (1000) Kasse
6672 (4672) Reisekosten U (nicht abziehb. Anteil)	122,00	**1600** (1000) Kasse
1406 (1576) Vorsteuer 19 %	28,50	**1600** (1000) Kasse
1401 (1571) Vorsteuer 7 %	34,56	**1600** (1000) Kasse

Buchung:

S **6670** (4670) **Reisekosten Unternehmer**	H
521,64	

S **1600** (1000) **Kasse**	H
	706,70

S **6672** (4672) **Reisekosten U** (n. abz. A.)	H
122,00	

S **1401** (1571) **Vorsteuer 7 %**	H
34,56	

S **1406** (1576) **Vorsteuer 19 %**	H
28,50	

Der **Vorsteuerabzug** wird auch bei Fahrtkosten für **Fahrzeuge des Personals**, soweit der **Unternehmer Leistungsempfänger** (Rechnungsempfänger) ist, unter den übrigen Voraussetzungen des § 15 UStG zugelassen.

8.2.3.2 Buchung nach Pauschalbeträgen

Werden die Reisekosten nach **Pauschbeträgen** abgerechnet, können **keine Vorsteuerbeträge** mehr abgezogen werden.

8.2.3.2.1 Kilometerpauschalen bei Reisen

Benutzt der **Arbeitnehmer** für eine **beruflich veranlasste Auswärtstätigkeit** sein **eigenes** Fahrzeug, so kann der Arbeitgeber die Fahrtkosten dem Arbeitnehmer ohne Nachweis der tatsächlich entstandenen Kosten mit den **pauschalen Kilometersätzen** lohnsteuerfrei vergüten (R 9.5 Abs. 1 Satz 5 LStR 2015). Wird dem **Arbeitnehmer** für die Auswärtstätigkeit ein **Kraftfahrzeug zur Verfügung gestellt**, dürfen die pauschalen Kilometersätze **nicht** steuerfrei erstattet werden (R 9.5 Abs. 2 Satz 4 LStR 2015).

BEISPIEL

Der **Arbeitnehmer** A fährt im Mai 2026 bei einer **beruflich veranlassten Auswärtstätigkeit** mit seinem **eigenen Pkw** von Frankfurt nach Kassel. Die **einfache** Entfernung beträgt **193 km**.
A erhält von seinem Arbeitgeber den **pauschalen Kilometersatz** von **115,80 €** (193 km x 0,30 € x 2) bar ersetzt.

Der Arbeitgeber kann den Betrag von **115,80 €** als **Betriebsausgabe** geltend machen.
Der Arbeitgeber kann aus diesem Betrag **keine Vorsteuer herausrechnen**.

Buchungssatz:

Sollkonto	Betrag (€)	Habenkonto
6650 (4660) Reisekosten Arbeitnehmer	115,80	**1600** (1000) Kasse

Buchung:

S **6650** (4660) **Reisekosten Arbeitnehmer**	H
115,80	

S **1600** (1000) **Kasse**	H
	115,80

8.2.3.2.2 Verpflegungspauschalen bei Reisen

Nimmt ein **Unternehmer** aus Anlass einer **Geschäftsreise** im **Inland** für seine Mehraufwendungen für Verpflegung einen **Pauschbetrag** in Anspruch **oder** erstattet er seinem **Arbeitnehmer** aus Anlass einer **beruflich veranlasste Auswärtstätigkeit** im **Inland** die Aufwendungen für die Mehraufwendungen für Verpflegung nach Pauschbeträgen, so kann er diese Beträge als **Betriebsausgaben** geltend machen.

Der Arbeitgeber kann aus diesen Beträgen jedoch **keine Vorsteuer** herausrechnen.

BEISPIEL

Der **Arbeitnehmer** A ist am 14.12.2026 aus Anlass einer **beruflich veranlassten Auswärtstätigkeit** 12 Stunden außerhalb seiner ersten Tätigkeitsstätte tätig. Der Arbeitgeber erstattet A für Verpflegungsmehraufwendungen den **Pauschbetrag** von **14 €** bar.

Der Arbeitgeber kann den Betrag von **14 €** als **Betriebsausgabe** absetzen. Er kann aber aus diesem Betrag **keine Vorsteuer** mehr herausrechnen.

Buchungssatz:

Sollkonto	Betrag (€)	Habenkonto
6650 (4660) Reisekosten Arbeitnehmer	14,00	**1600** (1000) Kasse

Buchung:

S	**6650** (4660) **Reisekosten Arbeitnehmer**	H
14,00		

S	**1600** (1000) **Kasse**	H
		14,00

8.2.3.2.3 Übernachtungspauschale bei Reisen

Erstattet der Unternehmer seinem **Arbeitnehmer** aus Anlass einer **beruflich veranlassten Auswärtstätigkeit** im **Inland** die Aufwendungen für Übernachtung nach **Pauschbeträgen**, so kann er diese Beträge als **Betriebsausgaben** geltend machen.
Der Arbeitgeber kann aus diesen Beträgen jedoch **keine Vorsteuer** herausrechnen.

BEISPIEL

Der **Arbeitnehmer** A erhält von seinem Arbeitgeber aus Anlass einer **beruflich veranlassten Auswärtstätigkeit** im August 2026 **Pauschbeträge** für Übernachtungskosten (mit Frühstück) in Höhe von **28,80 €** [(20 € x 2) - (5,60 € x 2)] bar erstattet.

Der Arbeitgeber kann den Betrag von **28,80 €** als **Betriebsausgabe** absetzen. Er kann aber aus diesem Betrag **keine Vorsteuer** mehr herausrechnen.

Buchungssatz:

Sollkonto	Betrag (€)	Habenkonto
6650 (4660) Reisekosten Arbeitnehmer	28,80	**1600** (1000) Kasse

Buchung:

S	**6650** (4660) **Reisekosten Arbeitnehmer**	H
28,80		

S	**1600** (1000) **Kasse**	H
		28,80

ÜBUNG →
1. Wiederholungsfragen 16 bis 19 (Seite 384),
2. Aufgaben 15 bis 17 (Seiten 388 f.)

8.3 Erfolgskontrolle

Wiederholungsfragen

1. Was sind Steuern?
2. Was versteht man unter Betriebssteuern?
3. Wie sind abzugsfähige Betriebssteuern buchmäßig zu behandeln, die bei der Anschaffung eines Wirtschaftsgutes anfallen?
4. Wie sind abzugsfähige Betriebssteuern buchmäßig zu behandeln, die nicht zu den Anschaffungskosten gehören?
5. Welche Betriebssteuern sind steuerlich nicht abzugsfähig?
6. Was versteht man unter Privatsteuern?
7. Welche Privatsteuern kennen Sie?
8. Welche steuerlichen Nebenleistungen gibt es?
9. Wonach richtet sich die Abzugsfähigkeit der steuerlichen Nebenleistungen bei der Gewinnermittlung?
10. Wie wird der innergemeinschaftliche Erwerb buchmäßig behandelt?
11. Wie wird die innergemeinschaftliche Lieferung buchmäßig behandelt?
12. Wie wird die steuerfreie Ausfuhrlieferung buchmäßig behandelt?
13. Wie wird die Leistung im Sinne des § 13b UStG buchmäßig behandelt?
14. Wie sind die Betriebsausgaben i.S.d. § 4 Abs. 5 Nr. 1 EStG buchmäßig zu behandeln?
15. Wie werden Geschenke buchmäßig behandelt?
16. Welche Reisekosten können nur in tatsächlicher Höhe geltend gemacht werden?
17. Welche Reisekosten können nur als Pauschbeträge geltend gemacht werden?
18. Welche Reisekostenarten können entweder in tatsächlicher Höhe oder als Pauschbetrag geltend gemacht werden?
19. Wie werden Reisekosten bei der Pauschalierung buchmäßig behandelt?

Aufgaben

AUFGABE 1

Welche der nachstehenden Steuern ist in der Regel aktivierungspflichtig? Kreuzen Sie die richtige Lösung an.

(a) Grundsteuer
(b) Einkommensteuer
(c) Grunderwerbsteuer
(d) Gewerbesteuer

AUFGABE 2

Der Unternehmer Adams, der zum Vorsteuerabzug berechtigt ist, kauft 2026 ein unbebautes Betriebsgrundstück zum Kaufpreis von 50.000 € durch Banküberweisung.

Außerdem werden durch Banküberweisung gezahlt:

Grunderwerbsteuer (5 % von 50.000 €)	2.500,00 €
Notargebühren (800 € + 152 € USt)	952,00 €
Grundbuchgebühr	650,00 €

Zur teilweisen Finanzierung des Grundstücks nimmt Adam ein Darlehen bei seiner Bank auf. Die Bank berechnet ihm im Anschaffungsjahr:

Zinsen	3.400,00 €
Damnum (Bearbeitungsgebühren)	500,00 €

1. Ermitteln Sie die Anschaffungskosten des Grundstücks.
2. Bilden Sie die Buchungssätze für die Anschaffung des Grundstücks.

AUFGABE 3

Der Unternehmer Becker, der zum Vorsteuerabzug berechtigt ist, kauft 2026 ein bebautes Betriebsgrundstück zum Preis von 500.000 € durch Banküberweisung. Von diesem Kaufpreis entfallen 100.000 € auf Grund und Boden.

Außerdem werden durch Banküberweisung gezahlt:

Grunderwerbsteuer (5 % von 500.000 €)	25.000,00 €
Notargebühr (5.000 € + 950 € USt)	5.950,00 €
Grundbuchgebühr	5.000,00 €

1. Ermitteln Sie die Anschaffungskosten für den Grund und Boden und für das Gebäude.
2. Bilden Sie die Buchungssätze.

AUFGABE 4

Bilden Sie die Buchungssätze für folgende Geschäftsvorfälle:

1. Wir überweisen vom betrieblichen Bankkonto	
Einkommensteuer	2.000,00 €
Kirchensteuer	180,00 €
Solidaritätszuschlag	150,00 €
für den Unternehmer.	
2. Wir überweisen durch Postbank	
Gewerbesteuer-Vorauszahlung	800,00 €
Grundsteuer für das Betriebsgrundstück	300,00 €
3. Der Spediteur Will berechnet uns für eine Wareneinfuhr	
Einfuhrabgaben (Einfuhrzoll)	3.000,00 €
4. Wir überweisen durch Bank Grunderwerbsteuer in Höhe von	7.000,00 €
an das Finanzamt für den Erwerb eines unbebauten Betriebsgrundstücks.	
5. Wir überweisen durch Postbank Kfz-Steuer für den betrieblichen Pkw	
an das Finanzamt	780,00 €
6. Das Finanzamt erstattet überzahlte Einkommen- und Kirchensteuer	
des Unternehmers auf das betriebliche Postbankkonto	3.270,00 €
7. Aufgrund einer Außenprüfung zahlen wir durch Bank	
folgende Steuern für Vorjahre nach:	
Gewerbesteuer	600,00 €
Einkommensteuer	500,00 €
Kirchensteuer	45,00 €
8. Wir haben ein bebautes Grundstück zum Preis von 300.000 € gekauft.	
Vom Kaufpreis entfallen 45.000 € auf Grund und Boden und	
255.000 € auf Geschäftsgebäude.	
Wir überweisen die Grunderwerbsteuer von	10.500,00 €
an das Finanzamt durch Bank.	
Bilden Sie nur den Buchungssatz für die Steuerzahlung.	
9. Wir überweisen die Grunderwerbsteuer von	28.000,00 €
vom betrieblichen Bankkonto für ein Grundstück, das zum	
Privatvermögen des Unternehmers gehört.	
10. Die Gemeindekasse erstattet auf das betriebliche Postbankkonto	
Grundsteuer in Höhe von	200,00 €
für das Einfamilienhaus des Unternehmers.	
11. Wir überweisen vom betrieblichen Bankkonto	
Säumniszuschlag auf ESt	70,00 €
Säumniszuschlag auf GewSt	80,00 €

AUFGABE 5

Der niederländische Lieferer U versendet mit der Eisenbahn Ware für 15.000 € netto an den Unternehmer A in Köln, der die Ware für sein Unternehmen verwendet. Die Versendung beginnt am 21.07.2026 in Amsterdam und endet am 24.07.2026 in Köln. U und A sind Unternehmer mit USt-IdNr. U liefert auf Ziel.

Bilden Sie den Buchungssatz für den Unternehmer A.

AUFGABE 6

Der deutsche Unternehmer U mit deutscher USt-IdNr., Erfurt, versendet 2026 mit der Bahn eine Maschine für 50.000 € netto an den italienischen Unternehmer A mit italienischer USt-IdNr., der die Maschine in seinem Unternehmen einsetzt. U liefert auf Ziel.

Bilden Sie den Buchungssatz für den Unternehmer U.

AUFGABE 7

Im August 2026 liefert Einzelunternehmer Friedrich Froh aus Fürstenfeldbruck Waren auf Ziel an einen Kunden in Kanada.
Der Warenwert beträgt 1.350 € netto und die in Rechnung gestellte Luftfracht 150 € netto.

Bilden Sie den Buchungssatz für den Unternehmer Froh.

AUFGABE 8

Der in Bern (Schweiz) ansässige Unternehmer U errichtet 2026 in München für den Unternehmer A eine Montagehalle für 150.000 € netto auf Ziel.

Bilden Sie den Buchungssatz für den Unternehmer A.

AUFGABE 9

Der Büromaschinenhändler Järgen, Köln, kauft im Dezember 2026 durch Banküberweisung für 1.250f € (netto) zuzüglich 237,50 € USt versilberte Kugelschreiber, die er guten Kunden zu Weihnachten schenkt. Die Anschaffungskosten haben je Kugelschreiber 50 € (netto) betragen. Andere Geschenke haben die Kunden in diesem Wirtschaftsjahr von Järgen nicht bekommen.

1. Bilden Sie den Buchungssatz für den Kauf der Kugelschreiber.
2. Wie sind die Geschenke bei der Ermittlung des steuerlichen Gewinns zu behandeln?

AUFGABE 10

Der Gewerbetreibende U, Koblenz, will zu Weihnachten treuen Kunden silberne Kugelschreiber schenken. Im November 2026 kauft er 50 silberne Kugelschreiber zu je 60 € = 3.000 € + 570 € USt = 3.570 € und begleicht den Betrag durch Banküberweisung. Im Dezember 2026 schenkt U seinen Kunden die im November 2026 gekauften silbernen Kugelschreiber.

Bilden Sie den Buchungssatz für die Geschenke der Kugelschreiber.

AUFGABE 11

Der Fabrikant Willi Müller, Ulm, kauft im Oktober 2026 von dem französischen Unternehmer Jean Filou, Metz, 50 Brieftaschen zu je 80 €. Die Lieferung geht im November 2026 ein, die Rechnung liegt bei. Müller möchte die Brieftaschen seinen besten Kunden zu Weihnachten schenken.

Bilden Sie den Buchungssatz für die Eingangsrechnung. Die USt-IdNrn. der Unternehmer sind bekannt.

AUFGABE 12

Der bilanzierende Gewerbetreibende Heiner Boettinger, Mannheim, kauft im November 2026 Geschenke (50 €/Stück) für seine Geschäftsfreunde; die Eingangsrechnung wird ordnungsgemäß gebucht.
Ein Geschenk übergibt Boettinger dem Inhaber eines Fitness-Studios, weil er dort Stammkunde ist.

Bilden Sie den Buchungssatz.

AUFGABE 13

Der Großhändler Gillot, Frankfurt, lädt im Mai 2026 während einer mehrtägigen Geschäftsreise zwei Kunden ein und bewirtet sie. Dadurch entstehen ihm Kosten in Höhe von insgesamt 180 € (netto) zuzüglich 19 % USt, die angemessen sind. Von den Kosten entfallen 60 € auf ihn selbst. Die belegmäßig nachgewiesenen Kosten werden bar bezahlt.

1. Bilden Sie den Buchungssatz für die Bewirtungsaufwendungen.
2. Wie sind die Aufwendungen bei der Ermittlung des steuerlichen Gewinns zu behandeln?

AUFGABE 14

Der Bauunternehmer Krank, Kiel, lädt im Juni 2026 einen Kunden zum Mittagessen in ein Gourmet-Restaurant ein. Dadurch entstehen ihm Kosten in Höhe von insgesamt 300 € (netto) zuzüglich 33 € USt. Von diesem Betrag können nach der allgemeinen Verkehrsauffassung 160 € (netto) zuzüglich 16 € USt als angemessen angesehen werden.

1. Bilden Sie den Buchungssatz für die Bewirtungsaufwendungen.
2. Wie sind die Aufwendungen bei der Ermittlung des steuerlichen Gewinns zu behandeln?

AUFGABE 15

Der Unternehmer U, Bonn, der zum Vorsteuerabzug berechtigt ist, unternimmt im Dezember 2026 mit seinem privaten Pkw eine dreitägige Geschäftsreise im Inland mit zwei Übernachtungen. Die einfache Entfernung beträgt 270 km.

Die Reisekosten werden bar aus der Geschäftskasse erstattet.

1. Ermitteln Sie den Betrag für die Kilometerpauschale, die der Unternehmer als Betriebsausgabe absetzen kann.
2. Bilden Sie den Buchungssatz.

AUFGABE 16

Sachverhalt wie in Aufgabe 15 mit dem Unterschied, dass die Reise von einem Arbeitnehmer unternommen wird. Der Arbeitnehmer bekommt von seinem Arbeitgeber die lohnsteuerrechtlich zulässige Kilometerpauschale steuerfrei bar erstattet.

1. Ermitteln Sie den Betrag für die Kilometerpauschale, die der Unternehmer als Betriebsausgabe absetzen kann.
2. Bilden Sie den Buchungssatz.

AUFGABE 17

Der Arbeitnehmer A führt im September 2026 mit seinem eigenen Pkw im Auftrag seines Arbeitgebers, der zum Vorsteuerabzug berechtigt ist, eine viertägige Dienstreise im Inland mit drei Übernachtungen durch. Die Dauer der Dienstreise beträgt am 1. Tag 14 Stunden, am 2. Tag 24 Stunden, am 3. Tag 24 Stunden und am 4. Tag 15 Stunden.
Der Arbeitgeber erstattet ihm die lohnsteuerrechtlich zulässigen Beträge bar für die Kilometerpauschale mit dem eigenen Pkw (einfache Entfernung 150 km), die Verpflegungspauschale und die Übernachtungspauschale (ohne Frühstück).

1. Ermitteln Sie den Betrag für die Kilometerpauschale, die Verpflegungspauschale und die Übernachtungspauschale, die der Unternehmer als Betriebsausgabe absetzen kann.
2. Bilden Sie den Buchungssatz.

Weitere Aufgaben mit Lösungen finden Sie im **Lösungsbuch** der Buchführung 1. A | L

Zusammenfassende Erfolgskontrolle

Der Unternehmer Klaus Kollmann, Worms, hat durch Inventur am 01.01.2026 folgende Anfangsbestände ermittelt:

Anfangsbestände	€
0235 (0085) Bebaute Grundstücke	45.000,00
0240 (0090) Geschäftsbauten	120.000,00
0520 (0320) Pkw	45.000,00
0640 (0430) Ladeneinrichtung	65.000,00
1140 (3980) Bestand Waren	175.000,00
1200 (1400) Forderungen aLuL	133.900,00
1403 (1573) Vorsteuer aus innergemeinschaftlichem Erwerb	0,00
1406 (1576) Vorsteuer 19 %	0,00
1800 (1200) Bankguthaben	53.800,00
1600 (1000) Kasse	7.300,00
3300 (1600) Verbindlichkeiten aLuL	169.200,00
3720 (1740) Verbindlichkeiten aus Lohn und Gehalt	0,00
3730 (1741) Verbindlichkeiten aus LSt/KiSt	5.620,00
3740 (1742) Verbindlichkeiten im Rahmen der sozialen Sicherheit	6.480,00
3770 (1750) Verbindlichkeiten aus Vermögensbildung	0,00
3790 (1755) Lohn- und Gehaltsverrechnung	0,00
3803 (1773) Umsatzsteuer aus innergemeinschaftlichem Erwerb	0,00
3806 (1776) Umsatzsteuer 19 %	0,00
3841 (1790) Umsatzsteuerverbindlichkeiten Vorjahr	18.700,00
2100 (1800) Privatentnahmen	?
2000 (0800) Eigenkapital	

Neben den obigen Bestandskonten sind folgende Erfolgskonten zu führen:

5200 (3200), **4200** (8200), **4639** (8924), **4645** (8921), **6020** (4120), **6080** (4170), **6110** (4130), **5425** (3425), **6640** (4650), **6644** (4654), **6220** (4830), **6221** (4831), **6222** (4832), **6805** (4920).

Geschäftsvorfälle des Jahres 2026		€
1. Banküberweisung der USt-Schuld Vorjahr		18.700,00
2. Kauf von Waren auf Ziel, netto	142.000 €	
+ USt	26.980 €	168.980,00
3. Verkauf von Waren auf Ziel, netto	507.000 €	
+ USt	96.330 €	603.330,00
4. Kollmann verwendet sein gemischt genutztes Fahrzeug lt. Fahrtenbuch zu 30 % für private Zwecke. Die gesamten Pkw-Kosten (einschließlich der AfA) haben in 2026		14.000,00
betragen. Davon entfallen auf Kfz-Steuer und Kfz-Versicherung		4.000,00
5. Kollmann benutzt sein Geschäftstelefon zu 20 % für private Zwecke. Die gesamten Telefonkosten haben 2026		6.000,00
betragen. Die Vorsteuer wurde ordnungsgemäß gekürzt.		

Geschäftsvorfälle des Jahres 2026	€
6. Bruttogehalt	2.122,00
+ vwL (vom Arbeitgeber getragen)	39,17
steuer- und sozialversicherungspflichtiges Gehalt	2.161,17
- Lohnsteuer/Kirchensteuer/Solidaritätszuschlag	- 280,00
- Sozialversicherungsbeiträge	- 420,00
Nettogehalt	1.461,17
- abzuführende vwL	- 39,17
= Auszahlung	1.422,00
Das Nettogehalt wird durch Bank überwiesen.	
Arbeitgeberanteil zur Sozialversicherung, noch nicht abgeführt	410,00
7. Kollmann erwirbt im Dezember 2026 von einem französischen Lieferer Ware auf Ziel für netto Kollmann und der Lieferer sind Unternehmer mit USt-IdNr.	10.000,00
8. Kollmann wendet im Dezember 2026 in einer Kölner Gaststätte für die Bewirtung von Geschäftsfreunden bar auf 600 € + 114 € USt = Die Aufwendungen sind angemessen und werden durch einen ordnungsgemäß ausgestellten Beleg nachgewiesen.	714,00
Abschlussangaben	**€**
9. Warenendbestand laut Inventur Der innergemeinschaftliche Erwerb von 10.000 € ist sofort verkauft worden.	60.000,00
10. Abschreibung auf Geschäftsbauten	4.000,00
11. Abschreibung auf Pkw	5.000,00
12. Abschreibung auf Ladeneinrichtung	15.000,00

Aufgaben

1. Bilden Sie die Buchungssätze der Geschäftsvorfälle des Jahres 2026. Tz. 6 ist nach der Verrechnungsmethode zu kontieren.
2. Tragen Sie die Anfangsbestände auf den Konten vor.
3. Buchen Sie die Geschäftsvorfälle.
4. Schließen Sie die Konten ab.
5. Ermitteln Sie den handelsrechtlichen Gewinn.
6. Ermitteln Sie außerhalb der Buchführung den steuerrechtlichen Gewinn.

Anhang 1

Aktuelle Rechtsänderungen – Übersicht

Die folgende Tabelle fasst die in der aktuellen Auflage berücksichtigten Rechtsänderungen nach Themengebieten zusammen und dokumentiert die jeweiligen Quellen.

Berücksichtigte Rechtsänderungen

Kapitel	Thema	Art	Quelle	Paragraf	Fundstelle
3.7.2	Zeitlich befristete Wiedereinführung einer erhöhten degressiven AfA	Gesetz	BGBl.	§7 Abs. 2 EStG	BGBl. 2025 I Nr. 161; Gesetz für ein steuerliches Investitionssofortprogramm zur Stärkung des Wirtschaftsstandorts Deutschland
3.10.1.1	Pauschbeträge für unentgeltliche Wertabgaben (Sachentnahmen)	BMF-Schreiben	BMF	§10 Abs. 4 Nr. 1 UStG, Abschn. 10.6 UStAE	BMF-Schreiben vom 23. Dezember 2025, IV D 3 - S 1547/00006/007/021
3.10.1.2, 5.9.3	Erhöhung der Preisgrenze für begünstigte Elektrofahrzeuge (Einkommensteuer)	Gesetz	BGBl.	§6 Abs. 1 Nr. 4 Satz 2 Nr. 3 EStG	BGBl. 2025 I Nr. 161; Gesetz für ein steuerliches Investitionssofortprogramm zur Stärkung des Wirtschaftsstandorts Deutschland
5.1	Beitragsbemessungsgrenzen Sozialversicherung	Verordnung	BGBl.		BGBl. 2025 I Nr. 278; Verordnung über maßgebende Rechengrößen der Sozialversicherung 2026 (Sozialversicherungsrechengrößen-Verordnung 2026)
5.1, 5.4	Kassenindividueller Zusatzbeitrag zur Krankenversicherung	Sonstiges	Sonstiges		Bundesanzeiger vom 10.11.2025
5.7, 5.8	Entgeltgrenze Minijob und Übergangsbereich	Gesetz	BGBl.	§8 Abs. 1 SGB IV	BGBl. 2025, I Nr. 355; Gesetz zur Anpassung des Sechsten Buches Sozialgesetzbuch und anderer Gesetze
5.7, 5.8	Veränderung der Umlagen bei Minijobs	Sonstiges		§ 360 SGB III	www.minijob-zentrale.de
5.7.2	Sonderregelung für Saisonkräfte in der Landwirtschaft	Gesetz	BGBl.		BGBl. 2025, I Nr. 355; Gesetz zur Anpassung des Sechsten Buches Sozialgesetzbuch und anderer Gesetze
5.9.1	Sachbezugswert unentgeltliche/verbilligte Wohnung; Bewertungsabschlag	Verordnung	BGBl.	§ 2 Abs. 4 SvEV	BGBl. 2025, I Nr. 377; Sechzehnte Verordnung zur Änderung der Sozialversicherungsentgeltverordnung
5.9.2	Sachbezugswerte Verpflegung	Verordnung, BMF-Schreiben	BGBl., BMF	§ 2 Abs. 1 und 3 SvEV	Sechzehnte Verordnung zur Änderung der Sozialversicherungsentgeltverordnung; BMF-Schreiben vom 29.12.2025 IV C 5 - S 2334/00088/007/013

Bilanz-Posten[2]	Programmverbindung[4] Abschlusszweck[4]	0 Anlagevermögenskonten
		KU 0050-0089
Nicht eingeforderte ausstehende Einlagen		F 0050 Ausstehende Einlagen auf das Komplementär-Kapital, nicht eingefordert (Vollhafter) R 0051 -59
Eingeforderte, noch ausstehende Kapitaleinlagen persönlich haftender Gesellschafter		F 0060 Ausstehende Einlagen auf das Komplementär-Kapital, eingefordert (Vollhafter) R 0061 -69
Nicht eingeforderte ausstehende Einlagen		F 0070 Ausstehende Einlagen auf das Kommandit-Kapital, nicht eingefordert (Teilhafter) R 0071 -79
Eingeforderte, noch ausstehende Kapitaleinlagen Kommanditisten		F 0080 Ausstehende Einlagen auf das Kommandit-Kapital, eingefordert (Teilhafter) R 0081 -89
Rückständige fällige Einzahlungen auf Geschäftsanteile		0090 Rückständige fällige Einzahlungen auf Geschäftsanteile
		Anlagevermögen
		Immaterielle Vermögensgegenstände
Entgeltlich erworbene Konzessionen, gewerbliche Schutzrechte und ähnliche Rechte und Werte sowie Lizenzen an solchen Rechten und Werten		**0100 Entgeltlich erworbene Konzessionen, gewerbliche Schutzrechte und ähnliche Rechte und Werte sowie Lizenzen an solchen Rechten und Werten** 0110 Konzessionen 0120 Gewerbliche Schutzrechte 0130 Ähnliche Rechte und Werte 0135 EDV-Software 0140 Lizenzen an gewerblichen Schutzrechten und ähnlichen Rechten und Werten
Selbst geschaffene gewerbliche Schutzrechte und ähnliche Rechte und Werte	HB	**0143 Selbst geschaffene immaterielle Vermögensgegenstände**
	HB	0144 EDV-Software
	HB	0145 Lizenzen und Franchiseverträge
	HB	0146 Konzessionen und gewerbliche Schutzrechte
	HB	0147 Rezepte, Verfahren, Prototypen
In der Entwicklung befindliche immaterielle Vermögensgegenstände	HB	0148 Immaterielle Vermögensgegenstände in Entwicklung
Geschäfts- oder Firmenwert		**0150 Geschäfts- oder Firmenwert** R 0160 -69
Geleistete Anzahlungen		**0170 Geleistete Anzahlungen auf immaterielle Vermögensgegenstände** **0179 Anzahlungen auf Geschäfts- oder Firmenwert**

Bilanz-Posten[2]	Programmverbindung[4] Abschlusszweck[4]	0 Anlagevermögenskonten
		Sachanlagen
Grundstücke, grundstücksgleiche Rechte und Bauten einschließlich der Bauten auf fremden Grundstücken		**0200 Grundstücke, grundstücksgleiche Rechte und Bauten einschließlich der Bauten auf fremden Grundstücken** 0210 Grundstücksgleiche Rechte ohne Bauten 0215 Unbebaute Grundstücke 0220 Grundstücksgleiche Rechte (Erbbaurecht, Dauerwohnrecht, unbebaute Grundstücke) 0225 Grundstücke mit Substanzverzehr 0229 Grundstücksanteil des häuslichen Arbeitszimmers 0230 Bauten auf eigenen Grundstücken und grundstücksgleichen Rechten 0235 Grundstückswerte eigener bebauter Grundstücke 0240 Geschäftsbauten 0250 Fabrikbauten 0260 Andere Bauten 0270 Garagen 0280 Außenanlagen für Geschäfts-, Fabrik- und andere Bauten 0285 Hof- und Wegebefestigungen 0290 Einrichtungen für Geschäfts-, Fabrik- und andere Bauten 0300 Wohnbauten 0305 Garagen 0310 Außenanlagen 0315 Hof- und Wegebefestigungen 0320 Einrichtungen für Wohnbauten 0329 Gebäudeteil des häuslichen Arbeitszimmers 0330 Bauten auf fremden Grundstücken 0340 Geschäftsbauten 0350 Fabrikbauten 0360 Wohnbauten 0370 Andere Bauten 0380 Garagen 0390 Außenanlagen 0395 Hof- und Wegebefestigungen 0398 Einrichtungen für Geschäfts-, Fabrik-, Wohn- und andere Bauten
Technische Anlagen und Maschinen		**0400 Technische Anlagen und Maschinen** 0420 Technische Anlagen 0440 Maschinen 0450 Transportanlagen und Ähnliches 0460 Maschinengebundene Werkzeuge 0470 Betriebsvorrichtungen
Andere Anlagen, Betriebs- und Geschäftsausstattung		**0500 Andere Anlagen, Betriebs- und Geschäftsausstattung** 0510 Andere Anlagen 0520 Pkw 0540 Lkw 0560 Sonstige Transportmittel 0620 Werkzeuge 0630 Betriebsausstattung 0635 Geschäftsausstattung 0640 Ladeneinrichtung 0650 Büroeinrichtung 0660 Gerüst- und Schalungsmaterial 0670 Geringwertige Wirtschaftsgüter 0675 Wirtschaftsgüter (Sammelposten) 0680 Einbauten in fremde Grundstücke 0690 Sonstige Betriebs- und Geschäftsausstattung

Bilanz-Posten[2)]	Programmverbindung[4)] Abschlusszweck[4)]	0 Anlagevermögenskonten
Geleistete Anzahlungen und Anlagen im Bau		**0700 Geleistete Anzahlungen und Anlagen im Bau** 0705 Anzahlungen auf Grund und Boden 0710 Geschäfts-, Fabrik- und andere Bauten im Bau auf eigenen Grundstücken 0720 Anzahlungen auf Geschäfts-, Fabrik- und andere Bauten auf eigenen Grundstücken 0725 Wohnbauten im Bau auf eigenen Grundstücken 0735 Anzahlungen auf Wohnbauten auf eigenen Grundstücken 0740 Geschäfts-, Fabrik- und andere Bauten im Bau auf fremden Grundstücken 0750 Anzahlungen auf Geschäfts-, Fabrik- und andere Bauten auf fremden Grundstücken 0755 Wohnbauten im Bau auf fremden Grundstücken 0765 Anzahlungen auf Wohnbauten auf fremden Grundstücken 0770 Technische Anlagen und Maschinen im Bau 0780 Anzahlungen auf technische Anlagen und Maschinen 0785 Andere Anlagen, Betriebs- und Geschäftsausstattung im Bau 0795 Anzahlungen auf andere Anlagen, Betriebs- und Geschäftsausstattung
		Finanzanlagen
Anteile an verbundenen Unternehmen		0800 Anteile an verbundenen Unternehmen (Anlagevermögen) 0803 Anteile an verbundenen Unternehmen, Personengesellschaften 0804 Anteile an verbundenen Unternehmen, Kapitalgesellschaften 0805 Anteile an herrschender oder mehrheitlich beteiligter Gesellschaft, Personengesellschaften 0806 Anteile einer GmbH & Co. KG an einer Komplementär-GmbH 0808 Anteile an herrschender oder mehrheitlich beteiligter Gesellschaft, Kapitalgesellschaften 0809 Anteile an herrschender oder mehrheitlich beteiligter Gesellschaft
Ausleihungen an verbundene Unternehmen		0810 Ausleihungen an verbundene Unternehmen 0813 Ausleihungen an verbundene Unternehmen, Personengesellschaften 0814 Ausleihungen an verbundene Unternehmen, Kapitalgesellschaften 0815 Ausleihungen an verbundene Unternehmen, Einzelunternehmen
Beteiligungen		0820 Beteiligungen 0829 Beteiligung einer GmbH & Co. KG an einer Komplementär-GmbH 0830 Typisch stille Beteiligungen 0840 Atypisch stille Beteiligungen 0850 Beteiligungen an Kapitalgesellschaften 0860 Beteiligungen an Personengesellschaften

Bilanz-Posten[2)]	Programmverbindung[4)] Abschlusszweck[4)]	0 Anlagevermögenskonten
Ausleihungen an Unternehmen, mit denen ein Beteiligungsverhältnis besteht		0880 Ausleihungen an Unternehmen, mit denen ein Beteiligungsverhältnis besteht 0883 Ausleihungen an Unternehmen, mit denen ein Beteiligungsverhältnis besteht, Personengesellschaften 0885 Ausleihungen an Unternehmen, mit denen ein Beteiligungsverhältnis besteht, Kapitalgesellschaften
Wertpapiere des Anlagevermögens		**0900 Wertpapiere des Anlagevermögens** 0910 Wertpapiere mit Gewinnbeteiligungsansprüchen, die dem Teileinkünfteverfahren unterliegen 0920 Festverzinsliche Wertpapiere
Sonstige Ausleihungen		**0930 Übrige sonstige Ausleihungen** 0940 Darlehen
Ausleihungen an Gesellschafter		0960 Ausleihungen an Gesellschafter 0961 Ausleihungen an GmbH-Gesellschafter 0962 Ausleihungen an persönlich haftende Gesellschafter 0963 Ausleihungen an Kommanditisten R 0964 -69
Sonstige Ausleihungen		0970 Ausleihungen an nahe stehende Personen
Genossenschaftsanteile		**0980 Genossenschaftsanteile zum langfristigen Verbleib**
Rückdeckungsansprüche aus Lebensversicherungen		**0990 Rückdeckungsansprüche aus Lebensversicherungen zum langfristigen Verbleib**

SKR 04

Bilanz-Posten[2)]	Programmverbindung[4)] Abschlusszweck[4)]	1 Umlaufvermögenskonten
		KU 1000-1179 V 1180-1189 M 1190-1199 KU 1200-1486 V 1487 KU 1488-1899
		Vorräte
Roh-, Hilfs- und Betriebsstoffe		**1000 -39 Roh-, Hilfs- und Betriebsstoffe (Bestand)**
Unfertige Erzeugnisse, unfertige Leistungen		**1040 -49 Unfertige Erzeugnisse, unfertige Leistungen (Bestand)** 1050 -79 Unfertige Erzeugnisse (Bestand) 1080 -89 Unfertige Leistungen (Bestand)
In Ausführung befindliche Bauaufträge		1090 -94 In Ausführung befindliche Bauaufträge
In Arbeit befindliche Aufträge		1095 -99 In Arbeit befindliche Aufträge
Fertige Erzeugnisse und Waren		**1100 -09 Fertige Erzeugnisse und Waren (Bestand)** **1110 -39 Fertige Erzeugnisse (Bestand)** **1140 -79 Waren (Bestand)**
Geleistete Anzahlungen		**1180 Geleistete Anzahlungen auf Vorräte** AV 1181 Geleistete Anzahlungen 7 % Vorsteuer AV 1182 Geleistete Anzahlungen, 5 % Vorsteuer R 1183 AV 1184 Geleistete Anzahlungen, 16 % Vorsteuer R 1185 AV 1186 Geleistete Anzahlungen 19 % Vorsteuer
Erhaltene Anzahlungen auf Bestellungen (von Vorräten offen abgesetzt)		1190 Erhaltene Anzahlungen auf Bestellungen (von Vorräten offen abgesetzt)
		Forderungen und sonstige Vermögensgegenstände
Forderungen aus Lieferungen und Leistungen oder *Sonstige Verbindlichkeiten*		**S 1200 Forderungen aus Lieferungen und Leistungen** R 1201 -06 Forderungen aus Lieferungen und Leistungen F 1210 -14 Forderungen aus Lieferungen und Leistungen ohne Kontokorrent
	EÜR	F 1215 Forderungen aus Lieferungen und Leistungen zum allgemeinen Umsatzsteuersatz oder eines Kleinunternehmers (EÜR)
	EÜR	F 1216 Forderungen aus Lieferungen und Leistungen zum ermäßigten Umsatzsteuersatz (EÜR)
	EÜR	F 1217 Forderungen aus steuerfreien oder nicht steuerbaren Lieferungen und Leistungen (EÜR)
	EÜR	F 1218 Forderungen aus Lieferungen und Leistungen nach Durchschnittssätzen nach § 24 UStG (EÜR)

Bilanz-Posten[2)]	Programmverbindung[4)] Abschlusszweck[4)]	1 Umlaufvermögenskonten
	EÜR	F 1219 Gegenkonto 1215-1218 bei Aufteilung der Forderungen nach Steuersätzen (EÜR)
	EÜR	F 1220 Forderungen nach § 11 Abs. 1 Satz 2 EStG für § 4 Abs. 3 EStG
Forderungen aus Lieferungen und Leistungen oder *Sonstige Verbindlichkeiten*		F 1221 Forderungen aus Lieferungen und Leistungen ohne Kontokorrent – Restlaufzeit bis 1 Jahr F 1225 – Restlaufzeit größer 1 Jahr R 1230 -39 F 1240 Zweifelhafte Forderungen F 1241 – Restlaufzeit bis 1 Jahr F 1245 – Restlaufzeit größer 1 Jahr
Forderungen aus Lieferungen und Leistungen H-Saldo		1246 Einzelwertberichtigungen auf Forderungen – Restlaufzeit bis 1 Jahr 1247 – Restlaufzeit größer 1 Jahr 1248 Pauschalwertberichtigung auf Forderungen – Restlaufzeit bis 1 Jahr 1249 – Restlaufzeit größer 1 Jahr
Andere Forderungen gegen Gesellschafter oder *Andere Verbindlichkeiten gegenüber Gesellschaftern* oder *Verbindlichkeiten gegenüber Gesellschaftern* oder *Sonstige Verbindlichkeiten*		F 1250 Forderungen aus Lieferungen und Leistungen gegen Gesellschafter F 1251 – Restlaufzeit bis 1 Jahr F 1255 – Restlaufzeit größer 1 Jahr
Forderungen aus Lieferungen und Leistungen H-Saldo		1258 Gegenkonto zu sonstigen Vermögensgegenständen bei Buchungen über Debitorenkonto
Forderungen aus Lieferungen und Leistungen H-Saldo oder *Sonstige Verbindlichkeiten S-Saldo*		1259 Gegenkonto 1221-1229, 1240-1245,1250-1257, 1270-1279, 1290-1297 bei Aufteilung Debitorenkonto
Forderungen gegen verbundene Unternehmen oder *Verbindlichkeiten gegenüber verbundenen Unternehmen*		**1260 Forderungen gegen verbundene Unternehmen** 1261 – Restlaufzeit bis 1 Jahr 1265 – Restlaufzeit größer 1 Jahr R 1266 -69 F 1270 Forderungen aus Lieferungen und Leistungen gegen verbundene Unternehmen F 1271 – Restlaufzeit bis 1 Jahr F 1275 – Restlaufzeit größer 1 Jahr
Forderungen gegen verbundene Unternehmen H-Saldo		1276 Wertberichtigungen auf Forderungen gegen verbundene Unternehmen – Restlaufzeit bis 1 Jahr 1277 – Restlaufzeit größer 1 Jahr

Bilanz-Posten[2]	Programmverbindung[4] Abschlusszweck[4]	1 Umlaufvermögenskonten
Forderungen gegen Unternehmen, mit denen ein Beteiligungsverhältnis besteht oder *Verbindlichkeiten gegenüber Unternehmen, mit denen ein Beteiligungsverhältnis besteht*		**1280 Forderungen gegen Unternehmen, mit denen ein Beteiligungsverhältnis besteht** 1281 – Restlaufzeit bis 1 Jahr 1285 – Restlaufzeit größer 1 Jahr R 1286 -89 F 1290 Forderungen aus Lieferungen und Leistungen gegen Unternehmen, mit denen ein Beteiligungsverhältnis besteht F 1291 – Restlaufzeit bis 1 Jahr F 1295 – Restlaufzeit größer 1 Jahr
Forderungen gegen Unternehmen, mit denen ein Beteiligungsverhältnis besteht H-Saldo		1296 Wertberichtigungen auf Forderungen gegen Unternehmen, mit denen ein Beteiligungsverhältnis besteht – Restlaufzeit bis 1 Jahr 1297 – Restlaufzeit größer 1 Jahr
Eingeforderte, noch ausstehende Kapitaleinlagen		**1298 Ausstehende Einlagen auf das gezeichnete Kapital, eingefordert (Forderungen, nicht eingeforderte ausstehende Einlagen s. Konto 2910)**
Eingeforderte Nachschüsse		**1299 Nachschüsse (Forderungen, Gegenkonto 2929)**
Sonstige Vermögensgegenstände oder *Sonstige Verbindlichkeiten*		**1300 Sonstige Vermögensgegenstände** 1301 – Restlaufzeit bis 1 Jahr
Sonstige Vermögensgegenstände		1305 – Restlaufzeit größer 1 Jahr
Forderungen gegen Gesellschafter oder *Verbindlichkeiten gegenüber Gesellschaftern*		1307 Forderungen gegen GmbH-Gesellschafter 1308 – Restlaufzeit bis 1 Jahr 1309 – Restlaufzeit größer 1 Jahr
Sonstige Vermögensgegenstände oder *sonstige Verbindlichkeiten*		1310 Forderungen gegen Vorstandsmitglieder und Geschäftsführer 1311 – Restlaufzeit bis 1 Jahr
Sonstige Vermögensgegenstände		1315 – Restlaufzeit größer 1 Jahr
Forderungen gegen persönlich haftende Gesellschafter oder *Verbindlichkeiten gegenüber persönlich haftenden Gesellschaftern*		1317 Forderungen gegen persönlich haftende Gesellschafter 1318 – Restlaufzeit bis 1 Jahr 1319 – Restlaufzeit größer 1 Jahr
Sonstige Vermögensgegenstände oder *Sonstige Verbindlichkeiten*		1320 Forderungen gegen Aufsichtsrats- und Beirats-Mitglieder 1321 – Restlaufzeit bis 1 Jahr
Sonstige Vermögensgegenstände		1325 – Restlaufzeit größer 1 Jahr

Bilanz-Posten[2]	Programmverbindung[4] Abschlusszweck[4]	1 Umlaufvermögenskonten
Forderungen gegen Kommanditisten oder *Verbindlichkeiten gegenüber Kommanditisten*		R 1327 -29
Andere Forderungen gegen Gesellschafter oder *Andere Verbindlichkeiten gegenüber Gesellschaftern* oder *Verbindlichkeiten gegenüber Gesellschaftern* oder *Sonstige Verbindlichkeiten*		1330 Forderungen gegen sonstige Gesellschafter 1331 – Restlaufzeit bis 1 Jahr 1335 – Restlaufzeit größer 1 Jahr
Sonstige Vermögensgegenstände		1337 Forderungen gegen typisch stille Gesellschafter 1338 – Restlaufzeit bis 1 Jahr 1339 – Restlaufzeit größer 1 Jahr 1340 Forderungen gegen Personal aus Lohn- und Gehaltsabrechnung 1341 – Restlaufzeit bis 1 Jahr 1345 – Restlaufzeit größer 1 Jahr
	SB	1349 Ansprüche aus betrieblicher Altersversorgung und Pensionsansprüche (Mitunternehmer)[28]
Sonstige Vermögensgegenstände		1350 Kautionen 1351 – Restlaufzeit bis 1 Jahr 1355 – Restlaufzeit größer 1 Jahr 1360 Darlehen 1361 – Restlaufzeit bis 1 Jahr 1365 – Restlaufzeit größer 1 Jahr
Sonstige Vermögensgegenstände oder *Sonstige Verbindlichkeiten*		1369 Forderungen gegenüber Krankenkassen aus Aufwendungsausgleichsgesetz 1370 Durchlaufende Posten 1374 Fremdgeld 1375 Agenturwarenabrechnung
	U	F 1376 Nachträglich abziehbare Vorsteuer nach § 15a Abs. 2 UStG
	U	F 1377 Zurückzuzahlende Vorsteuer nach § 15a Abs. 2 UStG
Sonstige Vermögensgegenstände		1378 Ansprüche aus Rückdeckungsversicherungen
	SB	1380 Vermögensgegenstände zur Erfüllung von Pensionsrückstellungen und ähnlichen Verpflichtungen zum langfristigen Verbleib
Aktiver Unterschiedsbetrag aus der Vermögensverrechnung oder *Rückstellungen für Pensionen und ähnliche Verpflichtungen*	HB	1381 Vermögensgegenstände zur Saldierung mit Pensionsrückstellungen und ähnlichen Verpflichtungen zum langfristigen Verbleib nach § 246 Abs. 2 HGB
Sonstige Vermögensgegenstände	SB	1382 Vermögensgegenstände zur Erfüllung von mit der Altersversorgung vergleichbaren langfristigen Verpflichtungen

Bilanz-Posten[2]	Programmverbindung[4] Abschlusszweck[4]	1 Umlaufvermögenskonten
Aktiver Unterschiedsbetrag aus Vermögensverrechnung oder *Sonstige Rückstellungen*	HB	1383 Vermögensgegenstände zur Saldierung mit der Altersversorgung vergleichbaren langfristigen Verpflichtungen nach § 246 Abs. 2 HGB
Sonstige Vermögensgegenstände		1390 GmbH-Anteile zum kurzfristigen Verbleib
Sonstige Vermögensgegenstände oder *Sonstige Verbindlichkeiten*		1391 Forderungen gegen Arbeitsgemeinschaften
Sonstige Vermögensgegenstände		1393 Genussrechte
		1394 Einzahlungsansprüche zu Nebenleistungen oder Zuzahlungen
		1395 Genossenschaftsanteile zum kurzfristigen Verbleib
Sonstige Vermögensgegenstände oder *Sonstige Verbindlichkeiten*	U	F 1396 Nachträglich abziehbare Vorsteuer nach § 15a Abs. 1 UStG, bewegliche Wirtschaftsgüter
	U	F 1397 Zurückzuzahlende Vorsteuer nach § 15a Abs. 1 UStG, bewegliche Wirtschaftsgüter
	U	F 1398 Nachträglich abziehbare Vorsteuer nach § 15a Abs. 1 UStG, unbewegliche Wirtschaftsgüter
	U	F 1399 Zurückzuzahlende Vorsteuer nach § 15a Abs. 1 UStG, unbewegliche Wirtschaftsgüter
	U	S 1400 Abziehbare Vorsteuer
	U	S 1401 Abziehbare Vorsteuer 7 %
	U	S 1402 Abziehbare Vorsteuer aus innergemeinschaftlichem Erwerb
		R 1403
	U	S 1404 Abziehbare Vorsteuer aus innergemeinschaftlichem Erwerb 19 %
		R 1405
	U	S 1406 Abziehbare Vorsteuer 19 %
	U	S 1407 Abziehbare Vorsteuer nach § 13b UStG 19 %
	U	S 1408 Abziehbare Vorsteuer nach § 13b UStG
		R 1409
		S 1410 Aufzuteilende Vorsteuer
		S 1411 Aufzuteilende Vorsteuer 7 %
		S 1412 Aufzuteilende Vorsteuer aus innergemeinschaftlichem Erwerb
		S 1413 Aufzuteilende Vorsteuer aus innergemeinschaftlichem Erwerb 19 %
		R 1414 -15
		S 1416 Aufzuteilende Vorsteuer 19 %
		S 1417 Aufzuteilende Vorsteuer nach §§ 13a und 13b UStG
		R 1418
		S 1419 Aufzuteilende Vorsteuer nach §§ 13a und 13b UStG 19 %
Sonstige Vermögensgegenstände		1420 Forderungen aus Umsatzsteuer-Vorauszahlungen
Sonstige Vermögensgegenstände oder *Sonstige Verbindlichkeiten*		1422 Umsatzsteuerforderungen Vorjahr
		1425 Umsatzsteuerforderungen frühere Jahre

Bilanz-Posten[2]	Programmverbindung[4] Abschlusszweck[4]	1 Umlaufvermögenskonten
Sonstige Vermögensgegenstände oder *Sonstige Verbindlichkeiten*	U	1427 Forderungen aus entrichteten Verbrauchsteuern
	U	S 1431 Abziehbare Vorsteuer aus der Auslagerung von Gegenständen aus einem Umsatzsteuerlager
	U	S 1432 Abziehbare Vorsteuer aus innergemeinschaftlichem Erwerb von Neufahrzeugen von Lieferanten ohne USt-Identifikationsnummer
	U	F 1433 Entstandene Einfuhrumsatzsteuer
		S 1434 Vorsteuer in Folgeperiode/im Folgejahr abziehbar
		1435 Forderungen aus Gewerbesteuerüberzahlungen
	U	S 1436 Vorsteuer aus Erwerb als letzter Abnehmer innerhalb eines Dreiecksgeschäfts
Sonstige Vermögensgegenstände		1440 Steuererstattungsansprüche gegenüber anderen Ländern
Sonstige Vermögensgegenstände oder *Sonstige Verbindlichkeiten*		1450 Körperschaftsteuerrückforderung
Sonstige Vermögensgegenstände		F 1456 Forderungen an das Finanzamt aus abgeführtem Bauabzugsbetrag
Sonstige Vermögensgegenstände oder *Sonstige Verbindlichkeiten*		1457 Forderung gegenüber Bundesagentur für Arbeit
		F 1460 Geldtransit
	EÜR	1480 Gegenkonto Vorsteuer § 4 Abs. 3 EStG
	EÜR	1481 Auflösung Vorsteuer aus Vorjahr § 4 Abs. 3 EStG
	EÜR	1482 Vorsteuer aus Investitionen § 4 Abs. 3 EStG
		R 1483 -85
	EÜR	F 1486 Verrechnungskonto für Gewinnermittlung § 4 Abs. 3 EStG, nicht ergebniswirksam
	EÜR	1487 Wirtschaftsgüter des Umlaufvermögens nach § 4 Abs. 3 Satz 4 EStG
Sonstige Vermögensgegenstände oder *Sonstige Verbindlichkeiten*		F 1490 Verrechnungskonto Ist-Versteuerung
	EÜR	F 1491 Neutralisierung ertragswirksamer Sachverhalte für § 4 Abs. 3 EStG
	SB	1494 Forderungen gegen Gesellschaft/Gesamthand[28]
Sonstige Verbindlichkeiten oder *Sonstige Vermögensgegenstände*		F 1495 Verrechnungskonto erhaltene Anzahlungen bei Buchung über Debitorenkonto
		F 1496 -97
Sonstige Vermögensgegenstände oder *Sonstige Verbindlichkeiten*		1498 Überleitungskonto Kostenstellen

Bilanz-Posten[2]	Programmverbindung[4] Abschlusszweck[4]	1 Umlaufvermögenskonten
		Wertpapiere
Anteile an verbundenen Unternehmen		**1500 Anteile an verbundenen Unternehmen (Umlaufvermögen)**
		1504 Anteile an herrschender oder mehrheitlich beteiligter Gesellschaft
Sonstige Wertpapiere		**1510 Sonstige Wertpapiere**
		R 1520 -24
		1525 Andere Wertpapiere mit unwesentlichen Wertschwankungen
		1530 Wertpapieranlagen im Rahmen der kurzfristigen Finanzdisposition
		Kassenbestand, Bundesbankguthaben, Guthaben bei Kreditinstituten und Schecks
Kassenbestand, Bundesbankguthaben, Guthaben bei Kreditinstituten und Schecks		R 1550
		F 1600 Kasse
		F 1610 Nebenkasse 1
		F 1620 Nebenkasse 2
Kassenbestand, Bundesbankguthaben, Guthaben bei Kreditinstituten und Schecks oder *Verbindlichkeiten gegenüber Kreditinstituten*		**F 1700 Bank (Postbank)**
		F 1710 Bank (Postbank 1)
		F 1720 Bank (Postbank 2)
		F 1730 Bank (Postbank 3)
		F 1780 LZB-Guthaben
		F 1790 Bundesbankguthaben
		F 1800 Bank
		F 1810 Bank 1
		F 1820 Bank 2
		F 1830 Bank 3
		F 1840 Bank 4
		F 1850 Bank 5
		R 1889
		1890 Finanzmittelanlagen im Rahmen der kurzfristigen Finanzdisposition (nicht im Finanzmittelfonds enthalten)
Verbindlichkeiten gegenüber Kreditinstituten oder *Kassenbestand, Bundesbankguthaben, Guthaben bei Kreditinstituten und Schecks*		1895 Verbindlichkeiten gegenüber Kreditinstituten (nicht im Finanzmittelfonds enthalten)
		Abgrenzungsposten
Rechnungsabgrenzungsposten		**1900 Aktive Rechnungsabgrenzung**
	SB	1920 Als Aufwand berücksichtigte Zölle und Verbrauchsteuern auf Vorräte
	SB	1930 Als Aufwand berücksichtigte Umsatzsteuer auf Anzahlungen
		1940 Damnum/Disagio
Aktive latente Steuern	HB	**1950 Aktive latente Steuern**

KU 2000-2308		M 2359[10]	
V 2309[10]		KU 2360-2368	
KU 2310-2318		M 2369[10]	
V 2319[10]		KU 2370-2378	
KU 2320-2328		M 2379[10]	
V 2329[10]		KU 2380-2388	
KU 2330-2338		M 2389[10]	
V 2339[10]		KU 2390-2398	
KU 2340-2348		M 2399[10]	
V 2349[10]		KU 2400-2900	
KU 2350-2358		KU 2908-2999	

Bilanz-Posten[2]	Programmverbindung[4] Abschlusszweck[4]	2 Eigenkapitalkonten/Fremdkapitalkonten
		Kapital
		Eigenkapital Vollhafter/Einzelunternehmer
Kapitalanteil der persönlich haftenden Gesellschafter		F 2000 Festkapital
Anfangskapital		F 2001 Kapital (fester Anteil nur Einzelunternehmen)[22]
Kapitalanteil der persönlich haftenden Gesellschafter		F 2010 Variables Kapital
Anfangskapital		F 2011 Kapital (variabler Anteil, nur Einzelunternehmen)[22]
		Fremdkapital Vollhafter
Verbindlichkeiten gegenüber persönlich haftenden Gesellschaftern oder *Forderungen gegen persönlich haftende Gesellschafter*		F 2020 Gesellschafter-Darlehen
		R 2021 -29
		Eigenkapital Einzelunternehmer
		2030 (zur freien Verfügung) -49
		Eigenkapital Teilhafter
Kapitalanteile der Kommanditisten		F 2050 Kommandit-Kapital
		R 2051 -59
		F 2060 Verlustausgleichskonto
		R 2061 -69
		Fremdkapital Teilhafter
Verbindlichkeiten gegenüber Kommanditisten oder *Forderungen gegen Kommanditisten*		F 2070 Gesellschafter-Darlehen
		R 2071 -79
		Eigenkapital (keine Abfrage)
		R 2080 -99

Bilanz-Posten[2]	Programmverbindung[4] Abschlusszweck[4]	2 Eigenkapitalkonten/ Fremdkapitalkonten
		Privat (Eigenkapital) Vollhafter/Einzelunternehmer
Kapitalanteil der persönlich haftenden Gesellschafter		F 2100 Privatentnahmen allgemein
Entnahmen		F 2101 Privatentnahmen allgemein (nur Einzelunternehmen)[22]
Kapitalanteil der persönlich haftenden Gesellschafter		F 2110 Privatentnahmen allgemein
Entnahmen		F 2111 Privatentnahmen allgemein (nur Einzelunternehmen)[22]
Kapitalanteil der persönlich haftenden Gesellschafter		F 2120 Privatentnahmen allgemein
Entnahmen		F 2121 Privatentnahmen allgemein (nur Einzelunternehmen)[22]
Kapitalanteil der persönlich haftenden Gesellschafter		F 2130 Unentgeltliche Wertabgaben
Entnahmen		F 2131 Unentgeltliche Wertabgaben (nur Einzelunternehmen)[22]
Kapitalanteil der persönlich haftenden Gesellschafter		F 2140 Unentgeltliche Wertabgaben
Entnahmen		F 2141 Unentgeltliche Wertabgaben (nur Einzelunternehmen)[22]
Kapitalanteil der persönlich haftenden Gesellschafter		F 2150 Privatsteuern
Entnahmen		F 2151 Privatsteuern (nur Einzelunternehmen)[22]
Kapitalanteil der persönlich haftenden Gesellschafter		F 2160 Privatsteuern
Entnahmen		F 2161 Privatsteuern (nur Einzelunternehmen)[22]
Kapitalanteil der persönlich haftenden Gesellschafter		F 2170 Privatsteuern
Entnahmen		F 2171 Privatsteuern (nur Einzelunternehmen)[22]
Kapitalanteil der persönlich haftenden Gesellschafter		F 2180 Privateinlagen
Entnahmen		F 2181 Privateinlagen (nur Einzelunternehmen)[22]

Bilanz-Posten[2]	Programmverbindung[4] Abschlusszweck[4]	2 Eigenkapitalkonten/ Fremdkapitalkonten
Kapitalanteil der persönlich haftenden Gesellschafter		F 2190 Privateinlagen
Entnahmen		F 2191 Privateinlagen (nur Einzelunternehmen)[22]
Kapitalanteil der persönlich haftenden Gesellschafter		F 2200 Sonderausgaben beschränkt abzugsfähig
Entnahmen		F 2201 Sonderausgaben beschränkt abzugsfähig (nur Einzelunternehmen)[22]
Kapitalanteil der persönlich haftenden Gesellschafter		F 2210 Sonderausgaben beschränkt abzugsfähig
Entnahmen		F 2211 Sonderausgaben beschränkt abzugsfähig (nur Einzelunternehmen)[22]
Kapitalanteil der persönlich haftenden Gesellschafter		F 2220 Sonderausgaben beschränkt abzugsfähig
Entnahmen		F 2221 Sonderausgaben beschränkt abzugsfähig (nur Einzelunternehmen)[22]
Kapitalanteil der persönlich haftenden Gesellschafter		F 2230 Sonderausgaben unbeschränkt abzugsfähig
Entnahmen		F 2231 Sonderausgaben unbeschränkt abzugsfähig (nur Einzelunternehmen)[22]
Kapitalanteil der persönlich haftenden Gesellschafter		F 2240 Sonderausgaben unbeschränkt abzugsfähig
Entnahmen		F 2241 Sonderausgaben unbeschränkt abzugsfähig (nur Einzelunternehmen)[22]
Kapitalanteil der persönlich haftenden Gesellschafter		F 2250 Zuwendungen, Spenden
Entnahmen		F 2251 Zuwendungen, Spenden (nur Einzelunternehmen)[22]
Kapitalanteil der persönlich haftenden Gesellschafter		F 2260 Zuwendungen, Spenden
Entnahmen		F 2261 Zuwendungen, Spenden (nur Einzelunternehmen)[22]
Kapitalanteil der persönlich haftenden Gesellschafter		F 2270 Zuwendungen, Spenden

Bilanz-Posten[2]	Programmverbindung[4] Abschlusszweck[4]	2 Eigenkapitalkonten/ Fremdkapitalkonten
Entnahmen		F 2271 Zuwendungen, Spenden (nur Einzelunternehmen)[22]
Kapitalanteil der persönlich haftenden Gesellschafter		F 2280 Außergewöhnliche Belastungen
Entnahmen		F 2281 Außergewöhnliche Belastungen (nur Einzelunternehmen)[22]
Kapitalanteil der persönlich haftenden Gesellschafter		F 2290 Außergewöhnliche Belastungen
Entnahmen		F 2291 Außergewöhnliche Belastungen (nur Einzelunternehmen)[22]
Kapitalanteil der persönlich haftenden Gesellschafter		F 2300 Grundstücksaufwand
Entnahmen		F 2301 Grundstücksaufwand (nur Einzelunternehmen)[22] 2309 Grundstücksaufwand (Umsatzsteuerschlüssel möglich, nur Einzelunternehmen)[10][22]
Kapitalanteil der persönlich haftenden Gesellschafter		F 2310 Grundstücksaufwand
Entnahmen		F 2311 Grundstücksaufwand (nur Einzelunternehmen)[22] 2319 Grundstücksaufwand (Umsatzsteuerschlüssel möglich, nur Einzelunternehmen)[10][22]
Kapitalanteil der persönlich haftenden Gesellschafter		F 2320 Grundstücksaufwand
Entnahmen		F 2321 Grundstücksaufwand (nur Einzelunternehmen)[22] 2329 Grundstücksaufwand (Umsatzsteuerschlüssel möglich, nur Einzelunternehmen)[10][22]
Kapitalanteil der persönlich haftenden Gesellschafter		F 2330 Grundstücksaufwand
Entnahmen		F 2331 Grundstücksaufwand (nur Einzelunternehmen)[22] 2339 Grundstücksaufwand (Umsatzsteuerschlüssel möglich, nur Einzelunternehmen)[10][22]
Kapitalanteil der persönlich haftenden Gesellschafter		F 2340 Grundstücksaufwand
Entnahmen		F 2341 Grundstücksaufwand (nur Einzelunternehmen)[22] 2349 Grundstücksaufwand (Umsatzsteuerschlüssel möglich, nur Einzelunternehmen)[10][22]

Bilanz-Posten[2]	Programmverbindung[4] Abschlusszweck[4]	2 Eigenkapitalkonten/ Fremdkapitalkonten
Kapitalanteil der persönlich haftenden Gesellschafter		F 2350 Grundstücksertrag
Entnahmen		F 2351 Grundstücksertrag (nur Einzelunternehmen)[22] 2359 Grundstücksertrag (Umsatzsteuerschlüssel möglich, nur Einzelunternehmen)[10][22]
Kapitalanteil der persönlich haftenden Gesellschafter		F 2360 Grundstücksertrag
Entnahmen		F 2361 Grundstücksertrag (nur Einzelunternehmen)[22] 2369 Grundstücksertrag (Umsatzsteuerschlüssel möglich, nur Einzelunternehmen)[10][22]
Kapitalanteil der persönlich haftenden Gesellschafter		F 2370 Grundstücksertrag
Entnahmen		F 2371 Grundstücksertrag (nur Einzelunternehmen)[22] 2379 Grundstücksertrag (Umsatzsteuerschlüssel möglich, nur Einzelunternehmen)[10][22]
Kapitalanteil der persönlich haftenden Gesellschafter		F 2380 Grundstücksertrag
Entnahmen		F 2381 Grundstücksertrag (nur Einzelunternehmen)[22] 2389 Grundstücksertrag (Umsatzsteuerschlüssel möglich, nur Einzelunternehmen)[10][22]
Kapitalanteil der persönlich haftenden Gesellschafter		F 2390 Grundstücksertrag
Entnahmen		F 2391 Grundstücksertrag (nur Einzelunternehmen)[22] 2399 Grundstücksertrag (Umsatzsteuerschlüssel möglich, nur Einzelunternehmen)[10][22]
		Privat (Fremdkapital) Teilhafter
Verbindlichkeiten gegenüber Kommanditisten oder *Forderungen gegen Kommanditisten*		F 2500 Auszahlungen allgemein (Teilhafter), Fremdkapital[8] R 2501 -09 F 2510 Auszahlungen allgemein (Teilhafter), Fremdkapital[8] R 2511 -19 F 2520 Auszahlungen allgemein (Teilhafter), Fremdkapital[8] R 2521 -29 F 2530 Unentgeltliche Wertabgaben (Teilhafter), Fremdkapital R 2531 -39

SKR 04

Bilanz-Posten[2]	Programmverbindung[4] Abschlusszweck[4]	2 Eigenkapitalkonten/ Fremdkapitalkonten
Verbindlichkeiten gegenüber Kommanditisten oder *Forderungen gegen Kommanditisten*		F 2540 Unentgeltliche Wertabgaben (Teilhafter), Fremdkapital
		R 2541 -49
		F 2550 Privatsteuern (Teilhafter), Fremdkapital
		R 2551 -59
		F 2560 Privatsteuern (Teilhafter), Fremdkapital
		R 2561 -69
		F 2570 Privatsteuern (Teilhafter), Fremdkapital
		R 2571 -79
		F 2580 Einzahlungen (Teilhafter), Fremdkapital[8]
		R 2581 -89
		F 2590 Einzahlungen (Teilhafter), Fremdkapital[8]
		R 2591 -99
		F 2600 Sonderausgaben beschränkt abzugsfähig (Teilhafter), Fremdkapital
		R 2601 -09
		F 2610 Sonderausgaben beschränkt abzugsfähig (Teilhafter), Fremdkapital
		R 2611 -19
		F 2620 Sonderausgaben beschränkt abzugsfähig (Teilhafter), Fremdkapital
		R 2621 -29
		F 2630 Sonderausgaben unbeschränkt abzugsfähig (Teilhafter), Fremdkapital
		R 2631 -39
		F 2640 Sonderausgaben unbeschränkt abzugsfähig (Teilhafter), Fremdkapital
		R 2641 -49
		F 2650 Zuwendungen, Spenden (Teilhafter), Fremdkapital
		R 2651 -59
		F 2660 Zuwendungen, Spenden (Teilhafter), Fremdkapital
		R 2661 -69
		F 2670 Zuwendungen, Spenden (Teilhafter), Fremdkapital
		R 2671 -79
		F 2680 Außergewöhnliche Belastungen (Teilhafter), Fremdkapital
		R 2681 -89
		F 2690 Außergewöhnliche Belastungen (Teilhafter), Fremdkapital
		R 2691 -99
		F 2700 Grundstücksaufwand (Teilhafter), Fremdkapital
		R 2701 -09

Bilanz-Posten[2]	Programmverbindung[4] Abschlusszweck[4]	2 Eigenkapitalkonten/ Fremdkapitalkonten
Verbindlichkeiten gegenüber Kommanditisten oder *Forderungen gegen Kommanditisten*		F 2710 Grundstücksaufwand (Teilhafter), Fremdkapital
		R 2711 -19
		F 2720 Grundstücksaufwand (Teilhafter), Fremdkapital
		R 2721 -29
		F 2730 Grundstücksaufwand (Teilhafter), Fremdkapital
		R 2731 -39
		F 2740 Grundstücksaufwand (Teilhafter), Fremdkapital
		R 2741 -49
		F 2750 Grundstücksertrag (Teilhafter), Fremdkapital
		R 2751 -59
		F 2760 Grundstücksertrag (Teilhafter), Fremdkapital
		R 2761 -69
		F 2770 Grundstücksertrag (Teilhafter), Fremdkapital
		R 2771 -79
		F 2780 Grundstücksertrag (Teilhafter), Fremdkapital
		R 2781 -89
		F 2790 Grundstücksertrag (Teilhafter), Fremdkapital
		R 2791 -99
		Gezeichnetes Kapital
Gezeichnetes Kapital	K	**2900 Gezeichnetes Kapital[17]**
Geschäftsguthaben der verbleibenden Mitglieder	K	2901 Geschäftsguthaben der verbleibenden Mitglieder[17]
Geschäftsguthaben der ausscheidenden Mitglieder	K	2902 Geschäftsguthaben der ausscheidenden Mitglieder[17]
Geschäftsguthaben aus gekündigten Geschäftsanteilen	K	2903 Geschäftsguthaben aus gekündigten Geschäftsanteilen[17]
Geschäftsguthaben der verbleibenden Mitglieder	K	2906 Rückständige fällige Einzahlungen auf Geschäftsanteile, vermerkt[17]
		2907 Gegenkonto Rückständige fällige Einzahlungen auf Geschäftsanteile, vermerkt
Gezeichnetes Kapital	K	2908 Kapitalerhöhung aus Gesellschaftsmitteln[17]
Eigene Anteile	K	2909 Erworbene eigene Anteile[17]
Nicht eingeforderte ausstehende Einlagen		2910 Ausstehende Einlagen auf das gezeichnete Kapital, nicht eingefordert (Passivausweis, vom gezeichneten Kapital offen abgesetzt; eingeforderte ausstehende Einlagen s. Konto 1298)

Bilanz-Posten[2]	Programmverbindung[4] Abschlusszweck[4]	2 Eigenkapitalkonten/ Fremdkapitalkonten
		Kapitalrücklage
Kapitalrücklage	K	**2920 Kapitalrücklage[17]**
	K	2925 Kapitalrücklage durch Ausgabe von Anteilen über Nennbetrag[17]
	K	2926 Kapitalrücklage durch Ausgabe von Schuldverschreibungen für Wandlungsrechte und Optionsrechte zum Erwerb von Anteilen[17]
	K	2927 Kapitalrücklage durch Zuzahlungen gegen Gewährung eines Vorzugs für Anteile[17]
	K	2928 Kapitalrücklage durch Zuzahlungen in das Eigenkapital[17]
	K	2929 Nachschusskapital (Gegenkonto 1299)[17]
		Gewinnrücklagen
Gesetzliche Rücklage	K	**2930 Gesetzliche Rücklage[17]**
Rücklage für Anteile an einem herrschenden oder mehrheitlich beteiligten Unternehmen		2935 Rücklage für Anteile an einem herrschenden oder mehrheitlich beteiligten Unternehmen
Andere Ergebnisrücklagen	K	2937 Andere Ergebnisrücklagen[17]
Satzungsmäßige Rücklagen	K	**2950 Satzungsmäßige Rücklagen[17]**
Rücklagen		F 2959 Gesamthänderisch gebundene Rücklagen (mit Aufteilung für Kapitalkontenentwicklung)
Andere Gewinnrücklagen	K	**2960 Andere Gewinnrücklagen[17]**
	K	2961 Andere Gewinnrücklagen aus dem Erwerb eigener Anteile[17]
	K	2962 Eigenkapitalanteil von Wertaufholungen[17]
Anfangskapital	HB	2963 Gewinnrücklagen aus den Übergangsvorschriften BilMoG[11]
	HB	2964 Gewinnrücklagen aus den Übergangsvorschriften BilMoG (Zuschreibung Sachanlagevermögen)[11]
	HB	2965 Gewinnrücklagen aus den Übergangsvorschriften BilMoG (Zuschreibung Finanzanlagevermögen)[11]
	HB	2966 Gewinnrücklagen aus den Übergangsvorschriften BilMoG (Auflösung der Sonderposten mit Rücklageanteil)[11]
	HB	2967 Latente Steuern (Gewinnrücklage Haben) aus erfolgsneutralen Verrechnungen[11]
	HB	2968 Latente Steuern (Gewinnrücklage Soll) aus erfolgsneutralen Verrechnungen[11]
	HB	2969 Rechnungsabgrenzungsposten (Gewinnrücklage Soll) aus erfolgsneutralen Verrechnungen[11]

Bilanz-Posten[2]	Programmverbindung[4] Abschlusszweck[4]	2 Eigenkapitalkonten/ Fremdkapitalkonten
		Gewinnvortrag/Verlustvortrag vor Verwendung
Gewinn- / *Verlustvortrag*	K	2970 Gewinnvortrag vor Verwendung[17]
Gewinn- / Verlustvortrag vor Verwendung		F 2975 Gewinnvortrag vor Verwendung (mit Aufteilung für Kapitalkontenentwicklung)
		F 2977 Verlustvortrag vor Verwendung (mit Aufteilung für Kapitalkontenentwicklung)
Gewinn- / *Verlustvortrag*	K	2978 Verlustvortrag vor Verwendung[17]
		Sonderposten mit Rücklageanteil
Andere Sonderposten		2980 Übrige andere Sonderposten
	SB	2981 Steuerfreie Rücklagen nach § 6b EStG
	SB	2982 Rücklage für Ersatzbeschaffung
	SB	2988 Rücklage für Zuschüsse
Sonderposten mit Rücklageanteil		2990 Sonderposten mit Rücklageanteil, Sonderabschreibungen[6]
Andere Sonderposten	SB	2995 Ausgleichsposten bei Entnahmen § 4g EStG
Sonderposten mit Rücklageanteil		2997 Sonderposten mit Rücklageanteil nach § 7g Abs. 5 EStG
Sonderposten für Zuschüsse und Zulagen		2998 Sonderposten für Zuschüsse Dritter
	HB	2999 Sonderposten für Investitionszulagen

Bilanz-Posten[2)]	Programmverbindung[4)] Abschlusszweck[4)]	3 Fremdkapitalkonten
		KU 3000-3069 KU 3079-3084 KU 3100-3249 M 3250-3299 KU 3300-3899
		Rückstellungen
Rückstellungen für Pensionen und ähnliche Verpflichtungen		**3000 Rückstellungen für Pensionen und ähnliche Verpflichtungen** 3005 Rückstellungen für Pensionen und ähnliche Verpflichtungen gegenüber Gesellschaftern oder nahe stehenden Personen
Rückstellungen für Pensionen und ähnliche Verpflichtungen oder *Aktiver Unterschiedsbetrag aus der Vermögensverrechnung*	HB	3009 Rückstellungen für Pensionen und ähnliche Verpflichtungen zur Saldierung mit Vermögensgegenständen zum langfristigen Verbleib nach § 246 Abs. 2 HGB
Rückstellungen für Pensionen und ähnliche Verpflichtungen		3010 Rückstellungen für Direktzusagen 3011 Rückstellungen für Zuschussverpflichtungen für Pensionskassen und Lebensversicherungen 3015 Rückstellungen für pensionsähnliche Verpflichtungen
Steuerrückstellungen		**3020 Steuerrückstellungen** 3035 Gewerbesteuerrückstellung nach § 4 Abs. 5b EStG 3040 Körperschaftsteuerrückstellung 3050 Steuerrückstellung aus Steuerstundung (BStBK)
Rückstellung für latente Steuern	HB	3060 Rückstellung für latente Steuern
Passive latente Steuern	HB	3065 Passive latente Steuern
Sonstige Rückstellungen		**3070 Sonstige Rückstellungen** 3074 Rückstellungen für Personalkosten 3075 Rückstellungen für unterlassene Aufwendungen für Instandhaltung, Nachholung in den ersten drei Monaten 3076 Rückstellungen für mit der Altersversorgung vergleichbare langfristige Verpflichtungen zum langfristigen Verbleib
Sonstige Rückstellungen oder *Aktiver Unterschiedsbetrag aus der Vermögensverrechnung*	HB	3077 Rückstellungen für mit der Altersversorgung vergleichbare langfristige Verpflichtungen zur Saldierung mit Vermögensgegenständen zum langfristigen Verbleib nach § 246 Abs. 2 HGB
Sonstige Rückstellungen		3079 Urlaubsrückstellungen 3085 Rückstellungen für Abraum- und Abfallbeseitigung 3090 Rückstellungen für Gewährleistungen (Gegenkonto 6790)
	HB	3092 Rückstellungen für drohende Verluste aus schwebenden Geschäften
		3095 Rückstellungen für Abschluss- und Prüfungskosten 3096 Rückstellungen zur Erfüllung der Aufbewahrungspflichten
Sonstige Rückstellungen		R 3098 3099 Rückstellungen für Umweltschutz
		Verbindlichkeiten
Anleihen		**3100 Anleihen, nicht konvertibel** 3101 – Restlaufzeit bis 1 Jahr 3105 – Restlaufzeit 1 bis 5 Jahre 3110 – Restlaufzeit größer 5 Jahre 3120 Anleihen, konvertibel 3121 – Restlaufzeit bis 1 Jahr 3125 – Restlaufzeit 1 bis 5 Jahre 3130 – Restlaufzeit größer 5 Jahre
Verbindlichkeiten gegenüber Kreditinstituten oder *Kassenbestand, Bundesbankguthaben, Guthaben bei Kreditinstituten und Schecks*		**3150 Verbindlichkeiten gegenüber Kreditinstituten** 3151 – Restlaufzeit bis 1 Jahr 3160 – Restlaufzeit 1 bis 5 Jahre 3170 – Restlaufzeit größer 5 Jahre 3180 Verbindlichkeiten gegenüber Kreditinstituten aus Teilzahlungsverträgen 3181 – Restlaufzeit bis 1 Jahr 3190 – Restlaufzeit 1 bis 5 Jahre 3200 – Restlaufzeit größer 5 Jahre 3210 Verbindlichkeiten gegenüber Kreditinstituten, vor Restlaufzeitdifferenzierung
Verbindlichkeiten gegenüber Kreditinstituten		3249 Gegenkonto 3150-3209 bei Aufteilung der Konten 3210-3248
Erhaltene Anzahlungen auf Bestellungen		**3250 Erhaltene Anzahlungen auf Bestellungen (Verbindlichkeiten)**
	U	AM 3260 Erhaltene, versteuerte Anzahlungen 7 % USt (Verbindlichkeiten)
	U	AM 3261 Erhaltene, versteuerte Anzahlungen 5 % USt (Verbindlichkeiten)
		R 3262 -63
	U	AM 3264 Erhaltene, versteuerte Anzahlungen 0 % USt (Verbindlichkeiten)
	U	AM 3270 Erhaltene, versteuerte Anzahlungen 16 % USt (Verbindlichkeiten)
		R 3271
	U	AM 3272 Erhaltene, versteuerte Anzahlungen 19 % USt (Verbindlichkeiten)
		R 3273 -74 3279 Erhaltene Anzahlungen - Nachsteuer 3280 Erhaltene Anzahlungen – Restlaufzeit bis 1 Jahr 3284 – Restlaufzeit 1 bis 5 Jahre 3285 – Restlaufzeit größer 5 Jahre
Verbindlichkeiten aus Lieferungen und Leistungen oder *Sonstige* Vermögensgegenstände		**S 3300 Verbindlichkeiten aus Lieferungen und Leistungen** R 3301 -03 Verbindlichkeiten aus Lieferungen und Leistungen
	EÜR	F 3305 Verbindlichkeiten aus Lieferungen und Leistungen zum allgemeinen Umsatzsteuersatz (EÜR)
	EÜR	F 3306 Verbindlichkeiten aus Lieferungen und Leistungen zum ermäßigten Umsatzsteuersatz (EÜR)
	EÜR	F 3307 Verbindlichkeiten aus Lieferungen und Leistungen ohne Vorsteuer (EÜR)

Bilanz-Posten[2]	Programmverbindung[4] Abschlusszweck[4]	3 Fremdkapitalkonten
	EÜR	F 3309 Gegenkonto 3305-3307 bei Aufteilung der Verbindlichkeiten nach Steuersätzen (EÜR)
Verbindlichkeiten aus Lieferungen und Leistungen oder Sonstige *Vermögensgegenstände*		F 3310 -33 Verbindlichkeiten aus Lieferungen und Leistungen ohne Kontokorrent
	EÜR	F 3334 Verbindlichkeiten aus Lieferungen und Leistungen für Investitionen für § 4 Abs. 3 EStG
Verbindlichkeiten aus Lieferungen und Leistungen oder Sonstige *Vermögensgegenstände*		F 3335 Verbindlichkeiten aus Lieferungen und Leistungen ohne Kontokorrent – Restlaufzeit bis 1 Jahr F 3337 – Restlaufzeit 1 bis 5 Jahre F 3338 – Restlaufzeit größer 5 Jahre
Andere Verbindlichkeiten gegenüber Gesellschaftern oder *Sonstige Vermögensgegenstände* oder *Andere Forderungen gegen Gesellschafter* oder *Forderungen gegen Gesellschafter*		F 3340 Verbindlichkeiten aus Lieferungen und Leistungen gegenüber Gesellschaftern F 3341 – Restlaufzeit bis 1 Jahr F 3345 – Restlaufzeit 1 bis 5 Jahre F 3348 – Restlaufzeit größer 5 Jahre
Verbindlichkeiten aus Lieferungen und Leistungen S-Saldo oder *Sonstige Vermögensgegenstände H-Saldo*		3349 Gegenkonto 3335-3348, 3420-3449, 3470-3499 bei Aufteilung Kreditorenkonto
Verbindlichkeiten aus der Annahme gezogener Wechsel und aus der Ausstellung eigener Wechsel		R 3350 -99
Verbindlichkeiten gegenüber verbundenen Unternehmen oder *Forderungen gegen verbundene Unternehmen*		**3400 Verbindlichkeiten gegenüber verbundenen Unternehmen** 3401 – Restlaufzeit bis 1 Jahr 3405 – Restlaufzeit 1 bis 5 Jahre 3410 – Restlaufzeit größer 5 Jahre F 3420 Verbindlichkeiten aus Lieferungen und Leistungen gegenüber verbundenen Unternehmen F 3421 – Restlaufzeit bis 1 Jahr F 3425 – Restlaufzeit 1 bis 5 Jahre F 3430 – Restlaufzeit größer 5 Jahre
Verbindlichkeiten gegenüber Unternehmen, mit denen ein Beteiligungsverhältnis besteht oder *Forderungen gegen Unternehmen, mit denen ein Beteiligungsverhältnis besteht*		**3450 Verbindlichkeiten gegenüber Unternehmen, mit denen ein Beteiligungsverhältnis besteht** 3451 – Restlaufzeit bis 1 Jahr 3455 – Restlaufzeit 1 bis 5 Jahre 3460 – Restlaufzeit größer 5 Jahre F 3470 Verbindlichkeiten aus Lieferungen und Leistungen gegenüber Unternehmen, mit denen ein Beteiligungsverhältnis besteht F 3471 – Restlaufzeit bis 1 Jahr F 3475 – Restlaufzeit 1 bis 5 Jahre F 3480 – Restlaufzeit größer 5 Jahre

Bilanz-Posten[2]	Programmverbindung[4] Abschlusszweck[4]	3 Fremdkapitalkonten
Sonstige Verbindlichkeiten oder *Sonstige Vermögensgegenstände*		**3500 Sonstige Verbindlichkeiten** 3501 – Restlaufzeit bis 1 Jahr
Sonstige Verbindlichkeiten		3504 – Restlaufzeit 1 bis 5 Jahre 3507 – Restlaufzeit größer 5 Jahre
	EÜR	3509 Sonstige Verbindlichkeiten nach § 11 Abs. 2 Satz 2 EStG für § 4 Abs. 3 EStG
Andere Verbindlichkeiten gegenüber Gesellschaftern oder *Andere Forderungen gegen Gesellschafter* oder *Forderungen gegen Gesellschafter* oder *Sonstige Vermögensgegenstände*		3510 Verbindlichkeiten gegenüber Gesellschaftern 3511 – Restlaufzeit bis 1 Jahr
Andere Verbindlichkeiten gegenüber Gesellschaftern		3514 – Restlaufzeit 1 bis 5 Jahre 3517 – Restlaufzeit größer 5 Jahre 3519 Verbindlichkeiten gegenüber Gesellschaftern für offene Ausschüttungen
Sonstige Verbindlichkeiten		3520 Verbindlichkeiten gegenüber typisch stillen Gesellschaftern 3521 – Restlaufzeit bis 1 Jahr 3524 – Restlaufzeit 1 bis 5 Jahre 3527 – Restlaufzeit größer 5 Jahre 3530 Verbindlichkeiten gegenüber atypisch stillen Gesellschaftern 3531 – Restlaufzeit bis 1 Jahr 3534 – Restlaufzeit 1 bis 5 Jahre 3537 – Restlaufzeit größer 5 Jahre 3540 Partiarische Darlehen 3541 – Restlaufzeit bis 1 Jahr 3544 – Restlaufzeit 1 bis 5 Jahre 3547 – Restlaufzeit größer 5 Jahre 3550 Erhaltene Kautionen 3551 – Restlaufzeit bis 1 Jahr 3554 – Restlaufzeit 1 bis 5 Jahre 3557 – Restlaufzeit größer 5 Jahre 3560 Darlehen 3561 – Restlaufzeit bis 1 Jahr 3564 – Restlaufzeit 1 bis 5 Jahre 3567 – Restlaufzeit größer 5 Jahre 3570 Sonstige Verbindlichkeiten, vor Restlaufzeitdifferenzierung (nur Bilanzierer) 3599 Gegenkonto 3500-3569 und 3640-3658 bei Aufteilung der Konten 3570-3598
Sonstige Verbindlichkeiten oder *Sonstige Vermögensgegenstände*		3600 Agenturwarenabrechnung 3610 Kreditkartenabrechnung 3611 Verbindlichkeiten gegenüber Arbeitsgemeinschaften
	EÜR	3612 Neutralisierung aufwandswirksamer Sachverhalte für § 4 Abs. 3 EStG
	EÜR	3613 Ergebnisneutrale Sachverhalte für § 4 Abs. 3 EStG

Bilanz-Posten[2]	Programmverbindung[4] Abschlusszweck[4]	3 Fremdkapitalkonten
Sonstige Verbindlichkeiten oder *Sonstige Vermögensgegenstände*		3620 Gewinnverfügungskonto stille Gesellschafter - sonstige Verbindlichkeiten 3630 Sonstige Verrechnungskonten (Interimskonto)
	SB	3634 Verbindlichkeiten gegenüber Gesellschaft/Gesamthand[28]
Sonstige Verbindlichkeiten		3635 Sonstige Verbindlichkeiten aus genossenschaftlicher Rückvergütung
Verbindlichkeiten gegenüber Gesellschaftern oder *Forderungen gegen Gesellschafter*		3640 Verbindlichkeiten gegenüber GmbH-Gesellschaftern 3641 – Restlaufzeit bis 1 Jahr
Verbindlichkeiten gegenüber Gesellschaftern		3642 – Restlaufzeit 1 bis 5 Jahre 3643 – Restlaufzeit größer 5 Jahre
Verbindlichkeiten gegenüber persönlich haftenden Gesellschaftern oder *Forderungen gegen persönlich haftende Gesellschafter*		3645 Verbindlichkeiten gegenüber persönlich haftenden Gesellschaftern 3646 – Restlaufzeit bis 1 Jahr 3647 – Restlaufzeit 1 bis 5 Jahre 3648 – Restlaufzeit größer 5 Jahre
Verbindlichkeiten gegenüber Kommanditisten oder *Forderungen gegen Kommanditisten*		3650 Verbindlichkeiten gegenüber Kommanditisten 3651 – Restlaufzeit bis 1 Jahr 3652 – Restlaufzeit 1 bis 5 Jahre 3653 – Restlaufzeit größer 5 Jahre
Sonstige Verbindlichkeiten		3655 Verbindlichkeiten gegenüber stillen Gesellschaftern 3656 – Restlaufzeit bis 1 Jahr 3657 – Restlaufzeit 1 bis 5 Jahre 3658 – Restlaufzeit größer 5 Jahre
Sonstige Vermögensgegenstände H-Saldo		3695 Verrechnungskonto geleistete Anzahlungen bei Buchung über Kreditorenkonto
Sonstige Verbindlichkeiten oder *Sonstige Vermögensgegenstände*		3700 Verbindlichkeiten aus Steuern und Abgaben 3701 – Restlaufzeit bis 1 Jahr
Sonstige Verbindlichkeiten		3710 – Restlaufzeit 1 bis 5 Jahre 3715 – Restlaufzeit größer 5 Jahre
Sonstige Verbindlichkeiten oder *Sonstige Vermögensgegenstände*		3720 Verbindlichkeiten aus Lohn und Gehalt 3725 Verbindlichkeiten für Einbehaltungen von Arbeitnehmern 3726 Verbindlichkeiten an das Finanzamt aus abzuführendem Bauabzugsbetrag 3730 Verbindlichkeiten aus Lohn- und Kirchensteuer 3740 Verbindlichkeiten im Rahmen der sozialen Sicherheit 3741 – Restlaufzeit bis 1 Jahr 3750 – Restlaufzeit 1 bis 5 Jahre 3755 – Restlaufzeit größer 5 Jahre
Sonstige Verbindlichkeiten oder *Sonstige Vermögensgegenstände*		3759 Voraussichtliche Beitragsschuld gegenüber den Sozialversicherungsträgern 3760 Verbindlichkeiten aus Einbehaltungen (KapESt und SolZ, KiSt auf KapESt) für offene Ausschüttungen 3761 Verbindlichkeiten für Verbrauchsteuern 3770 Verbindlichkeiten aus Vermögensbildung 3771 – Restlaufzeit bis 1 Jahr
Sonstige Verbindlichkeiten		3780 – Restlaufzeit 1 bis 5 Jahre 3785 – Restlaufzeit größer 5 Jahre 3786 Ausgegebene Geschenkgutscheine
Sonstige Verbindlichkeiten oder *Sonstige Vermögensgegenstände*		**3790 Lohn- und Gehaltsverrechnungskonto**
	EÜR	3791 Lohn- und Gehaltsverrechnung nach § 11 Abs. 2 Satz 2 EStG für § 4 Abs. 3 EStG
	EÜR	3796 Verbindlichkeiten im Rahmen der sozialen Sicherheit für § 4 Abs. 3 EStG
Sonstige Verbindlichkeiten		S 3798 Umsatzsteuer aus im anderen EU-Land steuerpflichtigen elektronischen Dienstleistungen 3799 Steuerzahlungen aus im anderen EU-Land steuerpflichtigen Leistungen
Sonstige Verbindlichkeiten oder *Sonstige Vermögensgegenstände*		S 3800 Umsatzsteuer S 3801 Umsatzsteuer 7 % S 3802 Umsatzsteuer aus innergemeinschaftlichem Erwerb R 3803 S 3804 Umsatzsteuer aus innergemeinschaftlichem Erwerb 19 % R 3805 S 3806 Umsatzsteuer 19 % S 3807 Umsatzsteuer aus im Inland steuerpflichtigen EU-Lieferungen S 3808 Umsatzsteuer aus im Inland steuerpflichtigen EU-Lieferungen 19 % S 3809 Umsatzsteuer aus innergemeinschaftlichem Erwerb ohne Vorsteuerabzug
Steuerrückstellungen (allgemein) oder *Sonstige Vermögensgegenstände*		S 3810 Umsatzsteuer nicht fällig
	U	S 3811 Umsatzsteuer nicht fällig 7 %
		S 3812 Umsatzsteuer nicht fällig aus im Inland steuerpflichtigen EU-Lieferungen R 3813
	U	S 3814 Umsatzsteuer nicht fällig aus im Inland steuerpflichtigen EU-Lieferungen 19 % R 3815
	U	S 3816 Umsatzsteuer nicht fällig 19 %
Sonstige Verbindlichkeiten		S 3817 Umsatzsteuer aus im anderen EU-Land steuerpflichtigen Lieferungen S 3818 Umsatzsteuer aus im anderen EU-Land steuerpflichtigen sonstigen Leistungen/Werklieferungen

Bilanz-Posten[2]	Programmverbindung[4] Abschlusszweck[4]	3 Fremdkapitalkonten
Sonstige Verbindlichkeiten oder *Sonstige Vermögensgegenstände*		S 3819 Umsatzsteuer aus Erwerb als letzter Abnehmer innerhalb eines Dreiecksgeschäfts
	U	F 3820 Umsatzsteuer-Vorauszahlungen
	U	F 3830 Umsatzsteuer-Vorauszahlungen 1/11
Sonstige Verbindlichkeiten		S 3831 Umsatzsteuer aus im Inland steuerpflichtigen EU-Lieferungen, nur OSS
Sonstige Verbindlichkeiten oder *Sonstige Vermögensgegenstände*	U	F 3832 Nachsteuer, UStVA Kz. 65
		R 3833
		S 3834 Umsatzsteuer aus innergemeinschaftlichem Erwerb von Neufahrzeugen von Lieferanten ohne Umsatzsteuer-Identifikationsnummer
		S 3835 Umsatzsteuer nach § 13b UStG
		R 3836
		S 3837 Umsatzsteuer nach § 13b UStG 19 %
		R 3838
		S 3839 Umsatzsteuer aus der Auslagerung von Gegenständen aus einem Umsatzsteuerlager
		3840 Umsatzsteuer laufendes Jahr
		3841 Umsatzsteuerverbindlichkeiten Vorjahr
		3845 Umsatzsteuerverbindlichkeiten frühere Jahre
		R 3850
	U	F 3851 In Rechnung unrichtig oder unberechtigt ausgewiesene Steuerbeträge, UStVA Kz. 69
Sonstige Verbindlichkeiten		3854 Steuerzahlungen an andere Länder
		3860 Verbindlichkeiten aus Umsatzsteuer-Vorauszahlungen
Sonstige Verbindlichkeiten oder *Sonstige Vermögensgegenstände*		S 3865 Umsatzsteuer in Folgeperiode fällig (§§ 13 Abs. 1 Nr. 6 und 13b Abs. 2 UStG)
		Rechnungsabgrenzungsposten
Rechnungsabgrenzungsposten		**3900** Passive Rechnungsabgrenzung
		3950 Abgrenzung unterjährig pauschal gebuchter Abschreibungen für BWA

GuV-Posten[2]	Programmverbindung[4] Abschlusszweck[4]	4 Betriebliche Erträge

M	4000-4136	KU	4840
KU	4137-4138	M	4841-4842
M	4139-4604	KU	4843
KU	4605	M	4844-4845
M	4606-4618	KU	4846-4847
KU	4619	M	4848-4854
M	4620-4636	KU	4855-4859
KU	4637-4639	M	4860-4900
M	4640-4658	M	4905
KU	4659	M	4910-4912
M	4660-4678	M	4915
KU	4679	M	4924-4926
M	4680-4688	KU	4927-4929
KU	4689-4699	V	4932-4934
M	4700-4799	KU	4935-4939
KU	4800-4829	M	4940-4948
M	4830-4837	KU	4949
KU	4838	M	4950-4959
M	4839		

GuV-Posten	Programmverbindung	Konto
		Umsatzerlöse
Umsatzerlöse		4000 Umsatzerlöse
		-99 (Zur freien Verfügung)
	U	AM 4100 Steuerfreie Umsätze
		-04 § 4 Nr. 8 ff. UStG
	U	AM 4105 Steuerfreie Umsätze nach § 4 Nr. 12 UStG (Vermietung und Verpachtung)
	U	AM 4110 Sonstige steuerfreie Umsätze Inland
	U	AM 4120 Steuerfreie Umsätze nach § 4 Nr. 1a UStG
	U	AM 4125 Steuerfreie innergemeinschaftliche Lieferungen nach § 4 Nr. 1b UStG
	U	AM 4130 Lieferungen des ersten Abnehmers bei innergemeinschaftlichen Dreiecksgeschäften § 25b Abs. 2 UStG
		4131 Umsatzerlöse nach § 25 UStG ohne USt[1]
		4132 Umsatzerlöse nach § 25a UStG ohne USt[1]
	U	AM 4133 Umsatzerlöse nach § 25 UStG 19 % USt[1]
	U	AM 4134 Umsatzerlöse nach § 25a UStG 19 % USt[1]
	U	AM 4135 Steuerfreie innergemeinschaftliche Lieferungen von Neufahrzeugen an Abnehmer ohne Umsatzsteuer-Identifikationsnummer
		AM 4136 Umsatzerlöse nach §§ 25 und 25a UStG 19 % USt[11]
		R 4137
		4138 Umsatzerlöse nach §§ 25 und 25a UStG ohne USt[11]
	U	AM 4139 Umsatzerlöse aus Reiseleistungen § 25 Abs. 2 UStG, steuerfrei
	U	AM 4140 Steuerfreie Umsätze Offshore etc.
	U	AM 4150 Sonstige steuerfreie Umsätze (z. B. § 4 Nr. 2 bis 7 UStG)
	U	AM 4160 Steuerfreie Umsätze ohne Vorsteuerabzug zum Gesamtumsatz gehörend, § 4 UStG
	U	AM 4165 Steuerfreie Umsätze ohne Vorsteuerabzug zum Gesamtumsatz gehörend
		4180 Erlöse, die mit den Durchschnittssätzen des § 24 UStG versteuert werden
		R 4182
		-83
	U	AM 4184 Steuerfreie Erlöse Kleinunternehmer nach § 19 Abs. 1 UStG

GuV-Posten[2]	Programmverbindung[4] Abschlusszweck[4]	4 Betriebliche Erträge
Umsatzerlöse		R 4185 -88
		4200 Erlöse
	U	AM 4290 Erlöse 0 % USt
	U	AM 4300 -09 Erlöse 7 % USt
	U	AM 4310 -14 Erlöse aus im Inland steuerpflichtigen EU-Lieferungen 7 % USt
	U	AM 4315 -19 Erlöse aus im Inland steuerpflichtigen EU-Lieferungen 19 % USt
		4320 -29 Erlöse aus im anderen EU-Land steuerpflichtigen Lieferungen, im Inland nicht steuerbar[3]
		R 4330
		4331 Erlöse aus im anderen EU-Land steuerpflichtigen elektronischen Dienstleistungen[5]
		R 4332 -33
	U	AM 4334 Erlöse 7 % USt
	U	AM 4335 Erlöse aus Lieferungen von Mobilfunkgeräten, Tablet-Computern, Spielekonsolen und integrierten Schaltkreisen, für die der Leistungsempfänger die Umsatzsteuer nach § 13b UStG schuldet
	U	AM 4336 Erlöse aus im anderen EU-Land steuerpflichtigen sonstigen Leistungen, für die der Leistungsempfänger die Umsatzsteuer schuldet
	U	AM 4337 Erlöse aus Leistungen, für die der Leistungsempfänger die Umsatzsteuer nach § 13b UStG schuldet
	U	AM 4338 Erlöse aus im Drittland steuerbaren Leistungen, im Inland nicht steuerbare Umsätze
	U	AM 4339 Erlöse aus im anderen EU-Land steuerbaren Leistungen, im Inland nicht steuerbare Umsätze
	U	AM 4340 -49 Erlöse 16 % USt
	U	AM 4400 -09 Erlöse 19 % USt
	U	AM 4410 -19 Erlöse 19 % USt
		R 4420 -48
	U	AM 4449 Erlöse aus im Inland steuerpflichtigen elektronischen Dienstleistungen 19 % USt
		4499 Nebenerlöse (Bezug zu Materialaufwand)
		Konten für die Verbuchung von Sonderbetriebseinnahmen
	SB	4500 Sonderbetriebseinnahmen, Tätigkeitsvergütung[28]
	SB	4501 Sonderbetriebseinnahmen, Miet-/Pachteinnahmen[28]
	SB	4502 Sonderbetriebseinnahmen, Zinseinnahmen[28]
	SB	4503 Sonderbetriebseinnahmen, Haftungsvergütung[28]
	SB	4504 Sonderbetriebseinnahmen, Pensionszahlungen[28]
	SB	4505 Sonderbetriebseinnahmen, sonstige Sonderbetriebseinnahmen[28]
Umsatzerlöse		4510 Erlöse Abfallverwertung
		4520 Erlöse Leergut
		4560 Provisionsumsätze
		R 4561 -63

GuV-Posten[2]	Programmverbindung[4] Abschlusszweck[4]	4 Betriebliche Erträge
Umsatzerlöse	U	AM 4564 Provisionsumsätze, steuerfrei § 4 Nr. 8 ff. UStG
	U	AM 4565 Provisionsumsätze, steuerfrei § 4 Nr. 5 UStG
		R 4566 -68
	U	AM 4569 Provisionsumsätze 19 % USt
		4570 Sonstige Erträge aus Provisionen, Lizenzen und Patenten
		R 4571 -79
		Statistische Konten EÜR[15]
	EÜR	4580 Statistisches Konto Erlöse zum allgemeinen Umsatzsteuersatz (EÜR)[15]
	EÜR	4581 Statistisches Konto Erlöse zum ermäßigten Umsatzsteuersatz (EÜR)[15]
	EÜR	4582 Statistisches Konto Erlöse steuerfrei und nicht steuerbar (EÜR)[15]
	EÜR	4589 Gegenkonto 4580-4582 bei Aufteilung der Erlöse nach Steuersätzen (EÜR)
Sonstige betriebliche Erträge		4600 Unentgeltliche Wertabgaben
		4605 Entnahme von Gegenständen ohne USt
		R 4608 -09
	U	AM 4610 -15 Entnahme durch den Unternehmer für Zwecke außerhalb des Unternehmens (Waren) 7 % USt
	U	AM 4616 Entnahme durch den Unternehmer für Zwecke außerhalb des Unternehmens (Waren) 7 % USt
		R 4617 -18
		4619 Entnahme durch den Unternehmer für Zwecke außerhalb des Unternehmens (Waren) ohne USt
	U	AM 4620 -26 Entnahme durch den Unternehmer für Zwecke außerhalb des Unternehmens (Waren) 19 % USt
		R 4627 -29
	U	AM 4630 -35 Verwendung von Gegenständen für Zwecke außerhalb des Unternehmens 7 % USt
	U	AM 4636 Verwendung von Gegenständen für Zwecke außerhalb des Unternehmens 7 % USt
		4637 Verwendung von Gegenständen für Zwecke außerhalb des Unternehmens ohne USt
		4638 Verwendung von Gegenständen für Zwecke außerhalb des Unternehmens ohne USt (Telefon-Nutzung)
		4639 Verwendung von Gegenständen für Zwecke außerhalb des Unternehmens ohne USt (Fahrzeug-Nutzung)
	U	AM 4640 -44 Verwendung von Gegenständen für Zwecke außerhalb des Unternehmens 19 % USt
	U	AM 4645 Verwendung von Gegenständen für Zwecke außerhalb des Unternehmens 19 % USt (Fahrzeug-Nutzung)
	U	AM 4646 Verwendung von Gegenständen für Zwecke außerhalb des Unternehmens 19 % USt (Telefon-Nutzung)

GuV-Posten[2]	Programm-verbindung[4] Abschluss-zweck[4]	4 Betriebliche Erträge
Sonstige betriebliche Erträge		R 4647 49
	U	AM 4650 -55 Unentgeltliche Erbringung einer sonstigen Leistung 7 % USt
	U	AM 4656 Unentgeltliche Erbringung einer sonstigen Leistung 7 % USt
		R 4657 -58
		4659 Unentgeltliche Erbringung einer sonstigen Leistung ohne USt
	U	AM 4660 -66 Unentgeltliche Erbringung einer sonstigen Leistung 19 % USt
		R 4667 -69
	U	AM 4670 -75 Unentgeltliche Zuwendung von Waren 7 % USt
	U	AM 4676 Unentgeltliche Zuwendung von Waren 7 % USt
		R 4677 -78
		4679 Unentgeltliche Zuwendung von Waren ohne USt
	U	AM 4680 -84 Unentgeltliche Zuwendung von Waren 19 % USt
		R 4685
	U	AM 4686 -87 Unentgeltliche Zuwendung von Gegenständen 19 % USt
		R 4688
		4689 Unentgeltliche Zuwendung von Gegenständen ohne USt
Umsatzerlöse		4690 Nicht steuerbare Umsätze (Innenumsätze)
		4695 Umsatzsteuervergütungen nach § 24 UStG[8]
		4699 Direkt mit dem Umsatz verbundene Steuern
		4700 Erlösschmälerungen
	U	AM 4701 Erlösschmälerungen für steuerfreie Umsätze nach § 4 Nr. 8 ff. UStG
	U	AM 4702 Erlösschmälerungen für steuerfreie Umsätze nach § 4 Nr. 2 bis 7 UStG
	U	AM 4703 Erlösschmälerungen für sonstige steuerfreie Umsätze ohne Vorsteuerabzug
	U	AM 4704 Erlösschmälerungen für sonstige steuerfreie Umsätze mit Vorsteuerabzug
	U	AM 4705 Erlösschmälerungen aus steuerfreien Umsätzen § 4 Nr. 1a UStG
	U	AM 4706 Erlösschmälerungen für steuerfreie innergemeinschaftliche Dreiecksgeschäfte nach § 25b Abs. 2 und 4 UStG
	U	AM 4707 Erlösschmälerungen für steuerfreie Umsätze nach § 19 Abs. 1 UStG[1]
	U	AM 4708 Erlösschmälerungen für Umsätze nach § 25 UStG 19 % USt[1]
	U	AM 4709 Erlösschmälerungen für Umsätze nach § 25a UStG 19 % USt[1]
	U	AM 4710 -11 Erlösschmälerungen 7 % USt
		R 4712 -18
	U	AM 4719 Erlösschmälerungen 0 % USt

GuV-Posten[2]	Programm-verbindung[4] Abschluss-zweck[4]	4 Betriebliche Erträge
Umsatzerlöse	U	AM 4720 -21 Erlösschmälerungen 19 % USt
		R 4722 -23
	U	AM 4724 Erlösschmälerungen aus steuerfreien innergemeinschaftlichen Lieferungen
	U	AM 4725 Erlösschmälerungen aus im Inland steuerpflichtigen EU-Lieferungen 7 % USt
	U	AM 4726 Erlösschmälerungen aus im Inland steuerpflichtigen EU-Lieferungen 19 % USt
		4727 Erlösschmälerungen aus im anderen EU-Land steuerpflichtigen Lieferungen[3]
		R 4728 -29
		S/AM 4730 Gewährte Skonti
	U	S/AM 4731 Gewährte Skonti 7 % USt
		R 4732 -33
	U	S/AM 4734 Gewährte Skonti 0 % USt
		R 4735
	U	S/AM 4736 Gewährte Skonti 19 % USt
		R 4737
	U	S/AM 4738 Gewährte Skonti aus Lieferungen von Mobilfunkgeräten etc., für die der Leistungsempfänger die Umsatzsteuer nach § 13b Abs. 2 Nr. 10 UStG schuldet
	U	S/AM 4741 Gewährte Skonti aus Leistungen, für die der Leistungsempfänger die Umsatzsteuer nach § 13b UStG schuldet
	U	S/AM 4742 Gewährte Skonti aus Erlösen aus im anderen EU-Land steuerpflichtigen sonstigen Leistungen, für die der Leistungsempfänger die Umsatzsteuer schuldet
	U	S/AM 4743 Gewährte Skonti aus steuerfreien innergemeinschaftlichen Lieferungen § 4 Nr. 1b UStG
		R 4744
		S/AM 4745 Gewährte Skonti aus im Inland steuerpflichtigen EU-Lieferungen
		S/AM 4746 Gewährte Skonti aus im Inland steuerpflichtigen EU-Lieferungen 7 % USt
		R 4747
	U	S/AM 4748 Gewährte Skonti aus im Inland steuerpflichtigen EU-Lieferungen 19 % USt
		R 4749
	U	AM 4750 -51 Gewährte Boni 7 % USt
		R 4752 -59
	U	AM 4760 -61 Gewährte Boni 19 % USt
		R 4762 -68
		4769 Gewährte Boni
		4770 Gewährte Rabatte
	U	AM 4780 -81 Gewährte Rabatte 7 % USt
		R 4782 -89
	U	AM 4790 -91 Gewährte Rabatte 19 % USt
		R 4792 -99

GuV-Posten[2]	Programmverbindung[4] Abschlusszweck[4]	4 Betriebliche Erträge
		Erhöhung oder Verminderung des Bestands an fertigen und unfertigen Erzeugnissen
Erhöhung oder Verminderung des Bestandes an fertigen und unfertigen Erzeugnissen		4800 Bestandsveränderungen - fertige Erzeugnisse
		4810 Bestandsveränderungen - unfertige Erzeugnisse
		4815 Bestandsveränderungen - unfertige Leistungen
		4816 Bestandsveränderungen in Ausführung befindlicher Bauaufträge
		4818 Bestandsveränderungen in Arbeit befindlicher Aufträge
		Andere aktivierte Eigenleistungen
Andere aktivierte Eigenleistungen		**4820 Andere aktivierte Eigenleistungen**
	G K	4824 Aktivierte Eigenleistungen (den Herstellungskosten zurechenbare Fremdkapitalzinsen)
	HB	4825 Aktivierte Eigenleistungen zur Erstellung von selbst geschaffenen immateriellen Vermögensgegenständen
		Sonstige betriebliche Erträge
Sonstige betriebliche Erträge		4830 Sonstige betriebliche Erträge
		4832 Sonstige betriebliche Erträge von verbundenen Unternehmen
Umsatzerlöse		4833 Andere Nebenerlöse
Sonstige betriebliche Erträge	U	AM 4834 Sonstige Erträge betrieblich und regelmäßig 16 % USt
		4835 Sonstige Erträge betrieblich und regelmäßig
	U	AM 4836 Sonstige Erträge betrieblich und regelmäßig 19 % USt
		R 4837
		4838 Erstattete Vorsteuer anderer Länder
		4839 Sonstige Erträge unregelmäßig
		4840 Erträge aus der Währungsumrechnung
	U	AM 4841 Sonstige Erträge betrieblich und regelmäßig, steuerfrei § 4 Nr. 8 ff. UStG
	U	AM 4842 Sonstige betriebliche Erträge, steuerfrei z. B. § 4 Nr. 2 bis 7 UStG
		4843 Erträge aus Bewertung Finanzmittelfonds
	U	AM 4844 Erlöse aus Verkäufen Sachanlagevermögen steuerfrei § 4 Nr. 1a UStG (bei Buchgewinn)
	U	AM 4845 Erlöse aus Verkäufen Sachanlagevermögen 19 % USt (bei Buchgewinn)
		R 4846
		4847 Erträge aus der Währungsumrechnung (nicht § 256a HGB)
	U	AM 4848 Erlöse aus Verkäufen Sachanlagevermögen steuerfrei § 4 Nr. 1b UStG (bei Buchgewinn)
		4849 Erlöse aus Verkäufen Sachanlagevermögen (bei Buchgewinn)

GuV-Posten[2]	Programmverbindung[4] Abschlusszweck[4]	4 Betriebliche Erträge
Sonstige betriebliche Erträge		4850 Erlöse aus Verkäufen immaterieller Vermögensgegenstände (bei Buchgewinn)
		4851 Erlöse aus Verkäufen Finanzanlagen (bei Buchgewinn)
	G K	4852 Erlöse aus Verkäufen Finanzanlagen § 3 Nr. 40 EStG bzw. § 8b Abs. 2 KStG (bei Buchgewinn)[9]
		4855 Anlagenabgänge Sachanlagen (Restbuchwert bei Buchgewinn)
		4856 Anlagenabgänge immaterielle Vermögensgegenstände (Restbuchwert bei Buchgewinn)
		4857 Anlagenabgänge Finanzanlagen (Restbuchwert bei Buchgewinn)
	G K	4858 Anlagenabgänge Finanzanlagen § 3 Nr. 40 EStG bzw. § 8b Abs. 2 KStG (Restbuchwert bei Buchgewinn)[9]
Umsatzerlöse		4860 Grundstückserträge
	U	AM 4861 Erlöse aus Vermietung und Verpachtung, umsatzsteuerfrei § 4 Nr. 12 UStG
	U	AM 4862 Erlöse aus Vermietung und Verpachtung 19 % USt
		R 4863 -64
	U EÜR	AM 4865 Erlöse aus Verkäufen von Wirtschaftsgütern des Umlaufvermögens 19 % USt für § 4 Abs. 3 Satz 4 EStG
	U EÜR	AM 4866 Erlöse aus Verkäufen von Wirtschaftsgütern des Umlaufvermögens, umsatzsteuerfrei § 4 Nr. 8 ff. UStG i. V. m. § 4 Abs. 3 Satz 4 EStG
	U G K EÜR	AM 4867 Erlöse aus Verkäufen von Wirtschaftsgütern des Umlaufvermögens, umsatzsteuerfrei § 4 Nr. 8 ff. UStG i. V. m. § 4 Abs. 3 Satz 4 EStG, § 3 Nr. 40 EStG bzw. § 8b Abs. 2 KStG[9]
	EÜR	4869 Erlöse aus Verkäufen von Wirtschaftsgütern des Umlaufvermögens nach § 4 Abs. 3 Satz 4 EStG
Sonstige betriebliche Erträge		R 4900 -03
	K	4904 Abgänge Wertpapiere des Umlaufvermögens § 8b Abs. 2 KStG (Buchwert bei Buchgewinn[9]
		4905 Erträge aus dem Abgang von Gegenständen des Umlaufvermögens außer Vorräte
	G K	4906 Erträge aus dem Abgang von Gegenständen des Umlaufvermögens (außer Vorräte) § 3 Nr. 40 EStG bzw. § 8b Abs. 2 KStG[9]
		4910 Erträge aus Zuschreibungen des Sachanlagevermögens
		4911 Erträge aus Zuschreibungen des immateriellen Anlagevermögens
		4912 Erträge aus Zuschreibungen des Finanzanlagevermögens
	G K	4913 Erträge aus Zuschreibungen des Finanzanlagevermögens § 3 Nr. 40 EStG bzw. § 8b Abs. 3 S. 9 KStG[9]
	G K	4914 Erträge aus Zuschreibungen § 3 Nr. 40 EStG bzw. § 8b Abs. 2 KStG[9]

GuV-Posten[2]	Programmverbindung[4] Abschlusszweck[4]	4 Betriebliche Erträge
Sonstige betriebliche Erträge		4915 Erträge aus Zuschreibungen des Umlaufvermögens (außer Vorräte)
	G K	4916 Erträge aus Zuschreibungen des Umlaufvermögens § 3 Nr. 40 EStG bzw. § 8b Abs. 3 S. 9 KStG[9]
		4920 Erträge aus der Herabsetzung der Pauschalwertberichtigung auf Forderungen
		4923 Erträge aus der Herabsetzung der Einzelwertberichtigung auf Forderungen
		4925 Erträge aus abgeschriebenen Forderungen
		4927 Erträge aus der Auflösung einer steuerlichen Rücklage nach § 6b Abs. 3 EStG
		4928 Erträge aus der Auflösung einer steuerlichen Rücklage nach § 6b Abs. 10 EStG
	SB	4929 Erträge aus der Auflösung der Rücklage für Ersatzbeschaffung, R 6.6 EStR
		4930 Erträge aus der Auflösung von Rückstellungen
		4932 Erträge aus der Herabsetzung von Verbindlichkeiten
		4935 Erträge aus der Auflösung sonstiger steuerlicher Rücklagen
		4937 Erträge aus der Auflösung steuerrechtlicher Sonderabschreibungen
	SB	4938 Erträge aus der Auflösung einer steuerlichen Rücklage nach § 4g EStG
		4940 Verrechnete sonstige Sachbezüge (keine Waren)
	U	AM 4941 Sachbezüge 7 % USt (Waren)
		R 4942 -44
	U	AM 4945 Sachbezüge 19 % USt (Waren)
		4946 Verrechnete sonstige Sachbezüge
	U	AM 4947 Verrechnete sonstige Sachbezüge aus Fahrzeug-Gestellung 19 % USt
	U	AM 4948 Verrechnete sonstige Sachbezüge 19 % USt
		4949 Verrechnete sonstige Sachbezüge ohne Umsatzsteuer
		4960 Periodenfremde Erträge
		4970 Versicherungsentschädigungen und Schadenersatzleistungen
		4972 Erstattungen Aufwendungsausgleichsgesetz
		4975 Investitionszuschüsse (steuerpflichtig)
	G K	4980 Investitionszulagen (steuerfrei)
	G K	4981 Steuerfreie Erträge aus der Auflösung von steuerlichen Rücklagen
	G K	4982 Sonstige steuerfreie Betriebseinnahmen
		4987 Erträge aus der Aktivierung unentgeltlich erworbener Vermögensgegenstände
		4989 Kostenerstattungen, Rückvergütungen und Gutschriften für frühere Jahre
Umsatzerlöse		4992 Erträge aus Verwaltungskostenumlagen

GuV-Posten[2]	Programmverbindung[4] Abschlusszweck[4]	5 Betriebliche Aufwendungen
		V 5000-5348 KU 5349 V 5350-5599 V 5700-5859 KU 5860-5899 V 5900-5906 KU 5907-5908 KU 5909 V 5910-5999
		Material- und Stoffverbrauch
Aufwendungen für Roh-, Hilfs- und Betriebsstoffe und für bezogene Waren		5000-99 Aufwendungen für Roh-, Hilfs- und Betriebsstoffe und für bezogene Waren
		Materialaufwand
		5100 Einkauf Roh-, Hilfs- und Betriebsstoffe
		AV 5110-19 Einkauf Roh-, Hilfs- und Betriebsstoffe 7 % Vorsteuer
		R 5120-28
		5129 Einkauf Roh-, Hilfs- und Betriebsstoffe ohne Vorsteuerabzug
		AV 5130-39 Einkauf Roh-, Hilfs- und Betriebsstoffe 19 % Vorsteuer
		R 5140-59
	U	AV 5160 Einkauf Roh-, Hilfs- und Betriebsstoffe, innergemeinschaftlicher Erwerb 7 % Vorsteuer und 7 % Umsatzsteuer
		R 5161
	U	AV 5162-63 Einkauf Roh-, Hilfs- und Betriebsstoffe, innergemeinschaftlicher Erwerb 19 % Vorsteuer und 19 % Umsatzsteuer
		R 5164-65
	U	AV 5166 Einkauf Roh-, Hilfs- und Betriebsstoffe, innergemeinschaftlicher Erwerb ohne Vorsteuer und 7 % Umsatzsteuer
	U	AV 5167 Einkauf Roh-, Hilfs- und Betriebsstoffe, innergemeinschaftlicher Erwerb ohne Vorsteuer und 19 % Umsatzsteuer
		R 5168-69
		AV 5170 Einkauf Roh-, Hilfs- und Betriebsstoffe 5,5 % Vorsteuer
		AV 5171 Einkauf Roh-, Hilfs- und Betriebsstoffe 7,8 % Vorsteuer[8]
		R 5172-74
	U	AV 5175 Einkauf Roh-, Hilfs- und Betriebsstoffe aus einem USt-Lager § 13a UStG 7 % Vorsteuer und 7 % Umsatzsteuer
	U	AV 5176 Einkauf Roh-, Hilfs- und Betriebsstoffe aus einem USt-Lager § 13a UStG 19 % Vorsteuer und 19 % Umsatzsteuer
		R 5177-88
	U	AV 5189 Erwerb Roh-, Hilfs- und Betriebsstoffe als letzter Abnehmer innerhalb Dreiecksgeschäft 19 % Vorsteuer und 19 % Umsatzsteuer
		5190 Energiestoffe (Fertigung)
		AV 5191 Energiestoffe (Fertigung) 7 % Vorsteuer
		AV 5192 Energiestoffe (Fertigung) 19 % Vorsteuer

GuV-Posten[2]	Programmverbindung[4] Abschlusszweck[4]	5 Betriebliche Aufwendungen
Aufwendungen für Roh-, Hilfs- und Betriebsstoffe und für bezogene Waren		R 5193 -98
		5200 Wareneingang
		AV 5300 -09 Wareneingang 7 % Vorsteuer
		R 5310 -46
		AV 5347 Wareneingang 7 % Vorsteuer
		R 5348
		5349 Wareneingang ohne Vorsteuerabzug
		AV 5400 -09 Wareneingang 19 % Vorsteuer
		R 5410 -17
		AV 5418 Wareneingang 19 % Vorsteuer
		R 5419
	U	AV 5420 -24 Innergemeinschaftlicher Erwerb 7 % Vorsteuer und 7 % Umsatzsteuer
	U	AV 5425 -29 Innergemeinschaftlicher Erwerb 19 % Vorsteuer und 19 % Umsatzsteuer
	U	AV 5430 Innergemeinschaftlicher Erwerb ohne Vorsteuer und 7 % Umsatzsteuer
		R 5431 -34
	U	AV 5435 Innergemeinschaftlicher Erwerb ohne Vorsteuer und 19 % Umsatzsteuer
		R 5436 -39
	U	AV 5440 Innergemeinschaftlicher Erwerb von Neufahrzeugen von Lieferanten ohne Umsatzsteuer-Identifikationsnummer 19 % Vorsteuer und 19 % Umsatzsteuer
		R 5441 -49
		R 5500 -04
		AV 5505 -09 Wareneingang 5,5 % Vorsteuer
		R 5510 -39
		AV 5540 -49 Wareneingang zum Durchschnittssatz nach § 24 UStG 7,8 % Vorsteuer[8]
	U	AV 5550 Steuerfreier innergemeinschaftlicher Erwerb
		5551 Wareneingang im Drittland steuerbar
	U	AV 5552 Erwerb 1. Abnehmer innerhalb eines Dreiecksgeschäftes
	U	AV 5553 Erwerb Waren als letzter Abnehmer innerhalb Dreiecksgeschäft 19 % Vorsteuer und 19 % Umsatzsteuer
		R 5554 -57
		5558 Wareneingang im anderen EU-Land steuerbar
		5559 Steuerfreie Einfuhren
	U	AV 5560 Waren aus einem Umsatzsteuerlager, § 13a UStG 7 % Vorsteuer und 7 % Umsatzsteuer
		R 5561 -64
	U	AV 5565 Waren aus einem Umsatzsteuerlager, § 13a UStG 19 % Vorsteuer und 19 % Umsatzsteuer
Aufwendungen für Roh-, Hilfs- und Betriebsstoffe und für bezogene Waren		R 5566 -69
		5600 -09 Nicht abziehbare Vorsteuer
		5610 -19 Nicht abziehbare Vorsteuer 7 %
		R 5650 -59
		5660 -69 Nicht abziehbare Vorsteuer 19 %
		5700 Nachlässe
		5701 Nachlässe aus Einkauf Roh-, Hilfs- und Betriebsstoffe
		AV 5710 -11 Nachlässe 7 % Vorsteuer
		R 5712 -13
		AV 5714 Nachlässe aus Einkauf Roh-, Hilfs- und Betriebsstoffe 7 % Vorsteuer
		AV 5715 Nachlässe aus Einkauf Roh-, Hilfs- und Betriebsstoffe 19 % Vorsteuer
		R 5716
	U	AV 5717 Nachlässe aus Einkauf Roh-, Hilfs- und Betriebsstoffe, innergemeinschaftlicher Erwerb 7 % Vorsteuer und 7 % Umsatzsteuer
	U	AV 5718 Nachlässe aus Einkauf Roh-, Hilfs- und Betriebsstoffe, innergemeinschaftlicher Erwerb 19 % Vorsteuer und 19 % Umsatzsteuer
		R 5719
		AV 5720 -21 Nachlässe 19 % Vorsteuer
		R 5722 -23
	U	AV 5724 Nachlässe aus innergemeinschaftlichem Erwerb 7 % Vorsteuer und 7 % Umsatzsteuer
	U	AV 5725 Nachlässe aus innergemeinschaftlichem Erwerb 19 % Vorsteuer und 19 % Umsatzsteuer
		R 5726 -29
		S/AV 5730 Erhaltene Skonti
		S/AV 5731 Erhaltene Skonti 7 % Vorsteuer
		R 5732
		S/AV 5733 Erhaltene Skonti aus Einkauf Roh-, Hilfs- und Betriebsstoffe
		S/AV 5734 Erhaltene Skonti aus Einkauf Roh-, Hilfs- und Betriebsstoffe 7 % Vorsteuer
		R 5735
		S/AV 5736 Erhaltene Skonti 19 % Vorsteuer
		R 5737
		S/AV 5738 Erhaltene Skonti aus Einkauf Roh-, Hilfs- und Betriebsstoffe 19 % Vorsteuer
		R 5739 -40
	U	S/AV 5741 Erhaltene Skonti aus Einkauf Roh-, Hilfs- und Betriebsstoffe aus steuerpflichtigem innergemeinschaftlichem Erwerb 19 % Vorsteuer und 19 % Umsatzsteuer

GuV-Posten[2]	Programmverbindung[4] Abschlusszweck[4]	5 Betriebliche Aufwendungen	
Aufwendungen für Roh-, Hilfs- und Betriebsstoffe und für bezogene Waren		R 5742	
	U	S/AV 5743	Erhaltene Skonti aus Einkauf Roh-, Hilfs- und Betriebsstoffe aus steuerpflichtigem innergemeinschaftlichem Erwerb 7 % Vorsteuer und 7 % Umsatzsteuer
		S/AV 5744	Erhaltene Skonti aus Einkauf Roh-, Hilfs- und Betriebsstoffe aus steuerpflichtigem innergemeinschaftlichem Erwerb
		S/AV 5745	Erhaltene Skonti aus steuerpflichtigem innergemeinschaftlichem Erwerb
	U	S/AV 5746	Erhaltene Skonti aus steuerpflichtigem innergemeinschaftlichem Erwerb 7 % Vorsteuer und 7 % Umsatzsteuer
		R 5747	
	U	S/AV 5748	Erhaltene Skonti aus steuerpflichtigem innergemeinschaftlichem Erwerb 19 % Vorsteuer und 19 % Umsatzsteuer
		R 5749	
		AV 5750 -51	Erhaltene Boni 7 % Vorsteuer
		R 5752	
		5753	Erhaltene Boni aus Einkauf Roh-, Hilfs- und Betriebsstoffe
		AV 5754	Erhaltene Boni aus Einkauf Roh-, Hilfs- und Betriebsstoffe 7 % Vorsteuer
		AV 5755	Erhaltene Boni aus Einkauf Roh-, Hilfs- und Betriebsstoffe 19 % Vorsteuer
		R 5756 -59	
		AV 5760 -61	Erhaltene Boni 19 % Vorsteuer
		R 5762 -68	
		5769	Erhaltene Boni
		5770	Erhaltene Rabatte
		AV 5780 -81	Erhaltene Rabatte 7 % Vorsteuer
		R 5782	
		5783	Erhaltene Rabatte aus Einkauf Roh-, Hilfs- und Betriebsstoffe
		AV 5784	Erhaltene Rabatte aus Einkauf Roh-, Hilfs- und Betriebsstoffe 7 % Vorsteuer
		AV 5785	Erhaltene Rabatte aus Einkauf Roh-, Hilfs- und Betriebsstoffe 19 % Vorsteuer
		R 5786	
		S/AV 5787	Erhaltene Skonti aus Einkauf Roh-, Hilfs- und Betriebsstoffe 9,0 % Vorsteuer[11]
		R 5788 -89	
Aufwendungen für Roh-, Hilfs- und Betriebsstoffe und für bezogene Waren		AV 5790 -91	Erhaltene Rabatte 19 % Vorsteuer
		AV 5792	Erhaltene Skonti aus Erwerb Roh-, Hilfs- und Betriebsstoffe als letzter Abnehmer innerhalb Dreiecksgeschäft 19 % Vorsteuer und 19 % Umsatzsteuer[11]
	U	AV 5793	Erhaltene Skonti aus Erwerb Waren als letzter Abnehmer innerhalb Dreiecksgeschäft 19 % Vorsteuer und 19 % Umsatzsteuer
		S/AV 5794	Erhaltene Skonti 5,5 % Vorsteuer
		S/AV 5795	Erhaltene Skonti 9,0 % Vorsteuer[11]
		R 5796 -97	
		S/AV 5798	Erhaltene Skonti aus Einkauf Roh-, Hilfs- und Betriebsstoffe 5,5 % Vorsteuer
		R 5799	
		5800	Bezugsnebenkosten
		5820	Leergut
		5840	Zölle und Einfuhrabgaben
		5860	Verrechnete Stoffkosten (Gegenkonto 5000-99)
		5880	Bestandsveränderungen Roh-, Hilfs- und Betriebsstoffe sowie bezogene Waren
		5881	Bestandsveränderungen Waren
		5885	Bestandsveränderungen Roh-, Hilfs- und Betriebsstoffe
			Aufwendungen für bezogene Leistungen
Aufwendungen für bezogene Leistungen		5900	Fremdleistungen
		AV 5906	Fremdleistungen 19 % Vorsteuer
		R 5907	
		AV 5908	Fremdleistungen 7 % Vorsteuer
		5909	Fremdleistungen ohne Vorsteuer
			Umsätze, für die als Leistungsempfänger die Steuer nach § 13b UStG geschuldet wird
	U	AV 5910	Bauleistungen eines im Inland ansässigen Unternehmers 7 % Vorsteuer und 7 % Umsatzsteuer
		R 5911 -12	
	U	AV 5913	Sonstige Leistungen eines im anderen EU-Land ansässigen Unternehmers 7 % Vorsteuer und 7 % Umsatzsteuer
		R 5914	
	U	AV 5915	Leistungen eines im Ausland ansässigen Unternehmers 7 % Vorsteuer und 7 % Umsatzsteuer
		R 5916 -19	
	U	AV 5920 -21	Bauleistungen eines im Inland ansässigen Unternehmers 19 % Vorsteuer und 19 % Umsatzsteuer
		R 5922	
	U	AV 5923	Sonstige Leistungen eines im anderen EU-Land ansässigen Unternehmers 19 % Vorsteuer und 19 % Umsatzsteuer
		R 5924	
	U	AV 5925 -26	Leistungen eines im Ausland ansässigen Unternehmers 19 % Vorsteuer und 19 % Umsatzsteuer

GuV-Posten[2)]	Programmverbindung[4)] Abschlusszweck[4)]	5 Betriebliche Aufwendungen
Aufwendungen für bezogene Leistungen		R 5927 -29
	U	AV 5930 Bauleistungen eines im Inland ansässigen Unternehmers ohne Vorsteuer und 7 % Umsatzsteuer
		R 5931 -32
	U	AV 5933 Sonstige Leistungen eines im anderen EU-Land ansässigen Unternehmers ohne Vorsteuer und 7 % Umsatzsteuer
		R 5934
	U	AV 5935 Leistungen eines im Ausland ansässigen Unternehmers ohne Vorsteuer und 7 % Umsatzsteuer
		R 5936 -39
	U	AV 5940 -41 Bauleistungen eines im Inland ansässigen Unternehmers ohne Vorsteuer und 19 % Umsatzsteuer
		R 5942
	U	AV 5943 Sonstige Leistungen eines im anderen EU-Land ansässigen Unternehmers ohne Vorsteuer und 19 % Umsatzsteuer
		R 5944
	U	AV 5945 -46 Leistungen eines im Ausland ansässigen Unternehmers ohne Vorsteuer und 19 % Umsatzsteuer
		R 5947 -49
		S/AV 5950 Erhaltene Skonti aus Leistungen, für die als Leistungsempfänger die Steuer nach § 13b UStG geschuldet wird
	U	S/AV 5951 Erhaltene Skonti aus Leistungen, für die als Leistungsempfänger die Steuer nach § 13b UStG geschuldet wird 19 % Vorsteuer und 19 % Umsatzsteuer
		R 5952
		S/AV 5953 Erhaltene Skonti aus Leistungen, für die als Leistungsempfänger die Steuer nach § 13b UStG geschuldet wird ohne Vorsteuer aber mit Umsatzsteuer
	U	S/AV 5954 Erhaltene Skonti aus Leistungen, für die als Leistungsempfänger die Steuer nach § 13b UStG geschuldet wird ohne Vorsteuer, mit 19 % Umsatzsteuer
		R 5955 -59
		5960 Leistungen nach § 13b UStG mit Vorsteuerabzug[21)]
		5965 Leistungen nach § 13b UStG ohne Vorsteuerabzug[21)]
	G K	5970 Fremdleistungen (Miet- und Pachtzinsen bewegliche Wirtschaftsgüter)
	G K	5975 Fremdleistungen (Miet- und Pachtzinsen unbewegliche Wirtschaftsgüter)
	G K	5980 Fremdleistungen (Entgelte für Rechte und Lizenzen)
	G	5985 Fremdleistungen (Vergütungen für die Überlassung von Wirtschaftsgütern - mit Sonderbetriebseinnahme korrespondierend)

GuV-Posten[2)]	Programmverbindung[4)] Abschlusszweck[4)]	6 Betriebliche Aufwendungen
		V 6250-6259 M 6280-6299 V 6300-6389 V 6450-6853 V 6855-6859 M 6884-6894 KU 6895-6899 M 6930-6939
		Personalaufwand
Löhne und Gehälter		**6000 Löhne und Gehälter**
		6010 Löhne
		6020 Gehälter
		6024 Geschäftsführergehälter der GmbH-Gesellschafter
	K	6026 Tantiemen Gesellschafter-Geschäftsführer
		6027 Geschäftsführergehälter
	G	6028 Vergütungen an angestellte Mitunternehmer § 15 EStG (mit Sonderbetriebseinnahme korrespondierend)
	K	6029 Tantiemen Arbeitnehmer
		6030 Aushilfslöhne
		6035 Löhne für Minijobs
		6036 Pauschale Steuer für Minijobber
		6037 Pauschale Steuer für Gesellschafter-Geschäftsführer
	G	6038 Pauschale Steuer für angestellte Mitunternehmer § 15 EStG (mit Sonderbetriebseinnahme korrespondierend)
		6039 Pauschale Steuer für Arbeitnehmer
		6040 Pauschale Steuer für Aushilfen
		6045 Bedienungsgelder
		6050 Ehegattengehalt
		6060 Freiwillige soziale Aufwendungen, lohnsteuerpflichtig
		6066 Freiwillige Zuwendungen an Minijobber
		6067 Freiwillige Zuwendungen an Gesellschafter-Geschäftsführer
	G	6068 Freiwillige Zuwendungen an angestellte Mitunternehmer § 15 EStG (mit Sonderbetriebseinnahme korrespondierend)
		6069 Pauschale Steuer auf sonstige Bezüge (z. B. Fahrtkostenzuschüsse)
		6070 Krankengeldzuschüsse
		6071 Sachzuwendungen und Dienstleistungen an Minijobber
		6072 Sachzuwendungen und Dienstleistungen an Arbeitnehmer
		6073 Sachzuwendungen und Dienstleistungen an Gesellschafter-Geschäftsführer
	G	6074 Sachzuwendungen und Dienstleistungen an angestellte Mitunternehmer § 15 EStG (mit Sonderbetriebseinnahme korrespondierend)
		6075 Zuschüsse der Agenturen für Arbeit (Haben)
		6076 Aufwendungen aus der Veränderung von Urlaubsrückstellungen
		6077 Aufwendungen aus der Veränderung von Urlaubsrückstellungen für Gesellschafter-Geschäftsführer

GuV-Posten[2]	Programmverbindung[4] Abschlusszweck[4]	6 Betriebliche Aufwendungen
Löhne und Gehälter	G	6078 Aufwendungen aus der Veränderung von Urlaubsrückstellungen für angestellte Mitunternehmer § 15 EStG (mit Sonderbetriebseinnahme korrespondierend)
		6079 Aufwendungen aus der Veränderung von Urlaubsrückstellungen für Minijobber
		6080 Vermögenswirksame Leistungen
		6090 Fahrtkostenerstattung Wohnung/Arbeitsstätte
Soziale Abgaben und Aufwendungen für Altersversorgung und für Unterstützung		**6100 Soziale Abgaben und Aufwendungen für Altersversorgung und für Unterstützung**
		6110 Gesetzliche soziale Aufwendungen
	G	6118 Gesetzliche soziale Aufwendungen für Mitunternehmer § 15 EStG (mit Sonderbetriebseinnahme korrespondierend)
		6120 Beiträge zur Berufsgenossenschaft
		6130 Freiwillige soziale Aufwendungen, lohnsteuerfrei
		6140 Aufwendungen für Altersversorgung
		6147 Pauschale Steuer auf sonstige Bezüge (z. B. Direktversicherungen)
	G	6148 Aufwendungen für Altersversorgung für Mitunternehmer § 15 EStG (mit Sonderbetriebseinnahme korrespondierend)
		6149 Aufwendungen für Altersversorgung für Gesellschafter-Geschäftsführer
		6150 Versorgungskassen
		6160 Aufwendungen für Unterstützung
		6170 Sonstige soziale Abgaben
		6171 Soziale Abgaben für Minijobber
		Abschreibungen auf immaterielle Vermögensgegenstände des Anlagevermögens und Sachanlagen
Abschreibungen auf immaterielle Vermögensgegenstände des Anlagevermögens und Sachanlagen		6200 Abschreibungen auf immaterielle Vermögensgegenstände
	HB	6201 Abschreibungen auf selbst geschaffene immaterielle Vermögensgegenstände
		6205 Abschreibungen auf den Geschäfts- oder Firmenwert
		6209 Außerplanmäßige Abschreibungen auf den Geschäfts- oder Firmenwert
		6210 Außerplanmäßige Abschreibungen auf immaterielle Vermögensgegenstände
	HB	6211 Außerplanmäßige Abschreibungen auf selbst geschaffene immaterielle Vermögensgegenstände
		6220 Abschreibungen auf Sachanlagen (ohne AfA auf Fahrzeuge und Gebäude)
		6221 Abschreibungen auf Gebäude
		6222 Abschreibungen auf Fahrzeuge
		6223 Abschreibungen auf Gebäudeteil des häuslichen Arbeitszimmers
		6230 Außerplanmäßige Abschreibungen auf Sachanlagen
		6231 Absetzung für außergewöhnliche technische und wirtschaftliche Abnutzung der Gebäude

GuV-Posten[2]	Programmverbindung[4] Abschlusszweck[4]	6 Betriebliche Aufwendungen
Abschreibungen auf immaterielle Vermögensgegenstände des Anlagevermögens und Sachanlagen		6232 Absetzung für außergewöhnliche technische und wirtschaftliche Abnutzung der Fahrzeuge
		6233 Absetzung für außergewöhnliche technische und wirtschaftliche Abnutzung sonstiger Wirtschaftsgüter
	SB	6240 Abschreibungen auf Sachanlagen auf Grund steuerlicher Sondervorschriften
	SB	6241 Sonderabschreibungen nach § 7g Abs. 5 EStG (ohne Fahrzeuge)
	SB	6242 Sonderabschreibungen nach § 7g Abs. 5 EStG (für Fahrzeuge)
	SB	6243 Kürzung der Anschaffungs- oder Herstellungskosten nach § 7g Abs. 2 EStG (ohne Fahrzeuge)
	SB	6244 Kürzung der Anschaffungs- oder Herstellungskosten nach § 7g Abs. 2 EStG (für Fahrzeuge)
	SB	6245 Sonderabschreibungen nach § 7b EStG (Mietwohnungsneubau)
	SB	6249 Abzugsbetrag nach § 6b EStG
		6250 Kaufleasing
		6260 Sofortabschreibungen geringwertiger Wirtschaftsgüter
		6262 Abschreibungen auf aktivierte, geringwertige Wirtschaftsgüter
		6264 Abschreibungen auf den Sammelposten Wirtschaftsgüter
		6266 Außerplanmäßige Abschreibungen auf aktivierte, geringwertige Wirtschaftsgüter
		Abschreibungen auf Vermögensgegenstände des Umlaufvermögens, soweit diese die in der Kapitalgesellschaft üblichen Abschreibungen überschreiten
Abschreibung auf Vermögensgegenstände des Umlaufvermögens, soweit diese die üblichen Abschreibungen überschreiten		6270 Abschreibungen auf sonstige Vermögensgegenstände des Umlaufvermögens (soweit unüblich hoch)
	SB	6272 Abschreibungen auf Umlaufvermögen, steuerrechtlich bedingt (soweit unüblich hoch)
		6278 Abschreibungen auf Roh-, Hilfs- und Betriebsstoffe/Waren (soweit unüblich hoch)
		6279 Abschreibungen auf fertige und unfertige Erzeugnisse (soweit unüblich hoch)
		6280 Forderungsverluste (soweit unüblich hoch)
	U	AM 6281 Forderungsverluste 7 % USt (soweit unüblich hoch)
		R 6282 -85
	U	AM 6286 Forderungsverluste 19 % USt (soweit unüblich hoch)
		R 6287 -88
	G K	6290 Abschreibungen auf Forderungen gegenüber Kapitalgesellschaften, an denen eine Beteiligung besteht (soweit unüblich hoch), § 3c EStG bzw. § 8b Abs. 3 KStG
	G K	6291 Abschreibungen auf Forderungen gegenüber Gesellschaftern und nahe stehende Personen (soweit unüblich hoch), § 3 Nr. 40 EStG bzw. § 8b Abs. 3 KStG[9]

GuV-Posten[2]	Programmverbindung[4] Abschlusszweck[4]	6 Betriebliche Aufwendungen
Sonstige betriebliche Aufwendungen		**Sonstige betriebliche Aufwendungen**
		6300 Sonstige betriebliche Aufwendungen
		6302 Interimskonto für Aufwendungen in einem anderen Land, bei denen eine Vorsteuervergütung möglich ist
		6303 Fremdleistungen/Fremdarbeiten
		R 6304
		6305 Raumkosten
	G K	6310 Miete (unbewegliche Wirtschaftsgüter)
		6312 Miete/Aufwendungen für doppelte Haushaltsführung Unternehmer
	K	6313 Vergütungen an Gesellschafter für die miet- oder pachtweise Überlassung ihrer unbeweglichen Wirtschaftsgüter
	G	6314 Vergütungen an Mitunternehmer für die mietweise Überlassung ihrer unbeweglichen Wirtschaftsgüter § 15 EStG (mit Sonderbetriebseinnahme korrespondierend)
	G K	6315 Pacht (unbewegliche Wirtschaftsgüter)
	G K	6316 Leasing (unbewegliche Wirtschaftsgüter)
	G K	6317 Aufwendungen für gemietete oder gepachtete unbewegliche Wirtschaftsgüter, die gewerbesteuerlich hinzuzurechnen sind
		6318 Miet- und Pachtnebenkosten, die gewerbesteuerlich nicht hinzuzurechnen sind
	G	6319 Vergütungen an Mitunternehmer für die pachtweise Überlassung ihrer unbeweglichen Wirtschaftsgüter § 15 EStG (mit Sonderbetriebseinnahme korrespondierend)
		6320 Heizung
		6325 Gas, Strom, Wasser
		6330 Reinigung
		6335 Instandhaltung betrieblicher Räume
		6340 Abgaben für betrieblich genutzten Grundbesitz
		6345 Sonstige Raumkosten
		6347 Tagespauschale für die Tätigkeit in der häuslichen Wohnung
		6348 Aufwendungen für ein häusliches Arbeitszimmer (abziehbarer Anteil)
		6349 Aufwendungen für ein häusliches Arbeitszimmer (nicht abziehbarer Anteil)
		6350 Grundstücksaufwendungen, betrieblich
		6352 Sonstige Grundstücksaufwendungen (neutral)
	G K	6390 Zuwendungen, Spenden, steuerlich nicht abziehbar
	G K	6391 Zuwendungen, Spenden für wissenschaftliche und kulturelle Zwecke
	G K	6392 Zuwendungen, Spenden für mildtätige Zwecke
	G K	6393 Zuwendungen, Spenden für kirchliche, religiöse und gemeinnützige Zwecke
Sonstige betriebliche Aufwendungen	G K	6394 Zuwendungen, Spenden an politische Parteien
	G K	6395 Zuwendungen, Spenden in das zu erhaltende Vermögen (Vermögensstock) einer Stiftung für gemeinnützige Zwecke
	G K	6397 Zuwendungen, Spenden in das zu erhaltende Vermögen (Vermögensstock) einer Stiftung für kirchliche, religiöse und gemeinnützige Zwecke
	G K	6398 Zuwendungen, Spenden an Stiftungen in das zu erhaltende Vermögen (Vermögensstock) für wissenschaftliche, mildtätige, kulturelle Zwecke
		6400 Versicherungen
		6405 Versicherungen für Gebäude
		6410 Netto-Prämie für Rückdeckung künftiger Versorgungsleistungen
		6420 Beiträge
		6430 Sonstige Abgaben
		6436 Steuerlich abzugsfähige Verspätungszuschläge und Zwangsgelder
	G K	6437 Steuerlich nicht abzugsfähige Verspätungszuschläge und Zwangsgelder
		6440 Ausgleichsabgabe nach dem Schwerbehindertengesetz
		6450 Reparaturen und Instandhaltung von Bauten
		6460 Reparaturen und Instandhaltung von technischen Anlagen und Maschinen
		6470 Reparaturen und Instandhaltung von anderen Anlagen und Betriebs- und Geschäftsausstattung
		6475 Zuführung zu Aufwandsrückstellungen
		6485 Reparaturen und Instandhaltung von anderen Anlagen
		6490 Sonstige Reparaturen und Instandhaltung
		6495 Wartungskosten für Hard- und Software
	G K	6498 Mietleasing bewegliche Wirtschaftsgüter für technische Anlagen und Maschinen
		6500 Fahrzeugkosten[18]
		6520 Fahrzeug-Versicherungen
		6530 Laufende Fahrzeug-Betriebskosten
		6540 Fahrzeug-Reparaturen
	G K	6550 Garagenmiete
	G K	6560 Mietleasing Kfz
	G K	6565 Mietleasingaufwendungen für Elektrofahrzeuge und Fahrräder, die gewerbesteuerlich hinzuzurechnen sind
		6570 Sonstige Fahrzeugkosten
		6580 Mautgebühren
		6590 Kosten für betrieblich genutzte zum Privatvermögen gehörende Fahrzeuge
		6595 Fremdfahrzeugkosten
		6600 Werbekosten
		6605 Streuartikel
		6610 Geschenke abzugsfähig ohne § 37b EStG
		6611 Geschenke abzugsfähig mit § 37b EStG

GuV-Posten[2]	Programmverbindung[4] Abschlusszweck[4]	6 Betriebliche Aufwendungen
Sonstige betriebliche Aufwendungen		6612 Pauschale Steuer für Geschenke und Zuwendungen abzugsfähig
	G K	6620 Geschenke nicht abzugsfähig ohne § 37b EStG
	G K	6621 Geschenke nicht abzugsfähig mit § 37b EStG
	G K	6622 Pauschale Steuer für Geschenke und Zuwendungen nicht abzugsfähig
		6625 Geschenke ausschließlich betrieblich genutzt
		6629 Zugaben mit § 37b EStG
		6630 Repräsentationskosten
		6640 Bewirtungskosten
		6641 Sonstige eingeschränkt abziehbare Betriebsausgaben (abziehbarer Anteil)
	G K	6642 Sonstige eingeschränkt abziehbare Betriebsausgaben (nicht abziehbarer Anteil)
		6643 Aufmerksamkeiten
	G K	6644 Nicht abzugsfähige Bewirtungskosten
	G K	6645 Nicht abzugsfähige Betriebsausgaben aus Werbe- und Repräsentationskosten
		6650 Reisekosten Arbeitnehmer
		6660 Reisekosten Arbeitnehmer Übernachtungsaufwand
		6663 Reisekosten Arbeitnehmer Fahrtkosten
		6664 Reisekosten Arbeitnehmer Verpflegungsmehraufwand
		R 6665
		6668 Kilometergelderstattung Arbeitnehmer
		6670 Reisekosten Unternehmer[18]
	G	6672 Reisekosten Unternehmer (nicht abziehbarer Anteil)
		6673 Reisekosten Unternehmer Fahrtkosten
		6674 Reisekosten Unternehmer Verpflegungsmehraufwand
		6680 Reisekosten Unternehmer Übernachtungsaufwand und Reisenebenkosten
		R 6685 -86
		6688 Fahrten zwischen Wohnung und Betriebsstätte und Familienheimfahrten (abziehbarer Anteil) - Fahrzeuge im Betriebsvermögen
	G	6689 Fahrten zwischen Wohnung und Betriebsstätte und Familienheimfahrten (nicht abziehbarer Anteil) - Fahrzeuge im Betriebsvermögen
		6690 Fahrten zwischen Wohnung und Betriebsstätte und Familienheimfahrten (Haben) - Fahrzeuge im Betriebsvermögen
		6691 Verpflegungsmehraufwendungen im Rahmen der doppelten Haushaltsführung Unternehmer
		6700 Kosten der Warenabgabe
		6710 Verpackungsmaterial
		6740 Ausgangsfrachten
		6760 Transportversicherungen
		6770 Verkaufsprovisionen
		6780 Fremdarbeiten (Vertrieb)
		6790 Aufwand für Gewährleistung

GuV-Posten[2]	Programmverbindung[4] Abschlusszweck[4]	6 Betriebliche Aufwendungen
Sonstige betriebliche Aufwendungen		6800 Porto
		6805 Telefon
		6810 Internetkosten
		6815 Bürobedarf
		6820 Zeitschriften, Bücher, digitale Medien (Fachliteratur)
		6821 Fortbildungskosten
		6822 Freiwillige Sozialleistungen
	G	6823 Sonstige Vergütungen an Mitunternehmer § 15 EStG (mit Sonderbetriebseinnahme korrespondierend)
	G	6824 Haftungsvergütung an Mitunternehmer § 15 EStG (mit Sonderbetriebseinnahme korrespondierend)
		6825 Rechts- und Beratungskosten
		6827 Abschluss- und Prüfungskosten
		6830 Buchführungskosten
	K	6833 Vergütungen an Gesellschafter für die miet- oder pachtweise Überlassung ihrer beweglichen Wirtschaftsgüter
	G	6834 Vergütungen an Mitunternehmer für die miet- oder pachtweise Überlassung ihrer beweglichen Wirtschaftsgüter § 15 EStG (mit Sonderbetriebseinnahme korrespondierend)
	G K	6835 Mieten für Einrichtungen (bewegliche Wirtschaftsgüter)
	G K	6836 Pacht (bewegliche Wirtschaftsgüter)
	G K	6837 Aufwendungen für die zeitlich befristete Überlassung von Rechten (Lizenzen, Konzessionen)
	G K	6838 Aufwendungen für gemietete oder gepachtete bewegliche Wirtschaftsgüter, die gewerbesteuerlich hinzuzurechnen sind
	G K	6840 Mietleasing bewegliche Wirtschaftsgüter für Betriebs- und Geschäftsausstattung
		6845 Werkzeuge und Kleingeräte
		6850 Sonstiger Betriebsbedarf
Genossenschaftliche Rückvergütung		6854 Genossenschaftliche Rückvergütung an Mitglieder
Sonstige betriebliche Aufwendungen		6855 Nebenkosten des Geldverkehrs
	G K	6856 Aufwendungen aus Anteilen an Kapitalgesellschaften §§ 3 Nr. 40 und 3c EStG bzw. § 8b Abs. 1 und 4 KStG[9][16]
	G K	6857 Veräußerungskosten § 3 Nr. 40 EStG bzw. § 8b Abs. 2 KStG (bei Buchgewinn)
	G K	6858 Veräußerungskosten § 3 Nr. 40 EStG bzw. § 8b Abs. 2 i. V. m. § 8b Abs. 3 S. 3 KStG (bei Buchverlust)
		6859 Aufwendungen für Abraum- und Abfallbeseitigung
		6860 Nicht abziehbare Vorsteuer
		6865 Nicht abziehbare Vorsteuer 7 %
		6871 Nicht abziehbare Vorsteuer 19 %
	K	6875 Nicht abziehbare Hälfte der Aufsichtsratsvergütungen
		6876 Abziehbare Aufsichtsratsvergütungen
		6879 Verwahrentgelt
		6880 Aufwendungen aus der Währungsumrechnung
		6881 Aufwendungen aus der Währungsumrechnung (nicht § 256a HGB)

GuV-Posten[2]	Programmverbindung[4] Abschlusszweck[4]	6 Betriebliche Aufwendungen
Sonstige betriebliche Aufwendungen		6883 Aufwendungen aus Bewertung Finanzmittelfonds
	U	AM 6884 Erlöse aus Verkäufen Sachanlagevermögen steuerfrei § 4 Nr. 1a UStG (bei Buchverlust)
	U	AM 6885 Erlöse aus Verkäufen Sachanlagevermögen 19 % USt (bei Buchverlust)
		R 6886 -87
	U	AM 6888 Erlöse aus Verkäufen Sachanlagevermögen steuerfrei § 4 Nr. 1b UStG (bei Buchverlust)
		6889 Erlöse aus Verkäufen Sachanlagevermögen (bei Buchverlust)
		6890 Erlöse aus Verkäufen immaterieller Vermögensgegenstände (bei Buchverlust)
		6891 Erlöse aus Verkäufen Finanzanlagen (bei Buchverlust)
	G K	6892 Erlöse aus Verkäufen Finanzanlagen § 3 Nr. 40 EStG bzw. § 8b Abs. 2 KStG i. V. m. § 8b Abs. 3 S. 3 KStG (bei Buchverlust)[9]
		6895 Anlagenabgänge Sachanlagen (Restbuchwert bei Buchverlust)
		6896 Anlagenabgänge immaterielle Vermögensgegenstände (Restbuchwert bei Buchverlust)
		6897 Anlagenabgänge Finanzanlagen (Restbuchwert bei Buchverlust)
	G K	6898 Anlagenabgänge Finanzanlagen § 3 Nr. 40 EStG bzw. § 8b Abs. 2 KStG i. V. m. § 8b Abs. 3 S. 3 KStG (Restbuchwert bei Buchverlust)[9]
		R 6900 -03
	K	6904 Abgänge Wertpapiere des Umlaufvermögens § 8b Abs. 2 KStG i. V. m. § 8b Abs. 3 S. 3 KStG (Buchwert bei Buchverlust)[9]
		6905 Verluste aus dem Abgang von Gegenständen des Umlaufvermögens außer Vorräte
	G K	6906 Verluste aus dem Abgang von Gegenständen des Umlaufvermögens (außer Vorräte) § 3 Nr. 40 EStG bzw. § 8b Abs. 2 KStG i. V. m. § 8b Abs. 3 S. 3 KStG[9]
	EÜR	6907 Abgang von Wirtschaftsgütern des Umlaufvermögens nach § 4 Abs. 3 Satz 4 EStG
	G K EÜR	6908 Abgang von Wirtschaftsgütern des Umlaufvermögens § 3 Nr. 40 EStG bzw. § 8b Abs. 2 KStG i. V. m. § 8b Abs. 3 S. 3 KStG nach § 4 Abs. 3 S. 4 EStG[9]
Sonstige betriebliche Aufwendungen		6910 Abschreibungen auf Umlaufvermögen außer Vorräte und Wertpapiere des Umlaufvermögens (übliche Höhe)
	SB	6912 Abschreibungen auf Umlaufvermögen außer Vorräte und Wertpapiere des Umlaufvermögens, steuerrechtlich bedingt (übliche Höhe)
		6918 Aufwendungen aus dem Erwerb eigener Anteile
		6920 Einstellung in die Pauschalwertberichtigung auf Forderungen
	SB	6922 Einstellungen in die steuerliche Rücklage nach § 6b Abs. 3 EStG

GuV-Posten[2]	Programmverbindung[4] Abschlusszweck[4]	6 Betriebliche Aufwendungen
Sonstige betriebliche Aufwendungen		6923 Einstellung in die Einzelwertberichtigung auf Forderungen
	SB	6924 Einstellungen in die steuerliche Rücklage nach § 6b Abs. 10 EStG
	SB	6927 Einstellungen in sonstige steuerliche Rücklagen
	SB	6928 Einstellungen in die Rücklage für Ersatzbeschaffung nach R 6.6 EStR
	SB	6929 Einstellungen in die steuerliche Rücklage nach § 4g EStG
		6930 Forderungsverluste (übliche Höhe)
	U	AM 6931 Forderungsverluste 7 % USt (übliche Höhe)
	U	AM 6932 Forderungsverluste aus steuerfreien EU-Lieferungen (übliche Höhe)
	U	AM 6933 Forderungsverluste aus im Inland steuerpflichtigen EU-Lieferungen 7 % USt (übliche Höhe)
		R 6934 -35
	U	AM 6936 Forderungsverluste 19 % USt (übliche Höhe)
		R 6937
	U	AM 6938 Forderungsverluste aus im Inland steuerpflichtigen EU-Lieferungen 19 % USt (übliche Höhe)
		R 6939
		6960 Periodenfremde Aufwendungen
		R 6967
	G K	6968 Sonstige nicht abziehbare Aufwendungen
		Kalkulatorische Kosten
		6970 Kalkulatorischer Unternehmerlohn
		6972 Kalkulatorische Miete/Pacht
		6974 Kalkulatorische Zinsen
		6976 Kalkulatorische Abschreibungen
		6978 Kalkulatorische Wagnisse
		6979 Kalkulatorischer Lohn für unentgeltliche Mitarbeiter
		6980 Verrechneter kalkulatorischer Unternehmerlohn
		6982 Verrechnete kalkulatorische Miete/Pacht
		6984 Verrechnete kalkulatorische Zinsen
		6986 Verrechnete kalkulatorische Abschreibungen
		6988 Verrechnete kalkulatorische Wagnisse
		6989 Verrechneter kalkulatorischer Lohn für unentgeltliche Mitarbeiter
		Kosten bei Anwendung des Umsatzkostenverfahrens
		6990 Herstellungskosten
		6992 Verwaltungskosten
		6994 Vertriebskosten
		6999 Gegenkonto 6990-6998

GuV-Posten[2]	Programmverbindung[4] Abschlusszweck[4]	Konto	7 Weitere Erträge und Aufwendungen
		KU 7685-7689 KU 7705 KU 7725 KU 7751 KU 7781 V 7800-7899	
			Erträge aus Beteiligungen
Erträge aus Beteiligungen		7000	Erträge aus Beteiligungen
		7002	Erträge aus typisch stillen Beteiligungen
	G K	7003	Erträge aus atypisch stillen Beteiligungen[23]
	G K	7004	Erträge aus Beteiligungen an Personengesellschaften (verbundene Unternehmen), § 9 GewStG bzw. § 18 EStG[23]
	G K	7005	Erträge aus Anteilen an Kapitalgesellschaften (Beteiligung) § 3 Nr. 40 EStG bzw. § 8b Abs. 1 KStG[9]
	G K	7006	Erträge aus Anteilen an Kapitalgesellschaften (verbundene Unternehmen) § 3 Nr. 40 EStG bzw. § 8b Abs. 1 KStG[9]
	G K	7008	Gewinnanteile aus gewerblichen und selbständigen Mitunternehmerschaften, § 9 GewStG bzw. § 18 EStG[23]
		7009	Erträge aus Beteiligungen an verbundenen Unternehmen
			Erträge aus anderen Wertpapieren und Ausleihungen des Finanzanlagevermögens
Erträge aus anderen Wertpapieren und Ausleihungen des Finanzanlagevermögens		7010	Erträge aus anderen Wertpapieren und Ausleihungen des Finanzanlagevermögens
		7011	Erträge aus Ausleihungen des Finanzanlagevermögens
		7012	Erträge aus Ausleihungen des Finanzanlagevermögens an verbundenen Unternehmen
		7013	Erträge aus Anteilen an Personengesellschaften (Finanzanlagevermögen)
	G K	7014	Erträge aus Anteilen an Kapitalgesellschaften (Finanzanlagevermögen) § 3 Nr. 40 EStG bzw. § 8b Abs. 1 und 4 KStG[9]
	G K	7015	Erträge aus Anteilen an Kapitalgesellschaften (verbundene Unternehmen) § 3 Nr. 40 EStG bzw. § 8b Abs. 1 KStG[9]
		7016	Erträge aus Anteilen an Personengesellschaften (verbundene Unternehmen)
		7017	Erträge aus anderen Wertpapieren des Finanzanlagevermögens an Kapitalgesellschaften (verbundene Unternehmen)
		7018	Erträge aus anderen Wertpapieren des Finanzanlagevermögens an Personengesellschaften (verbundene Unternehmen)
		7019	Erträge aus anderen Wertpapieren und Ausleihungen des Finanzanlagevermögens aus verbundenen Unternehmen
		7020	Zins- und Dividendenerträge
		7030	Erhaltene Ausgleichszahlungen (als außenstehender Aktionär)

GuV-Posten[2]	Programmverbindung[4] Abschlusszweck[4]	Konto	7 Weitere Erträge und Aufwendungen
			Sonstige Zinsen und ähnliche Erträge
Sonstige Zinsen und ähnliche Erträge		7100	Sonstige Zinsen und ähnliche Erträge
	G K	7103	Erträge aus Anteilen an Kapitalgesellschaften (Umlaufvermögen) § 3 Nr. 40 EStG bzw. § 8b Abs. 1 und 4 KStG[9]
	G K	7104	Erträge aus Anteilen an Kapitalgesellschaften (verbundene Unternehmen) § 3 Nr. 40 EStG bzw. § 8b Abs. 1 KStG[9]
		7105	Zinserträge § 233a AO, steuerpflichtig
	K	7106	Zinserträge § 233a AO, steuerfrei (Anlage GK KSt)
	G K	7107	Zinserträge § 233a AO und § 4 Abs. 5b EStG, steuerfrei
		7109	Sonstige Zinsen und ähnliche Erträge aus verbundenen Unternehmen
		7110	Sonstige Zinserträge
		7115	Erträge aus anderen Wertpapieren und Ausleihungen des Umlaufvermögens
		7119	Sonstige Zinserträge aus verbundenen Unternehmen
		7120	Zinsähnliche Erträge
		7129	Zinsähnliche Erträge aus verbundenen Unternehmen
		R 7130 -39	
	G K	7140	Steuerfreie Zinserträge aus der Abzinsung von Rückstellungen
		7141	Zinserträge aus der Abzinsung von auf Rentenverpflichtungen beruhenden Verbindlichkeiten, für die eine Gegenleistung nicht mehr zu erwarten ist[8]
		7142	Zinserträge aus der Abzinsung von Rückstellungen
		7143	Zinserträge aus der Abzinsung von Pensionsrückstellungen und ähnlichen/vergleichbaren Verpflichtungen
Sonstige Zinsen und ähnliche Erträge oder *Zinsen und ähnliche Aufwendungen*	HB	7144	Zinserträge aus der Abzinsung von Pensionsrückstellungen und ähnlichen/vergleichbaren Verpflichtungen zur Verrechnung nach § 246 Abs. 2 HGB
	HB	7145	Erträge aus Vermögensgegenständen zur Verrechnung nach § 246 Abs. 2 HGB
			Erträge aus Verlustübernahme und auf Grund einer Gewinngemeinschaft, eines Gewinn- oder Teilgewinnabführungsvertrags erhaltene Gewinne
Erträge aus Verlustübernahme	K	7190	Erträge aus Verlustübernahme
Auf Grund einer Gewinngemeinschaft, eines Gewinn- oder Teilgewinnabführungsvertrags erhaltene Gewinne		7192	Erhaltene Gewinne auf Grund einer Gewinngemeinschaft
	G K	7194	Erhaltene Gewinne auf Grund eines Gewinn- oder Teilgewinnabführungsvertrags

GuV-Posten[2]	Programmverbindung[4] Abschlusszweck[4]	7	Weitere Erträge und Aufwendungen
			Abschreibungen auf Finanzanlagen und auf Wertpapiere des Umlaufvermögens
Abschreibungen auf Finanzanlagen und auf Wertpapiere des Umlaufvermögens		7200	Abschreibungen auf Finanzanlagen (dauerhaft)
	HB	7201	Abschreibungen auf Finanzanlagen (nicht dauerhaft)
	G K	7204	Abschreibungen auf Finanzanlagen § 3 Nr. 40 EStG bzw. § 8b Abs. 3 KStG (dauerhaft)[9]
		7207	Abschreibungen auf Finanzanlagen - verbundene Unternehmen
	G K	7208	Aufwendungen auf Grund von Verlustanteilen an gewerblichen und selbständigen Mitunternehmerschaften, § 8 GewStG bzw. § 18 EStG[23]
		7210	Abschreibungen auf Wertpapiere des Umlaufvermögens
	G K	7214	Abschreibungen auf Wertpapiere des Umlaufvermögens § 3 Nr. 40 EStG bzw. § 8b Abs. 3 KStG[9]
		7217	Abschreibungen auf Wertpapiere des Umlaufvermögens - verbundene Unternehmen
	SB	7250	Abschreibungen auf Finanzanlagen auf Grund § 6b EStG-Rücklage
	G K SB	7255	Abschreibungen auf Finanzanlagen auf Grund § 6b EStG-Rücklage, § 3 Nr. 40 EStG bzw. § 8b Abs. 3 KStG[9]
			Zinsen und ähnliche Aufwendungen
Zinsen und ähnliche Aufwendungen	G K	7300	Zinsen und ähnliche Aufwendungen
	G K	7302	Steuerlich nicht abzugsfähige andere Nebenleistungen zu Steuern § 4 Abs. 5b EStG
		7303	Steuerlich abzugsfähige andere Nebenleistungen zu Steuern
	G K	7304	Steuerlich nicht abzugsfähige andere Nebenleistungen zu Steuern
	G K	7305	Zinsaufwendungen § 233a AO abzugsfähig
	G K	7306	Zinsaufwendungen §§ 234 bis 237 AO nicht abzugsfähig
	G K	7308	Zinsaufwendungen § 233a AO nicht abzugsfähig
	G K	7309	Zinsaufwendungen an verbundene Unternehmen
	G K	7310	Zinsaufwendungen für kurzfristige Verbindlichkeiten
	G K	7311	Zinsaufwendungen §§ 234 bis 237 AO abzugsfähig
	G	7313	Nicht abzugsfähige Schuldzinsen nach § 4 Abs. 4a EStG (Hinzurechnungsbetrag)
	K	7316	Zinsen für Gesellschafterdarlehen
	K	7317	Zinsen an Gesellschafter mit einer Beteiligung von mehr als 25 % bzw. diesen nahe stehende Personen
Zinsen und ähnliche Aufwendungen	G K	7318	Zinsen auf Kontokorrentkonten
	G K	7319	Zinsaufwendungen für kurzfristige Verbindlichkeiten an verbundene Unternehmen
	G K	7320	Zinsaufwendungen für langfristige Verbindlichkeiten
	G K	7323	Abschreibungen auf ein Agio oder Disagio/Damnum zur Finanzierung
	G K	7324	Abschreibungen auf ein Agio oder Disagio/Damnum zur Finanzierung des Anlagevermögens
	G K	7325	Zinsaufwendungen für Gebäude, die zum Betriebsvermögen gehören
	G K	7326	Zinsen zur Finanzierung des Anlagevermögens
	G K	7327	Renten und dauernde Lasten
	G	7328	Zinsaufwendungen für Kapitalüberlassung durch Mitunternehmer § 15 EStG (mit Sonderbetriebseinnahme korrespondierend)
	G K	7329	Zinsaufwendungen für langfristige Verbindlichkeiten an verbundene Unternehmen
		7330	Zinsähnliche Aufwendungen
		7339	Zinsähnliche Aufwendungen an verbundene Unternehmen
		R 7340 -49	
	G K	7350	Zinsen und ähnliche Aufwendungen §§ 3 Nr. 40 und 3c EStG bzw. § 8b Abs. 1 und 4 KStG[9][16]
	G K	7351	Zinsen und ähnliche Aufwendungen an verbundene Unternehmen §§ 3 Nr. 40 und 3c EStG bzw. § 8b Abs. 1 KStG[9][16]
		7355	Kreditprovisionen und Verwaltungskostenbeiträge
		7360	Zinsanteil der Zuführungen zu Pensionsrückstellungen
		7361	Zinsaufwendungen aus der Abzinsung von auf Rentenverpflichtungen beruhenden Verbindlichkeiten, für die eine Gegenleistung nicht mehr zu erwarten ist[8]
		7362	Zinsaufwendungen aus der Abzinsung von Rückstellungen
		7363	Zinsaufwendungen aus der Abzinsung von Pensionsrückstellungen und ähnlichen/vergleichbaren Verpflichtungen
Zinsen und ähnliche Aufwendungen oder *Sonstige Zinsen und ähnliche Erträge*	HB	7364	Zinsaufwendungen aus der Abzinsung von Pensionsrückstellungen und ähnlichen/vergleichbaren Verpflichtungen zur Verrechnung nach § 246 Abs. 2 HGB
	HB	7365	Aufwendungen aus Vermögensgegenständen zur Verrechnung nach § 246 Abs. 2 HGB
Zinsen und ähnliche Aufwendungen	G K	7366	Steuerlich nicht abzugsfähige Zinsaufwendungen aus der Abzinsung von Rückstellungen

GuV-Posten[2]	Programmverbindung[4] Abschlusszweck[4]	7 Weitere Erträge und Aufwendungen
		Aufwendungen aus Verlustübernahme und auf Grund einer Gewinngemeinschaft, eines Gewinn- oder Teilgewinnabführungsvertrags abgeführte Gewinne
Aufwendungen aus Verlustübernahme (Mutter)	G K	7390 Aufwendungen aus Verlustübernahme
Auf Grund einer Gewinngemeinschaft, eines Gewinnabführungs- oder Teilgewinnabführungsvertrags abgeführte Gewinne		7392 Abgeführte Gewinne auf Grund einer Gewinngemeinschaft
	K	7394 Abgeführte Gewinne auf Grund eines Gewinn- oder Teilgewinnabführungsvertrags
Auf Grund einer Gewinngemeinschaft, eines Gewinnabführungs- oder Teilgewinnabführungsvertrags abgeführte Gewinne oder *Erträge aus Verlustübernahme*	HB	7398 Abgeführte Gewinnanteile (Soll) / ausgeglichene Verlustanteile (Haben) bei atypisch stiller Beteiligung
	G K	7399 Abgeführte Gewinnanteile (Soll) / ausgeglichene Verlustanteile (Haben) bei typisch stiller Beteiligung § 8 GewStG
		Sonstige betriebliche Erträge
Sonstige betriebliche Erträge	G K	7451 Erträge durch Verschmelzung und Umwandlung
		R 7454
		Erträge aus der Anwendung von Übergangsvorschriften i. S. d. BilMoG
		R 7460
		R 7464
		Sonstige betriebliche Aufwendungen
Sonstige betriebliche Aufwendungen	K	7551 Verluste durch Verschmelzung und Umwandlung
		R 7552
		7553 Aufwendungen für Restrukturierungs- und Sanierungsmaßnahmen
		R 7554
		Aufwendungen aus der Anwendung von Übergangsvorschriften i. S. d. BilMoG
		R 7560
		R 7561
		R 7563

GuV-Posten[2]	Programmverbindung[4] Abschlusszweck[4]	7 Weitere Erträge und Aufwendungen
		Steuern vom Einkommen und Ertrag
Steuern vom Einkommen und Ertrag	K	7600 Körperschaftsteuer
Steuern vom Einkommen und vom Ertrag oder *Steuern vom Einkommen und vom Ertrag*	K	7603 Körperschaftsteuer für Vorjahre
Steuern vom Einkommen und vom Ertrag	K	7604 Körperschaftsteuererstattungen für Vorjahre
	K	7607 Solidaritätszuschlagerstattungen für Vorjahre
	K	7608 Solidaritätszuschlag
Steuern vom Einkommen und vom Ertrag oder *Steuern vom Einkommen und vom Ertrag*	K	7609 Solidaritätszuschlag für Vorjahre
Steuern vom Einkommen und vom Ertrag	G K	7610 Gewerbesteuer
	K	7630 Kapitalertragsteuer 25 %
	K	7633 Anrechenbarer Solidaritätszuschlag auf Kapitalertragsteuer 25 %
	G K	7638 Ausländische Steuer auf im Inland steuerfreie DBA-Einkünfte
	G K	7639 Anrechnung/Abzug ausländischer Quellensteuer
Steuern vom Einkommen und vom Ertrag oder *Steuern vom Einkommen und vom Ertrag*	G K	7641 Gewerbesteuernachzahlungen und Gewerbesteuererstattungen für Vorjahre nach § 4 Abs. 5b EStG
Steuern vom Einkommen und vom Ertrag	G K	7643 Erträge aus der Auflösung von Gewerbesteuerrückstellungen nach § 4 Abs. 5b EStG
	G K HB	7645 Aufwendungen aus der Zuführung und Auflösung von latenten Steuern
	G K	7646 Aufwendungen aus der Zuführung zu Steuerrückstellungen für Steuerstundung (BStBK)
	G K	7648 Erträge aus der Auflösung von Steuerrückstellungen für Steuerstundung (BStBK)
	G K HB	7649 Erträge aus der Zuführung und Auflösung von latenten Steuern
		Sonstige Steuern
Sonstige Steuern		7650 Sonstige Betriebssteuern
		7675 Verbrauchsteuer (sonstige Steuern)
		7678 Ökosteuer
	G	7680 Grundsteuer
		7685 Kfz-Steuer
		7690 Steuernachzahlungen Vorjahre für sonstige Steuern
		7692 Steuererstattungen Vorjahre für sonstige Steuern
		7694 Erträge aus der Auflösung von Rückstellungen für sonstige Steuern

GuV-Posten[2]	Programmverbindung[4] Abschlusszweck[4]	7 Weitere Erträge und Aufwendungen
Davon Gewinn- / *Verlustvortrag*		**7700 Gewinnvortrag nach Verwendung** F 7705 Gewinnvortrag nach Verwendung (mit Aufteilung für Kapitalkontenentwicklung) **7720 Verlustvortrag nach Verwendung** F 7725 Verlustvortrag nach Verwendung (mit Aufteilung für Kapitalkontenentwicklung)
Entnahmen aus der Kapitalrücklage		**7730 Entnahmen aus der Kapitalrücklage**
		Entnahmen aus Gewinnrücklagen
Entnahmen aus der gesetzlichen Rücklage		**7735 Entnahmen aus der gesetzlichen Rücklage**
Entnahmen aus der Rücklage für Anteile an einem herrschenden oder mehrheitlich beteiligten Unternehmen		**F 7740 Entnahmen aus dem Ausgleichsposten für aktivierte eigene Anteile** **7743 Entnahmen aus der Rücklage für Anteile an einem herrschenden oder mehrheitlich beteiligten Unternehmen**
Entnahmen aus anderen Ergebnisrücklagen		**7744 Entnahmen aus anderen Ergebnisrücklagen**
Entnahmen aus satzungsmäßigen Rücklagen		**7745 Entnahmen aus satzungsmäßigen Rücklagen**
Entnahmen aus anderen Gewinnrücklagen		**7750 Entnahmen aus anderen Gewinnrücklagen**
Entnahmen aus anderen Rücklagen		F 7751 Entnahmen aus gesamthänderisch gebundenen Rücklagen (mit Aufteilung für Kapitalkontenentwicklung)
Ertrag aus Kapitalherabsetzung	K	**7755 Ertrag aus der Kapitalherabsetzung[8]**
Einstellung in die Kapitalrücklage nach den Vorschriften über die vereinfachte Kapitalherabsetzung		**7760 Einstellungen in die Kapitalrücklage nach den Vorschriften über die vereinfachte Kapitalherabsetzung**

GuV-Posten[2]	Programmverbindung[4] Abschlusszweck[4]	7 Weitere Erträge und Aufwendungen
		Einstellungen in Gewinnrücklagen
Einstellungen in die gesetzliche Rücklage		**7765 Einstellungen in die gesetzliche Rücklage**
Einstellungen in die Rücklage für Anteile an einem herrschenden oder mehrheitlich beteiligten Unternehmen		**F 7770 Einstellungen in den Ausgleichsposten für aktivierte eigene Anteile** **7773 Einstellungen in die Rücklage für Anteile an einem herrschenden oder mehrheitlich beteiligten Unternehmen**
Einstellungen in satzungsmäßige Rücklagen		**7775 Einstellungen in satzungsmäßige Rücklagen**
Einstellungen in andere Gewinnrücklagen		**7780 Einstellungen in andere Gewinnrücklagen**
Einstellungen in andere Rücklagen		F 7781 Einstellungen in gesamthänderisch gebundene Rücklagen (mit Aufteilung für Kapitalkontenentwicklung)
Einstellungen in andere Ergebnisrücklagen		**7785 Einstellungen in andere Ergebnisrücklagen**
Steuerliches Mehr-/Minderergebnis lfd. Jahr (steuerlicher Ausgleichsposten)	SB SB	7788 Änderung steuerlicher Ausgleichsposten (Körperschaften) F 7789 Änderung steuerlicher Ausgleichsposten (Personengesellschaften, Einzelunternehmen)
Vorabausschüttung / beschlossene Ausschüttung für das Geschäftsjahr		**7790 Vorabausschüttung**
Sonstige betriebliche Aufwendungen		7800 (zur freien Verfügung) -99 R 7900 (reserviertes Konto)

GuV-Posten[2]	Programmverbindung[4] Abschlusszweck[4]	8 Künftige Verwendung bei gesetzlichen Anforderungen durch DATEV möglich
Sonstige betriebliche Aufwendungen		**8000** **-8999**

Bilanz-Posten[2]	Programmverbindung[4] Abschlusszweck[4]	9 Vortrags-, Kapital-, Korrektur- und statistische Konten
		KU 9000-9998
		Vortragskonten
		S 9000 Saldenvorträge, Sachkonten
		F 9001 -07 Saldenvorträge, Sachkonten
		S 9008 Saldenvorträge, Debitoren
		S 9009 Saldenvorträge, Kreditoren
		R 9050
		F 9051 Offene Posten aus 2021
		F 9052 Offene Posten aus 2022
		F 9053 Offene Posten aus 2023
		F 9054 Offene Posten aus 2024
		F 9055 Offene Posten aus 2025
		F 9056 Offene Posten aus 2026[1]
		R 9057 -69
		R 9070 -89
		F 9090 Summenvortragskonto
		R 9091 -9100
		Statistische Konten für Betriebswirtschaftliche Auswertungen (BWA)
		F 9101 Verkaufstage[12]
		F 9102 Anzahl der Barkunden[12]
		R 9103 -18
		9120 Erweiterungsinvestitionen
		R 9130 -31
		9135 Auftragseingang im Geschäftsjahr
		R 9140
		Variables Kapital Teilhafter
Kapitalanteile der Kommanditisten		F 9141 Variables Kapital TH F 9142 Variables Kapital - Anteil Teilhafter
		Sammelposten anrechenbare Privatsteuern
Sammelposten anrechenbare Steuern		9143 Privatsteuern Kapitalertragsteuer (Sammelposten) 9144 Privatsteuern Solidaritätszuschlag (Sammelposten) 9145 Privatsteuern Kirchensteuer (Sammelposten)
		Kapitaländerungen durch Übertragung einer § 6b EStG-Rücklage
Kapitalanteil der persönlich haftenden Gesellschafter	SB	F 9146 Variables Kapital Vollhafter - Übertragung einer § 6b EStG-Rücklage
Kapitalanteile der Kommanditisten	SB	F 9147 Variables Kapital Teilhafter - Übertragung einer § 6b EStG-Rücklage
		R 9148 - 49

Bilanz-Posten[2]	Programmverbindung[4] Abschlusszweck[4]	9 Vortrags-, Kapital-, Korrektur- und statistische Konten
		Andere Kapitalkontenanpassungen: Vollhafter
Kapitalanteil der persönlich haftenden Gesellschafter		F 9150 Festkapital - andere Kapitalkontenanpassungen VH F 9151 Variables Kapital - andere Kapitalkontenanpassungen VH F 9152 Verlust-/Vortragskonto - andere Kapitalkontenanpassungen VH F 9153 Kapitalkonto III - andere Kapitalkontenanpassungen VH
Nicht eingeforderte ausstehende Einlagen		F 9154 Ausstehende Einlagen auf das Komplementär-Kapital, nicht eingefordert - andere Kapitalkontenanpassungen VH
Kapitalanteil der persönlich haftenden Gesellschafter		F 9155 Verrechnungskonto für Einzahlungsverpflichtungen - andere Kapitalkontenanpassungen VH R 9156
		Anrechenbare Privatsteuern Vollhafter, Eigenkapital
Kapitalanteil der persönlich haftenden Gesellschafter		F 9157 Privatsteuern Kapitalertragsteuer (Vollhafter) F 9158 Privatsteuern Solidaritätszuschlag (Vollhafter) F 9159 Privatsteuern Kirchensteuer (Vollhafter)
		Andere Kapitalkontenanpassungen: Teilhafter
Kapitalanteile der Kommanditisten		F 9160 Kommandit-Kapital - andere Kapitalkontenanpassungen TH F 9161 Variables Kapital - andere Kapitalkontenanpassungen TH F 9162 Verlustausgleichskonto - andere Kapitalkontenanpassungen TH F 9163 Kapitalkonto III - andere Kapitalkontenanpassungen TH
Nicht eingeforderte ausstehende Einlagen		F 9164 Ausstehende Einlagen auf das Kommandit-Kapital, nicht eingefordert - andere Kapitalkontenanpassungen TH
Kapitalanteile der Kommanditisten		F 9165 Verrechnungskonto für Einzahlungsverpflichtungen - andere Kapitalkontenanpassungen TH R 9166
		Anrechenbare Privatsteuern Teilhafter, Eigenkapital
Kapitalanteile der Kommanditisten		F 9167 Privatsteuern Kapitalertragsteuer (Teilhafter), Eigenkapital F 9168 Privatsteuern Solidaritätszuschlag (Teilhafter), Eigenkapital F 9169 Privatsteuern Kirchensteuer (Teilhafter), Eigenkapital

Bilanz-Posten[2]	Programmverbindung[4] Abschlusszweck[4]	9 Vortrags-, Kapital-, Korrektur- und statistische Konten
		Umbuchungen auf andere Kapitalkonten: Vollhafter
Kapitalanteil der persönlich haftenden Gesellschafter		F 9170 Festkapital - Umbuchungen VH
		F 9171 Variables Kapital - Umbuchungen VH
		F 9172 Verlust-/Vortragskonto - Umbuchungen VH
		F 9173 Kapitalkonto III - Umbuchungen VH
Nicht eingeforderte ausstehende Einlagen		F 9174 Ausstehende Einlagen auf das Komplementär-Kapital, nicht eingefordert - Umbuchungen VH
Kapitalanteil der persönlich haftenden Gesellschafter		F 9175 Verrechnungskonto für Einzahlungsverpflichtungen - Umbuchungen VH
		R 9176 -79
		Umbuchungen auf andere Kapitalkonten: Teilhafter
Kapitalanteile der Kommanditisten		F 9180 Kommandit-Kapital - Umbuchungen TH
		F 9181 Variables Kapital - Umbuchungen TH
		F 9182 Verlustausgleichskonto - Umbuchungen TH
		F 9183 Kapitalkonto III - Umbuchungen TH
Nicht eingeforderte ausstehende Einlagen		F 9184 Ausstehende Einlagen auf das Kommandit-Kapital, nicht eingefordert - Umbuchungen TH
Kapitalanteile der Kommanditisten		F 9185 Verrechnungskonto für Einzahlungsverpflichtungen - Umbuchungen TH
		Anrechenbare Privatsteuern Teilhafter, Fremdkapital
Verbindlichkeiten gegenüber Kommanditisten oder *Forderungen gegen Kommanditisten*		F 9186 Privatsteuern Kapitalertragsteuer (Teilhafter), Fremdkapital
		F 9187 Privatsteuern Solidaritätszuschlag (Teilhafter), Fremdkapital
		F 9188 Privatsteuern Kirchensteuer (Teilhafter), Fremdkapital
		9189 Verrechnungskonto für Umbuchungen zwischen Gesellschafter-Eigenkapitalkonten
		Gegenkonto zu statistischen Konten für Betriebswirtschaftliche Auswertungen
		F 9190 Gegenkonto für statistische Mengeneinheiten Konten 9101-9102[8]
		9199 Gegenkonto zu Konten 9120 und 9135[8]

Bilanz-Posten[2]	Programmverbindung[4] Abschlusszweck[4]	9 Vortrags-, Kapital-, Korrektur- und statistische Konten
		Statistische Konten für die Kennzahlen der Bilanz
		F 9200 Beschäftigte Personen
		R 9201 -07
		F 9208 [7]
		F 9209 Gegenkonto zu 9200
		9210 Produktive Löhne
		9219 Gegenkonto zu 9210
		Statistische Konten zur informativen Angabe des gezeichneten Kapitals in anderer Währung
	HB	F 9220 Gezeichnetes Kapital in DM (Art. 42 Abs. 3 Satz 1 EGHGB)
	HB	F 9229 Gegenkonto zu 9220
		Statistische Konten für die Kapitalflussrechnung
		9240 Investitionsverbindlichkeiten bei den Leistungsverbindlichkeiten
		9241 Investitionsverbindlichkeiten aus Sachanlagekäufen bei Leistungsverbindlichkeiten
		9242 Investitionsverbindlichkeiten aus Käufen von immateriellen Vermögensgegenständen bei Leistungsverbindlichkeiten
		9243 Investitionsverbindlichkeiten aus Käufen von Finanzanlagen bei Leistungsverbindlichkeiten
		9244 Gegenkonto zu Konto 9240-43
		9245 Forderungen aus Sachanlageverkäufen bei sonstigen Vermögensgegenständen
		9246 Forderungen aus Verkäufen immaterieller Vermögensgegenstände bei sonstigen Vermögensgegenständen
		9247 Forderungen aus Verkäufen von Finanzanlagen bei sonstigen Vermögensgegenständen
		9249 Gegenkonto zu Konto 9245-47
steuerliches Mehr-/Minderergebnis lfd. Jahr (steuerlicher Ausgleichsposten)		R 9258 -59
		Aufgliederung der Rückstellungen für die Programme der Wirtschaftsberatung
		9260 Kurzfristige Rückstellungen
		9262 Mittelfristige Rückstellungen
		9264 Langfristige Rückstellungen, außer Pensionen
		9269 Gegenkonto zu Konten 9260-9268

Bilanz-Posten[2]	Programmverbindung[4] Abschlusszweck[4]	9 Vortrags-, Kapital-, Korrektur- und statistische Konten
		Statistische Konten für in der Bilanz auszuweisende Haftungsverhältnisse
		9270 Gegenkonto zu 9271-9279 (Soll-Buchung)
		9271 Verbindlichkeiten aus der Begebung und Übertragung von Wechseln
		9272 Verbindlichkeiten aus der Begebung und Übertragung von Wechseln gegenüber verbundenen/assoziierten Unternehmen
		9273 Verbindlichkeiten aus Bürgschaften, Wechsel- und Scheckbürgschaften
		9274 Verbindlichkeiten aus Bürgschaften, Wechsel- und Scheckbürgschaften gegenüber verbundenen/assoziierten Unternehmen
		9275 Verbindlichkeiten aus Gewährleistungsverträgen
		9276 Verbindlichkeiten aus Gewährleistungsverträgen gegenüber verbundenen/assoziierten Unternehmen
		9277 Haftung aus der Bestellung von Sicherheiten für fremde Verbindlichkeiten
		9278 Haftung aus der Bestellung von Sicherheiten für fremde Verbindlichkeiten gegenüber verbundenen/assoziierten Unternehmen
		9279 Verpflichtungen aus Treuhandvermögen
		Statistische Konten für die im Anhang anzugebenden sonstigen finanziellen Verpflichtungen
		9280 Gegenkonto zu 9281-9284
		9281 Verpflichtungen aus Miet- und Leasingverträgen
		9282 Verpflichtungen aus Miet- und Leasingverträgen gegenüber verbundenen Unternehmen
		9283 Andere Verpflichtungen nach § 285 Nr. 3a HGB
		9284 Andere Verpflichtungen nach § 285 Nr. 3a HGB gegenüber verbundenen Unternehmen
		Unterschiedsbetrag aus der Abzinsung von Altersversorgungsverpflichtungen nach § 253 Abs. 6 HGB
	HB	9285 Unterschiedsbetrag aus der Abzinsung von Altersversorgungsverpflichtungen nach § 253 Abs. 6 HGB (Haben)
	HB	9286 Gegenkonto zu 9285
		Statistische Konten für § 4 Abs. 3 EStG
	EÜR	9287 Zinsen bei Buchungen über Debitoren bei § 4 Abs. 3 EStG
	EÜR	9288 Mahngebühren bei Buchungen über Debitoren bei § 4 Abs. 3 EStG
	EÜR	9289 Gegenkonto zu 9287 und 9288
		9290 Statistisches Konto steuerfreie Auslagen
		9291 Gegenkonto zu 9290

Bilanz-Posten[2]	Programmverbindung[4] Abschlusszweck[4]	9 Vortrags-, Kapital-, Korrektur- und statistische Konten
Verbindlichkeiten aus Lieferungen und Leistungen		9292 Statistisches Konto Fremdgeld
Sonstige Verbindlichkeiten		9293 Gegenkonto zu 9292
Einlagen stiller Gesellschafter		9295 Einlagen atypisch stiller Gesellschafter
Steuerlicher Ausgleichsposten	K SB	9297 Steuerlicher Ausgleichsposten (Körperschaften[17])
	SB	F 9298 Steuerlicher Ausgleichsposten VH (Personengesellschaften, Einzelunternehmen)
	SB	F 9299 Steuerlicher Ausgleichsposten TH (Personengesellschaften)
		R 9300 -20
		R 9326 -43
		R 9346 -49
		R 9357 -60
		R 9365 -67
		R 9371 -72
		9390 Konto für Branchenlösungen (Werte 1), (Zur freien Verfügung)[24]
		9391 Konto für Branchenlösungen (Werte 2), (Zur freien Verfügung)[24]
		9392 Konto für Branchenlösungen (Werte 3), (Zur freien Verfügung)[24]
		9393 Konto für Branchenlösungen (Werte 4), (Zur freien Verfügung)[24]
		9394 Gegenkonto für Branchenlösungen (Werte), (Zur freien Verfügung)[24]
		F 9395 Konto für Branchenlösungen (Menge 1), (Zur freien Verfügung)[7]
		F 9396 Konto für Branchenlösungen (Menge 2), (Zur freien Verfügung)[7]
		F 9397 Konto für Branchenlösungen (Menge 3), (Zur freien Verfügung)[7]
		F 9398 Konto für Branchenlösungen (Menge 4), (Zur freien Verfügung)[7]
		F 9399 Gegenkonto für Branchenlösungen (Menge), (Zur freien Verfügung)[7]
		Privat Teilhafter (Eigenkapital, für Verrechnung mit Kapitalkonto III - Konto 9840)
Kapitalanteile der Kommanditisten		F 9400 Privatentnahmen allgemein (Teilhafter), Eigenkapital
		R 9401 -09
		F 9410 Privatsteuern (Teilhafter), Eigenkapital
		R 9411 -19
		F 9420 Sonderausgaben beschränkt abzugsfähig (Teilhafter), Eigenkapital
		R 9421 -29
		F 9430 Sonderausgaben unbeschränkt abzugsfähig (Teilhafter), Eigenkapital
		R 9431 -39

Bilanz-Posten[2]	Programmverbindung[4] Abschlusszweck[4]	9 Vortrags-, Kapital-, Korrektur- und statistische Konten
Kapitalanteile der Kommanditisten		F 9440 Zuwendungen, Spenden (Teilhafter), Eigenkapital
		R 9441 -49
		F 9450 Außergewöhnliche Belastungen (Teilhafter), Eigenkapital
		R 9451 -59
		F 9460 Grundstücksaufwand (Teilhafter), Eigenkapital
		R 9461 -69
		F 9470 Grundstücksertrag (Teilhafter), Eigenkapital
		R 9471 -79
		F 9480 Unentgeltliche Wertabgaben (Teilhafter), Eigenkapital
		R 9481 -89
		F 9490 Privateinlagen (Teilhafter), Eigenkapital
		R 9491 -99
		Statistische Konten für die Kapitalkontenentwicklung
Kapitalanteil der persönlich haftenden Gesellschafter		F 9500 Anteil für Konto 2000 Vollhafter - Festkapital
		R 9501 -09
		F 9510 Anteil für Konto 2010 Vollhafter - Variables Kapital
		R 9511 -19
Verbindlichkeiten gegenüber persönlich haftenden Gesellschaftern oder *Forderungen gegen persönlich haftende Gesellschafter*	HB	F 9520 Anteil für Konto 2020 Vollhafter - Gesellschafter-Darlehen
		R 9521 -29
Kapitalanteil der persönlich haftenden Gesellschafter		F 9530 Anteil für Konto 9810 Vollhafter - Kapitalkonto III
		R 9531 -39
Eingeforderte, noch ausstehende Kapitaleinlagen persönlich haftender Gesellschafter	HB	F 9540 Anteil für Konto 0060 Vollhafter - Ausstehende Einlagen auf das Komplementär-Kapital
		R 9541 -49
Kapitalanteile der Kommanditisten		F 9550 Anteil für Konto 2050 Teilhafter - Kommandit-Kapital
		R 9551 -59
		F 9560 Anteil für Konto 2060 Teilhafter - Verlustausgleichskonto
		R 9561 -69
Verbindlichkeiten gegenüber Kommanditisten oder Forderungen gegen Kommanditisten	HB	F 9570 Anteil für Konto 2070 Teilhafter - Gesellschafter-Darlehen
		R 9571 -79
Kapitalanteil der persönlich haftenden Gesellschafter		F 9580 Anteil für Konto 9820 Vollhafter - Verlustvortrag
		R 9581 -89
Eingeforderte, noch ausstehende Kapitaleinlagen Kommanditisten	HB	F 9590 Anteil für Konto 0080 Teilhafter - Ausstehende Einlagen auf das Kommandit-Kapital
		R 9591 -99
Gutschrift auf Kapitalkonten oder *Ergebnisverwendung*		F 9600 Name des Gesellschafters Vollhafter
		R 9601 -09
		F 9610 Tätigkeitsvergütung Vollhafter
		R 9611 -19
		F 9620 Tantieme Vollhafter
		R 9621 -29
		F 9630 Darlehensverzinsung Vollhafter
		R 9631 -39
		F 9640 Gebrauchsüberlassung Vollhafter
		R 9641 -49
		F 9650 Sonstige Vergütungen Vollhafter
		R 9651 -59
		F 9660 Sonstige Vergütungen Vollhafter
		R 9661 -69
		F 9670 Sonstige Vergütungen Vollhafter
		R 9671 -79
		F 9680 Sonstige Vergütungen Vollhafter
		R 9681 -89
		F 9690 Restanteil Vollhafter
		R 9691 -99
		F 9700 Name des Gesellschafters Teilhafter
		R 9701 -09
		F 9710 Tätigkeitsvergütung Teilhafter
		R 9711 -19
		F 9720 Tantieme Teilhafter
		R 9721 -29
		F 9730 Darlehensverzinsung Teilhafter
		R 9731 -39
		F 9740 Gebrauchsüberlassung Teilhafter
		R 9741 -49
		F 9750 Sonstige Vergütungen Teilhafter
		R 9751 -59
		F 9760 Sonstige Vergütungen Teilhafter
		R 9761 -69
		F 9770 Sonstige Vergütungen Teilhafter
		R 9771 -79
Kapitalanteile der Kommanditisten		F 9780 Anteil für Konto 9840 Teilhafter - Kapitalkonto III
		R 9781 -89

Bilanz-Posten[2]	Programmverbindung[4] Abschlusszweck[4]	9 Vortrags-, Kapital-, Korrektur- und statistische Konten
Gutschrift auf Kapitalkonten oder *Ergebnisverwendung*		F 9790 Restanteil Teilhafter
		Verlustverrechnung mit Rücklagen bei KapCo
Kapitalanteil persönlich haftende Gesellschafter (KapCo)		F 9791 Anteil Rücklagen variables Kapitalkonto Vollhafter[1] F 9792 Anteil Rücklagen Kapitalkonto III Vollhafter[1] F 9793 Anteil Rücklagen Verlust-/Vortragskonto Vollhafter[1] F 9794 Gegenkonto Anteil Rücklagen Vollhafter[1]
Kapitalanteil Kommanditisten (KapCo)		F 9795 Anteil Rücklagen variables Kapitalkonto Teilhafter[1] F 9796 Anteil Rücklagen Kapitalkonto III Teilhafter[1] F 9797 Anteil Rücklagen Verlustausgleichskonto Teilhafter[1] F 9798 Gegenkonto Anteil Rücklagen Teilhafter[1]
		R 9799 -9801
		Rücklagen, Gewinn-, Verlustvortrag
Rücklagen		F 9802 Gesamthänderisch gebundene Rücklagen - andere Kapitalkontenanpassungen
Gewinn-/Verlustvortrag vor Verwendung		F 9803 Gewinnvortrag/Verlustvortrag - andere Kapitalkontenanpassungen
Rücklagen		F 9804 Gesamthänderisch gebundene Rücklagen - Umbuchungen
Gewinn-/Verlustvortrag vor Verwendung		F 9805 Gewinnvortrag/Verlustvortrag – Umbuchungen
		Statistische Anteile an den Posten Jahresüberschuss/-fehlbetrag bzw. Bilanzgewinn/ -verlust
		F 9806 Zuzurechnender Anteil am Jahresüberschuss/Jahresfehlbetrag - je Gesellschafter F 9807 Zuzurechnender Anteil am Bilanzgewinn/Bilanzverlust - je Gesellschafter F 9808 Gegenkonto für zuzurechnenden Anteil am Jahresüberschuss/ Jahresfehlbetrag F 9809 Gegenkonto für zuzurechnenden Anteil am Bilanzgewinn/Bilanzverlust

Bilanz-Posten[2]	Programmverbindung[4] Abschlusszweck[4]	9 Vortrags-, Kapital-, Korrektur- und statistische Konten
		Kapital Personenhandelsgesellschaft Vollhafter
Kapitalanteil der persönlich haftenden Gesellschafter		F 9810 Kapitalkonto III R 9811 -19 F 9820 Verlust-/Vortragskonto R 9821 -29 F 9830 Verrechnungskonto für Einzahlungsverpflichtungen R 9831 -39
		Kapital Personenhandelsgesellschaft Teilhafter
Kapitalanteile der Kommanditisten		F 9840 Kapitalkonto III R 9841 -49 F 9850 Verrechnungskonto für Einzahlungsverpflichtungen R 9851 -59
		Einzahlungsverpflichtungen im Bereich der Forderungen
Einzahlungsverpflichtungen persönlich haftender Gesellschafter		F 9860 Einzahlungsverpflichtungen persönlich haftender Gesellschafter (Vollhafter) R 9861 -69
Einzahlungsverpflichtungen Kommanditisten		F 9870 Einzahlungsverpflichtungen Kommanditisten (Teilhafter) R 9871 -79
		Ausgleichsposten für aktivierte eigene Anteile
Ausgleichsposten für aktivierte eigene Anteile		9880 Ausgleichsposten für aktivierte eigene Anteile
		Nicht durch Vermögenseinlagen gedeckte Entnahmen
Nicht durch Vermögenseinlagen gedeckte Entnahmen persönlich haftender Gesellschafter		F 9883 Nicht durch Vermögenseinlagen gedeckte Entnahmen persönlich haftender Gesellschafter
Nicht durch Vermögenseinlagen gedeckte Entnahmen Kommanditisten		F 9884 Nicht durch Vermögenseinlagen gedeckte Entnahmen Kommanditisten
		Verrechnungskonto für nicht durch Vermögenseinlagen gedeckte Entnahmen
Durch Verluste entstandenes negatives Kapital (KapCo)		F 9885 Verrechnungskonto für nicht durch Vermögenseinlagen gedeckte Entnahmen persönlich haftender Gesellschafter F 9886 Verrechnungskonto für nicht durch Vermögenseinlagen gedeckte Entnahmen Kommanditisten

Bilanz-Posten[2]	Programmverbindung[4] Abschlusszweck[4]		9 Vortrags-, Kapital-, Korrektur- und statistische Konten
			Steueraufwand der Gesellschafter
		9887	Steueraufwand der Gesellschafter
		9889	Gegenkonto zu 9887
			Statistische Konten für Gewinnzuschlag
	G K SB	9890	Statistisches Konto für den Gewinnzuschlag nach §§ 6b Abs. 7 und 6c EStG (Haben)
	SB	9891	Gegenkonto zu statistischen Konten für den Gewinnzuschlag (Soll)
			Veränderung der gesamthänderisch gebundenen Rücklagen (Einlagen/Entnahmen)
Rücklagen		F 9892	Veränderung der gesamthänderisch gebundenen Rücklagen (Einlagen/Entnahmen)
			Vorsteuer-/Umsatzsteuerkonten zur Korrektur der Forderungen/Verbindlichkeiten (EÜR)
	EÜR	9893	Umsatzsteuer in den Forderungen zum allgemeinen Umsatzsteuersatz (EÜR)
	EÜR	9894	Umsatzsteuer in den Forderungen zum ermäßigten Umsatzsteuersatz (EÜR)
	EÜR	9895	Gegenkonto 9893-9894 für die Aufteilung der Umsatzsteuer (EÜR)
	EÜR	9896	Vorsteuer in den Verbindlichkeiten zum allgemeinen Umsatzsteuersatz (EÜR)
	EÜR	9897	Vorsteuer in den Verbindlichkeiten zum ermäßigten Umsatzsteuersatz (EÜR)
	EÜR	9898	Vorsteuer in den Verbindlichkeiten aus verschiedenen Kosten (EÜR)
	EÜR	9899	Gegenkonto 9896-9897 für die Aufteilung der Vorsteuer (EÜR)
	EÜR	9900	Umsatzsteuer nicht fällig - sonstige Erlöse (EÜR)
	EÜR	9901	Gegenkonto zu 9900
	EÜR	9902	Umsatzsteuer in den Forderungen aus sonstigen Erlösen (EÜR)
	G K SB	9906	Steuerfreie Einnahmen und Entnahmen nach § 3 Nr. 72 EStG (Soll)
	SB	9907	Gegenkonto zu steuerfreien Einnahmen und Entnahmen nach § 3 Nr. 72 EStG (Haben)
	G K SB	9908	Nicht abzugsfähige Betriebsausgaben nach § 3c Abs. 1 EStG i. V. m. § 3 Nr. 72 EStG (Haben)
	SB	9909	Gegenkonto zu nicht abzugsfähigen Betriebsausgaben nach § 3c Abs. 1 EStG i. V. m. § 3 Nr. 72 EStG (Soll)

Bilanz-Posten[2]	Programmverbindung[4] Abschlusszweck[4]		9 Vortrags-, Kapital-, Korrektur- und statistische Konten
			Statistische Konten zu § 4 Abs. 4a EStG
	SB	9910	Gegenkonto zur Minderung der Entnahmen § 4 Abs. 4a EStG
	SB	9911	Minderung der Entnahmen § 4 Abs. 4a EStG (Haben)
	SB	9912	Erhöhung der Entnahmen § 4 Abs. 4a EStG
	SB	9913	Gegenkonto zur Erhöhung der Entnahmen § 4 Abs. 4a EStG (Haben)
			Statistische Konten für den außerhalb der Bilanz zu berücksichtigenden Investitionsabzugsbetrag nach § 7g EStG
		R 9914 -15	
	G K SB	9916	Hinzurechnung Investitionsabzugsbetrag § 7g Abs. 2 EStG aus dem 2. vorangegangenen Wirtschaftsjahr, außerbilanziell (Haben)
	G K SB	9917	Hinzurechnung Investitionsabzugsbetrag § 7g Abs. 2 EStG aus dem 3. vorangegangenen Wirtschaftsjahr, außerbilanziell (Haben)
	SB	9918	Rückgängigmachung Investitionsabzugsbetrag § 7g Abs. 3 und 4 EStG im 2. vorangegangenen Wirtschaftsjahr
	SB	9919	Rückgängigmachung Investitionsabzugsbetrag § 7g Abs. 3 und 4 EStG im 3. vorangegangenen Wirtschaftsjahr
			Konten zu Bewertungskorrekturen
Forderungen aus Lieferungen und Leistungen		9960	Bewertungskorrektur zu Forderungen aus Lieferungen und Leistungen (Währungsumrechnung)
Sonstige Verbindlichkeiten		9961	Bewertungskorrektur zu sonstigen Verbindlichkeiten (Währungsumrechnung)
Kassenbestand, Bundesbankguthaben, Guthaben bei Kreditinstituten und Schecks		9962	Bewertungskorrektur zu Guthaben bei Kreditinstituten (Bewertung Finanzmittelfonds)
Verbindlichkeiten gegenüber Kreditinstituten		9963	Bewertungskorrektur zu Verbindlichkeiten gegenüber Kreditinstituten (Bewertung Finanzmittelfonds)
Verbindlichkeiten aus Lieferungen und Leistungen		9964	Bewertungskorrektur zu Verbindlichkeiten aus Lieferungen und Leistungen (Währungsumrechnung)
Sonstige Vermögensgegenstände		9965	Bewertungskorrektur zu sonstigen Vermögensgegenständen (Währungsumrechnung)
		R 9966 -69	

Bilanz-Posten[2)]	Programmverbindung[4)] Abschlusszweck[4)]	9 Vortrags-, Kapital-, Korrektur- und statistische Konten
		Statistische Konten für den außerhalb der Bilanz zu berücksichtigenden Investitionsabzugsbetrag nach § 7g EStG
	G K SB	9970 Investitionsabzugsbetrag § 7g Abs. 1 EStG, außerbilanziell (Soll)
	SB	9971 Investitionsabzugsbetrag § 7g Abs. 1 EStG, außerbilanziell (Haben) - Gegenkonto zu 9970
	G K SB	9972 Hinzurechnung Investitionsabzugsbetrag § 7g Abs. 2 EStG aus dem vorangegangenen Wirtschaftsjahr, außerbilanziell (Haben)
	SB	9973 Hinzurechnung Investitionsabzugsbetrag § 7g Abs. 2 EStG aus den vorangegangenen Wirtschaftsjahren, außerbilanziell (Soll) - Gegenkonto zu 9972, 9916, 9917
	SB	9974 Rückgängigmachung Investitionsabzugsbetrag § 7g Abs. 3 und 4 EStG im vorangegangenen Wirtschaftsjahr
	SB	9975 Rückgängigmachung Investitionsabzugsbetrag § 7g Abs. 3 und 4 EStG in den vorangegangenen Wirtschaftsjahren - Gegenkonto zu 9974, 9918, 9919
		Statistische Konten für die Zinsschranke § 4h EStG bzw. § 8a KStG
	G SB	9976 Nicht abzugsfähige Zinsaufwendungen nach § 4h EStG (Haben)
	SB	9977 Nicht abzugsfähige Zinsaufwendungen nach § 4h EStG (Soll) - Gegenkonto zu 9976
	G SB	9978 Abziehbare Zinsaufwendungen aus Vorjahren nach § 4h EStG (Soll)
	SB	9979 Abziehbare Zinsaufwendungen aus Vorjahren nach § 4h EStG (Haben) - Gegenkonto zu 9978
		Statistische Konten für den GuV-Ausweis in "Gutschrift bzw. Belastung auf Verbindlichkeitskonten" bei den Auswertungen für PersHG nach KapCoRiLiG
Gutschrift auf Verbindlichkeitskonten oder Ergebnisverwendung	HB	9980 Anteil Belastung auf Verbindlichkeitskonten
Gutschrift auf Kapitalkonten oder Ergebnisverwendung	HB	9981 Verrechnungskonto für Anteil Belastung auf Verbindlichkeitskonten
Gutschrift auf Verbindlichkeitskonten oder Ergebnisverwendung	HB	9982 Anteil Gutschrift auf Verbindlichkeitskonten

Bilanz-Posten[2)]	Programmverbindung[4)] Abschlusszweck[4)]	9 Vortrags-, Kapital-, Korrektur- und statistische Konten
Gutschrift auf Kapitalkonten oder Ergebnisverwendung	HB	9983 Verrechnungskonto für Anteil Gutschrift auf Verbindlichkeitskonten
		Statistische Konten für die Gewinnkorrektur nach § 60 Abs. 2 EStDV
	G K HB	9984 Gewinnkorrektur nach § 60 Abs. 2 EStDV - Erhöhung handelsrechtliches Ergebnis durch Habenbuchung - Minderung handelsrechtliches Ergebnis durch Sollbuchung
	HB	9985 Gegenkonto zu 9984
		Statistische Konten für Korrekturbuchungen in der Überleitungsrechnung
		9986 Ergebnisverteilung auf Fremdkapital
		9987 Korrekturkonto für die Überleitungsrechnung
		9989 Gegenkonto zu 9986-9988
		Statistische Konten für außergewöhnliche und aperiodische Geschäftsvorfälle für Anhangsangabe nach § 285 Nr. 31 und Nr. 32 HGB
		9990 Erträge von außergewöhnlicher Größenordnung oder Bedeutung
		9991 Erträge (aperiodisch)
		9992 Erträge von außergewöhnlicher Größenordnung oder Bedeutung (aperiodisch)
		9993 Aufwendungen von außergewöhnlicher Größenordnung oder Bedeutung
		9994 Aufwendungen (aperiodisch)
		9995 Aufwendungen von außergewöhnlicher Größenordnung oder Bedeutung (aperiodisch)
		9998 Gegenkonto zu 9990-9997
		Personenkonten
Sollsalden: Forderungen aus Lieferungen und Leistungen *Habensalden: Sonstige Verbindlichkeiten*		10000 -69999 = Debitoren
Habensalden: Verbindlichkeiten aus Lieferungen und Leistungen *Sollsalden: Sonstige Vermögensgegenstände*		70000 -99999 = Kreditoren

Erläuterungen zu den Kontenfunktionen:
Zusatzfunktionen (über einer Kontenklasse):
KU Keine Errechnung der Umsatzsteuer möglich
V Zusatzfunktion „Vorsteuer"
M Zusatzfunktion „Umsatzsteuer"

Hauptfunktionen (vor einem Konto):
AV Automatische Errechnung der Vorsteuer
AM Automatische Errechnung der Umsatzsteuer
S Sammelkonten
F Konten mit allgemeiner Funktion
R Diese Konten dürfen erst dann bebucht werden, wenn ihnen eine andere Funktion zugeteilt wurde.

Hinweise zu den Konten sind durch Fußnoten gekennzeichnet:

1) Konto für das Buchungsjahr 2026 neu eingeführt.
2) Bilanz- und GuV-Posten: Auswertung für große Kapitalgesellschaften, GuV-Gesamtkostenverfahren.
3) Diese Konten können mit BU-Schlüssel 10 bebucht werden. Das EU-Land und der ausländische Steuersatz werden über das EU-Fenster eingegeben.
4) Kontenbezogene Kennzeichnung der Programmverbindung in Rechnungswesen-Programmen zu Umsatzsteuererklärung (U), Gewerbesteuer (G) und Körperschaftsteuer (K).
Da bei Erstellung des SKR-Formulars die Steuererklärungsformulare noch nicht vorlagen, können sich Abweichungen zwischen den in der Programmverbindung berücksichtigten Konten und den Programmverbindungskennzeichen ergeben.
Abschlusszweck:
HB Diese Konten sollten ausschließlich für die Handelsbilanz gebucht werden.
SB Diese Konten sollten ausschließlich für die Steuerbilanz gebucht werden.
EÜR Diese Konten sollten ausschließlich für die Gewinnermittlung nach § 4 Abs. 3 EStG gebucht werden.
5) Dieses Konto kann mit BU-Schlüssel 44 bebucht werden. Das EU-Land und der ausländische Steuersatz werden über das EU-Fenster eingegeben.
6) Das Konto gilt als Hauptkonto für Sachverhalte, die in diesen Kontenbereichen nicht als spezieller Sachverhalt auf Einzelkonten dargestellt sind.
7) Diese Konten werden für Branchen-BWA-Formen mit statistischen Mengeneinheiten bebucht und wurden mit der Umrechnungssperre, Funktion 18000, belegt.
8) Kontenbeschriftung in 2026 geändert.
9) An der Schnittstelle zu Gewerbesteuer werden ab VAZ 2009 die Erträge zu 40 % als steuerfrei und die Aufwendungen zu 40 % als nicht abziehbar behandelt. An der Schnittstelle zu Körperschaftsteuer werden die Erträge zu 100 % als steuerfrei und die Aufwendungen zu 100 % als nicht abziehbar behandelt. Siehe §§ 3 Nr. 40 und 3c EStG bzw. § 8b KStG.
10) Diese Konten haben nicht mehr die Zusatzfunktion KU. Bitte verwenden Sie diese Konten nur noch in Verbindung mit einem Gegenkonto mit Geldkontenfunktion.
11) Das Konto wird nur noch für Auswertungen mit Vorjahresvergleich benötigt und wird im folgenden Jahr gelöscht.
12) Das Konto wird im folgenden Jahr gelöscht, der Kontenzweck bleibt erhalten.
13) frei
14) frei
15) Das Konto wurde zur Aufteilung nach Steuersätzen am Jahresende eingerichtet und sollte unterjährig nicht bebucht werden. Beachten Sie das Dokument Buchungsregeln: Zusätzliche Buchungen zum korrekten Befüllen der Anlage EÜR (Dok.-Nr. 0906057).
16) Das Konto wird in Körperschaftsteuer nur bei Organgesellschaften berücksichtigt.
17) Das Konto wird in Körperschaftsteuer ausschließlich in die Positionen „Eigen-/Nennkapital zum Schluss des vorangegangenen Wirtschaftsjahres" übernommen.
18) Da das EÜR-Formular einen differenzierten Ausweis der Reisekosten und Fahrzeugkosten fordert, darf dieses Konto von EÜR-Anwendern nicht genutzt werden.
19) frei
20) frei
21) Diese Konten können mit BU-Schlüssel 94 (Konto mit Vorsteuerabzug) bzw. mit BU-Schlüssel 95 (Konto ohne Vorsteuerabzug) gebucht werden. Der Tatbestand des § 13b UStG ist anschließend zu erfassen.
22) Ab dem Buchungsjahr 2019 dürfen die Konten nur noch für Einzelunternehmer verwendet werden"
23) Diese Konten fließen im EÜR-Formular in die Zeile Ergebnisanteile aus Beteiligungen an Personengesellschaften.
24) Diese Konten werden für die BWA-Formen der Branchenlösung bebucht.
25) frei
26) frei
27) frei
28) Das Konto wird nur in den Auswertungen für Sonderbilanzen abgefragt.

Allgemeiner Hinweis:

Eine Übersicht aller Steuerschlüssel/Buchungsschlüssel erhalten Sie im Rechnungswesen-Programm, in der Buchungszeile über die Tastenkombination **Umschalt + F3** im Feld **BU/Gegenkonto** oder unter **Stammdaten | Steuerschlüssel**. Hier sind verschiedene Auswahlkriterien bezüglich Umfang und Sachverhalte einstellbar.
Weitere Informationen dazu: *Steuerschlüssel-Tabelle 2026 - SKR03 / SKR04* (Dok.-Nr. 0907055).

Hinweis zum Berichtigungsschlüssel 4:

Schlüssel 4: Aufhebung der Automatik

Bei mit **AV** oder **AM**-Funktion gekennzeichneten Konten kann die Aufhebung der Automatik mit dem Schlüssel 4 durchgeführt werden.

Der Schlüssel wird verwendet, wenn Konten mit Automatik-Funktion gebucht werden sollen, aber die zugeordnete Funktion nicht greifen soll.

Erläuterungen zur Kennzeichnung von Konten für die Programmverbindung zwischen Rechnungswesen-Programmen und Steuerprogrammen:

Die Erweiterung des Standardkontenrahmens um zusätzliche Konten und besondere Kennzeichen verbessert weiter die Integration der DATEV-Programme und erleichtert die Arbeit für Anwender von Rechnungswesen-Programmen, die gleichzeitig DATEV-Steuerprogramme nutzen. Steuerliche Belange können bereits während des Kontierens stärker berücksichtigt werden.

In der Spalte Programmverbindung werden die Konten gekennzeichnet, die über die Schnittstelle in Rechnungswesen-Programmen an das entsprechende Steuerprogramm Umsatzsteuererklärung (U), Gewerbesteuer (G) und Körperschaftsteuer (K) weitergegeben und an entsprechender Stelle der Steuerberechnung zu Grunde gelegt werden.

Die Kennzeichnung „G" und „K" an Standardkonten umfasst für die Weitergabe an Gewerbesteuer und Körperschaftsteuer auch die nachfolgenden Konten bis zum nächsten standardmäßig belegten Konto.

Die Kennzeichnung "U" an Standardkonten steht für die Weitergabe an das Programm Umsatzsteuererklärung. Kontenbereiche werden nur weitergegeben, wenn sie im Standardkontenrahmen ausgewiesen sind (z. B. AM 4300-09).

Nicht gekennzeichnet sind solche Konten, die lediglich eine rechnerische Hilfsfunktion im steuerlichen Sinne ausüben wie Löhne und Gehälter sowie Umsätze für die Berechnung des zulässigen Spendenabzugs im Rahmen von Gewerbesteuer und Körperschaftsteuer.

Abgebildet wird mit den Kennzeichen die Programmverbindung, nicht der steuerliche Ursprung. Die Gewerbesteuer-Berechnung für Körperschaften ist in das Produkt Körperschaftsteuer integriert. Daher ist an Konten mit gewerbesteuerlichem Merkmal auch ein „K" für diese Programmverbindung zu finden.

DATEV-Kontenrahmen nach dem Bilanzrichtlinie-Umsetzungsgesetz
Standardkontenrahmen - Prozessgliederungsprinzip (SKR 03)
Gültig für 2026

DATEV

Bilanz-Posten[2]	Programmverbindung[4] Abschlusszweck[4]	0 Anlage- und Kapitalkonten
		KU 0600-0800 KU 0809 KU 0819-0963 KU 0968-0969 KU 0987-0989 KU 0996-0999
Rückständige fällige Einzahlungen auf Geschäftsanteile		0005 Rückständige fällige Einzahlungen auf Geschäftsanteile
		Immaterielle Vermögensgegenstände
Entgeltlich erworbene Konzessionen, gewerbliche Schutzrechte und ähnliche Rechte und Werte sowie Lizenzen an solchen Rechten und Werten		**0010 Entgeltlich erworbene Konzessionen, gewerbliche Schutzrechte und ähnliche Rechte und Werte sowie Lizenzen an solchen Rechten und Werten** 0015 Konzessionen 0020 Gewerbliche Schutzrechte 0025 Ähnliche Rechte und Werte 0027 EDV-Software 0030 Lizenzen an gewerblichen Schutzrechten und ähnlichen Rechten und Werten
Geschäfts- oder Firmenwert		**0035 Geschäfts- oder Firmenwert**
Geleistete Anzahlungen		**0038 Anzahlungen auf Geschäfts- oder Firmenwert** **0039 Geleistete Anzahlungen auf immaterielle Vermögensgegenstände**
Geschäfts- oder Firmenwert		R 0040 -42
Selbst geschaffene gewerbliche Schutzrechte und ähnliche Rechte und Werte	HB HB HB HB HB	**0043 Selbst geschaffene immaterielle Vermögensgegenstände** 0044 EDV-Software 0045 Lizenzen und Franchiseverträge 0046 Konzessionen und gewerbliche Schutzrechte 0047 Rezepte, Verfahren, Prototypen
In der Entwicklung befindliche immaterielle Vermögensgegenstände	HB	0048 Immaterielle Vermögensgegenstände in Entwicklung
		Sachanlagen
Grundstücke, grundstücksgleiche Rechte und Bauten einschließlich der Bauten auf fremden Grundstücken		**0050 Grundstücke, grundstücksgleiche Rechte und Bauten einschließlich der Bauten auf fremden Grundstücken** 0059 Grundstücksanteil des häuslichen Arbeitszimmers **0060 Grundstücksgleiche Rechte ohne Bauten** 0065 Unbebaute Grundstücke 0070 Grundstücksgleiche Rechte (Erbbaurecht, Dauerwohnrecht, unbebaute Grundstücke) 0075 Grundstücke mit Substanzverzehr
Geleistete Anzahlungen und Anlagen im Bau		0079 Anzahlungen auf Grund und Boden

Bilanz-Posten[2]	Programmverbindung[4] Abschlusszweck[4]	0 Anlage- und Kapitalkonten
Grundstücke, grundstücksgleiche Rechte und Bauten einschließlich der Bauten auf fremden Grundstücken		**0080 Bauten auf eigenen Grundstücken und grundstücksgleichen Rechten** 0085 Grundstückswerte eigener bebauter Grundstücke 0090 Geschäftsbauten 0100 Fabrikbauten 0110 Garagen 0111 Außenanlagen für Geschäfts-, Fabrik- und andere Bauten 0112 Hof- und Wegebefestigungen 0113 Einrichtungen für Geschäfts-, Fabrik- und andere Bauten 0115 Andere Bauten
Geleistete Anzahlungen und Anlagen im Bau		0120 Geschäfts-, Fabrik- und andere Bauten im Bau auf eigenen Grundstücken 0129 Anzahlungen auf Geschäfts-, Fabrik- und andere Bauten auf eigenen Grundstücken
Grundstücke, grundstücksgleiche Rechte und Bauten einschließlich der Bauten auf fremden Grundstücken		0140 Wohnbauten 0145 Garagen 0146 Außenanlagen 0147 Hof- und Wegebefestigungen 0148 Einrichtungen für Wohnbauten 0149 Gebäudeteil des häuslichen Arbeitszimmers
Geleistete Anzahlungen und Anlagen im Bau		0150 Wohnbauten im Bau auf eigenen Grundstücken 0159 Anzahlungen auf Wohnbauten auf eigenen Grundstücken
Grundstücke, grundstücksgleiche Rechte und Bauten einschließlich der Bauten auf fremden Grundstücken		**0160 Bauten auf fremden Grundstücken** 0165 Geschäftsbauten 0170 Fabrikbauten 0175 Garagen 0176 Außenanlagen 0177 Hof- und Wegebefestigungen 0178 Einrichtungen für Geschäfts-, Fabrik-, Wohn- und andere Bauten 0179 Andere Bauten
Geleistete Anzahlungen und Anlagen im Bau		0180 Geschäfts-, Fabrik- und andere Bauten im Bau auf fremden Grundstücken 0189 Anzahlungen auf Geschäfts-, Fabrik- und andere Bauten auf fremden Grundstücken
Grundstücke, grundstücksgleiche Rechte und Bauten einschließlich der Bauten auf fremden Grundstücken		0190 Wohnbauten 0191 Garagen 0192 Außenanlagen 0193 Hof- und Wegebefestigungen 0194 Einrichtungen für Wohnbauten
Geleistete Anzahlungen und Anlagen im Bau		0195 Wohnbauten im Bau auf fremden Grundstücken 0199 Anzahlungen auf Wohnbauten auf fremden Grundstücken

Bilanz-Posten[2]	Programmverbindung[4] Abschlusszweck[4]	0 Anlage- und Kapitalkonten
Technische Anlagen und Maschinen		**0200 Technische Anlagen und Maschinen** 0210 Maschinen 0220 Maschinengebundene Werkzeuge 0240 Technische Anlagen 0260 Transportanlagen und Ähnliches 0280 Betriebsvorrichtungen
Geleistete Anzahlungen und Anlagen im Bau		0290 Technische Anlagen und Maschinen im Bau 0299 Anzahlungen auf technische Anlagen und Maschinen
Andere Anlagen, Betriebs- und Geschäftsausstattung		**0300 Andere Anlagen, Betriebs- und Geschäftsausstattung** 0310 Andere Anlagen 0320 Pkw 0350 Lkw 0380 Sonstige Transportmittel 0400 Betriebsausstattung 0410 Geschäftsausstattung 0420 Büroeinrichtung 0430 Ladeneinrichtung 0440 Werkzeuge 0450 Einbauten in fremde Grundstücke 0460 Gerüst- und Schalungsmaterial 0480 Geringwertige Wirtschaftsgüter 0485 Wirtschaftsgüter (Sammelposten) 0490 Sonstige Betriebs- und Geschäftsausstattung
Geleistete Anzahlungen und Anlagen im Bau		0498 Andere Anlagen, Betriebs- und Geschäftsausstattung im Bau 0499 Anzahlungen auf andere Anlagen, Betriebs- und Geschäftsausstattung
		Finanzanlagen
Anteile an verbundenen Unternehmen		0500 Anteile an verbundenen Unternehmen (Anlagevermögen) 0501 Anteile an verbundenen Unternehmen, Personengesellschaften 0502 Anteile an verbundenen Unternehmen, Kapitalgesellschaften 0503 Anteile an herrschender oder mehrheitlich beteiligter Gesellschaft, Kapitalgesellschaften 0504 Anteile an herrschender oder mehrheitlich beteiligter Gesellschaft
Ausleihungen an verbundene Unternehmen		0505 Ausleihungen an verbundene Unternehmen 0506 Ausleihungen an verbundene Unternehmen, Personengesellschaften 0507 Ausleihungen an verbundene Unternehmen, Kapitalgesellschaften 0508 Ausleihungen an verbundene Unternehmen, Einzelunternehmen
Anteile an verbundenen Unternehmen		0509 Anteile an herrschender oder mehrheitlich beteiligter Gesellschaft, Personengesellschaften
Beteiligungen		0510 Beteiligungen 0513 Typisch stille Beteiligungen 0516 Atypisch stille Beteiligungen 0517 Beteiligungen an Kapitalgesellschaften 0518 Beteiligungen an Personengesellschaften 0519 Beteiligung einer GmbH & Co. KG an einer Komplementär GmbH

Bilanz-Posten[2]	Programmverbindung[4] Abschlusszweck[4]	0 Anlage- und Kapitalkonten
Ausleihungen an Unternehmen, mit denen ein Beteiligungsverhältnis besteht		0520 Ausleihungen an Unternehmen, mit denen ein Beteiligungsverhältnis besteht 0523 Ausleihungen an Unternehmen, mit denen ein Beteiligungsverhältnis besteht, Personengesellschaften 0524 Ausleihungen an Unternehmen, mit denen ein Beteiligungsverhältnis besteht, Kapitalgesellschaften
Wertpapiere des Anlagevermögens		**0525 Wertpapiere des Anlagevermögens** 0530 Wertpapiere mit Gewinnbeteiligungsansprüchen, die dem Teileinkünfteverfahren unterliegen 0535 Festverzinsliche Wertpapiere
Anteile an verbundenen Unternehmen		0538 Anteile einer GmbH & Co. KG an einer Komplementär-GmbH
Sonstige Ausleihungen		**0540 Übrige sonstige Ausleihungen** 0550 Darlehen
Genossenschaftsanteile		**0570 Genossenschaftsanteile zum langfristigen Verbleib**
Ausleihungen an Gesellschafter		0580 Ausleihungen an Gesellschafter 0582 Ausleihungen an GmbH-Gesellschafter R 0583 0584 Ausleihungen an persönlich haftende Gesellschafter 0586 Ausleihungen an Kommanditisten
Sonstige Ausleihungen		0590 Ausleihungen an nahe stehende Personen
Rückdeckungsansprüche aus Lebensversicherungen		**0595 Rückdeckungsansprüche aus Lebensversicherungen zum langfristigen Verbleib**
		Verbindlichkeiten
Anleihen		**0600 Anleihen, nicht konvertibel** 0601 - Restlaufzeit bis 1 Jahr 0605 - Restlaufzeit 1 bis 5 Jahre 0610 - Restlaufzeit größer 5 Jahre 0615 Anleihen konvertibel 0616 - Restlaufzeit bis 1 Jahr 0620 - Restlaufzeit 1 bis 5 Jahre 0625 - Restlaufzeit größer 5 Jahre
Verbindlichkeiten gegenüber Kreditinstituten oder *Kassenbestand, Bundesbankguthaben, Guthaben bei Kreditinstituten und Schecks*		**0630 Verbindlichkeiten gegenüber Kreditinstituten** 0631 - Restlaufzeit bis 1 Jahr 0640 - Restlaufzeit 1 bis 5 Jahre 0650 - Restlaufzeit größer 5 Jahre 0660 Verbindlichkeiten gegenüber Kreditinstituten aus Teilzahlungsverträgen 0661 - Restlaufzeit bis 1 Jahr 0670 - Restlaufzeit 1 bis 5 Jahre 0680 - Restlaufzeit größer 5 Jahre 0690 Verbindlichkeiten gegenüber Kreditinstituten, vor Restlaufzeitdifferenzierung
Verbindlichkeiten gegenüber Kreditinstituten		0699 Gegenkonto 0630-0689 bei Aufteilung der Konten 0690-0698

Bilanz-Posten[2]	Programmverbindung[4] Abschlusszweck[4]	0 Anlage- und Kapitalkonten
Verbindlichkeiten gegenüber verbundenen Unternehmen oder *Forderungen gegen verbundene Unternehmen*		**0700 Verbindlichkeiten gegenüber verbundenen Unternehmen** 0701 - Restlaufzeit bis 1 Jahr 0705 - Restlaufzeit 1 bis 5 Jahre 0710 - Restlaufzeit größer 5 Jahre
Verbindlichkeiten gegenüber Unternehmen, mit denen ein Beteiligungsverhältnis besteht oder *Forderungen gegen Unternehmen, mit denen ein Beteiligungsverhältnis besteht*		**0715 Verbindlichkeiten gegenüber Unternehmen, mit denen ein Beteiligungsverhältnis besteht** 0716 - Restlaufzeit bis 1 Jahr 0720 - Restlaufzeit 1 bis 5 Jahre 0725 - Restlaufzeit größer 5 Jahre
Andere Verbindlichkeiten gegenüber Gesellschaftern oder *Andere Forderungen gegen Gesellschafter* oder *Forderungen gegen Gesellschafter* oder *Sonstige Vermögensgegen-stände*		**0730 Verbindlichkeiten gegenüber Gesellschaftern**
Andere Verbindlichkeiten gegenüber Gesellschaftern		0731 - Restlaufzeit bis 1 Jahr 0740 - Restlaufzeit 1 bis 5 Jahre 0750 - Restlaufzeit größer 5 Jahre 0755 Verbindlichkeiten gegenüber Gesellschaftern für offene Ausschüttungen
Sonstige Verbindlichkeiten		0760 Verbindlichkeiten gegenüber typisch stillen Gesellschaftern 0761 - Restlaufzeit bis 1 Jahr 0764 - Restlaufzeit 1 bis 5 Jahre 0767 - Restlaufzeit größer 5 Jahre 0770 Verbindlichkeiten gegenüber atypisch stillen Gesellschaftern 0771 - Restlaufzeit bis 1 Jahr 0774 - Restlaufzeit 1 bis 5 Jahre 0777 - Restlaufzeit größer 5 Jahre 0780 Partiarische Darlehen 0781 - Restlaufzeit bis 1 Jahr 0784 - Restlaufzeit 1 bis 5 Jahre 0787 - Restlaufzeit größer 5 Jahre 0790 Sonstige Verbindlichkeiten, vor Restlaufzeitdifferenzierung (nur Bilanzierer) 0799 Gegenkonto 0730-0789 und 1665-1678 und 1695-1698 bei Aufteilung der Konten 0790-0798

Bilanz-Posten[2]	Programmverbindung[4] Abschlusszweck[4]	0 Anlage- und Kapitalkonten
		Kapitalgesellschaft
Gezeichnetes Kapital	K K	**0800 Gezeichnetes Kapital[17]** 0809 Kapitalerhöhung aus Gesellschaftsmitteln[17]
Geschäftsguthaben der verbleibenden Mitglieder	K	0810 Geschäftsguthaben der verbleibenden Mitglieder[17]
Geschäftsguthaben der ausscheidenden Mitglieder	K	0811 Geschäftsguthaben der ausscheidenden Mitglieder[17]
Geschäftsguthaben aus gekündigten Geschäftsanteilen	K	0812 Geschäftsguthaben aus gekündigten Geschäftsanteilen[17]
Geschäftsguthaben der verbleibenden Mitglieder	K	0813 Rückständige fällige Einzahlungen auf Geschäftsanteile, vermerkt[17] 0815 Gegenkonto Rückständige fällige Einzahlungen auf Geschäftsanteile, vermerkt
Eigene Anteile	K	0819 Erworbene eigene Anteile[17]
Nicht eingeforderte ausstehende Einlagen		0820 -29 Ausstehende Einlagen auf das gezeichnete Kapital, nicht eingefordert (Passivausweis, vom gezeichneten Kapital offen abgesetzt; eingeforderte ausstehende Einlagen s. Konten 0830-0838)
Eingeforderte, noch ausstehende Kapitaleinlagen		0830 -38 Ausstehende Einlagen auf das gezeichnete Kapital, eingefordert (Forderungen, nicht eingeforderte ausstehende Einlagen s. Konten 0820-0829)
Eingeforderte Nachschüsse		0839 Nachschüsse (Forderungen, Gegenkonto 0845)
		Kapitalrücklage
Kapitalrücklage	K K K K K K	**0840 Kapitalrücklage[17]** 0841 Kapitalrücklage durch Ausgabe von Anteilen über Nennbetrag[17] 0842 Kapitalrücklage durch Ausgabe von Schuldverschreibungen für Wandlungsrechte und Optionsrechte zum Erwerb von Anteilen[17] 0843 Kapitalrücklage durch Zuzahlungen gegen Gewährung eines Vorzugs für Anteile[17] 0844 Kapitalrücklage durch andere Zuzahlungen in das Eigenkapital[17] 0845 Nachschusskapital (Gegenkonto 0839)[17]
		Gewinnrücklagen
Gesetzliche Rücklage	K	**0846 Gesetzliche Rücklage[17]**
Andere Gewinnrücklagen	K	0848 Andere Gewinnrücklagen aus dem Erwerb eigener Anteile[17]

Bilanz-Posten[2)]	Programmverbindung[4)] Abschlusszweck[4)]	0 Anlage- und Kapitalkonten
Rücklage für Anteile an einem herrschenden oder mehrheitlich beteiligten Unternehmen		0849 Rücklage für Anteile an einem herrschenden oder mehrheitlich beteiligten Unternehmen
Satzungsmäßige Rücklagen	K	**0851 Satzungsmäßige Rücklagen**[17)]
Andere Ergebnisrücklagen	K	0852 Andere Ergebnisrücklagen[17)]
Anfangskapital	HB HB	**0853 Gewinnrücklagen aus den Übergangsvorschriften BilMoG**[11)] 0854 Gewinnrücklagen aus den Übergangsvorschriften BilMoG (Zuschreibung Sachanlagevermögen)[11)]
Andere Gewinnrücklagen	K K	**0855 Andere Gewinnrücklagen**[17)] 0856 Eigenkapitalanteil von Wertaufholungen[17)]
Anfangskapital	HB HB HB	0857 Gewinnrücklagen aus den Übergangsvorschriften BilMoG (Zuschreibung Finanzanlagevermögen)[11)] 0858 Gewinnrücklagen aus den Übergangsvorschriften BilMoG (Auflösung der Sonderposten mit Rücklageanteil)[11)] 0859 Latente Steuern (Gewinnrücklage Haben) aus erfolgsneutralen Verrechnungen[11)]
Gewinnvortrag / *Verlustvortrag*	K	**0860 Gewinnvortrag vor Verwendung**[17)]
Gewinn-/Verlustvortrag vor Verwendung		F 0865 Gewinnvortrag vor Verwendung (mit Aufteilung für Kapitalkontenentwicklung) F 0867 Verlustvortrag vor Verwendung (mit Aufteilung für Kapitalkontenentwicklung)
Gewinnvortrag / *Verlustvortrag*	K	**0868 Verlustvortrag vor Verwendung**[17)]
		Eigenkapital Vollhafter
Kapitalanteil der persönlich haftenden Gesellschafter		F 0870 Festkapital
Anfangskapital		F 0871 Kapital (fester Anteil, nur Einzelunternehmen)[22)]
Kapitalanteil der persönlich haftenden Gesellschafter		F 0880 Variables Kapital
Anfangskapital		F 0881 Kapital (variabler Anteil, nur Einzelunternehmen)[22)]

Bilanz-Posten[2)]	Programmverbindung[4)] Abschlusszweck[4)]	0 Anlage- und Kapitalkonten
		Fremdkapital Vollhafter
Verbindlichkeiten gegenüber persönlich haftenden Gesellschaftern oder *Forderungen gegen persönlich haftende Gesellschafter*		F 0890 Gesellschafter-Darlehen R 0891 -99
		Eigenkapital Teilhafter
Kapitalanteile der Kommanditisten		F 0900 Kommandit-Kapital R 0901 -09 F 0910 Verlustausgleichskonto R 0911 -19
		Fremdkapital Teilhafter
Verbindlichkeiten gegenüber Kommanditisten oder *Forderungen gegen Kommanditisten*		F 0920 Gesellschafter-Darlehen R 0921 -29
		Sonderposten mit Rücklageanteil
Andere Sonderposten	 SB SB	0930 Übrige andere Sonderposten 0931 Steuerfreie Rücklagen nach § 6b EStG 0932 Rücklage für Ersatzbeschaffung
Sonderposten mit Rücklageanteil		0940 Sonderposten mit Rücklageanteil, Sonderabschreibungen[6)]
Andere Sonderposten	SB SB	0945 Ausgleichsposten bei Entnahmen § 4g EStG 0946 Rücklage für Zuschüsse
Sonderposten mit Rücklageanteil		0947 Sonderposten mit Rücklageanteil nach § 7g Abs. 5 EStG
Sonderposten für Zuschüsse und Zulagen	 HB	0948 Sonderposten für Zuschüsse Dritter 0949 Sonderposten für Investitionszulagen
		Rückstellungen
Rückstellungen für Pensionen und ähnliche Verpflichtungen		**0950 Rückstellungen für Pensionen und ähnliche Verpflichtungen**
Rückstellungen für Pensionen und ähnliche Verpflichtungen oder *Aktiver Unterschiedsbetrag aus der Vermögensverrechnung*	HB	0951 Rückstellungen für Pensionen und ähnliche Verpflichtungen zur Saldierung mit Vermögensgegenständen zum langfristigen Verbleib nach § 246 Abs. 2 HGB

Bilanz-Posten[2)]	Programmverbindung[4)] Abschlusszweck[4)]	0 Anlage- und Kapitalkonten
Rückstellungen für Pensionen und ähnliche Verpflichtungen		0952 Rückstellungen für Pensionen und ähnliche Verpflichtungen gegenüber Gesellschaftern oder nahe stehenden Personen 0953 Rückstellungen für Direktzusagen 0954 Rückstellungen für Zuschussverpflichtungen für Pensionskassen und Lebensversicherungen
Steuerrückstellungen (allgemein)		**0955 Steuerrückstellungen** 0956 Gewerbesteuerrückstellung nach § 4 Abs. 5b EStG
Sonstige Rückstellungen		0961 Urlaubsrückstellungen
Steuerrückstellungen (allgemein)		0962 Steuerrückstellung aus Steuerstundung (BStBK) 0963 Körperschaftsteuerrückstellung
Sonstige Rückstellungen		0964 Rückstellungen für mit der Altersversorgung vergleichbare langfristige Verpflichtungen zum langfristigen Verbleib 0965 Rückstellungen für Personalkosten 0966 Rückstellungen zur Erfüllung der Aufbewahrungspflichten
Sonstige Rückstellungen oder *Aktiver Unterschiedsbetrag aus der Vermögensverrechnung*	HB	0967 Rückstellungen für mit der Altersversorgung vergleichbare langfristige Verpflichtungen zur Saldierung mit Vermögensgegenständen zum langfristigen Verbleib nach § 246 Abs. 2 HGB
Passive latente Steuern	HB	0968 Passive latente Steuern
Rückstellungen für latente Steuern	HB	0969 Rückstellung für latente Steuern
Sonstige Rückstellungen		0970 Sonstige Rückstellungen 0971 Rückstellungen für unterlassene Aufwendungen für Instandhaltung, Nachholung in den ersten drei Monaten 0973 Rückstellungen für Abraum- und Abfallbeseitigung 0974 Rückstellungen für Gewährleistungen (Gegenkonto 4790)
	HB	0976 Rückstellungen für drohende Verluste aus schwebenden Geschäften 0977 Rückstellungen für Abschluss- und Prüfungskosten R 0978 0979 Rückstellungen für Umweltschutz

Bilanz-Posten[2)]	Programmverbindung[4)] Abschlusszweck[4)]	0 Anlage- und Kapitalkonten
		Abgrenzungsposten
Rechnungsabgrenzungsposten		**0980 Aktive Rechnungsabgrenzung**
Aktive latente Steuern	HB	0983 Aktive latente Steuern
Rechnungsabgrenzungsposten	SB	0984 Als Aufwand berücksichtigte Zölle und Verbrauchsteuern auf Vorräte
	SB	0985 Als Aufwand berücksichtigte Umsatzsteuer auf Anzahlungen 0986 Damnum/Disagio
Anfangskapital	HB	0987 Rechnungsabgrenzungsposten (Gewinnrücklage Soll) aus erfolgsneutralen Verrechnungen[11)]
	HB	0988 Latente Steuern (Gewinnrücklage Soll) aus erfolgsneutralen Verrechnungen[11)]
Rücklagen		F 0989 Gesamthänderisch gebundene Rücklagen (mit Aufteilung für Kapitalkontenentwicklung)
Rechnungsabgrenzungsposten		**0990 Passive Rechnungsabgrenzung**
		0992 Abgrenzungen unterjährig pauschal gebuchter Abschreibungen für BWA
Forderungen aus Lieferungen und Leistungen		0996 Pauschalwertberichtigung auf Forderungen - Restlaufzeit bis zu 1 Jahr 0997 - Restlaufzeit größer 1 Jahr 0998 Einzelwertberichtigungen auf Forderungen - Restlaufzeit bis zu 1 Jahr 0999 - Restlaufzeit größer 1 Jahr

Bilanz-Posten[2]	Programmverbindung[4] Abschlusszweck[4]	1 Finanz- und Privatkonten
		KU 1000-1371 V 1372 KU 1373-1509 V 1510-1512 KU 1513-1516 V 1517-1518 KU 1519-1709 M 1710-1712 KU 1713-1716 M 1717-1724 KU 1725-1868 V 1869[10] KU 1870-1878 M 1879[10] KU 1880-1999
		Kassenbestand, Bundesbank- und Postbankguthaben, Guthaben bei Kreditinstituten und Schecks
Kassenbestand, Bundesbankguthaben, Guthaben bei Kreditinstituten und Schecks		**F 1000 Kasse** F 1010 Nebenkasse 1 F 1020 Nebenkasse 2
Kassenbestand, Bundesbankguthaben, Guthaben bei Kreditinstituten und Schecks oder *Verbindlichkeiten gegenüber Kreditinstituten*		**F 1100 Bank (Postbank)** F 1110 Bank (Postbank 1) F 1120 Bank (Postbank 2) F 1130 Bank (Postbank 3) F 1190 LZB-Guthaben F 1195 Bundesbankguthaben **F 1200 Bank** F 1210 Bank 1 F 1220 Bank 2 F 1230 Bank 3 F 1240 Bank 4 F 1250 Bank 5 R 1289 1290 Finanzmittelanlagen im Rahmen der kurzfristigen Finanzdisposition (nicht im Finanzmittelfonds enthalten)
Verbindlichkeiten gegenüber Kreditinstituten oder *Kassenbestand, Bundesbankgut-haben, Guthaben bei Kreditinstituten und Schecks*		1295 Verbindlichkeiten gegenüber Kreditinstituten (nicht im Finanzmittelfonds enthalten)
Forderungen aus Lieferungen und Leistungen oder *Sonstige Verbindlichkeiten*		R 1300 -28
Sonstige Wertpapiere		1329 Andere Wertpapiere mit unwesentlichen Wertschwankungen
Kassenbestand, Bundesbankguthaben, Guthaben bei Kreditinstituten und Schecks		R 1330

Bilanz-Posten[2]	Programmverbindung[4] Abschlusszweck[4]	1 Finanz- und Privatkonten
		Wertpapiere
Anteile an verbundenen Unternehmen		**1340 Anteile an verbundenen Unternehmen (Umlaufvermögen)** **1344 Anteile an herrschender oder mit Mehrheit beteiligter Gesellschaft**
Sonstige Wertpapiere		**1348 Sonstige Wertpapiere** 1349 Wertpapieranlagen im Rahmen der kurzfristigen Finanzdisposition
		Forderungen und sonstige Vermögensgegenstände
Sonstige Vermögensgegenstände	SB	1350 GmbH-Anteile zum kurzfristigen Verbleib 1352 Genossenschaftsanteile zum kurzfristigen Verbleib 1353 Vermögensgegenstände zur Erfüllung von mit der Altersversorgung vergleichbaren langfristigen Verpflichtungen
Aktiver Unterschiedsbetrag aus der Vermögensverrechnung oder *Sonstige Rückstellungen*	HB	1354 Vermögensgegenstände zur Saldierung mit der Altersversorgung vergleichbaren langfristigen Verpflichtungen nach § 246 Abs. 2 HGB
Sonstige Vermögensgegenstände	SB	1355 Ansprüche aus Rückdeckungsversicherungen 1356 Vermögensgegenstände zur Erfüllung von Pensionsrückstellungen und ähnlichen Verpflichtungen zum langfristigen Verbleib
Aktiver Unterschiedsbetrag aus der Vermögensverrechnung oder *Rückstellungen für Pensionen und ähnliche Verpflichtungen*	HB	1357 Vermögensgegenstände zur Saldierung mit Pensionsrückstellungen und ähnlichen Verpflichtungen zum langfristigen Verbleib nach § 246 Abs. 2 HGB
Sonstige Vermögensgegenstände oder *Sonstige Verbindlichkeiten*		F 1360 Geldtransit
	EÜR	F 1371 Verrechnungskonto Gewinnermittlung § 4 Abs. 3 EStG, nicht ergebniswirksam
	EÜR	1372 Wirtschaftsgüter des Umlaufvermögens nach § 4 Abs. 3 Satz 4 EStG
		R 1373 -75
Forderungen gegen Kommanditisten oder *Verbindlichkeiten gegenüber Kommanditisten*		
Sonstige Vermögensgegenstände		1376 Forderungen gegen typisch stille Gesellschafter 1377 - Restlaufzeit bis 1 Jahr 1378 - Restlaufzeit größer 1 Jahr R 1379

Bilanz-Posten[2)]	Programmverbindung[4)] Abschlusszweck[4)]	1 Finanz- und Privatkonten
Sonstige Vermögensgegenstände oder *Sonstige Verbindlichkeiten*		1380 Überleitungskonto Kostenstelle
Forderungen gegen Gesellschafter oder *Verbindlichkeiten gegenüber Gesellschaftern*		1381 Forderungen gegen GmbH-Gesellschafter 1382 - Restlaufzeit bis 1 Jahr 1383 - Restlaufzeit größer 1 Jahr
Forderungen gegen persönlich haftende Gesellschafter oder *Verbindlichkeiten gegenüber persönlich haftenden Gesellschaftern*		1385 Forderungen gegen persönlich haftende Gesellschafter 1386 - Restlaufzeit bis 1 Jahr 1387 - Restlaufzeit größer 1 Jahr
	SB	1389 Ansprüche aus betrieblicher Altersversorgung und Pensionsansprüche (Mitunternehmer)[28)]
Sonstige Vermögensgegenstände oder *Sonstige Verbindlichkeiten*		F 1390 Verrechnungskonto Ist-Versteuerung
	EÜR	F 1391 Neutralisierung ertragswirksamer Sachverhalte für § 4 Abs. 3 EStG
	SB	1394 Forderungen gegen Gesellschaft/Gesamthand[28)]
Forderungen aus Lieferungen und Leistungen oder *Sonstige Verbindlichkeiten*		**S 1400 Forderungen aus Lieferungen und Leistungen** R 1401-06 Forderungen aus Lieferungen und Leistungen F 1410-44 Forderungen aus Lieferungen und Leistungen ohne Kontokorrent
	EÜR	F 1445 Forderungen aus Lieferungen und Leistungen zum allgemeinen Umsatzsteuersatz oder eines Kleinunternehmers (EÜR)
	EÜR	F 1446 Forderungen aus Lieferungen und Leistungen zum ermäßigten Umsatzsteuersatz (EÜR)
	EÜR	F 1447 Forderungen aus steuerfreien oder nicht steuerbaren Lieferungen und Leistungen (EÜR)
	EÜR	F 1448 Forderungen aus Lieferungen und Leistungen nach Durchschnittssätzen nach § 24 UStG (EÜR)
	EÜR	F 1449 Gegenkonto 1445-1448 bei Aufteilung der Forderungen nach Steuersätzen (EÜR)
	EÜR	F 1450 Forderungen nach § 11 Abs. 1 Satz 2 EStG für § 4 Abs. 3 EStG
Forderungen aus Lieferungen und Leistungen oder *Sonstige Verbindlichkeiten*		F 1451 Forderungen aus Lieferungen und Leistungen ohne Kontokorrent - Restlaufzeit bis 1 Jahr F 1455 - Restlaufzeit größer 1 Jahr F 1460 Zweifelhafte Forderungen F 1461 - Restlaufzeit bis 1 Jahr F 1465 - Restlaufzeit größer 1 Jahr

Bilanz-Posten[2)]	Programmverbindung[4)] Abschlusszweck[4)]	1 Finanz- und Privatkonten
Forderungen gegen verbundene Unternehmen oder *Verbindlichkeiten gegenüber verbundenen Unternehmen*		F 1470 Forderungen aus Lieferungen und Leistungen gegen verbundene Unternehmen F 1471 - Restlaufzeit bis 1 Jahr F 1475 - Restlaufzeit größer 1 Jahr
Forderungen gegen verbundene Unternehmen H-Saldo		1478 Wertberichtigungen auf Forderungen gegen verbundene Unternehmen - Restlaufzeit bis 1 Jahr 1479 - Restlaufzeit größer 1 Jahr
Forderungen gegen Unternehmen, mit denen ein Beteiligungsverhältnis besteht oder *Verbindlichkeiten gegenüber Unternehmen, mit denen ein Beteiligungsverhältnis besteht*		F 1480 Forderungen aus Lieferungen und Leistungen gegen Unternehmen, mit denen ein Beteiligungsverhältnis besteht F 1481 - Restlaufzeit bis 1 Jahr F 1485 - Restlaufzeit größer 1 Jahr
Forderungen gegen Unternehmen, mit denen ein Beteiligungsverhältnis besteht H-Saldo		1488 Wertberichtigungen auf Forderungen gegen Unternehmen, mit denen ein Beteiligungsverhältnis besteht - Restlaufzeit bis 1 Jahr 1489 - Restlaufzeit größer 1 Jahr
Andere Forderungen gegen Gesellschafter oder *Andere Verbindlichkeiten gegenüber Gesellschaftern* oder *Verbindlichkeiten gegenüber Gesellschaftern* oder *Sonstige Verbindlichkeiten*		F 1490 Forderungen aus Lieferungen und Leistungen gegen Gesellschafter F 1491 - Restlaufzeit bis 1 Jahr F 1495 - Restlaufzeit größer 1 Jahr
Forderungen aus Lieferungen und Leistungen H-Saldo		1498 Gegenkonto zu sonstigen Vermögensgegenständen bei Buchungen über Debitorenkonto
Forderungen aus Lieferungen und Leistungen H-Saldo oder *Sonstige Verbindlichkeiten S-Saldo*		1499 Gegenkonto 1451-1497 bei Aufteilung Debitorenkonto
Sonstige Vermögensgegenstände oder *Sonstige Verbindlichkeiten*		**1500 Sonstige Vermögensgegenstände** 1501 - Restlaufzeit bis 1 Jahr
Sonstige Vermögensgegenstände		1502 - Restlaufzeit größer 1 Jahr

Bilanz-Posten[2)]	Programmverbindung[4)] Abschlusszweck[4)]	1 Finanz- und Privatkonten
Sonstige Vermögensgegenstände oder *Sonstige Verbindlichkeiten*		1503 Forderungen gegen Vorstandsmitglieder und Geschäftsführer - Restlaufzeit bis 1 Jahr
Sonstige Vermögensgegenstände		1504 - Restlaufzeit größer 1 Jahr
Sonstige Vermögensgegenstände oder *Sonstige Verbindlichkeiten*		1505 Forderungen gegen Aufsichtsrats- und Beiratsmitglieder - Restlaufzeit bis 1 Jahr
Sonstige Vermögensgegenstände		1506 - Restlaufzeit größer 1 Jahr
Andere Forderungen gegen Gesellschafter oder *Andere Verbindlichkeiten gegenüber Gesellschaftern* oder *Verbindlichkeiten gegenüber Gesellschaftern* oder *Sonstige Verbindlichkeiten*		1507 Forderungen gegen sonstige Gesellschafter - Restlaufzeit bis 1 Jahr
		1508 - Restlaufzeit größer 1 Jahr
Geleistete Anzahlungen		**1510 Geleistete Anzahlungen auf Vorräte**
		AV 1511 Geleistete Anzahlungen, 7 % Vorsteuer
		AV 1512 Geleistete Anzahlungen, 5 % Vorsteuer
		R 1513 -16
		AV 1517 Geleistete Anzahlungen, 16 % Vorsteuer
		AV 1518 Geleistete Anzahlungen, 19 % Vorsteuer
Sonstige Vermögensgegenstände oder *Sonstige Verbindlichkeiten*		1519 Forderungen gegen Arbeitsgemeinschaften
		1520 Forderungen gegenüber Krankenkassen aus Aufwendungsausgleichsgesetz
		1521 Agenturwarenabrechnung
Sonstige Vermögensgegenstände		1522 Genussrechte
		1524 Einzahlungsansprüche zu Nebenleistungen oder Zuzahlungen
		1525 Kautionen
		1526 - Restlaufzeit bis 1 Jahr
		1527 - Restlaufzeit größer 1 Jahr
Sonstige Vermögensgegenstände oder *Sonstige Verbindlichkeiten*	U	F 1528 Nachträglich abziehbare Vorsteuer nach § 15a Abs. 2 UStG
	U	F 1529 Zurückzuzahlende Vorsteuer nach § 15a Abs. 2 UStG
Sonstige Vermögensgegenstände		1530 Forderungen gegen Personal aus Lohn- und Gehaltsabrechnung
		1531 - Restlaufzeit bis 1 Jahr
		1537 - Restlaufzeit größer 1 Jahr

Bilanz-Posten[2)]	Programmverbindung[4)] Abschlusszweck[4)]	1 Finanz- und Privatkonten
Sonstige Vermögensgegenstände oder *Sonstige Verbindlichkeiten*		1539 Umsatzsteuerforderungen frühere Jahre
		1540 Forderungen aus Gewerbesteuerüberzahlungen
Sonstige Vermögensgegenstände		1542 Steuererstattungsansprüche gegenüber anderen Ländern
		F 1543 Forderungen an das Finanzamt aus abgeführtem Bauabzugsbetrag
Sonstige Vermögensgegenstände oder *Sonstige Verbindlichkeiten*		1544 Forderung gegenüber Bundesagentur für Arbeit
Sonstige Vermögensgegenstände		1545 Forderungen aus Umsatzsteuer-Vorauszahlungen
Sonstige Vermögensgegenstände oder *Sonstige Verbindlichkeiten*		1546 Umsatzsteuerforderungen Vorjahr
		1547 Forderungen aus entrichteten Verbrauchsteuern
		S 1548 Vorsteuer in Folgeperiode/im Folgejahr abziehbar
		1549 Körperschaftsteuerrückforderung
Sonstige Vermögensgegenstände		1550 Darlehen
		1551 - Restlaufzeit bis 1 Jahr
		1555 - Restlaufzeit größer 1 Jahr
Sonstige Vermögensgegenstände oder *Sonstige Verbindlichkeiten*	U	F 1556 Nachträglich abziehbare Vorsteuer nach § 15a Abs. 1 UStG, bewegliche Wirtschaftsgüter
	U	F 1557 Zurückzuzahlende Vorsteuer nach § 15a Abs. 1 UStG, bewegliche Wirtschaftsgüter
	U	F 1558 Nachträglich abziehbare Vorsteuer nach § 15a Abs. 1 UStG, unbewegliche Wirtschaftsgüter
	U	F 1559 Zurückzuzahlende Vorsteuer nach § 15a Abs. 1 UStG, unbewegliche Wirtschaftsgüter
		S 1560 Aufzuteilende Vorsteuer
		S 1561 Aufzuteilende Vorsteuer 7 %
		S 1562 Aufzuteilende Vorsteuer aus innergemeinschaftlichem Erwerb
		S 1563 Aufzuteilende Vorsteuer aus innergemeinschaftlichem Erwerb 19 %
		R 1564 -65
		S 1566 Aufzuteilende Vorsteuer 19 %
		S 1567 Aufzuteilende Vorsteuer nach §§ 13a und 13b UStG
		R 1568
		S 1569 Aufzuteilende Vorsteuer nach §§ 13a und 13b UStG 19 %
	U	S 1570 Abziehbare Vorsteuer
	U	S 1571 Abziehbare Vorsteuer 7 %
	U	S 1572 Abziehbare Vorsteuer aus innergemeinschaftlichem Erwerb
	U	S 1573 Vorsteuer aus Erwerb als letzter Abnehmer innerhalb eines Dreiecksgeschäfts
	U	S 1574 Abziehbare Vorsteuer aus innergemeinschaftlichem Erwerb 19 %
		R 1575
	U	S 1576 Abziehbare Vorsteuer 19 %
	U	S 1577 Abziehbare Vorsteuer nach § 13b UStG 19 %
	U	S 1578 Abziehbare Vorsteuer nach § 13b UStG
		R 1579

Bilanz-Posten[2)]	Programmverbindung[4)] Abschlusszweck[4)]	1 Finanz- und Privatkonten
	EÜR	1580 Gegenkonto Vorsteuer § 4 Abs. 3 EStG
	EÜR	1581 Auflösung Vorsteuer aus Vorjahr § 4 Abs. 3 EStG
	EÜR	1582 Vorsteuer aus Investitionen § 4 Abs. 3 EStG
		R 1583
Sonstige Vermögensgegenstände oder *Sonstige Verbindlichkeiten*	U	S 1584 Abziehbare Vorsteuer aus innergemeinschaftlichem Erwerb von Neufahrzeugen von Lieferanten ohne USt-Id-Nr.
	U	S 1585 Abziehbare Vorsteuer aus der Auslagerung von Gegenständen aus einem Umsatzsteuerlager
		R 1587
	U	F 1588 Entstandene Einfuhrumsatzsteuer
		R 1589
		1590 Durchlaufende Posten
		1592 Fremdgeld
Sonstige Verbindlichkeiten oder *Sonstige Vermögensgegenstände*		F 1593 Verrechnungskonto erhaltene Anzahlungen bei Buchung über Debitorenkonto
Forderungen gegen verbundene Unternehmen oder *Verbindlichkeiten gegenüber verbundenen Unternehmen*		**1594 Forderungen gegen verbundene Unternehmen** 1595 - Restlaufzeit bis 1 Jahr 1596 - Restlaufzeit größer 1 Jahr
Forderungen gegen Unternehmen, mit denen ein Beteiligungsverhältnis besteht oder *Verbindlichkeiten gegenüber Unternehmen, mit denen ein Beteiligungsverhältnis besteht*		1597 Forderungen gegen Unternehmen, mit denen ein Beteiligungsverhältnis besteht 1598 - Restlaufzeit bis 1 Jahr 1599 - Restlaufzeit größer 1 Jahr
		Verbindlichkeiten
Verbindlichkeiten aus Lieferungen und Leistungen oder *Sonstige Vermögensgegenstände*		**S 1600 Verbindlichkeiten aus Lieferungen und Leistungen** R 1601 -03 Verbindlichkeiten aus Lieferungen und Leistungen
	EÜR	F 1605 Verbindlichkeiten aus Lieferungen und Leistungen zum allgemeinen Umsatzsteuersatz (EÜR)
	EÜR	F 1606 Verbindlichkeiten aus Lieferungen und Leistungen zum ermäßigten Umsatzsteuersatz (EÜR)
	EÜR	F 1607 Verbindlichkeiten aus Lieferungen und Leistungen ohne Vorsteuerabzug (EÜR)
	EÜR	F 1609 Gegenkonto 1605-1607 bei Aufteilung der Verbindlichkeiten nach Steuersätzen (EÜR)

Bilanz-Posten[2)]	Programmverbindung[4)] Abschlusszweck[4)]	1 Finanz- und Privatkonten
Verbindlichkeiten aus Lieferungen und Leistungen oder *Sonstige Vermögensgegenstände*		F 1610 -23 Verbindlichkeiten aus Lieferungen und Leistungen ohne Kontokorrent
	EÜR	F 1624 Verbindlichkeiten aus Lieferungen und Leistungen für Investitionen für § 4 Abs. 3 EStG
Verbindlichkeiten aus Lieferungen und Leistungen oder *Sonstige Vermögensgegenstände*		F 1625 Verbindlichkeiten aus Lieferungen und Leistungen ohne Kontokorrent - Restlaufzeit bis 1 Jahr F 1626 - Restlaufzeit 1 bis 5 Jahre F 1628 - Restlaufzeit größer 5 Jahre
Verbindlichkeiten gegenüber verbundenen Unternehmen oder *Forderungen gegen verbundene Unternehmen*		F 1630 Verbindlichkeiten aus Lieferungen und Leistungen gegenüber verbundenen Unternehmen F 1631 - Restlaufzeit bis 1 Jahr F 1635 - Restlaufzeit 1 bis 5 Jahre F 1638 - Restlaufzeit größer 5 Jahre
Verbindlichkeiten gegenüber Unternehmen, mit denen ein Beteiligungsverhältnis besteht oder *Forderungen gegen Unternehmen, mit denen ein Beteiligungsverhältnis besteht*		F 1640 Verbindlichkeiten aus Lieferungen und Leistungen gegenüber Unternehmen, mit denen ein Beteiligungsverhältnis besteht F 1641 - Restlaufzeit bis 1 Jahr F 1645 - Restlaufzeit 1 bis 5 Jahre F 1648 - Restlaufzeit größer 5 Jahre
Andere Verbindlichkeiten gegenüber Gesellschaftern oder *Sonstige Vermögensgegenstände* oder *Andere Forderungen gegen Gesellschafter* oder *Forderungen gegen Gesellschafter*		F 1650 Verbindlichkeiten aus Lieferungen und Leistungen gegenüber Gesellschaftern F 1651 - Restlaufzeit bis 1 Jahr F 1655 - Restlaufzeit 1 bis 5 Jahre F 1658 - Restlaufzeit größer 5 Jahre
Verbindlichkeiten aus Lieferungen und Leistungen S-Saldo oder *Sonstige Vermögensgegenstände H-Saldo*		1659 Gegenkonto 1625-1658 bei Aufteilung Kreditorenkonto
Verbindlichkeiten aus der Annahme gezogener Wechsel und aus der Ausstellung eigener Wechsel		R 1660 -64
Verbindlichkeiten gegenüber Gesellschaftern oder *Forderungen gegen Gesellschafter*		1665 Verbindlichkeiten gegenüber GmbH-Gesellschaftern 1666 - Restlaufzeit bis 1 Jahr

SKR 03

Bilanz-Posten[2)]	Programmverbindung[4)] Abschlusszweck[4)]	1 Finanz- und Privatkonten
Verbindlichkeiten gegenüber Gesellschaftern		1667 - Restlaufzeit 1 bis 5 Jahre 1668 - Restlaufzeit größer 5 Jahre
Verbindlichkeiten gegenüber persönlich haftenden Gesellschaftern oder *Forderungen gegen persönlich haftende Gesellschafter*		1670 Verbindlichkeiten gegenüber persönlich haftenden Gesellschaftern 1671 - Restlaufzeit bis 1 Jahr 1672 - Restlaufzeit 1 bis 5 Jahre 1673 - Restlaufzeit größer 5 Jahre
Verbindlichkeiten gegenüber Kommanditisten oder *Forderungen gegen Kommanditisten*		1675 Verbindlichkeiten gegenüber Kommanditisten 1676 - Restlaufzeit bis 1 Jahr 1677 - Restlaufzeit 1 bis 5 Jahre 1678 - Restlaufzeit größer 5 Jahre
Sonstige Verbindlichkeiten oder *Sonstige Vermögensgegenstände*		1691 Verbindlichkeiten gegenüber Arbeitsgemeinschaften
	EÜR	1692 Neutralisierung aufwandswirksamer Sachverhalte für § 4 Abs. 3 EStG
	EÜR	1693 Ergebnisneutrale Sachverhalte für § 4 Abs. 3 EStG
Sonstige Verbindlichkeiten		1695 Verbindlichkeiten gegenüber stillen Gesellschaftern 1696 - Restlaufzeit bis 1 Jahr 1697 - Restlaufzeit 1 bis 5 Jahre 1698 - Restlaufzeit größer 5 Jahre
Sonstige Verbindlichkeiten oder *Sonstige Vermögensgegenstände*		**1700 Sonstige Verbindlichkeiten** 1701 - Restlaufzeit bis 1 Jahr
Sonstige Verbindlichkeiten		1702 - Restlaufzeit 1 bis 5 Jahre 1703 - Restlaufzeit größer 5 Jahre
	EÜR	1704 Sonstige Verbindlichkeiten nach § 11 Abs. 2 Satz 2 EStG für § 4 Abs. 3 EStG
Sonstige Verbindlichkeiten		1705 Darlehen 1706 - Restlaufzeit bis 1 Jahr 1707 - Restlaufzeit 1 bis 5 Jahre 1708 - Restlaufzeit größer 5 Jahre
Sonstige Verbindlichkeiten oder *Sonstige Vermögensgegenstände*		1709 Gewinnverfügungskonto stille Gesellschafter - sonstige Verbindlichkeiten

Bilanz-Posten[2)]	Programmverbindung[4)] Abschlusszweck[4)]	1 Finanz- und Privatkonten
Erhaltene Anzahlungen auf Bestellungen		**1710 Erhaltene Anzahlungen auf Bestellungen (Verbindlichkeiten)**
	U	AM 1711 Erhaltene, versteuerte Anzahlungen 7 % USt (Verbindlichkeiten)
	U	AM 1712 Erhaltene, versteuerte Anzahlungen 5 % USt (Verbindlichkeiten)
		R 1713
	U	AM 1714 Erhaltene, versteuerte Anzahlungen 0 % USt (Verbindlichkeiten)
		1715 Erhaltene Anzahlungen - Nachsteuer
		R 1716
	U	AM 1717 Erhaltene, versteuerte Anzahlungen 16 % USt (Verbindlichkeiten)
	U	AM 1718 Erhaltene, versteuerte Anzahlungen 19 % USt (Verbindlichkeiten)
		1719 Erhaltene Anzahlungen - Restlaufzeit bis 1 Jahr 1720 - Restlaufzeit 1 bis 5 Jahre 1721 - Restlaufzeit größer 5 Jahre
Erhaltene Anzahlungen auf Bestellungen (von Vorräten offen abgesetzt)		1722 Erhaltene Anzahlungen auf Bestellungen (von Vorräten offen abgesetzt)
Sonstige Verbindlichkeiten oder *Sonstige Vermögensgegenstände*		S 1725 Umsatzsteuer in Folgeperiode fällig (§§ 13 Abs. 1 Nr. 6 und 13b Abs. 2 UStG)
Sonstige Verbindlichkeiten		S 1728 Umsatzsteuer aus im anderen EU-Land steuerpflichtigen elektronischen Dienstleistungen 1729 Steuerzahlungen aus im anderen EU-Land steuerpflichtigen Leistungen
Sonstige Verbindlichkeiten oder *Sonstige Vermögensgegenstände*		1730 Kreditkartenabrechnung 1731 Agenturwarenabrechnung
Sonstige Verbindlichkeiten		1732 Erhaltene Kautionen 1733 - Restlaufzeit bis 1 Jahr 1734 - Restlaufzeit 1 bis 5 Jahre 1735 - Restlaufzeit größer 5 Jahre
Sonstige Verbindlichkeiten oder *Sonstige Vermögensgegenstände*		1736 Verbindlichkeiten aus Steuern und Abgaben 1737 - Restlaufzeit bis 1 Jahr
Sonstige Verbindlichkeiten		1738 - Restlaufzeit 1 bis 5 Jahre 1739 - Restlaufzeit größer 5 Jahre
Sonstige Verbindlichkeiten oder *Sonstige Vermögensgegenstände*		1740 Verbindlichkeiten aus Lohn und Gehalt 1741 Verbindlichkeiten aus Lohn- und Kirchensteuer 1742 Verbindlichkeiten im Rahmen der sozialen Sicherheit 1743 - Restlaufzeit bis 1 Jahr 1744 - Restlaufzeit 1 bis 5 Jahre 1745 - Restlaufzeit größer 5 Jahre

Bilanz-Posten[2]	Programmverbindung[4] Abschlusszweck[4]	1 Finanz- und Privatkonten
Sonstige Verbindlichkeiten oder *Sonstige Vermögensgegenstände*		1746 Verbindlichkeiten aus Einbehaltungen (KapESt und SolZ, KiSt auf KapESt) für offene Ausschüttungen
		1747 Verbindlichkeiten für Verbrauchsteuern
		1748 Verbindlichkeiten für Einbehaltungen von Arbeitnehmern
		1749 Verbindlichkeiten an das Finanzamt aus abzuführendem Bauabzugsbetrag
		1750 Verbindlichkeiten aus Vermögensbildung
		1751 - Restlaufzeit bis 1 Jahr
Sonstige Verbindlichkeiten		1752 - Restlaufzeit 1 bis 5 Jahre
		1753 - Restlaufzeit größer 5 Jahre
		1754 Steuerzahlungen an andere Länder
Sonstige Verbindlichkeiten oder *Sonstige Vermögensgegenstände*		**1755 Lohn- und Gehaltsverrechnungskonto**
	EÜR	1756 Lohn- und Gehaltsverrechnung nach § 11 Abs. 2 Satz 2 EStG für § 4 Abs. 3 EStG
	SB	1757 Verbindlichkeiten gegenüber Gesellschaft/Gesamthand[28]
Sonstige Verbindlichkeiten		1758 Sonstige Verbindlichkeiten aus genossenschaftlicher Rückvergütung
Sonstige Verbindlichkeiten oder *Sonstige Vermögensgegenstände*		1759 Voraussichtliche Beitragsschuld gegenüber den Sozialversicherungsträgern
Steuerrückstellungen (allgemein) oder *Sonstige Vermögensgegenstände*		S 1760 Umsatzsteuer nicht fällig
	U	S 1761 Umsatzsteuer nicht fällig 7 %
		S 1762 Umsatzsteuer nicht fällig aus im Inland steuerpflichtigen EU-Lieferungen
		R 1763
	U	S 1764 Umsatzsteuer nicht fällig aus im Inland steuerpflichtigen EU-Lieferungen 19 %
		R 1765
	U	S 1766 Umsatzsteuer nicht fällig 19 %
Sonstige Verbindlichkeiten		S 1767 Umsatzsteuer aus im anderen EU-Land steuerpflichtigen Lieferungen
		S 1768 Umsatzsteuer aus im anderen EU-Land steuerpflichtigen sonstigen Leistungen/Werklieferungen
Sonstige Verbindlichkeiten oder *Sonstige Vermögensgegenstände*		S 1769 Umsatzsteuer aus der Auslagerung von Gegenständen aus einem Umsatzsteuerlager
		S 1770 Umsatzsteuer
		S 1771 Umsatzsteuer 7 %
		S 1772 Umsatzsteuer aus innergemeinschaftlichem Erwerb
		R 1773
		S 1774 Umsatzsteuer aus innergemeinschaftlichem Erwerb 19 %
		R 1775
		S 1776 Umsatzsteuer 19 %
		S 1777 Umsatzsteuer aus im Inland steuerpflichtigen EU-Lieferungen
		S 1778 Umsatzsteuer aus im Inland steuerpflichtigen EU-Lieferungen 19 %

Bilanz-Posten[2]	Programmverbindung[4] Abschlusszweck[4]	1 Finanz- und Privatkonten
Sonstige Verbindlichkeiten *oder Sonstige Vermögensgegenstände*		S 1779 Umsatzsteuer aus innergemeinschaftlichem Erwerb ohne Vorsteuerabzug
	U	F 1780 Umsatzsteuer-Vorauszahlungen
	U	F 1781 Umsatzsteuer-Vorauszahlungen 1/11
	U	F 1782 Nachsteuer, UStVA Kz. 65
	U	F 1783 In Rechnung unrichtig oder unberechtigt ausgewiesene Steuerbeträge, UStVA Kz. 69
		S 1784 Umsatzsteuer aus innergemeinschaftlichem Erwerb von Neufahrzeugen von Lieferanten ohne Umsatzsteuer-Identifikationsnummer
		S 1785 Umsatzsteuer nach § 13b UStG
		R 1786
		S 1787 Umsatzsteuer nach § 13b UStG 19 %
		R 1788
		1789 Umsatzsteuer laufendes Jahr
		1790 Umsatzsteuerverbindlichkeiten Vorjahr
		1791 Umsatzsteuerverbindlichkeiten frühere Jahre
		1792 Sonstige Verrechnungskonten (Interimskonten)
Sonstige Vermögensgegenstände H-Saldo		1793 Verrechnungskonto geleistete Anzahlungen bei Buchung über Kreditorenkonto
Sonstige Verbindlichkeiten oder *Sonstige Vermögensgegenstände*		S 1794 Umsatzsteuer aus Erwerb als letzter Abnehmer innerhalb eines Dreiecksgeschäfts
	EÜR	1795 Verbindlichkeiten im Rahmen der sozialen Sicherheit für § 4 Abs. 3 EStG
Sonstige Verbindlichkeiten		1796 Ausgegebene Geschenkgutscheine
		1797 Verbindlichkeiten aus Umsatzsteuer-Vorauszahlungen
		S 1798 Umsatzsteuer aus im Inland steuerpflichtigen EU-Lieferungen, nur OSS
		Privat (Eigenkapital) Vollhafter/Einzelunternehmer
Kapitalanteil der persönlich haftenden Gesellschafter		F 1800 Privatentnahmen allgemein
Entnahmen		F 1801 Privatentnahmen allgemein (nur Einzelunternehmen)[22]
Kapitalanteil der persönlich haftenden Gesellschafter		F 1810 Privatsteuern
Entnahmen		F 1811 Privatsteuern (nur Einzelunternehmen)[22]
Kapitalanteil der persönlich haftenden Gesellschafter		F 1820 Sonderausgaben beschränkt abzugsfähig

Bilanz-Posten[2]	Programmverbindung[4] Abschlusszweck[4]	1 Finanz- und Privatkonten
Entnahmen		F 1821 Sonderausgaben beschränkt abzugsfähig (nur Einzelunternehmen)[22]
Kapitalanteil der persönlich haftenden Gesellschafter		F 1830 Sonderausgaben unbeschränkt abzugsfähig
Entnahmen		F 1831 Sonderausgaben unbeschränkt abzugsfähig (nur Einzelunternehmen)[22]
Kapitalanteil der persönlich haftenden Gesellschafter		F 1840 Zuwendungen, Spenden
Entnahmen		F 1841 Zuwendungen, Spenden (nur Einzelunternehmen)[22]
Kapitalanteil der persönlich haftenden Gesellschafter		F 1850 Außergewöhnliche Belastungen
Entnahmen		F 1851 Außergewöhnliche Belastungen (nur Einzelunternehmen)[22]
Kapitalanteil der persönlich haftenden Gesellschafter		F 1860 Grundstücksaufwand
Entnahmen		F 1861 Grundstücksaufwand (nur Einzelunternehmen)[22] 1869 Grundstücksaufwand (Umsatzsteuerschlüssel möglich, nur Einzelunternehmen)[10,22]
Kapitalanteil der persönlich haftenden Gesellschafter		F 1870 Grundstücksertrag
Entnahmen		F 1871 Grundstücksertrag (nur Einzelunternehmen)[22] 1879 Grundstücksertrag (Umsatzsteuerschlüssel möglich, nur Einzelunternehmen)[10,22]
Kapitalanteil der persönlich haftenden Gesellschafter		F 1880 Unentgeltliche Wertabgaben
Entnahmen		F 1881 Unentgeltliche Wertabgaben (nur Einzelunternehmen)[22]
Kapitalanteil der persönlich haftenden Gesellschafter		F 1890 Privateinlagen
Entnahmen		F 1891 Privateinlagen (nur Einzelunternehmen)[22]

Bilanz-Posten[2]	Programmverbindung[4] Abschlusszweck[4]	1 Finanz- und Privatkonten
		Privat (Fremdkapital) Teilhafter
Verbindlichkeiten gegenüber Kommanditisten oder *Forderungen gegen Kommanditisten*		F 1900 Auszahlungen allgemein (Teilhafter), Fremdkapital[8]
		R 1901 -09
		F 1910 Privatsteuern (Teilhafter), Fremdkapital
		R 1911 -19
		F 1920 Sonderausgaben beschränkt abzugsfähig (Teilhafter), Fremdkapital
		R 1921 -29
		F 1930 Sonderausgaben unbeschränkt abzugsfähig (Teilhafter), Fremdkapital
		R 1931 -39
		F 1940 Zuwendungen, Spenden (Teilhafter), Fremdkapital
		R 1941 -49
		F 1950 Außergewöhnliche Belastungen (Teilhafter), Fremdkapital
		R 1951 -59
		F 1960 Grundstücksaufwand (Teilhafter), Fremdkapital
		R 1961 -69
		F 1970 Grundstücksertrag (Teilhafter), Fremdkapital
		R 1971 -79
		F 1980 Unentgeltliche Wertabgaben (Teilhafter), Fremdkapital
		R 1981 -89
		F 1990 Einzahlungen (Teilhafter), Fremdkapital[8]
		R 1991 -99

GuV-Posten[2)]	Programmverbindung[4)] Abschlusszweck[4)]	2 Abgrenzungskonten
		KU 2310-2319 V 2350-2374 M 2400-2409 M 2430-2449 KU 2481 KU 2660-2669 M 2707-2712 M 2715 M 2720-2722 M 2725 KU 2727-2729 M 2732-2734 V 2736 KU 2737-2741 M 2750-2752 KU 2841 KU 2865 KU 2867
		Sonstige betriebliche Aufwendungen
		R 2000 -03
Sonstige betriebliche Aufwendungen	K	2004 Verluste durch Verschmelzung und Umwandlung
		R 2006
		2007 Aufwendungen für Restrukturierungs- und Sanierungsmaßnahmen
		R 2008
		Betriebsfremde und periodenfremde Aufwendungen
Sonstige betriebliche Aufwendungen		R 2010
		2020 Periodenfremde Aufwendungen
		Aufwendungen aus der Anwendung von Übergangsvorschriften i. S. d. BilMoG
Sonstige betriebliche Aufwendungen		R 2090
		R 2091
		R 2094
		Zinsen und ähnliche Aufwendungen
Zinsen und ähnliche Aufwendungen	G K	**2100 Zinsen und ähnliche Aufwendungen**
	G K	2102 Steuerlich nicht abzugsfähige andere Nebenleistungen zu Steuern § 4 Abs. 5b EStG
		2103 Steuerlich abzugsfähige andere Nebenleistungen zu Steuern
	G K	2104 Steuerlich nicht abzugsfähige andere Nebenleistungen zu Steuern

GuV-Posten[2)]	Programmverbindung[4)] Abschlusszweck[4)]	2 Abgrenzungskonten
Zinsen und ähnliche Aufwendungen	G K	2105 Zinsaufwendungen § 233a AO nicht abzugsfähig
	G K	2107 Zinsaufwendungen § 233a AO abzugsfähig
	G K	2108 Zinsaufwendungen §§ 234 bis 237 AO nicht abzugsfähig
	G K	2109 Zinsaufwendungen an verbundene Unternehmen
	G K	2110 Zinsaufwendungen für kurzfristige Verbindlichkeiten
	G K	2111 Zinsaufwendungen §§ 234 bis 237 AO abzugsfähig
	G	2113 Nicht abzugsfähige Schuldzinsen nach § 4 Abs. 4a EStG (Hinzurechnungsbetrag)
	K	2114 Zinsen für Gesellschafterdarlehen
	G K	2115 Zinsen und ähnliche Aufwendungen §§ 3 Nr. 40 und 3c EStG bzw. § 8b Abs. 1 und 4 KStG[9)16)]
	G K	2116 Zinsen und ähnliche Aufwendungen an verbundene Unternehmen §§ 3 Nr. 40 und 3c EStG bzw. § 8b Abs. 1 KStG[9)16)]
	K	2117 Zinsen an Gesellschafter mit einer Beteiligung von mehr als 25 % bzw. diesen nahe stehende Personen
	G K	2118 Zinsen auf Kontokorrentkonten
	G K	2119 Zinsaufwendungen für kurzfristige Verbindlichkeiten an verbundene Unternehmen
	G K	2120 Zinsaufwendungen für langfristige Verbindlichkeiten
	G K	2123 Abschreibungen auf ein Agio oder Disagio/Damnum zur Finanzierung
	G K	2124 Abschreibungen auf ein Agio oder Disagio/Damnum zur Finanzierung des Anlagevermögens
	G K	2125 Zinsaufwendungen für Gebäude, die zum Betriebsvermögen gehören
	G K	2126 Zinsen zur Finanzierung des Anlagevermögens
	G K	2127 Renten und dauernde Lasten
	G	2128 Zinsaufwendungen für Kapitalüberlassung durch Mitunternehmer § 15 EStG (mit Sonderbetriebseinnahme korrespondierend)
	G K	2129 Zinsaufwendungen für langfristige Verbindlichkeiten an verbundene Unternehmen
	G K	R 2130 -39
		2140 Zinsähnliche Aufwendungen
		2141 Kreditprovisionen und Verwaltungskostenbeiträge
		2142 Zinsanteil der Zuführungen zu Pensionsrückstellungen
		2143 Zinsaufwendungen aus der Abzinsung von auf Rentenverpflichtungen beruhenden Verbindlichkeiten, für die eine Gegenleistung nicht mehr zu erwarten ist[8)]
		2144 Zinsaufwendungen aus der Abzinsung von Rückstellungen
		2145 Zinsaufwendungen aus der Abzinsung von Pensionsrückstellungen und ähnlichen/vergleichbaren Verpflichtungen

GuV-Posten[2]	Programmverbindung[4] Abschlusszweck[4]	2 Abgrenzungskonten
Zinsen und ähnliche Aufwendungen oder *Sonstige Zinsen und ähnliche Erträge*	HB	2146 Zinsaufwendungen aus der Abzinsung von Pensionsrückstellungen und ähnlichen/vergleichbaren Verpflichtungen zur Verrechnung nach § 246 Abs. 2 HGB
	HB	2147 Aufwendungen aus Vermögensgegenständen zur Verrechnung nach § 246 Abs. 2 HGB
Zinsen und ähnliche Aufwendungen	G K	2148 Steuerlich nicht abzugsfähige Zinsaufwendungen aus der Abzinsung von Rückstellungen
		2149 Zinsähnliche Aufwendungen an verbundene Unternehmen
Sonstige betriebliche Aufwendungen		2150 Aufwendungen aus der Währungsumrechnung
		2151 Aufwendungen aus der Währungsumrechnung (nicht § 256a HGB)
		2166 Aufwendungen aus Bewertung Finanzmittelfonds
		2170 Nicht abziehbare Vorsteuer
		2171 Nicht abziehbare Vorsteuer 7 %
		R 2174 -75
		2176 Nicht abziehbare Vorsteuer 19 %
		Steuern vom Einkommen und Ertrag
Steuern vom Einkommen und vom Ertrag	K	2200 Körperschaftsteuer
Steuern vom Einkommen und vom Ertrag oder *Steuern vom Einkommen und vom Ertrag*	K	2203 Körperschaftsteuer für Vorjahre
Steuern vom Einkommen und vom Ertrag	K	2204 Körperschaftsteuererstattungen für Vorjahre
	K	2208 Solidaritätszuschlag
Steuern vom Einkommen und vom Ertrag oder *Steuern vom Einkommen und vom Ertrag*	K	2209 Solidaritätszuschlag für Vorjahre
Steuern vom Einkommen und vom Ertrag	K	2210 Solidaritätszuschlagerstattungen für Vorjahre
	K	2213 Kapitalertragsteuer 25 %
	K	2216 Anrechenbarer Solidaritätszuschlag auf Kapitalertragsteuer 25 %
	G K	2218 Ausländische Steuer auf im Inland steuerfreie DBA-Einkünfte
	G K	2219 Anrechnung/Abzug ausländische Quellensteuer
	G K HB	2250 Aufwendungen aus der Zuführung und Auflösung von latenten Steuern
	G K HB	2255 Erträge aus der Zuführung und Auflösung von latenten Steuern
	G K	2260 Aufwendungen aus der Zuführung zu Steuerrückstellungen für Steuerstundung (BStBK)
	G K	2265 Erträge aus der Auflösung von Steuerrückstellungen für Steuerstundung (BStBK)

GuV-Posten[2]	Programmverbindung[4] Abschlusszweck[4]	2 Abgrenzungskonten
Steuern vom Einkommen und vom Ertrag oder *Steuern vom Einkommen und vom Ertrag*	G K	2281 Gewerbesteuernachzahlungen und Gewerbesteuererstattungen für Vorjahre nach § 4 Abs. 5b EStG
Steuern vom Einkommen und vom Ertrag	G K	2283 Erträge aus der Auflösung von Gewerbesteuerrückstellungen nach § 4 Abs. 5b EStG
Sonstige Steuern		2285 Steuernachzahlungen Vorjahre für sonstige Steuern
		2287 Steuererstattungen Vorjahre für sonstige Steuern
		2289 Erträge aus der Auflösung von Rückstellungen für sonstige Steuern
		Sonstige Aufwendungen
		2300 Sonstige Aufwendungen
		R 2307
Sonstige betriebliche Aufwendungen	G K	2308 Sonstige nicht abziehbare Aufwendungen
		2310 Anlagenabgänge Sachanlagen (Restbuchwert bei Buchverlust)
		2311 Anlagenabgänge immaterielle Vermögensgegenstände (Restbuchwert bei Buchverlust)
		2312 Anlagenabgänge Finanzanlagen (Restbuchwert bei Buchverlust)
	G K	2313 Anlagenabgänge Finanzanlagen § 3 Nr. 40 EStG bzw. § 8b Abs. 2 KStG i. V m. § 8b Abs. 3 S. 3 KStG (Restbuchwert bei Buchverlust)[9]
Sonstige betriebliche Erträge		2315 Anlagenabgänge Sachanlagen (Restbuchwert bei Buchgewinn)
		2316 Anlagenabgänge immaterielle Vermögensgegenstände (Restbuchwert bei Buchgewinn)
		2317 Anlagenabgänge Finanzanlagen (Restbuchwert bei Buchgewinn)
	G K	2318 Anlagenabgänge Finanzanlagen § 3 Nr. 40 EStG bzw. § 8b Abs. 2 KStG (Restbuchwert bei Buchgewinn)[9]
Sonstige betriebliche Aufwendungen		R 2320
		R 2323
	K	2324 Abgänge Wertpapiere des Umlaufvermögens § 8b Abs. 2 KStG i. V. m. § 8b Abs. 3 S. 3 KStG (Buchwert bei Buchverlust)[9]
		2325 Verluste aus dem Abgang von Gegenständen des Umlaufvermögens (außer Vorräte)
	G K	2326 Verluste aus dem Abgang von Gegenständen des Umlaufvermögens (außer Vorräte) § 3 Nr. 40 EStG bzw. § 8b Abs. 2 KStG i. V. m. § 8b Abs. 3 S. 3 KStG[9]
	EÜR	2327 Abgang von Wirtschaftsgütern des Umlaufvermögens nach § 4 Abs. 3 Satz 4 EStG
	G K EÜR	2328 Abgang von Wirtschaftsgütern des Umlaufvermögens § 3 Nr. 40 EStG bzw. § 8b Abs. 2 KStG i. V. m. § 8b Abs. 3 S. 3 KStG nach § 4 Abs. 3 S. 4 EStG[9]

SKR 03

SKR 03

GuV-Posten[2]	Programmverbindung[4] Abschlusszweck[4]	2 Abgrenzungskonten
Sonstige betriebliche Aufwendungen	SB	2339 Einstellungen in die steuerliche Rücklage nach § 4g EStG
	SB	2342 Einstellungen in die steuerliche Rücklage nach § 6b Abs. 3 EStG
	SB	2343 Einstellungen in die steuerliche Rücklage nach § 6b Abs. 10 EStG
	SB	2344 Einstellungen in die Rücklage für Ersatzbeschaffung nach R 6.6 EStR
	SB	2345 Einstellungen in sonstige steuerliche Rücklagen
		2347 Aufwendungen aus dem Erwerb eigener Anteile
		2350 Sonstige Grundstücksaufwendungen (neutral)
Sonstige Steuern	G	2375 Grundsteuer
Sonstige betriebliche Aufwendungen	G K	2380 Zuwendungen, Spenden, steuerlich nicht abziehbar
	G K	2381 Zuwendungen, Spenden für wissenschaftliche und kulturelle Zwecke
	G K	2382 Zuwendungen, Spenden für mildtätige Zwecke
	G K	2383 Zuwendungen, Spenden für kirchliche, religiöse und gemeinnützige Zwecke
	G K	2384 Zuwendungen, Spenden an politische Parteien
	K	2385 Nicht abziehbare Hälfte der Aufsichtsratsvergütungen
		2386 Abziehbare Aufsichtsratsvergütungen
	G K	2387 Zuwendungen, Spenden in das zu erhaltende Vermögen (Vermögensstock) einer Stiftung für gemeinnützige Zwecke
	G K	2389 Zuwendungen, Spenden in das zu erhaltende Vermögen (Vermögensstock) einer Stiftung für kirchliche, religiöse und gemeinnützige Zwecke
	G K	2390 Zuwendungen, Spenden an Stiftungen in das zu erhaltende Vermögen (Vermögensstock) für wissenschaftliche, mildtätige, kulturelle Zwecke
		2400 Forderungsverluste (übliche Höhe)
	U	AM 2401 Forderungsverluste 7 % USt (übliche Höhe)
	U	AM 2402 Forderungsverluste aus steuerfreien EU-Lieferungen (übliche Höhe)
	U	AM 2403 Forderungsverluste aus im Inland steuerpflichtigen EU-Lieferungen 7 % USt (übliche Höhe)
		R 2404 -05
	U	AM 2406 Forderungsverluste 19 % USt (übliche Höhe)
		R 2407
	U	AM 2408 Forderungsverluste aus im Inland steuerpflichtigen EU-Lieferungen 19 % USt (übliche Höhe)
		R 2409

GuV-Posten[2]	Programmverbindung[4] Abschlusszweck[4]	2 Abgrenzungskonten
Abschreibung auf Vermögensgegenstände des Umlaufvermögens, soweit diese die üblichen Abschreibungen überschreiten		2430 Forderungsverluste (soweit unüblich hoch)
	U	AM 2431 Forderungsverluste 7 % USt (soweit unüblich hoch)
		R 2432 -35
	U	AM 2436 Forderungsverluste 19 % USt (soweit unüblich hoch)
		R 2437 -38
	G K	2440 Abschreibungen auf Forderungen gegenüber Kapitalgesellschaften, an denen eine Beteiligung besteht (soweit unüblich hoch), § 3c EStG bzw. § 8b Abs. 3 KStG
	G K	2441 Abschreibungen auf Forderungen gegenüber Gesellschaftern und nahestehende Personen (soweit unüblich hoch), § 3 Nr. 40 EStG bzw. § 8b Abs. 3 KStG[9]
Sonstige betriebliche Aufwendungen		2450 Einstellungen in die Pauschalwertberichtigung auf Forderungen
		2451 Einstellungen in die Einzelwertberichtigung auf Forderungen
Einstellungen in die Rücklage für Anteile an einem herrschenden oder mehrheitlich beteiligten Unternehmen		2480 Einstellungen in die Rücklage für Anteile an einem herrschenden oder mehrheitlich beteiligten Unternehmen
Einstellungen in andere Rücklagen		F 2481 Einstellungen in gesamthänderisch gebundene Rücklagen (mit Aufteilung für Kapitalkontenentwicklung)
Einstellungen in andere Ergebnisrücklagen		2485 Einstellungen in andere Ergebnisrücklagen
Steuerliches Mehr-/Minderergebnis lfd. Jahr (steuerlicher Ausgleichsposten)	SB	2488 Änderung steuerlicher Ausgleichsposten (Körperschaften)
	SB	F 2489 Änderung steuerlicher Ausgleichsposten (Personengesellschaften, Einzelunternehmen)
Aufwendungen aus Verlustübernahmen (Mutter)	G K	2490 Aufwendungen aus Verlustübernahme
Auf Grund einer Gewinngemeinschaft, eines Gewinn- oder Teilgewinnabführungsvertrags abgeführte Gewinne oder *Erträge aus Verlustübernahme*	HB	2491 Abgeführte Gewinnanteile (Soll) / ausgeglichene Verlustanteile (Haben) bei atypisch stiller Beteiligung

GuV-Posten[2]	Programmverbindung[4] Abschlusszweck[4]	2 Abgrenzungskonten
Auf Grund einer Gewinngemeinschaft, eines Gewinn- oder Teilgewinnabführungsvertrags abgeführte Gewinne		2492 Abgeführte Gewinne auf Grund einer Gewinngemeinschaft
Auf Grund einer Gewinngemeinschaft, eines Gewinn- oder Teilgewinnabführungsvertrags abgeführte Gewinne oder *Erträge aus Verlustübernahme*	G K	2493 Abgeführte Gewinnanteile (Soll) / ausgeglichene Verlustanteile (Haben) bei typisch stiller Beteiligung § 8 GewStG
Auf Grund einer Gewinngemeinschaft, eines Gewinn- oder Teilgewinnabführungsvertrags abgeführte Gewinne	K	2494 Abgeführte Gewinne auf Grund eines Gewinn- oder Teilgewinnabführungsvertrags
Einstellungen in die Kapitalrücklage nach den Vorschriften über die vereinfachte Kapitalherabsetzung		2495 Einstellungen in die Kapitalrücklage nach den Vorschriften über die vereinfachte Kapitalherabsetzung
Einstellungen in die gesetzliche Rücklage		2496 Einstellungen in die gesetzliche Rücklage
Einstellungen in satzungsmäßige Rücklagen		2497 Einstellungen in satzungsmäßige Rücklagen
Einstellungen in die Rücklage für Anteile an einem herrschenden oder mehrheitlich beteiligten Unternehmen		F 2498 Einstellungen in den Ausgleichsposten für aktivierte eigene Anteile
Einstellungen in andere Gewinnrücklagen		2499 Einstellungen in andere Gewinnrücklagen
		Sonstige betriebliche Erträge
Sonstige betriebliche Erträge	K	2504 Erträge durch Verschmelzung und Umwandlung
		R 2508
		Betriebsfremde und periodenfremde Erträge
Sonstige betriebliche Erträge		2510 Sonstige betriebsfremde Erträge
		2520 Periodenfremde Erträge

GuV-Posten[2]	Programmverbindung[4] Abschlusszweck[4]	2 Abgrenzungskonten
		Erträge aus der Anwendung von Übergangsvorschriften i. S. d. BilMoG
Sonstige betriebliche Erträge		R 2590
		R 2594
		Zinserträge
Erträge aus Beteiligungen		2600 Erträge aus Beteiligungen
	G K	2603 Erträge aus Beteiligungen an Personengesellschaften (verbundene Unternehmen), § 9 GewStG bzw. § 18 EStG[23]
		2613 Erträge aus typisch stillen Beteiligungen
	G K	2614 Erträge aus atypisch stillen Beteiligungen[23]
	G K	2615 Erträge aus Anteilen an Kapitalgesellschaften (Beteiligung) § 3 Nr. 40 EStG bzw. § 8b Abs. 1 KStG[9]
	G K	2616 Erträge aus Anteilen an Kapitalgesellschaften (verbundene Unternehmen) § 3 Nr. 40 EStG bzw. § 8b Abs. 1 KStG[9]
	G K	2618 Gewinnanteile aus gewerblichen und selbständigen Mitunternehmerschaften, § 9 GewStG bzw. § 18 EStG[23]
		2619 Erträge aus Beteiligungen an verbundenen Unternehmen
Erträge aus anderen Wertpapieren und Ausleihungen des Finanzanlagevermögens		2620 Erträge aus anderen Wertpapieren und Ausleihungen des Finanzanlagevermögens
		2621 Erträge aus Ausleihungen des Finanzanlagevermögens
		2622 Erträge aus Ausleihungen des Finanzanlagevermögens an verbundenen Unternehmen
		2623 Erträge aus Anteilen an Personengesellschaften (Finanzanlagevermögen)
	G K	2625 Erträge aus Anteilen an Kapitalgesellschaften (Finanzanlagevermögen) § 3 Nr. 40 EStG bzw. § 8b Abs. 1 und 4 KStG[9]
	G K	2626 Erträge aus Anteilen an Kapitalgesellschaften (verbundene Unternehmen) § 3 Nr. 40 EStG bzw. § 8b Abs. 1 KStG[9]
		2640 Zins- und Dividendenerträge
		2641 Erhaltene Ausgleichszahlungen (als außenstehender Aktionär)
		2646 Erträge aus Anteilen an Personengesellschaften (verbundene Unternehmen)
		2647 Erträge aus anderen Wertpapieren des Finanzanlagevermögens an Kapitalgesellschaften (verbundene Unternehmen)
		2648 Erträge aus anderen Wertpapieren des Finanzanlagevermögens an Personengesellschaften (verbundene Unternehmen)
		2649 Erträge aus anderen Wertpapieren und Ausleihungen des Finanzanlagevermögens aus verbundenen Unternehmen

GuV-Posten[2]	Programmverbindung[4] Abschlusszweck[4]	2 Abgrenzungskonten
Sonstige Zinsen und ähnliche Erträge		**2650 Sonstige Zinsen und ähnliche Erträge**
	G K	2653 Zinserträge § 233a AO und § 4 Abs. 5b EStG, steuerfrei
		2654 Erträge aus anderen Wertpapieren und Ausleihungen des Umlaufvermögens
	G K	2655 Erträge aus Anteilen an Kapitalgesellschaften (Umlaufvermögen) § 3 Nr. 40 EStG bzw. § 8b Abs. 1 und 4 KStG[9]
	G K	2656 Erträge aus Anteilen an Kapitalgesellschaften (verbundene Unternehmen) § 3 Nr. 40 EStG bzw. § 8b Abs. 1 KStG[9]
		2657 Zinserträge § 233a AO, steuerpflichtig
	K	2658 Zinserträge § 233a AO, steuerfrei (Anlage GK KSt)
		2659 Sonstige Zinsen und ähnliche Erträge aus verbundenen Unternehmen
Sonstige betriebliche Erträge		2660 Erträge aus der Währungsumrechnung
		2661 Erträge aus der Währungsumrechnung (nicht § 256a HGB)
		2666 Erträge aus Bewertung Finanzmittelfonds
Sonstige Zinsen und ähnliche Erträge		R 2670 -79
		2680 Zinsähnliche Erträge
	G K	2682 Steuerfreie Zinserträge aus der Abzinsung von Rückstellungen
		2683 Zinserträge aus der Abzinsung von auf Rentenverpflichtungen beruhenden Verbindlichkeiten, für die eine Gegenleistung nicht mehr zu erwarten ist[8]
		2684 Zinserträge aus der Abzinsung von Rückstellungen
		2685 Zinserträge aus der Abzinsung von Pensionsrückstellungen und ähnlichen/vergleichbaren Verpflichtungen
Sonstige Zinsen und ähnliche Erträge oder *Zinsen und ähnliche Aufwendungen*	HB	2686 Zinserträge aus der Abzinsung von Pensionsrückstellungen und ähnlichen/vergleichbaren Verpflichtungen zur Verrechnung nach § 246 Abs. 2 HGB
	HB	2687 Erträge aus Vermögensgegenständen zur Verrechnung nach § 246 Abs. 2 HGB
Sonstige Zinsen und ähnliche Erträge		2689 Zinsähnliche Erträge aus verbundenen Unternehmen
		Sonstige Erträge
Sonstige betriebliche Erträge		**2700 Andere betriebs- und/oder periodenfremde (neutrale) sonstige Erträge**
		R 2705
		R 2707
		2709 Sonstige Erträge unregelmäßig
		2710 Erträge aus Zuschreibungen des Sachanlagevermögens
		2711 Erträge aus Zuschreibungen des immateriellen Anlagevermögens
		2712 Erträge aus Zuschreibungen des Finanzanlagevermögens
	G K	2713 Erträge aus Zuschreibungen des Finanzanlagevermögens § 3 Nr. 40 EStG bzw. § 8b Abs. 3 S. 9 KStG[9]
	G K	2714 Erträge aus Zuschreibungen § 3 Nr. 40 EStG bzw. § 8b Abs. 2 KStG[9]
		2715 Erträge aus Zuschreibungen des Umlaufvermögens (außer Vorräte)
	G K	2716 Erträge aus Zuschreibungen des Umlaufvermögens § 3 Nr. 40 EStG bzw. § 8b Abs. 3 S. 9 KStG[9]
		R 2720
		R 2723
	K	2724 Abgänge Wertpapiere des Umlaufvermögens § 8b Abs. 2 KStG (Buchwert bei Buchgewinn)[9]
		2725 Erträge aus dem Abgang von Gegenständen des Umlaufvermögens (außer Vorräte)
	G K	2726 Erträge aus dem Abgang von Gegenständen des Umlaufvermögens (außer Vorräte) § 3 Nr. 40 EStG bzw. § 8b Abs. 2 KStG[9]
		2727 Erträge aus der Auflösung einer steuerlichen Rücklage nach § 6b Abs. 3 EStG
		2728 Erträge aus der Auflösung einer steuerlichen Rücklage nach § 6b Abs. 10 EStG
	SB	2729 Erträge aus der Auflösung der Rücklage für Ersatzbeschaffung, R 6.6 EStR
		2730 Erträge aus der Herabsetzung der Pauschalwertberichtigung auf Forderungen
		2731 Erträge aus der Herabsetzung der Einzelwertberichtigung auf Forderungen
		2732 Erträge aus abgeschriebenen Forderungen
		2735 Erträge aus der Auflösung von Rückstellungen
		2736 Erträge aus der Herabsetzung von Verbindlichkeiten
	SB	2737 Erträge aus der Auflösung einer steuerlichen Rücklage nach § 4g EStG
		2740 Erträge aus der Auflösung sonstiger steuerlicher Rücklagen
		2741 Erträge aus der Auflösung steuerrechtlicher Sonderabschreibungen
		2742 Versicherungsentschädigungen und Schadenersatzleistungen
		2743 Investitionszuschüsse (steuerpflichtig)
	G K	2744 Investitionszulagen (steuerfrei)
Ertrag aus Kapitalherabsetzung	K	2745 Ertrag aus der Kapitalherabsetzung[8]
Sonstige betriebliche Erträge	G K	2746 Steuerfreie Erträge aus der Auflösung von steuerlichen Rücklagen
	G K	2747 Sonstige steuerfreie Betriebseinnahmen
		2749 Erstattungen Aufwendungsausgleichsgesetz
Umsatzerlöse		2750 Grundstückserträge
	U	AM 2751 Erlöse aus Vermietung und Verpachtung, umsatzsteuerfrei § 4 Nr. 12 UStG
	U	AM 2752 Erlöse aus Vermietung und Verpachtung 19 % USt
		R 2753 -54

GuV-Posten[2)]	Programmverbindung[4)] Abschlusszweck[4)]	2 Abgrenzungskonten
Sonstige betriebliche Erträge		2760 Erträge aus der Aktivierung unentgeltlich erworbener Vermögensgegenstände 2762 Kostenerstattungen, Rückvergütungen und Gutschriften für frühere Jahre
Umsatzerlöse		2764 Erträge aus Verwaltungskostenumlage
Erträge aus Verlustübernahme	K	2790 Erträge aus Verlustübernahme
Auf Grund einer Gewinngemeinschaft, eines Gewinn- oder Teilgewinnabführungsvertrags erhaltene Gewinne	G K	2792 Erhaltene Gewinne auf Grund einer Gewinngemeinschaft 2794 Erhaltene Gewinne auf Grund eines Gewinn- oder Teilgewinnabführungsvertrags
Entnahmen aus der Kapitalrücklage		2795 Entnahmen aus der Kapitalrücklage
Entnahmen aus der gesetzlichen Rücklage		2796 Entnahmen aus der gesetzlichen Rücklage
Entnahmen aus satzungsmäßigen Rücklagen		2797 Entnahmen aus satzungsmäßigen Rücklagen
Entnahmen aus der Rücklage für Anteile an einem herrschenden oder mehrheitlich beteiligten Unternehmen		F 2798 Entnahmen aus dem Ausgleichsposten für aktivierte eigene Anteile
Entnahmen aus anderen Gewinnrücklagen		2799 Entnahmen aus anderen Gewinnrücklagen
Entnahmen aus der Rücklage für Anteile an einem herrschenden oder mehrheitlich beteiligten Unternehmen		2840 Entnahmen aus der Rücklage für Anteile an einem herrschenden oder mehrheitlich beteiligten Unternehmen
Entnahmen aus anderen Rücklagen		F 2841 Entnahmen aus gesamthänderisch gebundenen Rücklagen (mit Aufteilung für Kapitalkontenentwicklung)
Aus anderen Ergebnisrücklagen		2850 Entnahmen aus anderen Ergebnisrücklagen

GuV-Posten[2)]	Programmverbindung[4)] Abschlusszweck[4)]	2 Abgrenzungskonten
Davon Gewinn-/Verlustvortrag		2860 Gewinnvortrag nach Verwendung F 2865 Gewinnvortrag nach Verwendung (mit Aufteilung für Kapitalkontenentwicklung) F 2867 Verlustvortrag nach Verwendung (mit Aufteilung für Kapitalkontenentwicklung) **2868 Verlustvortrag nach Verwendung**
Vorabausschüttung / beschlossene Ausschüttung für das Geschäftsjahr		2870 Vorabausschüttung
		Verrechnete kalkulatorische Kosten
Sonstige betriebliche Aufwendungen		2890 Verrechneter kalkulatorischer Unternehmerlohn 2891 Verrechnete kalkulatorische Miete und Pacht 2892 Verrechnete kalkulatorische Zinsen 2893 Verrechnete kalkulatorische Abschreibungen 2894 Verrechnete kalkulatorische Wagnisse 2895 Verrechneter kalkulatorischer Lohn für unentgeltliche Mitarbeiter R 2900

SKR 03

Bilanz-/GuV-Posten[2]	Programmverbindung[4] Abschlusszweck[4]	3 Wareneingangs- und Bestandskonten
		V 3000-3028 KU 3029 V 3030-3106 KU 3107 V 3108 KU 3109 V 3110-3348 KU 3349 V 3350-3599 V 3700-3949 KU 3950-3999
		Materialaufwand
Aufwendungen für Roh-, Hilfs- und Betriebsstoffe und für bezogene Waren		3000 Einkauf Roh-, Hilfs- und Betriebsstoffe
		AV 3010-19 Einkauf Roh-, Hilfs- und Betriebsstoffe 7 % Vorsteuer
		R 3020-28
		3029 Einkauf Roh-, Hilfs- und Betriebsstoffe ohne Vorsteuerabzug
		AV 3030-39 Einkauf Roh-, Hilfs- und Betriebsstoffe 19 % Vorsteuer
		R 3040-59
	U	AV 3060 Einkauf Roh-, Hilfs- und Betriebsstoffe, innergemeinschaftlicher Erwerb 7 % Vorsteuer und 7 % Umsatzsteuer
		R 3061
	U	AV 3062-63 Einkauf Roh-, Hilfs- und Betriebsstoffe, innergemeinschaftlicher Erwerb 19 % Vorsteuer und 19 % Umsatzsteuer
		R 3064-65
	U	AV 3066 Einkauf Roh-, Hilfs- und Betriebsstoffe, innergemeinschaftlicher Erwerb ohne Vorsteuer und 7 % Umsatzsteuer
	U	AV 3067 Einkauf Roh-, Hilfs- und Betriebsstoffe, innergemeinschaftlicher Erwerb ohne Vorsteuer und 19 % Umsatzsteuer
		R 3068-69
		AV 3070 Einkauf Roh-, Hilfs- und Betriebsstoffe 5,5 % Vorsteuer
		AV 3071 Einkauf Roh-, Hilfs- und Betriebsstoffe 7,8 % Vorsteuer[8]
		R 3072-74
	U	AV 3075 Einkauf Roh-, Hilfs- und Betriebsstoffe aus einem USt-Lager § 13a UStG 7 % Vorsteuer und 7 % Umsatzsteuer
	U	AV 3076 Einkauf Roh-, Hilfs- und Betriebsstoffe aus einem USt-Lager § 13a UStG 19 % Vorsteuer und 19 % Umsatzsteuer
		R 3077-88
	U	AV 3089 Erwerb Roh-, Hilfs- und Betriebsstoffe als letzter Abnehmer innerhalb Dreiecksgeschäft 19 % Vorsteuer und 19 % Umsatzsteuer
		3090 Energiestoffe (Fertigung)
		AV 3091 Energiestoffe (Fertigung) 7 % VSt
		AV 3092 Energiestoffe (Fertigung) 19 % VSt
		R 3093-98

Bilanz-/GuV-Posten[2]	Programmverbindung[4] Abschlusszweck[4]	3 Wareneingangs- und Bestandskonten
Aufwendungen für bezogene Leistungen		**3100 Fremdleistungen**
		AV 3106 Fremdleistungen 19 % Vorsteuer
		R 3107
		AV 3108 Fremdleistungen 7 % Vorsteuer
		3109 Fremdleistungen ohne Vorsteuer
		Umsätze, für die als Leistungsempfänger die Steuer nach § 13b UStG geschuldet wird
	U	AV 3110 Bauleistungen eines im Inland ansässigen Unternehmers 7 % Vorsteuer und 7 % Umsatzsteuer
		R 3111-12
	U	AV 3113 Sonstige Leistungen eines im anderen EU-Land ansässigen Unternehmers 7 % Vorsteuer und 7 % Umsatzsteuer
		R 3114
	U	AV 3115 Leistungen eines im Ausland ansässigen Unternehmers 7 % Vorsteuer und 7 % Umsatzsteuer
		R 3116-19
	U	AV 3120-21 Bauleistungen eines im Inland ansässigen Unternehmers 19 % Vorsteuer und 19 % Umsatzsteuer
		R 3122
	U	AV 3123 Sonstige Leistungen eines im anderen EU-Land ansässigen Unternehmers 19 % Vorsteuer und 19 % Umsatzsteuer
		R 3124
	U	AV 3125-26 Leistungen eines im Ausland ansässigen Unternehmers 19 % Vorsteuer und 19 % Umsatzsteuer
		R 3127-29
	U	AV 3130 Bauleistungen eines im Inland ansässigen Unternehmers ohne Vorsteuer und 7 % Umsatzsteuer
		R 3131-32
	U	AV 3133 Sonstige Leistungen eines im anderen EU-Land ansässigen Unternehmers ohne Vorsteuer und 7 % Umsatzsteuer
		R 3134
	U	AV 3135 Leistungen eines im Ausland ansässigen Unternehmers ohne Vorsteuer und 7 % Umsatzsteuer
		R 3136-39
	U	AV 3140-41 Bauleistungen eines im Inland ansässigen Unternehmers ohne Vorsteuer und 19 % Umsatzsteuer
		R 3142
	U	AV 3143 Sonstige Leistungen eines im anderen EU-Land ansässigen Unternehmers ohne Vorsteuer und 19 % Umsatzsteuer
		R 3144
	U	AV 3145-46 Leistungen eines im Ausland ansässigen Unternehmers ohne Vorsteuer und 19 % Umsatzsteuer
		R 3147-49
		S/AV 3150 Erhaltene Skonti aus Leistungen, für die als Leistungsempfänger die Steuer nach § 13b UStG geschuldet wird

Bilanz-/GuV-Posten[2]	Programmverbindung[4] Abschlusszweck[4]	3 Wareneingangs- und Bestandskonten	
Aufwendungen für bezogene Leistungen	U	S/AV 3151	Erhaltene Skonti aus Leistungen, für die als Leistungsempfänger die Steuer nach § 13b UStG geschuldet wird 19 % Vorsteuer und 19 % Umsatzsteuer
		R 3152	
		S/AV 3153	Erhaltene Skonti aus Leistungen, für die als Leistungsempfänger die Steuer nach § 13b UStG geschuldet wird ohne Vorsteuer aber mit Umsatzsteuer
	U	S/AV 3154	Erhaltene Skonti aus Leistungen, für die als Leistungsempfänger die Steuer nach § 13b UStG geschuldet wird ohne Vorsteuer, mit 19 % Umsatzsteuer
		R 3155 -59	
		3160	Leistungen nach § 13b UStG mit Vorsteuerabzug[21]
		3165	Leistungen nach § 13b UStG ohne Vorsteuerabzug[21]
	G K	3170	Fremdleistungen (Miet- und Pachtzinsen bewegliche Wirtschaftsgüter)
	G K	3175	Fremdleistungen (Miet- und Pachtzinsen unbewegliche Wirtschaftsgüter)
	G K	3180	Fremdleistungen (Entgelte für Rechte und Lizenzen)
	G	3185	Fremdleistungen (Vergütungen für die Überlassung von Wirtschaftsgütern - mit Sonderbetriebseinnahme korrespondierend)
Aufwendungen für Roh-, Hilfs- und Betriebsstoffe und für bezogene Waren		**3200**	**Wareneingang**
		AV 3300 -09	Wareneingang 7 % Vorsteuer
		R 3310 -46	
		AV 3347	Wareneingang 7 % Vorsteuer
		R 3348	
		3349	Wareneingang ohne Vorsteuerabzug
		AV 3400 -09	Wareneingang 19 % Vorsteuer
		R 3410 -17	
		AV 3418	Wareneingang 19 % Vorsteuer
		R 3419	
	U	AV 3420 -24	Innergemeinschaftlicher Erwerb 7 % Vorsteuer und 7 % Umsatzsteuer
	U	AV 3425 -29	Innergemeinschaftlicher Erwerb 19 % Vorsteuer und 19 % Umsatzsteuer
	U	AV 3430	Innergemeinschaftlicher Erwerb ohne Vorsteuer und 7 % Umsatzsteuer
		R 3431 -34	
	U	AV 3435	Innergemeinschaftlicher Erwerb ohne Vorsteuer und 19 % Umsatzsteuer
Aufwendungen für Roh-, Hilfs- und Betriebsstoffe und für bezogene Waren		R 3436 -39	
	U	AV 3440	Innergemeinschaftlicher Erwerb von Neufahrzeugen von Lieferanten ohne USt-Id-Nr. 19 % Vorsteuer und 19 % Umsatzsteuer
		R 3441 -49	
		R 3500 -04	
		AV 3505 -09	Wareneingang 5,5 % Vorsteuer
		R 3510 -39	
		AV 3540 -49	Wareneingang zum Durchschnittssatz nach § 24 UStG 7,8 % Vorsteuer[8]
	U	AV 3550	Steuerfreier innergemeinschaftlicher Erwerb
		3551	Wareneingang im Drittland steuerbar
	U	AV 3552	Erwerb 1. Abnehmer innerhalb eines Dreiecksgeschäftes
	U	AV 3553	Erwerb Waren als letzter Abnehmer innerhalb Dreiecksgeschäft 19 % Vorsteuer und 19 % Umsatzsteuer
		R 3554 -57	
		3558	Wareneingang im anderen EU-Land steuerbar
		3559	Steuerfreie Einfuhren
	U	AV 3560	Waren aus einem Umsatzsteuerlager, § 13a UStG 7 % Vorsteuer und 7 % Umsatzsteuer
		R 3561 -64	
	U	AV 3565	Waren aus einem Umsatzsteuerlager, § 13a UStG 19 % Vorsteuer und 19 % Umsatzsteuer
		R 3566 -69	
		3600 -09	Nicht abziehbare Vorsteuer
		3610 -19	Nicht abziehbare Vorsteuer 7 %
		R 3620 -29	
		R 3650 -59	
		3660 -69	Nicht abziehbare Vorsteuer 19 %
		3700	Nachlässe
		3701	Nachlässe aus Einkauf Roh-, Hilfs- und Betriebsstoffe
		AV 3710 -11	Nachlässe 7 % Vorsteuer
		R 3712 -13	
		AV 3714	Nachlässe aus Einkauf Roh-, Hilfs- und Betriebsstoffe 7 % Vorsteuer
		AV 3715	Nachlässe aus Einkauf Roh-, Hilfs- und Betriebsstoffe 19 % Vorsteuer
		R 3716	
	U	AV 3717	Nachlässe aus Einkauf Roh-, Hilfs- und Betriebsstoffe, innergemeinschaftlicher Erwerb 7 % Vorsteuer und 7 % Umsatzsteuer
	U	AV 3718	Nachlässe aus Einkauf Roh-, Hilfs- und Betriebsstoffe, innergemeinschaftlicher Erwerb 19 % Vorsteuer und 19 % Umsatzsteuer
		R 3719	

Bilanz-/GuV-Posten[2]	Programmverbindung[4] Abschlusszweck[4]	3 Wareneingangs- und Bestandskonten
Aufwendungen für Roh-, Hilfs- und Betriebsstoffe und für bezogene Waren		AV 3720 Nachlässe 19 % Vorsteuer
		-21
		R 3722
		-23
	U	AV 3724 Nachlässe aus innergemeinschaftlichem Erwerb 7 % Vorsteuer und 7 % Umsatzsteuer
	U	AV 3725 Nachlässe aus innergemeinschaftlichem Erwerb 19 % Vorsteuer und 19 % Umsatzsteuer
		R 3726
		-29
		S/AV 3730 Erhaltene Skonti
		S/AV 3731 Erhaltene Skonti 7 % Vorsteuer
		R 3732
		S/AV 3733 Erhaltene Skonti aus Einkauf Roh-, Hilfs- und Betriebsstoffe
		S/AV 3734 Erhaltene Skonti aus Einkauf Roh-, Hilfs- und Betriebsstoffe 7 % Vorsteuer
		R 3735
		S/AV 3736 Erhaltene Skonti 19 % Vorsteuer
		R 3737
		S/AV 3738 Erhaltene Skonti aus Einkauf Roh-, Hilfs- und Betriebsstoffe 19 % Vorsteuer
		R 3739
		-40
	U	S/AV 3741 Erhaltene Skonti aus Einkauf Roh-, Hilfs- und Betriebsstoffe aus steuerpflichtigem innergemeinschaftlichem Erwerb 19 % Vorsteuer und 19 % Umsatzsteuer
		R 3742
	U	S/AV 3743 Erhaltene Skonti aus Einkauf Roh-, Hilfs- und Betriebsstoffe aus steuerpflichtigem innergemeinschaftlichem Erwerb 7 % Vorsteuer und 7 % Umsatzsteuer
		S/AV 3744 Erhaltene Skonti aus Einkauf Roh-, Hilfs- und Betriebsstoffe aus steuerpflichtigem innergemeinschaftlichem Erwerb
		S/AV 3745 Erhaltene Skonti aus steuerpflichtigem innergemeinschaftlichem Erwerb
	U	S/AV 3746 Erhaltene Skonti aus steuerpflichtigem innergemeinschaftlichem Erwerb 7 % Vorsteuer und 7 % Umsatzsteuer
		R 3747
	U	S/AV 3748 Erhaltene Skonti aus steuerpflichtigem innergemeinschaftlichem Erwerb 19 % Vorsteuer und 19 % Umsatzsteuer
		R 3749
		AV 3750 Erhaltene Boni 7 % Vorsteuer
		-51
		R 3752
		3753 Erhaltene Boni aus Einkauf Roh-, Hilfs- und Betriebsstoffe
		AV 3754 Erhaltene Boni aus Einkauf Roh-, Hilfs- und Betriebsstoffe 7 % Vorsteuer
		AV 3755 Erhaltene Boni aus Einkauf Roh-, Hilfs- und Betriebsstoffe 19 % Vorsteuer
		R 3756
		-59
		AV 3760 Erhaltene Boni 19 % Vorsteuer
		-61
Aufwendungen für Roh-, Hilfs- und Betriebsstoffe und für bezogene Waren		R 3762
		-68
		3769 Erhaltene Boni
		3770 Erhaltene Rabatte
		AV 3780 Erhaltene Rabatte 7 % Vorsteuer
		-81
		R 3782
		3783 Erhaltene Rabatte aus Einkauf Roh-, Hilfs- und Betriebsstoffe
		AV 3784 Erhaltene Rabatte aus Einkauf Roh-, Hilfs- und Betriebsstoffe 7 % Vorsteuer
		AV 3785 Erhaltene Rabatte aus Einkauf Roh-, Hilfs- und Betriebsstoffe 19 % Vorsteuer
		R 3786
		S/AV 3787 Erhaltene Skonti aus Einkauf Roh-, Hilfs- und Betriebsstoffe 9,0 % Vorsteuer[11]
		R 3788
		-89
		AV 3790 Erhaltene Rabatte 19 % Vorsteuer
		-91
	U	AV 3792 Erhaltene Skonti aus Erwerb Roh-, Hilfs- und Betriebsstoffe als letzter Abnehmer innerhalb Dreiecksgeschäft 19 % Vorsteuer und 19 % Umsatzsteuer
	U	AV 3793 Erhaltene Skonti aus Erwerb Waren als letzter Abnehmer innerhalb Dreiecksgeschäft 19 % Vorsteuer und 19 % Umsatzsteuer
		S/AV 3794 Erhaltene Skonti 5,5 % Vorsteuer
		S/AV 3795 Erhaltene Skonti 9,0 % Vorsteuer[11]
		R 3796
		-97
		S/AV 3798 Erhaltene Skonti aus Einkauf Roh-, Hilfs- und Betriebsstoffe 5,5 % Vorsteuer
		R 3799
		3800 Bezugsnebenkosten
		3830 Leergut
		3850 Zölle und Einfuhrabgaben
		3950 Bestandsveränderungen Waren
		-54
		3955 Bestandsveränderungen Roh-, -59 Hilfs- und Betriebsstoffe
		3960 Bestandsveränderungen Roh-, -69 Hilfs- und Betriebsstoffe sowie bezogene Waren
		Bestand an Vorräten
Roh-, Hilfs- und Betriebsstoffe		3970 Roh-, Hilfs- und Betriebsstoffe -79 (Bestand)
Fertige Erzeugnisse und Waren		3980 Waren (Bestand) -89
		Verrechnete Stoffkosten
Aufwendungen für Roh-, Hilfs- und Betriebsstoffe und für bezogene Waren		3990 Verrechnete Stoffkosten -99 (Gegenkonto zu 4000-99)

GuV-Posten[2]	Programmverbindung[4] Abschlusszweck[4]	4 Betriebliche Aufwendungen
		V 4000-4099 V 4200-4299 V 4400-4509 KU 4510-4519 V 4520-4821 V 4900-4983 V 4985-4989
		Material- und Stoffverbrauch
Aufwendungen für Roh-, Hilfs- und Betriebsstoffe und für bezogene Waren		4000 -99 Material- und Stoffverbrauch
		Personalaufwendungen
Löhne und Gehälter		4100 Löhne und Gehälter
		4110 Löhne
		4120 Gehälter
		4124 Geschäftsführergehälter der GmbH-Gesellschafter
		4125 Ehegattengehalt
	K	4126 Tantiemen Gesellschafter-Geschäftsführer
		4127 Geschäftsführergehälter
	G	4128 Vergütungen an angestellte Mitunternehmer § 15 EStG (mit Sonderbetriebseinnahme korrespondierend)
	K	4129 Tantiemen Arbeitnehmer
Soziale Abgaben und Aufwendungen für Altersversorgung und für Unterstützung		4130 Gesetzliche soziale Aufwendungen
	G	4137 Gesetzliche soziale Aufwendungen für Mitunternehmer § 15 EStG (mit Sonderbetriebseinnahme korrespondierend)
		4138 Beiträge zur Berufsgenossenschaft
Sonstige betriebliche Aufwendungen		4139 Ausgleichsabgabe nach dem Schwerbehindertengesetz
Soziale Abgaben und Aufwendungen für Altersversorgung und für Unterstützung		4140 Freiwillige soziale Aufwendungen, lohnsteuerfrei
		4141 Sonstige soziale Abgaben
		4144 Soziale Abgaben für Minijobber
Löhne und Gehälter		4145 Freiwillige soziale Aufwendungen, lohnsteuerpflichtig
		4146 Freiwillige Zuwendungen an Minijobber
		4147 Freiwillige Zuwendungen an Gesellschafter-Geschäftsführer
	G	4148 Freiwillige Zuwendungen an angestellte Mitunternehmer § 15 EStG (mit Sonderbetriebseinnahme korrespondierend)
		4149 Pauschale Steuer auf sonstige Bezüge (z. B. Fahrtkostenzuschüsse)
		4150 Krankengeldzuschüsse
		4151 Sachzuwendungen und Dienstleistungen an Minijobber
		4152 Sachzuwendungen und Dienstleistungen an Arbeitnehmer
		4153 Sachzuwendungen und Dienstleistungen an Gesellschafter-Geschäftsführer
Löhne und Gehälter	G	4154 Sachzuwendungen und Dienstleistungen an angestellte Mitunternehmer § 15 EStG (mit Sonderbetriebseinnahme korrespondierend)
		4155 Zuschüsse der Agenturen für Arbeit (Haben)
		4156 Aufwendungen aus der Veränderung von Urlaubsrückstellungen
		4157 Aufwendungen aus der Veränderung von Urlaubsrückstellungen für Gesellschafter-Geschäftsführer
	G	4158 Aufwendungen aus der Veränderung von Urlaubsrückstellungen für angestellte Mitunternehmer § 15 EStG (mit Sonderbetriebseinnahme korrespondierend)
		4159 Aufwendungen aus der Veränderung von Urlaubsrückstellungen für Minijobber
Soziale Abgaben und Aufwendungen für Altersversorgung und für Unterstützung		4160 Versorgungskassen
		4165 Aufwendungen für Altersversorgung
		4166 Aufwendungen für Altersversorgung für Gesellschafter-Geschäftsführer
		4167 Pauschale Steuer auf sonstige Bezüge (z. B. Direktversicherungen)
	G	4168 Aufwendungen für Altersversorgung für Mitunternehmer § 15 EStG (mit Sonderbetriebseinnahme korrespondierend)
		4169 Aufwendungen für Unterstützung
Löhne und Gehälter		4170 Vermögenswirksame Leistungen
		4175 Fahrtkostenerstattung - Wohnung/Arbeitsstätte
		4180 Bedienungsgelder
		4190 Aushilfslöhne
		4194 Pauschale Steuer für Minijobber
		4195 Löhne für Minijobs
		4196 Pauschale Steuer für Gesellschafter-Geschäftsführer
	G	4197 Pauschale Steuer für angestellte Mitunternehmer § 15 EStG (mit Sonderbetriebseinnahme korrespondierend)
		4198 Pauschale Steuer für Arbeitnehmer
		4199 Pauschale Steuer für Aushilfen
		Sonstige betriebliche Aufwendungen und Abschreibungen
Sonstige betriebliche Aufwendungen		4200 Raumkosten
	G K	4210 Miete (unbewegliche Wirtschaftsgüter)
	G K	4211 Aufwendungen für gemietete oder gepachtete unbewegliche Wirtschaftsgüter, die gewerbesteuerlich hinzuzurechnen sind
		4212 Miete/Aufwendungen für doppelte Haushaltsführung Unternehmer
	G K	4215 Leasing (unbewegliche Wirtschaftsgüter)
	G	4219 Vergütungen an Mitunternehmer für die mietweise Überlassung ihrer unbeweglichen Wirtschaftsgüter § 15 EStG (mit Sonderbetriebseinnahme korrespondierend)
	G K	4220 Pacht (unbewegliche Wirtschaftsgüter)
	K	4222 Vergütungen an Gesellschafter für die miet- oder pachtweise Überlassung ihrer unbeweglichen Wirtschaftsgüter

Aufwendungen			rechnen sind
		4229	Vergütungen an Mitunternehmer für die pachtweise Überlassung ihrer unbeweglichen Wirtschaftsgüter § 15 EStG (mit Sonderbetriebseinnahme korrespondierend)
		4230	Heizung
		4240	Gas, Strom, Wasser
		4250	Reinigung
		4260	Instandhaltung betrieblicher Räume
		4270	Abgaben für betrieblich genutzten Grundbesitz
		4280	Sonstige Raumkosten
		4287	Tagespauschale für die Tätigkeit in der häuslichen Wohnung
		4288	Aufwendungen für ein häusliches Arbeitszimmer (abziehbarer Anteil)
	G	4289	Aufwendungen für ein häusliches Arbeitszimmer (nicht abziehbarer Anteil)
		4290	Grundstücksaufwendungen betrieblich
		4300	Nicht abziehbare Vorsteuer
		4301	Nicht abziehbare Vorsteuer 7 %
		R 4304 -05	
		4306	Nicht abziehbare Vorsteuer 19 %
Steuern vom Einkommen und vom Ertrag	G K	4320	Gewerbesteuer
Sonstige Steuern		4340	Sonstige Betriebssteuern
		4350	Verbrauchsteuer (sonstige Steuern)
		4355	Ökosteuer
Sonstige betriebliche Aufwendungen		4360	Versicherungen
		4366	Versicherungen für Gebäude
		4370	Netto-Prämie für Rückdeckung künftiger Versorgungsleistungen
		4380	Beiträge
		4390	Sonstige Abgaben
		4396	Steuerlich abzugsfähige Verspätungszuschläge und Zwangsgelder
	G K	4397	Steuerlich nicht abzugsfähige Verspätungszuschläge und Zwangsgelder
		4400 -99	(zur freien Verfügung)
		4500	Fahrzeugkosten[18]
Sonstige Steuern		4510	Kfz-Steuer
Sonstige betriebliche Aufwendungen		4520	Fahrzeug-Versicherungen
		4530	Laufende Fahrzeug-Betriebskosten
		4540	Fahrzeug-Reparaturen
	G K	4550	Garagenmiete
		4560	Mautgebühren
	G K	4570	Mietleasing Kfz
	G K	4575	Mietleasingaufwendungen für Elektrofahrzeuge und Fahrräder, die gewerbesteuerlich hinzuzurechnen sind
		4580	Sonstige Fahrzeugkosten
		4590	Kosten für betrieblich genutzte zum Privatvermögen gehörende Fahrzeuge
		4595	Fremdfahrzeugkosten
		4600	Werbekosten
		4605	Streuartikel

Aufwendungen		4631	Geschenke abzugsfähig mit § 37b EStG
		4632	Pauschale Steuer für Geschenke und Zuwendungen abzugsfähig
	G K	4635	Geschenke nicht abzugsfähig ohne § 37b EStG
	G K	4636	Geschenke nicht abzugsfähig mit § 37b EStG
	G K	4637	Pauschale Steuer für Geschenke und Zuwendungen nicht abzugsfähig
		4638	Geschenke ausschließlich betrieblich genutzt
		4639	Zugaben mit § 37b EStG
		4640	Repräsentationskosten
		4650	Bewirtungskosten
		4651	Sonstige eingeschränkt abziehbare Betriebsausgaben (abziehbarer Anteil)
	G K	4652	Sonstige eingeschränkt abziehbare Betriebsausgaben (nicht abziehbarer Anteil)
		4653	Aufmerksamkeiten
	G K	4654	Nicht abzugsfähige Bewirtungskosten
	G K	4655	Nicht abzugsfähige Betriebsausgaben aus Werbe- und Repräsentationskosten
		4660	Reisekosten Arbeitnehmer
		4663	Reisekosten Arbeitnehmer Fahrtkosten
		4664	Reisekosten Arbeitnehmer Verpflegungsmehraufwand
		4666	Reisekosten Arbeitnehmer Übernachtungsaufwand
		R 4667	
		4668	Kilometergelderstattung Arbeitnehmer
		4670	Reisekosten Unternehmer[18]
	G	4672	Reisekosten Unternehmer (nicht abziehbarer Anteil)
		4673	Reisekosten Unternehmer Fahrtkosten
		4674	Reisekosten Unternehmer Verpflegungsmehraufwand
		R 4675	
		4676	Reisekosten Unternehmer Übernachtungsaufwand und Reisenebenkosten
		R 4677	
		4678	Fahrten zwischen Wohnung und Betriebsstätte und Familienheimfahrten (abziehbarer Anteil) - Fahrzeuge im Betriebsvermögen
	G	4679	Fahrten zwischen Wohnung und Betriebsstätte und Familienheimfahrten (nicht abziehbarer Anteil) - Fahrzeuge im Betriebsvermögen
		4680	Fahrten zwischen Wohnung und Betriebsstätte und Familienheimfahrten (Haben) - Fahrzeuge im Betriebsvermögen
		4681	Verpflegungsmehraufwendungen im Rahmen der doppelten Haushaltsführung Unternehmer
		R 4685	
		4700	Kosten der Warenabgabe
		4710	Verpackungsmaterial
		4730	Ausgangsfrachten
		4750	Transportversicherungen
		4760	Verkaufsprovisionen
		4780	Fremdarbeiten (Vertrieb)

GuV-Posten[2]	Programmverbindung[4] Abschlusszweck[4]	4 Betriebliche Aufwendungen
Sonstige betriebliche Aufwendungen		4790 Aufwand für Gewährleistungen
		4800 Reparaturen und Instandhaltungen von technischen Anlagen und Maschinen
		4801 Reparaturen und Instandhaltung von Bauten
		4805 Reparaturen und Instandhaltungen von anderen Anlagen und Betriebs- und Geschäftsausstattung
		4806 Wartungskosten für Hard- und Software
		4808 Zuführung zu Aufwandsrückstellungen
		4809 Sonstige Reparaturen und Instandhaltungen
	G K	4810 Mietleasing bewegliche Wirtschaftsgüter für technische Anlagen und Maschinen
Abschreibungen auf immaterielle Vermögensgegenstände des Anlagevermögens und Sachanlagen		4815 Kaufleasing
		4822 Abschreibungen auf immaterielle Vermögensgegenstände
	HB	4823 Abschreibungen auf selbst geschaffene immaterielle Vermögensgegenstände
		4824 Abschreibungen auf den Geschäfts- oder Firmenwert
		4825 Außerplanmäßige Abschreibungen auf den Geschäfts- oder Firmenwert
		4826 Außerplanmäßige Abschreibungen auf immaterielle Vermögensgegenstände
	HB	4827 Außerplanmäßige Abschreibungen auf selbst geschaffene immaterielle Vermögensgegenstände
		4830 Abschreibungen auf Sachanlagen (ohne AfA auf Fahrzeuge und Gebäude)
		4831 Abschreibungen auf Gebäude
		4832 Abschreibungen auf Fahrzeuge
		4833 Abschreibungen auf Gebäudeanteil des häuslichen Arbeitszimmers
		4840 Außerplanmäßige Abschreibungen auf Sachanlagen
		4841 Absetzung für außergewöhnliche technische und wirtschaftliche Abnutzung der Gebäude
		4842 Absetzung für außergewöhnliche technische und wirtschaftliche Abnutzung der Fahrzeuge
		4843 Absetzung für außergewöhnliche technische und wirtschaftliche Abnutzung sonstiger Wirtschaftsgüter
	SB	4850 Abschreibungen auf Sachanlagen auf Grund steuerlicher Sondervorschriften
	SB	4851 Sonderabschreibungen nach § 7g Abs. 5 EStG (ohne Fahrzeuge)
	SB	4852 Sonderabschreibungen nach § 7g Abs. 5 EStG (für Fahrzeuge)
	SB	4853 Kürzung der Anschaffungs- oder Herstellungskosten nach § 7g Abs. 2 EStG (ohne Fahrzeuge)
	SB	4854 Kürzung der Anschaffungs- oder Herstellungskosten nach § 7g Abs. 2 EStG (für Fahrzeuge)
		4855 Sofortabschreibung geringwertiger Wirtschaftsgüter
	SB	4856 Sonderabschreibungen nach § 7b EStG (Mietwohnungsneubau)
	SB	4859 Abzugsbetrag nach § 6b EStG
		4860 Abschreibungen auf aktivierte, geringwertige Wirtschaftsgüter

GuV-Posten[2]	Programmverbindung[4] Abschlusszweck[4]	4 Betriebliche Aufwendungen
Abschreibungen auf immaterielle Vermögensgegenstände des Anlagevermögens und Sachanlagen		4862 Abschreibungen auf den Sammelposten Wirtschaftsgüter
		4865 Außerplanmäßige Abschreibungen auf aktivierte, geringwertige Wirtschaftsgüter
Abschreibungen auf Finanzanlagen und auf Wertpapiere des Umlaufvermögens	HB	4866 Abschreibungen auf Finanzanlagen (nicht dauerhaft)
		4870 Abschreibungen auf Finanzanlagen (dauerhaft)
	G K	4871 Abschreibungen auf Finanzanlagen § 3 Nr. 40 EStG bzw. § 8b Abs. 3 KStG (dauerhaft)[9]
	G K	4872 Aufwendungen auf Grund von Verlustanteilen an gewerblichen und selbständigen Mitunternehmerschaften, § 8 GewStG bzw. § 18 EStG[23]
	G K SB	4873 Abschreibungen auf Finanzanlagen auf Grund § 6b EStG-Rücklage, § 3 Nr. 40 EStG bzw. § 8b Abs. 3 KStG[9]
	SB	4874 Abschreibungen auf Finanzanlagen auf Grund § 6b EStG-Rücklage
		4875 Abschreibungen auf Wertpapiere des Umlaufvermögens
	G K	4876 Abschreibungen auf Wertpapiere des Umlaufvermögens § 3 Nr. 40 EStG bzw. § 8b Abs. 3 KStG[9]
		4877 Abschreibungen auf Finanzanlagen - verbundene Unternehmen
		4878 Abschreibungen auf Wertpapiere des Umlaufvermögens - verbundene Unternehmen
Abschreibung auf Vermögensgegenstände des Umlaufvermögens, soweit diese die üblichen Abschreibungen überschreiten		4880 Abschreibungen auf sonstige Vermögensgegenstände des Umlaufvermögens (soweit unüblich hoch)
	SB	4882 Abschreibungen auf Umlaufvermögen, steuerrechtlich bedingt (soweit unüblich hoch)
Sonstige betriebliche Aufwendungen		4886 Abschreibungen auf Umlaufvermögen außer Vorräte und Wertpapiere des Umlaufvermögens (übliche Höhe)
	SB	4887 Abschreibungen auf Umlaufvermögen außer Vorräte und Wertpapiere des Umlaufvermögens, steuerrechtlich bedingt (übliche Höhe)
Abschreibung auf Vermögensgegenstände des Umlaufvermögens, soweit diese die üblichen Abschreibungen überschreiten		4892 Abschreibungen auf Roh-, Hilfs- und Betriebsstoffe/Waren (soweit unübliche Höhe)
		4893 Abschreibungen auf fertige und unfertige Erzeugnisse (soweit unübliche Höhe)

GuV-Posten[2)]	Programmverbindung[4)] Abschlusszweck[4)]	4 Betriebliche Aufwendungen
Sonstige betriebliche Aufwendungen		4900 Sonstige betriebliche Aufwendungen
		4902 Interimskonto für Aufwendungen in einem anderen Land, bei denen eine Vorsteuervergütung möglich ist
		R 4905
		4909 Fremdleistungen/Fremdarbeiten
		4910 Porto
		4920 Telefon
		4925 Internetkosten
		4930 Bürobedarf
		4940 Zeitschriften, Bücher, digitale Medien (Fachliteratur)
		4945 Fortbildungskosten
		4946 Freiwillige Sozialleistungen
	G	4948 Sonstige Vergütungen an Mitunternehmer § 15 EStG (mit Sonderbetriebseinnahme korrespondierend)
	G	4949 Haftungsvergütung an Mitunternehmer § 15 EStG (mit Sonderbetriebseinnahme korrespondierend)
		4950 Rechts- und Beratungskosten
		4955 Buchführungskosten
		4957 Abschluss- und Prüfungskosten
	K	4958 Vergütungen an Gesellschafter für die miet- oder pachtweise Überlassung ihrer beweglichen Wirtschaftsgüter
	G	4959 Vergütungen an Mitunternehmer für die miet- oder pachtweise Überlassung ihrer beweglichen Wirtschaftsgüter § 15 EStG (mit Sonderbetriebseinnahme korrespondierend)
	G K	4960 Mieten für Einrichtungen (bewegliche Wirtschaftsgüter)
	G K	4961 Pacht (bewegliche Wirtschaftsgüter)
	G K	4963 Aufwendungen für gemietete oder gepachtete bewegliche Wirtschaftsgüter, die gewerbesteuerlich hinzuzurechnen sind
	G K	4964 Aufwendungen für die zeitlich befristete Überlassung von Rechten (Lizenzen, Konzessionen)
	G K	4965 Mietleasing bewegliche Wirtschaftsgüter für Betriebs- und Geschäftsausstattung
		4969 Aufwendungen für Abraum- und Abfallbeseitigung
		4970 Nebenkosten des Geldverkehrs
		4971 Verwahrentgelt
	G K	4975 Aufwendungen aus Anteilen an Kapitalgesellschaften §§ 3 Nr. 40 und 3c EStG bzw. § 8b Abs. 1 und 4 KStG[9)16)]
	G K	4976 Veräußerungskosten § 3 Nr. 40 EStG bzw. § 8b Abs. 2 KStG (bei Buchgewinn)
	G K	4977 Veräußerungskosten § 3 Nr. 40 EStG bzw. § 8b Abs. 2 KStG i. V. m. § 8b Abs. 3 S. 3 KStG (bei Buchverlust)
		4980 Sonstiger Betriebsbedarf
Genossenschaftliche Rückvergütung		4984 Genossenschaftliche Rückvergütung an Mitglieder

GuV-Posten[2)]	Programmverbindung[4)] Abschlusszweck[4)]	4 Betriebliche Aufwendungen
Sonstige betriebliche Aufwendungen		4985 Werkzeuge und Kleingeräte
		Kalkulatorische Kosten
Sonstige betriebliche Aufwendungen		4990 Kalkulatorischer Unternehmerlohn
		4991 Kalkulatorische Miete und Pacht
		4992 Kalkulatorische Zinsen
		4993 Kalkulatorische Abschreibungen
		4994 Kalkulatorische Wagnisse
		4995 Kalkulatorischer Lohn für unentgeltliche Mitarbeiter
		Kosten bei Anwendung des Umsatzkostenverfahrens
Sonstige betriebliche Aufwendungen		4996 Herstellungskosten
		4997 Verwaltungskosten
		4998 Vertriebskosten
		4999 Gegenkonto 4996-4998

GuV-Posten[2]	Programmverbindung[4] Abschlusszweck[4]	5
Sonstige betriebliche Aufwendungen		**5000 -5999**

GuV-Posten[2]	Programmverbindung[4] Abschlusszweck[4]	6
Sonstige betriebliche Aufwendungen		**6000 -6999**

Bilanz-Posten[2]	Programmverbindung[4] Abschlusszweck[4]	7 Bestände an Erzeugnissen
		KU 7000-7999
Unfertige Erzeugnisse, unfertige Leistungen		**7000 Unfertige Erzeugnisse, unfertige Leistungen (Bestand)**
		7050 Unfertige Erzeugnisse (Bestand)
		7080 Unfertige Leistungen (Bestand)
In Ausführung befindliche Bauaufträge		7090 In Ausführung befindliche Bauaufträge
In Arbeit befindliche Aufträge		7095 In Arbeit befindliche Aufträge
Fertige Erzeugnisse und Waren		**7100 Fertige Erzeugnisse und Waren (Bestand)**
		7110 Fertige Erzeugnisse (Bestand)
		7140 Waren (Bestand)

GuV-Posten[2]	Programmverbindung[4] Abschlusszweck[4]	8 Erlöskonten
		M 8000-8191
		KU 8192-8193
		M 8194-8603
		KU 8604
		M 8605-8613
		KU 8614
		M 8615-8904
		KU 8905-8906
		M 8907-8917
		KU 8918-8919
		M 8920-8923
		KU 8924
		M 8925-8928
		KU 8929
		M 8930-8938
		KU 8939
		M 8940-8948
		KU 8949-8999
		Umsatzerlöse
Umsatzerlöse		8000 Umsatzerlöse
		-99 (Zur freien Verfügung)
	U	AM 8100 Steuerfreie Umsätze
		-04 § 4 Nr. 8 ff. UStG
	U	AM 8105 Steuerfreie Umsätze nach § 4 Nr. 12 UStG (Vermietung und Verpachtung)
	U	AM 8110 Sonstige steuerfreie Umsätze Inland
	U	AM 8120 Steuerfreie Umsätze nach § 4 Nr. 1a UStG
	U	AM 8125 Steuerfreie innergemeinschaftliche Lieferungen nach § 4 Nr. 1b UStG
		R 8128
	U	AM 8130 Lieferungen des ersten Abnehmers bei innergemeinschaftlichen Dreiecksgeschäften § 25b Abs. 2 UStG
	U	AM 8135 Steuerfreie innergemeinschaftliche Lieferungen von Neufahrzeugen an Abnehmer ohne USt-Id-Nr.
	U	AM 8140 Steuerfreie Umsätze Offshore usw.
	U	AM 8150 Sonstige steuerfreie Umsätze (z. B. § 4 Nr. 2 bis 7 UStG)
	U	AM 8160 Steuerfreie Umsätze ohne Vorsteuerabzug zum Gesamtumsatz gehörend, § 4 UStG
	U	AM 8165 Steuerfreie Umsätze ohne Vorsteuerabzug zum Gesamtumsatz gehörend
		8189 Umsatzerlöse nach § 25 UStG ohne USt[1]
		8190 Erlöse, die mit den Durchschnittssätzen des § 24 UStG versteuert werden
		AM 8191 Umsatzerlöse nach §§ 25 und 25a UStG 19 % USt[11]
	U	AM 8192 Steuerfreie Erlöse Kleinunternehmer nach § 19 Abs. 1 UStG
		8193 Umsatzerlöse nach §§ 25 und 25a UStG ohne USt[11]
	U	AM 8194 Umsatzerlöse aus Reiseleistungen § 25 Abs. 2 UStG, steuerfrei
		R 8195
		-96
		8197 Umsatzerlöse nach § 25a UStG ohne USt[1]
	U	AM 8198 Umsatzerlöse nach § 25 UStG 19 % USt[1]
	U	AM 8199 Umsatzerlöse nach § 25a UStG 19 % USt[1]
		8200 Erlöse
	U	AM 8290 Erlöse 0 % USt
	U	AM 8300 Erlöse 7 % USt
		-09
	U	AM 8310 Erlöse aus im Inland steuerpflichtigen EU-Lieferungen 7 % USt
		-14

SKR 03

GuV-Posten[2]	Programmverbindung[4] Abschlusszweck[4]	8 Erlöskonten
Umsatzerlöse	U	AM 8315 -19 Erlöse aus im Inland steuerpflichtigen EU-Lieferungen 19 % USt
		8320 -29 Erlöse aus im anderen EU-Land steuerpflichtigen Lieferungen, im Inland nicht steuerbar[3]
		R 8330
		8331 Erlöse aus im anderen EU-Land steuerpflichtigen elektronischen Dienstleistungen[5]
		R 8332 -33
	U	AM 8334 Erlöse 7 % USt
	U	AM 8335 Erlöse aus Lieferungen von Mobilfunkgeräten, Tablet-Computern, Spielekonsolen und integrierten Schaltkreisen, für die der Leistungsempfänger die Umsatzsteuer nach § 13b UStG schuldet
	U	AM 8336 Erlöse aus im anderen EU-Land steuerpflichtigen sonstigen Leistungen, für die der Leistungsempfänger die Umsatzsteuer schuldet
	U	AM 8337 Erlöse aus Leistungen, für die der Leistungsempfänger die Umsatzsteuer nach § 13b UStG schuldet
	U	AM 8338 Erlöse aus im Drittland steuerbaren Leistungen, im Inland nicht steuerbare Umsätze
	U	AM 8339 Erlöse aus im anderen EU-Land steuerbaren Leistungen, im Inland nicht steuerbare Umsätze
	U	AM 8340 -49 Erlöse 16 % USt
	U	AM 8400 -09 Erlöse 19 % USt
	U	AM 8410 -19 Erlöse 19 % USt
		R 8420 -48
	U	AM 8449 Erlöse aus im Inland steuerpflichtigen elektronischen Dienstleistungen 19 % USt
		8499 Nebenerlöse (Bezug zu Materialaufwand)
		Konten für die Verbuchung von Sonderbetriebseinnahmen
	SB	8500 Sonderbetriebseinnahmen, Tätigkeitsvergütung[28]
	SB	8501 Sonderbetriebseinnahmen, Miet-/Pachteinnahmen[28]
	SB	8502 Sonderbetriebseinnahmen, Zinseinnahmen[28]
	SB	8503 Sonderbetriebseinnahmen, Haftungsvergütung[28]
	SB	8504 Sonderbetriebseinnahmen, Pensionszahlungen[28]
	SB	8505 Sonderbetriebseinnahmen, sonstige Sonderbetriebseinnahmen[28]
Umsatzerlöse		8510 Provisionsumsätze
		R 8511 -13
	U	AM 8514 Provisionsumsätze, steuerfrei § 4 Nr. 8 ff. UStG
	U	AM 8515 Provisionsumsätze, steuerfrei § 4 Nr. 5 UStG
		R 8516 -18
	U	AM 8519 Provisionsumsätze 19 % USt
		8520 Erlöse Abfallverwertung
		8540 Erlöse Leergut

GuV-Posten[2]	Programmverbindung[4] Abschlusszweck[4]	8 Erlöskonten
Umsatzerlöse		8570 Sonstige Erträge aus Provisionen, Lizenzen und Patenten
		R 8571 -79
		Statistische Konten EÜR[15]
	EÜR	8580 Statistisches Konto Erlöse zum allgemeinen Umsatzsteuersatz (EÜR)[15]
	EÜR	8581 Statistisches Konto Erlöse zum ermäßigten Umsatzsteuersatz (EÜR)[15]
	EÜR	8582 Statistisches Konto Erlöse steuerfrei und nicht steuerbar (EÜR)[15]
	EÜR	8589 Gegenkonto 8580-8582 bei Aufteilung der Erlöse nach Steuersätzen (EÜR)
Sonstige betriebliche Erträge		8590 Verrechnete sonstige Sachbezüge (keine Waren)
	U	AM 8591 Sachbezüge 7 % USt (Waren)
		R 8594
	U	AM 8595 Sachbezüge 19 % USt (Waren)
		R 8596 -97
		R 8600
		8603 Sonstige betriebliche Erträge
		8604 Erstattete Vorsteuer anderer Länder
		8605 Sonstige Erträge betrieblich und regelmäßig
		8606 Sonstige betriebliche Erträge von verbundenen Unternehmen
Umsatzerlöse		8607 Andere Nebenerlöse
Sonstige betriebliche Erträge	U	AM 8609 Sonstige Erträge betrieblich und regelmäßig, steuerfrei § 4 Nr. 8 ff. UStG
		8610 Verrechnete sonstige Sachbezüge
	U	AM 8611 Verrechnete sonstige Sachbezüge aus Fahrzeug-Gestellung 19 % USt
		R 8612
	U	AM 8613 Verrechnete sonstige Sachbezüge 19 % USt
		8614 Verrechnete sonstige Sachbezüge ohne Umsatzsteuer
	U	AM 8625 -29 Sonstige betriebliche Erträge, steuerfrei z. B. § 4 Nr. 2 bis 7 UStG
	U	AM 8630 -34 Sonstige Erträge betrieblich und regelmäßig 7 % USt
		R 8635 -39
	U	AM 8640 -44 Sonstige Erträge betrieblich und regelmäßig 19 % USt
		R 8645 -48
	U	AM 8649 Sonstige Erträge betrieblich und regelmäßig 16 % USt
Sonstige Zinsen und ähnliche Erträge		8650 Erlöse Zinsen und Diskontspesen
		8660 Erlöse Zinsen und Diskontspesen aus verbundenen Unternehmen

GuV-Posten[2]	Programmverbindung[4] Abschlusszweck[4]	8 Erlöskonten	
Umsatzerlöse		8700	Erlösschmälerungen
	U	AM 8701	Erlösschmälerungen für steuerfreie Umsätze nach § 4 Nr. 8 ff. UStG
	U	AM 8702	Erlösschmälerungen für steuerfreie Umsätze nach § 4 Nr. 2 bis 7 UStG
	U	AM 8703	Erlösschmälerungen für sonstige steuerfreie Umsätze ohne Vorsteuerabzug
	U	AM 8704	Erlösschmälerungen für sonstige steuerfreie Umsätze mit Vorsteuerabzug
	U	AM 8705	Erlösschmälerungen aus steuerfreien Umsätzen § 4 Nr. 1a UStG
	U	AM 8706	Erlösschmälerungen für steuerfreie innergemeinschaftliche Dreiecksgeschäfte nach § 25b Abs. 2 und 4 UStG
	U	AM 8707	Erlösschmälerungen für steuerfreie Umsätze nach § 19 Abs. 1 UStG[1]
	U	AM 8708	Erlösschmälerungen für Umsätze nach § 25 UStG 19 % USt[1]
	U	AM 8709	Erlösschmälerungen für Umsätze nach § 25a UStG 19 % USt[1]
	U	AM 8710 -11	Erlösschmälerungen 7 % USt
		R 8712 -18	
	U	AM 8719	Erlösschmälerungen 0 % USt
	U	AM 8720 -21	Erlösschmälerungen 19 % USt
		R 8722 -23	
	U	AM 8724	Erlösschmälerungen aus steuerfreien innergemeinschaftlichen Lieferungen
	U	AM 8725	Erlösschmälerungen aus im Inland steuerpflichtigen EU-Lieferungen 7 % USt
	U	AM 8726	Erlösschmälerungen aus im Inland steuerpflichtigen EU-Lieferungen 19 % USt
		8727	Erlösschmälerungen aus im anderen EU-Land steuerpflichtigen Lieferungen[3]
		R 8728 -29	
		S/AM 8730	Gewährte Skonti
	U	S/AM 8731	Gewährte Skonti 7 % USt
		R 8732 -33	
	U	S/AM 8734	Gewährte Skonti 0 % USt
		R 8735	
	U	S/AM 8736	Gewährte Skonti 19 % USt
		R 8737	
	U	S/AM 8738	Gewährte Skonti aus Lieferungen von Mobilfunkgeräten etc., für die der Leistungsempfänger die Umsatzsteuer nach § 13b Abs. 2 Nr. 10 UStG schuldet
	U	S/AM 8741	Gewährte Skonti aus Leistungen, für die der Leistungsempfänger die Umsatzsteuer nach § 13b UStG schuldet
	U	S/AM 8742	Gewährte Skonti aus Erlösen aus im anderen EU-Land steuerpflichtigen sonstigen Leistungen, für die der Leistungsempfänger die Umsatzsteuer schuldet
	U	S/AM 8743	Gewährte Skonti aus steuerfreien innergemeinschaftlichen Lieferungen § 4 Nr. 1b UStG
		R 8744	
		S/AM 8745	Gewährte Skonti aus im Inland

GuV-Posten[2]	Programmverbindung[4] Abschlusszweck[4]	8 Erlöskonten	
Umsatzerlöse	U	S/AM 8746	Gewährte Skonti aus im Inland steuerpflichtigen EU-Lieferungen 7 % USt
		R 8747	
	U	S/AM 8748	Gewährte Skonti aus im Inland steuerpflichtigen EU-Lieferungen 19 % USt
		R 8749	
	U	AM 8750 -51	Gewährte Boni 7 % USt
		R 8752 -59	
	U	AM 8760 -61	Gewährte Boni 19 % USt
		R 8762 -68	
		8769	Gewährte Boni
		8770	Gewährte Rabatte
	U	AM 8780 -81	Gewährte Rabatte 7 % USt
		R 8782 -89	
	U	AM 8790 -91	Gewährte Rabatte 19 % USt
		R 8792 -99	
Sonstige betriebliche Aufwendungen		8800	Erlöse aus Verkäufen Sachanlagevermögen (bei Buchverlust)
	U	AM 8801 -06	Erlöse aus Verkäufen Sachanlagevermögen 19 % USt (bei Buchverlust)
	U	AM 8807	Erlöse aus Verkäufen Sachanlagevermögen steuerfrei § 4 Nr. 1a UStG (bei Buchverlust)
	U	AM 8808	Erlöse aus Verkäufen Sachanlagevermögen steuerfrei § 4 Nr. 1b UStG (bei Buchverlust)
		R 8809 -16	
		8817	Erlöse aus Verkäufen immaterieller Vermögensgegenstände (bei Buchverlust)
		8818	Erlöse aus Verkäufen Finanzanlagen (bei Buchverlust)
	G K	8819	Erlöse aus Verkäufen Finanzanlagen § 3 Nr. 40 EStG bzw. § 8b Abs. 2 KStG i. V. m. § 8b Abs. 3 S. 3 KStG (bei Buchverlust)[9]
Sonstige betriebliche Erträge	U	AM 8820 -25	Erlöse aus Verkäufen Sachanlagevermögen 19 % USt (bei Buchgewinn)
		R 8826	
	U	AM 8827	Erlöse aus Verkäufen Sachanlagevermögen steuerfrei § 4 Nr. 1a UStG (bei Buchgewinn)
	U	AM 8828	Erlöse aus Verkäufen Sachanlagevermögen steuerfrei § 4 Nr. 1b UStG (bei Buchgewinn)
		8829	Erlöse aus Verkäufen Sachanlagevermögen (bei Buchgewinn)
		R 8830 -36	
		8837	Erlöse aus Verkäufen immaterieller Vermögensgegenstände (bei Buchgewinn)
		8838	Erlöse aus Verkäufen Finanzanlagen (bei Buchgewinn)

Erträge			Abs. 2 KStG (bei Buchgewinn)[9]
	U EÜR	AM 8850	Erlöse aus Verkäufen von Wirtschaftsgütern des Umlaufvermögens 19 % USt für § 4 Abs. 3 Satz 4 EStG
	U EÜR	AM 8851	Erlöse aus Verkäufen von Wirtschaftsgütern des Umlaufvermögens, umsatzsteuerfrei § 4 Nr. 8 ff. UStG i. V. m. § 4 Abs. 3 Satz 4 EStG
	U G K EÜR	AM 8852	Erlöse aus Verkäufen von Wirtschaftsgütern des Umlaufvermögens, umsatzsteuerfrei § 4 Nr. 8 ff. UStG i. V. m. § 4 Abs. 3 Satz 4 EStG und § 3 Nr. 40 EStG bzw. § 8b Abs. 2 KStG[9]
	EÜR	8853	Erlöse aus Verkäufen von Wirtschaftsgütern des Umlaufvermögens nach § 4 Abs 3 Satz 4 EStG
Sonstige betriebliche Erträge		8900	Unentgeltliche Wertabgaben
		8905	Entnahme von Gegenständen ohne USt
		8906	Verwendung von Gegenständen für Zwecke außerhalb des Unternehmens ohne USt
		R 8908 -09	
	U	AM 8910 -13	Entnahme durch den Unternehmer für Zwecke außerhalb des Unternehmens (Waren) 19 % USt
		R 8914	
	U	AM 8915 -16	Entnahme durch den Unternehmer für Zwecke außerhalb des Unternehmens (Waren) 7 % USt
	U	AM 8917	Entnahme durch den Unternehmer für Zwecke außerhalb des Unternehmens (Waren) 7 % USt
		8918	Verwendung von Gegenständen für Zwecke außerhalb des Unternehmens ohne USt (Telefon-Nutzung)
		8919	Entnahme durch den Unternehmer für Zwecke außerhalb des Unternehmens (Waren) ohne USt
	U	AM 8920	Verwendung von Gegenständen für Zwecke außerhalb des Unternehmens 19 % USt
	U	AM 8921	Verwendung von Gegenständen für Zwecke außerhalb des Unternehmens 19 % USt (Fahrzeug-Nutzung)
	U	AM 8922	Verwendung von Gegenständen für Zwecke außerhalb des Unternehmens 19 % USt (Telefon-Nutzung)
		R 8923	
		8924	Verwendung von Gegenständen für Zwecke außerhalb des Unternehmens ohne USt (Fahrzeug-Nutzung)
	U	AM 8925 -27	Unentgeltliche Erbringung einer sonstigen Leistung 19 % USt
		R 8928	
		8929	Unentgeltliche Erbringung einer sonstigen Leistung ohne USt
	U	AM 8930	Verwendung von Gegenständen für Zwecke außerhalb des Unternehmens 7 % USt
	U	AM 8931	Verwendung von Gegenständen für Zwecke außerhalb des Unternehmens 7 % USt
Erträge	U	AM 8933	Unentgeltliche Erbringung einer sonstigen Leistung 7 % USt
		R 8934	
	U	AM 8935 -37	Unentgeltliche Zuwendung von Gegenständen 19 % USt
		R 8938	
		8939	Unentgeltliche Zuwendung von Gegenständen ohne USt
	U	AM 8940 -43	Unentgeltliche Zuwendung von Waren 19 % USt
		R 8944	
	U	AM 8945 -46	Unentgeltliche Zuwendung von Waren 7 % USt
	U	AM 8947	Unentgeltliche Zuwendung von Waren 7 % USt
		R 8948	
		8949	Unentgeltliche Zuwendung von Waren ohne USt
Umsatzerlöse		8950	Nicht steuerbare Umsätze (Innenumsätze)
		8955	Umsatzsteuervergütungen nach § 24 UStG[8]
		8959	Direkt mit dem Umsatz verbundene Steuern
Erhöhung oder Verminderung des Bestandes an fertigen und unfertigen Erzeugnissen		**8960**	**Bestandsveränderungen - unfertige Erzeugnisse**
		8970	**Bestandsveränderungen - unfertige Leistungen**
		8975	**Bestandsveränderungen - in Ausführung befindliche Bauaufträge**
		8977	**Bestandsveränderungen - in Arbeit befindliche Aufträge**
		8980	**Bestandsveränderungen - fertige Erzeugnisse**
Andere aktivierte Eigenleistungen		**8990**	**Andere aktivierte Eigenleistungen**
	G K	8994	Aktivierte Eigenleistungen (den Herstellungskosten zurechenbare Fremdkapitalzinsen)
	HB	8995	Aktivierte Eigenleistungen zur Erstellung von selbst geschaffenen immateriellen Vermögensgegenständen

Bilanz-Posten[2]	Programmverbindung[4] Abschlusszweck[4]	9 Vortrags-, Kapital-, Korrektur- und statistische Konten
		KU 9000-9998
		Vortragskonten
		S 9000 Saldenvorträge, Sachkonten
		F 9001 -07 Saldenvorträge, Sachkonten
		S 9008 Saldenvorträge, Debitoren
		S 9009 Saldenvorträge, Kreditoren
		R 9050
		F 9051 Offene Posten aus 2021
		F 9052 Offene Posten aus 2022
		F 9053 Offene Posten aus 2023
		F 9054 Offene Posten aus 2024
		F 9055 Offene Posten aus 2025
		F 9056 Offene Posten aus 2026[1]
		R 9057 -89
		F 9090 Summenvortragskonto
		R 9091 -9100
		Statistische Konten für Betriebswirtschaftliche Auswertungen (BWA)
		F 9101 Verkaufstage[12]
		F 9102 Anzahl der Barkunden[12]
		R 9103 -07
		R 9116 -18
		9120 Erweiterungsinvestitionen
		R 9130 -31
		9135 Auftragseingang im Geschäftsjahr
		R 9140
		Variables Kapital Teilhafter
Kapitalanteile der Kommanditisten		F 9141 Variables Kapital TH
		F 9142 Variables Kapital - Anteil für Teilhafter
		Sammelposten anrechenbare Privatsteuern
Sammelposten anrechenbare Steuern		9143 Privatsteuern Kapitalertragsteuer (Sammelposten)
		9144 Privatsteuern Solidaritätszuschlag (Sammelposten)
		9145 Privatsteuern Kirchensteuer (Sammelposten)
		Kapitaländerungen durch Übertragung einer § 6b EStG Rücklage
Kapitalanteil der persönlich haftenden Gesellschafter	SB	F 9146 Variables Kapital Vollhafter - Übertragung einer § 6b EStG-Rücklage
Kapitalanteile der Kommanditisten	SB	F 9147 Variables Kapital Teilhafter - Übertragung einer § 6b EStG-Rücklage
		R 9148 - 49

Bilanz-Posten[2]	Programmverbindung[4] Abschlusszweck[4]	9 Vortrags-, Kapital-, Korrektur- und statistische Konten
		Andere Kapitalkontenanpassungen: Vollhafter
Kapitalanteil der persönlich haftenden Gesellschafter		F 9150 Festkapital – andere Kapitalkontenanpassungen VH
		F 9151 Variables Kapital – andere Kapitalkontenanpassungen VH
		F 9152 Verlust-/Vortragskonto – andere Kapitalkontenanpassungen VH
		F 9153 Kapitalkonto III – andere Kapitalkontenanpassungen VH
Nicht eingeforderte ausstehende Einlagen		F 9154 Ausstehende Einlagen auf das Komplementär-Kapital, nicht eingefordert – andere Kapitalkontenanpassungen VH
Kapitalanteil der persönlich haftenden Gesellschafter		F 9155 Verrechnungskonto für Einzahlungsverpflichtungen – andere Kapitalkontenanpassungen VH
		R 9156
		Anrechenbare Privatsteuern Vollhafter, Eigenkapital
Kapitalanteil der persönlich haftenden Gesellschafter		F 9157 Privatsteuern Kapitalertragsteuer (Vollhafter)
		F 9158 Privatsteuern Solidaritätszuschlag (Vollhafter)
		F 9159 Privatsteuern Kirchensteuer (Vollhafter)
		Andere Kapitalkontenanpassungen: Teilhafter
Kapitalanteile der Kommanditisten		F 9160 Kommandit-Kapital – andere Kapitalkontenanpassungen TH
		F 9161 Variables Kapital – andere Kapitalkontenanpassungen TH
		F 9162 Verlustausgleichskonto – andere Kapitalkontenanpassungen TH
		F 9163 Kapitalkonto III – andere Kapitalkontenanpassungen TH
Nicht eingeforderte ausstehende Einlagen		F 9164 Ausstehende Einlagen auf das Kommandit-Kapital, nicht eingefordert – andere Kapitalkontenanpassungen TH
Kapitalanteile der Kommanditisten		F 9165 Verrechnungskonto für Einzahlungsverpflichtungen – andere Kapitalkontenanpassungen TH
		R 9166
		Anrechenbare Privatsteuern Teilhafter, Eigenkapital
Kapitalanteile der Kommanditisten		F 9167 Privatsteuern Kapitalertragsteuer (Teilhafter), Eigenkapital
		F 9168 Privatsteuern Solidaritätszuschlag (Teilhafter), Eigenkapital
		F 9169 Privatsteuern Kirchensteuer (Teilhafter), Eigenkapital
		Umbuchungen auf andere Kapitalkonten: Vollhafter
Kapitalanteil der persönlich haftenden Gesellschafter		F 9170 Festkapital – Umbuchungen VH
		F 9171 Variables Kapital – Umbuchungen VH
		F 9172 Verlust-/Vortragskonto – Umbuchungen VH
		F 9173 Kapitalkonto III – Umbuchungen VH

Bilanz-Posten[2]	Programmverbindung[4] Abschlusszweck[4]	9 Vortrags-, Kapital-, Korrektur- und statistische Konten
Nicht eingeforderte ausstehende Einlagen		F 9174 Ausstehende Einlagen auf das Komplementär-Kapital, nicht eingefordert - Umbuchungen VH
Kapitalanteil der persönlich haftenden Gesellschafter		F 9175 Verrechnungskonto für Einzahlungsverpflichtungen - Umbuchungen VH
		R 9176 -79
		Umbuchungen auf andere Kapitalkonten: Teilhafter
Kapitalanteile der Kommanditisten		F 9180 Kommandit-Kapital - Umbuchungen TH
		F 9181 Variables Kapital - Umbuchungen TH
		F 9182 Verlustausgleichskonto - Umbuchungen TH
		F 9183 Kapitalkonto III - Umbuchungen TH
Nicht eingeforderte ausstehende Einlagen		F 9184 Ausstehende Einlagen auf das Kommandit-Kapital, nicht eingefordert - Umbuchungen TH
Kapitalanteile der Kommanditisten		F 9185 Verrechnungskonto für Einzahlungsverpflichtungen - Umbuchungen TH
		Anrechenbare Privatsteuern Teilhafter, Fremdkapital
Verbindlichkeiten gegenüber Kommanditisten oder *Forderungen gegen Kommanditisten*		F 9186 Privatsteuern Kapitalertragsteuer (Teilhafter), Fremdkapital
		F 9187 Privatsteuern Solidaritätszuschlag (Teilhafter), Fremdkapital
		F 9188 Privatsteuern Kirchensteuer (Teilhafter), Fremdkapital
		9189 Verrechnungskonto für Umbuchungen zwischen Gesellschafter-Eigenkapitalkonten
		Gegenkonto zu statistischen Konten für Betriebswirtschaftliche Auswertungen
		F 9190 Gegenkonto für statistische Mengeneinheiten Konten 9101-9102[8]
		9199 Gegenkonto zu Konten 9120 und 9135[8]
		Statistische Konten für die Kennzahlen der Bilanz
		F 9200 Beschäftigte Personen
		R 9201 -07
		F 9208 [7]
		F 9209 Gegenkonto zu 9200
		9210 Produktive Löhne
		9219 Gegenkonto zu 9210
		Statistische Konten zur informativen Angabe des gezeichneten Kapitals in anderer Währung
	HB	F 9220 Gezeichnetes Kapital in DM (Art. 42 Abs. 3 Satz 1 EGHGB)
	HB	F 9229 Gegenkonto zu 9220

Bilanz-Posten[2]	Programmverbindung[4] Abschlusszweck[4]	9 Vortrags-, Kapital-, Korrektur- und statistische Konten
		Statistische Konten für die Kapitalflussrechnung
		9240 Investitionsverbindlichkeiten bei den Leistungsverbindlichkeiten
		9241 Investitionsverbindlichkeiten aus Sachanlagekäufen bei Leistungsverbindlichkeiten
		9242 Investitionsverbindlichkeiten aus Käufen von immateriellen Vermögensgegenständen bei Leistungsverbindlichkeiten
		9243 Investitionsverbindlichkeiten aus Käufen von Finanzanlagen bei Leistungsverbindlichkeiten
		9244 Gegenkonto zu Konten 9240-9243
		9245 Forderungen aus Sachanlageverkäufen bei sonstigen Vermögensgegenständen
		9246 Forderungen aus Verkäufen immaterieller Vermögensgegenstände bei sonstigen Vermögensgegenständen
		9247 Forderungen aus Verkäufen von Finanzanlagen bei sonstigen Vermögensgegenständen
		9249 Gegenkonto zu Konten 9245-9247
Steuerliches Mehr-/Minderergebnis lfd. Jahr (steuerlicher Ausgleichsposten)		R 9258 -59
		Aufgliederung der Rückstellungen für die Programme der Wirtschaftsberatung
		9260 Kurzfristige Rückstellungen
		9262 Mittelfristige Rückstellungen
		9264 Langfristige Rückstellungen, außer Pensionen
		9269 Gegenkonto zu Konten 9260-9268
		Statistische Konten für in der Bilanz auszuweisende Haftungsverhältnisse
		9270 Gegenkonto zu 9271-9279 (Soll-Buchung)
		9271 Verbindlichkeiten aus der Begebung und Übertragung von Wechseln
		9272 Verbindlichkeiten aus der Begebung und Übertragung von Wechseln gegenüber verbundenen/assoziierten Unternehmen
		9273 Verbindlichkeiten aus Bürgschaften, Wechsel- und Scheckbürgschaften
		9274 Verbindlichkeiten aus Bürgschaften, Wechsel- und Scheckbürgschaften gegenüber verbundenen/assoziierten Unternehmen
		9275 Verbindlichkeiten aus Gewährleistungsverträgen
		9276 Verbindlichkeiten aus Gewährleistungsverträgen gegenüber verbundenen/assoziierten Unternehmen
		9277 Haftung aus der Bestellung von Sicherheiten für fremde Verbindlichkeiten

Bilanz-Posten[2]	Programmverbindung[4] Abschlusszweck[4]	9 Vortrags-, Kapital-, Korrektur- und statistische Konten
		9278 Haftung aus der Bestellung von Sicherheiten für fremde Verbindlichkeiten gegenüber verbundenen/assoziierten Unternehmen
		9279 Verpflichtungen aus Treuhandvermögen
		Statistische Konten für die im Anhang anzugebenden sonstigen finanziellen Verpflichtungen
		9280 Gegenkonto zu 9281-9284
		9281 Verpflichtungen aus Miet- und Leasingverträgen
		9282 Verpflichtungen aus Miet- und Leasingverträgen gegenüber verbundenen Unternehmen
		9283 Andere Verpflichtungen nach § 285 Nr. 3a HGB
		9284 Andere Verpflichtungen nach § 285 Nr. 3a HGB gegenüber verbundenen Unternehmen
		Unterschiedsbetrag aus der Abzinsung von Altersversorgungsverpflichtungen nach § 253 Abs. 6 HGB
	HB	9285 Unterschiedsbetrag aus der Abzinsung von Altersversorgungsverpflichtungen nach § 253 Abs. 6 HGB (Haben)
	HB	9286 Gegenkonto zu 9285
		Statistische Konten für § 4 Abs. 3 EStG
	EÜR	9287 Zinsen bei Buchungen über Debitoren bei § 4 Abs. 3 EStG
	EÜR	9288 Mahngebühren bei Buchungen über Debitoren bei § 4 Abs. 3 EStG
	EÜR	9289 Gegenkonto zu 9287 und 9288
		9290 Statistisches Konto steuerfreie Auslagen
		9291 Gegenkonto zu 9290
Verbindlichkeiten aus Lieferungen und Leistungen		9292 Statistisches Konto Fremdgeld
Sonstige Verbindlichkeiten		9293 Gegenkonto zu 9292
Einlagen stiller Gesellschafter		9295 Einlagen atypisch stiller Gesellschafter
Steuerlicher Ausgleichsposten	K SB	9297 Steuerlicher Ausgleichsposten (Körperschaften)[17]
	SB	F 9298 Steuerlicher Ausgleichsposten VH (Personengesellschaften, Einzelunternehmen)
	SB	F 9299 Steuerlicher Ausgleichsposten TH (Personengesellschaften)
		R 9300 -20
		R 9326 -43
		R 9346 -49
		R 9357 -60
		R 9365 -67

Bilanz-Posten[2]	Programmverbindung[4] Abschlusszweck[4]	9 Vortrags-, Kapital-, Korrektur- und statistische Konten
		R 9371 -72
		9390 (Zur freien Verfügung)[24] -94
		F 9395 (Zur freien Verfügung)[7] -99
		Privat Teilhafter (Eigenkapital, für Verrechnung mit Kapitalkonto III - Konto 9840-9849)
Kapitalanteile der Kommanditisten		F 9400 Privatentnahmen allgemein (Teilhafter), Eigenkapital
		R 9401 -09
		F 9410 Privatsteuern (Teilhafter), Eigenkapital
		R 9411 -19
		F 9420 Sonderausgaben beschränkt abzugsfähig (Teilhafter), Eigenkapital
		R 9421 -29
		F 9430 Sonderausgaben unbeschränkt abzugsfähig (Teilhafter), Eigenkapital
		R 9431 -39
		F 9440 Zuwendungen, Spenden (Teilhafter), Eigenkapital
		R 9441 -49
		F 9450 Außergewöhnliche Belastungen (Teilhafter), Eigenkapital
		R 9451 -59
		F 9460 Grundstücksaufwand (Teilhafter), Eigenkapital
		R 9461 -69
		F 9470 Grundstücksertrag (Teilhafter), Eigenkapital
		R 9471 -79
		F 9480 Unentgeltliche Wertabgaben (Teilhafter), Eigenkapital
		R 9481 -89
		F 9490 Privateinlagen (Teilhafter), Eigenkapital
		R 9491 -99
		Statistische Konten für die Kapitalkontenentwicklung
Kapitalanteile der Kommanditisten		F 9500 Anteil für Konto 0900 Teilhafter - Kommandit-Kapital
		R 9501 -09
		F 9510 Anteil für Konto 0910 Teilhafter - Verlustausgleichskonto
		R 9511 -19
Verbindlichkeiten gegenüber Kommanditisten oder *Forderungen gegen Kommanditisten*	HB	F 9520 Anteil für Konto 0920 Teilhafter - Gesellschafter-Darlehen
		R 9521 -29

Bilanz-Posten[2]	Programmverbindung[4] Abschlusszweck[4]	9 Vortrags-, Kapital-, Korrektur- und statistische Konten
Eingeforderte, noch ausstehende Kapitaleinlagen Kommanditisten	HB	F 9530 Anteil für Konto 9950 Teilhafter - Ausstehende Einlagen auf das Kommandit-Kapital R 9531 -39
Eingeforderte, noch ausstehende Kapitaleinlagen persönlich haftender Gesellschafter	HB	F 9540 Anteil für Konto 9930 Vollhafter - Ausstehende Einlagen auf das Komplementär-Kapital R 9541 -49
Kapitalanteil der persönlich haftenden Gesellschafter		F 9550 Anteil für Konto 9810 Vollhafter - Kapitalkonto III R 9551 -59 F 9560 Anteil für Konto 9820 Vollhafter - Verlustvortrag R 9561 -69 F 9570 Anteil für Konto 0870 Vollhafter - Festkapital R 9571 -79 F 9580 Anteil für Konto 0880 Vollhafter - Variables Kapital R 9581 -89
Verbindlichkeiten gegenüber persönlich haftenden Gesellschaftern oder *Forderungen gegen persönlich haftende Gesellschafter*	HB	F 9590 Anteil für Konto 0890 Vollhafter - Gesellschafter-Darlehen R 9591 -99
Gutschrift auf Kapitalkonten oder *Ergebnisverwendung*		F 9600 Name des Gesellschafters Vollhafter R 9601 -09 F 9610 Tätigkeitsvergütung Vollhafter R 9611 -19 F 9620 Tantieme Vollhafter R 9621 -29 F 9630 Darlehensverzinsung Vollhafter R 9631 -39 F 9640 Gebrauchsüberlassung Vollhafter R 9641 -49 F 9650 Sonstige Vergütungen Vollhafter R 9651 -59 F 9660 Sonstige Vergütungen Vollhafter R 9661 -69 F 9670 Sonstige Vergütungen Vollhafter R 9671 -79 F 9680 Sonstige Vergütungen Vollhafter R 9681 -89 F 9690 Restanteil Vollhafter R 9691 -99

Bilanz-Posten[2]	Programmverbindung[4] Abschlusszweck[4]	9 Vortrags-, Kapital-, Korrektur- und statistische Konten
Gutschrift auf Kapitalkonten oder *Ergebnisverwendung*		F 9700 Name des Gesellschafters Teilhafter R 9701 -09 F 9710 Tätigkeitsvergütung Teilhafter R 9711 -19 F 9720 Tantieme Teilhafter R 9721 -29 F 9730 Darlehensverzinsung Teilhafter R 9731 -39 F 9740 Gebrauchsüberlassung Teilhafter R 9741 -49 F 9750 Sonstige Vergütungen Teilhafter R 9751 -59 F 9760 Sonstige Vergütungen Teilhafter R 9761 -69 F 9770 Sonstige Vergütungen Teilhafter R 9771 -79
Kapitalanteile der Kommanditisten		F 9780 Anteil für Konto 9840 Teilhafter - Kapitalkonto III R 9781 -89
Gutschrift auf Kapitalkonten oder *Ergebnisverwendung*		F 9790 Restanteil Teilhafter
		Verlustverrechnung mit Rücklagen bei KapCo
Kapitalanteil persönlich haftende Gesellschafter (KapCo)		F 9791 Anteil Rücklagen variables Kapitalkonto Vollhafter[1] F 9792 Anteil Rücklagen Kapitalkonto III Vollhafter[1] F 9793 Anteil Rücklagen Verlust-/Vortragskonto Vollhafter[1] F 9794 Gegenkonto Anteil Rücklagen Vollhafter[1]
Kapitalanteil Kommanditisten (KapCo)		F 9795 Anteil Rücklagen variables Kapitalkonto Teilhafter[1] F 9796 Anteil Rücklagen Kapitalkonto III Teilhafter[1] F 9797 Anteil Rücklagen Verlustausgleichskonto Teilhafter[1] F 9798 Gegenkonto Anteil Rücklagen Teilhafter[1]
		R 9799 -9801
		Rücklagen, Gewinn-, Verlustvortrag
Rücklagen		F 9802 Gesamthänderisch gebundene Rücklagen - andere Kapitalkontenanpassungen
Gewinn-/Verlustvortrag vor Verwendung		F 9803 Gewinnvortrag/Verlustvortrag - andere Kapitalkonten-anpassungen
Rücklagen		F 9804 Gesamthänderisch gebundene Rücklagen – Umbuchungen

Bilanz-Posten[2]	Programmverbindung[4] Abschlusszweck[4]	9 Vortrags-, Kapital-, Korrektur- und statistische Konten
Gewinn-/Verlustvortrag vor Verwendung		F 9805 Gewinnvortrag/Verlustvortrag – Umbuchungen
		Statistische Anteile an den Posten Jahresüberschuss/-fehlbetrag bzw. Bilanzgewinn/-verlust
		F 9806 Zuzurechnender Anteil am Jahresüberschuss/Jahresfehlbetrag - je Gesellschafter
		F 9807 Zuzurechnender Anteil am Bilanzgewinn/Bilanzverlust - je Gesellschafter
		F 9808 Gegenkonto für zuzurechnenden Anteil am Jahresüberschuss/Jahresfehlbetrag
		F 9809 Gegenkonto für zuzurechnenden Anteil am Bilanzgewinn/Bilanzverlust
		Kapital Personenhandelsgesellschaft Vollhafter
Kapitalanteil der persönlich haftenden Gesellschafter		F 9810 Kapitalkonto III
		R 9811 -19
		F 9820 Verlust-/Vortragskonto
		R 9821 -29
		F 9830 Verrechnungskonto für Einzahlungsverpflichtungen
		R 9831 -39
		Kapital Personenhandelsgesellschaft Teilhafter
Kapitalanteile der Kommanditisten		F 9840 Kapitalkonto III
		R 9841 -49
		F 9850 Verrechnungskonto für Einzahlungsverpflichtungen
		R 9851 -59
		Einzahlungsverpflichtungen im Bereich der Forderungen
Einzahlungsverpflichtungen persönlich haftender Gesellschafter		F 9860 Einzahlungsverpflichtungen persönlich haftender Gesellschafter (Vollhafter)
		R 9861 -69
Einzahlungsverpflichtungen Kommanditisten		F 9870 Einzahlungsverpflichtungen Kommanditisten (Teilhafter)
		R 9871 -79
		Ausgleichsposten für aktivierte eigene Anteile und Bilanzierungshilfen
Ausgleichsposten für aktivierte eigene Anteile		9880 Ausgleichsposten für aktivierte eigene Anteile
		Nicht durch Vermögenseinlagen gedeckte Entnahmen
Nicht durch Vermögenseinlagen gedeckte Entnahmen persönlich haftender Gesellschafter		F 9883 Nicht durch Vermögenseinlagen gedeckte Entnahmen persönlich haftender Gesellschafter

Bilanz-Posten[2]	Programmverbindung[4] Abschlusszweck[4]	9 Vortrags-, Kapital-, Korrektur- und statistische Konten
Nicht durch Vermögenseinlagen gedeckte Entnahmen Kommanditisten		F 9884 Nicht durch Vermögenseinlagen gedeckte Entnahmen Kommanditisten
		Verrechnungskonto für nicht durch Vermögenseinlagen gedeckte Entnahmen
Durch Verluste entstandenes negatives Kapital (KapCo)		F 9885 Verrechnungskonto für nicht durch Vermögenseinlagen gedeckte Entnahmen persönlich haftender Gesellschafter
		F 9886 Verrechnungskonto für nicht durch Vermögenseinlagen gedeckte Entnahmen Kommanditisten
		Steueraufwand der Gesellschafter
		9887 Steueraufwand der Gesellschafter
		9889 Gegenkonto zu 9887
		Statistische Konten für Gewinnzuschlag
	G K SB	9890 Statistisches Konto für den Gewinnzuschlag nach §§ 6b Abs. 7 und 6c EStG (Haben)
	SB	9891 Gegenkonto zu statistischen Konten für den Gewinnzuschlag (Soll)
		Veränderung der gesamthänderisch gebundenen Rücklagen (Einlagen/Entnahmen)
Rücklagen		F 9892 Veränderung der gesamthänderisch gebundenen Rücklagen (Einlagen/Entnahmen
		Vorsteuer-/Umsatzsteuerkonten zur Korrektur der Forderungen/Verbindlichkeiten (EÜR)
	EÜR	9893 Umsatzsteuer in den Forderungen zum allgemeinen Umsatzsteuersatz (EÜR)
	EÜR	9894 Umsatzsteuer in den Forderungen zum ermäßigten Umsatzsteuersatz (EÜR)
	EÜR	9895 Gegenkonto 9893-9894 für die Aufteilung der Umsatzsteuer (EÜR)
	EÜR	9896 Vorsteuer in den Verbindlichkeiten zum allgemeinen Umsatzsteuersatz (EÜR)
	EÜR	9897 Vorsteuer in den Verbindlichkeiten zum ermäßigten Umsatzsteuersatz (EÜR)
	EÜR	9898 Vorsteuer in den Verbindlichkeiten aus verschiedenen Kosten (EÜR)
	EÜR	9899 Gegenkonto 9896-9897 für die Aufteilung der Vorsteuer (EÜR)
	EÜR	9900 Umsatzsteuer nicht fällig - sonstige Erlöse (EÜR)
	EÜR	9901 Gegenkonto zu 9900
	EÜR	9902 Umsatzsteuer in den Forderungen aus sonstigen Erlösen (EÜR)
	G K SB	9906 Steuerfreie Einnahmen und Entnahmen nach § 3 Nr. 72 EStG (Soll)
	SB	9907 Gegenkonto zu steuerfreien Einnahmen und Entnahmen nach § 3 Nr. 72 EStG (Haben)
	G K SB	9908 Nicht abzugsfähige Betriebsausgaben nach § 3c Abs. 1 EStG i. V. m. § 3 Nr. 72 EStG (Haben)

Bilanz-Posten[2]	Programmverbindung[4] Abschlusszweck[4]	9 Vortrags-, Kapital-, Korrektur- und statistische Konten
	SB	9909 Gegenkonto zu nicht abzugsfähigen Betriebsausgaben nach § 3c Abs. 1 EStG i. V. m. § 3 Nr. 72 EStG (Soll)
		Statistische Konten zu § 4 Abs. 4a EStG
	SB	9910 Gegenkonto zur Minderung der Entnahmen § 4 Abs. 4a EStG
	SB	9911 Minderung der Entnahmen § 4 Abs. 4a EStG (Haben)
	SB	9912 Erhöhung der Entnahmen § 4 Abs. 4a EStG
	SB	9913 Gegenkonto zur Erhöhung der Entnahmen § 4 Abs. 4a EStG (Haben)
		R 9914 -15
		Statistische Konten für den außerhalb der Bilanz zu berücksichtigenden Investitionsabzugsbetrag nach § 7g EStG
	G K SB	9916 Hinzurechnung Investitionsabzugsbetrag § 7g Abs. 2 EStG aus dem 2. vorangegangenen Wirtschaftsjahr, außerbilanziell (Haben)
	G K SB	9917 Hinzurechnung Investitionsabzugsbetrag § 7g Abs. 2 EStG aus dem 3. vorangegangenen Wirtschaftsjahr, außerbilanziell (Haben)
	SB	9918 Rückgängigmachung Investitionsabzugsbetrag § 7g Abs. 3 und 4 EStG im 2. vorangegangenen Wirtschaftsjahr
	SB	9919 Rückgängigmachung Investitionsabzugsbetrag § 7g Abs. 3 und 4 EStG im 3. vorangegangenen Wirtschaftsjahr
		Ausstehende Einlagen
Nicht eingeforderte ausstehende Einlagen		F 9920 Ausstehende Einlagen auf das Komplementär-Kapital, nicht eingefordert (Vollhafter)
		R 9921 -29
Eingeforderte, noch ausstehende Kapitaleinlagen persönlich haftender Gesellschafter		F 9930 Ausstehende Einlagen auf das Komplementär-Kapital, eingefordert (Vollhafter)
		R 9931 -39
Nicht eingeforderte ausstehende Einlagen		F 9940 Ausstehende Einlagen auf das Kommandit-Kapital, nicht eingefordert (Teilhafter)
		R 9941 -49
Eingeforderte, noch ausstehende Kapitaleinlagen Kommanditisten		F 9950 Ausstehende Einlagen auf das Kommandit-Kapital, eingefordert (Teilhafter)
		R 9951 -59

Bilanz-Posten[2]	Programmverbindung[4] Abschlusszweck[4]	9 Vortrags-, Kapital-, Korrektur- und statistische Konten
		Konten zu Bewertungskorrekturen
Forderungen aus Lieferungen und Leistungen		9960 Bewertungskorrektur zu Forderungen aus Lieferungen und Leistungen (Währungsumrechnung)
Sonstige Verbindlichkeiten		9961 Bewertungskorrektur zu sonstigen Verbindlichkeiten (Währungsumrechnung)
Kassenbestand, Bundesbankguthaben, Guthaben bei Kreditinstituten und Schecks		9962 Bewertungskorrektur zu Guthaben bei Kreditinstituten (Bewertung Finanzmittelfonds)
Verbindlichkeiten gegenüber Kreditinstituten		9963 Bewertungskorrektur zu Verbindlichkeiten gegenüber Kreditinstituten (Bewertung Finanzmittelfonds)
Verbindlichkeiten aus Lieferungen und Leistungen		9964 Bewertungskorrektur zu Verbindlichkeiten aus Lieferungen und Leistungen (Währungsumrechnung)
Sonstige Vermögensgegenstände		9965 Bewertungskorrektur zu sonstigen Vermögensgegenständen (Währungsumrechnung)
		R 9966 -69
		Statistische Konten für den außerhalb der Bilanz zu berücksichtigenden Investitionsabzugsbetrag nach § 7g EStG
	G K SB	9970 Investitionsabzugsbetrag § 7g Abs. 1 EStG, außerbilanziell (Soll)
	SB	9971 Investitionsabzugsbetrag § 7g Abs. 1 EStG, außerbilanziell (Haben) - Gegenkonto zu 9970
	G K SB	9972 Hinzurechnung Investitionsabzugsbetrag § 7g Abs. 2 EStG aus dem vorangegangenen Wirtschaftsjahr, außerbilanziell (Haben)
	SB	9973 Hinzurechnung Investitionsabzugsbetrag § 7g Abs. 2 EStG aus den vorangegangenen Wirtschaftsjahren, außerbilanziell (Soll) - Gegenkonto zu 9972, 9916, 9917
	SB	9974 Rückgängigmachung Investitionsabzugsbetrag § 7g Abs. 3 und 4 EStG im vorangegangenen Wirtschaftsjahr
	SB	9975 Rückgängigmachung Investitionsabzugsbetrag § 7g Abs. 3 und 4 EStG in den vorangegangenen Wirtschaftsjahren - Gegenkonto zu 9974, 9918, 9919

Bilanz-Posten[2)]	Programmverbindung[4)] Abschlusszweck[4)]	9 Vortrags-, Kapital-, Korrektur- und statistische Konten
		Statistische Konten für die Zinsschranke § 4h EStG bzw. § 8a KStG
	G SB	9976 Nicht abzugsfähige Zinsaufwendungen nach § 4h EStG (Haben)
	SB	9977 Nicht abzugsfähige Zinsaufwendungen nach § 4h EStG (Soll) - Gegenkonto zu 9976
	G SB	9978 Abziehbare Zinsaufwendungen aus Vorjahren nach § 4h EStG (Soll)
	SB	9979 Abziehbare Zinsaufwendungen aus Vorjahren nach § 4h EStG (Haben) - Gegenkonto zu 9978
		Statistische Konten für den GuV-Ausweis in „Gutschrift bzw. Belastung auf Verbindlichkeitskonten" bei den Auswertungen für PersHG nach KapCoRiLiG
Gutschrift auf Verbindlichkeitskonten oder *Ergebnisverwendung*	HB	9980 Anteil Belastung auf Verbindlichkeitskonten
Gutschrift auf Kapitalkonten oder *Ergebnisverwendung*	HB	9981 Verrechnungskonto für Anteil Belastung auf Verbindlichkeitskonten
Gutschrift auf Verbindlichkeitskonten oder *Ergebnisverwendung*	HB	9982 Anteil Gutschrift auf Verbindlichkeitskonten
Gutschrift auf Kapitalkonten oder *Ergebnisverwendung*	HB	9983 Verrechnungskonto für Anteil Gutschrift auf Verbindlichkeitskonten
		Statistische Konten für die Gewinnkorrektur nach § 60 Abs. 2 EStDV
	G K HB	9984 Gewinnkorrektur nach § 60 Abs. 2 EStDV - Erhöhung handelsrechtliches Ergebnis durch Habenbuchung - Minderung handelsrechtliches Ergebnis durch Sollbuchung
	HB	9985 Gegenkonto zu 9984
		Statistische Konten für Korrekturbuchungen in der Überleitungsrechnung
		9986 Ergebnisverteilung auf Fremdkapital
		9987 Korrekturkonto für die Überleitungsrechnung
		9989 Gegenkonto zu 9986-9988

Bilanz-Posten[2)]	Programmverbindung[4)] Abschlusszweck[4)]	9 Vortrags-, Kapital-, Korrektur- und statistische Konten
		Statistische Konten für außergewöhnliche und aperiodische Geschäftsvorfälle für Anhangsangabe nach § 285 Nr. 31 und Nr. 32 HGB
		9990 Erträge von außergewöhnlicher Größenordnung oder Bedeutung
		9991 Erträge (aperiodisch)
		9992 Erträge von außergewöhnlicher Größenordnung oder Bedeutung (aperiodisch)
		9993 Aufwendungen von außergewöhnlicher Größenordnung oder Bedeutung
		9994 Aufwendungen (aperiodisch)
		9995 Aufwendungen von außergewöhnlicher Größenordnung oder Bedeutung (aperiodisch)
		9998 Gegenkonto zu 9990-9997
		Personenkonten
Sollsalden: Forderungen aus Lieferungen und Leistungen; *Habensalden: Sonstige Verbindlichkeiten*		10000 -69999 Debitoren
Habensalden: Verbindlichkeiten aus Lieferungen und Leistungen; *Sollsalden: Sonstige Vermögensgegenstände*		70000 -99999 Kreditoren

SKR 03

Erläuterungen zu den Kontenfunktionen:
Zusatzfunktionen (über einer Kontenklasse):

KU Keine Errechnung der Umsatzsteuer möglich
V Zusatzfunktion „Vorsteuer"
M Zusatzfunktion „Umsatzsteuer"

Hauptfunktionen (vor einem Konto)

AV Automatische Errechnung der Vorsteuer
AM Automatische Errechnung der Umsatzsteuer
S Sammelkonten
F Konten mit allgemeiner Funktion
R Diese Konten dürfen erst dann bebucht werden, wenn ihnen eine andere Funktion zugeteilt wurde.

Hinweise zu den Konten sind durch Fußnoten gekennzeichnet:

1) Konto für das Buchungsjahr 2026 neu eingeführt.
2) Bilanz- und GuV-Posten: Auswertung für große Kapitalgesellschaften, GuV-Gesamtkostenverfahren.
3) Diese Konten können mit BU-Schlüssel 10 bebucht werden. Das EU-Land und der ausländische Steuersatz werden über das EU-Fenster eingegeben.
4) Kontenbezogene Kennzeichnung der Programmverbindung in Rechnungswesen-Programmen zu Umsatzsteuererklärung (U), Gewerbesteuer (G) und Körperschaftsteuer (K).
Da bei Erstellung des SKR-Formulars die Steuererklärungsformulare noch nicht vorlagen, können sich Abweichungen zwischen den in der Programmverbindung berücksichtigten Konten und den Programmverbindungskennzeichen ergeben.
Abschlusszweck:
HB Diese Konten sollten ausschließlich für die Handelsbilanz gebucht werden.
SB Diese Konten sollten ausschließlich für die Steuerbilanz gebucht werden.
EÜR Diese Konten sollten ausschließlich für die Gewinnermittlung nach § 4 Abs. 3 EStG gebucht werden.
5) Dieses Konto kann mit BU-Schlüssel 44 bebucht werden. Das EU-Land und der ausländische Steuersatz werden über das EU-Fenster eingegeben.
6) Das Konto gilt als Hauptkonto für Sachverhalte, die in diesen Kontenbereichen nicht als spezieller Sachverhalt auf Einzelkonten dargestellt sind.
7) Diese Konten werden für Branchen-BWA-Formen mit statistischen Mengeneinheiten bebucht und wurden mit der Umrechnungssperre, Funktion 18000, belegt.
8) Kontenbeschriftung in 2026 geändert.
9) An der Schnittstelle zu Gewerbesteuer werden ab VAZ 2009 die Erträge zu 40 % als steuerfrei und die Aufwendungen zu 40 % als nicht abziehbar behandelt. An der Schnittstelle zu Körperschaftsteuer werden die Erträge zu 100 % als steuerfrei und die Aufwendungen zu 100 % als nicht abziehbar behandelt.
Siehe §§ 3 Nr. 40 und 3c EStG bzw. § 8b KStG.
10) Diese Konten haben nicht mehr die Zusatzfunktion KU. Bitte verwenden Sie diese Konten nur noch in Verbindung mit einem Gegenkonto mit Geldkontenfunktion.
11) Das Konto wird nur noch für Auswertungen mit Vorjahresvergleich benötigt und wird im folgenden Jahr gelöscht.
12) Das Konto wird im folgenden Jahr gelöscht, der Kontenzweck bleibt erhalten.
13) frei
14) frei
15) Das Konto wurde zur Aufteilung nach Steuersätzen am Jahresende eingerichtet und sollte unterjährig nicht bebucht werden. Beachten Sie das Dokument Buchungsregeln: *Zusätzliche Buchungen zum korrekten Befüllen der Anlage EÜR* (Dok.-Nr. 0906057).
16) Das Konto wird in Körperschaftsteuer nur bei Organgesellschaften berücksichtigt.
17) Das Konto wird in Körperschaftsteuer ausschließlich in die Positionen ‚Eigen-/Nennkapital zum Schluss des vorangegangenen Wirtschaftsjahres' übernommen.
18) Da das EÜR-Formular einen differenzierten Ausweis der Reisekosten und Fahrzeugkosten fordert, darf dieses Konto von EÜR-Anwendern nicht genutzt werden.
19) frei
20) frei
21) Diese Konten können mit BU-Schlüssel 94 (Konto mit Vorsteuerabzug) bzw. mit BU-Schlüssel 95 (Konto ohne Vorsteuerabzug) gebucht werden. Der Tatbestand des § 13b UStG ist anschließend zu erfassen.
22) Ab dem Buchungsjahr 2019 dürfen die Konten nur noch für Einzelunternehmer verwendet werden.
23) Diese Konten fließen im EÜR-Formular in die Zeile Ergebnisanteile aus Beteiligungen an Personengesellschaften.
24) Diese Konten werden für die BWA-Formen der Branchenlösung bebucht.
25) frei
26) frei
27) frei
28) Das Konto wird nur in den Auswertungen für Sonderbilanzen abgefragt.
29) frei

Allgemeiner Hinweis:

Eine Übersicht aller Steuerschlüssel/Buchungsschlüssel erhalten Sie im Rechnungswesen-Programm, in der Buchungszeile über die Tastenkombination **Umschalt + F3** im Feld **BU/Gegenkonto** oder unter **Stammdaten | Steuerschlüssel**. Hier sind verschiedene Auswahlkriterien bezüglich Umfang und Sachverhalte einstellbar.
Weitere Informationen dazu: *Steuerschlüssel-Tabelle 2026 - SKR03 / SKR04* (Dok.-Nr. 0907055).

Hinweis zum Berichtigungsschlüssel 4:

Schlüssel 4: Aufhebung der Automatik

Bei mit **AV** oder **AM**-Funktion gekennzeichneten Konten kann die Aufhebung der Automatik mit dem Schlüssel 4 durchgeführt werden.

Der Schlüssel wird verwendet, wenn Konten mit Automatik-Funktion gebucht werden sollen, aber die zugeordnete Funktion nicht greifen soll.

Erläuterungen zur Kennzeichnung von Konten für die Programmverbindung zwischen Rechnungswesen-Programmen und Steuerprogrammen:

Die Erweiterung des Standardkontenrahmens um zusätzliche Konten und besondere Kennzeichen verbessert weiter die Integration der DATEV-Programme und erleichtert die Arbeit für Anwender von Rechnungswesen-Programmen, die gleichzeitig DATEV-Steuerprogramme nutzen. Steuerliche Belange können bereits während des Kontierens stärker berücksichtigt werden.

In der Spalte Programmverbindung werden die Konten gekennzeichnet, die über die Schnittstelle in Rechnungswesen-Programmen an das entsprechende Steuerprogramm Umsatzsteuererklärung (U), Gewerbesteuer (G) und Körperschaftsteuer (K) weitergegeben und an entsprechender Stelle der Steuerberechnung zu Grunde gelegt werden.

Die Kennzeichnung „G" und „K" an Standardkonten umfasst für die Weitergabe an Gewerbesteuer und Körperschaftsteuer auch die nachfolgenden Konten bis zum nächsten standardmäßig belegten Konto. Die Kennzeichnung "U" an Standardkonten steht für die Weitergabe an das Programm Umsatzsteuererklärung. Kontenbereiche werden nur weitergegeben, wenn sie im Standardkontenrahmen ausgewiesen sind (z. B. AM 8400-09).

Nicht gekennzeichnet sind solche Konten, die lediglich eine rechnerische Hilfsfunktion im steuerlichen Sinne ausüben wie Löhne und Gehälter sowie Umsätze für die Berechnung des zulässigen Spendenabzugs im Rahmen von Gewerbesteuer und Körperschaftsteuer.

Abgebildet wird mit den Kennzeichen die Programmverbindung, nicht der steuerliche Ursprung. Die Gewerbesteuer-Berechnung für Körperschaften ist in das Produkt Körperschaftsteuer integriert. Daher ist an Konten mit gewerbesteuerlichem Merkmal auch ein „K" für diese Programmverbindung zu finden.

A

Abgeltungsteuer ... 309, 320
Abschlagzahlungen ... 347, 354
Abschlussgliederungsprinzip ... 78 f.
Abschreibung ... 85 f., 88 ff., 106 f., 109, 135, 161, 164, 168 f., 181, 187, 194, 208, 225, 273, 289, 297, 329, 338, 340, 342 ff., 346, 353, 356, 359, 391
Abschreibungsbetrag ... 86, 91 f.
Abschreibungssatz ... 86, 91
AfA-Tabelle ... 87, 143, 149
Aktiva ... 34 f., 38 ff., 42 ff., 55, 67, 164
Aktivkonto ... 50 ff., 60, 89, 97, 113, 311
Aktiv-Passiv-Mehrung ... 42, 44, 47 f., 53, 63
Aktiv-Passiv-Minderung ... 42, 46 ff., 53, 63
Aktiv-Tausch ... 42 f., 47 f., 52, 63 ff.
Anlagengitter ... 345
Anlagen im Bau ... 330, 347 ff.
Anlagenkartei ... 26
Anlagenspiegel ... 345 f., 349, 353
Anlagenverzeichnis ... 26, 337
Anlagevermögen ... 19, 27, 29, 30 f., 34, 37 ff., 51, 78 f., 90, 309 f., 325, 330, 341, 345, 346 f.
Annuitätendarlehen ... 290 ff.
Anschaffung ... 34, 88, 176, 330 f., 333, 341, 349, 357 f., 384 f.
Anschaffungskosten ... 85 f., 92, 117, 119 f., 138, 153, 171 f., 175 f., 179, 189, 195 ff., 295, 298 f., 311, 315 f., 318 f., 323, 325 f., 330 ff., 349 f., 357 ff., 373, 384 f., 387
Anschaffungsnebenkosten .. 170 ff., 176 f., 217, 311, 318, 325, 331 ff., 349, 357 ff.
Anschaffungspreis ... 331
Anschaffungspreisminderungen. 330 f., 333, 349
Anzahlung ... 117 f., 124, 354
Arbeitgeberanteil ... 226 f. 230, 232, 237, 250 f., 253, 255, 257, 259, 262, 264 ff., 270, 273, 391
Arbeitgeberdarlehen ... 236
Arbeitnehmeranteil ... 227, 250 f., 264 ff., 270
Arbeitslosenversicherung ... 226 f., 234, 262
Aufbewahrungsfrist ... 21
Aufbewahrungspflichten ... 21 f.
Aufmerksamkeiten ... 140, 261
Aufwand .... 65, 88, 99, 102, 229 f., 233, 262, 289, 315, 323, 336
Aufwendungen ... 4, 19, 65 ff., 69 ff., 77 f., 85, 90, 93, 96, 105, 116, 136, 141, 148, 158, 164, 182, 215, 219, 221, 224, 226, 230, 233, 235, 259, 262, 330, 334 f., 337 f., 347, 349, 355, 371 ff., 383, 388, 391
Aufzeichnungspflichten ... 17, 18, 20, 23, 121
Ausfuhrlieferung ... 363, 368, 384
Aushilfskräfte ... 248
Auswärtstätigkeit ... 379, 382 f.

B

Barwertvergleichsmethode ... 296
beruflich veranlasste Auswärtstätigkeit 379, 382 f.
Besitzwechsel ... 300 ff., 307
- diskontierung ... 303
- eingang ... 300
- einzug ... 301
- weitergabe ... 302
Bestandskonten ... 49, 52, 54, 56, 60 ff., 68, 72 ff., 84, 90, 94, 129 f., 134, 155, 160, 162, 164, 166, 218, 221, 272, 390
Bestandskonto ... 88, 95, 124, 129, 326
Bestandsmehrung ... 98 ff., 105 f.
Bestandsminderung ... 98, 102 ff., 106
Bestandsveränderungen. 1, 26, 42, 49, 63, 78, 97, 100, 218 ff., 223 f.
Bestandsverzeichnis ... 26
Besteuerungsgrundlagen ... 2, 4 f., 15
betriebliches Rechnungswesen ... 1, 2, 3, 4, 5
Betriebsausgaben 19, 23, 70, 148, 182, 184, 312 f., 341 f., 371 ff., 375 ff., 383 f.
Betriebsmittel ... 3
Betriebsvermögensvergleich ... 23, 70, 136, 152, 162, 378
Bewirtungsaufwendungen ... 371 f., 375 ff., 388
Bezugskosten ... 170 ff., 177, 209 f., 333
Bezugspreis ... 209 ff.
Bezug von Waren ... 260 ff.
Bilanzspalten ... 162
Bilanzverkürzung ... 46 f., 90
Bilanzverlängerung ... 44, 47
Bonus ... 195, 199, 203, 205 ff.
Bruttoarbeitslohn ... 230, 240 f., 262
Bruttoerlös ... 121 f.
Bruttomethode... 228, 231 f., 252 f., 255, 257, 259, 263 ff., 337 ff., 351
Bruttoverfahren ... 105, 122, 198 f., 202, 205
Buchführung ... 1, 3 ff., 9, 12 ff., 17 ff., 21, 23 ff., 28, 35 f., 54, 56 f., 63, 70, 80, 86, 121 f., 129, 186, 215, 219, 223, 281 f., 286, 288 f., 291, 294, 300, 305, 309, 328, 330, 341, 354, 361, 378, 391
Buchführungserlass ... 1
Buchführungspflicht ... 7 ff., 14 f., 20, 23, 25
Buchgewinn ... 337 ff., 349, 355
Buchinventur ... 26

Buchungskreis ... 281 f.
Buchungsliste ... 57, 82
Buchungssatz ... 57
Buchverlust ... 337, 339, 349

D

Damnum ... 288 ff., 292 f., 329, 331, 385
Darlehen ... 29, 39, 62, 93, 236, 288, 290 ff., 329, 385
Dauerfristverlängerung ... 128, 131 f.
Debitoren ... 73, 78, 207, 282 ff., 286 f.
Disagio ... 288 ff., 292
Diskontkredit ... 303 f.
Dividende ... 313 f., 325
Dividenden ... 311 f.
Dividendenerträge ... 311 f., 315, 325
Domizilprovision ... 306, 308

E

E-Bikes ... 142, 260
EDV-Journal ... 57
Eigenkapital ... 4, 27, 29, 33 ff., 51, 55, 56, 60 ff., 64 ff., 78 f., 84, 90 f., 93 f., 107, 109, 134, 136, 144, 152 ff., 158, 160 ff., 167, 169, 180, 187, 194, 208, 224, 272, 329, 355, 390
Einfuhr ... 15, 17, 112, 120, 140, 175, 357, 363
Einfuhrumsatzsteuer ... 175, 178, 353
Einlagen ... 136, 152 ff., 378
Einzelkosten ... 215, 335, 349
Elektro-Fahrräder ... 142, 260
Elektrofahrzeuge ... 142, 260
Entfernungspauschale ... 148
Entnahme von Gegenständen ... 136 ff., 144, 156
Erfolg ... 1, 4, 66, 70, 75, 84, 89, 91, 94, 96, 105, 124, 151, 161, 168, 182, 273, 356
Erfolgsbilanz ... 162, 164
Erfolgskonten ... 64, 66 f., 69, 70 ff., 84, 90, 94, 134, 155, 160, 162, 164, 166, 168, 220, 272, 390
Erfolgsvorgänge ... 66
Erlöse ... 66, 95 ff., 101 f., 104, 106 ff., 121 ff., 134, 160, 165, 167, 169, 179, 183 f., 186, 191 f., 201 ff., 221, 224, 261, 284, 295, 300 f., 304 f., 337 f., 340, 343, 355
Erlösschmälerungen ... 191
Eröffnungsbilanz ... 42, 67, 162 f.
Ertrag ... 66, 195, 313, 315, 323, 338

F

Fahrtenbuchmethode ... 259
Fahrten zwischen Wohnung und Betriebsstätte ... 148
Fahrtkosten ... 379 ff.
Fälligkeitsdarlehen ... 290, 292
Fertigungseinzelkosten ... 334 ff.
Fertigungsgemeinkosten ... 334 ff.
Finanzamt ... 2, 5 f., 10 f., 15, 23, 110, 112 f., 121, 126, 128, 133, 180, 238, 247, 264 f., 360 f., 386
Finanzierungs-Leasing ... 294 f., 298
Finanzwirtschaft ... 274
Fremdkapital ... 34 f.

G

Gehälter ... 66, 74, 76, 81, 94, 165, 169, 224 ff., 228, 229 ff., 235 ff., 239 ff., 254, 257, 259, 264, 335
Geldentnahme ... 136 f.
Geldtransit ... 281 f.
Geldverrechnungskonten ... 281
geldwerte Vorteile ... 258
Gemeinkosten ... 215, 335, 349
geringfügige Beschäftigungen ... 242
Geringverdiener ... 234, 262
geringwertige Wirtschaftsgüter (GWG) ... 340
Gesamtkostenverfahren ... 220
Geschäftsreise ... 379, 381, 383, 388
Geschäftvorfall ... 49
Geschenke ... 19, 371 ff., 378, 384, 387
Gestellung von Kraftfahrzeugen ... 258, 262 f.
Gewerbebetrieb ... 7 f., 10, 12, 23, 30, 313
Gewerbesteuer ... 360, 372, 385 f.
gewerbliche Unternehmer ... 7 f., 11, 18
Gewinn ... 1 f., 4 ff., 8 ff., 21, 23 f., 30, 66, 69, 70 f., 73, 76, 78, 81, 89 f., 95 ff., 100, 105, 110, 136, 148, 151 f., 154 f., 162, 164 f., 168, 181 f., 184, 188, 209 f., 212 f., 215, 326 f., 329, 336, 338, 341, 352 f., 358 ff., 371, 375, 378, 391
Gewinn- und Verlustkonto .. 69 ff., 73, 89 f., 95 ff., 105, 184
Gewinn- und Verlustrechnung .. 2, 70, 78, 81, 100, 105, 168, 336, 338, 360, 378
Gleitzone ... 246
Grundbuch ... 57, 349
Grundsätze ordnungsmäßiger Buchführung (GoB) ... 12
Gründungsbilanz ... 33 f., 42, 51
Gutschrift . 52, 173 f., 177, 180, 189 ff., 193, 205 ff., 216, 222, 301, 303, 352

H

Handelsgesellschaften ... 8
Handelsgewerbe ... 7 f., 23
Handelskalkulation ... 209
Handelsspanne ... 212 ff.
Handlungskosten ... 209 f., 212 f.
Hauptabschlussübersicht ... 162 f., 167 ff., 356
Hauptbuch ... 73, 283
Herstellungskosten.. 85, 153, 215, 219, 294, 334 ff., 340 ff., 350, 371, 373
Hilfsstoffe ... 3, 18, 215 ff., 221, 223 ff.
Hybridfahrzeuge ... 142, 260

I

Immobilien-Leasing ... 294
Industriebuchführung ... 215
innergemeinschaftliche Lieferung ... 363 ff., 384
innergemeinschaftlicher Erwerb ... 363 f.
Inventar ... 21, 25, 27 ff., 33, 35, 40
Inventur ... 25 ff., 30 ff., 61 f., 74, 84, 94, 98, 106 ff., 134 f., 160 f., 164, 168 f., 179 ff., 187, 194, 208, 218 ff., 223 f., 272 f., 329, 356, 390 f.
Investitionsgüter-Leasing ... 294
Ist-Besteuerung ... 121

J

Jahresabschluss ... 21, 78, 299
Jahreszinsen ... 274, 278
Journal ... 57
Just-in-time-Verfahren ... 95

K

Kalkulation ... 1, 5 f., 172 f., 197, 209, 212, 299
Kalkulationsfaktor ... 211, 213
Kalkulationszuschlag ... 105, 210 f., 213
Kapital ... 1, 5, 33 ff., 37, 40, 42 ff., 51 f., 67, 79, 274 ff., 278 f.
Kapitalertragsteuer .. 309, 312 ff., 320 ff., 329, 360, 362
Kleinbetragsrechnung ... 115, 380
Kleingewerbetreibende ... 7 f.
Kleinstkapitalgesellschaften ... 36
Konsumgüter-Leasing ... 294
Kontenklassen ... 77 ff., 82
Kontenplan ... 50, 77, 82
Kontenrahmen.. 50, 77, 80, 82, 100, 172, 215, 219, 283, 285, 310, 341 f., 364, 370
Konto ... 49 ff., 54, 56, 58 ff., 73, 75 f., 80, 91, 95 f., 99 f., 102, 106, 112, 117 f., 121, 124, 129, 131, 144, 149, 151, 153, 156, 172, 175 ff., 184, 186, 196 ff., 205, 214, 220, 227 ff., 235, 240, 272, 280 ff., 289, 291, 293, 300, 304 f., 307, 310, 313 ff., 318, 321 f., 325, 332, 336 f., 339, 341 f., 347 ff., 372, 374 f.
Kontokorrentbuch ... 73, 283
Kontokorrentkonto ... 282
Körperschaftsteuer ... 312, 320, 360 f.
Kosten ... 66
Kostenrechnung ... 1
Kosten- und Leistungsrechnung ... 1
Krankenversicherungsbeitrag ... 161
Kreditoren ... 59, 73, 78, 207, 282 f., 285 ff.
kurzfristige Beschäftigung ... 248

L

Lagebericht ... 2
Land- und Forstwirtschaft ... 7, 10, 23
Lastschrift ... 52, 207, 245, 311
laufende Kfz-Kosten ... 120
Leasing ... 294 ff.
Leasingrate ... 295 ff.
Leistungsempfänger ... 112 f., 171, 175, 369 f., 382
Leistungsentnahmen ... 151
Liquidität ... 27

M

Materialeinzelkosten ... 334 ff., 350
Materialgemeinkosten ... 215, 334 ff.
Mehrwert ... 110 f., 131
Mindestvergütung für Auszubildende ... 235
Mobilien-Leasing ... 294

N

Nebenbuch ... 282 f.
Netto
- -arbeitslohn ... 229, 232, 262
- - Bareinkaufspreis ... 209 f.
- - Barverkaufspreis ... 209 f., 213
- - Einstandspreis ... 209 f., 213
- -erlös ... 121, 315 f., 323
- - Listeneinkaufspreis ... 209 f., 213
- - Listenverkaufspreis ... 209 ff., 213
- - methode ... 228, 232, 234, 265, 268 f.
- - verfahren ... 121, 198, 202, 205
- - Zieleinkaufspreis ... 209 f., 213
- - Zielverkaufspreis ... 209 f., 213

nicht abnutzbare Wirtschaftsgüter ... 19

nicht abzugsfähige Betriebsausgaben....... 148, 371
Nutzungsentnahme..................... 136 f., 142, 149 ff.

O

Operating-Leasing... 294

P

Pacioli 1
Passiva............ 34, 35, 38 ff., 42 ff., 55, 67, 79, 164
Passivkonten........ 49 ff., 56, 60 f., 72, 90, 155, 166
Passiv-Tausch.................................. 42, 45, 47 f., 63
Pauschalierung.. 244, 384
Personalkosten .. 158, 209, 226, 228, 231, 233, 262
Personenkonten.......................... 72 f., 282 f., 285 f.
Pflegeversicherung.................................... 226, 234
Planung .... 1 f.
Preisabzüge... 195 f., 200
Preisnachlässe......................... 195 f., 200, 331, 373
Primanota 57
Privateinlagen.................. 32, 70, 136, 152 ff., 159 f.
Privatentnahmen .... 4, 5, 32, 70, 136, 144 ff., 149 ff., 154 f., 159 f., 167, 245, 272, 355, 390
Privatkonten.................... 136, 144, 154 ff., 162, 166
Privatsteuern .... 144, 313, 322, 357, 362 f., 384
pro-rata-temporis... 86
Prozentrechnung.. 274, 278
Prozessgliederungsprinzip 79

R

Rabatt.......................... 195 f., 200, 205 ff., 214, 261
Ratendarlehen.. 290, 292
Rechnung...................................... 1, 7, 9, 18, 36, 54, 61, 64 f., 113 ff., 143, 162 ff., 171 ff., 185, 195 ff., 200, 205 ff., 214, 277, 284 ff., 302 ff., 307, 325, 333, 352 f., 364 f., 370, 376, 380, 387 f.
Reingewinn.. 105, 108
Reinvermögen .... 27 ff., 33, 39 f.
Reisekosten.. 379 ff., 388
Reisenebenkosten .... 379 ff.
Rentenversicherung.......................... 227, 234, 242
Restbuchwert .... 89, 299, 337 ff., 355
Rohgewinn.......................... 96 f., 101, 105, 108, 179
Rohgewinnaufschlagsatz........................... 105, 108
Rohstoffe .... 3, 18, 26, 44 ff., 111, 131, 215 ff., 221, 223 ff.
Rohverlust 96, 105
Rücksendung.................... 173, 177, 180, 189 ff., 221

S

Sachanlagegüter... 330, 338
Sachbezüge........... 226, 236 f., 252, 257, 259, 262
Sachentnahme .... 136 f.
Sachzuwendungen....................................... 252, 261
Saldenbilanz... 162 ff., 167 f.
Sammelposten .... 81, 342 f. 345, 353, 355 f.
Säumniszuschlag... 126, 386
Schlussbilanz....................... 33, 61, 162 ff., 168, 181
Schlussbilanzkonto ... ... 54 ff., 61 f., 72 f., 75, 89 f., 98, 101, 104, 129 f., 133, 155, 186, 218, 348
Schonfrist 126, 128
Schuldwechsel .... 300, 305 f.
Schuldwechselausgang... 305
Schuldwechseleinlösung 306
Selbstkosten .... 1, 138, 209 f., 212 f.
Sofortabschreibung.. 344
Solidaritätszuschlag..................... 226, 234 f., 242, 246, 248 f., 251, 257, 264 ff., 270, 273, 309, 312 ff., 320 ff., 329, 360 f., 386, 391
Sollbesteuerung... 121
Sondereinzelkosten der Fertigung................. 334 f.
Sondervorauszahlung.............................. 128, 131 f.
Sozialversicherungsbeiträge..... 227 f., 233 ff., 237, 239 ff., 251, 253, 255, 257 f., 263 ff., 273, 391
Statistik .... 1, 5 f.
statistische Konten 78
steuerliche Nebenleistungen............................. 357
Steuern..................... 2, 5, 22, 37, 78, 226, 229, 231, 249, 262, 264 ff., 270 f., 312 f., 350, 357 ff., 361, 363, 367, 384, 386
Steuersatz .... 112 f., 115, 121, 123 f., 142, 145, 151, 309, 364, 370
Stichtaginventur 26, 31
Stückrechnung 1
Stückzinsen................................ 318, 323, 325, 327
summarische Zinsrechnung.............................. 277
Summenbilanz .... 162, 163, 165, 167 ff., 355

T

Tageszinsen... 274 f., 278
Teileinkünfteverfahren .... 310, 312 f., 317
Teilwert 153
Telefonkosten................... 136, 143, 150 f., 158, 390
Transportkosten...... 170 ff., 177, 179, 182, 186, 217, 221 f., 353

U

Übernachtungskosten 379, 381, 383
Umbuchungsbilanz .... 162 f.
Umlage 1 .... 242 f. 247
Umlage 2 .... 242 f.
Umlaufvermögen .... 27 ff., 31, 34, 36 ff., 51, 78 f., 311, 313 f., 323, 325 f., 328
Umsatzsteuerkonten .... 110, 129 f., 133, 356
Umsatzsteuer-Vorauszahlungen 126, 128, 132
unentgeltliche Leistungen 17, 136, 156
Unfallversicherung 226, 233, 266
Unterkunft .... 252, 255 f., 262 f.

V

Veräußerung.. 311, 323, 328, 330, 337 f., 349, 351, 358 f.
Veräußerungsgewinn 311, 315, 323, 325, 328
Veräußerungsverlust .... 315 f., 323, 325, 328
Verlust .... 1, 4, 66, 69 f., 136, 151 f., 154 f., 164, 182, 317, 378
Vermittlungsgebühren 170, 182
Vermögensgegenstände .... 25 ff. 30, 33, 35, 37 f., 40, 79, 88, 91 ff., 117, 130, 346, 349
vermögenswirksame Leistungen 81, 238, 240, 262
Verpflegung .... 256 f., 262 f., 371, 381, 383
Verpflegungsmehraufwendungen .... 379 f., 383
Verrechnungsmethode 231, 263, 265, 273, 391
Verspätungszuschläge 363
Vertriebskosten .... 182 ff., 334, 373
Voranmeldungszeitraum 126, 131, 133
Vorschaurechnung 1
Vorschüsse .... 235, 262 f., 267, 273

W

Warenausgang 18, 95, 182, 191
Warenbezugskosten .... 170, 172, 176 f., 181
Wareneinsatz .... 95, 97, 99 ff., 105 f., 108, 179
Warenkonten .... 95, 97, 101, 105 ff., 172
Warenrücksendungen 189, 202
Warenumsatz .... 96 f.
Warenvertriebskosten 182, 184
Wechsel .... 37 f., 300 ff., 329
Werkstoffe 3
Wertpapiere 37 f., 79, 153, 309 ff., 316, 318, 322 ff., 329
Wiederbeschaffungskosten 138, 156
Wirtschaftsgut .... 25, 153, 337, 341 ff., 349
Wohnung... 148, 244, 252 ff., 258 f., 262 f., 270 f., 379

Z

zeitanteilig 289
zeitnah 26
Zeitraumrechnung 1
Zinsrechnung .... 274 f., 277 f.
Zinssatz .... 236 f., 274 ff., 288, 290, 292
Zinsstaffelmethode .... 296 f.
Zinstage .... 275, 278 f.
Zinsteiler 275, 277
Zinsvorteil 237
Zinszahl 275, 277
Zölle .... 170, 173, 175 f., 182
Zwangsgeld .... 15 f.

Bornhofen

Die Lehrbücher

Buchführung 1
Grundlagen der Buchführung für Industrie- und Handelsbetriebe

Buchführung 2
Abschlüsse nach Handels- und Steuerrecht,
Betriebswirtschaftliche Auswertung, Vergleich mit IFRS

Steuerlehre 1
Allgemeines Steuerrecht, Abgabenordnung, Umsatzsteuer

Steuerlehre 2
Einkommensteuer, Körperschaftsteuer, Gewerbesteuer,
Bewertungsgesetz und Erbschaftsteuer

Die Lösungsbücher

Zu jedem Lehrbuch ist ein passendes Lösungsbuch mit zusätzlichen **Prüfungsaufgaben und Lösungen** erhältlich.

Die Bornhofen-Edition

Das Konzept

Aktualität, Praxisbezug und eine ausgefeilte pädagogische Aufbereitung der Inhalte kennzeichnen die Werke von Bornhofen. Die **Zweibändigkeit** und die **Vernetzung** zwischen den Steuerlehre- und Buchführungsbüchern bei ständig aktueller Rechtslage gewährleisten das sichere Verständnis der beiden Sachgebiete als auch ihres wechselseitigen Zusammenhangs. Aufgaben verschiedener Schwierigkeitsgrade bringen die notwendige Sicherheit bei der Umsetzung des erlernten Wissens.

Der Veröffentlichungsrhythmus

Buchführung 1 und Steuerlehre 1 erscheinen der laufenden Rechtslage angepasst stets im Juni eines jeden Kalenderjahres. Buchführung 2 und Steuerlehre 2 erscheinen mit dem voständigen Rechtsstand des Vorjahres stets im Februar eines jeden Kalenderjahres. Gleichzeitig werden Ausblicke für das laufende Jahr geboten.

Unter sn.pub/lecturer-material erhalten registrierte Lehrer und Dozenten bei Angabe der ISBN eine eMail mit dem Downloadlink für ein Gratis-PDF mit ausgewählten Schaubildern.

Die Autoren und das Team

Die inhaltliche und methodische Darstellung von *StD, Dipl.-Hdl. Manfred Bornhofen* und *WP, StB, CPA, Dipl.-Kfm. Martin C. Bornhofen* ist wesentlich geprägt durch ihre praktischen Erfahrungen in der Wirtschaft und ihre langjährigen Lehr- und Prüfungstätigkeiten.

Manfred Bornhofen gehört zu den wenigen Autoren, die Gabler zu seinem 75-Jahre-Jubiläum 2004 für seine besonderen Leistungen als Autor mit dem Gabler-Award eigens ausgezeichnet hat.

StR'in, Dipl. BW (BA), M.A., M.Sc. Annika Bock ist nach ihrer Tätigkeit in der Steuerberatung nun im Schuldienst tätig und unterrichtet u. a. als Steuerfachlehrerin.

OStR'in, Dipl.-Finw., Dipl.-Hdl. Simone Meyer ist nach ihrem dualen Studium bei der Finanzverwaltung und dem anschließenden Studium der Wirtschaftspädagogik im Schuldienst als Steuerfachlehrerin tätig.

Ihr Bonus als Käufer dieses Buches

Als Käufer dieses Buches können Sie kostenlos das eBook zum Buch nutzen.
Sie können es dauerhaft in Ihrem persönlichen, digitalen Bücherregal
auf **link.springer.com** speichern oder auf Ihren PC/Tablet/eReader downloaden.

Gehen Sie bitte wie folgt vor:

1. Gehen Sie zu **link.springer.com** und suchen Sie das vorliegende Buch (am schnellsten über die Eingabe der eISBN).
2. Legen Sie es in den Warenkorb und klicken Sie dann auf: **zum Einkaufswagen/zur Kasse.**
3. Geben Sie den untenstehenden Coupon ein. In der Bestellübersicht wird damit das eBook mit 0 Euro ausgewiesen, ist also kostenlos für Sie.
4. Gehen Sie weiter **zur Kasse** und schließen den Vorgang ab.
5. Sie können das eBook nun downloaden und auf einem Gerät Ihrer Wahl lesen. Das eBook bleibt dauerhaft in Ihrem digitalen Bücherregal gespeichert.

EBOOK INSIDE

eISBN: 978-3-658-51986-5

Ihr persönlicher Coupon: YXh6hZStc50wH0t

Sollte der Coupon fehlen oder nicht funktionieren, senden Sie uns bitte
eine E-Mail mit dem Betreff: **eBook inside** an **customerservice@springernature.com**.

GPSR Compliance

The European Union's (EU) General Product Safety Regulation (GPSR) is a set of rules that requires consumer products to be safe and our obligations to ensure this.

If you have any concerns about our products, you can contact us on ProductSafety@springernature.com

In case Publisher is established outside the EU, the EU authorized representative is:

Springer Nature Customer Service Center GmbH
Europaplatz 3
69115 Heidelberg, Germany

Printed by Wilco bv, the Netherlands